nur in so grotesker Weise wie in AaTh 1415: → *Hans im Glück*[14], daß es letztlich auf einen anderen als den äußeren R. ankommt. So schätzt der nach vollbrachten Taten reich entlohnte Held den R. letztlich gering und entscheidet sich für immaterielle Güter (cf. auch AaTh 910, 910 A−B: *Die klugen → Ratschläge*; → Gold, Geld).

Die Interdependenzen von R., Armut und Glück[15] bzw. Unglück und damit verbundene Prädestinationen sind in zahlreichen Volkserzählungen thematisiert. Die Problematik von Arm und Reich war ein wichtiges Anliegen bes. der Nachkriegsforschung in der Dt. Demokratischen Republik in ihrem Bestreben, Märchen, Sagen und Schwänke aus sozialkritischem Blickwinkel (→ Sozialkritik) zu analysieren (→ Deutschland, Kap. 2.17). Dabei wurden differenzierte Positionen vertreten. Daß sich „das Märchen allgemein auf die Seite der Armen und Verachteten" stelle „und ihnen zu Anerkennung und Glück" verhelfe, ist allerdings ein Ansatz, der der Vielfältigkeit der Gattung insgesamt nicht gerecht werden kann[16]. Der aus der pädagogischen Diskussion stammenden These, nach der „Reichtum und Glück [...] aus der Sicht der entrechteten Unterschicht identisch"[17] seien, kann hingegen prinzipiell zugestimmt werden. Bes. augenfällig ist die Verbindung von Glück und R. in AaTh 1645: → *Traum vom Schatz auf der Brücke*, einer Sage, die nach J. → Bolte auf das 10. Jh. zurückreicht und auch in → *Tausendundeinenacht* belegt ist[18]: Einem armen Mann träumt mehrmals, er werde sein Glück auf einer Brücke finden. Er begibt sich an den angezeigten Platz und erfährt, meist von einem Soldaten, das Versteck eines vergrabenen → Schatzes. Das Glück verhilft ihm somit zu R.[19]

Die Frage, ob R. auf Dauer glücklich mache, wird in unterschiedlichen Gattungen der Volkserzählung negativ beantwortet. So bringt etwa der R. des Fortunatus seinen Nachkommen Leid und Unglück (AaTh 566: → *Fortunatus*). Auch in AaTh 285 D: cf. → *Feindschaft zwischen Tieren und Mensch* führt der R. ins Unglück. Der Sohn des durch die Gaben einer Schlange reich gewordenen Mannes versucht, das Tier zu erschlagen, um so statt des einen täglichen Goldstücks den vermuteten Schatz auf einmal zu erbeuten; die Schlange tötet ihn. Und in AaTh 112: → *Feldmaus und Stadtmaus* zieht die Feldmaus im armen, sicheres und ruhiges Dasein dem hektischen und gefahrvollen Leben des reichen Vetters in der Stadt vor. In mehreren Erzählungen wird die Prädestination von Glück und damit verbundenem R. sowie Unglück und Armut thematisiert (AaTh 735, 735 A, 736, 842, 947, 947 A: → *Glück und Unglück*). Eine andere Gruppe von Märchen führt die scheinbare Unvereinbarkeit von R. und Glück vor Augen und behauptet, daß der glücklichste Mensch der sei, der nichts besitze (z. B. AaTh 754: → *Glückliche Armut*, AaTh 844: → *Hemd des Glücklichen*). Die dahinter stehende „Ideologie vom glücklichen Armen und unglücklichen Reichen" bezeichnete R. → Schenda als „das dümmste aller Oxymora", das „den Armen bei seiner anerzogenen, nicht reflektierenden Zufriedenheit halten" solle[20].

→ Neid, Habgier, → Geiz, Hochmut (cf. → Demut und Hochmut), Verschwendungssucht, aber auch Ungastlichkeit (→ Gast) und → Hartherzigkeit begegnen immer wieder als negative Attribute der Reichen (z. B. AaTh 922: → *Kaiser und Abt*[21], AaTh 750 A: *Die drei → Wünsche*, AaTh 1130: → *Grabhügel*). Zahlreiche Sagen, Legenden und Exempel handeln vom frevelhaften Tun reicher Adliger, Bergleute oder Bauern und deren Bestrafung (→ Frevel, Frevler), vom Untergang einst blühender Städte, Alpen und Bergwerke (→ Versinken) oder dem Versiegen von Erzadern[22]. Neben dem armen, hilfsbedürftigen Bettler, der den oder die Reiche(n) zu frevelhaftem Verhalten reizt (cf. z. B. → *Schatz des Blinden*)[23], thematisieren einzelne Erzählungen auch das Motiv des reichen → Bettlers[24], in dessen Sattelzeug, Mantel oder Hut sich größere Geldsummen finden (z. B. AaTh 842 A*: *The Beggar Dies in Night Lodgings*)[25].

Innerhalb der modernen Sagen gibt es eine Reihe von Erzählungen, die → Konflikte zwischen Arm und Reich behandeln. Die Armen treten darin aus ihrer passiven Rolle heraus und schädigen oder klagen die Reichen an, so z. B. in einer in den USA und Europa belegten Geschichte, in der ein reicher Mann in seinem neuen Luxuswagen ständig rasselnde Störgeräusche hört. In einem Hohlraum des Autos wird schließlich eine Cola-Dose mit Murmeln gefunden zusammen mit dem Zettel eines Fabrikarbeiters, in dem der Autobesitzer als Kapitalistenschwein bezeichnet wird[26]. Eine andere Gruppe von rezenten Sagen thematisiert die alte Sehnsucht nach plötzlichem, unerwartetem R. So erbt in einer ebenfalls in den USA und Europa belegten Erzählung eine Frau das gesamte Vermögen eines reichen Mannes, weil sie sich als einzige und per Zufall in das Kondolenzbuch des eben Verstorbenen eingetragen hatte[27].

[1] Röhrich, L.: Erzählforschung. In: Brednich, R. W. (ed.): Grundriß der Vk. B. ³2001, 515–542, hier 526. – [2] Weber, M.: Die protestant. Ethik und der „Geist" des Kapitalismus. ed. K. Lichtblau/J. Weiss. Weinheim ³2000, 16. – [3] Kahlo, G.: Armut. In: HDM 1 (1930–33) 111–113. – [4] Lieberman, M. K.: „Some Day my Prince Will Come". Female Acculturation through the Fairy Tale [1972]. In: Zipes, J.: Don't Bet on the Prince. N. Y. 1986, 185–200. – [5] Lüthi, M.: Das europ. Volksmärchen. Bern/Mü. ⁶1981, 34 sq. – [6] Röhrich, Redensarten 2, 1461. – [7] Röhrich, Märchen und Wirklichkeit, 169; Woeller, W.: Dt. Volksmärchen von Arm und Reich. B. 1972, 396 sq. – [8] Röhrich, Märchen und Wirklichkeit, 162–177; Woeller, W.: Der soziale Gehalt und die soziale Funktion der dt. Volksmärchen. In: Wiss. Zs. der Humboldt-Univ. zu Berlin, Ges.s- und sprachwiss. Reihe 10 (1961) 395–459, 11 (1962) 281–307. – [9] EM 1, 790. – [10] Röhrich, Märchen und Wirklichkeit, 191. –
[11] ibid., 191 sq. – [12] cf. KHM/Uther 4, 285–288. – [13] Röhrich, Märchen und Wirklichkeit, 191 sq. – [14] cf. Lüthi, M.: So leben sie noch heute. Göttingen ²1976, 107 sq. – [15] Bausinger, H.: Märchenglück. In: Zs. für Lit.wiss. und Linguistik 50 (1983) 17–27. – [16] Woeller 1961 (wie not. 8) 414. – [17] Wollenweber, B.: Märchen und Sprichwort. In: Ide, H./Lecke, B.: Projekt Dt.unterricht 6. Stg. 1974, 12–92, hier 19, 22. – [18] Bolte, J.: Zur Sage vom Traum vom Schatz auf der Brücke. In: ZfVk. 19 (1909) 289–298, hier 296 sq. – [19] Haarmann, U.: Der Schatz im Haupte des Götzen. In: Die islam. Welt zwischen MA. und Neuzeit. Festschr. H. R. Roemer. Beirut 1979, 198–229. – [20] Schenda, R.: Volk ohne Buch. Mü. ³1977, 347. –
[21] Anderson, W.: Kaiser und Abt. Die Geschichte eines Schwanks (FFC 42). Hels. 1923. – [22] cf. z. B. Petzoldt, L.: Dt. Volkssagen. B. ²1970, num. 275–295. – [23] Uther, H.-J.: Behinderte in populären Erzählungen. B./N. Y. 1981, 46–50. – [24] Marzolph *1525 K. – [25] Ergänzend zu AaTh: Arājs/Medne; Kerbelytė, LPTK; van der Kooi; SUS (weißruss., ukr.). – [26] Brunvand, J. H.: The Choking Doberman and Other „New" Urban Legends. N. Y./L. 1984, 62 sq.; Brednich, R. W.: Das Huhn mit dem Gipsbein. Mü. 1993, num. 8 c; Carbone, M. T.: 99 leggende urbane. Milano 1990, 43 sq. – [27] Brunvand, J. H.: Curses! Broiled Again! The Hottest Urban Legends Going. N. Y./L. 1989, 267 sq.; Carbone (wie not. 26) 113–115; Burger, P.: De gebraden baby. Sagen en geruchten uit het moderne leven. Amst. 1995, 10 sq.; cf. auch den Film „The War of the Roses" (USA 1989, Regie D. De Vito).

Innsbruck   Ingo Schneider

Reichtum macht nicht glücklich → Glückliche Armut

Reifung. Wegen des biogr. Charakters der meisten Zauber-, Kinder- und vieler Novellenmärchen, ferner wegen der Wichtigkeit der → Aufgaben, → Bewährungsproben (cf. auch → Prüfung) und der Identitätsfindung in ihnen, liegt es nahe, daß die volkskundliche, literaturwiss., vor allem aber die psychol. und psychiatrische Märchenforschung (→ Psychiatrie; → Psychoanalyse; → Psychologie; → Tiefenpsychologie) hier Modelle des menschlichen R.sprozesses erblickt, ja die Märchen gar als ‚vorwiss. Entwicklungspsychologie' betrachtet[1]. In der Tat entsprechen die abenteuerlichen Handlungen im Märchen (→ Abenteuer), aber auch in Epen (→ Artustradition; cf. → *Parzival*) einer inneren Wandlung und R. (→ Dynamik)[2]. Während jedoch auch die volkskundliche und literaturwiss. Märchenforschung die symbolische Bedeutung der „Lebensläufe nach aufsteigender Linie"[3] im Märchen anerkennt, sind vor allem Tiefenpsychologen der Meinung, daß Märchen auf den ‚R.straum' zurückgehen, ja daß Märchen, → Träume und das → Unbewußte gemeinsame Wurzeln haben[4], die Märchen folglich jeden angehen[5]. Es stellt sich die Frage, welche psychischen Tatbestände zur Märchenbildung führen und wie sich Märchen auf die Psyche auswirken[6]. Dementsprechend könnten Märchen bei R.skrisen sowohl in der Diagnostik als auch in der Einzel- und Gruppentherapie eingesetzt werden[7]. Gegenstand und Methoden der psychol. und psychiatrischen Theorie und Praxis variieren aber je nach Wiss.srichtung: Während die Schule C. G. → Jungs etwa in den Märchen eine Symbolik der Individuation in der Lebensmitte erblickt, sehen Entwicklungspsychologen in ihnen vornehmlich Bilder der kindlichen und pubertären R.sprozesse[8]. Auf diese Weise würden etliche Märchen eine innerseelische Dramaturgie für das

R.sdrama liefern, sie würden Kindern und Pubertierenden im Ablösungsprozeß, in der Überwindung der Trennungsangst und bei der Lösung allzu starker Elternbindungen Hilfe leisten[9]. Die R.sängste (→ Angst) wären dabei oft in Austreibungs- und Abholwesen, in Freßdämonen (→ Fressermärchen) und in der Figur der → Stiefmutter personifiziert[10].

Der R.sprozeß betrifft zunächst die körperliche, seelische und geistige Entwicklung, wobei Freudianer (S. → Freud) zu einseitigen sexualsymbolischen Deutungen neigen[11]. Trotz dieser Einseitigkeit wird etwa von B. Bettelheim die intellektuelle und emotionale R. keineswegs außer acht gelassen[12]. Nach M. → Lüthi wiederum dient die märchentypische Darstellung von → Gut und Böse der moralischen Entwicklung des Kindes[13].

Es spricht für die Polyfunktionalität der Märchen, daß sie für jedes Lebensalter eingesetzt werden können, denn „kein Mensch [ist] am Ende seines Lebenswegs angekommen"[14]. So unterscheidet etwa W. → Scherf einerseits zwischen eigentlichen → Kindermärchen, die im Elternhaus beginnen und − auf einer höheren Entwicklungsstufe − auch dort enden, und andererseits den zweiteiligen Zaubermärchen (AaTh 425: → Amor und Psyche; AaTh 400: → Mann auf der Suche nach der verlorenen Frau)[15]. Denn der Entwicklungsprozeß ist mit der geschlechtlichen Reife und Hochzeit nicht abgeschlossen, vielmehr muß der Mensch auch für eine dauerhafte Partnerschaft reif werden[16]. Eine R.skrise bzw. ein R.sprozeß kann auch beim Generationswechsel, ja im Alter stattfinden[17].

Nach anthroposophischer Anschauung (→ Anthroposophische Theorie) werden im Märchen auch religiöse und mentalitätsgeschichtliche Entwicklungen abgebildet[18]. H. von → Beit betont in einem nicht mehr der Jungschen Schule verpflichteten Werk ebenfalls die geistesgeschichtliche Bedeutung des Märchens, in welchem sie eine Synthese des archaischen und des rationalen Denkens erblickt[19].

Von eminenter Wichtigkeit ist in der psychol. Praxis die Auswahl der Märchen, die Entscheidung darüber, welche Märchen für welche Probleme, für welches Alter und Geschlecht geeignet sind[20]. Hierbei spielen oft die ‚Lieblingsmärchen' oder die erinnerten Märchen der Patienten eine Rolle[21]. Während wiederum viele Märchen die R.sprobleme einzelner Lebensabschnitte abbilden, können andere innerhalb einer Geschichte verschiedene Entwicklungsstufen darstellen[22]. Unter den bevorzugten Märchen sei hier etwa *Rumpelstilzchen* (KHM 55, AaTh 500: → *Name des Unholds*) erwähnt[23]. Die Gefahr einer zur Parodie neigenden Deutung zeigt das Beispiel einer psychoanalytischen Interpretation von → *Tischleindeckdich* (KHM 36, AaTh 563)[24].

Nicht nur ganze Märchen werden symbolisch gedeutet, auch zahlreiche Dinge, Handlungen und Figuren können metaphorisch für Reife oder R.sprozesse stehen, etwa das Kleid (→ Kleidung), der → König, → Kupfer, Silber, Gold, → Reise, → Tod und → Weg[25].

Die Problematik psychol. Deutungen, bes. die Wahrnehmung der Märchen als Chiffren für kindliche R.sprozesse, zeigt sich u. a. darin, daß die Grundlagen dieser Deutungen meistens die → *Kinder- und Hausmärchen* der Brüder → Grimm und andere → Buchmärchen des 19. Jh.s sind, die darin erblickten R.smodelle aber gleichwohl einer ‚uralten Weisheit' entspringen und ubiquitär sein sollen. Es ist fragwürdig, wie sich diese → ahist. Betrachtungsweise mit der für die moderne bürgerliche Kleinfamilie charakteristischen, die kindlichen Trennungs- und Schuldängste betr. R.sproblematik vereinbaren läßt[26].

In dem im Märchen oft dargestellten Übergang von der Kindheit und der Jugend zum Erwachsensein erblicken Kultur- und Religionswissenschaftler eine Ähnlichkeit zwischen Märchenhandlung und weiblichen bzw. männlichen Pubertätsriten[27]. Nach M. → Eliade überträgt das Märchen die → Initiation auf die Ebene des Imaginären. Damit reaktualisiere es die Initiationsprüfungen und diene letztlich der menschlichen R.[28]

[1] Rosenkötter, R. M.: Das Märchen − eine vorwiss. Entwicklungspsychologie. In: Psyche 34 (1980) 168−207. − [2] Röhrich, Märchen und Wirklichkeit, 236; id.: Das Bild des Menschen in der Volksdichtung [1972]. In: id.: Sage und Märchen. Fbg/Basel/Wien 1976, 9−21, hier 18 sq.; Lüthi, Märchen, 105 sq.; Scherf, W.: Funktion und Bedeutung der Kindermärchen heute. In: Uther, H.-J. (ed.): Märchen in unserer Zeit. Mü. 1990, 170−180, hier 172; Pöge-Alder, K.: Die Tierbraut im Märchen. Die Persönlichkeitsentwicklung nach der Hochzeit. In: Volkmann, H./Freund, U. (edd.): Der Froschkönig und andere Erlösungsbedürftige. Baltmannsweiler 2000,

61–71, hier 67 sq.; Frenzel, Stoffe, 592–595. – [3] Lüthi, M.: Das Volksmärchen als Dichtung. Düsseldorf/Köln 1975, 158; Horn, K.: Motivationen und Funktionen der tödlichen Bedrohung in den KHM der Brüder Grimm. In: SAVk. 74 (1978) 20–40, hier 40. – [4] EM 1, 591; Wittgenstein [, O.]: Das R.serleben im Märchen. In: Hippokrates 29,14 (1958) 444–452, hier 447; Jöckel, B.: Das R.serlebnis im Märchen [1948]. In: Laiblin, W. (ed.): Märchenforschung und Tiefenpsychologie. Darmstadt ³1986, 195–211, hier 195; Fromm, E.: Märchen, Mythen und Träume. Konstanz 1957. – [5] Bilz, J.: Menschliche R. im Sinnbild [1943]. In: Laiblin (wie not. 4) 161–186, hier 166. – [6] Lüthi, M.: Psychologie des Märchens und der Sage. In: Die Psychologie des 20. Jh.s 15. ed. G. Condran. Zürich 1979, 935–947, hier 939. – [7] Girard, M.: Les Contes de Grimm: lecture psychanalytique. P. 1990; Wittgenstein (wie not. 4) 444 sq.; Horn, K.: Lebenshilfe aus „uralter Weisheit"? Psychol. und popularpsychol. Märchenrezeption unter ihrem therapeutischen Aspekt. In: Uther (wie not. 2) 159–169; EM 7, 809. – [8] Lüthi (wie not. 6) 942; id., Märchen, 103–112. – [9] Wittgenstein (wie not. 4) 448, 451; Scherf, W.: Psychol. Funktion und innerer Aufbau des Zaubermärchens. In: Wehse, R. (ed.): Märchenerzähler – Erzählgemeinschaft. Kassel 1983, 162–174; Jöckel (wie not. 4) 199; Bittner, G.: Über die Symbolik weiblicher R. im Volksmärchen [1963]. In: Laiblin (wie not. 4) 410–417, hier 410–413. – [10] Bilz, J.: Märchengeschehen und R.svorgänge unter tiefenpsychol. Gesichtspunkt. In: Bühler, C./Bilz, J.: Das Märchen und die Phantasie des Kindes. Mü. ²1961, 73–111; ead. (wie not. 5) 165 sq.; Diergarten, A./Smeets, F.: Komm, ich erzähl Dir was. Märchenwelt und kindliche Entwicklung. Mü. 1987, 78–85, pass.; Scherf, W.: Die Herausforderung des Dämons. Form und Funktion grausiger Kindermärchen. Mü. u. a. 1987. –
[11] z. B. Bettelheim, B.: Kinder brauchen Märchen. Mü. ²¹1999, 310–318 und pass.; Lüthi, Märchen, 104; zur Kritik cf. Bottigheimer, R. B.: Bettelheims Hexe. Die fragwürdige Beziehung zwischen Märchen und Psychoanalyse. In: Psychotherapie, Psychosomatik, Medizinische Psychologie 39 (1989) 294–299. – [12] Bettelheim (wie not. 11) 247. – [13] Lüthi, M.: Das Märchen. In: id.: Volksmärchen und Volkssage. Bern/Mü. ³1975, 9–21, hier 17–19. – [14] Betz, O.: „Erzählen ist Sinngeben". Das Märchen in der Erwachsenenbildung. In: Erwachsenenbildung 2 (1985) 63–66, hier 64. – [15] Scherf (wie not. 10). – [16] id.: (wie not. 9); id.: Fantastische Vorstellungen und weibliche Selbstfindung. In: Janning, J./Gobyn, L. (edd.): Liebe und Eros im Märchen. Kassel 1988, 110–131; Kast, V.: Märchenpaare in ihrer Entwicklung. ibid., 94–110. – [17] Wittgenstein (wie not. 4) 449 sq.; EM 1, 405. – [18] Meyer, R.: Die Weisheit der Schweizer Märchen. Schaffhausen 1944, 204 sq.; Paede, P.: Krankheit, Heilung und Entwicklung im Spiegel der Märchen. Ffm. 1986, 141. – [19] Beit, H. von: Das Märchen. Sein Ort in der geistigen Entwicklung. Bern/Mü. 1965. – [20] Wittgenstein (wie not. 4) 445–452; Diergarten/Smeets (wie not. 10) 48–70; Bittner (wie not. 9); Szonn, G.: Entwicklung und Reife im Märchen. Fellbach-Oeffingen 1989; Scherf (wie not. 16); Rusch-Feja, D.: The Portrayal of the Maturation of Girl Figures in Selected Tales of the Brothers Grimm. (Diss. Buffalo, N. Y. 1986) Ffm. u. a. 1995; EM 7, 1078; EM 9, 149; EM 5, 416. –
[21] Wittgenstein (wie not. 4) 445 sq.; Diekmann, H.: Gelebte Märchen. Hildesheim ²1983; Holbek, B.: Betrachtungen zum Begriff „Lieblingsmärchen". In: Uther (wie not. 2) 149–158. – [22] Wittgenstein (wie not. 4); Szonn (wie not. 20); Dieckmann, H.: Die symbolische Sprache des Märchens [1966]. In: Laiblin (wie not. 4) 442–470; Lüthi, M.: Rapunzel. Das Märchen als Darstellung eines R.svorgangs. In: id.: Es war einmal. Göttingen ³1968, 79–89. – [23] Bilz (wie not. 10); Röhrich, L.: Rumpelstilzchen. Vom Methodenpluralismus in der Erzählforschung [1973]. In: id. 1976 (wie not. 2) 272–291. – [24] Franzke, E.: Märchen in der Psychotherapie. In: Flensburger Hefte 30 (1990) 70–80, hier 75. – [25] z. B. Spörk, I.: Die Zeichen des Übergangs. Zur Todesmetaphorik im Märchen. In: Kammerhofer, U. (ed.): Tod und Wandel im Märchen. Salzburg 1990, 73–84; Horn, K.: Der Weg. In: Die Welt im Märchen. ed. J. Janning/H. Gehrts. Kassel 1984, 22–37. – [26] cf. etwa Szonn (wie not. 20); Horn (wie not. 7) bes. 163. – [27] EM 6, 740, not. 18–22; Winterstein, A.: Die Pubertätsriten der Mädchen und ihre Spuren im Märchen [1928]. In: Laiblin (wie not. 4) 56–70; Spörk (wie not. 25). – [28] Eliade, M.: Wiss. und Märchen [1956]. In: Karlinger, 311–319, hier 318 sq.

Basel   Katalin Horn

Reime → Kinderfolklore, → Verse

Reineke Fuchs

1. Allgemeines – 2. Der mhd. Reinhart F. – 3. Der mittelndd. Reynke de Vos – 4. Nachwirkung – 4.1. 16. und 17. Jh. – 4.2. 18. Jh. – 4.3. 19. Jh. – 4.4. 20. Jh. – 5. Zusammenfassung

1. Allgemeines. R. F. (auch Reyneke, Reinike, Reinicke, Reynke; Vos, Voss, Vosz) ist der Name des Tierprotagonisten und zugleich der Titel zahlreicher, meist anonymer literar. Fassungen des → Tierepos von → Fuchs und → Wolf[1], dessen mögliche hist. Grundlage im Dunkeln liegt[2].

Der Name R., eine mittelndd. Diminutivform, geht auf mhd. Reinhart (cf. frz. Renart, mittelndl. Reynaert, engl. Reynard, lat. Reinardus) zurück, eine Namenkomposition aus

Regin- (Rat) und -hart (stark, kühn), also etwa ‚der Ratkundige', ein sprechender Name für den als klug und listig geltenden F., der den höchsten Grad von → Anthropomorphisierung in den literar. Bearb.en aufweist[3].

2. Der mhd. Reinhart F. Die älteste dt. Überlieferung im mhd. *Reinhart F.* (Ende 12. Jh.)[4] beruht auf den Branchen II, Va, III, IV, XIV, I, X, VI, VIII des altfrz. → *Roman de Renart*. Inhalt:

Im 1. Teil begegnet Reinhart kleineren Tieren, die er aus Hunger, aber auch ohne Anlaß (V. 256) zu fassen versucht, doch wird er seinerseits überlistet vom Hahn (AaTh 61: → *F. und Hahn*), von Meise und Kater; der Rabe (AaTh 57: → *Rabe und Käse*) entkommt ihm nur knapp.

Im 2. Teil geht der F. mit dem Wolf eine Gevatterschaft ein, ein Bündnis zwischen → List und Stärke zum Zweck des Beuteerwerbs. Beim ersten Versuch verschlingt der gefräßige Wolf allein die Beute (Schinkenabenteuer), während der F. leer ausgeht und sich deshalb mehrfach rächt: Weinabenteuer im Klosterkeller (AaTh 41: → *Wolf im Keller*; AaTh 100: cf. *Der singende → Wolf*), schmerzhafte Tonsurierung (Wolf als Mönch; Tubach, num. 5338) und Schwanzverlust im Fischfangabenteuer (AaTh 2: → *Schwanzfischer*). Im Brunnenabenteuer, einem erzählerischen Höhepunkt, vermag der aus Liebe zum → Spiegelbild im Wasser (AaTh 32) in den Brunnen gesprungene F. die Differenz von → Schein und Sein[5] zu durchbrechen. Er befreit sich, indem er unter Vorspiegelung einer Himmelsvision den Wolf in die gleiche Situation manövriert. Diesen ‚retten' Mönche (AaTh 31: → *Rettung aus dem Brunnen*), die ihn fast zu Tode prügeln, ehe sie in ihm einen beschnittenen Büßer zu erkennen meinen.

Im Anschluß an ein mißglücktes Sühneverfahren kommt es, nachdem der F. die Wölfin vergewaltigt hatte (AaTh 36: → *F. vergewaltigt die Bärin*), zum Hof- und Gerichtstag des Löwenkönigs Vrevel, dem 3. Teil. Mit der Ameisenepisode wird (nur im *Reinhart F.*) die Krankheit des Löwen (AaTh 50: *Der kranke → Löwe*) motiviert: Dem Löwen, der grundlos die Ameisenburg zerstört hat, dringt der Ameisenkönig durchs Ohr ins Hirn und verursacht ihm arge Schmerzen. Diese versteht der Löwe als Strafe für ein versäumtes Gericht, das er sofort einberuft. In einem „alle Stadien eines mittelalterlichen Verfahrens nach Landrecht" durchlaufenden Prozeßgang, „der als genaues Beispiel und früher Beleg einer Verhandlung nach deutschem Recht" gilt[6], wird die Klage des Wolfs (→ Tierprozeß) in Abwesenheit des angeklagten F.es verhandelt. Mitten im Prozeß tragen Hahn und Henne ihre vom F. getötete Tochter herbei, die in einer Fieberphantasie des Hasen heiliggesprochen wird. Die vor einer Verurteilung des Angeklagten erforderliche Ladung bringt Bär (Honigabenteuer: Schnauze und Pfote des Bären in einem Baumstamm eingeklemmt; AaTh 38: cf. → *Einklemmen unholder Wesen*) und Kater (Mäuseabenteuer: F. lockt ihn in eine Falle) in Not und gelingt erst dem Dachs. Als Pilger und Arzt verkleidet, angeblich von Salerno kommend und damit seine Säumnis entschuldigend, verspricht der F. dem kranken Löwen Heilung; die Heilmittel liefern mit Fleisch und Fell Kläger und Urteiler. Elefant und Kamel, die sich für den F. verwendet haben, erhalten auf seine Bitte hin vom König Lehen, aus denen sie jedoch bald wieder vertrieben werden. Dem im Bad schwitzenden König entlockt der F. den Ameisenherrn, den er gegen reichlichen Lohn am Leben läßt; den König hingegen vergiftet er und geht unbehelligt aus der Geschichte hervor.

Einige der in die Handlung integrierten Fabeln sind (z. T. abgewandelt) auch einzeln überliefert[7]. Über Parodie und Satire wird hier die Lehre vermittelt: Der F. als Katalysator[8] reduziert die hohen Herren der Tierhierarchie auf ihre ‚wahre' Natur[9], nämlich Freßgier und Eigennutz, und entlarvt so die brüchige Ordnung einer Tiersozietät, unter der die jeweilige menschliche Gesellschaft aufscheint. Der allg.-menschliche Aspekt[10] bestimmt die Rezeptionsgeschichte, während die unmittelbare Wirkungsabsicht des *Reinhart F.* als politische Warnfabel auf staufische Gewaltherrschaft gerichtet gewesen sein kann[11]. Auffällig ist jedenfalls die Aktualisierung des R.stoffes in Umbruchs- und Krisenzeiten[12].

3. Der mndd. Reynke de Vos. Der *Reinhart F.*[13] zeigt finale Struktur (und steht damit isoliert ohne Nachwirkung), im Unterschied zur zyklischen Struktur des *Roman de Renart*, dem letztlich auch der *Reynke de Vos* folgt. Der Weg dahin führt von den Branchen I und Ia, der Erzählung vom Hof- und Gerichtstag des Löwenkönigs Noble, über die mittelndl. Stoffgestaltungen: *Van den vos Reynaerde* (= *Reynaert I*) eines sonst unbekannten Autors Willem (mit weitem Datierungsspielraum: nach 1179 – vor 1272)[14] und *Reynaerts Historie* (= *Reynaert II*)[15], einer anonymen Umarbeitung (um 1375), die einen zweiten Hoftag einführt und im Rückgriff auf Branche VI in dem für Reynaert siegreichen Zweikampf mit dem Wolf kulminiert. Von den Inkunabeldrucken[16] in Vers und Prosa gilt eine Var. der nur fragmentarisch erhaltenen, mit Holzschnitten ausgestatteten Reiminkunabel (D)[17] eines Hinrek von Alckmer (Antw. 1487–90) – der sog. Culemannschen Bruchstücke – als

unmittelbare Vorlage des *Reynke de Vos*. Dieser Druck war in vier Bücher eingeteilt, die sich jeweils wieder in Kap. untergliederten. Sie enthielten eine Kap.überschrift, eine zusammenfassende Inhaltsangabe in Prosa, einen gereimten Erzähltext sowie eine moralische Ausdeutung in Prosa.

Der mittelndd. *Reynke de Vos* erschien mit 89 Holzschnitten 1498 in der Mohnkopfdruckerei in Lübeck[18]. Inhalt:

Das 1. Buch erzählt in 39 Kap.n vom Hof- und Gerichtstag des Löwenkönigs Nobel[19], vor dem Klagen gegen den abwesenden Reynke erhoben werden (AaTh 53: *Reynard the Fox at Court*). Grymbart (Dachs) verteidigt ihn u. a. mit dem → Fischdiebstahl (AaTh 1) zugunsten des Wolfs Ysegrym. Die zu seiner Ladung ausgeschickten Boten Brun (Bär) und Hyntze (Kater) verlieren durch Reynkes List (Honig- bzw. Mäuseabenteuer) fast ihr Leben. Erst Grymbart, dem Reynke seine Sünden (Untaten gegen Ysegrym) beichtet, bringt ihn an den Hof. Klagen und Zeugenaussagen führen zur Verurteilung Reynkes zum Tod durch den Strang. Auf der Leiter zum Galgen stehend, legt er eine öffentliche Beichte ab. Sein Hinweis auf den Schatz des Königs Emeryck und die Aufdeckung einer angeblichen Verschwörung von Reynkes Vater im Verein mit den meisten Anklägern – sie sollte dem Bären die Königsherrschaft bringen – wecken Begehrlichkeiten bei König Nobel, der Reynke die Missetaten vergibt. Zum Dank überläßt dieser dem König den Schatz, dessen Versteck er genau beschreibt, der Begleitung dorthin entzieht er sich jedoch, da er nach Rom ziehen müsse, um sich vom päpstlichen Bann zu befreien. Die vermeintlichen Verschwörer läßt der König → schinden und gibt überdies Reynke zwei Begleiter mit. Den Hasen Lampe tötet Reynke, sein Haupt überbringt der Widder (als angeblicher Brief) dem König in der Pilgertasche. Reynkes Betrug wird offenbar, die geschundenen Tiere rehabilitiert.

Von einem erneuten Hof- und Gerichtstag berichtet das 2. Buch in neun Kap.n, beginnend mit den Klagen von Kaninchen und Krähenmann, dessen Frau dem sich → totstellenden Reynke zum Opfer gefallen ist. Die Wut des Königs bewirkt einen bewaffneten Zug zu dem Missetäter, den Grymbart warnt und veranlaßt, am Hof zu erscheinen. Unterwegs beichtet Reynke und trifft auf den Affen Marten, der, nach Rom ziehend, sich dort für Reynke verwenden will.

Das 3. Buch schildert in 14 Kap.n Ankunft und Empfang am Hof, Reynkes Entschuldigung und Verhör durch den erzürnten König Nobel, den die Äffin Rukenauwe, eine Fürsprecherin Reynkes, besänftigen kann, indem sie (3,4) die Fabel von der befreiten Schlange, Mann und F. (AaTh 155: → *Undank ist der Welt Lohn*) erzählt. Nach dem Tode des Hasen Lampe befragt, schiebt Reynke die Schuld daran dem Widder zu, der dadurch von Reynke beiden Boten übergebene und für das Königspaar bestimmte Kleinode an sich gebracht habe, einen kostbaren Goldring, mit einem wundertätigen Karfunkel besetzt, sowie einen heilkräftigen Kamm und Spiegel. Der Kamm, aus den unvergänglichen Knochen des Panthers (*Physiologus*, Kap. 16) gefertigt, war mit einem Bild (Parisurteil) geschmückt. Auf dem Spiegel(rahmen) waren ‚Historien' (3,12) eingraviert, die im Druck durch Holzschnitte illustriert sind: Pferd, Hirsch und Mensch[20]; AaTh 214: → *Esel will den Herrn liebkosen*; AaTh 105: → *Listensack des Fuches*; AaTh 76: → *Wolf und Kranich*. Reynke erzählt Nobel weiter zu seiner Entlastung die Fabel vom geschundenen Wolf (AaTh 50) mit den Vätern beider Handlungsträger und schließt seine Rede mit der Fabel vom → Löwenanteil (AaTh 51), die er von Nobel und Ysegrym berichtet. Der König glaubt den Lügen und nimmt Reynke in Gnaden wieder auf.

Im 4. Buch mit 13 Kap.n treten Wolf und F. als Antagonisten hervor, jener klagt (AaTh 2, AaTh 36 [hier Wölfin]) über Übeltaten, die dieser gegen die Wölfin begangen hat. Da keine Klage greift, fordert der Wolf den F. zum Zweikampf auf, für den die Äffin Reynke rät, sich scheren und mit Öl einreiben zu lassen. Außerdem solle er die Blase auf seine Rute leeren und damit Ysegrym blenden. So gerüstet gewinnt Reynke den Zweikampf. Dem König erzählt er die Fabel vom fetten und mageren Hund[21]; er wird wieder in den Rat der Barone eingesetzt. Mit großen Ehren verläßt Reynke den Hof und zieht zu Frau und Kindern nach Malepertuß, seiner Burg. Am Schluß steht die Lehre: „Jeder soll nach Weisheit trachten,/ Der Tugend folgen, das Böse verachten./ Deswegen schrieb man dieses Gedicht,/ Sein Sinn ist das und anders nicht."[22]

Den gereimten Erzähltext begleitet ein didaktisch-moralisierender Kommentar, die sog. kathol. Glosse. Der *Reynke de Vos* von 1498 schwächt den Fürstenspiegelcharakter der Vorlage ab und stellt sich mit seiner seelsorglichen und sozialethischen Intention in den Kontext des stadtbürgerlichen Lit.programms von Lübeck. Neuerdings wird die Fabeltradition stärker betont[23]. Trotz einiger ständekritischer Akzente stehen allg.menschliche Lehren im Vordergrund, vor allem Mahnungen zu Wohlverhalten und Gehorsam im Sinne der herrschenden, vereinzelt aber auch kritisierten Kirche, mehrfach sogar in Abschwächung des Erzähltextes. Der Rostocker Druck *Reynke Vosz de olde* (1539, 1549 u. ö.) bringt mit der umfangreichen jüngeren humanistischen, der sog. protestant. Glosse[24], eine reformatorische Akzentuierung (z. B. 1,18; 2,9) und ständekritische Zuspitzung (z. B. 1,39; 4,11)[25] unter Benutzung zahlreicher Sprichwörter und Weisheitssprüche aus Bibel, antiker Überlieferung und dt. Werken wie der *Bescheidenheit* Freidanks, dem *Renner* Hugos von Trimberg oder dem *Narrenschiff* Sebastian → Brants[26] – „beliebte Stil- und Lehrmittel der Zeit" – und zielt damit insgesamt auf einen „Sitten-, Stände- und Fürstenspiegel"[27].

4. Nachwirkung. Seit dem 16. Jh. entfaltet sich eine reiche Wirkungsgeschichte, die ablesbar ist einmal an den ca ein Dutzend im wesentlichen unveränderten Aufl.n bis zum 30jährigen Krieg mit einem Nachzügler 1660[28], zum anderen an der bald darauf vorgenommenen Übers. und den späteren Bearb.en, zum dritten an zeitgenössischen Urteilen (→ Luther lobte „den Sächsischen Renckefuchß [...] für ein wercklich Gedicht vnnd lebenddige Contrafactur deß Hoflebenß"[29]) und nicht zuletzt auch an der Redensart vom ‚F.schwanz'[30] und den ‚F.schwänzern'.

4.1. 16. und 17. Jh. Die 2. Hälfte des 16. Jh.s ist die produktivste Zeit der R. F.-Drucke. 1544 erschien in Frankfurt am Main die Michael Beuther zugeschriebene Übers. ins Hochdeutsche u. d. T. *Ander Teyl Des Bůchs Schimpff vn Ernst* (J. → Pauli)[31]. Erst in der 2. Aufl. 1545 steht *[Von] Reinicken F.* davor. Dieses bis zum Beginn des 30jährigen Krieges in 21 Aufl.n erschienene Erfolgsbuch[32] bietet eine gekürzte Version des Erzähltexts in Knittelversen und setzt sich in der die Ausfälle gegen die Altkirche mildernden Prosaglosse zunehmend von der Vorlage ab, indem der Erzählstoff unter Beibehaltung der bisherigen Darstellungsmittel „auf seinen Gegenwartsbezug hin befragt" wird[33]. Eine Übers. des hochdt. *Reinicken F.* ins Lateinische (vierhebige Jamben) durch Hartmann Schopper unter wechselndem Titel (*Opus poeticum* [1567] bzw. *Speculum vitae aulicae* [Ffm. 1574/75, 1579, 1584, 1595, 1612] mit dem jeweiligen Untertitel *De admirabili fallacia et astutia vulpeculae Reinikes libri quatuor*)[34] machte den R. F. in humanistischen Kreisen bekannt. Eine lat.-hochdt. Bearb. (Kurzfassung) u. d. T. *Technae aulicae/Weltlauff vnnd Hofleben* von Joseph Lautenbach (Ffm. 1588)[35] nahm aus Schoppers *Speculum* nur die vierzeiligen ‚Argumenta', die er in paargereimte Knittelverse zu jeweils sechs Zeilen brachte.

Die Traditionslinie der versifizierten Übers.en und Bearb.en mündet schließlich in eine barocke Version *R. F.* (Rostock 1650, 1662) von einem anonymen (aus dem ndd. Sprachraum stammenden) Verf., den man unter den Mitgliedern des Nürnberger Blumenordens, den Pegnitz-Schäfern um G. P. → Harsdörffer, sucht[36]. Der barock verspielte Verstext folgt in jedem Kap. einem anderen metrischen Schema, begleitet wiederum von „einer umfangreichen Prosaglosse nach dem Geschmack der Zeit"[37]. Bemerkenswert ist der Untertitel *Ein sehr Nützliches/Lust= vnd Sinn=reiches Büchlein* (1650), der in der Titelauflage zu *Staats=Büchlein* geändert wird. Auf dieser Barockfassung gründet das sog. Volksbuch *Der listige R. F.* mit dem Untertitel der Orig.-auflage von 1650, das in mehreren abweichenden Drucken (Neuauflagen, Preßdrucken, Titelauflagen) ohne Angabe von Druckort und -jahr in der 2. Hälfte des 17. Jh.s erschienen ist[38]. Ihm folgt *Des durchtriebenen R. F. Leben und Buben=Stücke* (Untertitel wie zuvor), gedruckt in Hamburg von Thomas von Wiering zwischen 1690 und 1700[39]. In diese Linie gehört noch *Der R. F.* von 1740[40].

Die Prosafassungen begründen in ihren Vorreden die Umsetzung in Prosa mit der Unbeliebtheit der Versausgaben und damit, „daß auch ein Einfältiger den Innhalt eher begreiffen könne"[41]. Schon J. C. Gottsched konstatierte: „Der gemeinste Pöbel hat dieselben lieb gewonnen, da die ersten [die Reimfassungen] mehrenteils von feineren Leuten hochgeschätzet worden"[42], und bestätigt damit ein schichtenspezifisches Leseverhalten, das den „Hof- und Regentenspiegel [Goethe] [...] als Lektüre für den Adel und die Prinzenerziehung"[43] nutzen konnte, dem „gemeinste[n] Pöbel" aber als „Contrafactur deß Hoflebenß" (Luther) auch als „ein verbaler Protest gegen die Ungerechtigkeit und Bestechlichkeit der Herrschenden"[44] erscheinen mochte.

4.2. 18. Jh. Das 18. Jh. ist gekennzeichnet durch eine gelehrte und poetische Rezeption der frühesten dt. R. F.-Dichtung. F. A. Hackmann veröffentlichte 1711 in Wolfenbüttel die Lübecker Inkunabel (1498) u. d. T. *R. de Vos mit dem Koker*[45], mit einem lat. Traktat (bereits 1709 herausgegeben[46]) versehen, fast 200 Jahre nach dem erhaltenen zweiten, 1517 in

Rostock erschienenen Druck *Uan Reyneken dem vosse*[47]. Eine geplante Übers. in lat. Hexameter führte Hackmann nicht aus. C. F. Renner (Pseud. F. H. Sparre) verfaßte u. d. T. *Hennynk de Han* (1732) eine Fortsetzung bis zu R.s Tod[48]. Gottsched[49] legte — auf Hackmanns Ausg. fußend — 1752 eine hochdt. Prosaübersetzung der Lübecker Inkunabel vor. Er übersetzte sowohl die Glossen der Lübecker (*Alkmarische Anmerkungen*) als auch der Rostocker Ausg. von 1549 (*Baumannische Anmerkungen*). Eine kenntnisreiche gelehrte Abhdlg geht voraus, am Ende steht der ndd. Text ohne die Glosse[50].

Gottscheds Übers. (mit 57 Kupferradierungen von Allaert van Everdingen aus dem 17. Jh.) hat → Goethe im Januar 1793 als Grundlage für ein eigenes Hexameterepos gewählt, das im Frühjahr 1794 erschien[51]. Goethe konzipierte den Schurken und Bösewicht R. als Schelm[52], der in ironischer Distanz die Korruptheit am Hof entlarvt und sie zugleich rechtfertigt und sich in Anspielung an die Frz. Revolution und ihre Nachwirkungen (R. F. 8, 152–160, 171–177) besorgt fragt, wie denn „die Welt sich verbessern" soll, wenn alle von dem „Dünkel des irrigen Wahnes" ergriffen sind, „es könne jeder im Taumel/Seines heftigen Wollens die Welt beherrschen und richten"[53].

Ebenfalls zur Zeit der Frz. Revolution erschien ein *R. F. am Ende des phil. Jh.s* (1797)[54]. Es handelt sich um eine beißende Satire gegen Monarchen, bes. gegen den ungenannten dän. König Christian VII. und seinen korrupten Hofstaat[55]. Trotz der zeitlichen Nähe zur Frz. Revolution erfolgt kein Aufruf zur Beseitigung des absoluten Feudalsystems, auch hier gilt noch Goethes R.-Schluß (12,379): „Denn so ist es beschaffen, so wird es bleiben." Der R. F. von 1797 ist „der letzte direkte Nachkomme" des *Reynke de Vos* von 1498[56].

4.3. 19. Jh. Nachdem bereits 1791 in Leipzig eine erste freie Stoffgestaltung (nach Art der Ritter- und Räuberromane) u. d. T. *Ritter Reinek von Waldburg, nach R. dem F. frei bearbeitet. Eine Geschichte aus den Zeiten des Faustrechts* erschienen war, zeigen sich im 19. Jh. verschiedene Rezeptionsweisen, die bibliogr. noch kaum erfaßt sind. Im Zuge der romantischen → MA.rezeption erlebte das Volksbuch *R. (der) F.* nach der Wiederentdeckung durch J. → Görres zahlreiche Wiederauflagen (G. → Schwab, 1817; G. O. → Marbach, 1840; K. → Simrock, 1845 u. a.). In diesen Kontext gehören die gekürzten und gesäuberten Bearb.en von F. Rassmann (1820, 1822), die den Weg zum Jugendbuch bereiten[57]. Die Darbietung in zwölf Gesängen, Goethes Epos folgend, übernehmen z. B. D. W. Soltau (1823, 1830; die Erstausgabe 1803 nach der Buch- und Kap.einteilung des Lübecker Druckes) und J. E. Hartmann (1835, 1864)[58], wie denn überhaupt Goethes *R. F.* immer wieder herausgegeben wurde, u. a. mit den König und Hof provozierenden Illustrationen Wilhelm von Kaulbachs (zuerst 1846; mehrmals Prachtausgabe; zuletzt Nachdr. Wiesbaden 1973, B. 1982). Vielfach Goethes Version aufnehmend, erscheinen (meist s. a.) zahlreiche Bearb.en für die Jugend (zuerst anonym 1837)[59], doch bleibt das Werk in „ironischen Anspielungen, drastischen Bildern und Begriffen, insgesamt in der moral-satirischen Ausrichtung [...] der Tradition des Stoffs in der Erwachsenenliteratur weitgehend treu. Die Bearbeitung für die Jugend besteht v. a. in der biedermeierlichen Illustrierung"[60]. An Goethes „Auffassung und Deutung des Erzählthemas hält bis in unser [20.] Jh. eine Vielzahl der Kinder- und Jugendbuchbearbeitungen fest, die erst in jüngster Zeit durch eine eher kindersprachliche Orientierung und veränderte Darstellungsformen neue Wege beschreiten"[61]. Der alte *R. F.*, „gekürzt um die aktuellen satirischen Anspielungen, oft auch um die sexuelle und fäkale Realistik in eine einfache Sprache gebracht und mit Bildern versehen"[62], wurde zum Kinderbuch (häufig als Tiermärchen oder Abenteuerbuch) verharmlost, „wie in gleicher Weise und etwa zum gleichen Zeitpunkt auch eine andere literar. Waffe — die Fabel — entschärft"[63] wurde.

Einmal noch glänzte der R. F.-Stoff als politische Satire in dem Vormärz-Gedicht *Neuer R. F.* von Adolf Glaßbrenner (Lpz. 1846 [recte 1845])[64].

Der schurkische F. als Jesuit trägt sich, um selbst zu herrschen, den Königen an (Preußen = Bär; Bayern = Stier), jeweils ihre Affären nutzend (Gemse = Fanny Elsner, Kuh = Lola Montez). Nachdem er sein Werk vollendet glaubt, zieht er sich nach ‚Utopen' zurück, wird aber vom Ochsen Baba (Papst) zurückgerufen, um die Herrschaft der Fuchsiten zu stärken. Bei seinem Eintreffen ist die Macht des Ordens bereits gebrochen, auf dem Rückzug nach Malpertaus prügeln ‚zehn Gesellen/ vom neuen Glauben' R. für seine Freveltaten fast zu Tode.

In anspruchslosen Reimen und mit leicht zu entschlüsselnden Tierfiguren zielt Glaßbrenner auf den Jesuitismus der oberen Klassen, das kirchliche Dunkelmännertum des Ultramontanismus und das protestant. Muckertum als ideologische Basis der Restaurationsepoche[65].

In der 2. Hälfte des 19. Jh.s setzte nach einer langen Phase der Übers.en ins Hochdeutsche und ensprechenden Bearb.en eine „Frontstellung gegen die hochdeutsche Dichtungstradition"[66] mit ndd. Übers.en und Bearb.en ein (z. B. K. Tannen, 1861; J. Mähl, 1878 u. a.[67]).

Das R. F.-Thema erscheint nicht nur in geschlossenen Werkkontexten, sondern wird auch in didaktische Bücher[68] und satirische Schriften übernommen und ging in Sprichwort und sprichwörtliche Redensarten ein, z. B. ‚Fuchs Reinick lebt noch im Rath, in allen Sachen Früe vnnd Spat' oder ‚Er ist ein R. in der Haut'[69]. R. steht hier für Bube, Schalk in anderen Versionen[70].

Losgelöst von der R. F.-Erzähltradition[71] richtete sich in satirischer Absicht *Der neue R. F. in acht phil. Fabeln* (Stg. 1844) gegen F. W. J. Schelling und seine Philosophie. Auf ein Ereignis des Krieges von 1871 bezog sich *Ein Fragment aus dem letzten Gesange von R. F.* (B. 1871). Eine Satire auf die „Dreifus-Zola-Affäre" veröffentlichte ein Dr. Faust u. d. T. *Esterhazy. R. F. Frei nach Göthe* (Brüssel 1898).

4.4. 20. Jh. Im 20. Jh. erscheint das R. F.-Erzählthema in unterschiedlichen medialen Formen vom Buch bis zur Bühnenfassung, vom gelesenen Text auf Tonträgern und als Hörspiel bis zur comicartigen Darbietung und Filmversion. Von der Jugendbewegung angeregte Versionen stehen neben Ausw.ausgaben und Teilübernahmen in Lesebücher (cf. Rahmenrichtlinien für das Fach Deutsch)[72] sowie — mißverständlich — für Weiterführungen in sog. Fabeln[73]. Gelegentlich präsentiert sich eine R. F.-Bearb. „für das deutsche Haus"[74]. Unter den zahlreichen Nachdichtungen zeichnet sich F. Fühmanns seit 1964/65 mehrfach in Ost- und Westdeutschland veröff. R. F. durch sprachlich-stilistische Prägnanz und gesellschaftskritische Akzentuierung aus[75].

Ein weiteres Kennzeichen der Rezeption im 20. Jh. ist die Gestaltung als Spieltext[76]. Als Komödie bezeichnen M. Braun[77] und R. Rüdiger[78] ihre Spielversionen nach Goethes Hexameterepos, das auch mit musikalischen Darbietungen für die Bühne bearbeitet wurde[79]. Auch für Kinder wurde der Text eingerichtet[80] und schließlich für das Opern- und Figurentheater[81].

Einen eigenen Komplex stellen die Bildzeugnisse zum R. F. dar, sowohl in plastischer Form[82] als auch in Holzschnitten[83] der Drucke von Meistern wie Erhard Altdorfer, Virgil Solis, Jost Ammann oder Ludwig Richter, in Zeichnungen von Kaulbach[84] u. a. sowie in bibliophilen Ausg.n meist mit Ill.en , u. a. von Lovis Corinth (1921), Max Slevogt (1928) sowie Andreas Paul Weber (1977).

5. Zusammenfassung. Der R. F., das zeigt seine breite und anhaltende Wirkungs- und Rezeptionsgeschichte in Frankreich, den Niederlanden, England und Skandinavien[85], hält der menschlichen Soziatät einen Spiegel vor, indem er in seinen verschiedenen Rollen als listenreicher Betrüger und Trickster, als Sünder und Bösewicht, als Schelm und Charmeur, aber auch als betrogener Betrüger und Düpierter agiert, niemals aber als Helfer und Wohltäter[86]; er weckt auch noch als Schurke Sympathie. Nicht zuletzt kann das Tierepos deshalb von den Herrschenden als Fürstenspiegel (→ Speculum principum) gelesen und der R. F. vom „gemeinste[n] Pöbel"[87] als einer der ihren betrachtet werden, der es den Herrschenden zeigt. Wenn auch das feudal organisierte Tierreich nicht mehr die komplizierten gesellschaftlichen Strukturen der modernen Welt abzubilden vermag[88], so bleibt doch R.s Verhalten im menschlichen Mit- und Gegeneinander aktuell; der R. F. ist eben, wie Goethe sagt, eine „unheilige Weltbibel"[89].

[1] Menke, H.: Bibliotheca Reinardiana 1. Stg. 1992, 268–358. — [2] cf. Werner, K. F.: R. F. Burgund. Ursprung eines europ. Tierepos. In: ZfdA 124 (1995) 375–435. — [3] Kehne, B.: Formen und Funktionen der Anthropomorphisierung in R. F.-Dichtungen. Ffm. u. a. 1992. — [4] Der Reinhart F. des Elsässers Heinrich. ed. K. Düwel. Tübingen 1984; Heinrich

der Glîchezâre: Reinhart F. ed. K.-H. Göttert. Stg. 1976; Heinrich der Glichesaere: F. Reinhart. ed. W. Spiewok. Lpz. 1977. − [5] Meiners, I.: Schelm und Dümmling in Erzählungen des dt. MA.s. Mü. 1967, 24−38. − [6] Widmaier, S.: Das Recht im ‚Reinhart F.'. B./N. Y. 1993, 227. − [7] Düwel (wie not. 4) 129−143. − [8] Schwab, U.: Zur Datierung und Interpretation des Reinhart F. Neapel 1967, 87 sq. − [9] Jauss, H. R.: Unters.en zur ma. Tierdichtung. Tübingen 1959, 214. − [10] cf. Linke, H.: Form und Sinn des ‚F. Reinhart'. In: Festschr. B. Horacek. Wien 1974, 226−262, hier 261 sq. − [11] Schwab (wie not. 8) bes. 91−94. − [12] Düwel, K.: Reinhart/R. F. in der dt. Lit. In: Michigan Germanic Studies 7 (1981) 233−248. − [13] id.: Heinrich, Verf. des ‚Reinhart F.'. In: Verflex. 3 ([2]1981) 666−677. − [14] Van den vos Reynaerde. ed. W. G. Hellinga. Zwolle 1952; ed. F. Lulofs. Groningen 1983; Reynart in twevoud. 1: Van den vos Reynaerde. ed. A. Bouwman/B. Besamusca. Amst. 2002; ed. A. Berteloot/H.-L. Worm. Marburg 1982. − [15] Reynart. Willem's Gedicht van den Vos Reinaerde und die Umarbeitung und Forts. Reinaerts Historie. ed. E. Martin. Paderborn 1874; Reynaert in tweefoud. 2: Reynaerts historie. es. P. Wackers. Amst. 2002; cf. Goosens, J.: Reinaerts Historie − Reynke de Vos. Gegenüberstellung einer Ausw. aus den ndl. Fassungen und des ndd. Textes von 1498. Darmstadt 1983. − [16] Menke (wie not. 1) 111−116. − [17] Zur Problematik cf. Witton, N.: Die Vorlage des Reinke de Vos. In: Reynaert, Reynard, Reynke. Studien zu einem ma. Tierepos. ed. J. Goosens/T. Sodmann. Köln/Wien 1980, 1−159, bes. 109−116. − [18] Reynke de Vos. Nachdr. des einzig vollständig erhaltenen Exemplars [...]. Nachw. T. Sodmann. Hbg 1976; Reinke de Vos. ed. F. Prien. Halle 1887; A. Leitzmann nach der Ausg. von F. Prien (Halle [2]1925) und W. Steinberg (Halle [3]1960); Goosens (wie not. 15); Reynke de Vos. ed. H. J. Gernentz.. Neumünster 1987 (Text und Übers. einschließlich der Prosaglosse), cf. Rez. H. Kokott in Ndd. Jb. 112 (1989) 158−163; R. F. Übers. G. Wahle. Stg. 2000; Soltau, D. W.: R. Vos. B. 1803 (zahlreiche Nachdr.e, z. B. ed. K. Batt. Lpz. 1963); Übers. K. Langosch. Stg. 1967; Goosens, J.: Reynke de Vos. In: Verflex. 8 ([2]1992) 12−20. − [19] Kokott, H.: Id is recht tyd, wylle wy nu klagen. Der ‚Reynke de Vos' als Prozeß. In: Ndd. Jb. 105 (1982) 42−70. − [20] Dicke/Grubmüller, num. 462; ibid., p. 868 (Reg.) sind alle Fabeln aus dem „Reynke de Vos" aufgeführt. −
[21] ibid., num. 291. − [22] Langosch (wie not. 18) 234, V.e 6831−6834. − [23] Steinmetz, R.-H.: „Reynke de Vos" (1498) zwischen Tierepos und kommentierter Fabelslg. In: Vulpis Adolatio. Festschr. H. Menke. Heidelberg 2001, 847−859, hier 849. − [24] Brandes, H. (ed.): Die jüngere Glosse zum Reinke de Vos. Halle 1891; Schafferus, E.: Der Verf. der jüngeren Glosse zum Reinke de Vos. Zeulenroda 1933. − [25] Text und Übers. der angeführten Stellen bei Gernentz (wie not. 18) 532−556. − [26] Nachweise bei Mitchell, P. M.: J. C. Gottsched. Ausgewählte Werke 11. B./N. Y. 1987, 93−138 (Kommentar zum „R. der F."). − [27] Menke, H.: Ars vitae aulicae oder descriptio mundi perversi? Grundzüge einer Rezeptions- und Wirkungsgeschichte des Erzählthemas vom R. F. In: Ndd. Jb. 98−99 (1975/76) 94−136, hier 110 sq. − [28] id. (wie not. 1) 280−297. − [29] id. (wie not. 27) 106 sq., not. 42 (aus Mathesius, J.: Historien [...]. Nürnberg 1600, 126). − [30] Röhrich, Redensarten, 483 sq.; einen Verkaufsstand von F.schwänzen zeigt der Titelholzschnitt des Rostocker Druckes von 1539 (Abb. 59.1 bei Menke [wie not. 1]). −
[31] Ander Teyl Des Bůchs Schimpff vñ Ernst [...]. Einführung H. Menke. Heidelberg 1981 (Nachdr. der Ausg. Ffm. 1544). − [32] ibid., 263; Menke (wie not. 1) 317−338. − [33] id. (wie not. 31) 261. − [34] id. (wie not. 1) 50−58. − [35] ibid., 60 sq.; Mundhenk, C.: Unters.en zu den „Technae aulicae", einer „R.-F."-Ausg. des 16. Jh.s. In: Ndd. Wort 29 (1989) 99−111. − [36] Scheffler, C.: Die dt. spätma. „R.-F."-Dichtung und ihre Bearb.en bis in die Neuzeit. In: Rombauts, E./Welkenhuysen, A. (edd.): Aspects of the Medieval Animal Epic. Löwen/Den Haag 1975, 85−104, hier 94; Menke (wie not. 1) 340; id.: Zuvor niemals also gedruckt. Das (hoch-)dt. Erfolgsbuch R. F. In: Philobiblon 44 (2000) 186−212, hier 189 sq. − [37] Menke (wie not. 1) 338−343, bes. 339; cf. noch Beckmann, C. L.: R. F. Das ist: Ein sehr nutz-, sinn- und lehrreiches Büchlein [...] in jetziger Zeit üblichen Reimarten verarbeitet [...]. Düsseldorf 1856. − [38] Menke (wie not. 1) 343−351 (führt drei Gruppen A−C [Abb. 68,1−4], gedruckt zwischen 1660−80, auf; der Druck A [num. 26,1] liegt als Faks. vor: Der listige R. F. Nachw. C. Scheffler. Hildesheim/N. Y. 1977). − [39] Menke (wie not. 1) 352 sq. (ergänzend zum schmalen Bestandsnachweis cf. Des durchtriebenen R. F. Leben und Buben= Stücke. Hbg s. a. (Niedersächs. Staats- und Univ.s-bibl., Göttingen). − [40] Menke (wie not. 1) 353; Scheffler (wie not. 36) 99 hält die Angabe auf dem Titelblatt „Franckfurt und Leipzig Bey Friedrich Meynswohl" für fingiert. −
[41] Scheffler (wie not. 38) 8. − [42] Gottsched, J. C.: Heinrichs von Alkmar R. der F. [1752]. In: id.: Ausgewählte Werke 4. ed. J. Birke. B. 1968, 58. − [43] Menke (wie not. 31) 117 sq.; cf. Heeroma, K.: R. F., ‚Der Sinn des Gesanges'. In: Ndd. Jb. 95 (1972) 153−167, hier 156 sq. − [44] Düwel (wie not. 12) 237 sq. − [45] Menke (wie not. 1) 275−277; „Der Köker" (Köcher), eine andere ma. Spruchsammlung, wird Hermann Bote zugewiesen. − [46] id. (wie not. 1) 277. − [47] ibid., 273 sq. − [48] Zur Entstehung, Druckgeschichte und Übers. cf. Bellmann, H.: „Hennynk de Han". Eine Forts. des „R. de Voss" aus dem Geiste des 18. Jh.s. In: Jahresgabe 1977 der Klaus-Groth-Ges. (1978) 97−103. − [49] cf. Gottsched (wie not. 42); Menke (wie not. 1) 355−357. − [50] Darauf basiert eine von G. Bredow (unter Mitwirkung von J. H. Voß) bearb. Ausg. (Eutin 1797, Neuaufl. 1798), cf. Menke (wie not. 1) 278−280; der ndd. Text fehlt im Neudruck von Gottscheds „R. F." (wie not. 42). −

[51] Menke (wie not. 1) 358; zur Druckgeschichte cf. Gräf, H. G.: Goethe über seine Dichtungen 1,1. Ffm. 1901, 248–277, hier 248 sq.; Text und Kommentar cf. Goethes Werke 2. ed. E. Trunz. Hbg 1958 u. ö., 285–436, 596–599 (Kommentar); Wagner, F.: Zu Goethes R. F. In: J. of the Assoc. for the Advancement of Netherlandic Studies 4,1 (1983) 77–90. – [52] Goethe, R. F. 1,14: ‚R. F. der Schelm' so auch brieflich, cf. Gräf (wie not. 51) 258 sq. (‚Erzschelm' in der Antwort Charlotte von Kalbs); cf. Düwel (wie not. 12) 239 sq.; Menke, H.: Schurke, Schelm und rebellischer Held. Die Wandlungen der R. F.-Auffassungen. In: Müller, K. D. u. a. (edd,): Geschichtlichkeit und Aktualität. Studien zur dt. Lit. seit der Romantik. Tübingen 1988, 1–12, hier 9 sq. – [53] Schwab, L.: Vom Sünder zum Schelmen. Goethes Bearb. des R. F. Ffm. 1971, 54; cf. auch Düwel (wie not. 12) 238–241. – [54] Menke (wie not. 1) 354; R. F. am Ende des phil. Jh.s. Faks. ed. id. Heidelberg 1980, XXIX (gegen die anderslautende Auffassung Schefflers [wie not. 36] 100 sq.). – [55] ibid., XXII sq. – [56] Scheffler (wie not. 36) 101. – [57] Titel cf. ibid., 102, not. 25. – [58] Titel bei Menke (wie not. 27) 132 sq., not. 138 sq., p. 133–136 zahlreiche weitere einschlägige Titel. – [59] Als eine „der frühesten Fassungen" dieser Art nennt H. Kokott (R. F. In: LKJ 3 [1978] 148–153, hier 151) die anonyme Ausg. des R. F. (B. 1837); eine Ausg. mit diesem Titel, erschienen in Leipzig, führt auch Scheffler (wie not. 36) 102 an; cf. aber Hb. zur Kinder- und Jugendlit. Von 1800 bis 1850. ed. O. Brunken/B. Hurrelmann/K.-U. Pech. Stg./Weimar 1998, num. 749 (mit dem Druckjahr 1841, Erstaufl. 1836); cf. auch ibid., num. 468: Kindlieb, A.: Till Eulenspiegel und R. F. B. [1828]; gelegentlich wurde schon die Lübecker Inkunabel als Kinder- und Jugendbuch eingeordnet, so etwa Havekost, H. u. a.: 500 Johr Nederdüütsche Böker för Kinner un junge Lüüd. Oldenburg 1991, 84, 132; einen speziell für die Jugend bestimmten „R. F." (Frontispiz) in Prosa bietet schon das „Taschenbuch für die Jugend auf das Jahr 1797" (Zürich [1796]), cf. Weilenmann, C.: Annotierte Bibliogr. der Schweizer Kinder- und Jugendlit. von 1750–1900. Stg./Weimar 1993, num. 3514; mehrfach findet sich auf den Titelblättern „für Jung und Alt". – [60] Brunken u. a. (wie not. 59) num. 749. – [61] Menke (wie not. 27) 132, not. 137 (Titelausw.: M. Barack, F. Hoffmann, H. Fraungruber, F. Netto, J. Weisner, N. Eltwich, W. Fronemann, Janosch [d. i. Horst Eckert]); ausführliche Angaben bei Kokott (wie not. 59) 151 sq.; Klotz, A.: Kinder- und Jugendlit. in Deutschland 1840–1950. t. 1–6. Stg./Weimar 1990/2000, Reg. s. v. R. F. und R. der F. – [62] Kokott (wie not. 59) 151. – [63] Düwel (wie not. 12) 241; cf. Scheffler (wie not. 36) 102. – [64] Weitere Ausg.n Glaßbrenner, A.: Neuer R. F. Ffm. ²1854 (danach die Neuausg. von K. Böttcher. B. 1957), ³1862, Lpz. ⁴1866. – [65] cf. Nachwort Böttcher (wie not. 64); Düwel (wie not. 12) 241–244; Kemper, R.: Der F. ist dieser Erde Gott? Adolf Glaßbrenners ‚Neuer R. F. [...]'. In: Kühnel, J. u. a. (edd.): MA.-Rezeption 2. Göppingen 1982, 515–540. – [66] Menke (wie not. 27) 134 (mit not. 153 sq.). – [67] Scheffler (wie not. 36) 102 sq.; zuletzt: Peeters, H. G.: Reinke de Voß. Lübeck u. a. 1993. – [68] Menke (wie not. 1) Abb. 65,1; cf. Schertz mit der Warheyt [...]. Ffm. 1563, XVII–XXIIII. – [69] Schon in Lehmann, C.: Florilegium politicum. Politischer Blumengarten. s. l. 1630, 622, num. 95; Wander 3, 1639 (mit weiteren Belegen); cf. Menke (wie not. 27) 129. – [70] Wander 1, 496; ibid. 4, 86. –

[71] Dem Neulich Wider das Gesetz der Natur Rebellirenden Ochsen Wolte Der sog. Reinecke Fuchs Seinen Unfuch mit wenigen entdecken. s. l. 1716; cf. Menke (wie not. 1) Abb. 65,2 (eine „politische Satire im Bilde des Reineke Fuchs"). – [72] id. (wie not. 27) 133 (mit not. 145 sq.); zum Gebrauch älterer Ausg.n als Schulbuch cf. id. (wie not. 1) Reg. s. v. Erzählthema als Schulbuch. – [73] Lehmann, A.-H.: Neue Streiche vom R. F. Lustige Tierfabeln. Lpz. [1933]; Fühmann, F.: R. F. Die alten Tierfabeln neu erzählt für kluge Leute, die immer mehr wissen wollen. Mü. s. a. – [74] Haarhaus, J. R.: R. F. Neue freie Bearb. für das dt. Haus. Stg. [1913] (zuletzt 1944); cf. auch id: Die rote Exzellenz. Lpz. 1922 (zeitkritischer F.roman); cf. Düwel (wie not. 12) 244 sq. – [75] Fühmann, F.: R. F. [...]. Rostock 1981, 7–78 (Anh.: Grausames vom R., 317–320); Sändig, R.: Franz Fühmanns Adaptionen weltliterar. Stoffe. In: Weimarer Beitr.e (1974) 126–149, bes. 126–130. – [76] Griebel, H.: R. F. Bentheim 1931; Gädke-Timm, K.: R. F. Basel 1976; Liebchen, W.: R. F. Sandberg 1991 (²1992). – [77] Die Komödie von R. F. Uraufführung Heidelberg (Städtische Bühne) 1965. – [78] R. F. Satirische Komödie. Uraufführung Hannover (Landesbühne) 1966. – [79] Wunderlich, H./Breuer, F. J.: R. F. Norderstedt 1980; Schönbach, D.: R. F. Baden-Baden 1987. – [80] Baumann, H.: R. F. der Rebell. Stg. 1981; Hass, B.: R. F. Hbg 1980 (Theater für Kinder); Bogdanov, M.: R. F. Hbg 1987 (Dt. Schauspielhaus). – [81] Westernhagen, T. von: R. F. Oper (1994, CD); Kuhlmann, C.: R. Foss. Marl 1989 (nach dem „alten Epos vom F." im Münsterländer Platt). – [82] cf. EM 2, 330, 333 sq., 336 sq.; cf. EM 5, 471 sq. – [83] Vedder, R.: Die Ill.en in den frühen Drucken des Reynke de Vos. In: Goosens/Sodmann (wie not. 17) 196–248; Goosens (wie not. 15); in der hs. Überlieferung des „Reinhart F." kommen keine Ill.en vor, wohl aber in der des „Roman de Renart". – [84] Czech, A.: R.-F. Ill.en im 19. Jh. Mü. 1993. – [85] cf. Menke (wie not. 1) 69–250, 375–390. – [86] cf. EM 5, 457–470. – [87] Gottsched (wie not. 42) 58. – [88] Düwel (wie not. 12) 246. – [89] Gräf (wie not. 51) 273.

Göttingen   Klaus Düwel

Reinigung des Kindes (Pferdes) → Wörtlich nehmen

Reinisch, Leo, * Osterwitz (Steiermark) 26. 10. 1832, † Lankowitz (Steiermark) 24. 12. 1919, österr. Linguist, Orientalist, Ägyptologe und Erzählforscher. R. war einer der führenden Mitbegründer der sprachwiss. Afrikanistik im dt.sprachigen Raum. Er wurde 1859 in Tübingen promoviert und erhielt 1861 in Wien die Lehrbefugnis für Geschichte des Orients im Altertum einschließlich Ägyptens. 1868 wurde er an der dortigen Univ. zum außerordentlichen und 1873 zum ordentlichen Professor berufen. Zunächst katalogisierte R. Slgen ägypt. Funde und legte damit in den 1860er Jahren den Grundstein der Ägyptologie in Österreich. Danach wandte er sich vor allem der Erforschung kuschit. Sprachen in Nordostafrika zu. Weitere Arbeiten waren dem Nubischen, dem Barea und dem Kunama aus der nilo-saharan. Sprachfamilie gewidmet. Zwischen 1865 und 1880 unternahm R. mehrere Reisen nach Ägypten und führte 1875–76 sowie 1879–80 Feldforschungen im Sudan und in Eritrea durch. 1900 gab er die von A. W. Schleicher hinterlassenen Somali-Texte heraus. R. war langjähriger Mitherausgeber der *Wiener Zs. für die Kunde des Morgenlandes*. In Wien wurde er 1879 zum Mitglied der Akad. der Wiss.en, 1899 zum Kaiserlichen Hofrat und für die Amtszeit 1896/97 zum Rektor der Univ. ernannt.

R.s Beitr. zur Erzählforschung ist im wesentlichen eingebettet in seine linguistisch-philol. Arbeiten, vor allem Textsammlungen der von ihm untersuchten Sprachen. Er trug eine Vielzahl von ‚Lesestücken' in zumeist mehreren dialektalen Var.n zusammen, wo den auf der linken Seitenhälfte in lateinschriftl. Transkription abgedruckten Originaltexten jeweils die zumeist freien dt. Übers.en auf der rechten gegenüberstehen. Die Materialien umfassen z. B. für die kuschit.sprachigen Saho die folgenden Bereiche: geschichtliche Überlieferungen, Sitten und Bräuche, Erzählungen zur Beleuchtung der Sitten und des Rechts, Märchen und Sagen, Tierfabeln, Anekdoten, Lieder, Sprichwörter, Rätsel. R.s Werke stellen eine der frühesten und nach wie vor umfangreichsten Slgen zum Erzählgut nordostafr. Volksgruppen dar.

Veröff.en (Ausw.): Die Sprache der Irob-Saho. Wien 1878. – Die Nuba-Sprache 1–2. Wien 1879. – Die Kunama-Sprache in Nordost-Afrika 1–4. Wien 1881/89/90/91. – Die Bilin-Sprache 1–2. Wien 1883/87. – Die Afar-Sprache 1–3. Wien 1885/87/87. – Die Kafa-Sprache in Nordost-Afrika 1–2. Wien 1888. – Die Saho-Sprache 1–2. Wien 1889/90. – Die Bedauye-Sprache in Nordost-Afrika. Wien 1893. – Dr. A. W. Schleichers Somali-Texte. Wien 1900. – Die Somali-Sprache 1–3. Wien 1900/02/03. – Die sprachliche Stellung des Nuba. Wien 1911.

Lit.: Conti Rossini, C.: L. R. (Necrologia). In: Rivista degli studi orientali 8 (1920) 691 sq. – Junker, H.: Nachruf auf L. R. In: Almanach der Österr. Akad. der Wiss.en (1920) 3–11. – Mukarovsky, H.: R., L. In: Jungraithmayr, H./Möhlig, W. (edd.): Lex. der Afrikanistik. B. 1983, 201 sq.

Göttingen   Ulrich Braukämper

Reise

1. Allgemeines – 2. Erzählen auf und von der R. – 3. R. als Erzählstruktur und -motiv – 3.1. Erzählfiguren und R.mittel – 3.2. Abreise, Abschied – 3.3. Wege und Ziele – 3.4. Begegnungen und Gefährdungen – 3.5. Heimkehr – 4. R. als Metapher

1. Allgemeines. Die R. ist eine für Menschen charakteristische – durch Aufbruch und Heimkehr begrenzte – Form der Mobilität, die räumlich über den Heimatort hinausführt und zeitlich mindestens einen Tag, meist Wochen dauert, aber auch Monate und Jahre währen kann. Zu ihr gehört durchweg eine gewisse Erwartung, Unbekanntem zu begegnen, sowie die prinzipielle Möglichkeit, Ziel und Bewegungsart unterwegs zu ändern. Formen und Funktionen sind vielfältig (z. B. Abenteuer-, Geschäfts-, Besuchs-, Urlaubs-, Erholungs-, Bade-, Pilger-, Forschungsreise)[1]. Der R.begriff ist nicht streng definiert; doch scheint es sinnvoll, kurzzeitige Unternehmungen (Spaziergang[2], Ausflug) oder solche, bei denen keine Rückkehr intendiert ist (Auswanderung[3], → Flucht), auszuklammern. Kulturhist. interessieren u. a. Entwicklung und zeitspezifische Ausprägungen der R.; volkskundliche Fragen konzentrieren sich auf Alltagserscheinungen[4] und im Kontext der Erzählforschung auf die Zusammenhänge zwischen R.n und → Erzählen. Im folgenden wird eine europ. Perspektive eingenommen.

Einzelne Elemente und Aspekte der R. besitzen jeweils ihre eigene Geschichte[5]. (1) In Altertum und MA. reiste man u. a., wenn und weil es notwendig war (z. B. Händler, → Kaufmann). In der Neuzeit haben politische und wirtschaftliche Erfordernisse sowie → Neugier, Wissensdurst und die Bildungswünsche des Einzelnen den R.impuls verstärkt. Seit dem 19. Jh. nimmt der Wunsch nach R.abenteuern, heute oft organisiert und gegen Unfälle versichert, zu[6]. Auch aus religiösen Gründen wird immer noch gereist (→ Jakobspilger, → Wallfahrt)[7]. (2) Nur in eingeschränktem Sinne kann man, obwohl das häufig geschieht, ‚Vaganten' und ‚Fahrende' des MA.s als Reisende betrachten: sie waren unbestimmt unterwegs, galten als unzuverlässig (→ Gaukler, → Studenten, → Bettler), moralisch verwerflich (Verbrecher, → Prostituierte) und gefährlich (→ Soldaten, → Landsknechte); Pilgerreisen nach Jerusalem oder Rom vermittelten Prestige (Fürsten, Geistliche). Der adligen Bildungsreise in der frühen Neuzeit folgte im 18. Jh. die der Bürger[8] und seit Mitte des 19. Jh.s der Massentourismus, der im 20. Jh. auch Arbeiter und Angestellte erfaßte, während die bäuerliche Landbevölkerung unterrepräsentiert blieb[9]. (3) Komfort und Geschwindigkeit wuchsen mit der Entwicklung der Transportmittel. Zunächst reiste man zu Fuß oder zu Pferde, aber auch zu Schiff[10]. Mit dem Postwagen wurden seit dem 17. Jh. die R.zeiten kalkulierbar, in der 1. Hälfte des 19. Jh.s kam die schienengebundene Eisenbahn auf, ab etwa 1900 das ‚ungebunden zirkulierende' Auto[11] und schließlich das weiteste Strecken rasch überbrückende Flugzeug. 2001 fand die erste Weltraumreise eines Touristen mit einer Rakete statt. (4) Die R.form entwickelte sich tendenziell von der (durch Hilfspersonen begleiteten) Einzelreise über die informelle Kleingruppenreise zur modernen durch Großveranstalter organisierten Pauschal- und Massenreise.

Eine R. bedarf der gedanklichen und praktischen Vorbereitung. Von der Mitte des 16. bis Ende des 18. Jh.s entwickelte sich eine eigene R.kunst (Apodemik), die in R.handbüchern Argumente für und gegen das R.n anführte, u. a. mit moralischen, hygienischen, diätetischen, lebenspraktischen und technischen Ratschlägen und mit Anweisungen zur Beobachtung von Land und Leuten[12]. Nach 1800 wurden die Apodemiken von spezielleren Kunst- und R.führern abgelöst. Während ältere Werke eine Abfolge von R.stationen (Wegstrecken, Abfahrtszeiten, Unterkünfte) enthielten, begann die neuere Entwicklung mit dem 1836 von dem Engländer J. Murray herausgegebenen *Red Book*, das eine Kennzeichnung durch Sterne für bes. Sehenswürdigkeiten einführte (vom dt. ‚Baedeker' ab 1846 übernommen)[13]. In jüngerer Zeit ist die Differenzierung der R.führer hinsichtlich ihrer Funktion (Wegfindungs-, Organisationshilfe, Freizeitinteressen) extrem gestiegen[14].

R.n vermittelt neue Kenntnisse und Perspektiven; Reisende haben die wiss. Welterkenntnis seit jeher entscheidend gefördert (Marco → Polo). In der Aufklärung wurde die gut vorbereitete Forschungsreise üblich und in der 2. Hälfte des 18. Jh.s an der Univ. Göttingen zum Lehrgegenstand[15]. In Übersee wurden autochthone Oralüberlieferungen von Reisenden und Missionaren aufgezeichnet (→ Kolonialismus), ferner haben Ethnologen (z. B. F. → Boas zu den Eskimo) oder Volkserzählungssammler (z. B. E. T. → Kristensen in Dänemark) wiss. R.n zur Materialgewinnung unternommen (→ Feldforschung). Etliche Disziplinen, darunter die Vk., haben aus der Geschichte des R.ns wichtige Impulse hinsichtlich der Wahrnehmung ihrer Forschungsobjekte und der Ausbildung ihrer Methodik empfangen[16].

2. Erzählen auf und von der R. Unter Reisenden, aber auch nach deren Rückkehr wird viel erzählt. Die Anfangszeilen einer Ballade von Matthias Claudius sind sprichwörtlich geworden: „Wenn jemand eine Reise tut, so kann er was erzählen!"[17] Typische Orte des Erzählens waren früher z. B. Postkutsche (cf. die sprechenden Namen von Schwanksammlungen: *Rollwagenbüchlein, Wegkürzer, Kurtzweiliger Reyßgespan*[18], → *Zeitvertreiber*) und → Wirtshaus, Herberge und Hafenkneipe[19]. Dort stillte man die Neugier und verkürzte die Langeweile durch Geschichten, während dagegen für die Eisenbahnfahrt schon in der Mitte des 19. Jh.s auch die R.lektüre kennzeichnend wurde[20]. Daß gerade Fahrende und Reisende begehrte und gute Erzähler sind, ist oft bezeugt und kommt z. B. auch in dichterischen → Rahmenerzählungen zum Ausdruck (cf. z. B. → Chaucer)[21].

Neben unzähligen gedr., mehr oder weniger realitätsnahen → R.berichten, neuerdings auch in bildlicher Form (audiovisuelle Medien: Film, Fernsehen, Video, Internet), ist die R. seit alters ein bedeutsames Thema der Dichtung[22]: vom antiken → Odysseus, der sein Schicksal im Streit zwischen Göttern besteht, über die ma. Artusepen (→ Artustradition), in denen sich der Held von der Gesellschaft emanzipiert, um im Vertrauen auf die eigene Kraft und Gottes Gnade unberechenbare → Gefahren zu bestehen, bis hin zum neuzeitlichen Bildungsroman wird — wie auch in modernen Kultbüchern[23] — die Selbstfindung des Protagonisten fast immer in irgendeiner Form durch R.n befördert[24]. Hinzu kommen — manchmal auch didaktisch intendierte (cf. Selma → Lagerlöfs *Nils Holgersson*) — phantastische R.erzählungen, die sich leichtfüßig zwischen Fiktion, Realität und Utopie bewegen (→ Lukian, Jean de → Mandeville, → Seemannsgarn) und in deren Umkreis man zwischen R.lügnern, nämlich Autoren, die eine wirkliche R. vorzutäuschen suchen (→ Robinsonade, cf. auch die R.romane von Karl → May), und Lügenreisen in einem spezielleren Sinne unterscheiden kann, die ganz offenkundig Spielereien mit dem Unmöglichen und Unwirklichen darbieten wollen (→ Münchhausiaden), sowie R.visionen, die in Berichten einer religiösen ‚Schau' (→ Vision, Visionsliteratur) begegnen oder deren zukünftige Realisierung nicht in allen Aspekten ausgeschlossen erscheint (→ Science Fiction, Jules → Verne)[25]. Eine Zeitreise auf der Basis phantastischer Extrapolation wiss. Erkenntnisse schilderte H. G. Wells 1895 in seinem durch mehrfache Verfilmung bis heute aktuellen Roman *The Time Machine*.

Beim alltäglichen Erzählen werden R.vorfälle oft in Anekdote, Witz oder der sog. modernen Sage behandelt, bes. jene über Begegnungen mit fremden Menschen und Kulturen[26]. Die R. spielt auch im autobiogr. Erzählen eine hervorragende Rolle. ‚R.n in die eigene Vergangenheit' (z. B. Amerikaner auf der Suche nach ihren Wurzeln in Afrika oder Europa oder der Erinnerungstourismus ostdt. Flüchtlinge nach dem 2. Weltkrieg) entwickeln unterschiedliche Formen. Mancher fährt ‚einmal und nie wieder', anderen werden solche R.n zur Gewohnheit[27]. Sie korrigieren (erzählte) Vorstellungen und sichern die eigene Identität. R.anstöße vermittelt u. a. die sog. Wiederbegegnungsliteratur[28]. Insgesamt zeigt sich, daß Heimatverlust kaum durch reales R.n kompensiert werden kann, sondern erfolgreicher im Erzählen zwischen den Generationen oder mittels literar. Nachschöpfungen aufgearbeitet wird[29]. In jüngerer Zeit erwächst die jährliche Urlaubsreise, von der man zu Hause erzählen kann[30], zu einer wichtigen Leitlinie lebensgeschichtlichen Erzählens und als Fixpunkt der eigenen Biographie (→ Autobiographie, → Lebensgeschichte)[31].

Bemerkenswert ist für die R. (wie im Leben generell) das subjektive Zeitempfinden. Die ersten Tage einer R. voll neuer Eindrücke erscheinen am längsten; wieder daheim zieht sich das Erlebte zusammen. Eine R. wird zudem umso intensiver wahrgenommen, je gleichmäßiger und eintöniger die Alltagsroutinen sind, die sie unterbricht.

Thematisiert wird die R. auch im → Kinderspiel (‚Reise nach Jerusalem') oder als Brettspiel[32], und V. Labrie hat sie als zeichnerisch verbildlichte Erinnerungsform einer Erzählung untersucht[33]. Einen zukunftsträchtigen Bereich, der sich in der Fülle seiner Aspekte und Entwicklungsmöglichkeiten heute noch nicht überblicken läßt, bilden die vielfältigen virtuellen R.möglichkeiten mittels Computersimulation.

3. R. als Erzählstruktur und -motiv. Unter den Volkserzählungen sind Mythos, Sage und Legende, bes. aber das Märchen jene Gattungen, in denen die R. die bedeutsamste Rolle spielt (→ Raumvorstellungen, fiktive → Topographie)[34]. Mythische Gestalten überqueren weite Landstriche und Meere, Sagenfiguren sind ruhelos unterwegs, Heilige erleben wundersame Fahrten, Märchenhelden ziehen ins → Abenteuer oder brechen zur → Suchwanderung auf. Auch Schwank, Anekdote und Witz handeln gelegentlich von R.n und Reisenden, doch im Märchen bestimmt die R. (als Ausfahrt oder Wanderung) geradezu die Erzählstruktur[35].

3.1. Erzählfiguren und R.mittel. Der Märchenheld ist ein Reisender par excellence, und in der Regel reist er allein, hat allenfalls zeitweise einen Partner. Anders ist es bei → Tieren auf Wanderschaft (AaTh 130, 210) oder → Tieren auf Seereise (AaTh 204, 289), die freilich kaum an den Ausgangsort zurückkehren. Kinder reisen ins Dämonenland[36], Held oder Heldin zu Sonne, Mutter der Zeit oder Gott (AaTh 460 A–B: → *Reise zu Gott [zum Glück]*), Abenteurer in exotische Fernen (→ Exotik, Exotismus) und ins → Jenseits. Oft werden ungewöhnliche (→ Fluggeräte, → Luftreisen) und wunderbare Fortbewegungsmittel benutzt[37]: Zauberroß (→ Pferd), -vögel, → Siebenmeilenstiefel (→ Abtragen der Schuhe), fliegender → Teppich, → Schiff zu Wasser und zu Lande (AaTh 513 B); bes. häufig wird in Mythen und Abenteuererzählungen von Schiffsreisen (→ Argonauten, → *Brandans Seefahrt*, → Herzog Ernst, → Schiff, → Sindbad der Seefahrer) erzählt. Während sich der Held im Märchen zeitweise → verirren kann (meist im → Wald), bleibt er in der Sage oft ein lebenslang oder ewig Umherirrender (→ Ewiger Jude, → Fliegender Holländer). In Legenden bedeutet die Loslösung von allem Heimatlichen, analog zu den realen Pilgerreisen in verschiedenen Kulturen, eine Vorbedingung für die Begegnung mit Gott. Im Schwank handeln sowohl schlaue als auch einfältige Reisende (AaTh 1700: → *„Kann nicht verstehen!"*, AaTh 1334: *Der lokale → Mond*)[38].

3.2. Abreise, Abschied. Wie die R. beginnt das Märchen meist mit dem Aufbruch seines Helden aus dem vertrauten Lebensraum ins Ungewisse. Das kann freiwillig oder unfreiwillig geschehen; Gründe sind Armut, Bedrohung oder Krieg, Neugier oder Abenteuerlust, strukturell gesprochen eine → Mangelsituation: Der Märchenheld will oder soll eine Aufgabe lösen und muß sich bewähren. V. Ja. → Propp unterscheidet morphol. die Funktion der ‚zeitweiligen Entfernung' (Funktion I) klar von der Funktion der Abreise (XI) und der gewöhnlich in gleichen Formen vollzogenen Rückkehr (XX)[39]. Der Held macht sich in der Regel ohne Abschiedszeremonien auf den Weg, nur gelegentlich mit Begleiter (→ Gegenspieler, → Helfer) und ohne Hilfsmittel (die er oft unterwegs gewinnt). Manchmal ist der R.beginn von Glaubensvorstellungen abhängig[40]. In bestimmten Formen der Volkspoesie, z.B. Abschiedsliedern, kommen Gefühle zum Ausdruck, unterschiedlich je nachdem, ob eine → Trennung für dauernd oder zeitweilig geplant ist, ob sie freiwillig erfolgt oder erzwungen wird oder für eine bestimmte Lebensphase (z.B. Gesellenwanderung) typisch ist[41]. Was jemand auf die R. mitnimmt, hängt im übrigen von seinen Zielen und Erwartungen ab; der ‚Wonne des Zurücklassens' entspricht die ‚Lust des Mitnehmens'[42].

3.3. Wege und Ziele. Während ein Sagengeschehen sich mit Vorliebe an ein und demselben Ort vollzieht, besitzt im linear voranschreitenden Zaubermärchen der → Weg des Helden eine herausragende Bedeutung. Ob er lang oder kurz ist, kann sowohl wichtig als auch gleichgültig sein, ebenso ob er zielgerichtet oder ziellos verfolgt wird (cf. auch → Wegmarkierung); letztlich aber findet der Märchenheld seinen vorgezeichneten Weg blindlings[43]. Er kann ihn ans → Ende der Welt, zu den Gestirnen oder in die → Unterwelt führen. An Weggabelungen (→ Wegkreuzungen) sind Entscheidungen gefordert oder Proben zu bestehen; der Held wählt dort – im Gegensatz zu den Kontrastfiguren (ältere Brüder) – immer den schwierigeren Weg. Ziel ist ein Königsschloß oder ein Ort, an dem man wunderbare Gegenstände gewinnt. Auch in der Volkserzählung erscheint der Mensch gewissermaßen als homo viator[44], und wie im Lebensalltag[45] wird die Überwindung räumlicher, zeitlicher und sozialer Grenzen durch Symbole oder Rituale markiert (→ Richtungssymbolik). In der mythischen Raumorientierung der Menschen liegt die Welt des Heils oben (→ Paradies). Jesus → Christus unterscheidet in der Bergpredigt zwischen dem schmalen Weg, der ins Himmelreich, und dem breiten Weg, der in die → Hölle führt[46]. Nach der Legende dauert der Weg ins Jenseits drei Tage[47]. Das ma. Bildmotiv von der Himmelsleiter (→ Jakob) begegnet in säkularisierter Form z.B. als ‚Himmelsleiter zur Sozialismus-Sonne' noch im 20. Jh.[48] In den mythischen Überlieferungen vieler Völker gibt es verschiedene Arten von Jenseitsreisen (→ Jenseitswanderungen): Tote reisen ohne Wiederkehr, Lebende werden → Bewährungs- oder → Mutproben ausgesetzt, erlangen Vergangenheits- oder Zukunftsschau (→ Schamanismus)[49].

3.4. Begegnungen und Gefährdungen. Ein zentrales Element jeder R. ist die Begegnung mit dem Unbekannten (hier mit jenseitigen, dämonischen, verzauberten Wesen). Das Andere, das vom Märchenheld (emotionslos) als Herausforderung begriffen wird, erscheint in Sage oder Legende als etwas Fremdes, das ein erschrecktes oder fasziniertes Staunen hervorruft (→ Numinoses). Die Erzählungen spiegeln die Verhaltensmöglichkeiten in der Fremde: das Wechselspiel zwischen Erwartung und Erfahrung sowie die Institution der Gastfreundschaft. Bei Einzelreisenden ist zunächst offen, ob sie als Freunde oder Feinde kommen; meist gilt die Maxime: Der → Gast ist heilig, aber er darf nicht lange bleiben. Von den Gefährdungen der R. werden weniger äußere Gegebenheiten wie Wege- und Wetterverhältnisse thematisiert (über das R.wetter gibt es Sprichwörter), sondern → Kraft- und → Scharfsinnsproben, die Begegnung mit Gegenspielern (cf. → Räuber, Räubergestalten) und die Unterstützung durch Helfer.

3.5. Heimkehr. Innerhalb von zweiteiligen Zaubermärchen ist die Rückkehr des Helden zunächst vorläufig; er muß ein zweites Mal aufbrechen, um sein Ziel endgültig zu erreichen. In manchen Sagen (AaTh 974: → *Heimkehr des Gatten*) und Legenden (AaTh 935: → *Heimkehr des verlorenen Sohnes*) liegt das Hauptmotiv des Erzählens ganz auf der Heimkehr. Im Gegensatz zum Märchen gibt es in der Sage auch Unerlöste, die zum ewigen R.n verdammt sind (cf. → Wilde Jagd). Das Märchen veranschaulicht, daß der Sinn des Lebens sich nicht allein durch Nachdenken erschließt, sondern es ermuntert dazu, sich auf der R. in Gefahren zu bewähren und die Botschaft zu beherzigen: Schau, wo du gebraucht wirst und helfen kannst, und laß dir helfen, wenn du nicht weiter weißt![50]

4. R. als Metapher. Neben der R. als realem Handlungsvorgang kann man auch im Geiste verreisen oder die R. bildlich auf andere Handlungszusammenhänge übertragen. Sie gewinnt damit eine symbolische Dimension und kann verborgene Sinngebungen und Sinnbezüge zum Ausdruck bringen[51]. Für den Lebenslauf gibt es z. B. neben verschiedenen stereotypen Bildmustern (Lebensrad, Alterstreppe[52]) das weitverbreitete Sprachbild vom Leben als R.[53]: Unterschiedliche Aspekte und Elemente des R.ns veranschaulichen den menschlichen Lebensweg, auf dem Abwege, Umwege, Irrwege möglich sind und Lebenserfahrung gesammelt wird. Man kann am Scheideweg stehen, eine schwierige Situation überbrücken, ein Auf und Ab erleben, sich den Weg bahnen oder auch Schiffbruch erleiden[54]. Die richtige Form der Lebensreise eines Christen stellt John → Bunyan in *The Pilgrim's Progress* (1678/84) dar; sie wird auch in Liedern evangel. Kirchengesangbücher anschaulich (‚Zum Leben führt ein schmaler Weg')[55] → Dante und → Luther haben das Menschenleben nach dem Grundmuster der Wallfahrt (des Wanderns in der Fremde) gedeutet: Für Dante ist der Mensch Bürger des himmlischen Jerusalem, ein Pilger auf Erden, und Luther sagt: Wir sind Pilger und Wallbrüder, aber keine Landstreicher in dieser Welt[56]. Redensartlich wird das Sterben als letzte R. des Menschen bezeichnet[57].

[1] cf. Lee, E. J.: Die Erfahrung der Ferne. R.n von Gilgamesch bis zum Tourismus unserer Tage. Ffm. u. a. 1993 (Bibliogr.); Krusche, D.: R.n. Verabredung mit der Fremde. Weinheim u. a. 1989; hier und im folgenden aus der Fülle der Lit. nur eine kleine beispielhafte Ausw. – [2] König, G. M.: Eine Kulturgeschichte des Spaziergangs. Wien u. a. 1996. – [3] cf. Assion, P.: Von Hessen in die Neue Welt. Sozial- und Kulturgeschichte der hess. Amerikaauswanderung. Ffm. 1987. – [4] Kramer, D./Lutz, R. (edd.): R.n und Alltag. Ffm. 1992; Gyr, U.: Touristenkultur und Reisealltag. In: ZfVk. 84 (1988) 224–239. – [5] Bausinger, H./Beyrer, K./Korff, G. (edd.): R.kultur. Von der Pilgerfahrt zum modernen Tourismus. Mü. 1991. – [6] Köck, C.: Sehnsucht Abenteuer. Auf den Spuren der Erlebnisgesellschaft. B. 1990. – [7] Haab, B.: Weg und Wandlung. Ethnol. Feldforschung zur Spiritualität heutiger Jakobs-Pilger und -Pilgerinnen. In: Michel, P. (ed.): Symbolik von Weg und R. Bern u. a. 1992, 137–162. – [8] Jäger, H.-W. (ed.): Europ. R.n im ZA. der Aufklärung. Heidelberg 1992. – [9] Berwing, M./Köstlin, K. (edd.): R.-Fieber. Regensburg 1984. – [10] Wossidlo, R.: R., Quartier, in Gottesnam. Ndd. Seemannsleben in der Zeit der Segelschiffahrt. Rostock [11]1988. – [11] Scharfe, M.: „Ungebundene Circulation der Individuen". Aspekte des Automobilfahrens in der Frühzeit. In: ZfVk. 86 (1990) 216–243. – [12] Stagl, J.: Geschichte der Neugier. R.kunst 1550–1800. Wien 2002. – [13] Knoll, G. M.: R.n als Geschäft. In: Bausinger u. a. (wie not. 5) 336–343; Geschichte des Dt. Buchhandels im 19. und 20. Jh. t. 1, Teil 1. Ffm. 2001, 533. – [14] Lauterbach, B.: Baedeker und andere R.führer. In: ZfVk. 85 (1989) 206–234. – [15] Kutter, U.: R.n – R.hbb. – Wiss. Materialien zur

R.kultur im 18. Jh. Neuried 1996, bes. 237–332. – [16] cf. Schenda, R. (in Zusammenarbeit mit H. ten Doornkaat) (ed.): Sagenerzähler und Sagensammler der Schweiz. Bern/Stg. 1988, 41–50, 189, 212; Gyr, U.: Tourismus und Tourismusforschung. In: Brednich, R. W. (ed.): Grundriß der Vk. B. ³2001, 469–489. – [17] Pleticha, H.: „Erzähl' er nur weiter, Herr Urian ..." R.n und Erzählen. In: Die Kunst des Erzählens. Festschr. W. Scherf. Potsdam 2002, 155–160. – [18] Moser-Rath, Schwank, 50–52. – [19] Schenda, R.: Von Mund zu Ohr. Göttingen 1993, 90–101; id. (wie not. 16) 18, 46; Weber, W.: Von Wirtshäusern, Reisenden und Literaten. In: Bausinger u. a. (wie not. 5) 82–90. – [20] Schivelbusch, W.: Geschichte der Eisenbahnreise. Mü. 1977, 62–66; Fischer, B.: Erzählen im Zug. Formen und Inhalte von Gesprächen auf der Bahnreise. Magisterarbeit Göttingen 1984. – [21] Schenda 1993 (wie not. 19) 75–81. – [22] Brenner, P. J. (ed.): Der R.bericht. Die Entwicklung einer Gattung in der dt. Lit. Ffm. 1989; Herbers, K. (ed.): Dt. Jakobspilger und ihre Ber.e. Tübingen 1988. – [23] Pirsig, R. M.: Zen und die Kunst ein Motorrad zu warten. Ffm. 1978. – [24] Kästner, H.: Fortunatus – Peregrinator mundi. Welterfahrung und Selbsterkenntnis im ersten dt. Prosaroman der Neuzeit. Fbg 1990. – [25] Griep, W.: Lügen haben lange Beine. In: Bausinger u. a. (wie not. 5) 131–136; Adams, P. G.: Travelers and Travel Liars. 1660–1800. Berk. 1962. – [26] Knierim, V.: Auto, Fremde, Tod. Automobile und R.n in zeitgenössischen dt.sprachigen Sensationserzählungen. In: Fabula 26 (1985) 230–244; Roth, K.: Erzählen und interkulturelle Kommunikation. In: id. (ed.): Mit der Differenz leben. Münster u. a. 1996, 63–78, hier 69 sq. – [27] Lehmann, A.: Im Fremden ungewollt zuhaus. Flüchtlinge und Vertriebene in Westdeutschland. Mü. 1991. – [28] ibid., 144–151; id.: „Grafenerzählungen". Gehobene Heimat- und Erinnerungsprosa für Bürger von heute. In: Medien popularer Kultur. Festschr. R. W. Brednich. Ffm. 1995, 60–70. – [29] Lehmann (wie not. 27) 151–170. – [30] cf. Wittich, T.: Reisegefahren und Urlaubsängste als Gegenstand narrativer Darstellungen. In: Fabula 41 (2000) 269–277. – [31] Lehmann, A.: Erzählstruktur und Lebenslauf. Ffm. 1983. – [32] Falkenberg, R.: R.spiele – R.ziele. In: Bausinger u. a. (wie not. 5) 284–290. – [33] Labrie, V.: The Itinerary as a Possible Memorized Form of the Folktale. In: Arv 37 (1981) 89–102. – [34] Fritze, H.: Travel, Legend and Lore. An Enc. Santa Barbara, Calif. 1998. – [35] Horn, K.: Der Weg. In: Janning, J./Gehrts, H. (edd.): Die Welt im Märchen. Kassel 1984, 22–37; Lüthi, M.: Zur Phänomenologie des Volksmärchens. In: Antaios 10 (1969) 239–257, hier 246; von Beit 1, 333–789; Holzhausen Heeter, H.: Von einem, der auszog ... Das R.motiv in den Kinder- und Hausmärchen der Brüder Grimm und in den Kunstmärchen der Romantik. Diss. Bloom., Ind. 1990. – [36] Scherf, W.: Die Herausforderung des Dämons. Mü. u. a. 1987, bes. 127–244. – [37] cf. Thimme, A.: Das Märchen. Lpz. 1909, 65. – [38] Moser-Rath, Schwank, 248, 259, 387. – [39] Propp, V.: Morphologie des Märchens. ed. K. Eimermacher. Mü. 1972, 31 sq., 43, 57. – [40] EM 4, 288. – [41] Greverus, I.-M.: Der territoriale Mensch. Ffm. 1972. – [42] cf. Krusche (wie not. 1) 40. – [43] Horn (wie not. 35) 25. – [44] Harms, W.: Homo viator in bivio. Studien zur Bildlichkeit des Weges. Mü. 1970. – [45] cf. Stein, M. B.: Transit. A Narrative of Travel across the Two Germanys. In: Fabula 31 (1990) 289–296. – [46] Scharfe, M.: Zwei-Wege-Bilder. In: Bll. für württemberg. Kirchengeschichte 90 (1990) 123–144. – [47] Kretzenbacher, L.: Der Jenseitsweg der christl. Seele. In: id.: Die Seelenwaage. Klagenfurt 1958, 112–116. – [48] id.: Der schwierige Weg nach oben. Legende und Bild von Jakobstraum, Paradiesesleiter und Himmelsstiege. In: id.: Bilder und Legenden. Klagenfurt 1971, 16–42; id.: Die „Himmelsleiter" zur Sozialismus-Sonne. In: Südost-Forschungen 40 (1981) 224–238. – [49] cf. Siuts, H.: [50] Jenseitsmotive in dt. Volksmärchen. Lpz. 1911. – [50] Horn (wie not. 35). – [51] Michel (wie not. 7); cf. von Beit. – [52] Joerißen, P./Will, C. (edd.): Die Lebenstreppe. Köln 1983. – [53] Gerndt, H.: Das Leben als R. oder: Warum brauchen wir Kulturwiss.? In: ÖZfVk. 104 (2001) 405–424. – [54] Röhrich, Redensarten, 1332 sq. – [55] Gesangbuch für die evangel. Kirche in Württemberg. Stg. 1912, num. 403. – [56] Manns, P. (ed.): Predigten Martin Luthers durch das Kirchenjahr 1. Mainz 1983, 113; cf. Baumer, I.: Wallfahrt als Metapher. In: Kriss-Rettenbeck, L./Möhler, G. (edd.): Wallfahrt kennt keine Grenzen. Zürich 1984, 55–64, hier 56–60. – [57] Metken, S. (ed.): Die letzte Reise. Mü. 1984.

München   Helge Gerndt

Reise zu Gott (zum Glück) (AaTh 460 A–B), Gruppe von Erzählungen über eine R. ins → Jenseits mit manchmal schwankartiger Ausprägung.

In AaTh 460 A: *The Journey to God to Receive Reward*[1] unternimmt ein Mann (selten eine Frau[2]) eine R. (→ Jenseitswanderungen) zu Gott (Glück, Schicksal) oder zur → Sonne. Er hat gehört, daß dieser Almosen, die einem Armen oder Bedürftigen gegeben wurden, vielfach zurückgibt (cf. auch AaTh 1735: *Die zehnfache → Vergeltung*). Unterwegs werden ihm von Menschen, Tieren oder Gegenständen → Fragen aufgegeben, um deren Beantwortung er sich zu kümmern verspricht (cf. auch AaTh 461: *Drei → Haare vom Bart des Teufels*). Am Ziel angekommen, erhält er Antworten auf die Fragen (und den Hinweis, bei der Heimkehr werde er eine → Belohnung finden). Er leitet die Antworten weiter und wird von den Fragestellern reich belohnt (findet einen Schatz).

AaTh 460 A ist über ganz Europa verbreitet. Var.n finden sich nach den im EM-Archiv vorhandenen Texten darüber hinaus in weiten Teilen Asiens[3], im Kaukasus[4], im islam. Orient[5] bis ins nördl. und mittlere Afrika[6]. Doch läßt sich AaTh 460 A auch über die Kapverd. und Westind. Inseln bis nach Nordamerika[7] nachweisen.

Die unterwegs an den Reisenden gestellten Fragen lauten bes. im europ.-asiat. Raum, warum ein bestimmter Brunnen versiegt ist, warum ein Baum verkümmert ist bzw. keine Früchte trägt, wie ein erkranktes Mädchen (Prinzessin) geheilt werden kann bzw. warum es keinen Bräutigam findet. Auf dem Weg ins Jenseits stößt der Held meist auf ein Wassertier, das leidet, und dieses Leiden – mitunter auch seine Tiergestalt – als Buße auffaßt, weshalb es die Hauptperson der Erzählung bittet, Gott nach einem Weg zur → Erlösung zu fragen.

Neben den bereits erwähnten finden sich zahlreiche regionale Variationen oder Sonderformen der Fragen: etwa die des selbstgerechten → Eremiten (AaTh 756 A), dessen heuchlerisches Verhalten von Gott durchschaut wird; an Stelle der sicher geglaubten Bestätigung eines Platzes im Himmel läßt ihm Gott durch den Helden seine Höllenfahrt vorhersagen[8]. Eine häufig in europ. Versionen gestellte Frage lautet, weshalb in einem Kloster unter den Mönchen solcher Unfrieden herrsche[9]. In einer georg. Var. zählen zu den Fragenden Schäfer und Pflüger, die ihre Arbeit nicht zu Ende führen können, sowie ein Hirsch, dessen Geweih bis in den Himmel reicht[10]. In einer serb. Var. möchte ein Fluß wissen, warum er keine Furt habe[11].

Am Ziel seiner R. angekommen, benötigt der Wanderer in zahlreichen Versionen Hilfe, um Antworten auf seine Fragen zu erhalten. Der Reisende erhält sie von einer Gottheit[12] oder von → Buddha[13]; bes. in slav. Versionen trifft er oft auf die Sonne oder ihre Töchter oder auf eine Dienerin; sie stehen ihm bei, verstecken ihn, besänftigen die zunächst feindlich gesinnte Sonne und führen so die R. zum Erfolg[14]. Eine weißruss. Var. von AaTh 460 A hebt darauf ab, daß alles Wissen, das der Held durch seine Wanderung zur Sonne gewonnen hat, allein noch nicht glücklich mache, sein „Herz war kalt wie Eis". Erst nachdem der Held ein hübsches Mädchen geheiratet hat, lebt er wirklich glücklich, „weil wir Feuer im Herzen und Verstand im Kopf haben"[15]. In einer georg. Erzählung aus dem → Amor und Psyche-Zyklus (AaTh 425 C) macht sich ein Mädchen auf die R., weil es seinen Bräutigam wieder zum Leben erwecken will[16]. In einem mandschur. Märchen prüft die Gottheit zunächst die Charaktereigenschaften des Helden, u. a. seine Hilfsbereitschaft und Freigebigkeit, ehe sie von seinen guten Absichten überzeugt ist und sich zu erkennen gibt[17].

In AaTh 460 B: *The Journey in Search of Fortune*[18] macht sich ein armer, glückloser Mann auf die → Suche nach seinem → Glück, um herauszufinden, warum er im Leben Unglück hat. Auch hier wird der Held der Geschichte unterwegs mit Fragen konfrontiert. Am Bestimmungsort seiner R. erfährt er, daß er an einem glücklosen Tag geboren sei, und erhält Antworten auf die Fragen.

Oftmals lassen sich AaTh 460 A und AaTh 460 B nur schwer voneinander unterscheiden, so daß Erzählungen nicht immer einem von beiden Typen sicher zugewiesen werden können, wie auch die unterschiedlichen Typenzuordnungen erkennen lassen[19].

In litau. und serb. Var.n von AaTh 460 B kann der an einem glücklosen Tag geborene Held dennoch sein Schicksal wenden und zu Erfolg kommen, indem er eine glücklich geborene Frau heiratet und über bzw. durch deren Glück lebt[20]. Ob ein Mensch mehr Glück oder Unglück in seinem Leben hat, wird im Palast des Schicksals[21] oder beim Gottesgericht bestimmt: „Wer geboren wird, wenn kleine Lichter brennen, der wird angesehen und reich sein; wer geboren wird, wenn kleinere Lichter brennen, wird ein leidlich wohlhabender Mensch sein; wer aber geboren wird, wenn die Lichter erloschen sind, wird arm und besitzlos sein."[22]

In nahöstl. Var.n erhält die R. zu Gott dadurch eine schwankartige Ausprägung, daß dem Helden die Antwort Gottes unverständlich bleibt[23].

Den nach dem Grund für sein Elend fragenden Helden schickt Gott zurück, er wolle für ihn sorgen[24]. Eingedenk dieser Antwort lehnt der Mann sowohl die ihm auf dem Rückweg angebotene Perle als auch einen Schatz ab. Schließlich gelangt er zu einem Wolf bzw. einem Lebewesen, das halb Wolf, halb Mensch ist. Ihm überbringt er Gottes Antwort, es werde erst dann von seiner Plage genesen, wenn es einen Esel bzw. sehr dummen Menschen fresse. Das Tier frißt den Antwortsucher sogleich auf, denn

„wenn ich auf der ganzen Welt herumgehe, kann ich keinen größeren Esel mehr kriegen als dich"[25].

In zahlreichen Var.n von AaTh 460 A und AaTh 460 B, in denen der arme Wanderer seine Belohnung nicht direkt von Gott bzw. dem Glück erhält, kommt der Held indirekt durch die Antworten auf die Fragen zu → Reichtum. In einem vietnames. Märchen scheint sich der ‚himmlische Kaiser' dem Ratsuchenden selbst geradezu zu verweigern, indem er diesem ausdrücklich eine Antwort auf dessen eigene Nöte schuldig bleibt[26]; oder der Held fragt zwar für die anderen, ist aber zu verängstigt, sein eigenes Anliegen vorzubringen[27].

Einen ungewöhnlichen Weg, eine Belohnung von dem Mondkönig zu erhalten, schlägt der Wanderer in einer Version der ostafrik. Dschagga ein. Hier ist es nicht die Gnade der Gottheit, die dem Leben des Helden eine positive Wendung gibt, sondern durch sein Geschick erarbeitet sich der Reisende die Gegengabe des Mondkönigs: Er zeigt ihm, wie man mit Feuer Essen schmackhaft zubereiten kann[28].

Nicht besser gestellt wird ein Mann, der sich in einer nordafrik. Var. auf den Weg zu Gott macht, um nach den Ursachen für sein elendes Leben zu fragen. Gott zeigt sich geradezu erbost gegenüber der Undankbarkeit des Helden: „Jeden Tag, solange du denken kannst, hast du von mir Brot erhalten, das genügte, um dich und deine Frau zu ernähren. Da du hiermit nicht zufrieden warst, wirst du auch nie mehr erhalten, solange du noch leben wirst."[29]

In einer südslav. Fassung geht der Held nicht aus eigenem Antrieb auf die R., sondern soll ein Mittel gegen die Einäugigkeit des Kaisers finden. Beachtung verdient diese Var. dadurch, daß der Kaiser den ihm gegebenen Rat – ihm werde erst dann das andere Auge aufgehen, wenn ihm seine Diener befehlen – schroff zurückweist: er werde dies nicht zulassen, „und sollte ich auf beiden Augen erblinden müssen"[30]. Nur ein halber Mensch, ein ‚Halbling', ist der Held in einer malai. Version; er erhält am Ende der R. einen vollständigen Körper[31].

A. → Aarne und andere Forscher glaubten, in älteren ind., literar. überlieferten Fassungen die Ursprünge des Erzähltyps gefunden zu haben[32]. Während in den asiat. Var.n von AaTh 460 A und AaTh 460 B die Wanderung des Helden zu irdischem Glück führt, steht in den Ländern um das Ägä. und das Schwarze Meer und auch in Italien oft der Tod des Wanderers am Ende der Geschichte[33]. Da die Erzählung weiter nach Westen wieder den gleichen Schluß enthält wie in Asien (Indien), meinte später W. → Liungman, davon ausgehen zu können, daß diese Alternative auch in den dazwischenliegenden Gebieten vorhanden gewesen sei. Darüber hinaus glaubte er, bes. in russ. Aufzeichnungen einen religiösen Einschlag zu erkennen[34], weshalb er für diesen Bereich griech.-orthodoxe Klöster als Quelle bzw. Vermittler annahm[35].

Gerade im Hinblick auf die religiöse Vorstellungswelt, wie sie bes. in AaTh 460 A zum Ausdruck kommt, ist beachtenswert, daß in manchen Var.n sich anscheinend widersprechende religiöse Einstellungen nebeneinander stehen, sogar miteinander verknüpft werden. Dies gilt etwa für eine Version aus Pakistan, wo die nahtlose Verbindung streng islam. Gottesglaubens, wie ihn der wandernde Held verkörpert, mit dem buddhist.-hinduist. Motiv der Seelenwanderung einhergeht[36]. Ob tatsächlich ind. Qu.n als ursprünglich anzusehen sind und darüber hinausgehend → byzant. Erzählgut als wichtiger Vermittler zwischen Europa und Asien fungiert hat, wie Liungman annahm[37], ist fraglich[38].

AaTh 460 A und AaTh 460 B zählen zu einer in Thematik und Erzählstruktur eng zusammengehörenden Gruppe von Erzählungen, die über die R. eines Helden in und durch das Jenseits und seine Rückkehr ins Diesseits berichten. Dabei treten in Märchen → Botschaften ins Jenseits zumeist als Fragen auf, die im Diesseits nicht zu beantworten sind. Sie gehören zu den vielfältigen Aufgaben und Unternehmungen, die dem Helden bei Jenseitsfahrten zuwachsen können. Die als Frage an Gott, an das Glück oder Schicksal überbrachte Botschaft ins Jenseits findet dann Entsprechung in der Antwort, die der Held als Nachricht aus dem Jenseits zurückbringt. Die zu lösende Frage ist einerseits Anlaß zum Handeln, zugleich aber auch → retardierendes Moment, da sie nur selten sofort beantwortet wird, sondern erst nach verschiedenen Abenteuern.

Entscheidend für die mit der Erzählung von der R. zu Gott (zum Glück) einhergehende Botschaft erscheint die Art und Weise, in welcher der Umgang mit Glück und Unglück vor Augen geführt wird. Dieser variiert einerseits zwischen dem Extrem des Fatalismus sowie andererseits der Maxime, daß letztlich doch jeder seines Glückes Schmied sei.

Innerhalb dieser Parameter herrschen für die hier beschriebene Erzählung zwei Muster vor: zum einen die Vorstellung, daß ein Sterblicher grundsätzlich unfähig ist, sein Glück bzw. Unglück zu verändern; und selbst in Fällen, in denen dies zunächst scheinbar erfolgreich versucht worden ist – etwa durch die Heirat mit einer glücklich Geborenen –, erweist es sich am Ende, daß der Held doch wieder alles verliert. Er vermag es nicht, seiner Vorbestimmung zu entrinnen. Ganz in diesem Sinne betonen die → Schicksalsfrauen in einer rumän. Var. von AaTh 460 B ausdrücklich, daß „das bei der Geburt bestimmte Schicksal nicht geändert werden kann"[39]. In einem nordafrik. Märchen erweist es sich am Ende, daß die reich Gemachten ihr Glück nicht auf Dauer verdienen. Denn ihre nun zum Vorschein kommende eigene Haltung gegenüber Hilfsbedürftigen läßt auf eine unwürdige innere Einstellung schließen: „Sie waren nämlich nicht wirklich reich geworden, nur äußerlich"[40].

Demgegenüber betont das zweite Erzählmuster, daß ein Mensch sehr wohl in der Lage sei, gegen seine Bestimmung zu handeln und diese zu durchbrechen – eben z. B. mit einer Heirat, die dem glücklos auf die Welt Gekommenen schließlich doch noch Reichtum und Erfolg sichert[41].

[1] Ergänzend zu AaTh 460 A: Kerbelytė, LPTK; Kecskeméti/Paunonen; SUS; Gašparíková, num. 524; BFP 460 B, cf. *460 D, *461 A*, *460 C, *461*; Cirese/Serafini; Megas/Puchner 460 A, 461 A; Jason 460*C; Jason, Types, 460 A, 460* C; Haboucha 461 A; Ėrgis, num. 192, cf. auch num. 139, 210; Kurdovanidze 460 B; Nowak, num. 427; Marzolph *461; Thompson/Roberts 461 B; Jason, Indic Oral Tales 461 A; Ting 461 A; Choi, num. 242; Ikeda 460 B; Lambrecht, num. 4175. – [2] z. B. Fähnrich, H.: Märchen aus Georgien. MdW 1995, num. 20. – [3] Ėrgis, num. 192; Thompson/Roberts 461 B; Jason, Indic Oral Tales; Eberhard, Typen, num. 125; Choi, num. 242; Ikeda 460 B; Kratz, E. U.: Indon. Märchen. MdW 1973, num. 9; Hambruch, P.: Malai. Märchen. MdW 1922, num. 30; Karow, O.: Märchen aus Vietnam. MdW 1972, num. 9, 15; Bäcker, J.: Märchen aus der Mandschurei. MdW 1988, num. 10; Schimmel, A.: Märchen aus Pakistan. MdW 1980, num. 1. – [4] Kurdovanidze 460 B; Fähnrich (wie not. 2); Macler, F.: Contes, légendes et épopées populaires d'Arménie. P. 1928, 93–102; Bleichsteiner, R.: Kaukas. Forschungen 1. Wien 1919, 183–188 (mingrel.); Hermann, A./Schwind, M.: Die Prinzessin aus Samarkand. Köln 1951, 127–130 (armen.). – [5] Schmidt, H./Kahle, P.: Volkserzählungen aus Palästina. Göttingen 1918, num. 61. – [6] Frobenius, L.: Volksmärchen der Kabylen 1. Jena 1921, num. 53; Topper, U.: Märchen der Berber. MdW 1986, num. 55; Meinhof, C.: Afrik. Märchen. MdW 1921, num. 9 (Dschagga). – [7] cf. Liungman, Volksmärchen, 110 sq. – [8] Schmidt/Kahle (wie not. 5). – [9] Gonzenbach, num. 47. – [10] Fähnrich (wie not. 2). – [11] Karlinger, F./Mykytiuk, B.: Legendenmärchen aus Europa. MdW 1967, num. 31 (serb.). – [12] Tauscher, R.: Volksmärchen aus dem Jeyporeland. B. 1959, num. 47; Meinhof (wie not. 6); Karow (wie not. 3) num. 9. – [13] Eberhard, Typen, num. 125. – [14] Barag, L. G.: Beloruss. Volksmärchen. B. ²1967, num. 33; Loorits, O.: Der Hl. Georg in der russ. Volksüberlieferung Estlands. B. 1955, 103–106; Lambertz, M.: Die geflügelte Schwester und die Dunklen der Erde. Eisenach 1952, 138–144 (alban.); Loorits, O.: Estn. Volkserzählungen. B. 1959, num. 100; Piprek, J.: Poln. Volksmärchen. Wien 1918, 118–120. – [15] Barag (wie not. 14) 318, 317. – [16] Fähnrich (wie not. 2). – [17] Bäcker (wie not. 3). – [18] Ergänzend zu AaTh 460 B: Rausmaa, SK 1, num. 51; Arājs/Medne; Ó Súilleabháin/Christiansen; Delarue/Tenèze; Cirese/Serafini; Megas/Puchner; SUS; Jason; Thompson/Roberts. – [19] Tauscher (wie not. 12) 183. – [20] cf. Schwarzbaum, 260; Karlinger/Mykytiuk (wie not. 11); Schütz, J.: Volksmärchen aus Jugoslawien. MdW 1960, num. 36 (aus Bosnien-Herzegowina); Eschker, W.: Serb. Märchen. MdW 1992, num. 17. – [21] Eschker (wie not. 20). – [22] Karlinger/Mykytiuk (wie not. 11) 113. – [23] Bleichsteiner und Hermann/Schwind (wie not. 4). – [24] Bleichsteiner (wie not. 4) 185. – [25] ibid., 189; ähnlich Hermann/Schwind (wie not. 4). – [26] Karow (wie not. 3). – [27] ibid., num. 15. – [28] Meinhof (wie not. 6). – [29] Frobenius (wie not. 6). – [30] Krauss, F. S.: Tausend Sagen und Märchen der Südslaven 1. Lpz. 1914, 354–357, hier 357. – [31] cf. Kratz und Hambruch (wie not. 3). – [32] Aarne, A.: Der reiche Mann und sein Schwiegersohn (FFC 23). Hels. 1916, bes. 122–180; cf. hierzu auch Karlinger, F./Bîrlea, O.: Rumän. Volksmärchen. MdW 1969, 303; Liungman, Volksmärchen, 108. – [33] Gonzenbach, num. 47. – [34] cf. auch Loorits 1955 (wie not. 14) 103 (Held begegnet verschiedenen Heiligen, die er verprügelt); ähnlich id. 1959 (wie not. 14). – [35] Liungman, Volksmärchen, 110. – [36] cf. Schimmel (wie not. 3). – [37] Liungman, Volksmärchen, 112. –

[38] cf. EM 6, 345 sq. – [39] Bîrlea, O.: Antologie de proză populară epică 2. Buk. 1966, 116 sq. – [40] Topper (wie not. 6). – [41] cf. Schwarzbaum, 260 sq.

Regensburg   Sebastian Schott

Reiseberichte

1. Definition – 2. Geschichte – 3. Quellenwert für die Erzählforschung – 4. Beispiele

1. Definition. R. sind ein Teil der umfassenderen Reiseliteratur[1], zu der auch Reisehandbücher, Reiseanleitungen (Apodemiken), Reiseromane und -erzählungen gehören. Sie sind der schriftl. Niederschlag der Erfahrungen, Erlebnisse und auch → Phantasien von Reisenden, die in der Absicht angefertigt wurden, andere nachträglich an diesen Erfahrungen und Erfindungen teilnehmen zu lassen oder Ergebnisse von wiss. Forschungsreisen vorzulegen. R. können als Prosabericht (auch Brief, Tagebuch) oder seltener in Gedichtform konzipiert sein. Es existieren zahlreiche Mischformen zwischen sachorientierten und literar., zwischen informativen und phantastischen R.n. Vielfach haben auch literar. R. die Form der auf Erfahrung gründenden R. beeinflußt[2].

2. Geschichte. Das Genre der Reiseliteratur existierte bereits in der Antike; → Homers *Odyssee* gilt als eine der frühen Reisebeschreibungen, die von Beginn an zwischen Realität und Phantasie angesiedelt waren. In diesen Zusammenhang ist auch die parodistische Reisebeschreibung *Alēthēs historia* (Wahre Geschichte) von → Lukian zu nennen. Seit dem MA. stellten Ber.e über die → Kreuzzüge (→ *Herzog Ernst*), Pilgerreisen (→ Wallfahrt), literar. Phantasiereisen (Jean de → Mandeville, → *Brandans Seefahrt*) und Burlesken (→ Münchhausiaden) eine beliebte und wichtige Gattung dar[3]. → Reisen galten grundsätzlich als zweckgerichtet; es standen entweder eine starke religiöse Motivation, ein staatspolitischer Expansionswunsch oder ein ökonomisches Interesse (Marco → Polo) dahinter[4]. Die Rezipienten erwarteten in den frühen gedr. R.n abenteuerliche, phantastische Nachrichten über fremde Völker (cf. → *Alexanderroman*, → Fabelwesen, → Exotik, Exotismus) und Auskünfte über neuentdeckte Länder und deren Reichtümer. Seit der frühen Neuzeit wurde das Reisen als ein Erkennen und Erforschen der Welt angesehen. Apodemiken[5] oder Bücher über die Reisekunst trugen dazu bei, daß sich der Typus des Reisenden[6] als eines ‚wohl unterwiesenen Passagiers'[7] entwickelte. Bes. einflußreich wurden die Berichte von berühmten Reisenden wie Kolumbus, Ibn Baṭṭūta, Alexander von Humboldt und über sie[8] sowie auch von Missionaren vermittelte Nachrichten, die jedoch nicht unbedingt als R. angesehen werden können. Ende des 18. Jh.s entstanden mehr unterhaltsame R.; die Texte wurden gefühlvoller und unterhaltender[9]. R. wurden auch in verkürzter Form in Journalen, Kalendern und Almanachen abgedruckt[10]. Die Blütezeit des klassischen Reiseberichts liegt zwischen 1750 und 1840, danach teilte sich das Genre in R. und Reiseführer; letztere sind heute die wesentlich wichtigere Gattung der für die Praxis bestimmten Reiseliteratur.

3. Quellenwert für die Erzählforschung. Für die Erforschung volkstümlicher Überlieferungen galten im 19. Jh. neben anderen hist. Quellen wie Chroniken, Kompilationsliteratur, Zss. etc. R. als wichtige Quelle für Volkserzählungen, insbesondere für → Sagen. Wie neuere Unters.en zur Quellenkritik von Sagensammlungen gezeigt haben, trafen die Herausgeber von älteren Editionen in der Regel keinerlei Unterscheidung zwischen den einzelnen Quellentypen und lösten die Texte aus ihren Zusammenhängen, um sie statt dessen in regionale Erzählsammlungen einzugliedern[11]. In den R.n der → Aufkärung finden sich zwar Inhalte, die als Volkserzählungen betrachtet werden können, sie dienten aber oft lediglich dazu, den Aberglauben und die Unwissenheit in den bereisten Gebieten zu illustrieren. Erst seit der Spätaufklärung und definitiv seit der → Romantik stießen Volkserzählungen auf das Interesse von Reisenden und fanden zunehmend Eingang in die sich als eigenes Genre etablierende Flut von populären R.n (→ Lesestoffe, populäre; → Lesen). Der Quellenwert von Volkserzählungen in diesen R.n ist mittlerweile kritisch hinterfragt worden[12]. Begriffe wie ‚das Volk erzählt sich', ‚der gemeine Mann erzählt' oder ‚die hiesige Sage geht' verweisen in den meisten Fällen nicht auf

von den Reisenden tatsächlich Gehörtes, sondern auf Angelesenes oder von gelehrten Ansässigen Erfahrenes. „Der Reisende liest also zuvor, was er hinterher selbst entdecken möchte."[13] Die Beliebtheit von Volkserzählungen führte oft zu einer Akkumulation von Sagen an bestimmten Orten, zu denen man reiste. Bes. regionale Sehenswürdigkeiten wie Berge, Steinformationen, Seen und Höhlen, aber auch Burgen, Schlösser und Ruinen wurden zu Sammelpunkten, an die sich Erzählungen anknüpften (→ Lokalisierung). Zwischen 1780 und 1880 bildeten sich dadurch eigene Sagenlandschaften heraus, die vor allem auf Zuweisungen, Erfindungen und Zusammenschreiben der Lit. basierten, zum geringsten Teil auf mündl. Überlieferung (→ Rheinromantik)[14]. Die Wiedergabe von Erzählstoffen in R.n des späten 18. Jh.s bis heute ist mehr eine Geschichte des Interesses an solchen Stoffen und weniger eine verläßliche Quelle für indigenes Erzählgut.

4. Beispiele. In den R.n über das schles. Riesengebirge lassen sich zwei repräsentative Beispiele für das Problem der Rezeption von Erzählstoffen anführen: Die Entstehung eines Sagenkanons rund um die Burg Kienast und die Transformation der Geschichten über den Berggeist → Rübezahl zu einer touristischen Attraktion von höchster Konstanz. Die Burg Kienast galt aufgeklärten Reisenden bis weit in das 18. Jh. als interessanter Aussichtspunkt, an dem Wettermessungen, Kartierungen von einem erhöhtem Standort und andere ähnliche Naturbeobachtungen vorgenommen werden konnten. Die erste Erwähnung einer auf der Burg lokalisierten ‚Sage' findet sich in einem Reisebericht von 1783[15], die zweite 1797[16]. Zwischen 1800 und 1804 kamen zwei weitere Erzählungen vorwiegend in literar. Bearb. hinzu[17], und für 1827 liegt der Nachweis einer fünften Sage vor[18]. Bereits 1823 erschien das Büchlein *Die Ruinen des Kynast*, in dem alle bisher veröff. Sagen bequem nachzulesen waren, und 1874 erwähnt Meyers Reiseführer, daß diese ‚auf Verlangen' inklusive Turmbesteigung für zehn Pfennig von einem Einheimischen erzählt werden[19].

Die Erzählungen um den Berggeist Rübezahl weisen eine ähnliche Entwicklung auf. R. des späten 18. Jh.s fanden den Berggeist noch kaum einer Erwähnung wert. So schreibt z. B. der Verf. eines frühen Reiseführers für das Riesengebirge: „Ich wünsche mir keine Leser, die sich an Histörchen vom Riebenzagel ergötzen, und deswegen will ich von dieser eckelhaften Mühe einer Erzälung von ihm mich durch hochachtende Vorstellung meiner Leser lossprechen, und meine Verehrung gegen sie durch mein Schweigen zeigen."[20] Obwohl die von Johannes → Praetorius und in den sog. Schneekoppenbüchern[21] veröff. Rübezahlgeschichten bekannt gewesen sein mußten, fanden die Figur und die Erzählstoffe über den Berggeist erst in der literar. Bearb. von Johann Karl August → Musäus in den R.n Beachtung[22]. Rübezahl wurde für die gebildeten Reisenden erst gesellschaftsfähig, nachdem Musäus ihm seinen derben, gespenstischen Charakter genommen und die Erzählungen um diese Gestalt in einen ‚bürgerlichen' Sagenstoff umgewandelt hatte.

Festzuhalten ist, daß in den klassischen R.n der Spätaufklärung und Romantik nur sehr wenig über die Erzählkultur der Landbewohner (hier Gebirgsbewohner) zu erfahren ist. Letztere treten nur durch den Blick der Reisenden in ihrer Rolle als Dienstleistende (Führer, Herbergspersonal), Bettler oder schlicht als Staffage zur Vervollkommnung des Naturgenusses hervor. Aus den R.n ist jedoch viel über die intellektuelle bürgerliche Kultur der Reisenden selbst und das Entstehen bürgerlicher Sagenstoffe zu erfahren, ihre Konstruktion und ihre örtliche Einbindung in die Natur, die schließlich zum unverzichtbaren Bestandteil der Unterhaltungs- und Reiseliteratur wurden. Auf diese Weise ist die Entstehung eines Sagenkanons an bestimmten Orten genau nachzuvollziehen, und die → Kontinuität basiert allein auf schriftl. Quellen. R. spiegeln demnach das Entstehen der bürgerlichen Sagenkultur mit zunächst ablehnendem Verhalten gegenüber abergläubischen Geschichten, dann deren Annahme und literar. Ausformung und schließlich gegen Ende des 19. Jh.s eine Vorliebe für mythol. Stoffe, die sich jedoch kaum noch in R.n finden, sondern in Erzählsammlungen (z. B. R. Kühnau, H. → Pröhle etc.) veröffentlicht wurden[23]. Bestimmte in den klassischen R.n mitgeteilte Erzählstoffe, vor allem mit Burgerzählungen über unerwiderte Liebe, ausgebrochene Gefangene etc., sind nicht in den mythol. orientierten Sagensammlungen des späten 19. Jh.s zu finden, weil sie die Sagenauffassungen der Romantik widerspiegeln und deshalb nicht dem Authentizitätsanspruch (→ Authentizität) dieser Sammler entsprachen. Regionale Sagensammlungen ergänzen jedoch z. T. bis heute die Reiseführerliteratur und komplettieren die Lektüre von Touristen, indem sie die Geschichten liefern, die in den knapp gefaßten Reisehandbüchern nicht aufgenommen werden.

Neuerdings wird auch verstärkt über die alltäglichen Reiseerzählungen und mündl. vermittelten Reiseeindrücke von Menschen geforscht, die mehr auf ihre transportierten Nachrichten und Botschaften hin analysiert werden als auf ihre Genrefähigkeit[24].

[1] Beckmann, J.: Litteratur der älteren Reisebeschreibungen 1–2. Göttingen 1808–10; Brunner, H./Moritz, R.: Lit.wiss. Lex. B. 1997, 283 sq.; Brenner, P. J.: Der Reiseber. in der dt. Lit. Tübingen 1990; Cox, E. G.: A Reference Guide to the Literature of Travel 1–4. Westport, Conn. ²1969; Paravicini, W. (ed.): Europ. R. des späten MA.s. Ffm. u. a. 1994; MacDaniel, E.: Travel Literature. In: Lindahl, C. u. a. (edd.): Medieval Folklore 2. Santa Barbara u. a. 2000, 987–993; Wolfzettel, F.: Ce Désir vagabondage cosmopolite. Wege und Entwicklungen des frz. Reiseber.s im 19. Jh. Tübingen 1986; Liying Wang: Erfahrungen im Reich der Mitte. Dt. R. über China in der ersten Hälfte des 20. Jh.s Münster/Hbg 2002; Hirschbiegel, J.: Ndl. R. Ffm. 2000; Pagni, A.: Postkoloniale Reisen. R. zwischen Frankreich und Argentinien im 19. Jh. Tübingen 1999; Fell, K. D.: Kalkuliertes Abenteuer. R. dt.sprachiger Frauen (1920–1945). Stg. 1998; Zimmermann, C. von: R. und Romanzen. Kulturgeschichtliche Studien zur Perzeption und Rezeption Spaniens im dt. Sprachraum des 18. Jh.s. Tübingen 1997; Burnikel, E.: Beschreibungen von Iranreisen im ZA. des Barock. Saarbrücken 1993; Osterhammel, J.: Die Entzauberung Asiens. Europa und die asiat. Reiche im 18. Jh. Mü. 1998, Kap. 4 und 7. – [2] Buch, H. C.: Die Nähe und die Ferne. Bausteine zu einer Poetik des kolonialen Blicks. Ffm. 1991, 31 sq. – [3] Griep, W.: Lügen haben lange Beine. In: Bausinger u. a. (edd.): Reisekultur. Von der Pilgerfahrt zum modernen Tourismus. Mü. 1991, 131–137. – [4] Lehner, M.: Reise ans Ende der Welt (1588–1593). Studie zur Mentalitätsgeschichte und Reisekultur der Frühen Neuzeit anhand des Reisetagebuches von Georg Christoph Fernberger von Egenberg. Ffm. u. a. 2002; Münkler, M.: Erfahrung des Fremden. Die Beschreibung Ostasiens in den Augenzeugenber.en des 13. und 14. Jh.s. B. 2000. – [5] Stagl, J.: Apodemiken. Eine räsonnierte Bibliogr. der reisetheoretischen Lit. des 16., 17., und 18. Jh.s. Paderborn u. a. 1983. – [6] Hentschel, U.: Die Reiselit. am Ausgang des 18. Jh.s. Vom gelehrten Ber. zur literar. Beschreibung. In: Internat. Archiv für Sozialgeschichte der dt. Lit. 16,2 (1991) 51–83. – [7] Stagl, J.: Der wohl unterwiesene Passagier. Reisekunst und Ges.sbeschreibung vom 16.–18. Jh. In: Krasnobaev, B. I./Robel, G./Zemann, H. (edd.): Reisen und Reisebeschreibungen im 18. und 19. Jh. als Qu.n der Kulturbeziehungsforschung. B. 1980, 353–384; Griep, W. (ed.): Sehen und Beschreiben. Europ. Reisen im 18. und frühen 19. Jh. Heide 1991; Kutter, U.: Reisen – Reisehbb. – Wiss. Materialien zur Reisekultur im 18. Jh. (Diss. Göttingen) Neuried 1996. – [8] Miquel, A.: Ibn Baṭṭūṭa. In: EI² 3 (1979) 735 sq.; Kletke, H.: Alexander von Humboldt's Reisen in Amerika und Asien 1–4. B. 1854–59. – [9] cf. Sterne, L.: A Sentimental Journey through France and Italy by Mr. Yorick. L. 1768–69; cf. Harbsmeier, M.: Towards a Prehistory of Ethnography. Early Modern German Travel Writing as Traditions of Knowledge. In: Vermeulen, H. F./Roldán, A. A. (edd.): Fieldwork and Footnotes. L./N.Y. 1995, 19–38. – [10] Schenda, R.: Volk ohne Buch. Ffm. ³1988, 285, 293. –

[11] Kindermann-Bieri, B.: Heterogene Qu.n – homogene Sagen. Philol. Studien zu den Grimmschen Prinzipien der Qu.nbearb. untersucht anhand des Schweizer Anteils an den „Dt. Sagen". Basel 1989; Grimm DS, 552–573; Tomkowiak, I./Ude-Koeller, S.: Auf den Spuren Will-Erich Peuckerts. Zur Arbeitsweise eines Sagenforschers. In: Medien popularer Kultur. Festschr. R. W. Brednich. Ffm. u. a. 1995, 131–144. – [12] Gerndt, H.: Zur Frühgeschichte der Sagenforschung. In: Dona Ethnologica Monacensia. Festschr. L. Kretzenbacher. Mü. 1983, 251–266; id.: Sagen und Sagenforschung im Spannungsfeld von Mündlichkeit und Schriftlichkeit. In: Fabula 29 (1988) 1–20; Schenda, R. (unter Mitarbeit von H. ten Doornkaat): Sagenerzähler und Sagensammler der Schweiz. Bern u. a. 1988, 41 sq.; id.: Mären von der Sage. Bemerkungen zur Produktion von „Volkserzählungen" zwischen 1850 und 1870. In: Geschichte und Ges. 9 (1983) 26–48. – [13] Schenda 1988 (wie not. 12) 41. – [14] cf. Bönisch-Brednich, B.: R. als Qu. der Erzählforschung. In: Fabula 34 (1993) 252–269; Köhler-Zülch, I.: Die Hexenkarriere eines Berges. Brocken alias Blocksberg. Ein Beitr. zur Sagen-, Hexen- und Reiselit. In: Narodna umjetnost 30 (1993) 47–81; Schenda, R.: Völlig naive Empfindung? Die dt. Reisenden und die ital. Volkslit. In: Fabula 32 (1991) 187–203; Uther, H.-J.: Sagen aus dem Harz. Mü. 1994, 7–19. – [15] Troschel, J. E.: Reise von Berlin über Breslau nach dem schles. Gebirge im Sommer 1783. B. 1784, 169. – [16] Fischer, J. C.: Fräulein Kunigunde vom Kynast oder die Liebesprobe. Eine Sage. In: id.: Taschenbuch für Freunde des Riesengebirges. Hirschberg 1797, 108–166. – [17] Herrmann, F.: Reise von Thüringen durch Sachsen, die Sächs. Schweiz und die Oberlausitz über den Oybin und Messersdorf in das schles. Riesengebirge 1–2. Lpz. 1804, 143 sq.; Der Breslauische Erzähler. Eine Wochenschrift 1

(1800) 455–459, 472 sq. (Der Sprung vom Kynast); ibid., 580 sq. (Die vier Striche im Wappen des Ritters Schaffgotsch); 3 (1802) 513–515 (Die Küche auf dem Kynast); ibid., 546 (Eine kleine Nachschüssel zu der Kynaster Küche). – [18] Martiny, F. W.: Hb. für Reisende nach dem Riesengebirge und der Grafschaft Glatz oder Wegweiser durch die interessanten Parthien dieser Gegenden. Breslau/Lpz. ³1827, 133. – [19] Letzner, D.: Riesengebirge und die Grafschaft Glatz (Meyers Reisebücher). Lpz. ⁴1874, 114. – [20] Volkmar, J. T.: Reisen nach dem Riesengebirge. Bunzlau 1777, 88. –
[21] Vergnügte und unvergnügte Reisen auf das Weltberuffene Schles. Riesen=Gebirge [1696–1737] (Schneekoppen-Buch) 1–2. Hirschberg 1736/38. – [22] Musäus, J. K. A.: Legenden vom Rübezahl. In: id.: Volksmährchen der Deutschen. Vollständige Ausg. nach dem Text der Erstausg. von 1782–1786. ed. N. Miller. Mü. 1961, 171–275. – [23] Bönisch-Brednich (wie not. 14) 266 sq. – [24] Warneken, B.: Spiegelbilder. Was Ost- und Westdeutsche übereinander erzählen. Tübingen 1995; Wittich, T.: Reiseerfahrungen und Urlaubsängste. Die touristische Erfahrung von Bedrohung und Unsicherheit als Gegenstand narrativer Darstellungen. Münster u. a. (im Druck).

Göttingen   Brigitte Bönisch-Brednich

Reklame → Werbung

Rekonstruktion (lat. reconstruere: wiederaufbauen) bezeichnet sowohl den Prozeß der Wiederherstellung als auch die daraus resultierenden Ergebnisse. In der Erzählforschung lassen sich verschiedene R.sinteressen unterscheiden: Es geht einerseits um die R. von Texten und andererseits um die R. kultureller Sachverhalte über die Texte (hist. Fakten, sprachliche Entwicklungsstufen, einstige Glaubensformen etc.).

Die R. von Texten wurde geleitet von der Annahme einer früher bestehenden → Urform, die sich durch Tradierungsprozesse oder kommunikative Abnutzungsprozesse (cf. → Zersagen, zersingen) verändert habe. Neben der R. vermeintlicher Ganzheiten aus Fragmenten oder Textversionen in verschiedenen Kulturen entwickelte die Forschung auch → Archetypen oder → Normalformen, deren hist. Existenz nicht mehr postuliert wurde, die aber für komparatives Forschen ein nützliches Hilfsmittel bieten. Darüber hinaus gaben Texte auch Anlaß zur R. kultur- und religionsgeschichtlicher sowie sprachhist. Fakten und Kontexte (cf. → Altersbestimmung des Märchens; → Jägerzeitliche Vorstellungen; → Kulturgeschichtliche Züge).

R.sbemühungen sind einerseits mit der diachronen Orientierung früher volkskundlicher Forschung überhaupt zu erklären. Andererseits ist R. eine Antwort auf die Verlustängste der sich herausbildenden modernen Mentalität[1]. Seit dem 18. Jh. stieg die Befürchtung, daß das Traditionelle und Alte am Verschwinden sei. Daher zeigen sich bis in die Gegenwart immer wieder Versuche, dieses Verschwindende zu retten oder seine ursprünglichen Vorläufer zu rekonstruieren. Schon die Tatsache, daß der Begriff Konstruktion im Gegensatz zu R. in der Volksliteraturforschung kaum auftaucht, deutet auf grundsätzliche Prämissen, mit welchen die volkskundliche Forschung bis weit ins 20. Jh. gearbeitet hat – erst die Folklorismusdiskussion (→ Folklorismus) sowie die Diskussion zur ‚Erfindung der Tradition' haben zu einer Dokumentation von Konstruktions- und Innovationsprozessen geführt[2]. E. Hoffmann-Krayers 1903 formulierte Aussage „Die Volksseele produziert nicht, sie reproduziert"[3] zeigt, daß die Tradition als von der aktiven Weitergabe durch Überlieferungsträger getrennt verstanden wurde (cf. → Kollektivität, Kollektivbewußtsein; → Produktionstheorie). Aus dieser Perspektive wurden → Erzähler als Sprachrohr traditioneller Erzählinhalte angesehen, und ihre Erzählungen konnten dementsprechend nur unvollständige Wiedergaben einer in der Vergangenheit vollständiger bestehenden Form sein (cf. → Gesunkenes Kulturgut). Mit verschiedenen Paradigmen der Erzählforschung bemühten sich Wissenschaftler, oft in Anlehnung an allg. kulturwiss. Theoriebildung, um die R. von Texten, von kultureller Realität, Geschichte und kommunikativer Kompetenz.

Eine Linie der Erzählforschung des 19. Jh.s entwickelte sich gemeinsam mit der nach früheren und frühesten Formen von Sprache suchenden Philologie, eine Verbindung, die auch J. und W. → Grimm in ihren Arbeiten praktizierten (cf. → Philol. Methode). Erzähltexte aus Handschriften wie auch aus der mündl. Überlieferung wurden in dieser Forschungsrichtung einerseits als nützliches Qu.nmaterial für die hist. Linguistik eingesetzt; andererseits entstand in der Erzählforschung, analog zur Philologie, ein Interesse an der Suche nach einer Urform. Vor allem von mündl. überlieferten Erzählungen wurde angenommen, daß der Tradierungsprozeß über Jh.e oder gar Jahrtausende zu einer Einbuße des Originaltextes geführt habe[4]. Literar. Persönlichkeiten wie Achim von → Arnim oder Clemens → Brentano fühlten sich im Zuge der → Romantik dazu aufgerufen, durch Sammlung und bes. auch Nachdichtung den Geist einer dt. Volkspoesie (→ Naturpoesie) nicht zuletzt zur Festigung nationaler Kultur wiederherzustellen (→ Nation; → Patriotismus). Angespornt wurde dieser Anspruch auch durch die problematische, aber breit rezipierte R. des → *Ossian*-Epos durch J. Macpherson, die von J. G. → Herder überschwenglich rezensiert wurde und zu seinem Aufruf, Volkspoesie zu sammeln, beitrug[5]. Anhand der R. ma. Poesie wie z. B. des → *Nibelungenlieds* lassen sich die Unterschiede zwischen nacherzählender und -empfindender R., wie sie etwa L. → Uhland anbot, und dem sich herausbildenden streng textkritischen Modell, welches Ausg.n wie diejenige K. Lachmanns hervorbrachte, zeigen[6].

Die → geogr.-hist. Methode entwickelte sich im ausgehenden 19. und frühen 20. Jh., um systematisch nach Urform und Ursprungsort von Erzählungen wie auch anderer Formen der Volkspoesie zu suchen und so das Ziel der R. vermeintlich ursprünglicher und damit vollständiger Texte zu fördern. Aus diesem Forschungsinteresse sind einerseits Nachschlagewerke wie die → Typen- und → Motivkataloge erwachsen, die bes. für die internat. vergleichende Erzählforschung nach wie vor nützliche Arbeitsinstrumente darstellen. Andererseits bestehen berechtigte Zweifel sowohl an der Möglichkeit, Urformen zu rekonstruieren, als auch am Sinn des Forschungsansatzes. Neben der eher pragmatisch angelegten geogr.-hist. Methode gab es in der 2. Hälfte des 19. Jh.s auch eine Reihe spekulativer Versuche, wie etwa die vergleichende Methode M. → Müllers[7], die ursprüngliche Bedeutung von Erzählungen und Erzählungsbruchstücken zu eruieren (→ Ide. Theorie; → Mythol. Schule).

Müller und ähnlich orientierte Forscher wurden von Anhängern der heute wiederum stark kritisierten Lehre einer kulturellen Evolution der Zivilisation, wegweisend formuliert durch E. B. → Tylor, kritisiert[8]. Der Versuch von A. → Lang und anderen, aus ‚Bruchstücken' von Kultur der Zivilisation vorausgehende primitive Entwicklungsstufen zu rekonstruieren (→ Fragmententheorie, → Survivaltheorie), verfolgte zwar ein anderes R.sziel, war aber in der Ausführung genauso spekulativ und bediente sich eines Sammelsuriums von Qu.nmaterial (von Missionarsberichten bis zu höchst unwiss. Reiseschilderungen)[9]; Lang war z. B. der Ansicht, aus Märchenmotiven sowie anderen Elementen der Volkspoesie frühere Entwicklungsstadien europ. Kultur ableiten zu können[10]. In seiner Studie zu folkloristischen Materialien im A. T. verband J. G. → Frazer die Thesen kultureller Evolution mit ‚wilder' Komparatistik[11]. M. Winternitz legte anhand einer ausführlichen Rez. von A. → Wesselskis *Theorie des Märchens* eine detaillierte Kritik unterschiedlicher R.stheorien vor[12].

Sowohl philol. wie kulturanthropol. R.en des 19. Jh.s arbeiteten fast ausschließlich mit Textdokumenten und übersahen die Menschen als kreative Träger und Produzenten dieser Texte. Die evolutionären Thesen unterstützten zudem die den → Kolonialismus tragende Ideologie unterschiedlicher Zivilisationsstufen. Die u. a. durch F. → Boas initiierte Wende, einerseits mittels teilnehmender Beobachtung die Angehörigen fremder Kulturen als gleichwertige Menschen wahrzunehmen und andererseits dadurch der Möglichkeit kultureller Relativität Raum zu verschaffen, trug zu verschiedenen weiteren R.sansätzen bei. Boas selbst arbeitete hauptsächlich mit Indianern der amerik. Westküste, wo er auf Kulturen stieß, die durch die westl. koloniale Expansion stark dezimiert waren. Er bestand darauf, Erzählungen und bes. mythol. Systeme (→ Mythologie) so vollständig wie möglich zu dokumentieren, denn er war der Ansicht, darin das kulturelle Ganze eines Stammes gespiegelt zu finden[13]. L. → Röhrich behandelte die Relation zwischen Erzählung und Wirklichkeit (→ Realitätsbezüge) in ihren nuancierten kultur- und religionsgeschichtlichen Schattierungen[14]. Die Frage, inwiefern sich hist. Fakten aus Erzählgut glaubwürdig rekonstruieren lassen, hat bes. die Sagenforschung stark beschäftigt[15].

Die im frühen 20. Jh. entstandene theoretische oder synchrone Linguistik verschob das Interesse vom Sprachursprung auf das Zusammenspiel von gesprochener Sprache (parole) mit dem ihr übergeordneten, passiv existierenden Sprachfundus (langue)[16]; dementsprechend sollte sich aus der gesprochenen Sprache ein Gesamtsprachsystem konstruieren lassen. Auch dieses Paradigma wurde in der Erzählforschung in verschiedenen Ansätzen fruchtbar aufgegriffen. V. → Propps formales Schema der Handlungssequenzen des Märchens (welche er wiederum zur R. einer hist. Kulturstufe verwenden wollte[17]) erlaubt die Ableitung einer zumindest dem Zaubermärchen zugrundeliegenden Grammatik des Inhaltsablaufs[18]. Der seit den 1960er Jahren in den USA entwickelte Performanzansatz betrachtet, in Analogie zum Begriffspaar langue/parole, den einmaligen Vortrag einer Erzählung (→ Performanz) als getragen von einem in einer Erzählgemeinschaft existierenden ästhetischen, generischen und strukturellen Verständnis des guten Erzählens (Kompetenz). D. Hymes hat mit diesem Paradigma versucht, aus Performanzen eine ethnopoetische Ästhetik zu rekonstruieren[19].

Gegen Ende des 20. Jh.s entwickelt sich eine Gegenströmung zu derartigen rekonstruierenden Forschungsinteressen. Es wird z. B. vermehrt die Bedeutung des Erzählens für die menschliche Existenz ausgewertet. Erzählen wird hier als stets neu ‚konstruierende' Kulturtätigkeit erkannt, die wesentlich zur Identitätsbildung, Verarbeitung der Vergangenheit, Konstruktion (und nicht nur R.) von Geschichte[20] sowie Existenzbewältigung beiträgt[21].

[1] cf. Berman, M.: All that Is Solid Melts into Air. The Experience of Modernity. N. Y. 1982; Köstlin, K.: Relikte. Die Gleichzeitigkeit des Ungleichzeitigen. In: Kieler Bll. zur Vk. 5 (1973) 135–157. – [2] cf. Hobsbawm, E./Ranger, T. (ed.): The Invention of Tradition. Cambridge 1983. – [3] Hoffmann-Krayer, E.: Naturgesetze im Volksleben. In: HessBllfVk. 2 (1903) 57–64, hier 60; cf. auch Bendix, R.: In Search of Authenticity. Madison 1997, 109–113. – [4] cf. Dundes, A.: The Devolutionary Premise in Folklore Theory. In: J. of Folklore Research 6 (1969) 5–19. – [5] Herder, J. G.: Über Ossian und die Lieder alter Völker [1773]. In: id.: Ausgewählte Prosa. ed. R. Franz. Bielefeld 1906, 1–28; id.: Stimmen der Völker in Liedern 1–2 [1778/79]. ed. H. Rölleke. Stg. 1975. – [6] Lachmann, K.: Der Nibelunge Noth und die Klage. B. 1960; Hagen, F. H. von der: Der Nibelunge Lied. Breslau 1820. – [7] cf. Dorson, R. M.: The Eclipse of Solar Mythology. In: JAFL 68 (1955) 393–416; Cocchiara, G.: The History of Folklore in Europe. Phil. 1981, 277–295. – [8] Tylor, E. B.: Primitive Culture 1–2. L. 1871; cf. Cocchiara (wie not. 7) 375–391, 430–446. – [9] Zur Wirkung dieses Ansatzes in der Brauchforschung cf. Johler, R.: Die Formierung eines Brauches. Der Funken- und Holepfannsonntag. Wien 2000. – [10] Lang, A.: The Method of Folklore. Custom and Myth. L. 1893, 10–18; cf. auch Dorson, R. M.: The British Folklorists. Chic. 1969, bes. 206–220. – [11] Frazer, J. G.: Folklore in the Old Testament. L. 1923. – [12] Winternitz, M.: Das Märchen innerhalb der Erzählungslit. der Völker. In: Archiv orientálni 4 (1932) 225–249; Wesselski, Theorie. – [13] Boas, F.: Kwakiutl Culture as Reflected in Mythology. N. Y. 1935; cf. hierzu Benedict, R.: Zuni Mythology. N. Y. 1935. – [14] Röhrich, Märchen und Wirklichkeit. – [15] So bietet z. B. Bernardo, X.: A Reconstruction of 15th Century Calatagan Community. In: Asian Folklore Studies 30,1 (1971) 55–69 einen Versuch, aus Erzählmaterial hist. Fakten zu rekonstruieren; bei Sparing, M. W.: The Perception of Reality in the Volksmärchen of Schleswig-Holstein. Latham, Md 1984 handelt es sich um einen differenzierteren Versuch, Aspekte von Mentalität, Geschlechterrollen und Verwandtschaftsbeziehungen aus Erzählmaterial herauszufiltern. Die Forschung zur modernen Sage hat sogar einen populärwiss. Zweig entwickelt, der sich um die R. von Tatsachenbeständen hinter Gerüchten und Sagen kümmert. – [16] Bausinger, 48. – [17] Propp, V.: Die hist. Wurzeln des Zaubermärchens. Mü. 1987. – [18] id.: Morphologie des Märchens. Ffm. 1975. – [19] Hymes, D.: „In vain I tried to tell you". Essays in Native American Ethnopoetics. Phil. 1981; cf. auch Bendix, R.: Amerik. Folkloristik. B. 1995, 84–94, 103–128. – [20] Fischer, H.: Das mündl. Gedächtnis. Kriegs- und Notzeiten in Volkserzählungen der Gegenwart. In: Petzoldt, L./Rachewitz, S. de/Schneider, I./Streng, P. (edd.): Das Bild der Welt in der Volkserzählung. Bern 1993, 9–26. –
[21] Bendix, R.: Zwischen Chaos und Kultur. In: ZfVk. 92 (1996) 169–184.

Göttingen   Regina Bendix

Relativität der Zeit (AaTh 681) weitverbreiteter Motivkomplex um trügerische Zeiterfahrungen (→ Zeit), der im Mittelpunkt unterschiedlicher Erzähltypen steht. Phänomenologisch ist zwischen zwei Ausprägungen zu unterscheiden: Durch wunderbare → Entrückung subjektiv kurz erlebte Zeit bei langer Realzeit wird in AaTh 766: → *Siebenschläfer* sowie in

AaTh 471 A: → *Mönch und Vöglein* thematisiert. Demgegenüber ist subjektiv lang erlebte Zeit bei kurzer Realzeit die Grundsituation von AaTh 681: *King in the Bath; Years of Experience in a Moment*. AaTh 861 verläuft nach folgendem Muster[1]:

> Ein Mann erlebt – zunächst unbewußt – einen Bruch mit der Realität (in → Traum bzw. → Vision; durch → Verzauberung oder → Verwandlung). Daran schließt sich eine lange Zeit an, in der er mit großer Intensität unterschiedlichste Dinge erlebt (cf. auch AaTh 1645 A: → *Guntram*). Zu einem späteren Zeitpunkt macht er ein Ereignis durch (erwacht aus dem Tagtraum; erhält einen Stoß; die wundersame Verwandlung wird umgekehrt) und findet sich in der vorherigen Realität wieder, in der nur kurze Zeit verstrichen ist.

N.-t. → Ting hat AaTh 681 eine umfangreiche Unters. gewidmet[2]. Darin spricht er sich trotz der Tatsache, daß die ältesten vorliegenden Var.n chin. sind, für einen Ursprung des Erzähltyps im Vorderen Orient aus. Als älteste Versionen von AaTh 681 führt Ting zwei Var.n aus dem unter dem Namen des Autors als *Lieh-tzu* (ca 3. Jh. n. u. Z.) bekannten Werk der klassischen chin. Lit. (cf. → Taoistisches Erzählgut) an[3]:

> Der sagenhafte ‚Gelbe Kaiser', der als Begründer des Taoismus gilt, lernt in einem Traum ein Land kennen, in dem die Menschen dem taoist. ‚Weg' folgen. Als er erwacht, fühlt er sich glücklich und nimmt den Taoismus an.
>
> Ein Zauberer trägt einen König an einen Ort überirdischer Freuden und göttlicher Wonnen. Viele Jahre später bringt der Zauberer ihn zu einer dunklen Stelle, die mit scharfen Schatten und laut hallenden Geräuschen erfüllt ist. Entsetzt möchte der König auf die Erde zurückkehren. Der Zauberer gibt ihm einen Stoß, und der König findet sich im Kreise seiner Diener wieder, das Essen vor ihm ist noch warm.

Zeitlich später, wenngleich wahrscheinlich auf eine gemeinsame Urform zurückgehend, steht die nahöstl. Erzählung vom islam. Propheten → Mohammed, der bei der Rückkehr von seiner Himmelfahrt das Bett noch warm fand[4]. Die für die spätere Überlieferung prägende Form von AaTh 681 entstand nach Ting allerdings erst zwischen dem 10. und 12. Jh. in der chin. Lit. Den Mittelpunkt bildet auch hier der taoist. Begriff vom trügerischen Charakter der Welt, es findet jedoch eine Verlagerung von der Erfahrung des Göttlichen hin zur Erfüllung von → Wünschen nach Reichtum, Schönheit und Macht im Traum statt. Beim Erwachen bedauert der Träumer oft seine Wünsche, in denen er den Ausdruck von Gier sieht. Das gemeinsame Grundmotiv in diesen Versionen ist der Traum, durch den religiöse → Bekehrung bewirkt oder → Weisheit erworben wird. Der Protagonist kommt in die reale Zeit und in den realen Raum zurück und bekehrt sich danach zum ‚wahren' Glauben. Das Erlebnis des Augenblicks hebt die Erzählung auf eine andere phil. Ebene: Die → Logik der realen Zeit wird gebrochen, und der Wiederanschluß an sie vollzieht sich auf einer anderen phil. Ebene. Auf dieser Grundlage differenziert Ting den chin. Typ von fast allen anderen Var.n des Erzähltyps[5].

Die ältesten europ. Var.n von AaTh 681[6] stammen aus einem isl. Ms. des 13. Jh.s (König hat Vision zukünftiger Größe) sowie aus dem *Conde Lucanor* (verfaßt 1330–35) des span. Infanten Don → Juan Manuel (Kleriker hat durch Magier veranlaßte Vision davon, daß er → Papst wird). Weitere, unterschiedlich ausgeprägte ma. Var.n derselben Grundidee finden sich etwa bei → Étienne de Bourbon, im *Edelstein* des Ulrich → Boner oder im *Speculum morale* des → Vincent de Beauvais. Unter den als Redaktionen bezeichneten internat. verbreiteten ökotypischen Ausprägungen, die Ting für die folgende Überlieferung herausarbeitet, ist die Erzählung vom zweifachen → Geschlechtswechsel eines – oft als Skeptiker charakterisierten – Mannes am weitesten und in Var.n aus der mündl. Überlieferung bis in die Moderne belegt[7].

In ind. Erzählungen steht die als relativ erlebte Zeit oft mit einer → Wiedergeburt in Zusammenhang. Der Augenblick, in dem → Buddha die Wahrheit erkennt und ‚Buddhist' wird, ist ähnlich wie in der taoist. Version, obwohl nicht klar ist, was genau er sieht; zudem erlebt Buddha seine Vision bei einer Meditation. In den Wiedergeburtsgeschichten der → Jātakas lebt und stirbt der jeweilige Protagonist (eine frühere Inkarnation Buddhas) in der realen Zeit und im realen Raum und wird von neuem in beide hineingeboren. Illustriert wird damit das Grundprinzip, daß Himmel und Hölle auf Erden liegen und daß man die Konsequenzen des eigenen Tuns bei der Wiedergeburt zu spüren bekommt.

Die Tatsache, daß AaTh 681 in europ. Volkserzählungen nur selten vertreten ist, erklärt Ting durch die kritische Einstellung des Christentums zur → Magie. Darüber hinaus sind kulturelle Unterschiede im Zeitbegriff zu nennen: In europ. Volkserzählungen verläuft die reale Zeit auch dann linear, wenn der Protagonist Erfahrungen bei → Jenseitsreisen macht; sein Erlebnis betrifft darüber hinaus oft auch einen anderen Raum als die Erde. Damit ist nicht nur die Logik der irdischen Zeit, sondern auch die aller übrigen Dinge andersartig. Auch seine Rückkehr führt nicht zu einer Integration der beiden Ebenen; die Dichotomie wird dem Protagonisten enthüllt, bleibt aber bestehen. Mithin thematisieren die östl. Texte zu AaTh 681 eher eine Veränderung im Sinne einer inneren → Reifung, während in den westl. Texten eine konkrete Veränderung der körperlichen Realität stattfindet.

Allg. relativiert AaTh 681 die Zeit auf verschiedenen Ebenen. Schränkt man die Definition des Erzähltyps auf das Motiv von Traum bzw. Vision ein, reduziert man ihn auf wenige, hauptsächlich chin. Var.n. R. der Zeit als erzählerisches Mittel umfaßt jedoch andere Ausdrucksformen und Variationen und ist über Asien, Europa und Amerika verbreitet. Aus ähnlichen Gründen besitzt auch das Alter der Erzählung wenig Relevanz für ihre Interpretation. Sieht man Erzählungen mit dem Traummotiv als den Grundtyp an, wären die chin. Var.n die ältesten; zieht man hingegen die Jātakas in Betracht, dann wären die frühesten Var.n die ind. Beide wurden übereinstimmend zum Zweck religiöser Bekehrung erzählt, und in beiden wechselt die Erzählung bei ihrer Rückkehr in die ‚Gegenwart‘ auf eine andere phil. Ebene.

Wichtig für die Analyse ist demgegenüber, daß R. der Zeit ein erzählerisches Mittel darstellt, durch das die Geschehnisse zum realen irdischen Maß von Zeit und Raum zurückgeführt werden. Als elementares Stilmittel erinnert die Schaffung relativer Zeitmaßstäbe daran, daß der Begriff der ‚realen‘ Zeit eine menschliche Erfindung ist und auf kosmischer Ebene nicht zutreffen mag. Wenn die Menschen diese unterschiedlichen Zeitmaßstäbe nicht in der irdischen Zeit erleben können, ermöglichen ihnen dies Erzählungen.

Das gilt auch für die bekannte → Eingangsformel ‚Es war einmal‘ und die → Schlußformel ‚und wenn sie nicht gestorben sind, dann leben sie noch heute‘, die beide die Zeit für die Märchenerzähler und ihr Publikum relativieren. Die Eingangsformel verlegt die Geschichte in eine andere Zeit, die nicht den Gesetzen des Hier und Jetzt unterliegt; sie befreit damit die Erzählung von der Logik des Alltagslebens und und schafft eine neue Ebene, die Raum für Wunder bietet. Die Schlußformel relativiert die Zeit auf drei Ebenen: die Zeit, in der das Märchen beginnt; die Zeit, in welcher der Hörer zuhört; und die Zeit, in der sich das Märchen irgendwo fortsetzt, ohne aber noch Gegenstand der Erzählung zu sein. Die Schlußformel kommentiert gewissermaßen einen Stillstand: Im Märchen spielt die Zeit eine Rolle, solange die Handlungsträger ein ereignisreiches Leben führen, Rätsel lösen und schwierige Aufgaben bewältigen; wenn alle Probleme gelöst sind, erreichen sie und mit ihnen die Zeit einen gleichbleibenden Zustand.

Auch die moderne → Science Fiction-Lit. spielt mit dem Thema der R. der Zeit. Dabei wird „meist von der Veränderbarkeit der geschichtlichen Entwicklung durch einen Eingriff in die Vergangenheit"[8] ausgegangen; erst infolge des Bruchs mit der rationalen Vorstellung der Zeit ändern sich andere Faktoren wie Lebensmuster und Verhalten. Die Science Fiction-Lit. bedient sich rational zu rechtfertigender Mittel, mit deren Hilfe die Handlungsträger in ein anderes Zeitsystem wechseln, doch bleibt alles, was das Leben in anderen Welten betrifft, letztlich Produkt der Phantasie des Erzählers.

[1] Ergänzend zu AaTh 681: Ting; Ikeda. — [2] Ting, N.-t.: Years of Experience in a Moment. A Study of a Tale Type in Asian and European Literature. In: Fabula 22 (1981) 183–213. — [3] The Book of Liehtzu. L. 1960, 33–35, 61–64. — [4] Schrieke, B. u. a.: Miʿrādj. In: EI² 7 (1993) 97–105. — [5] Ting (wie not. 2) 189 sq. — [6] Belege für das folgende cf. ibid., 189–192. — [7] cf. Marzolph, U.: Die Erzählungen der Mašdi Galin Ḫānom 2. Wiesbaden 1994, 43 sq. (zu num. 118); Mills, M. A.: It's about Time – Or Is it? Four Stories of/in Transformation. In: Fields of Folklore. Festschr. K. S. Goldstein. Bloom. 1995, 184–197; Drory, R.: Three Attempts to Legitimate Fiction in Classical Arabic Literature. In: Jerusalem Studies in Arabic and Islam 18 (1994) 146–164, bes.

152; Noy, D.: Jefet Schwili erzählt. B. 1963, num. 64 (jüd. aus Jemen); Šakryl, K. S.: Abchazskie narodnye skazki. M. 1975, num. 35; Levin, I.: Märchen aus dem Kaukasus. MdW 1978, num. 23 (georg.). — [8] Seeßlen, G./Kling, B.: Unterhaltung. Lex. zur populären Kultur. Hbg 1977, 131.

Neu Delhi   Sadhana Naithani

Religiöse Motive

1. Religion: Wort und Begriff — 2. R. M. in narrativen Zusammenhängen — 2.1. Motiv- und Typenkataloge — 2.2. EM — 2.3. Erzählgattungen — 3. Zur Dynamik r.r M. — 4. Forschungsperspektiven und -desiderate

1. Religion: Wort und Begriff. Lat. religio wird in der Antike sowohl mit religare (zurückbinden) als auch mit relegere ([immer wieder] neu erwägen, sorgfältig wahrnehmen, sich kümmern um) verbunden und meint sowohl die passive Gebundenheit des Menschen als auch seine aktive respektvolle Selbstverpflichtung gegenüber einer bindenden Macht (bei Cicero cultus deorum im Unterschied zur superstitio als eine der iustitia [Gerechtigkeit] untergeordnete Tugend [habitus])[1]. Religiosus (mit religio behaftet) bezeichnet als Tabuwort eine Eigenschaft von Orten, Zeiten, Gegenständen und Personen[2]. Noch in ma. christl. Überlieferung[3] meint religio ‚klösterlicher Verband‘, ‚Ordensgemeinschaft‘ (religiosus = Mönch) sowie allg.er eine spezifisch christl. virtus, meist als Unterbegriff der Gerechtigkeit. Erst allmählich wird religio zum Oberbegriff für christl. und nichtchristl. Gottesbeziehungen (‚religionum diversitas‘ bei Nikolaus von Kues[4]; noch im Westfäl. Frieden [1648] heißen die Konfessionen ‚Religionen‘) bzw. für ein kulturelles Subsystem.

Der im europ.-christl. Kontext profilierte und insofern ‚eurozentrische‘ Begriff Religion[5] ist nur begrenzt geeignet, als Generalnenner im Rahmen einer allg. Kulturtheorie zu dienen. Andere Sozietäten verfügen oft über zwar entfernt vergleichbare, aber nicht deckungsgleiche Begriffe[6]. Weder das Griechische noch das Hebräische (also auch nicht die Bibel) haben einen allg. Begriff ‚Religion‘. Für viele außerabendländ. Sozietäten beschreibt ‚Religion‘ kein objektsprachlich abgrenzbares kulturelles Subsystem, sondern stellt eine Sammlung jener Subsysteme dar, die aus abendländ. Sicht als religiös gelten. Eine Abgrenzung r.r M. von nicht-r.n M.n etwa bei schriftlosen archaischen Sozietäten ist daher definitorisch schwierig. Insofern eine Definition von Religion sich wiss.ssprachlich von objektsprachlichen Vorgaben löst, ist sie ein Stück weit willkürlich normierbar. Die Definitionen von Religion haben sich im Zuge der geschichtlichen Begegnung mit außereurop. Kulturen geändert (cf. auch die veränderte Auffassung des Begriffs → Legende) und werden sich in der religiös inhomogenen Gesellschaft der Gegenwart (cf. spirituell-mystische, okkult-theosophische, psychohygienische Tendenzen) noch weiter ändern.

Viele Definitionen der seit Ende des 18. Jh.s beginnenden Religionswissenschaft leiden darunter, daß sie sagen, was Religion ‚eigentlich‘ sei (also den Religionsbegriff normieren wollen), aber nicht beschreiben, was unter Religion faktisch (empirisch) in verschiedenen Kontexten verstanden wird. Für F. Schleiermacher ist Religion ‚Anschauung und Gefühl des Universums‘ oder ‚Instinkt fürs Universum‘[7], für F. M. → Müller eine Fähigkeit, die dem Menschen ermöglicht „to apprehend the Infinite under different names, and under varying disguises"[8], für E. B. → Tylor „belief in Spiritual Beings"[9] (→ Animismus) und für R. Otto Begegnung mit dem → Numinosen, welches den Menschen überwältigt, erschüttert und zugleich anzieht[10]. Tritt zum Numinosen das ethische Moment hinzu, entsteht das ‚Heilige‘ als die fundamentale Kategorie des Religiösen[11]. E. Durkheim betonte die in verschiedenen Gesellschaften strukturell grundlegende Dichotomie von Heiligem und Profanem[12], J. B. Pratt hingegen sah Religion als soziale Haltung gegenüber für schicksalsbestimmend gehaltenen Mächten[13]. Der Bezug auf eine zentrale Kategorie des ‚Heiligen‘ bzw. ‚Numinosen‘ schützt den Religionsbegriff u. a. vor theistischen Engführungen, da es auch Religionen gibt, für welche die Gottesidee nicht zentral ist (Buddhismus), wird aber in jüngerer Forschung oft als selbst religionshaft (also als religiöse Binnendefinition) kritisiert. Als weiterführend erwies sich B. → Malinowskis soziol. Deutung von Religion als nicht-zweckrationalem Handeln mit dem Sakralen, im Kontrast zur ebenfalls nicht-zweckrationalen, aber profanen Wiss. und zur ebenfalls auf das Sakrale bezogenen, aber strikt zweckrationalen → Magie[14]. Neuere Bemühungen beschreiben Religion oft lieber funktional als kulturelles Subsystem, welches Kontingenz bewältigt bzw. in Sinn verwandelt, sich unter den Rahmenbedingungen der Moderne aber auch ausdifferenziert und verselbständigt und damit an Integrationskraft verliert (Säkularisation)[15]. Ein anderer Ansatz geht vom Charakter der Religion als Zeichensystem aus, wie z. B. der von C. Geertz, der Religion als ein Symbolsystem beschreibt[16], oder unter semiotischem Blickpunkt der von G. Theißen[17], der Religion definiert als kulturelles Zeichensystem, das Lebensgewinn durch Entsprechung zu einer letzten Wirklichkeit verheiße und sich in den drei ‚Ausdrucksformen‘ → Mythos, Ritus (cf. → Ritualistische Theorie) und Ethos äußere[18].

Das kulturelle Konzept ‚Religion‘, welches erst allmählich mit dem Religionsbegriff zusammenwuchs, entsteht hist. (und zwar analog in verschiedenen Kulturen) in der Konkurrenzsituation missionierender Religionen, durch die der Religionswechsel zur biogr. Möglichkeit wird. Eine religionswiss. Definition des Religiösen[19] ist nur im Rahmen einer allg. Kulturtheorie sinnvoll. Zwischen substantiellen Definitionen (die sagen wollen, was Religion ist) und funktionalen Definitionen (die bestimmen, was Religion in einer Gesellschaft leistet) ist eine komplementäre Ergänzung möglich. Das qualifizierende Beiwort ‚religiös‘ muß sich als Teilbegriff eines kulturellen Koordinatensystems mit Abgrenzungen und Oppositionen ausweisen (d. h. eine Definition muß auch ausgrenzen, was nicht als Religion gelten soll). Doch hat z. B. die alte Opposition Magie/Religion nur begrenzten heuristischen Wert. Ein solcher Religionsbegriff muß sowohl Formen ‚verschleierter‘ und ‚abgesunkener‘ Religion zu erkennen gestatten als auch eine Inflation des Begriffes verhindern, die ihn für Wiss.ssprache wertlos machen würde. Im Zuge der Ausdifferenzierung und Verschiebung des kulturellen Subsystems Religion verändern sich nicht nur r. M. selbst, sondern auch ihre Wahrnehmung in herrschenden Diskursen. Als anthropol. Universale[20] integriert Religion die Teilbereiche menschlichen Handelns und Denkens in ein ‚Ganzes‘ und setzt mythol. Erzählen, Legendenbildung, Theologie, Bräuche, Riten, soziale Strukturen etc. frei, ohne mit diesen identisch zu sein.

2. R. M. in narrativen Zusammenhängen

2.1. Motiv- und Typenkataloge. S. → Thompson hat in seinem *Motif-Index of Folk-Literature*[21] den Begriff → Motiv bewußt vage gehalten, um den Index pragmatisch auf die Bedürfnisse der volkskundlich oder literaturgeschichtlich Forschenden abzustimmen[22]. Unter ‚Motiv‘ wird im folgenden die kleinste variable Einheit einer Erzählung als Erzählung (also z. B. nicht allg.er als Spracherzeugnis) verstanden, sozusagen als narratives Gen (→ Motivem). Motive haben nicht nur Inhalte, sondern bereits narrative Dynamiken und treten oft in signifikanten Motivkonstellationen bzw. -feldern auf. Als Motivfamilien mit ‚Familienähnlichkeit‘ sind sie wesentliche Bausteine von Textsorten (Gattungen). Die Grenze zwischen Motivfeldern und Erzähltypen (im Sinne von AaTh) ist fließend. Ein Motiv ist (in einem weiten Sinn) ‚religiös‘, wenn es aus einem religiösen Bezugsrahmen stammt und aus diesem seinen Sinn erhält (also ohne Kenntnis seines religiösen Umfeldes sachlich unverständlich wäre). Dieser kann aus einem herrschenden religiösen Diskurs stammen oder auch aus gesellschaftlich marginalen Formen religiösen Lebens. Wie andere Motive können r. M. in Erzählungen konstituierende Hauptmotive, austauschbare Nebenmotive, untergeordnete Füllmotive oder → blinde Motive sein. Auch ein Hauptmotiv definiert allein noch keinen Erzähltyp. R. M. sind selbstverständlich nicht an religiöse Kontexte gebunden. In der Lit.wiss. wird allg. zwischen Motiv und Stoff unterschieden; einiges, was Mot. verzeichnet, wäre in diesem Sinn eher Stoff. Der stärker deiktische Stoff ist durch einen präzisen kulturellen Haftpunkt definiert und wird anders tradiert als das freiere Motiv. Die Grenzen sind fließend: So entspricht z. B. Mot. V 264.1: *Virgin Mary brings a man a pact he signed with the devil and frees man from devil's power* im allg. dem → Theophilus-Stoff.

Mot. hat zwar eine Kategorie *V. Religion*, enthält aber auch unter anderen Kategorien zahlreiche Motive[23], die religiöse Anteile besitzen:

V. *Religion* wird eingeteilt in *Religious services* (V 0–V 99), *Religious edifices and objects* (V 100–199), *Sacred persons* (V 200–V 299), *Religious beliefs* (V 300–V 399), *Charity* (V 400–V 449), *Religious orders* (V 450–V 499) und *Religious motifs – miscellaneous* (V 500– V 599). *A. Mythological motifs* (hierunter alle Motive, die mit Göttergestalten und Schöpfungsmythen zusammenhängen), *C. Tabu*, *D. Magic*, *E. The dead*, *F. Marvels* (bes. F 0–F 199 *Otherworld journeys*), *M. Ordaining the future* (bes. M 300–M 399 *Prophecies*), aber auch pass.

Diese Unterscheidung macht – Thompsons Anliegen entsprechend – für pragmatische Registrierungszwecke (d. h. als Findungshilfe für Texte) Sinn, hat aber nur wenig hermeneutischen Wert. Die Einzelmotive sind z. T. narrative Bausteine, z. T. einfach Elemente religiösen Glaubens oder religiöser Praxis. Immerhin impliziert die Reihenfolge im Mot. eine innere Logik des Religiösen, die mit dem religiösen Ritus beginnt (unter den Generalnennern ‚worship‘, ‚sacrifice‘, ‚sacrament‘ [mit den Legendenmotiven der → Hostienfrömmigkeit], ‚mass‘, ‚prayer‘, ‚funeral rites‘, ‚religious feasts and fasts‘, ‚religious services – miscellaneous‘), dann Sachen und Personen und zuletzt Glaubensgegenstände katalogisiert. Die Kategorien wechseln zwischen solchen transkulturellen Charakters und solchen, die nur im Kontext abendländ. Überlieferung begegnen. Die meisten kleineren Kataloge haben sich diesem nur sehr vorläufigen System angeschlossen oder Kategorisierungen versucht, die nur für ein kulturell eng begrenztes Textkorpus Geltung beanspruchen können (→ Motivkataloge)[24].

Kriterien einer neuen Typologie r.r M. könnten sein: die unterschiedliche Intensität der Verankerung in religiösen Zusammenhängen bzw. ihre Lösung aus solchen, der Bezug auf die verschiedenen Teilaspekte von Religion (Mythos, Ritus, Ethos etc.) bzw. auf die unterschiedliche Performanz von Religion; die Orientierung des Katalogisierungssystems an einer allg. Kulturtheorie, die Vermeidung problematischer Oppositionen (Magie versus Religion) etc. Erzählgrammatische Typologisierungen sind schwierig umzusetzen. Insbesondere muß jede neue allg. Typologie r.r M. konsequent weltweites Erzählgut auswerten und die dabei angewandten Kategorien auch religionswiss. reflektieren.

Ähnliche Abgrenzungsschwierigkeiten kennen die Erzähltypenkataloge. A. → Aarne hatte in seinem *Verz. der Märchentypen* von 1910[25] eine Kategorie *Legendenartige Märchen*, die später von Thompson als *Religious Tales* (AaTh 750–849) bezeichnet wurden. Mutatis mutandis kennt AaTh neben einer Kategorie *Tales of Magic* (AaTh 300–748 A) auch eine Kategorie *Religious Tales* (AaTh 750 A–849) mit den Unterkategorien *God Repays and Punishes* (AaTh 750–779), *Truth Comes to Light* (AaTh 780–789), *The Man in Heaven* (AaTh 800–809) und *The Man Promised to the Devil* (AaTh 810–814). AaTh 815–849 sind nicht mehr durch eine Gesamtüberschrift erfaßt. ‚Religiös‘ sind diese Typen vor allem durch die zentrale Stellung r.r M., nicht etwa durch ihren Performanzort. Weder der soziale Ort noch die narrativen Strukturen unterscheiden sich erkennbar etwa von den *Tales of Magic*; auch das moralische Element ist nicht unbedingt stärker ausgeprägt.

2.2. EM. Die EM bietet Material und Übersichten zu zahlreichen r.n M.n in zu unterschiedlichsten Kategorien gehörenden Art.n. Über die Einbindung in spezifische Religionen bzw. Religionstypen informieren Art. wie → Arab.-islam. Erzählstoffe, → Bogomilen, → Buddhist. Erzählgut, → Christl. Erzählstoffe etc. und → Konfession, Konfessionen, → Pietismus oder → Schamanismus. Sich ändernde Glaubensinhalte bei wanderndem Erzählgut berücksichtigen Monogr.n von Erzählstoffen und -typen, u. a. → *Barlaam und Josaphat*[26] oder AaTh 335: → *Boten des Todes*, wobei es für einzelne Motive bzw. Motivfelder oft schwierig zu klären ist, ob sich ihre Verbreitung Wanderprozessen oder einem transkulturellen narrativen Potential verdankt. In AaTh 335 z. B. entfaltet sich ein religiöses Motiv zur Erzählung, welches im Buddhismus in zentralen religiösen Kontexten begegnet, aber schwerlich durch Wanderung verbreitet wurde[27]. Art. über Textsammlungen primär religiösen Charakters bieten Qu.nangaben zu r.n M.n und ihrer kontextuellen Einordnung: → *Acta martyrum et sanctorum*, → *Altes Testament*, → *Apokryphen*, → *Jātaka*, → *Koran*, → *Legenda aurea*, → *Ma'assehbuch*, → *Mahābhārata*, → *Neues Testament*, → *Physiologus* etc. Naturgemäß sind Art. über Gattungen wie →

Legende, → Legendenmärchen, → Mirakel und → Vision, Visionsliteratur reich an Informationen über r. M. ebenso wie Art. über Typen von homines religiosi wie → Derwisch, → Pfarrer, → Propheten und → Zauberer, Zauberin. Über die ‚Verselbständigung' bibl. Figuren, Stätten und Ereignisse in der Folklore (im Sinn einer ‚sekundären Oralität') ist in zahlreichen Art.n zu erfahren, z. B. → Aaron, → Adam und Eva, → Dismas der rechte Schächer, → Gog und Magog, → Leviathan, → Lilith, → Luzifer, → Salomo, → Sintflut, → Sodom und Gomorrha. Die Wanderung bibl. Motive und Stoffe in Volkserzählungen ist schon früh vielfach bezeugt[28]. Religionsstifter (→ Buddha, → Christus, → Mohammed), → Heilige (→ Hagiographie) u. a. Figuren religiöser Tradition (→ Chadir, → Elias, → Luqmān) sind → Kristallisationsgestalten, an die sich in bes. Weise r. M. heften und Legenden erzeugen, deren Motivrepertoire oft rasch und scheinbar problemlos von einer Gestalt auf eine andere übertragen werden kann. Sie sind in der EM primär für den christl. Bereich dokumentiert.

Theologumena und kirchliche Realien erzeugen in hohem Maße narrative Motivfelder; sie sind in vielen Art.n thematisiert: → Barmherzigkeit, → Dämon, → Eschatologie, → Geist, Geister, → Götzenbild, → Gral, → Hexe, → Jenseits, → Katastrophenmotive, → Ketzer, → Kirche, → Kulturheros, → Prodigien, → Schicksal, → Seelenwaage, → Seelenwanderung, → Tabu, → Wunder, → Zauber etc. Das gilt ähnlich für religiöse Gegenstände (→ Kruzifix, → Reliquie) und Handlungen (→ Gebet, → Gottesurteil, → Kult, → Menschenopfer, → Sakramente, → Wallfahrt).

2.3. Erzählgattungen. R. M. sind in verschiedenen narrativen Gattungen (→ Gattungsprobleme) bzw. → einfachen Formen je in charakteristischer Weise präsent (gilt mutatis mutandis auch für Lied, Spruch, Ritus u. a. kulturelle Ausdrucksformen). In im engeren Sinn religiösen Erzählformen stehen r. M. als Leit- und Hauptmotive im Mittelpunkt. Doch definiert sich die religiöse Erzählform primär über den sozialen und kulturellen Ort ihrer Performanz. Der Mythos als erzählte symbolhaltige Letztbegründung und religiöse Gattung hoher ‚Wertigkeit' weist r. M. vor allem aus einem eigenen mythol. Motivinventar auf (welches im Zaubermärchen seine rituellen Bezüge verliert). Eine Sonderform ist die → Ätiologie, auch in Form der Kultlegende bzw. Kultsage, welche einen religiösen Ritus direkt mit einer Geschichte begründet. Aus religiösen Hauptmotiven lebt auch die Legende als intentional religiöse Erzählform ‚mittlerer' Verbindlichkeit bzw. ‚Wertigkeit' und eher veranschaulichenden Charakters (im Gegensatz zum begründenden Mythos). Gerade die (nicht nur ma.) Legende (deren spielerischer, unterhaltender Charakter nicht unterschätzt werden sollte) ist eine Hauptquelle für r. M[29]. Das → Exempel als intentional religiöse Erzählform ethischer Zweckrichtung integriert dagegen oft gerade nichtreligiöse Motive in religiöse Deutungszusammenhänge (was in der Legende eher beiläufig der Fall ist). U. a. das → Predigtmärlein funktionalisiert volkstümliche Erzählformen und r. M. unter homiletischen Gesichtspunkten[30]. Aber auch die ‚profanen' Erzählgattungen weisen r. M. auf, wenngleich als stärker austauschbare Nebenmotive bzw. in dienender Funktion. Die → Sage als nichtreligiöse, an Orten und Personen haftende und unhist. Erzählung thematisiert regelmäßig Begegnungen numinosen (oft ‚schicksalshaften') Charakters, zumal das (bedrohliche und faszinierende) Miteinander diesseitiger und jenseitiger Wirklichkeiten eines ihrer wichtigsten Themenfelder ist[31]. Im einzelnen gibt es signifikante Unterschiede zwischen stärker religiösen und stärker profanen Gattungen. Z. B. ist die nächtliche Begegnung mit einem → Geistergottesdienst in der Legende eher günstiges Vorzeichen, in der Sage dagegen eher unheilvolles[32]. Der → Schwank (wie ähnlich der → Witz) bedient sich oft religiösen ‚Personals' und erfüllt damit in traditionellen Gesellschaften eine wesentliche soziale Ventilfunktion. Die → Fabel weist in den meisten Erzählkulturen verhältnismäßig wenig r. M. auf, deutlich weniger als → Märchen und Sage, obwohl sie zumindest partiell eine Säkularisationsform bzw. Schwundstufe des Mythos ist.

Bes. Beachtung haben auch die r.n M. im Märchen gefunden, die in dieser von Hause aus nichtreligiösen Erzählgattung zwar in großer Zahl auftreten, aber spezifische Metamorphosen durchleben. Indem Jenseitiges und

Diesseitiges als eine Welt (→ Eindimensionalität) verschmelzen, verlieren r. M. oft ihre religiöse Valenz und werden frei austauschbar mit (in ihrer erzählerischen → Funktion) analogen nicht-r.n M.n (→ Requisit, Kap. 3). Das gilt etwa für die Legende in dieser Form nicht. Je ‚archaischer' Märchen und märchenähnliche Texte (bes. aus älteren Kulturen und von schriftlosen Völkern) sind, je stärker sie dem Mythos ähneln, desto schwieriger ist die Abgrenzung r.r und nicht-r.r M. Zu fragen ist z. B., ob die göttliche Schlange aus Punt in dem altägypt. Märchen *Der Schiffbrüchige*[33] ein religiöses Motiv darstellt.

Manche r.n M. und Stoffe transportieren Ideengut, das in deutlicher Spannung zur ‚offiziellen' Religion steht bzw. nur eine geringe Schnittfläche mit dieser hat. So ist der → Teufel im Volksmärchen oft eher eine Variation des tumben → Riesen bzw. Ungeheuers als des Teufels der christl. Theologie[34]. Die Versorgung mit Essen durch → Engel in KHM 76, AaTh 652: → *Prinz, dessen Wünsche in Erfüllung gingen* z. B. ähnelt 1. Kön. 19, 5–8, dient aber nicht einem religiösen Erzählzweck (cf. Mot. S 353.2: *Exposed children miraculously fed by angels*); der Text ist keine Legende. Abendländ. Totensagen kreisen oft um Züge, die in ‚offizieller' Lehre vom Tod und Jenseits dezidiert als superstitiös gelten (und zwar schon in ma. Superstitionskritik)[35]. Auch die Christusgestalt in der Volkserzählung ist nicht mit dem ‚kirchlichen' Christus identisch: AaTh 822: → *Christus als Ehestifter*, AaTh 791, 752 A: → *Christus und Petrus im Nachtquartier*, AaTh 753: → *Christus und der Schmied* etc.[36]

Hinzu kommt, daß zumindest das europ. Märchen als von seinem kulturellen Ort her nichtreligiöse Erzählform dennoch vielfach als symbolhaltige → Erlösungsgeschichte gesehen werden kann und damit eine fundamentale Affinität zum Religiösen hat. M. → Lüthi hielt z. B. das → Schöne (auch das außerordentlich Häßliche) im Märchen für einen Repräsentanten des Numinosen[37]. Das sich im Märchen spiegelnde Individuationsgeschehen hat damit in allen seinen Motiven religiöse Anteile, auch wenn diese ‚verschleiert' sind und allg. ohne Anschluß an öffentliche religiöse Diskurse auftreten. Gerade in seiner äußeren (soziokulturellen) Unabhängigkeit von religiösen Diskursen erlaubt das Märchen, religiöse Themen in ungewohnter Form aufzunehmen. Die im engeren Sinn r.n M. sind gegenüber diesem Strukturzug des Märchens peripher und austauschbar.

3. Zur Dynamik r.r M. Märchen, aber auch andere Erzählformen schaffen Wirklichkeit und damit eine eigene Gegenwelt, die r. M. in unterschiedlicher Weise zu integrieren vermag. Manches Erzählgut ist völlig konform mit der in der jeweiligen Gesellschaft ‚zentralen' religiösen Ideen. Die Legende lebt eher aus solcher Konformität mit ‚offizieller' Religion, während das Märchen oft marginalisierte (superstitiöse) Motive bewahrt oder revitalisiert. Aber auch z. B. die ‚Kinderlegenden' der KHM sind unorthodox, etwa wenn aus den zwölf Aposteln zwölf Brüder werden (KHM, Kinderlegende 2). Eine (strukturell, nicht unbedingt zeitlich) dezidiert vorchristl. Kosmogonie perpetuiert das Motivfeld ‚Gott und Teufel als Weltschöpfer' (→ Dualismus), das u. a. in Südosteuropa weit verbreitet ist[38]. Andererseits verleiht die oft nur fiktionale Behauptung eines Nachlebens paganer r.r M. einem Stoff selbst religiösen (meist ‚geheimnisvollen' oder ‚unheimlichen') Charakter[39]. Unbestreitbar bleibt, daß manche Traditionskreise von Erzählgut r.r M., Figuren und Stoffe aus vorchristl. Zeit bewahren, wobei aber auch Phänomene sekundärer Oralität zu bedenken sind. Gut ist dies z. B. für neugriech. Erzählgut erforscht[40]. In manchen stärker literar. Erzählungen wird auch der Religionswechsel zum Christentum als Rahmenänderung r.r M. thematisiert, so öfters in Irland (z. B. *Connlas Meerfahrt*)[41]. Das ‚heidnische' religiöse Motiv ist damit selbst ein Sonderfall des religiösen Motivs, dessen oft imaginativer Charakter[42] primär Teil der Binnenwelt eines Textes ist (→ Heiden). Umstritten ist nach wie vor, in welchem Ausmaß r. M. in Märchen als Qu.n älterer Religionsgeschichte in Frage kommen[43]. Erzählungen wie AaTh 1324*: *The Man Behind the Crucifix*, AaTh 1324 A*: *Crucifix Punished* oder AaTh 767: → *Kruzifix gefüttert* umspielen einen vorchristl. Umgang mit ‚heiligen Gegenständen', der seinerseits verfremdetes religiöses Motiv ist. Ein Sonderfall sind r. M. in oft harmlos-spöttischen kleruskritischen schwankhaften Erzählungen, z. B. AaTh 1837: → *Heiliger Geist in der Kirche*, AaTh 1572 A*, 1829 A*: *Der naschhafte* → *Heilige*, AaTh 1775: *Der hungrige* → *Pfarrer*. Nicht eigentlich kleruskritisch, aber doch getragen von einer Sehnsucht nach einer ungebrochenen Religion ist z. B. AaTh 827: → *Heiligkeit geht über Wasser*.

Manchmal sind r. M. und nicht-r. M. in parallelen Erzähltypen austauschbar, so z. B. in den beiden verwandten Subtypen AaTh 460 A: *The Journey to God to Receive Reward* mit AaTh 460 B: *The Journey in Search of Fortune* (→ *Reise zu Gott [zum Glück]*). AaTh 311: cf. → *Mädchenmörder*[44] wird in ital. Var.n derart fortgeführt, daß der Bräutigam der Teufel und die verbotene Kammer die → Hölle ist: r. M. interpretieren hier sekundär säkulare Motive[45]. Weit häufiger ist der umgekehrte Vorgang. Auch r. M. unterliegen im Märchen dem problemlosen → Requisitenwechsel, haben also ihre religiöse Wertigkeit teilweise eingebüßt. Wie verhalten sich z. B. AaTh 1930: → *Schlaraffenland*, → Paradies und Topsy-Turvy-Land (AaTh 1935: cf. → Verkehrte Welt) zueinander? Bereits sehr frühe Berührungen der Motivfelder bezeugt → Herodot (3,17 sq.). Das Motivrepertoire der → Jenseitsreise (ursprünglich in Vision und schamanistischer Ekstase verwurzelt) wird von religiöser Erfahrung losgelöst zum Baustein volkstümlicher Erzählungen (AaTh 840: → *Strafen im Jenseits*) etc.

Während die abendländ. Religionsgeschichte schon seit dem Spätmittelalter vor allem Säkularisierungsprozesse r.r M. zeigt, ist in der weiteren Religionsgeschichte auch der umgekehrte Prozeß gut zu beobachten. Die buddhist. Jātaka- und Avadāna-Lit. z. B. integriert älteres Märchen-, Sagen- und Fabelgut und verwandelt es unter der Leitidee des karmischen Reinkarnationsgedankens (→ Seelenwanderung) in erbauliche Legenden mit z. T. deutlichem Tatsächlichkeitsanspruch[46]. Ähnlich kennen neuzeitliche ‚Neue Religiöse Bewegungen' zahlreiche r. M., deren Wurzeln in phantastischer Lit. und Folklore liegen. Diese sekundäre Anreicherung von säkularen Motiven mit religiöser ‚Wertigkeit' ist noch kaum untersucht[47], während der umgekehrte Vorgang seit der → Romantik breites Interesse gefunden hat.

4. Forschungsperspektiven und -desiderate. Weniger radikale hermeneutische Neuansätze als die konsequent interdisziplinär angelegte Überprüfung begrenzter Fragestellungen an einer breiten Qu.ngrundlage lassen einen Erkenntnisfortschritt erwarten. Desiderat ist eine für hist. Prozesse sensibilisierte Typologie religiöser Wirklichkeitsbezüge, welche neben narratologischen auch sozial- und kulturgeschichtliche sowie psychol. Differenzierungen bedenkt. Religion beansprucht, Wirklichkeit zu erschließen. Doch sind herkömmliche Unterscheidungen der Erzählgattungen nach ihrem → Glaubwürdigkeitsanspruch (etwa: die Sage als geglaubte, das Märchen als nicht geglaubte Geschichte) fragwürdig, wie bes. L. → Röhrich[48] gezeigt hat. Schon M. → Gaster hat in einem vielzitierten Diktum einen um so stärkeren Glauben an die Realität des Märchens behauptet, je ‚östlicher' man käme, was gerade den religiösen Charakter tangiere[49]. Gaster hatte u. a. rumän., alban., neugriech. sowie ‚zigeuner.' Erzählungen im Blick. Für die Frage nach dem Wirklichkeitsanspruch r.r M. ist die oft völlige Koexistenz religiöser und nichtreligiöser Weltdeutungen gerade in vormodernen Gesellschaften zu beachten. Ein Erzähler kann ein religiöses Motiv in einem bestimmten performativen Kontext ‚glauben' und energisch auf seiner ‚Wahrheit' bestehen, in einem anderen das gleiche Motiv als Aberglauben desavouieren[50]. Diese Prozesse sind noch wenig erforscht. Das volkstümliche Erzählgut konserviert und revitalisiert außerdem nicht selten r. M., die in ‚offizieller' Religion nicht vorkommen bzw. marginalisiert sind (→ Frömmigkeit). Insofern sind die r.n M. bes. in Märchen und Sage nicht einfach linearer Ausdruck der geglaubten und gelebten Religion, sondern stehen zu dieser in einem komplexen Ergänzungsverhältnis[51]. Für die Forschung ist auch zu beachten, daß der Traditionsabbruch in der Kenntnis religiöser Überlieferung zuweilen massive Verkennungen r.r M. mit sich bringt (bis zum Nichterkennen bibl. Bezüge im Erzählgut). Desiderat ist in erster Linie die stärkere gegenseitige interdisziplinäre Sensibilisierung für die Ergebnisse und Problemhorizonte der verschiedenen beteiligten Wiss.en.

[1] Cicero, De natura deorum 2,8, cf. 117; id., De inventione 2,66; Feil, E.: Religio 1–2. Göttingen 1986/97; cf. Rez. von H.-B. Gerl-Falkowitz in Theol. Lit.ztg 126 (2001) 85 sq.; Zirker, H./Schmidinger, H. S./Bürkle, H. u. a.: Religion. In: LThK 8 (³1999) 1034–1043; Ahn, G./Wagner, F./Preul, R.: Religion. In: TRE 28 (1997) 513–559; Thiel, J. F.: Religionsethnologie. ibid., 560–565; King, W. L.: Religion. In: The Enc. of Religion 12. N. Y. u. a. 1987, 282–

293; Dierse, U. u. a.: Religion. In: Hist. Wb. der Philosophie 8. Basel u. a. 1992, 632–713. – [2] Zum vorchristl. Wortgebrauch cf. Kobbert, M.: Religio. In: Pauly/Wissowa 1 (1914) 565–575; Maltby, R.: A Lexicon of Ancient Latin Etymologies. Leeds 1991, 522 sq. (antike Meinungen zu Wortherkunft und -bedeutung); cf. bes. Aulus Gellius, Noctes Atticae 4,9; bei Augustin etc. bedeutet religio vera den christl. Glauben im Vollzug. – [3] Gerwing, M.: Religio. In: Lex. des MA.s 7. Mü./Zürich 1995, 690; Heck, E.: Der Begriff religio bei Thomas von Aquin. Mü. 1971. – [4] cf. Feil (wie not. 1) t. 1, 138–159; noch für die Humanisten sind die ‚drei Weltreligionen' eher ‚tres leges'. – [5] cf. Rudolph, K.: Inwieweit ist der Begriff ‚Religion' eurozentrisch? In: Bianchi, U. (ed.): The Notion of ‚Religion' in Comparative Research. Rom 1994, 131–139; Ahn u. a. (wie not. 1) 519. – [6] Schmitz, B.: „Religion" und seine Entsprechungen im interkulturellen Bereich. Marburg 1996; cf. schon Antes, P.: ‚Religion' einmal anders. In: Temenos 14 (1978) 184–197; cf. davon abweichend Haußig, H. M.: Der Religionsbegriff in den Religionen. B. 1999. – [7] Schleiermacher, F.: Über die Religion. Reden an die Gebildeten unter ihren Verächtern [1799]. ed. R. Otto. Göttingen [6]1967, 2. Rede („Über das Wesen der Religion"). – [8] Müller, F. M.: Introduction to the Science of Religion. In: id.: Collected Works 14. L. 1899, 13. – [9] Tylor, E. B.: Primitive Culture 1 [1871]. In: id.: The Collected Works 3. L. 1994, 383 ([6]1920, 424). – [10] Otto, R.: Das Heilige. (Breslau 1917) Mü. 1971; cf. Frenschkowski, M.: Otto, Rudolf. In: Vinzent, M. (ed.): Metzler Lex. christl. Denker. Stg./Weimar 2000, 525. –
[11] cf. auch Mensching, G.: Religion. 1: Erscheinungs- und Ideenwelt. In: RGG 5 ([3]1961) 961–964. – [12] Durkheim, E.: Die elementaren Formen des religiösen Lebens. Ffm. 1981, 75 (frz. Orig. 1912). – [13] Pratt, J. B.: The Religious Consciousness. N. Y. (1921) 1934, 2. – [14] Malinowski, B.: Magic, Science and Religion. N. Y. 1948. – [15] cf. zusammenfassend Luhmann, N.: Die Religion der Gesellschaft. Ffm. 2000. – [16] Geertz, C.: Dichte Beschreibung. Beitr. zum Verstehen kultureller Systeme. Ffm. 1987, 48 (zuerst engl. 1966). – [17] Theißen, G.: Die Religion der ersten Christen. Eine Theorie des Urchristentums. Gütersloh 2000, 19. – [18] cf. zur neuesten Diskussion Platvoet, J. G./Molendijk, A. L. (edd.): The Pragmatics of Defining Religion. Contexts, Concepts and Contests. Leiden 1999; Idinopulos, T. A./Wilson, B. C. (edd.): What Is Religion? Origins, Definitions and Explanations. Leiden 1998; Kerber, W. (ed.): Der Begriff der Religion. Mü. 1993; Bianchi (wie not. 5); Sundermeier, T.: Was ist Religion? Religionswiss. im theol. Kontext. Gütersloh 1999; Pollack, D.: Was ist Religion? Probleme der Definition. In: Zs. für Religionswiss. 3,2 (1995) 163–190; Fitzgerald, T.: The Ideology of Religious Studies. Ox. 2000. – [19] cf. die theol. Bemühung um den Religionsbegriff bei Pannenberg, W.: Systematische Theologie 1. Göttingen 1988, 133–205. – [20] Kehrer, G.: Religionen, Definitionen der. In: Hb. religionswiss. Grundbegriffe 4. Stg. 1998, 418–425, hier 425 (Kehrer hält es für eine offene Frage, ob Religion zu allen Zeiten und in allen Gesellschaften existiert. Es ist aber selbst bei sehr enger Definition bisher nicht gelungen, die Existenz religionsloser Gesellschaften nachzuweisen). –
[21] Mot. t. 1,10. – [22] Mot. t. 1,11,19. – [23] cf. Courtés, J.: Le Motif en ethno-littérature. Le motif selon Stith Thompson. In: Le Bulletin du Groupe de recherches sémio-linguistiques 16 (1980) 3–14. – [24] Uther, H.-J.: Type and Motif-Indices 1980–1995: An Inventory. In: Asian Folklore Studies 55 (1996) 299–317; Azzolina, D.: Tale-Type and Motif-Indexes. An annotated Bibliogr. N. Y. 1987; Jason, H.: Motif, Type and Genre. A Manual for Compiling of Indices & A Bibliogr. of Indices and Indexing (FFC 273). Hels. 2000. – [25] Aarne, A.: Verz. der Märchentypen (FFC 3). Hels. 1910, 33. – [26] Über die Wanderungen speziell ind. r.r M. in der Antike in den Westen (mit Diskussion der Möglichkeiten kommunikativer Vermittlung) cf. Frenschkowski, M.: Q-Studien. Hist. Unters.en zur Logienquelle (im Druck). – [27] Schon BP 3, 296; zur europ. Geschichte cf. Röhrich, Erzählungen 1, 80–92, 258–262. – [28] cf. Anderson, G.: Fairytale in the Ancient World. L./N. Y. 2000, 5–7. – [29] cf. außer den Arbeiten von H.-P. Ecker (Die Legende. Kulturanthropol. Annäherung an eine literar. Gattung. Stg./Weimar 1993 u. a.) auch Schulmeister, R.: Aedificatio und imitatio. Studien zur intentionalen Poetik der Legende und Kunstlegende. Hbg 1971; klassische Übersichten bei Loomis, C. G.: White Magic. An Introduction to the Folklore of Christian Legend. Cambr., Mass. 1948; Christiansen, Migratory Legends; Günter 1910; Günter 1949; cf. allg. LCI. – [30] cf. z. B. Moser-Rath, Predigtmärlein. –
[31] cf. z. B. Isler, G.: Bezogenheit auf das ‚Ewige'. Vom religiösen Sinn der Volkssagen. In: Dona Folcloristica. Festschr. L. Röhrich. Ffm. u. a. 1990, 87–102. – [32] cf. Deneke, B.: Legende und Volkssage. Unters.en zur Erzählung vom Geistergottesdienst. Diss. Ffm. 1958. – [33] Brunner-Traut, E.: Altägypt. Märchen. MdW [7]1986, num. 1. – [34] cf. Höttges; Röhrich, L.: Teufelsmärchen und Teufelssagen. In: Lüthi, M./Röhrich, L./Fohrer, G.: Sagen und ihre Deutung. Göttingen 1965, 28–58; cf. bereits Grimm, Mythologie 1 (1876) 459; t. 2 (1876) 835, 839, 855, 852–859. – [35] cf. Müller/Röhrich. – [36] cf. allg. Janning, J. u. a. (edd.): Gott im Märchen. Kassel 1982. – [37] Lüthi, M.: Das Volksmärchen als Dichtung. Düsseldorf/Köln 1975, 50 und pass. – [38] Lixfeld, H.: Gott und Teufel als Weltschöpfer. Mü. 1971 (die dualistische Var. der bibl. Schöpfungserzählung stelle eine bogumil. Revitalisierung eines älteren Erzähltyps von Zwillingsbrüdern als Weltschöpfern dar); cf. Schubert, G.: Die bibl. Schöpfungsgeschichte in einer bulg. Volkserzählung. In: Europ. Ethnologie und Folklore im internat. Kontext. Festschr. L. Petzoldt. Ffm. u. a. 1999, 675–683; aus religionswiss. Sicht cf. Eliade, M.: Von Zalmoxis zu Dschingis-Khan. Religion und Volkskultur

in Südosteuropa. Köln-Lövenich 1982, 85—138 (frz. Orig. 1955). – [39] Oft ist das Nachleben vorchristl. r.r M. in Stoffen nicht mehr zu beweisen und wird dann gerne selbst zum Gegenstand einer archaisierenden, romantischen Faszination (Interpretationen von Frau Holle als germ. Göttin Hulda cf. Grimm, Mythologie 1, 220—226); zu Relikten paganer Religion als Kristallisationspunkte u. a. für Sagen cf. z. B. Liebers, C.: Neolith. Megalithgräber in Volksglauben und Volksleben. Ffm. 1986. – [40] cf. z. B. Megas, G. A.: Griech. Volksmärchen. MdW 1998, 295—303 (Nachwort). – [41] Müller-Lisowski, K.: Ir. Volksmärchen. MdW 1962, num. 2; cf. zum Hintergrund Wooding, J. M. (ed.): The Otherworld Voyage in Early Irish Literature. Dublin 2000. – [42] cf. z. B. zu r.n M.n in legendenhaften Erzählungen Leland, C. G.: Aradia. The Gospel of the Witches. L. 1899 (als Zeugnisse einer von Hexen überlieferten ‚vecchia religione', die aber vielleicht moderne Pseudo-Folklore [Fakelore] sind); cf. Pennell, E. R.: Charles Godfrey Leland 1—2. Boston /N. Y. 1906. – [43] cf. Hirsch, A.-B.: Märchen als Qu.n für die Religionsgeschichte? Ffm. u. a. 1998; cf. Rez. M. Frenschkowski in Fabula 40 (1999) 341—343. – [44] Scherf, 94—98. – [45] BP 1, 401. – [46] cf. Hertel, J.: Ind. Märchen. MdW 1954, 390 sq. (Nachwort); Hambruch, P.: Südsee-Märchen. MdW 1979, 249—258. – [47] cf. Anderson (wie not. 28) 33—37 (altjüd. Roman „Joseph und Aseneth" [ca 1. Jh. a. Chr. n.] als religiös interpretierte Cinderella-Var.). – [48] Röhrich, Märchen und Wirklichkeit, bes. 159—181. – [49] Gaster, M.: Fairy Tales from Inedited Hebrew Mss. of the Ninth and Twelfth Centuries [1896]. In: id.: Studies and Texts in Folklore [...] 2. N. Y. 1971, 908—941, hier 911. – [50] Richtig nach wie vor Frazer, J. G.: The Golden Bough 4, 1. L. (^{3}1913) 1990, 4 sq. – [51] cf. zu einer stärker linearen Beziehung EM 2 (1979) 1389.

Hofheim   Marco Frenschkowski

Reliktforschung → Survivaltheorie

Reliktgebiete. Als R. (oder Rückzugsgebiete) werden Gebiete bezeichnet, in denen sich eine oder mehrere kulturelle Erscheinungen erhalten haben, die einer vermeintlich älteren Kulturstufe entstammen[1]. Mit dem Begriff ist eine räumliche und eine zeitliche Dimension konnotiert[2]. Nach G. Wiegelmann kam der aus den Naturwissenschaften entlehnte Begriff über die Dialektologie in die Vk.[3], wo er u. a. für die hist. ausgerichtete Kulturraumforschung Bedeutung erlangte.

In den 1970er Jahren wurde in der dt. Vk. vermehrt Kritik an dem Begriff ‚Relikt' geäußert, da er sich (1) auf die äußere Form der kulturellen Erscheinungen beschränke, ohne Funktionswandel und ähnliches zu berücksichtigen, (2) eine ungebrochene → Kontinuität unterstelle, (3) den Relikten bes. heuristischen Wert für die → Rekonstruktion vergangenen Volkslebens zuwiese und sie (4) als bes. wertvoll und erhaltenswert im Sinne eines antimodernistischen Kulturkonservatismus erachte[4]. Im Gegensatz zu Wiegelmann, der eine neutrale, rein beschreibende Begriffsbildung forderte[5], betonte K. Köstlin, daß der Reliktbegriff als wiss. Konstrukt immer auf Vorannahmen beruhe und daher als analytische Kategorie unbrauchbar sei[6]. Auch auf den Zusammenhang zwischen Reliktsuche und unterstellter Kulturkrise ist wiederholt hingewiesen worden[7]. Seit Ende des 20. Jh.s ist der Reliktbegriff aus dem herrschenden volkskundlichen Diskurs weitgehend verschwunden. Z. T. wird ohne scharfe begriffliche Trennung synonym der Begriff Survival (→ Survivaltheorie) verwendet[8].

Als R. galten bes. Gebiete in siedlungsgeogr. Randlage, in denen Modernisierungs- und Industrialisierungstendenzen erst spät wirksam wurden, eine agrarisch geprägte Wirtschafts- und Sozialstruktur (Bauern, Hirten) bis ins 20. Jh. vorherrschend war und sich eine ‚traditionelle Gedächtniskultur'[9] erhalten habe. So wurden u. a. Gebirgslandschaften[10], Inseln[11], Grenzgebiete[12] und Siedlungsgebiete außerhalb des Mutterlandes als R. angesehen, wobei man teilweise nicht berücksichtigte, daß letztere gleichzeitig auch Kontaktzonen darstellen (→ Interethnische Beziehungen). Generell galten bis in die 1950er Jahre in der europ. Ethnologie Ost-, Südost- und Nordeuropa als Gebiete, in denen eine „archaische Urtümlichkeit vorwaltet"[13]. Vor allem zwischen 1920 und 1945 bereisten Volkskundler wie A. → Karasek(-Langer), R. Klatt, J. → Künzig und A. Loschdorfer die sog. Sprachinseln und Grenzlandschaften in Ost-, Mittel- und Südosteuropa und zeichneten Tausende von Erzählungen, vor allem Sagen[14] und Märchen, aber auch Lieder[15] und Volksschauspiele auf. Diese Sammeltätigkeit wurde später z. T. nationalsozialistisch instrumentalisiert. In der Bundesrepublik Deutschland waren nach 1945, bes. von A. → Cammann, unter den Heimatvertriebenen und Flüchtlingen Volkserzählungen aufgezeichnet worden, wobei nun der Wunsch nach Rettung der Überlieferung der Deutschen aus dem östl. Europa in den Vordergrund trat.

Die Vorstellung, in abgelegenen und rückständigen Gebieten oder bei isolierten religiösen und ethnischen Gruppen bes. vielfältige und reiche Volksüberlieferungen anzutreffen, ist ein internat. Phänomen. So sammelte z. B. M. → Matičetov in slov. Randgebieten wie dem Resiatal (Friaul, Italien) oder J. → Jech bei der tschech. Minderheit in der ehemaligen schles. Grafschaft Glatz (heute Polen) und in tschech. Dörfern des rumän. Banats. Die Suche nach Relikten von Volksüberlieferungen geht auf die Anfänge der Folkloristik und ihre Forschungsziele zurück. Folgenreich war T. → Percys Werk Reliques of Ancient English Poetry (1765), dessen ‚antiquarische' Forschungsinteressen auch die brit. Folkloristik des 19. Jh.s bestimmten[16]. Resultate erwartete man eher in R.n wie den schott. Highlands als in industrialisierten Gebieten. Die europ. Erzählforschung des 19. Jh.s (J. → Grimm, → Mythol. Schule) war größtenteils in eine übergreifende Altertumswissenschaft eingebunden, die ihre Materialien in R.n suchten. Im Rahmen der → anthropol. Theorie (E. B. → Tylor) wurden Kulturen außereurop. Völker mittels der Evolutionstheorie zur Survivalforschung herangezogen: Überlieferungen aus außereurop. Ländern dienten – als R. verstanden – zur Erforschung neuzeitlicher europ. Erzähltraditionen. Auch Vertreter der → ethnol. Theorie und der kulturhist. Schule benutzten ethnol. Materialien z. B. für die Erforschung europ. Märchen. In den USA sammelte man seit dem 2. Jahrzehnt des 20. Jh.s regionale Volksüberlieferungen vor allem in R.n, z. B. C. J. Sharp Balladen in den südl. Appalachen[17] oder V. → Randolph fast alle Genres des traditionellen Kanons im isolierten Gebiet der Ozark-Berge. Seit Mitte der 1940er Jahre hat R. M. → Dorson Tausende von Volkserzählungen in dem Randgebiet der Upper Peninsula (Michigan)[18] aufgezeichnet. Regionale Volkskulturen in den USA stellten für ihn und andere Forscher ‚American folklore' dar, die sich unter den Bedingungen von Rückständigkeit und Abgeschiedenheit zu eigenen Subkulturen herausgebildet hatte, im Gegensatz zu ‚folklore in America', zu → Fakelore und der von Massenmedien und Kommerz beherrschten Popularkultur der Industriegesellschaft.

[1] cf. Bach, A.: Dt. Vk. Heidelberg ³1960, 379. – [2] Zur sozialen Dimension des Reliktbegriffs cf. Wiegelmann, G.: Reliktgebiet und Kulturfixierung. Zu einigen Begriffen und Modellen der schwed. Ethnologie und dt. Vk. In: Studien zur Volkskultur, Sprache und Landesgeschichte. Festschr. M. Zender 1. Bonn 1972, 59–71, hier 65; zu Angehörigen der ländlichen Unterschicht als Träger älterer Überlieferungsformen cf. auch Göttsch, S.: Feldforschung und Märchendokumentation um 1900. In: ZfVk. 87 (1991) 1–18, hier 3–18. – [3] Wiegelmann (wie not. 2) 61 sq. – [4] Bausinger, H.: Vk. B. u. a. 1971 (Nachdr. Tübingen 1999), bes. 141–159; Köstlin, K.: Relikte. Die Gleichzeitigkeit des Ungleichzeitigen. In: Kieler Bll. zur Vk. 5 (1973) 135–157. – [5] Wiegelmann (wie not. 2) 65. – [6] Köstlin (wie not. 4) 145. – [7] Bausinger (wie not. 4) 225; Köstlin (wie not. 4) 136. – [8] So bei Petzoldt, L.: Märchen, Mythos, Sage. Beitr.e zur Lit. und Volksdichtung. Marburg 1989, 11; cf. auch id.: Einführung in die Sagenforschung. Konstanz 1999, 230; Köstlin (wie not. 4) 138; Wiegelmann (wie not. 2) 65. – [9] Petzoldt 1999 (wie not. 8) 85. – [10] z. B. Pirker, M.: Alpensagen. Lpz. [ca 1920], 3 (Alpen als „Raritätenkabinett Europas"); cf. dagegen Brunold-Bigler, U.: Hungerschlaf und Schlangensuppe. Hist. Alltag in alpinen Sagen. Bern/Stg./Wien 1997, 8–10 (gegen die Betrachtung der Alpen als einer „Bewahrungslandschaft mit urtümlichen Relikten"); Wallner, E. M.: Über die volkskundlichen Rückzugsgebiete in Europa. In: Studium generale 3 (1950) 246–254, hier 250 (zum schott. Hochland). – [11] ibid., 247, 250. – [12] cf. Zender, M.: Volkssagen der Westeifel. Bonn 1935; Hain, M.: Volkssagen und Sagenlandschaft. In.: Ndd. Zs. für Vk. 15 (1937) 129–135, hier 132. – [13] Wallner (wie not. 10) 248. – [14] z. B. Karasek-Langer, A./Strzygowski, E.: Sagen der Beskidendeutschen. Lpz. 1930; iid.: Sagen der Deutschen in Wolhynien und Polesien. Posen 1938. – [15] cf. Brednich, R. W./Suppan, W. (edd.): Gottscheer Volkslieder 1–3. Mainz 1969/72/84. – [16] cf. Dorson, R. M.: Peasant Customs and Savage Myths. Selections from the British Folklorists 1. L. 1968, 1–65. – [17] Sharp, C. J.: English Folk Songs from the Southern Appalachians. ed. M. Karpeles. L. 1960. – [18] cf. Bendix, R.: Amerik. Folkloristik. B. 1995, 73–75, cf. auch 145.

Oldenburg   Heinke Kalinke

Reliquie

1. Allg. Religionsgeschichte – 2. Erzählgut – 2.1. Gattungen – 2.2. Motive – 2.3. Einzelne Heilige

1. Allg. Religionsgeschichte. Daß Überbleibsel (lat. reliquiae) des Körpers, der

Kleidung oder der Gebrauchsgegenstände von charismatisch oder als heilig geltenden Personen nach deren Ableben zu Objekten gläubiger Verehrung (→ Kult, Kultlegende, Kultsage; → Wallfahrt) werden, ist ein in verschiedenen Kulturkreisen und auf unterschiedlichsten Kulturstufen anzutreffendes Phänomen der Auseinandersetzung mit der Endlichkeit menschlichen Daseins. Es resultiert aus der archetypischen Vorstellung, wonach nicht nur Lebende, sondern auch → Tote Wirkmächtigkeit besitzen: im Verband der Familie die Ahnen, im Zusammenhang von Stämmen oder Völkern die → Herrscher und → Helden, im Bereich der höheren religiösen Gemeinschaften die → Heiligen[1].

Der Glaube an die Einflußmöglichkeiten der Toten vermag unter den Lebenden ebenso → Ängste auszulösen wie Heilserwartungen (→ Wunder, → Wunderheilung) zu wecken. Entsprechend diesen beiden antagonistischen Reaktionsmustern hat sich neben Ritualen des → Banns und der Abwehr (cf. → Abwehrzauber) schon früh als konträre Verhaltensweise die sorgfältige Bewahrung sterblicher Überreste bis hin zur vollständigen Totenkonservierung, perfektioniert im antiken Ägypten, entwickelt. Von den gegenwärtigen Hoch- und Weltreligionen kennen vor allem der Buddhismus, das Christentum und der Islam ein ausgeprägtes R.nwesen. Im Buddhismus setzte dieses mit der Aufteilung der Asche → Buddhas unter acht adelige Familien ein, manifestierte sich dann in den als Stupas bezeichneten Grabhügeln bzw. R.ngefäßen[2], später in den Pagoden (aus singhales. dagoba = R.nbehälter) und schließlich in Heiligtümern wie dem Tempel des → Zahns in Kandy (Sri Lanka) mit der angeblichen Zahnreliquie des Religionsstifters[3]. Im Islam ist die R.nverehrung im Gegensatz zum Buddhismus nicht endogen, sondern durch Fremdeinflüsse begründet. In einigen Moscheen werden u. a. Barthaare → Mohammeds, in anderen Gewänder und Turbane von Heiligen als R.n verwahrt, zu denen Muslime pilgern, um dort etwa ,beim Barte des Propheten' Eide zu schwören[4]. Den mit Abstand intensivsten und komplexesten R.nkult hat freilich das Christentum entwickelt[5].

In exegetisch enger Sicht des → Paulus-Worts, daß der irdische Leib zu Staub zerfalle, der himmlische Auferstehungsleib hingegen unzerstörbar sei (1. Kor. 15,40−58), negierten die frühesten Christen, zusätzlich bestärkt durch die alles Diesseitig-Körperliche entwertende → Gnosis, zunächst jeden Zusammenhang zwischen den materiellen Überresten und der transzendenten Existenz ihrer Heiligen und sahen daher auch keinen Grund, deren Gräber oder Gebeine bes. zu verehren[6]. So wurde z. B. die Begräbnisstelle des ersten christl. → Märtyrers → Stephanus weder zur Kult- noch zur Pilgerstätte, sondern geriet in Vergessenheit, wie überhaupt dem Urchristentum feste Kultorte fremd waren[7]. Priorität für die Kultausübung hatte anfangs weniger ihre Lokalbindung an bestimmte Erinnerungsorte als vielmehr ihre Personalbindung an die Gemeinschaft der Gläubigen, die sich in Privathäusern zusammenfanden gemäß dem Christuswort: „Wo zwei oder drei in meinem Namen versammelt sind, da bin ich mitten unter ihnen" (Mt. 18,20).

Ab dem 2. Jh. änderten sich diese urchristl. Ideen jedoch grundlegend, indem das paulinische ‚Überkleidetwerden' des irdischen Leibs (1. Kor. 15,53) nun genau entgegen der bisherigen Auffassung und damit dezidiert antignostisch als eben dessen Eingehen in den Auferstehungsleib gedeutet wurde, wodurch sich eine ganz neue Sichtweise mit weitreichenden Konsequenzen ergab[8]: In den ihrer Wiedererweckung und Vollendung am → Jüngsten Tag harrenden irdischen Überresten eines Heiligen wirkte nach jetziger Überzeugung die Kraft seiner bereits im Himmel weilenden → Seele fort, was Heiligengräber nunmehr sehr wohl zu Orten bes. Kontakts mit dem Jenseits werden ließ (→ Grab, Grabwunder) und damit dem Christentum letztlich feste Kultstätten und Wallfahrtsziele gab[9]. Diese erst durch den R.nkult begründete Verortung christl. → Frömmigkeit war theol. wie kirchengeschichtlich von enormer Bedeutung.

Mit der Nähe der R.n zur Sphäre des → Numinosen verband sich schon früh die aus Ps. 16,10 und Apg. 2,27 bzw. 13,37 abgeleitete Vorstellung, daß die Körper bes. auserwählter Heiliger unverwest in ihren Gräbern ruhten. Da Graböffnungen oder gar R.ntranslationen nach antikem Sepulkralrecht als tabu galten, wurden zunächst unmittelbar über den Heiligengräbern → Altäre und → Kirchen gebaut, z. B. in konstantinischer Zeit die Basiliken St.

Peter und St. Paul in Rom[10]. Eine neue Qualität war die ab dem 7. Jh. verstärkt praktizierte ‚Erhebung zur Ehre der Altäre', d. h. die Positionierung der sterblichen Überreste in einem erhöhten Sarkophag oder Schrein östl. hinter dem Altar. Vom 9. Jh. an setzten dann die R.ntranslationen ein, mit denen die Ortswahl für die Errichtung von Kultstätten zunehmend flexibler wurde. Wenig später fiel auch noch das Postulat der ganzheitlichen Erhaltung des Leibes, was zu unzähligen R.nteilungen und schließlich zu der allg. Praxis führte, daß grundsätzlich jeder Altar R.n enthalten mußte. Dem vom hohen MA. an wachsenden Schaubedürfnis kamen tragbare Reliquiare und Ostensorien entgegen, in denen R.n bei Prozessionen mitgeführt bzw. bei Benediktionen oder Heiltumsweisungen gezeigt wurden. Sogar viele plastische Bildwerke enthielten R.n der Dargestellten und gewannen dadurch den Charakter tatsächlicher Kultobjekte[11]. Von zentraler Bedeutung war der Glaube an die Realpräsenz der Heiligen in ihren R.n[12] nicht zuletzt für das Patronatswesen, wie überhaupt der R.nkult entscheidend zur Dynamik christl. Religiosität beitrug: R.n ließen Wunder erhoffen, gewährten Schutz, bewahrten vor Schaden und leisteten Eideshilfe (→ Eid, Meineid), indem ‚Stein und Bein' auf sie geschworen wurde[13].

Die im Spätmittelalter voll entfaltete R.nlehre unterschied: (1) Primär- bzw. Körperreliquien, (2) Sekundärreliquien wie Marterwerkzeuge oder Lebensutensilien, (3) Berührungsreliquien, die ihre Kraft durch Kontakt mit Originalreliquien der ersten oder zweiten Kategorie erhalten hatten. Diese Einteilung bezog sich auf Heiligenreliquien ebenso wie auf die als noch kostbarer geltenden sog. Herrenreliquien, die angeblich von → Christus selber herrührten. Obwohl dessen Himmelfahrt zunächst eigentlich nur an die Möglichkeit von Herrenreliquien 2. und 3. Ordnung denken läßt, wie sie etwa die Krippenbretter S. Maria Maggiore in Rom, der Hl. Rock in Trier, die Hl. Lanze unter den Reichskleinodien oder die zahllosen, mittels Berührung vervielfachten → Kreuzpartikel darstellen, wurde durchaus auch die Existenz von Körperreliquien Christi behauptet. Gleich mehrere Städte rühmten sich, die Vorhaut von der Beschneidung her zu besitzen, andere warben mit Tränen des Erlösers, wieder andere mit seinem vom Todesschweiß getränkten Grabtuch, am prominentesten Turin[14]. Bis heute verehrt wird in verschiedenen Orten (z. B. Reichenau, Mantua, Weingarten, Brügge) angebliches → Blut von der Passion[15]. Eben an solchen Heiligblutreliquien, mit denen die frz. Heldenepik nach 1200 auch die Vorstellung vom hl. → Gral in Verbindung brachte[16], entzündete sich im 15. Jh. ein heftiger Theologenstreit darüber, ob Passionsblut Christi überhaupt auf Erden erhalten geblieben sein könne oder ob bei der Auferstehung nicht das gesamte Blut in seinen Körper zurückgekehrt sei. Die vor allem zwischen Franziskanern und Dominikanern erbittert geführte Auseinandersetzung wurde schließlich vom Papst zugunsten der ersten Auffassung entschieden[17].

Als nicht kontrovers galten die eucharistischen R.n, die seit dem späten 13. Jh. auffallend zunahmen und überwiegend auf Mirakelberichten basierten, denen zufolge konsekrierte → Hostien auf dem Altar zu bluten begonnen oder bei der Elevation verschütteter Wein Blutspuren hinterlassen haben sollen[18]. Offenkundig diente der R.nkult um solche Wunderhostien oder blutgezeichnete Textilien (z. B. Bolsena bei Orvieto, Andechs, Walldürn)[19] zur Bekräftigung der 1215 dogmatisierten Transsubstantiationslehre, die den zuvor durch Berengar von Tours behaupteten bloßen Gedächtnischarakter der Eucharistie als häretisch verwarf und statt dessen den Glauben an die wirkliche Anwesenheit Christi in den Gestalten Brot und Wein (→ Sakramente) beim Meßopfer postulierte.

Strikt gegen jede R.nverehrung, die im Spätmittelalter zudem eng mit dem Ablaßwesen verknüpft war, wandte sich die → Reformation, insbesondere Martin → Luther selbst, dessen Landesherr Friedrich der Weise von Sachsen eine der damals größten Slgen von R.n besaß[20]. Vom Tridentinum (zwischen 1545 und 1563) bestätigt, erlebte der R.nkult in der gegenreformatorischen Barockfrömmigkeit (→ Gegenreformation) durch die Translation zahlreicher Katakombenheiliger nochmals eine Blüte, ehe die → Aufklärung den allg. Rückgang bewirkte[21]. Als säkulare Form des R.nwesens läßt sich heute die Stilisierung von persönlichen Gegenständen von Popstars, Filmschauspielern oder Politikern zu Sammel- oder gar Kultobjekten deuten.

2. Erzählgut. Um R.n mit der Aura des Übernatürlichen zu umgeben und sie dadurch überhaupt erst zu Kultobjekten werden zu lassen, bedarf es notwendigerweise entsprechender Legitimationsgeschichten, die in großer Fülle und Bandbreite existieren. Zu den frühesten Schichten einschlägigen Erzählguts gehört die kulturraumübergreifend verbreitete Idee von der → Wiederlebung eines Toten durch Zusammenfügen seiner verbliebenen → Knochen (cf. auch → Pelops). Sie findet sich in Märchen wie AaTh 311: cf. → *Mädchenmörder* oder AaTh 785: → *Lammherz*. Obgleich religionsgeschichtlich noch von archaischer Simplizität, enthält diese Vorstellung doch bereits die entscheidende Prämisse allen R.nglaubens, daß nämlich sterbliche Überreste nicht endgültig tot sind. Außerhalb Europas begegnet das Motiv etwa in dem buddhist. Mythos vom Fund hl. Gebeine, die zur Offenbarung ihrer Wirkmacht und Authentizität die Gestalt Buddhas annehmen (Mot. D 457.16.1).

Die weitaus umfangreichste und dichteste Überlieferung relevanter Texte hat das Christentum hervorgebracht, entsprechend der nach seinem heilsgeschichtlichen Verständnis bes. wichtigen Pflege der Gemeinschaft zwischen den Lebenden und den Toten. Ein literaturwiss. Problem spezieller Art stellt dabei die epochenabhängig wie individuell unterschiedliche Rezeption der R.nerzählungen dar, von denen die allermeisten mit der Kategorie des Wunders (→ Mirakel, → Mirakelliteratur) operieren[22]. Generalisierend läßt sich sagen: Was im MA. noch vielfach geglaubte religiöse Wirklichkeit war, interessiert heute als poetische Wahrheit. Für die Erzählforschung bieten sich zur Strukturierung des immensen Stoffkomplexes im wesentlichen drei verschiedene Betrachtungsraster an, deren Fokus je nach Erkenntnisziel auf Gattungen, Motive oder auf einzelne Heilige gerichtet sein kein.

2.1. Gattungen. Christl. Erzählgut über R.n begegnet in einer ganzen Reihe von literar. Gattungen, kaum jedoch im Märchen, da dieses weitgehend die → Glaubwürdigkeit des Erzählten ausschließt. Als wichtigstes Vermittlungsinstrument dienen → Legenden, bes. die → *Legenda aurea* des → Jacobus de Voragine. Nicht minder zahlreich sind die Beispiele in der Mirakelliteratur, bes. im *Dialogus miraculorum* des → Caesarius von Heisterbach. Daneben stehen → Predigtmärlein und → Exempelsammlungen mit einschlägigen Texten. Außerhalb der theol. Gebrauchsschriften dreht sich neben einer Reihe von Szenen aus der Heldenepik[23] eine große Anzahl von Sagen um R.n, wobei hier ein verglichen mit den Legenden weit ausgeprägterer Hang zur Phantastik besteht, der die Grenzen zwischen Glauben und Aberglauben vollends auflöst. Und endlich wird der R.nkult auch noch reformationspolemisch instrumentalisiert, durch prätentiöse Volkserzählungen der protestant. Seite oder durch komische Legendenkontrafakturen in Fazetiensammlungen und Schwankbüchern[24].

2.2. Motive. Gattungsunabhängig gruppieren sich sämtliche Erzählinhalte um eine beschränkte Zahl von sechs Grundmotiven, die aus den Kerngedanken des christl. R.nkonzepts resultieren:

(1) Fixierung des Kultorts: R.n werden aufgrund von → Visionen, → Träumen und anderen Himmelszeichen (→ Prodigien) wunderbar aufgefunden (Mot. V 140.2, V 140.3), bestimmen bei Translationen durch → Gespannwunder, plötzliche Gewichtszunahme oder ähnliches selbst die Stätte, wo sie verehrt werden wollen, oder kehren trotz gewaltsamer Entführung wieder an ihren alten Ort zurück (Mot. V 143). (2) Hilfe und Abwehrzauber: R.n schützen gegen → Krankheit, bewirken Heilung, bannen → Geister und → Dämonen, gebieten Bränden Einhalt (Mot. D 2158.1.3.1), vertreiben Gewitter, stillen Seestürme, sichern Wohlstand (Mot. V 141), helfen in der Schlacht (Mot. V 144.1) und machen sogar Tote lebendig (Mot. E 64.12). In eben diesen Funktionen als apotropäische Phylakterien stehen sie der → Magie oft wesentlich näher als der christl. Theologie (Mot. D 1296). (3) Unzerstörbarkeit: Vielfach zeigen sich R.n resistent gegen alle Versuche, sie zu vernichten. Insbesondere vermag ihnen → Feuer nichts anzuhaben (Mot. 140.4), womit zugleich das ewige Leben ihrer himmlischen Bezugsfiguren und deren Ausgenommensein von Jenseitsstrafen wie → Fegefeuer oder → Hölle bestätigt wird. (4) Echtheitsbeweis und Glaubensvorbehalt: Die Prüfung von R.n im Feuer oder die bestandene Feuerprobe irdischer Gewährsleute bei R.nübergaben können auch als Authentizitätsnachweis dienen. Zweifelnden offenbaren R.n ihre Echtheit durch Anzeichen von Belebung, indem sie etwa zu bluten beginnen. Ungläubigen versagen sie ihre Wirkmacht (Mot. V 142.1). (5) Eideshilfe: Beim Schwören vor bzw. auf R.n repräsentieren diese die im Eid angerufene höhere Macht, welche Meineid gegebenenfalls unmittelbar ahndet (Mot. M 114.4). (6) Bestrafung von → Frevel: Diebstahl,

Schändung oder sonstige Formen der Verunehrung von R.n ziehen himmlische Strafen nach sich.

2.3. Einzelne Heilige. Neben seiner Erschließung nach Gattungen und Motiven läßt sich das Erzählgut über R.n auch einzelnen Heiligen als → Kristallisationsgestalten zuordnen. Diese Art der Materialstrukturierung mit Hilfe der → Hagiographie kann freilich, wenn sie ihr Untersuchungsfeld zuvor nicht eng eingrenzt, leicht ins Uferlose führen. Allein etwa bei der Figur des hl. → Nikolaus[25] reichen die R.ngeschichten von der Translation seiner Gebeine aus Kleinasien nach Bari mit dem Mirakel des aus dem dortigen Grab austretenden heilkräftigen Öls (cf. Mot. V 221.0.1.1.)[26] über den Legendenkomplex rund um die Verbringung eines → Fingerglieds des Heiligen nach Lothringen, wo in St.-Nicholas-de-Port ein wichtiges Kultzentrum entstand[27], bis hin zu zahlreichen Einzellegenden wie beispielsweise der über erschreckende Wunderzeichen anläßlich einer eigenmächtigen R.nteilung durch Karl IV. im Prager Klarissinnenkloster[28]. Angesichts der weiteren Tatsache, daß Heiligenverehrung eigentlich keinen universalen, sondern einen primär regionalen Charakter hat, wie dies vom 2. Vatikan. Konzil (1962–65) durch die deutliche Reduzierung der Gedenktage des röm. Generalkalenders zugunsten der diversen Regionalkalender eigens noch einmal unterstrichen wurde[29], tritt die Schwierigkeit des hagiographischen Ansatzes zutage: Der Komplex einschlägiger R.nerzählungen zerfällt in eine ungeheure Zahl von Regional- und Lokallegenden, die sich jedem generalisierenden Zugriff entziehen.

[1] Heiler, F.: Die Religionen der Menschheit. ed. K. Goldammer. Stg. [6]1999, 30. – [2] Glauche, J. W.: Der Stupa. Köln 1995. – [3] Heiler (wie not. 1) 193 sq. – [4] Wensinck, A. J./Kramers, J. H. (edd.): Hwb. des Islam. Leiden 1941, 793–796; Kriss, R./Kriss-Heinrich, H.: Volksglaube im Bereich des Islam 1–2. Wiesbaden 1960/62. – [5] Beissel, S.: Die Verehrung der Heiligen und ihrer R.n in Deutschland im MA. 1–2. (Fbg 1890/92) Nachdr. Darmstadt 1976; Pfister, F.: Der R.nkult im Altertum 1–2. (Gießen 1909/12) Nachdr. B. 1974; König, B.: R.nverehrung. Ihre Entstehung und ihre Formen. In: Trierer theol. Zs. 67 (1958) 321–334; Richter, E.: Die „andächtige Beraubung" geistlicher Toter als volksglaubenskundliches Phänomen. Ein volkskundlicher Grundbeitr. zur Geschichte der R.nverehrung. In: Bayer. Jb. für Vk. (1960) 82–104; Guth, K.: Guibert von Nogent und die hochma. Kritik an der R.nvereh- rung. Ottobeuren 1970; Angenendt, P.: Heilige und R.n. Die Geschichte ihres Kultes vom frühen Christentum bis zur Gegenwart. Mü. 1994; Legner, A.: R.n in Kunst und Kult zwischen Antike und Aufklärung. Darmstadt 1995; Diedrichs, C. L.: Vom Glauben zum Sehen. Die Sichtbarkeit der R. im Reliquiar. B. 2001; Legner, A.: Kölner Heilige und Heiligtümer. Ein Jahrtausend europ. R.nkultur. Köln 2003. – [6] Angenendt, P.: Der Kult der R.n. In: R.n. Verehrung und Verklärung. ed. A. Legner. Köln 1989, 9–24, hier 9 sq. – [7] id. (wie not. 5) 167. – [8] id.: R.n. In: LThK 10 ([3]2001) 1092. – [9] id. (wie not. 5) 155 sq. – [10] Kirschbaum, E.: Die Gräber der Apostelfürsten. Ffm. 1957. – [11] Belting, H.: Bild und Kult. Eine Geschichte des Bildes vor dem ZA. der Kunst. Mü. 1990; Pötzl, W.: Bild und R. im hohen MA. In: Jb. für Vk., N. F. 9 (1986) 56–71. – [12] Dinzelbacher, P.: Die „Realpräsenz" der Heiligen in ihren Reliquiaren und Gräbern nach ma. Qu.n. In: Heiligenverehrung in Geschichte und Gegenwart. ed. id./D. R. Bauer. Ostfildern 1990, 115–174. – [13] Drüppel, H.: Eid – Germ. und dt. Recht. In: Lex. des MA.s 3. Mü. 1986, 1678; cf. Grape, W.: The Bayeux Tapestry. Mü./N. Y. 1994, 117 (Bildbeleg für das Schwören vor R.n). – [14] Angenendt (wie not. 5) 165. – [15] Kruse, N./Rudolf, H. U. (edd.): 900 Jahre Heilig-Blut-Verehrung in Weingarten 1–3. Sigmaringen 1994. – [16] Le Gentil, B.: The Work of Robert de Byron and the Didot Perceval. In: Loomis, R. S. (ed.): Arthurian Literature in the Middle Ages. Ox. 1959, 251–262. – [17] LThK 2 ([2]1957) 544. – [18] Browe, P.: Die eucharistischen Wunder des MA.s. Breslau 1938. – [19] id.: Die Verehrung der Eucharistie im MA. Mü. 1933; Brückner, W.: Die Verehrung des Hl. Blutes in Walldürn. Aschaffenburg 1958. – [20] Paradoxerweise wurden nach Luthers Tod ungeachtet seines Bruchs mit dem R.nkult Gegenstände aus dem persönlichen Besitz des Reformators, etwa dessen Ehering, von Protestanten wie R.n in Ehren gehalten, cf. Brückner, 267 sq. – [21] LThK 10 ([3]2001) 1092 sq. – [22] Röhrich, Märchen und Wirklichkeit, 36 sq. – [23] cf. im altfrz. „Rolandslied" die Beschreibung des von einem Engel an Karl d. Gr. übergebenen, unzerstörbaren Schwertes Durendal, dessen Knauf R.n der Hll. Petrus, Basilius und Dionysius sowie ein Gewandstück Marias enthält (La Chanson de Roland, Oxford Bodleian Library, Ms. 0, V. 2345–2348). – [24] Brückner, 226 sq. – [25] Mezger, W.: St. Nikolaus zwischen Kult und Klamauk. Zur Entstehung, Entwicklung und Veränderung der Brauchformen um einen populären Heiligen. Ostfildern 1993. – [26] Scogniamiglio, P.: La Manna di S. Nicola nella storia, nell'arte, nella scienza. Bari 1925. – [27] Méchin, C.: St. Nikolaus. Feste und Volksbräuche. Saarbrücken 1982, 8–32. – [28] Mezger (wie not. 25) 32–35. – [29] Der Röm. Kalender, gemäß Beschluß des 2. Vatikan. Konzils erneuert und von Papst Paul VI. eingeführt [...]. Trier 1969.

Freiburg/Br.   Werner Mezger

Renaissance

1. Allgemeines – 2. Selbstverständnis der R. – 3. Der Epochenbegriff R. seit dem 19. Jh. – 4. Profil der Epoche – 5. R. und Volkserzählung

1. Allgemeines. R. ist die moderne Bezeichnung für die Epoche des Übergangs vom MA. zur Neuzeit[1]. Der Terminus wird in verschiedenen Ländern und verschiedenen Disziplinen (Lit.-, Philosophie-, Kunstgeschichte etc.) je unterschiedlichen Zeiträumen zugeordnet[2]: In Italien entstand der Frühhumanismus (→ Humanismus) Ende des 13. Jh.s, die ‚Blütezeit der eigentlichen R.literatur'[3] fällt in die Zeit von 1454 bis 1494; viele Lit.geschichten nehmen als Ende der ital. R. Tassos Todesjahr 1595 an, für die Kunstgeschichte markiert Raffaels Tod (1520) die Zäsur. Für Frankreich[4] und Deutschland wird R. meist mit dem 16. Jh. gleichgesetzt. Tendenzen, die dem Begriff R. subsumierbar wären, sind zwischen ca 1300 und ca 1600 feststellbar[5]; ein Einschnitt um 1300 läßt sich begründen mit der Auflösung der ma.-scholastischen Weltordnung durch die Philosophie des Nominalismus, für den Regelhaftigkeit und Vorhersehbarkeit des Irdischen unvereinbar sind mit der Allmacht Gottes[6].

2. Selbstverständnis der R. Die Einzigartigkeit der R. ist vor allem von MA.-Forschern seit Ende des 19. Jh.s häufig bestritten worden (‚Aufstand der Mediävisten'[7]); man glaubte, typische R.tendenzen (bes. die Rückbesinnung auf das kulturelle Erbe der Antike) schon in früheren Zeiten feststellen zu können, und sprach von karoling. R.[8] oder R. des 12. Jh.s[9]. Umgekehrt ließ sich das Fortleben ma. Schreib- und Denkweisen auch bei fortschrittsgläubigen Autoren bis ins 16. Jh. nachweisen[10]. Nach der Einschätzung der Zeitgenossen freilich vollzog sich zu Beginn des 14. Jh.s in Italien ein radikaler, alle Lebensbereiche umfassender Wandel[11]. Zunächst ist z. B. vom (Wieder-)Erwachen der klassischen Studien die Rede[12]; ital. rinascita begegnet erstmals 1550 (G. Vasari), frz. renaissance 1553 (P. Belon)[13]. Bezeichnet wird damit nicht eine Epoche, sondern die Epochenschwelle zwischen den dunklen Jh.en der Barbarei und der glanzvollen neuen Zeit[14]. Seit dem 14. Jh. setzte sich ein dreigliedriges Schema durch: Auf die idealisierte Antike folgte das MA. als Periode des Verfalls, die durch Francesco Petrarca und die frühen Humanisten überwunden wurde[15]. Die R. „verbindet in verwirrender Weise Vergangenheits- und Zukunftsorientierung"[16], da der Korruption der Vergangenheit eine bessere Vor-Vergangenheit gegenübergestellt wird; nach der Wiedergeburt wurden in Künsten und Wiss.en so bedeutende Fortschritte erzielt, daß die Gegenwart die bewunderte Antike bald in vieler Hinsicht zu übertreffen schien[17].

3. Der Epochenbegriff R. seit dem 19. Jh. Die Geschichte der wiss. Auseinandersetzung mit dem Phänomen R. erscheint wesentlich als ‚hist. Abfolge manifester oder latenter Voreingenommenheiten'[18]: Aufklärer wie → Voltaire hatten die ital. Humanisten als Überwinder des finsteren MA.s gewürdigt[19]. Das sowohl durch einen Anfangs- als auch einen Endpunkt markierte ZA. der R. ist jedoch erst eine Erfindung des 19. Jh.s[20]: In polemischer Abgrenzung gegen die → Romantik, deren idealen Bezugspunkt das christl. MA. bildete, projizierten Theoretiker des Liberalismus ihre Vorstellungen von der Emanzipation des Individuums zurück ins Italien des 15. Jh.s[21]. J. Michelet (1798–1874) ergriff in seiner vielgelesenen *Histoire de France*[22] emphatisch Partei für die R., die im Namen des Lebens die lähmende Erstarrung des Spätmittelalters überwunden habe: „Le XVIe siècle est un héros."[23] Die geschichtliche Leistung der R. faßt Michelet in die Formel „la découverte du monde, la découverte de l'homme"[24], die dann von J. Burckhardt (1818–97) übernommen wurde (Entdeckung der Welt und des Menschen). Burckhardts *Kultur der R. in Italien*[25] (1860) prägte das R.bild bis weit ins 20. Jh. und beeinflußte auch F. Nietzsche (1844–1900), der in Gestalten wie Cesare Borgia sein Ideal des Übermenschen verkörpert fand[26]. Hier knüpft der Renaissancismus in der Lit. um 1900 an, der seine Phantasien von rücksichtsloser Selbstverwirklichung jenseits der überkommenen Moral bevorzugt in Italien lokalisiert[27] (1906 bemerkte Hugo von → Hofmannsthal: „Die Stoffe aus der Renaissance scheinen dazu bestimmt, die Pinsel der unerfreulichsten Maler und die Federn der unglücklichsten Dichter in Bewegung zu set-

zen."[28]). Gleichzeitig suchte eine neuromantische Dichtung (H. Thode u. a.), die R. „zu christianisieren, zu germanisieren und zu irrationalisieren"[29].

4. Profil der Epoche. Einigkeit darüber, welche Entwicklungen für eine (wie auch immer abzugrenzende) Epoche R. distinktiv sind, wird kaum zu erzielen sein, zum einen, weil (nicht anders als im 19. Jh.) die Ergebnisse hist. Forschung vom ideologischen Standpunkt des jeweiligen Forschers beeinflußt sind, zum anderen, weil in gegebenen Zeiträumen notwendig gegenläufige Tendenzen erkennbar sind, aus denen sich unterschiedliche Epochenprofile ableiten lassen[30]. Bis heute findet Burckhardts These, mit der R. entstehe der moderne Individualismus, zahlreiche Anhänger, die zum Beweis u. a. auf die zunehmende Bedeutung der literar. Gattungen Biographie und Autobiographie, der Genres Porträt und Persönlichkeitsdenkmal in Malerei und Skulptur verweisen[31]. Freilich waren die Entfaltungsmöglichkeiten des einzelnen durch vielfältige Abhängigkeiten, durch die Einbindung in Familie, Zunft, sozialen Stand, Religionsgemeinschaft etc. ähnlich eingeschränkt wie im MA.[32]

Die R.kultur war wesentlich Stadtkultur, und das aufstrebende städtische Bürgertum bildete − obwohl fürstliche Mäzene nach wie vor eine bedeutende Rolle spielten − ihre wichtigste Trägerschicht. Die materielle Basis legte vor allem in Italien der Frühkapitalismus (wachsende Bedeutung der Geldwirtschaft, Bankwesen)[33]. Die R. leitet auch die Phase weltweiter Hegemonie der westl. Welt ein[34]; nach dem Fall Konstantinopels (1453) fehlt ein christl. Machtzentrum im östl. Mittelmeer als Gegengewicht zu den (west-)europ. Mächten, die nach der Entdeckung Amerikas (1492) Kolonien in anderen Teilen der Welt errichten.

Wortführer der R.[35] waren die Humanisten; Humanismus bedeutet den Übergang von einem theozentrischen zu einem anthropozentrischen Weltbild und die „produktive Besinnung auf die Antike als Hilfe zur Daseinsbewältigung"[36]: Das Studium der gesamten lat. und in zunehmendem Maße auch griech. Lit. einschließlich des Fachschrifttums zielte auf umfassende Imitatio[37]. Nicht nur das antike System der literar. Gattungen gewann neue Gültigkeit, auch das (politische) Handeln orientierte sich an Modellen aus dem Altertum[38]. Weltzugewandtheit und rationalistische Grundhaltung ermöglichten Fortschritte auch in den Naturwissenschaften (über die Erschließung wichtiger Quellentexte hinaus) sowie eine Verwissenschaftlichung der Künste (zahlreiche kunst- und musikästhetische Schriften)[39] und machen begreiflich, warum zahlreiche dt. und frz. Humanisten Partei für die → Reformation ergriffen. Die Verbreitung des antiken wie des humanistischen Schrifttums wurde durch den Buchdruck entscheidend gefördert: Erst durch die europaweite Einrichtung von Druckereien in der 2. Hälfte des 15. Jh.s gewann der ital. Humanismus internat. Bedeutung (lediglich in Frankreich wurden die Schriften Petrarcas und seiner Nachfolger schon im 14. Jh. rezipiert[40]); zu den führenden Humanisten des 16. Jh.s zählen → Erasmus von Rotterdam, Sir Thomas More (1478−1535), Guillaume Budé (1467/68−1540) u. a.

Manche der antiken Texte, die in der R. jetzt allg. zugänglich sind, stehen naturgemäß in Widerspruch zueinander (und zu den Lehren der christl. Religion); da alle Zeugnisse der Antike als glaubwürdig zu gelten haben und da nach humanistischer Auffassung Textauslegung der einzige Weg zur Erkenntnis ist, ließen sich diese Widersprüche nicht auflösen. Die ‚Pluralisierung der Autoritäten' führte notwendigerweise zur ‚Relativierung von Wahrheit'[41]: daher die Vorliebe der R. für die literar. Gattung des Dialogs, welche es erlaubt, divergente Positionen durchzuspielen, ohne sich für die eine oder andere Seite zu entscheiden[42]. In ähnlicher Weise relativierten auch die Novellensammlungen die scheinbar eindeutige Lehre, die sich aus einer Geschichte ableiten läßt, häufig durch Gegengeschichten. Selbst die auktoriale Erzählerinstanz im epischen Werk blieb nicht auf einen Standpunkt festgelegt, wie z.B. der Rekurs auf einander widersprechende Normsysteme und Gattungstraditionen im ital. romanzenhaften Epos (Ludovico → Ariosto) zeigt[43].

5. R. und Volkserzählung. Durch narrative Kleinformen wie → Novelle (→ Boccaccio, M. → Bandello, → Marguerite de Navarre u. a.), → Fazetie (→ Poggio, H. → Bebel, B. →

Des Périers u. a.), → Schwank, → Exemplum u. a. wurde in großem Umfang älteres (ma.) Erzählgut aus mündl. Überlieferung weitertradiert. Das meiste davon ist nach M. Bachtin der karnevalesken Lit. zuzurechnen, in der er die Manifestation einer lange marginalisierten Volkskultur erkennen will[44], die in der R. in offene Opposition zur offiziellen Kultur von Kirche und Adel trete. B. Teuber[45] zufolge zitiert karnevaleske Lit. ironisch überholte (ma.) Denkweisen und Wissensbestände, die in sentimentalischem Rückblick ‚ästhetisch geborgen' würden. Die bedeutendsten epischen Werke der R. (Ariosts *Orlando Furioso*, → Rabelais' Romane, der allerdings über die R. hinausweisende *Don Quijote* des → Cervantes) sind durch ein Nebeneinander unaufgelöster ideologischer Gegensätze und heterogener ästhetischer Prinzipien gekennzeichnet. Freilich besaß nur eine Minderheit Zugang zur Kultur der R.; „für [die breite Masse des Volkes] hat das Mittelalter vor allem auf dem Lande [...] bis ins 18. Jahrhundert weiterbestanden"[46]. Die Autoren der R. und ihr Publikum waren also täglich mit Menschen konfrontiert, für die das in der älteren mündl. Überlieferung aufgehobene Wissen keineswegs überholt war. Die Lebenserfahrung des Volkes, die sich in Geschichten, Redensarten, Sprichwörtern etc. niederschlägt, kann in humanistischer Sicht natürlich nicht den Rang einer den antiken Autoren gleichwertigen ‚Autorität' beanspruchen; allerdings war auch damals nicht zu übersehen, daß solche Textsorten schon in der Antike existierten[47] und daß es hinsichtlich der Erzählungen wie der daraus abgeleiteten Lehren zahlreiche Parallelen zwischen antiker und ma. Lit. gibt. Die mündl. Überlieferung wäre demnach als alternativer, im Verhältnis zum antiken Schrifttum zweifellos weniger verläßlicher, wegen der Relativierung jeder Wahrheit aber auch nicht von vornherein zu vernachlässigender Wissensvorrat zu betrachten, der vor allem Unterhaltung, aber auch Belehrung zu spenden vermag, so daß die Aufzeichnung entsprechender Zeugnisse in moralischer wie ästhetischer Hinsicht gerechtfertigt schien (cf. etwa die Verbindung antiker und mündl. Überlieferung bei → Erasmus von Rotterdam[48]). Das Nebeneinander von hohen (Epos, Tragödie, Ode) und niederen Gattungen (Fazetie, Novelle, Schwank, Komödie, Epigramm), jeweils in Latein und in den Volkssprachen, legt es nahe, Pluralität als markantestes Merkmal der R. zu betrachten.

[1] Delumeau, J.: La Civilisation de la R. P. 1967; Huizinga, J.: Das Problem der R. R. und Realismus. Darmstadt ³1971; Kristeller, P. O.: Humanismus und R. 1–2. Mü. 1974/76; Garin, E.: La cultura del Rinascimento. Profilo storico. Bari ⁵1981; Branca, V. u. a. (edd.): Il Rinascimento. Aspetti e problemi atuali. Firenze 1982; Gurst, G./Hoyer, S. u. a. (edd.): Lex. der R. Lpz. 1989; Hale, J.: Die Kultur der R. in Europa. Mü. 1994; Burke, P.: Die europ. R. Zentren und Peripherien. Mü. 1998; Münkler, H. und M.: Lex. der R. Mü. 2000. – [2] Zur notwendigen Unterscheidung von Epoche und Zeitraum („Epochenbegriffe [...] sind Konstrukte, die auf bestimmte Zeiträume anwendbar, aber mit diesen nicht identisch sind") cf. Hempfer, K. W.: Probleme traditioneller Bestimmungen des R.begriffs und die epistemologische ‚Wende'. In: id. (ed.): R. Diskursstrukturen und epistemologische Voraussetzungen. Stg. 1993, 9–45 (Zitat 19); ähnlich schon Huizinga (wie not. 1) 38. – [3] Hausmann, F.-R.: Gattungsgefüge und Sitz im Leben der neulat. Lyrik Italiens im Quattrocento und frühen Cinquecento. In: Ecker, U./Zintzen, C. (edd.): Saeculum tamquam aureum. Internat. Symposion zur ital. R. des 14.–16. Jh.s. Weinheim 1997, 245–260 (Zitat 245 sq.). – [4] cf. Heitmann, K.: Die heutige literarhist. Definition der frz. R. In: Bibliothèque Humanisme et R. 39 (1977) 329–366, bes. 340; Hausmann, F.-R.: Frz. R. Lehrbuch Romanistik. Stg./Weimar 1997. – [5] Buck, A. (ed.): Zu Begriff und Problem der R. Darmstadt 1969, 29 (Einl.: „die Zeit zwischen Petrarcas Geburt [1304] und Tassos Tod [1595]"). – [6] Küpper, J.: Diskurs-Renovatio bei Lope de Vega und Calderón. Tübingen 1990, 263–290. – [7] Ferguson, W. K.: La R. dans la pensée historique. P. 1950, 297–308. – [8] Brunhölzl, F.: R., Karoling. In: Lex. des MA.s 7. Mü./Zürich 1995, 718–720. – [9] Haskins, C. H.: The R. of the Twelfth Century. Cambr., Mass. 1928. – [10] Huizinga (wie not. 1) 52–60; Ferguson (wie not. 7) 308–322. – [11] Hempfer (wie not. 2) 9 sq.; Ullman, B. L.: R. Das Wort und der ihm zugrunde liegende Begriff [1952]. In: Buck (wie not. 5) 263–279; Schlobach, J.: Zyklentheorie und Epochenmetaphorik. Studien zur bildlichen Sprache der Geschichtsreflexion in Frankreich von der R. bis zur Frühaufklärung. Mü. 1980, 70–192; Buck, A.: Das Selbstverständnis des ital. Humanismus. In: id.: Studia Humanitatis. Gesammelte Aufsätze 1973–1980. Wiesbaden 1981, 23–33. – [12] Ullman (wie not. 11) 276. – [13] Poeschke, J.: R. In: Lex. des MA.s 7. Mü./Zürich 1995, 710. – [14] Kablitz, A.: R. – Wiedergeburt. Zur Archäologie eines Epochennamens (Giorgio Vasari – Jules Michelet). In: Ecker/Zintzen (wie not. 3) 59–108, bes. 60. – [15] Vasoli, C.: Il concetto di ‚Renascentia' nelle prime generazioni umanistiche. ibid., 39–57. –

[16] Kablitz, A.: Nachahmung und Wahrheitsanspruch. Seneca – Petrarca – Montaigne. In: Harms, W./Müller, J.-D. (edd.): Mediävistische Komparatistik. Festschr. F. J. Worstbrock. Stg. /Lpz. 1997, 95–149 (Zitat 95). – [17] Buck (wie not. 5) 8 sq. – [18] Heitmann (wie not. 4) 330. – [19] Ferguson (wie not. 7) 86–96. – [20] Kablitz (wie not. 14) 59; cf. Buck, A./ Vasoli, C. (edd.): Il Rinascimento nell'Ottocento in Italia e Germania. Die R. im 19. Jh. in Italien und Deutschland. Bologna/B. 1989. – [21] Hausmann (wie not. 3) 245; Eppelsheimer, H. W.: Das R.-Problem [1933]. In: Buck (wie not. 5) 96–121, bes. 101; Wolfzettel, F.: Lit.geschichte als Naturgeschichte. Zur Metaphorik der R. in der frz. Lit.-geschichtsschreibung der Romantik. In: Krauß, H. (ed.): Offene Gefüge. Lit.system und Lebenswirklichkeit. Festschr. F. Nies. Tübingen 1994, 101–116. – [22] Michelet, J.: Œuvres complètes. 7: Histoire de la France au seizième siècle. R., Réforme. ed. R. Casanova. P. 1978. – [23] ibid., 54; zitiert bei Kablitz (wie not. 14) 86. – [24] ibid., 51. – [25] Burckhardt, J.: Die Kultur der R. in Italien. Ein Versuch. Nachdr. Stg. 1966 u. ö. – [26] Cantimori, D.: Zur Geschichte des Begriffes „R." [1932]. In: Buck (wie not. 5) 37–95, bes. 58–64. – [27] Buck, A.: Die ital. R. aus der Sicht des 20. Jh.s. Stg. 1988, 35; Uekerman, G.: Renaissancismus und Fin de siècle. Die ital. R. in der dt. Dramatik der letzten Jh.wende. B./N. Y. 1985; Buck, A. (ed.): R. und Renaissancismus von Jacob Burckhardt bis Thomas Mann. Tübingen 1990. – [28] Brief an R. Strauss vom 27. 4. 1906, cf. Strauss, R./Hofmannsthal, H. von: Briefwechsel. ed. W. Schuh. Mü./Mainz 1990, 20. – [29] Eppelsheimer (wie not. 21) 105; Ferguson (wie not. 7) 268–283. – [30] Hempfer (wie not. 2) 21–23. – [31] Buck 1988 (wie not. 27) 37 sq.; Poeschke (wie not. 13) 714; Kritik an der Individualismus-These z. B. bei Huizinga (wie not. 1) 52. – [32] Heitmann (wie not. 4) 343 (mit Berufung auf R. Mandrou). – [33] Buck (wie not. 5) 24. – [34] Delumeau (wie not. 1) und dazu Heitmann (wie not. 4) 333. – [35] Buck 1988 (wie not. 27) 45. – [36] ibid., 44. – [37] Quondam, A. (ed.): Rinascimento e Classicismo. Materiali per l'analisi culturale di Antico regime. Rom 1999. – [38] Hempfer (wie not. 2) 16 sq. – [39] Gadol, J.: Die Einheit der R. Humanismus, Naturwiss. und Kunst [1965]. In: Buck (wie not. 5) 395–426. – [40] Simone, F.: Das MA., die R. und die moderne Forschung [1938]. In: Buck (wie not. 5) 122–150, bes. 142–150; Heitmann (wie not. 4) 347 sq.; Hausmann (wie not. 4) 18. – [41] Hempfer (wie not. 2) 38 sq. – [42] ibid., 30 sq.; Forno, C.: Il „libro animato". Teoria e scrittura del dialogo nel Cinquecento. Turin 1992; Grosse, M.: Kanon ohne Theorie? Der Dialog als Problem der R.-Poetik. In: Moog-Grünewald, M. (ed.): Kanon und Theorie. Heidelberg 1997, 153–179; Pignatti, F.: Il dialogo del Rinascimento. Rassegna della critica. In: Giornale storico della letteratura italiana 176 (1999) 408–443. – [43] Hempfer (wie not. 2) 32; Gier, A.: Ludovico Ariostos Orlando furioso. Die Dichtung des Sowohl – Als auch. In: Ital. Studien 7 (1984) 5–27. – [44] Bachtin, M.: Rabelais und seine Welt. Volkskultur als Gegenkultur. Ffm. 1987 [russ. Orig. 1965]. – [45] Teuber, B.: Sprache – Körper – Traum. Zur karnevalesken Tradition in der rom. Lit. aus früher Neuzeit. Tübingen 1989, 78 u. ö. – [46] Heitmann (wie not. 4) 344. – [47] EM 6, 1307. – [48] EM 4, 103.

Bamberg   Albert Gier

Renaut de Montauban → Haimonskinder

Rendezvous verschlafen (AaTh 861), unter den Novellenmärchen klassifizierte Erzählung mit folgender Vollform:

(1) Ein Mann sieht eine schöne Frau und verliebt sich in sie (die Frau macht ihm Avancen). Sie sendet ihm geheimnisvolle Geschenke oder vollführt eigentümliche Gesten. Die Ehefrau des Mannes (andere helfende Person) erklärt deren Bedeutung: Aus ihnen geht hervor, wer die schöne Frau ist und wo sie wohnt. Der Mann findet die Frau und arrangiert ein R. in einem Garten. (2) Er kommt zu früh und schläft ein (→ Schlaf), bevor sie eintrifft. Sie weckt ihn nicht auf, hinterläßt aber manchmal ein Zeichen, um ihm mitzuteilen, daß sie da war. Ein späteres R. kommt zustande. (3) Die schlafenden Ehebrecher werden von der Polizei entdeckt und ins Gefängnis gebracht. Der Mann schickt seiner Frau eine Botschaft, um sie über den Vorfall zu informieren. Sie besucht ihn im Gefängnis und tauscht ihre Kleider (→ Kleidertausch) mit der schönen Frau, die das Gefängnis verläßt; zurück bleibt das Ehepaar (oder der Ehemann verläßt das Gefängnis, und die zwei Frauen bleiben zurück). Da nun kein Anzeichen mehr für ein Vergehen vorliegt, werden die Gefangenen freigelassen.

AaTh 861 ist vor allem in Var.n aus Südosteuropa, dem Nahen Osten, dem Kaukasus sowie Süd- und Zentralasien belegt[1]. Aufgrund der Dreieckskonstellation fällt der Ausgang der Erzählung unterschiedlich aus. In Var.n aus Kulturen, in denen Polygamie erlaubt ist, kann der Mann die schöne Frau als zweite Ehefrau nehmen[2]. Wenn der Mann zu Beginn der Erzählung unverheiratet ist, erklärt ihm seine → Schwester (Diener, alte Frau) die rätselhaften Geschenke und sorgt für sein Entkommen aus dem Gefängnis. Zum Schluß heiratet der Mann die schöne Frau[3]. Wenn das Liebesabenteuer von der schönen Frau ausgeht, gehen der Mann und seine Ehefrau gewöhnlich am Ende zusammen nach Hause, womit die außereheliche Affäre beendet ist[4].

Die Zeichensprache in Episode (1) besteht in einer Technik nonverbaler Kommunikation, die sich auch in anderen oriental. Erzählungen häufig findet (Mot. H 600, Z 175; AaTh 924 A−B: → *Zeichendisput*[5]). AaTh 861 hat diese Episode (Mot. H 611.2, cf. Mot. H 607.3) mit dem ind. Typ AaTh 516 A: *The Sign Language of the Princess* gemeinsam. In AaTh 861 bestehen die rätselhaften Zeichen oder Gegenstände oft in Analogien (→ Pars pro toto; so heißt Blume: in der Nähe des Blumenmarkts; Pflaster: vor dem Haus wird gepflastert; Weinblatt: im Hof des Hauses steht ein Weinstock[6]). Andere Analogien sind stärker verschlüsselt: Wenn die Frau die Hand auf ihren Kopf legt, bedeutet das, daß ihr Vater ein Häuptling oder König ist, wenn sie sie auf den Nabel legt, daß sie im Zentrum der Stadt wohnt, wenn sie mit ihrem Kleid fächelt, daß ihr Haus hinter einem Schneidergeschäft liegt[7]. Stroh (saman) und Zucker (kand) signalisieren, daß die Frau die Prinzessin von Samarkand ist[8]. In einigen Fassungen von AaTh 861 hinterläßt die schöne Frau in der Tasche des schlafenden Mannes einen Gegenstand (z. B. einen Ball) oder eine Botschaft, was von der helfenden Person so gedeutet wird, daß der Mann sich durch sein Schlafen als unreif für eine Liebesaffäre erwiesen habe[9].

Die Episode (2) von AaTh 861, das verschlafene R., das dem Erzähltyp seinen Namen gegeben hat, ist lediglich ein fakultatives Element[10], das handlungsverzögernd wirkt (→ Retardierende Momente): Ungeachtet dessen, ob der Mann das erste oder die ersten beiden R. verschläft, kommt das R. schließlich doch zustande. Daß Männer ein geplantes romantisches Stelldichein verschlafen, ist ein Motiv, das auch in anderen Erzählzusammenhängen erscheint. Eine kurze Erzählung aus dem chin. → *Tripiṭaka* ist dem Motiv R. v., wie es in AaTh 861 erscheint, sehr ähnlich: Ein Mann geht in ein Heiligtum, um eine unerlaubte Liebesaffäre zu haben. Der Gott, dem das Heiligtum geweiht ist, verursacht den Schlaf des Mannes, und die Frau, die er dort treffen wollte, läßt etwas Geld für den Mann zurück und geht vor seinem Erwachen fort[11]. In der anonymen Verserzählung *Moriz von Craun* (um 1200) findet sich das Motiv ebenfalls: Hier verschläft ein Ritter den ‚lôn' seines Minnedienstes[12]. In Liedern und kurzen Erzählungen aus Nord- und Südeuropa zögert eine Frau, sich mit dem geliebten Mann zu treffen, weil sie befürchtet, ihre Jungfräulichkeit zu verlieren; ein Zauber oder ein Schlaftrunk bewirken jedoch, daß er einschlummert und sie unberührt bleibt[13]. Auch in einer Erzählung aus den → *Gesta Romanorum*, die zur Freierprobenredaktion von AaTh 890: → *Fleischpfand* gehört, spielt der Schlafzauber eine Rolle:

Ein Ritter verkauft seinen gesamten beweglichen Besitz für zwei Nächte bei der von ihm geliebten Tochter des Kaisers, die das Geld nimmt (→ Nächte erkauft), ihn aber jedesmal mit einem Zauber zum Einschlafen bringt. Für die dritte Nacht leiht er sich Geld, als Sicherheit verpfändet er das Fleisch seines Körpers. Der Zauberer → Vergil verrät ihm den Schlafzauber; über dem Glück mit seiner Geliebten versäumt der Ritter aber die festgesetzte Zahlungsfrist. Seine Geliebte kommt ihm in der Auseinandersetzung mit dem Gläubiger als Mann verkleidet (cf. → Frau in Männerkleidung) zu Hilfe und rettet ihn[14].

Dagegen ist das Verschlafen des R. in einigen anderen Erzählungen ein wesentliches Element der Handlung: Es bewirkt die → Trennung des Liebespaars und führt zu neuen Abenteuern[15]. So ist es ein fester Bestandteil des 2. Subtyps von AaTh 400: → *Mann auf der Suche nach der verlorenen Frau*, in dem es die Funktion eines Tabus hat. Das vom Helden verschlafene R. bildet den Grund dafür, daß die Frau ihn verläßt und er sich auf die → Suche nach ihr macht. In einer iber. und iberoamerik. Erzählung, für die Y. → Pino Saavedra die Klassifizierung unter der Nummer 861 A vorschlug, verpaßt ein junger Mann die mit einem Mädchen verabredete Flucht, „weil er vor der vereinbarten Stunde einschläft" oder „weil ein anderer ihm zuvorkommt und als Held an seine Stelle tritt"[16]. Ähnlich läuft in einer Erzählung des → *Novellino* (num. 99) ein Mädchen versehentlich mit dem Falschen von zu Hause weg; der Geliebte sucht sie, findet die beiden schlafend und möchte warten, bis sie aufwachen, schläft dann aber selbst ein; als er aufwacht, sind beide fort. Vergleichbare Geschichten sind aus Indien belegt (Thompson/ Balys T 92.4); in einer ceylones. Erzählung soll der Held die Prinzessin nach ihrer Heirat mit einem anderen entführen, schläft aber ein (Mot. T 92.4.1)[17]. In AaTh 437: → *Nadelprinz* ist es dagegen die Heldin, die einschläft, kurz bevor der schlafende Prinz aus seiner Verzauberung erwacht, der dann mit einer anderen Frau als seiner vermeintlichen Erlöserin fortgeht.

Die listige Befreiung aus der Gefangenschaft in Episode (3) von AaTh 861 kommt zustande, weil nur der Mann und seine Geliebte ein unerlaubtes Paar bilden, gegen zwei Frauen oder einen Mann mit seiner Ehefrau aber nichts einzuwenden ist. Die Ehefrau legt zum Besuch ihres Manns auffällige Kleider an, gewöhnlich solche, die zu der anderen Frau passen, manchmal auch Männerkleidung. Die Wachen registrieren nur die Kleider der Person, die das Gefängnis verläßt, und merken nicht, daß jemand anderes darin steckt. Ohne die anderen Bestandteile des Erzähltyps kommt diese Episode auch selbständig bes. in arab. Erzählungen bereits seit dem Autor Abū Ḥayān at Tawḥīdī (gest. 1023) vor[18]. Als Geschichte von dem Stutzer Muhammad und der Tochter des Heeresrichters findet sie sich in einer Version von → *Tausendundeinenacht*[19] ebenso wie in → Somadevas *Kathāsaritsāgara*[20] und in einer Fassung des ind. → *Papageienbuchs*[21].

Die Episoden, aus denen AaTh 861 besteht, waren in den oriental. Lit.en sowohl einzeln als auch in Kombination beliebt. In *Tausendundeinenacht* enthält die Erzählung von ʿAzīz und seiner Kusine ʿAzīza die Episoden (1) und (2) (Liebe auf den ersten Blick, rätselhafte Geschenke, Verschlafen, weitere rätselhafte Geschenke, Zustandekommen des R.)[22]. Die georg. Version bei Sulxan-Saba → Orbeliani (Ende 17./Anfang 18. Jh.) enthält Episode (1) und (3)[23], ebenso die Fassung im → *Ardschi Bordschi*[24].

---

[1] Ergänzend zu AaTh: Jason, Types; Nowak, num. 68, 363; Marzolph, Arabia ridens 2, num. 558; Jason, Iraq; Marzolph. – [2] El-Shamy, H. M.: Tales Arab Women Tell. Bloom./Indianapolis 1999, num. 29; Littmann, E.: Arab. Märchen und Schwänke aus Ägypten. Wiesbaden 1955, num. 14; Marzolph 861; Nowak, num. 68. – [3] Eberhard/Boratav, num. 222 (6 Var.n); Hermann, A./Schwind, M.: Die Prinzessin von Samarkand. Märchen aus Aserbaidschan und Armenien. Köln 1951, 13–22 (aserbaidschan.). – [4] Dawkins, R. M.: Modern Greek in Asia Minor. Cambr. 1916, 432–435; Lambertz, M.: Alban. Märchen. Wien 1922, num. 48; Orbeliani, S.-S.: A Book of Wisdom and Lies. Übers. K. Vivian. L. 1982, 173 sq. – [5] Köhler/Bolte 2, 479–494; Penzer, N. M. (ed.): The Ocean of Story 1–10. Übers. C. H. Tawney. Delhi ([2]1923) 1984, hier t. 1, 80–82, not. 1; t. 6, 247–249; Nizami, G.: The Haft Paykar. Ox./N. Y. 1995, 170–173 (The Red Dome). – [6] Dawkins (wie not. 4). – [7] El-Shamy (wie not. 2). – [8] Hermann/Schwind (wie not. 3). – [9] El-Shamy (wie not. 2); Chalatianz, B.: Kurd. Sagen. In: ZfVk. 15 (1905) 322–330, hier 325–327; cf. Hertel, J.: Der kluge Vezier, ein kaschmir. Volksroman. ibid. 18 (1908) 160–177, hier 168–174 (als Episode in einer langen Erzählung). – [10] Sie fehlt z. B. in folgenden Versionen: Jülg, B.: Mongol. Märchen. Innsbruck 1868, 112–119; Levin, I.: Märchen aus dem Kaukasus. MdW 1978, num. 46 (adyge.-šapsug.); Orbeliani (wie not. 4). – [11] Chavannes 3, num. 492. – [12] Ziegler, H.-J.: Moriz von Craûn. In: Verflex. 6 ([2]1987) 692–700. – [13] Child, num. 43. – [14] Wesselski, MMA, num. 61. – [15] Barth, B.: Liebe und Ehe in der altfrz. Fabel und in der mhd. Novelle. B. 1910, 122–130. – [16] Pino-Saavedra, Y.: Das verschlafene Stelldichein. In: Volksüberlieferung. Festschr. K. Ranke. Göttingen 1968, 313–320 (9 Var.n), 314 (Zitate); id.: Cuentos mapuches de Chile. Santiago de Chile 1987, num. 54. – [17] Parker, H.: Village Folk-Tales of Ceylon 3. L. 1914, num. 240. – [18] Marzolph, Arabia ridens 2, num. 558; Nowak, num. 363. – [19] Chauvin 6, 178, num. 339; Neue Erzählungen aus den Tausendundein Nächten. Die in anderen Versionen von ‚1001 Nacht' nicht enthaltenen Geschichten der Wortley-Montague-Hs. der Oxforder Bodleian Library. Übers. F. Tauer. Lpz. 1995, 605–612. – [20] Penzer (wie not. 5) t. 1, 162 sq. – [21] Schmidt, R.: Die Śukasaptati (textus ornatior). Stg. 1899, 67–70, num. 19. – [22] Chauvin 5, 144 sq., num. 71; 1001 Nacht 2, 25–79; neuere Var.n ohne Gefängnisaufenthalt u. a. bei Chalatianz (wie not. 9); Daum, W.: Märchen aus dem Jemen. MdW 1983, num. 2; Kronenberg, A. und W.: Nub. Märchen. MdW 1978, num. 8. – [23] Orbeliani (wie not. 4). – [24] Jülg (wie not. 10).

Los Angeles   Christine Goldberg

Repertoire

1. Einl. und Definitionen – 2. Frühe Sammlungen – 3. Entdeckung früher Erzähler und ihre Einschätzung – 4. Einfluß des von Sydowschen Traditionsträgerbegriffs und die R.theorie – 5. Persönlichkeits- und repertoireorientierte Schulen der volkskundlichen Erzählforschung – 6. Zusammenfassung

1. **Einl. und Definitionen.** Der Begriff R. wird im gängigen Sprachgebrauch auf professionelle Theater- und Musikdarbietungen bezogen, wobei er im engeren Sinn als kompletter Spielplan von Dramen, Opern, Stücken

oder Rollen definiert ist, die ein Ensemble oder ein einzelner Künstler ausreichend geprobt haben, um sie aufführen zu können, sowie im weiteren Sinn als die Summe der Fertigkeiten oder Techniken, die eine Person besitzt oder die sie zur Ausübung ihres Berufes braucht. In der Erzählforschung bezeichnet der Begriff R. die Gesamtheit der Materialien, die ihre → Informanten gewohnheitsmäßig darbieten. Solange die Volksüberlieferung — wie von J. und W. → Grimm — als ein Produkt der → Kollektivität (cf. die übliche Kombination von Var.n verschiedener Erzähler; → Bearbeitung) und ihre Vermittler als namenlose und unbewußte Bewahrer der Reste einer altererbten Nationaldichtung betrachtet wurden, kam dem individuellen R. von Erzählern in der Forschung keine Bedeutung zu. Auch für die verschiedenen Schulen der sich als Disziplin etablierenden Volkserzählforschung, wie die → mythol. und die hist. Schule, die → geogr.-hist. Methode oder den → Strukturalismus, stellte das R. der Erzähler keinen Gegenstand der Unters. dar. Erst eine Forschung, welche die Sammlung von Texten, die teilnehmende Beobachtung persönlicher → Kreativität im performativen und soziokulturellen → Kontext (→ Performanz; → Soziales Milieu) zur unerläßlichen Voraussetzung machte und ihr Hauptaugenmerk auf den Erzähler als wichtigsten Gegenstand der ethnogr. Beschreibung und Schlüssel zu weiteren theoretischen Folgerungen richtete, nahm das R. als untersuchungswürdiges Objekt wahr (→ Biologie des Erzählguts; → Erzählen, Erzähler; Dégh 1995 a; Žygas 1991). Die Definitionen von R. in volkskundlichen Lexika werden gewöhnlich in Beziehung zu dem von den einzelnen Erzählern geleisteten Beitrag gesetzt (Kovács 1981, 339; Holzapfel 1996, 276 sq.; Allison 1997, 717 sq.).

2. Frühe Sammlungen. Mehrere frühe Sammler in ländlichen Gegenden beschrieben ihre Erfahrungen bei der → Feldforschung und gaben Namen, Alter, Beruf und Wohnort von Erzählern an. Als Beispiele seien hier nur die die Werke von A. Carmichael (1928−54) und J. F. → Campbell of Islay (1860−62) in Schottland, D. → Hyde (1893) und P. Kennedy (1870) in Irland, U. → Jahn (1891) in Deutschland, L. → Kálmány (1877/78, 1881−91) in Ungarn und ähnliche Sammlungen aus den Landesteilen Österreichs (Haiding 1969) genannt. Viele dieser frühen Schätze lokaler oder regionaler R.s sind in zahlreichen europ. Hss.archiven bewahrt, so die monumentale Sammlung, die der Lehrer E. T. → Kristensen von jütländ. Erzählern zusammentrug (Holbek 1987; Tangherlini 1994). Kristensen legte R.studien ersten Ranges mit detaillierten Kontextinformationen vor, obwohl seine Aufzeichnungen künstlich herbeigeführten Performanzen entstammten (Tangherlini 1994, 38) und er in bezug auf den Wortlaut der Erzählungen ähnlich ungenau wie seine Kollegen in der Zeit vor der Erfindung der Audio- und Videorecorder war. Allein für das Genre Märchen enthielt die Abschrift, die der wiss. Berater des Sammlers, A. → Olrik, 1907 im Dän. Folklore-Archiv in Kopenhagen deponierte, ca 2 800 Nummern. Selbst Sammler, die sich der Bedeutung von authentischen Aufzeichnungen der natürlichen Performanz der Erzähler bewußt waren, waren dem Erzähltempo nicht gewachsen. Zur Kompensierung dieser Unzulänglichkeiten verbrachten sie viel Zeit, um lokale Informationen über das Erzählen, die Erzähler und ihre R.s zu sammeln, und notierten dann während der Performanz die Hauptzüge der gerade vorgetragenen Erzählung, die sie später aus dem Gedächtnis mit Details auffüllten. Oft baten sie die Erzähler, die Geschichten in privaten Interviews unter vier Augen zu wiederholen, um Mißverständnisse zu korrigieren (cf. → Wossidlo 1960, VII−XV; id. 1963, VII−XII; Henßen 1957, VII−XIX).

3. Entdeckung früher Erzähler und ihre Einschätzung. Über bekannte Erzähler, die ihr Publikum durch Umfang oder Eigenart ihrer R.s fesselten, wird schon recht früh berichtet. Zu ihnen gehören die sizilian. Näherin Agatuzza Messia, aus deren umfangreicherem R. 51 Erzählungen publiziert wurden (Pitrè 1875), der heanz. Straßenkehrer Tobias Kern mit einem R. von 122 Geschichten (Bünker 1906) und der ung. Landarbeiter Mihály Borbély mit 51 aus einem größeren Korpus veröff. Erzählungen (Kálmány 1914). Sie waren nicht nur als Bewahrer der nationalen Tradition, sondern auch als Persönlichkeiten, Künstler und Unterhalter anerkannt. Sie wurden für die Schönheit ihrer Sprache, ihre aus-

drucksstarken → Gebärden und ihre Fähigkeit gerühmt, ihre Geschichten bei der Wiederholung unverändert Wort für Wort wiederzugeben; dies wurde später eher als fehlende Kreativität ausgelegt, als festgestellt wurde, daß Märchenerzähler ihre Geschichten verändern und verfeinern, je öfter sie sie vor verschiedenem Publikum wiederholen müssen (cf. Dégh 1942, t. 1, 84–98). R. → Schenda (1993, 188–191) verglich Kern und Messia hinsichtlich ihres Stils und ihres Sozialstatus und wies auf die Schwierigkeiten hin, die große Skala all dessen zu erfassen, was zur Gestaltung des R.s durch die Erzähler beiträgt.

G. → Cocchiara (1971, 389) sah G. → Pitrès Interesse an der Volksüberlieferung durch denselben ‚Rettungsgedanken' motiviert wie bei den Grimms, aber anders als die Grimms machte Pitrè es sich zur Aufgabe, die kreative Kapazität der Menschen herauszufinden, die das Volk bilden und die letztendlich die wahren Schöpfer der Volksüberlieferung sind. Cocchiara (1971, 393) zufolge transkribierte und publizierte Pitrè nach derselben Methode, die von A. F. Gil'ferding (Hilferding) in Rußland für → Bylinen angewendet worden war, Dialekttexte mit größtmöglicher Genauigkeit, da seiner Ansicht nach durch die Übers. aus dem → Dialekt die persönlichen Eigenheiten des Erzählers ausgeschaltet oder zumindest verändert wurden. Spätere Erzählforscher begriffen die Unters. des R.s als zentral im Hinblick auf das autoritative Recht kreativer Erzähler, bestimmte Geschichten auszuwählen, zu lernen, zu verändern, zu verinnerlichen und für bestimmte Zwecke vorzusehen, um sie zum Teil eines Performanzrepertoires für ein spezielles Publikum zu machen und Verbesserungen einzuführen sowie bei jedem Neuerzählen nötige Anpassungen vorzunehmen. Das Schlüsselkonzept besteht nicht in mechanischem Memorieren, sondern in Kreativität, → Phantasie und der Fähigkeit, Verbindungen herzustellen und vergessene Episoden zu ersetzen (→ Improvisation). Das R. ist kein statischer Block im Erinnerungsspeicher von Menschen, Gemeinschaften oder Regionen, sondern ein Reservoir formelhafter Episoden, die jederzeit wechselnden Umständen angepaßt werden können (→ Formelhaftigkeit, Formeltheorie; cf. auch → Oral Poetry). Offenkundig verändern sich R.s im Laufe des Lebens der Erzähler; sie entfalten sich nach einer Lernperiode in einer produktiven und aktiven Phase, in der sie im Vollbesitz ihres Könnens sind; es folgt eine Zeit des Verfalls und der Isolation im Alter, in der sie Platz für die R.s einer neuen Generation machen. Meistererzähler halten Erzählgemeinschaften lebendig. W. → Wisser (1926) unterschied zwischen märchenarmen und märchenreichen Gemeinschaften, die auf das Wirken von Generationen aktiver Erzähler zurückgehen. Bekannte Sängerdynastien gibt es unter den Darbietern von Vers- und Prosaepen (Lord 1960; Žygas 1991; zur → Familientradition cf. Schenda 1993, 162–187). B. → Holbek zufolge war es für Interessierte nicht schwierig, sich in einer traditionellen ländlichen Gemeinschaft ein R. anzueignen (Holbek 1987, 169).

4. Einfluß des von Sydowschen Traditionsträgerbegriffs und der R.theorie. C. W. von → Sydows Beschreibung der ‚Traditionsbiologie', d. h. der Art, wie sich Überlieferungen durch aktive und passive Überlieferungsträger verbreiten (von Sydow 1948, 11–59), die in kritischer Opposition zu der von der geogr.-hist. Schule vertretenen Idee einer ringförmigen Verbreitung steht, scheint wiss. Diskussionen über den R.begriff hervorgebracht zu haben, da Bestandteile des R.s von einem aktiven in einen passiven Status und umgekehrt wechseln können. K. S. Goldstein verlangte eine eingehende Betrachtung dieses Prozesses und der Faktoren, die für derartige Veränderungen verantwortlich sind. Er schlug vor, den Status der einzelnen Bestandteile im R. einer Person als permanent, flüchtig, vorübergehend oder später hinzugefügt zu untersuchen und dann den Faktoren nachzugehen, die für einen solchen Wechsel im Status von Aktivität und Inaktivität durch Veränderung von Eigentumsrecht und Identität, Aktualität, Geschmack und Ästhetik, sozialer Rolle, Veränderung oder Verlust des Publikums verantwortlich sind. Entsprechend forderte Goldstein (1971, 62–67), daß Feldforscher ihre Fragen nicht darauf beschränken sollen, von wem, wo und wann der Informant einen Gegenstand der Überlieferung gehört und erlernt hat, sondern auch, wo er ihn vorgetragen hat, wann und für wie lange er Teil seines aktiven R.s wurde und welche Kräfte

die Aktivierung, Deaktivierung und Reaktivierung bewirkten.

Eine R.analyse war der Zweck von J. → Pentikäinens (1978) eingehender Langzeitstudie der karel. Erzählerin Marina Takalo. Mit Bezug auf von Sydows Konzept der aktiven und passiven Traditionsträger erklärte Pentikäinen (1978,14), daß sich die Überlieferung nicht von selbst verbreite, sondern von Traditionsträgern transportiert und übermittelt werde. Pentikäinen, der eine R.analyse nach dem Vorbild von M. K. → Azadovskijs (Asadowskij 1926) Monogr. des Erzählrepertoires von Natalja Osipovna Vinokurova vorhatte, untersuchte Takalos R., als die Erzählerin, die ein Wanderleben mit 30fachem Wohnortwechsel hinter sich hatte, alt und ihr R. bereits inaktiv geworden war. In einer entspannten Interviewsituation halfen der Forscher und seine Assistenten ihr, sich zu erinnern, und es gelang ihnen in einem Zeitraum von zwölf Jahren, etwa 100 Stunden erinnerten Materials auf Band aufzunehmen (Pentikäinen 1976, 262–269). Holbek berücksichtigte Aktivität und Passivität von Traditionsträgern bei seiner Definition von R. als Vorrat von Erzählungen, die Erzählern als Vortragsmaterial zur Verfügung stehen (zur Aufschlüsselung des R.s cf. Holbek 1987, 94–183). Anders als Pentikäinen zögerte er, Kristensens Korpus der Erzählungen von 127 jütländ. Informanten ein existierendes R. zu nennen, da einige der Geschichten den Gewährsleuten nicht wirklich präsent waren und ihnen erst in Erinnerung gebracht werden mußten; was dabei herauskam, war z. T. fragmentarisch; darüber hinaus waren einige der Informanten keine aktiven Erzähler mehr (Holbek 1987, 176). Andererseits hatte R. Gwyndaf keine Probleme damit, seinen walis. Erzähler Lewis T. Evans, von dem er ein R. mit 350 Prosaerzählungen aufzeichnete, einen passiven Traditionsträger zu nennen. Bei 30 Besuchen über einen Zeitraum von neun Jahren hinweg (1964–73) nahm Gwyndaf (1976) 66 Tonbänder auf, die sich auf die Zeit von 1880 bis 1930 bezogen.

Für M. Chesnutt stand außer Frage, daß von Sydow von der Russ. Schule wußte und mit der Übers. von Azadovskijs (Asadowskij 1926) berühmtem Buch vertraut war. Vor allem aber betonte er von Sydows Einfluß auf die Arbeit der Irish Folklore Commission in Dublin. Von Sydow half S. → Ó Duilearga, nach dem Vorbild der akademischen Institutionen der nord. Länder eine systematische Sammeltätigkeit aufzubauen und das zusammengetragene FolkloremateriaI zu archivieren, darunter audiovisuelle Aufzeichnungen der R.s, Lebensgeschichten und Kunstgeheimnisse der gäl.sprechenden Meistererzähler langer Zauber- und Heldenmärchen (Chesnutt 1993, 135–255; Delargy 1945; Jackson 1961, 51–57). In jüngster Zeit wurde bes. bei den lange vernachlässigten engl.sprachigen Erzählern Irlands eine andere charakteristische Mischung von Prosagattungen in Form aktiver sowie erinnerter R.s entdeckt, wobei P. Lysaght (1990, 199–214) eine einführende Analyse des R.s einer weiblichen Traditionsträgerin, das bes. reich an Sagen mit übernatürlicher Thematik ist, sowie der Entwicklung der Erzählerin von der Lernenden über ein Stadium passiver Bewahrung zur aktiven Erzählerin bot. Interesse an der Traditionsorientierung von Erzählern im weitesten Sinne zeigte auch A.-L. Siikala (1990, 113–118) in ihrem Beitrag zur laufenden Debatte der Erzählforscher über Erzählertypologien, Besonderheiten bei der persönlichen Auswahl der R.s, Performanzstil und kreative Fähigkeiten bis hin zu den Geheimnissen der Gattungsbildung. Die unter den Namen Märchenbiologie, Soziologie des Erzählens oder dem von L. → Dégh geprägten Begriff „performer-centered study of narration", d. h. erzählerorientierte Erzählforschung, bekannte Schule (oder Schulen) bietet den Schlüssel für die Bestimmung der R.bildung (Lüthi [8]1990, 81–102; Dégh 1995 a).

5. Persönlichkeits- und repertoireorientierte Schulen der volkskundlichen Erzählforschung. Von der Mitte des 19. bis zur Mitte des 20. Jh.s untersuchten russ. Feldforscher die Rolle, die kreative Persönlichkeiten bei der Bewahrung und Fortführung traditioneller narrativer Formen wie Epos, Volkserzählung und Klagelieder spielen. Viele dieser Unters.en waren Pionierarbeiten. Aus ihnen entwickelte sich die sog. Russ. Schule (→ Rußland). Nach E. V. Žygas (1991, VII) wird die Bedeutung dieser Schule in der Geschichte der Disziplin im Westen nicht voll gewürdigt, weil die russ. Orig.texte bis heute nicht übersetzt seien. Letzteres trifft aber nur

teilweise zu. P. N. Rybnikov (1861–67), der eine neue ethnogr. Unters.smethode der Sänger russ. epischer Lieder in der Umgebung des Olonez-Sees entwickelt hatte, und sein Nachfolger Gil'ferding (1873) waren Pitrè und seinen Zeitgenossen in Westeuropa bekannt. Ebenso waren von Sydow und viele andere durch die von W. → Anderson initiierte Veröff. der dt. Übers. von Azadovskijs Darstellung der Erzählerpersönlichkeit der Vinokurova mit dessen Sammelmethode vertraut (Asadowskij 1926). Azadovskijs Publ. wurde in den märchenreichen europ. Ländern positiv aufgenommen, da sie den Weg wies, den jedes Land für sich selbst entwickeln mußte. In Ungarn, Schottland, Irland und anderswo arbeiten diese Schulen immer noch und beschäftigen sich mit der Bildung neuer R.variationen.

Die einfache, aber höchst wirkungsvolle Neuerung von Rybnikov und Gil'ferding bestand darin, das Gesammelte nicht mehr wie bis dahin üblich nach Inhalten anzuordnen, sondern alle von einem Informanten dargebotenen Stücke zusammen aufzuführen und damit die persönliche Autorschaft und Schaffung eines R.s anzuerkennen. Dies bedeutete, daß Künstler aus dem Volk als kreative Persönlichkeiten bestätigt wurden, die traditionelle Bilder, Formeln, Episoden und Handlungen frei zur Unterhaltung anderer verwendeten und also keineswegs nur passive Rezipienten des memorierten Wortlauts schlecht verstandener Texte waren, wie man vorher dachte. Bei einer solchen Anordnung der Sammlungen nach Erzählerrepertoires wurden diesen detaillierte Lebensläufe der Erzähler sowie Kontextinformationen zur kulturellen und sozialen Situation beigegeben (cf. N. E. → Ončukov). Methoden und Ziele wurden bald von Rybnikovs und Gil'ferdings Nachfolgern verfeinert, die Unters.en über Spezialisten für verschiedene Gattungen und Untergattungen anstellten und neue homogene und facettenreiche R.s für unterschiedliches Publikum erforschen konnten. Die Forschungsreise der Brüder B. M. und Ju. M. → Sokolov (1915) im Kreis Belozersk erbrachte 163 Erzählungen von 47 Informanten, wobei sie sich genau an das Prinzip ihres Lehrers hielten, daß der Sammler für das R. jedes Erzählers erschöpfende Aufzeichnung anzustreben habe (Sokolov 1950, 389). Die Brüder Sokolov besuchten auch die Nachfahren der Erzähler von Rybnikov and Gil'ferding, um die Veränderungen von Erzählungen und Bylinen über einen Zeitraum von einem halben Jh. zu untersuchen. Ju. M. Sokolov (1950, 403) erklärte, Aufgabe des russ. Folkloristen sei die Unters. der Träger der kreativen Überlieferungsarbeit, bes. der Erzähler. Dies wurde jedoch als Teil der vorrevolutionären Folklore verstanden; der 2. Teil des Buchs (1950, 611–747) umfaßte das R. der neuen Ära, das Material zur Stützung der kommunistischen Ideologie (→ Marxismus; → Rußland, Kap. 2.3). Dieses von der Regierung gebilligte Konstrukt war in den frühen Jahren der Sowjetzeit noch nicht dominant, und es war möglich, wie vorher und wie in anderen europ. Ländern auch, aktuellen Forschungstrends zu folgen. 1932 erschien z. B. Azadovskijs Publ. mit R.sammlungen und Biogr.n der zwölf bedeutendsten russ. Erzähler, in der die → Interaktion bei der Performanz jeder einzelnen Erzählung hervorgehoben wurde.

Ohne Kenntnis der 90jährigen bemerkenswerten Geschichte der Russ. Schule wurde Azadovskijs übers. Beschreibung der Vinokurova von der Budapester Schule G. → Ortutays rezipiert (Dégh 1995a, 7–29). Auch in anderen europ. Ländern gab es zahlreiche gemeinschaftliche Forschungsprojekte. Die engl. Übers. der Beschreibung der sibir. Erzählerin (Asadowskij [1926] 1974) blieb bei der letzten Generation der amerik. Volkskundler fast unbemerkt. Erzählforscher fühlten sich inzwischen von dem interdisziplinären Gebiet der Soziolinguistik angezogen, zu dessen Entwicklung D. Hymes (1962) den Anstoß gegeben hatte und das von Folkloristen zu den ‚Performance Studies' ausgebaut wurde, einer theorie- und interpretationsorientierten Richtung, die der ‚Frag das Volk'-Haltung der intensiven Feldforschung, welche bei der Persönlichkeits- und R.forschung von wesentlicher Bedeutung ist, ablehnend gegenübersteht. Die Performanzforschung befaßt sich mit dem Wirken eines superorganischen ‚Performanz'-Mechanismus bei der Interaktion der Triade Individuum – R. – Gemeinschaft (Bauman 1978; Ben-Amos 1998; Berger/Del Negro 2002).

6. Zusammenfassung. Während Holbek die Zaubermärchen im R. der Gewährsleute Kristensens untersuchte und dabei u. a. psy-

choanalytische, strukturelle, morphologische und soziopsychol. Methoden nutzte, um die Bedeutungen der Märchen für die jeweiligen Erzähler zu erfahren, also eher eine Außenperspektive bot, widmete sich T. R. Tangherlini mit Hilfe Holbeks und anderer dän. Folkloristen dem Sagenrepertoire in den an kontextuellen Informationen reichen Aufzeichnungen Kristensens und versuchte moderne Feldforschungsstrategien an dem Material des 19. Jh.s zu erproben, um einer Innenperspektive, der Ansicht der Erzähler selbst, nahezukommen. Unter Berücksichtigung aller Angaben zu Alter, Geschlecht, Beruf, Schulbildung, sozialen und familiären Beziehungen der Informanten und der Interaktionen zwischen Erzähler, Zuhörer und Sammler sowie unter Einbeziehung des gesamten Folklorerepertoires der jeweiligen Erzähler wertete Tangherlini R.s nach Größe, bevorzugten Themen, Geschlecht und Schichtzugehörigkeit aus. Der Vergleich des Sagenrepertoires mit dem umfassenderen Folklorerepertoire diente Tangherlini zufolge zwei Zwecken: Zunächst biete er eine Einsicht in den Prozeß der Wahl der Übermittlungswege (→ Conduit-Theorie) und zweitens gebe er darüber Aufschluß, ob in der vorliegenden Tradition auf eine bestimmte Form spezialisierte Traditionsträger auch andere Formen beherrschten oder ob die Spezialisierung auf eine Form zu deren ständigen Gebrauch in der Traditionsvermittlung führe. Indem man biogr. Daten mit folkloristischen Daten in Beziehung setze, könnten vielleicht Muster unterscheidbar werden, die darüber Aufschluß geben, welche Personen oder besser Personengruppen am wahrscheinlichsten zu aktiven Teilnehmern an der Sagenüberlieferung würden (Tangherlini 1994, 32). R. → Kvideland (1993) definierte R. korrekt und breit genug, um Platz für Optionen und Alternativen zu lassen. Er wies u. a. auf die Nichtberücksichtigung von R.s hin: zum einen bedingt durch das Ausscheiden von als literar. Nacherzählungen bewerteten Texten aus dem R. und zum anderen durch die gängige nach Gattungen vorgehende Editionspraxis, die das Gesamtrepertoire eines Trägers, z. B. Erzählungen und Balladen, auseinanderreißt. Kritisch äußerte er sich dazu, Quantität, also ein großes R., als Indikator für die Qualität eines Erzählers anzusehen.

Gute Erzähler sind hingebungsvolle Unterhalter, die als gute Lügner geschätzt werden. Manchmal ‚schwindeln' sie auch in bezug auf die Anzahl der Erzählungen, die sie kennen, nennen z. B. die Zahl 365 — eine für jeden Tag des Jahres, oder mehr (Faragó 1971). Die klassischen Erzählungen sind lang: So erzählte Zsuzsanna Palkó bei Totenwachen von sechs Uhr abends bis zur Morgendämmerung, um die Trauernden wachzuhalten (Dégh 1989, 225). Wie der schott. Traveler-Erzähler Duncan Williamson gegenüber Dégh berichtete, war er ein Wiederholer, ein Sammler, der niemals vergaß, was er einmal gehört hatte. Sein R. enthielt nach eigener Aussage ein paar Tausend Erzählungen, was nach Déghs Einschätzung wohl der Wahrheit entsprach. Gewöhnlich erzählt er in seinem Heimatlager, wenn seine Familie kampiert, wird in Schulen eingeladen, um vor den Kindern aufzutreten, und ist ein Starerzähler bei internat. Festivals, wo er Geschichten von jap., israel., afrik. und dän. Erzählern lernt und mit ihnen austauscht. Gute Erzähler mit großen R.s sind die Hauptquellen für Gemeinschaftsrepertoires, und da viele von ihnen Wanderarbeiter sind oder sich oft auf Reisen befinden, sind sie auch die internat. Verbreiter und Bewahrer der Erzähltradition. Als Unterhalter gehören sie zur traditionellen Zunft der Künstler, die gesellschaftlichen Randgruppen angehören — Spaßmacher, Zauberer, Sänger, Akrobaten, Clowns, Feuerschlucker, Bänkelsänger (→ Gaukler) — und jahrhundertelang die Massen auf den Marktplätzen unterhielten oder ihre Kunst auf Bauernhöfen darboten, auf denen sie Aufnahme fanden, wie die heimatvertriebenen Brodjagas, von denen die Vinokurova ihre Erzählungen gelernt hatte (cf. Asadowskij 1926; Danckert 1963; Burke 1978; Schenda 1993, 52—82). Die Stücke ihres R.s in das der kleineren Erzähler zu verfolgen, ist eine Aufgabe der Zukunft.

Lit.: Kennedy, P.: The Fireside Stories of Ireland. Dublin 1870 (Nachdr. 1975; Nachdr. 1979 u. d. T. Irish Fireside Stories). — Campbell, J. F.: Popular Tales of the West Highlands 1—4. Edinburgh 1860—62. — Rybnikov, P. N.: Pesni (Lieder) 1—4. M. 1861—67. — Gil'ferding, A. F.: Onežskie byliny (Onega-Bylinen) 1—3. SPb. 1873. — Pitrè, G.: Fiabe, novelle e racconti popolari siciliani 1—4. Palermo 1875. — Kálmány, L.: Koszorúk az Alföld vad virágaiból (Kränze aus den wilden Blumen des Alföld)

1–2. Arad 1877/78. – id.: Szeged népe (Das Volk von Szeged) 1–3. Arad 1881/82/91. – Jahn, U.: Volksmärchen aus Pommern und Rügen 1. Norden 1891. – Hyde, D.: Abhráin grádh chúige Connacht, or, Love Songs of Connacht. L. 1893. – Bünker, J. R.: Märchen, Sagen und Schwänke in heanz. Mundart. Lpz. 1906. – Kálmány, L.: Hagyományok (Überlieferungen). Szeged [1914]. – Sokolov, B. und Ju.: Skazki i pesni Belozerskogo kraja (Märchen und Lieder des Kreises Belozersk). M. 1915. – Asadowskij, M.: Eine sibir. Märchenerzählerin (FFC 68). Hels. 1926 (engl.: A Siberian Tale Teller. Austin 1974). – Wisser, W.: Auf der Märchensuche. Die Entstehung meiner Märchenslg. Wolfshagen-Scharbeutz [um 1926]. – Carmichael, A.: Carmina Gadelica. Hymns and Incantations 1–5. Edinburgh u. a. 1928–54. – Azadovskij, M. K.: Russkaja skazka. Izbrannye mastera (Das russ. Märchen. Ausgewählte Meister) 1–2. M./Len. 1932. – Dégh, L.: Pandur Péter Meséi (Die Märchen des Peter Pandur) 1–2. Bud. 1942. – Delargy, J. H.: The Gaelic Story-Teller. L. 1945 (Nachdr. Chic. 1969). – Sydow, C. W. von: Selected Papers on Folklore. Kop. 1948. – Sokolov, Ju. M.: Russian Folklore. N. Y. 1950 (russ. Orig. 1938; frz. Übers. P. 1945). – Henßen, G.: Mecklenburger erzählen. [...] aus der Slg R. Wossidlos. B. 1957. – Lord, A. B.: The Singer of Tales. Cambr., Mass. u. a. 1960 (²2000). – Wossidlo, R.: Herr und Knecht. Antifeudale Sagen aus Mecklenburg. ed. G. Schneidewind. B. 1960. – Jackson, K. H.: The Internat. Popular Tale and Early Welsh Tradition. Cardiff 1961. – Hymes, D.: The Ethnography of Speaking. In: Anthropology and Human Behavior. ed. T. Gladwin/W. C. Sturtevant. Wash. 1962, 15–53. – Wossidlo, R.: Volksschwänke aus Mecklenburg. ed. S. Neumann. B. 1963. – Danckert, W.: Unehrliche Leute. Die verfemten Berufe. Bern u. a. 1963 (²1979). – Haiding, K.: Märchen und Schwänke aus Oberösterreich. B. 1969. – Cocchiara, G.: Storia del folklore in Europa. Turin 1971 (zuerst 1952; engl. Übers. 1981). – Faragó, J.: Storytellers with Rich R.s. In: Acta Ethnographica Academiae scientiarum Hungaricae 20 (1971) 439–443. – Goldstein, K. S.: On the Application of the Concepts of Active and Inactive Traditions to the Study of Repertory. In: JAFL 84 (1971) 62–67. – Gwyndaf, R.: The Prose Narrative R. of a Passive Tradition Bearer in a Welsh Rural Community. Genre Analysis and Formation. In: Studia Fennica 20 (1976) 283–293. – Pentikäinen, J.: R. Analysis. ibid., 262–272. – Bauman, R.: Verbal Art as Performance. Rowley, Mass. 1978, 3–58. – Burke, P.: Popular Culture in Early Modern Europe. L. 1978. – Pentikäinen, J.: Oral R. and World View. An Anthropological Study of Marina Takalo's Life History (FFC 219). Hels. 1978. – Kovács, Á.: Repertoár. In: Magyar Néprajzi Lex. 4. ed. G. Ortutay. Bud. 1981, 339. – Holbek, B.: Interpretation of Fairy Tales (FFC 239). Hels. 1987. – Dégh, L.: Folktales and Society. Erw. Ausg. Bloom. 1989 (zuerst dt. 1962). – Lüthi, M.: Märchen. Stg. (1962) ⁸1990. – Lysaght, P.: A Tradition Bearer in Contemporary Ireland. In: Storytelling in Contemporary Societies. ed. L. Röhrich/S. Wienker-Piepho. Tübingen 1990, 199–214. – Siikala, A.-L.: Interpreting Oral Narrative (FFC 245). Hels. 1990. – Žygas, E. V.: Personality and R. The Russian School of Folklorists (1861–1948). Diss. Bloom. 1991. – Chesnutt, M.: The Demise of Historicism in Nordic Folktale Research. In: Telling Reality. Gedenkschrift B. Holbek. Kop./Turku 1993, 235–253. – Kvideland, R.: The Study of Folktale R.s. ibid., 105–111. – Schenda, R.: Von Mund zu Ohr. Bausteine zu einer Kulturgeschichte volkstümlichen Erzählens in Europa. Göttingen 1993. – Tangherlini, T. R.: Interpreting Legends. Danish Storytellers and Their R.s. N. Y./L. 1994. – Dégh, L.: Narratives in Society. A Performer-Centered Study of Narration (FFC 255). Hels. 1995 (a). – ead.: Hungarian Folktales. The Art of Zsuzsanna Palkó. N. Y./L. 1995 (b). – Holzapfel, O.: Lex. folkloristischer Begriffe und Theorien (Volksliedforschung). Bern u. a. 1996. – Allison, R. S.: R. In: Folklore. An Enc. of Beliefs, Customs, Tales, Music, and Art 2. ed. T. A. Green. St. Barbara, Calif. u. a. 1997, 717 sq. – Ben-Amos, D.: A Performer-Centered Study of Narration. In: Anthropos 93 (1998) 556–558. – Dégh, L.: The Artist at the Center. New Tasks for Studying Folktales in Our Time. In: Folklore in 2000. Festschr. V. Voigt. Bud. 2000, 53–57. – Dégh, L.: Legend and Belief. Bloom. 2001. – Berger, H. M./Del Negro, G. P.: Toward New Perspectives on Verbal Art as Performance. In: JAFL 115 (2002) 4–106.

Bloomington   Linda Dégh

Requisit

1. Definition – 2. R.en in Volkserzählungen – 3. R.verschiebung – 4. R.erstarrung – 5. Rezeptionsweisen

1. Definition. Das Wort R. ist abgeleitet aus lat. requisitum (Partizip Perfekt von requirere = verlangen, nach etwas fragen). R. ist demnach das Verlangte, mit einer stärkeren Annäherung an die gebräuchliche Bedeutung: das Erforderliche. Der Begriff spielt eine wichtige Rolle in der Bühnensprache; auf dem Theater werden als R.en im allg. die beweglichen Gegenstände verstanden, die für eine Aufführung notwendig sind. Dabei kann es sich um Gegenstände handeln, die einen bestimmten Stil oder eine gewisse Stimmung charakterisieren, aber auch um solche, die für den Fortgang der Handlung unentbehrlich sind (z. B. der Dolch, mit dem gemordet wird, oder der Brief, der im entscheidenden Moment eine Aufklärung bringt).

2. R.en in Volkserzählungen. Die gleiche Spannweite gilt auch für R.en in Erzählungen. Es kann sich dabei um eine bloße Ausschmückung handeln (→ Dekorative Züge), aber manche R.en kommen der Qualität eines → Motivs nahe. Ausgeschmückt wird z. B. das Märchen AaTh 563: → *Tischleindeckdich*: Es verlockt dazu, gute Gerichte und gute Getränke aufzuzählen, die im heimischen Speisezettel eine bes. Rolle spielen[1]. Mit Alltagsrequisiten wird hier die Erzählung dem realen Milieu nahe gerückt. Aber auch in die irreale Welt werden solche R.en aufgenommen. Im Schwank AaTh 800: → *Schneider im Himmel* ist der Sitz Gottes mit einem Fußschemel ausgestattet. In diesem Fall ist dieser Gegenstand unentbehrliches R. für das zentrale Motiv: Der Schneider wirft den Schemel vom Himmel nach einer Diebin auf der Erde.

S. → Thompson gab für Motiv die Definition: „A motif is the smallest element in a tale having a power to persist in tradition"; er unterschied dabei Handlungsträger (actors), Gegenstände (items) und Ereignisse (incidents)[2]. Tatsächlich sind diese Elemente aber fast immer kombiniert: Ein Handlungsträger verwendet einen Gegenstand, ein R., und bewirkt damit ein Ereignis. Doch in vielen Fällen ist das R. so zentral, daß es das vollständige Motiv repräsentiert. Dies ist bes. deutlich, wenn ein R. als → Erkennungszeichen fungiert, gilt aber auch für andere Motivzusammenhänge, etwa dort, wo Gegenstände als → Helfer fungieren (→ Gegenstände handeln und sprechen, AaTh 313 sqq.: → *Magische Flucht*). Mit dem Tarn- oder Zaubermantel (→ Mantel) entkommt der Märchenheld einer bedrohlichen Situation; mit dem wässerigen → Käse täuscht das → tapfere Schneiderlein (AaTh 1640) extreme Kraft vor; mit seinem edlen kleinen → Schuh erweist sich Aschenputtel (AaTh 510 A: cf. → *Cinderella*) als die richtige Braut. Die R.en können in diesen Beispielen ersetzt werden; auch ein → Teppich kann als Fluchtwerkzeug dienen, der Held kann auch durch andere Zaubergegenstände an einen anderen Ort versetzt werden, und Wasser läßt sich auch aus einem Schwamm oder aus Obst pressen. Die Struktur einer Erzählung wird, wie dies V. Ja. → Propp herausgearbeitet hat, durch funktionelle Äquivalente (→ Funktion) nicht in Frage gestellt (→ Morphologie des Erzählguts, → Strukturalismus); der Austausch von R.en kann aber ein so gravierender Eingriff sein, daß nicht mehr vom gleichen Motiv gesprochen werden kann.

Ein gewisser Spielraum für wechselnde R.en ist aber meistens gegeben. In der Fabel AaTh 60: → *Fuchs und Kranich*, in der sich die beiden Tiere gegenseitig das Leben schwer machen, indem sie Speisen und Getränke in für den Partner ungeeigneten Gefäßen servieren, setzt der Kranich dem Fuchs eine Flasche, eine enge Vase oder einen tief ausgehöhlten Kürbis vor – alles Var.n, welche die Speise für den Fuchs unerreichbar machen. Wenn ein Fuchs Flöhe oder andere lästige Insekten loswerden will (AaTh 63: → *Fuchs und Flöhe*), taucht er ins Wasser und wartet, bis sich die Insekten auf einem von ihm dirigierten Gegenstand über Wasser versammelt haben – dies kann ein Wollknäuel, ein Heubündel, ein Stück Holz, ein Blatt oder auch der eigene Schwanz des Fuchses sein.

In der rational konstruierten Fabel richten sich die R.en nach der logischen Aussage; in Legende und Sage spielen altertümliche R.en eine wichtige Rolle, da sie die hist. Glaubwürdigkeit unterstreichen. Ätiologische Erzählungen gehen manchmal von einem einzelnen Gegenstand aus; eine skelettierte Hand im Rathaus von Münster gilt als ein „der Abschreckung von Meineiden dienendes Requisit frühneuzeitlicher Justiz" und wird konkretisierend als „abgehackte Hand eines eidbrüchigen Notars" betrachtet[3]. Die Konzentration auf ein einziges R. entspricht der Kargheit der Sagentradition; dagegen ist die Ausmalung von Gastmählern, Turnieren oder auch kriegerischen Treffen mit vielen Details ein Kennzeichen zuerst der chronikalischen Dichtung und später der romantisierenden Sagenbearbeitungen, nicht der mündl. Überlieferung[4].

3. R.verschiebung. Es ist naheliegend, daß Erzählungen mit den R.en bestückt werden, die im eigenen kulturellen Milieu vorhanden sind. Die Wanderung von Erzählungen setzt deshalb oft R.verschiebungen voraus. Bes. deutlich wird dies an den Traditionen ehemaliger Kolonialländer, die zwar in dem Maße, in dem sie modische Einflüsse der Kolonialmächte übernahmen, auch deren Erzählungen oft ohne große Änderungen überneh-

men konnten, aber in bezug auf Pflanzen, Tiere und auch Alltagsgegenstände eben doch die eigene Kultur und Umwelt zur Geltung brachten[5]. Dies stellte u. a. Thompson bei nordamerik. Indianern fest, wobei das Mischungsverhältnis zwischen Eigenem und Fremdem von Stamm zu Stamm Unterschiede aufwies (→ Adaptation, → Akkulturation)[6]. Auch M. → Lüthi weist ausdrücklich auf R.verschiebungen beim „Übergang in eine andere Gegend" hin: „Äpfel werden zu Feigen, Trauben, Datteln."[7] Aber auch innerhalb einer Kultur waren R.verschiebungen nicht selten, bes. dann, wenn eine in einer höheren Sozialschicht entstandene und oft literar. gefaßte Erzählung in andere Sozialschichten Eingang fand (→ Gesunkenes Kulturgut).

In einem im ung. Schildgebirge aufgezeichneten dt. Märchen, das zu AaTh 441: → *Hans mein Igel* gehört, bringt die Königin einen Sohn in Gestalt eines jungen Kalbs zur Welt. Bei der Beschreibung des weiteren Lebenswegs spielt die kgl. Abkunft nur eine untergeordnete Rolle; das Kalb geht in die Volksschule, durchlebt also dörfliche Verhältnisse[8]. Dies ist im populären Überlieferungsprozeß nicht die Ausnahme, sondern die Regel – Erzählungen, auch die sich scheinbar außerhalb der Realität bewegenden Märchen, werden zumindest teilweise der Lebenswelt von Erzählerinnen und Erzählern und der ihres Publikums angepaßt (→ Realitätsbezüge). Bäuerliche R.en werden in die aristokratische Sphäre vieler Märchen hineingetragen; das Leben ‚am Hof', also im unmittelbaren Umkreis eines hohen Herrn, mutiert zum Leben am Hof eines Bauern[9]. Auch wenn ausdrücklich von Schlössern die Rede ist, werden deren Räumlichkeiten und wird das Leben darin auf bäuerliche und kleinbürgerliche Maßstäbe reduziert: „Es wird da weniger erfunden, als vielmehr die eigene Umwelt gestaltet."[10] L. → Röhrich hat eine große Zahl von Belegen dafür zusammengestellt, daß Märchen ins → soziale Milieu der Erzähler und Erzählerinnen versetzt werden[11]: Das kgl. Lieblingsessen und auch das von einem Zauberer bereitgestellte Wunschessen ist äußerst frugal; der Wunsch nach einer ständig gefüllten Tabakspfeife steht gleichrangig neben dem nach der ewigen Seligkeit; und die als bes. vornehm herausgestellte Kleidung des Prinzen entspricht dem bäuerlichen Sonntagsstaat.

Auch eine R.verschiebung in entgegengesetzter Richtung kann vorkommen. In frz. → Contes de(s) fées herrscht vielfach ein vornehmer höfischer Lebensstil: Exquisite Speisen und Getränke werden aufgetischt, gehobene Unterhaltung wie Klaviermusik wird geboten, die Konversation folgt Höflichkeitsritualen, und Liebesbeziehungen kommen über raffinierte Verführungsgespräche zustande (→ Höfisches Leben). Wenn man annimmt, daß diesen literar. Erzählungen volkstümliche Fassungen vorausgingen, so handelt es sich um eine sekundäre Ausschmückung mit R.en, die ausschließlich in der obersten sozialen Schicht zu finden waren. Gleichzeitig aber spielt hier eine zweite Ursache der R.verschiebung herein: die Anpassung an eine veränderte hist. Situation. L. → Schmidt hat diesen Vorgang zunächst am Beispiel der Geschichte vom lieben → Augustin beschrieben[12], in welcher der Spielmann je nach dem vorherrschenden Zeitgeschmack teils mit der Geige, teils mit der Sackpfeife (Dudelsack), aufspielt. Am Beispiel des Märchens AaTh 780: → *Singender Knochen*[13] zeigte er, wie aus den aufgefundenen → Knochen eines Ermordeten eine Flöte, in anderen Fassungen aber auch ein Horn, in KHM 28 das Mundstück eines Hirtenhorns, in einem sizilian. Märchen sogar ein Dudelsack verfertigt wird. Durch Schmidt wurde der Begriff R.verschiebung gängig; vor ihm war die Wortprägung R.verschiebung von K. → Krohn verwendet worden[14].

In der älteren Märchenforschung wurde vielfach von einzelnen, in einem Märchen vorkommenden R.en auf dessen Entstehungszeit geschlossen (→ Altersbestimmung des Märchens). Das ist schon deshalb problematisch, weil das R. bestenfalls ein Motiv, nicht aber die ganze Märchenhandlung verkörpert. Dies ist auch gegenüber Schmidt anzuführen, der von dem R. Knochenflöte auf die Entstehung des Märchens vom singenden Knochen „in urgeschichtlicher Zeit"[15] schließt. Andererseits macht er am Beispiel dieses Märchens deutlich, daß es hinsichtlich der Ausgestaltung der Musikinstrumente Verschiebungen gab, so daß es in die Irre führt, wenn die Entstehungszeit eines in einer Var. genannten Instruments mit der Entstehungszeit des Märchentyps gleichgesetzt wird. Ganz offenkundig wird dieser Sachverhalt bei Märchenerzählungen, in die ganz moderne Gegenstände und Vorgänge eingefügt sind (→ Modernismen). G. Kahlo warnte, man dürfe „sich auf keinen Fall durch moderne Einschiebsel verwirren lassen", und fügte richtig hinzu, die von ihm nachgewiesenen R.en (Kaffee und Tabak, Nähmaschinen und Fernrohre, Uhren und Dampfschiffe etc.) gäben nur für „die betreffende Variante", nicht „für den Märchentyp" einen Altershinweis[16]. Ähnlich argumentierte schon W. → Grimm, man dürfe aus „neuen Dingen im Märchen" nicht „auch ihre neue Erdichtung ableiten wollen"[17].

4. R.erstarrung. Auch die Instrumente moderner Technik und andere Gegenstände der modernen Zivilisation haben Eingang ins Märchen gefunden. Belege dafür lassen sich allerdings leichter an der europ. Peripherie[18] und im außereurop. Märchen finden als in der dt. Überlieferung. F. von der → Leyen hebt die Anpassung an den modernen Alltag in afrik. Tiermärchen hervor und stellt fest: „Ein so modernes Gewand tragen unsere Grimmschen Märchen nicht."[19] Da die ‚Gattung Grimm'[20] aber normierend auf die Vorstellung vom ‚richtigen' Märchen gewirkt hat, gilt der Hinweis auf die fehlende Modernität für einen großen Teil vor allem der dt., mit Einschränkung sogar der europ. Märchentradition. Der Rückgang in die Geschichte ist für die Grimms ein Weg zum Mythos, kippt also um ins Unhistorische (→ Historisierung und Enthistorisierung); und die Bestrebung, dem Märchen einen altertümlichen Charakter (→ Archaische Züge im Märchen) zu belassen oder auch zu geben (→ Anachronismus), verbietet R.verschiebungen.

Die R.verschiebung war ein Mittel, Erzählungen → glaubwürdiger zu machen, indem man sie an die erlebte oder erlebbare Realität heranrückt. In der Entwicklung der Sagen hin zu den internat. als ‚contemporary legends' bezeichneten modernen Formen wird dies ganz deutlich. Diese neue, in der Forschung lange wenig beachtete Erzähltradition lebt allerdings abgesetzt von den ‚kanonisierten' Erzählformen, die insgesamt von der Gegenwart abgerückt wurden und prinzipiell als altertümlich galten. Elemente der Technik kommen in diesen kanonischen Gattungen nur ganz selten vor, keinesfalls in dem Ausmaß, das aufgrund des realen Gewichts der Technik angemessen wäre[21]. Nach Lüthi widerstreiten „technisch hergestellte Wundermaschinen mit ihrem komplizierten Mechanismus, ihrer genau bekannten Herstellungsgeschichte [...] dem ganzen Erzählduktus des Märchens und zudem seinem Linienstil"[22], und auch die anderen traditionellen Gattungen sind nur bedingt aufnahmebereit für Technisches und andere Modernismen.

Vor allem das Märchen wird seit der → Romantik vielfach als eine zeitlose Geschichte stilisiert, in der moderne Erscheinungen nichts verloren haben. H. → Bausinger stellte deshalb 1960 dem Begriff der R.verschiebung den der R.erstarrung gegenüber[23]: „Man erwartet heute vom Märchen gerade altertümliche Requisiten: Kleider, wie man sie früher trug, Verkehrsmittel, wie man sie einstmals benützte, Instrumente, die nicht mehr gespielt werden, Sozialverhältnisse auch, wie sie in alter Zeit herrschten."[24]

Die Enthistorisierung des Märchens und die damit verbundene R.erstarrung rücken die Gattung in eine nostalgisch-sentimentale Perspektive, entziehen ihr aber Vitalität und Frische. In einer Gegenbewegung wird seit einiger Zeit versucht, diese wieder herzustellen. Eine wichtige Vorreiterrolle übernahm dabei der → Film, in dem es neben der ‚sentimentalisierenden Umsetzung'[25] bald auch satirische Fassungen und neben dem Einsatz betont altertümlicher R.en bald auch die Transformation in ein moderneres Milieu gab. Ähnlich entwickelte sich in der Märchenpädagogik und in neuen literar. Märchengestaltungen der Widerstand gegen die realitätsfremde und altertümelnde Darbietung der Märchen und damit auch gegen die R.erstarrung. Junge Autoren wenden sich gegen die ‚Überdosis Grimm'[26]. Es kommt teilweise zu einer manche Motive verändernden aktualisierenden Neugestaltung und zu → Parodien, fast immer zu einer weitgehenden Erneuerung der R.en[27]. Sie ist von der älteren, eher naiven R.verschiebung abzusetzen, da sie das reflektierte Unbehagen an der eingetretenen R.erstarrung voraussetzt.

5. Rezeptionsweisen. Die in die Texte eingehende Einstellung der Autoren ist selbst-

verständlich für die Wirkung, also die Rezeptionsmöglichkeiten, nicht gleichgültig (→ Rezeption); aber sie garantiert keineswegs eine einhellige Aufnahme durch ihr Publikum. Die ‚veränderten Märchen'[28] setzen die Kenntnis der vorherigen Gestalt einzelner Märchen (i. e. im dt. Sprachraum und auch darüber hinaus im allg. die der Fassung in den KHM) voraus; der Spaß an den neuen Produkten entsteht gerade auch aus dem stillschweigend mitgedachten Vergleich. Die Möglichkeit zu diesem Vergleich haben nicht nur Erwachsene, sondern auch – zumindest ältere – Kinder, denen die Gattung Grimm meistens einigermaßen vertraut ist. Aber zwingend ist diese Voraussetzung nicht, so daß es durchaus vorkommt, daß die neu hergestellten R.verschiebungen nicht als Verfremdung, sondern naiv als natürliche Bestandteile des Märchens verstanden werden. Dies kann um so leichter geschehen, als Kinder Märchen grundsätzlich an ihre Realität heranrücken. Sie akzeptieren zwar die abenteuerlich-fremdartigen Wege der Märchenfiguren, verpflanzen aber am Ende erreichten Glückszustand gerne in die ihnen zugängliche Erlebniswelt. Der Märchenheld wird dann eben nicht König, sondern Bundespräsident, freilich ausgestattet mit kgl. Machtbefugnissen[29].

Im lebendigen Erzählprozeß – also in der mündl. Tradition – bedeutete die Gegenwart von → Zuhörerinnen und Zuhörern grundsätzlich eine Eingriffsmöglichkeit in die Stoffe und die Textfassungen von Erzählungen. Die Erzählenden mußten sich auf ihr Publikum und dessen Erwartungsnormen einstellen, was im allg. eine Anpassung an die Lebenswelt der Zuhörenden einschloß. Sie kam nicht nur über die ‚Präventivzensur' (R. → Jakobson)[30] zustande, sondern durchaus auch durch Zustimmung, Protest oder aktive Korrektur des anwesenden Hörerkreises[31]. Die Aktualisierung von R.en war dabei ein wichtiges Mittel. Später hat sich „an fast allen Orten erzählender Performanz ein sittsames Betragen" durchgesetzt[32]. Diese Entwicklung ging einher mit der Fixierung der Volkserzählungen in Sammlungen, die vielfach auch auf die mündl. Erzählpraxis normierend einwirkten. Mit dem → Buchmärchen hat sich die R.erstarrung ausgebreitet, während sich im Verlauf der letzten Jahrzehnte Hand in Hand mit der Erneuerung der Märchen auch in der Erzählpraxis teilweise ein lockerer Umgang durchgesetzt hat. Allerdings haben die ‚veränderten Märchen' die ‚unveränderten' keineswegs völlig verdrängt. In der Erzählpraxis von vielen Familien und Kindergärten und auch in den neueren Bucheditionen (vor allem in den Billigprodukten von Kaufhäusern) dominiert nach wie vor die Gattung Grimm.

[1] Uffer, L.: Märchen, Märchenerzähler und Märchensammler in Rom. Bünden. In: SAVk. 57 (1961) 129–147, hier 142. – [2] Thompson, S.: The Folktale. N. Y. 1946, 415 sq. – [3] cf. Graf, K.: Das leckt die Kuh nicht ab. „Zufällige Gedanken" zu Schriftlichkeit und Erinnerungskultur der Strafgerichtsbarkeit. In: Blauert, A./Schwerdhoff, G. (edd.): Kriminalitätsgeschichte. Konstanz 2000, 245–288, hier not. 219. – [4] Bausinger, 190 sq.; Schenda, R. (unter Mitarbeit von H. ten Doornkaat) (ed.): Sagenerzähler und Sagensammler der Schweiz. Bern/Stg. 1988, 50–65. – [5] EM 2, 675. – [6] Thompson, S.: European Tales Among the North American Indians. Colorado Springs 1919, bes. xv–xxiii. – [7] Lüthi, Märchen, 82. – [8] Zenker-Starzacher, E.: Es war einmal ... Dt. Märchen aus dem Schildgebirge und dem Buchenwald. Wien 1956, 121–131, hier 121 sq. – [9] cf. Bracchetti, A.: Studien zur Lebensform des dt. Volksmärchens. (Diss. Ffm. 1934) Bühl 1935, 17–35. – [10] Röhrich, Märchen und Wirklichkeit, 219. – [11] ibid., 207–222. – [12] Schmidt, L.: Der liebe Augustin [1947]. In: id.: Die Volkserzählung. B. 1963, 211–224. – [13] id.: Kulturgeschichtliche Gedanken zur Musik im Märchen [1950]. ibid., 48–54, bes. 50 sq. – [14] Krohn, K.: Mann und Fuchs. Helsingfors 1891, 8. – [15] Schmidt (wie not. 13) 53. – [16] Kahlo, G.: Wege zur Altersbestimmung der Märchen. In: HDM 1 (1930–33) 55–62, bes. 57. – [17] Grimm, W.: Kl.re Schriften. 1. ed. G. Hinrichs. B. 1881, 332. – [18] cf. Roth, K.: Märchen als Lesestoffe für alle. Populäre Märchenbüchlein in Bulgarien. In: Dona Ethnologia Monacensia. Festschr. L. Kretzenbacher. Mü. 1983, 267–288, hier 282. – [19] Leyen, F. von der: Die Welt der Märchen 1. Düsseldorf 1952, 75. – [20] Jolles, 219. – [21] cf. Bentzien, U.: Elemente der modernen Technik in der mecklenburg. Volksdichtung. In: Wiss. Zs. der Univ. Rostock (1963) H. 4, 669–682. – [22] Lüthi, Märchen, 115 sq. – [23] Bausinger, H.: Historisierende Tendenzen im dt. Märchen seit der Romantik. R.verschiebung und R.erstarrung. In: Wirkendes Wort 10 (1960) 279–286. – [24] ibid., 280. – [25] EM 6, 1114. – [26] Janosch erzählt Grimms Märchen [...]. Weinheim 1972, 249 (Nachwort H.-J. Gelberg). – [27] Kaiser, E.: „Ent-Grimm-te" Märchen? Didaktische Überlegungen zu aktualisierten Märchentexten. In: Westermanns Pädagogische Beitr.e 27 (1975) 448–459. – [28] Pischke, H.: Das veränderte Märchen. In: Lypp, M. (ed.): Lit. für Kinder. Göttingen

1977, 94–113. – [29] Bausinger, H.: Kinder – Märchen – Glück. In: Bücksteeg, T./Dickerhoff, H. (edd.): Märchenkinder – Kindermärchen. Kreuzlingen/Mü. 1999, 222–238, bes. 231 sq. – [30] Bogatyrev, P. G./Jakobson, R.: Die Folklore als eine bes. Form des Schaffens. In: Donum Natalicium Schrijnen. Nijmegen/Utrecht 1929, 900–913. – [31] Schenda, R.: Von Mund zu Ohr. Bausteine zu einer Kulturgeschichte volkstümlichen Erzählens in Europa. Göttingen 1993, 213–216. – [32] ibid., 216.

Tübingen   Hermann Bausinger

Retardierende Momente sind im Verständnis → Goethes (Briefwechsel mit → Schiller, April 1797) unauflöslich der Grundstruktur des Epischen eingeschrieben, und alle Handlungskonzepte, die „gerade hin nach dem Ende zu schreiten", wären dementsprechend „völlig zu verwerfen"[1]. Schiller bestätigt das: die Handlung sei beim Epiker „bloßes Mittel zu einem absoluten ästhetischen Zweck"; dem entspreche in bes. Weise ihr „zögernde[r] Gang"[2]. Das bedeutet aber zugleich, daß im epischen Text das retardierende Moment zwar auch Spannung mit aufbaut, sich aber nicht wie in Gustav Freytags Theorie des Dramas[3] in dieser Funktion erschöpft, sondern betont der ‚Gemütsfreiheit' (Schiller an Goethe, April 1797)[4] des Hörers und Lesers dient und zugleich die kunstvolle Struktur der Erzählung akzentuiert.

Während die in der Regel stoff- und handlungsbetontere Sage und die strikt lehrhaft ausgelegte Fabel sowie die gelegentlich an das Märchen angrenzende mhd. Exempel-Erzählung dieser Strukturbeschreibung so gut wie nie entsprechen, trifft sie aber auf das Märchen in hohem Maße zu, und V. I. → Čičerov versteht denn auch r. M. als ein generelles Stilmittel des Märchens (→ Stil)[5]. Offensichtlich ist dabei die kombinatorische → Struktur vor allem des europ. Volksmärchens, seine fast unendliche Variation[6] einiger weniger Handlungsgrundmuster bzw. Funktionen (etwa Hinausgehen in die Welt – fördernde und hemmende Begegnungen – Ankunft im Glück oder Rückkehr an einen glückbesetzten Zielpunkt; Androhung einer Gefahr – das Eintreten der Gefahr – Bestehen der Gefahr mit Hilfe mythisch-magischer Kräfte und/oder aufgrund menschlicher Qualitäten)[7], eine günstige Voraussetzung für das Vorkommen solcher r.r M., die den jeweiligen Texten vielfach erst ihr individuelles Gesicht geben. Darüber hinaus greift hier das grundlegende → epische Gesetz der Wiederholung in bes. Weise: Jede Wiederholung auf allen erzählstrukturellen Ebenen eines Textes – Silbe, Wort, Satz, Wendung, Geschehnisablauf, Metaphorik etc. – verzögert den Gang der Handlung auf den Schluß zu, hat also retardierende Wirkung.

Das heißt allerdings nicht, daß alle Märchen durch r. M. charakterisiert seien. Zum einen spielt offenbar der Verwendungszweck bei der erzählerischen Anlage eine große Rolle: Ein breiteres Auserzählen zur Unterhaltung in der vorwiegend ländlichen Erzählgemeinschaft bietet r.n M.n mehr Raum[8] als die Märchenerzählung mit stark belehrender Funktion und meist knapperem Zuschnitt, wie sie sich z. B. im jüd. Bereich findet[9], oder als manche der Sage näheren Texte der kelt. Märchen[10]. Auch bei den durch Sammler sprachlich geprägten Texten des 18. und 19. Jh.s läßt sich aus der Absicht heraus, das jeweilige Märchen so intensiv wie möglich zu einem einprägsamen und unverwechselbaren Erzählgut, nicht zuletzt auch für Kinder (cf. W. → Grimm; → Bearbeitung; → Romantik), zu machen, eine bewußt oder unbewußt stärkere Betonung der retardierenden Elemente beobachten[11]. Dagegen enthalten aber etwa die von T. Crofton Croker gesammelten und von W. Grimm übers. *Ir. Land- und Seemärchen*[12] in ihrem breit ausschwingenden, fast schon novellistischen Duktus und in ihrer immer wieder zu beobachtenden Nähe zur Sage märchentypische Retardationen allenfalls in Andeutungen, d. h. daß die erzählerische Anlage eines Textes nicht zuletzt immer auch mitbestimmt ist von der jeweiligen regionalen bzw. ethnisch geprägten Erzähltradition.

Zu unterscheiden sind zunächst quasi schwache und starke Formen der Retardierung:

(1) Als schwache Form der Retardierung kann die bloße Nennung einer längeren → Zeit zwischen Ausgangs- und Zielpunkt der Handlung, zwischen Absicht und Verwirklichung verstanden werden: ‚Nach sieben Jahren ...', ‚Nachdem drei Jahre vergangen waren ...' etc.

(2) Die starke, d. h. erzählerisch voll ausgeführte Form der Retardierung ist generell charakterisiert durch eine Handlungsbewegung,

deren Ablauf auf ein im Erzählansatz angelegtes Ende zu entweder durch das minutiöse Auserzählen von Handlungsteilen unterbrochen bzw. verlangsamt oder aber – der häufigere Fall – durch hinzukommende, sich meist variiert in einem Dreischritt wiederholende und steigernde Geschehnisse aufgehalten wird (→ Dreigliedrigkeit).

Was die erzählerische Dimension anbetrifft, so läßt sich im Rahmen dieser Definition klar unterschieden eine Makro- und eine Mikroform beobachten. Im ersten Fall betrifft das retardierende Moment den gesamten Ablauf der Erzählung; im zweiten Fall bezieht es sich zunächst nur auf ein einzelnes Handlungselement darin. Es wird gelegentlich mit einem ‚aber' eingeleitet und hat immer einen geringen Umfang: „[...] aber sie konnten es [das Reh] nicht einholen, und wenn sie meinten, sie hätten es, dann sprang es über das Gebüsch weg und war verschwunden" (KHM 11, AaTh 450: → *Brüderchen und Schwesterchen*). In KHM 19, AaTh 555: → *Fischer und seine Frau* nennt die Frau den nächsten Wunsch immer sofort nach der Erfüllung des vorausgehenden; als sie jedoch Papst geworden ist, will sie, an dieser Stelle den zielgerichtet sich steigernden raschen Ablauf unterbrechend, eine Nacht Bedenkzeit. Eine solche punktuelle Retardierung kann sich als leicht variierte Dreierfolge wiederholen. Erst bei ihrem dritten Versuch gelingt es beispielsweise der Hummel in KHM 60, AaTh 303: *Die zwei* → *Brüder* (cf. → Drache, Drachenkampf, Drachentöter) den Hasen zu wecken – eine winzige Geschichte in der Geschichte, wie das immer wieder ebenso in anderen Märchen zu beobachten ist. Ein solches Mikroelement kann aber zugleich auch Teil einer übergreifenden, den gesamten Gang der Handlung betr. Retardierung sein.

Es lassen sich folgende Themenfelder retardierenden Erzählens beobachten: (1) Die → Suche nach einer bedeutsamen Sache oder die Rückkehr von der Suche verzögert sich durch hemmende oder befördernde Geschehnisse, z. B. in KHM 57, AaTh 551: → *Wasser des Lebens*. – (2) Ein → Erlösungsprozeß wird durch retardierende Handlungselemente aufgehalten bzw. hinausgezögert[13], z. B. in KHM 49, AaTh 451: → *Mädchen sucht seine Brüder*, AaTh 894: → *Geduldstein*, AaTh 425 G: cf. → *Amor und Psyche* (→ Letzter, Letztes, Zuletzt). – (3) Eine Warte- oder Probezeit zögert das Erreichen des Zieles, z. B. die Vereinigung von → Braut und Bräutigam (Kap. 6), hinaus; K. → Ranke weist hier ausdrücklich auf „Retardierende Episoden des Geschehensablaufes" hin[14]. Dabei erleidet häufig eine weibliche Figur diese Verzögerung (→ Bewährungsprobe). – (4) Fliehende Märchenheldinnen/-helden halten die Verfolger durch Verwandlung in einen Gegenstand/eine Pflanze oder durch das Hintersichwerfen von magischen Gegenständen auf und vereiteln so die Gefangennahme (AaTh 313 sqq.: → *Magische Flucht*; → Abwehrzauber). – (5) Das Nichtbefolgen eines Rates oder der Ungehorsam gegenüber einer wohlmeinenden Instanz führt zu einem retardierenden Handlungsverlauf wie in KHM 136, AaTh 314: → *Goldener* (→ Gehorsam und Ungehorsam). – (6) Die Lösung von (häufig drei) → Aufgaben steht als zu überwindendes Hindernis vor dem glücklichen Ausgang: AaTh 1640: → *Tapferes Schneiderlein*; AaTh 402: → *Maus als Braut*; AaTh 577: → *Aufgaben des Königs*. – (7) Eine meist ebenfalls als Dreischritt angelegte stufenförmige Entwicklung vom Kleinen zum Großen bzw. vom Großen zum Kleinen (KHM 83, AaTh 1415: → *Hans im Glück*), vom Gefährlichen zum Ungefährlichen (z. B. Tiger – Wolf – Reh in KHM 11, AaTh 450), vom momentan noch Ungefährlichen zum Gefährlichen hält den Gang der Handlung auf. – (8) Ein Auftrag/eine Aufgabe wird vergessen oder verschlafen und wirkt so retardierend: KHM 71, AaTh 513 A: → *Sechse kommen durch die Welt*; Mot. D 2072.0.3: *Ship held back by magic*; AaTh 861: → *Rendezvous verschlafen*. – (9) Das intensive Auserzählen von Geschehnissen hemmt eine rasche Bewegung auf das Ende zu. W. D. → Hand spricht von „retardierendem Abwehrzauber" (AaTh 1199 A: → *Qual des Brotes [Flachses]*)[15]. – (10) Bestimmte Handlungsmotive im Märchen erfahren nur dann eine erzählerische Ausgestaltung, wenn sie mit einer retardierenden Funktion verbunden sind. K. Horn[16] nennt als Beispiel Ehe und Elternschaft der Helden/Heldinnen, die nur thematisiert werden, wenn vor dem glücklichen Schluß z. B. ein neugeborenes Kind durch feindliche Personen, Kräfte oder Mächte tödlich bedroht wird[17].

In allen diesen Fällen steht die erzählstrukturelle Funktion der Verzögerung bzw. Längung im Vordergrund, d.h. die Erzählung baut sich im Sinne ihrer epischen Gesetzlichkeit aus und wird voller und reicher. M. → Lüthi weist dementsprechend auch auf die dekorative Leistung der Retardierung hin, die mithilft, der Handlung „Atem und Leben" zu verleihen (→ Dekorative Züge). Das eng damit verbundene Phänomen der Steigerung, das auch in der Ballade eine wichtige Rolle spielt[18], hat eine handlungsstrukturelle und zugleich rezeptionsästhetische Wirkung: In den Wiederholungen und Handlungsausschwüngen steigert zum einen der Held in der Regel seine Fähigkeiten (Mut, Kraft, Ausdauer), zum andern erhöht sich im gleichen Prozeß aber auch die Spannung für die Hörer und Leser.

[1] Goethe, J. W.: Gedenkausg. der Werke, Briefe und Gespräche. 20: Briefwechsel zwischen Goethe und Schiller. ed. E. Beutler. Zürich 1950, 333. – [2] ibid., 338. – [3] Freytag, G.: Die Technik des Dramas. Lpz. 1863. – [4] Goethe (wie not. 1) 334. – [5] Tschitscherow, W.: Russ. Volksdichtung. B. 1968, 154. – [6] EM 9, 257 sq.; Honko, L.: The Real Propp. In: SF 33 (1989) 161–175, hier 167. – [7] cf. Propp, V. Ja.: Morphologie des Märchens. ed. K. Eimermacher. Ffm. 1975, 31–66; Lakoff, G. P.: Structural Complexity in Fairy Tales. In: The Study of Man 1 (1972) 128–150. – [8] Woeller, W. und M.: Es war einmal ... Ill. Geschichte des Märchens. Lpz. 1990, 255. – [9] cf. Kanner, I. Z.: Jüd. Märchen. Ffm. 1976 (1997). – [10] cf. Ehrentreich, A.: Volksmärchen aus England. 2: Kelt. Märchen. Ffm./B./Wien 1980. – [11] Zu Texten mit einer weitaus einfacheren erzählerischen Struktur als bei den Märchen der Brüder Grimm cf. Märchen, die die Brüder Grimm nicht kannten. ed. C. Hinze. Düsseldorf/Köln 1975 (cf. Rez. von S. Schenda: Diederichs Löwenbücher. In: Fabula 16 [1975] 142–145, hier 144); ähnlich die Texte bei Zaunert, P.: Dt. Märchen seit Grimm. MdW 1964; zur Bearb. durch Sammler auch Köhler-Zülch, I.: Der Diskurs über den Ton. Zur Präsentation von Märchen und Sagen in Slgen des 19. Jh.s. In: Homo narrans. Festschr. S. Neumann. Münster u. a. 1999, 25–50. – [12] Ir. Elfenmärchen. Übers. von den Brüdern Grimm. Lpz. 1826; cf. auch Croker, T. C.: Ir. Land- und Seemärchen. Übers. W. Grimm. ed. W. Moritz/C. Oberfeld unter Mitarbeit von S. Heyer. Marburg 1986. – [13] Malthaner, J.: Die Erlösung im Märchen. Diss. Heidelberg 1934, 88 sq. – [14] EM 2, 716. – [15] EM 1, 50. – [16] EM 4, 816. – [17] Haltrich, J.: Sächs. Volksmärchen aus Siebenbürgen. ed. H. Markel. Buk. 1971, num. 1. – [18] Gerould, G. H.: The Ballad of Tradition. Ox. 1932, 105–112 (incremental repetition).

Tübingen Gerhard Haas

Rettung

1. R. in Volkserzählungen – 2. R.ssituationen – 2.1. R. als Befreiung – 2.2. R. aus Todesgefahr – 2.3. R. von Tieren – 3. Die Figur des Retters – 3.1. Nahestehende und fremde Personen – 3.2. Tiere – 4. R.sarten und -mittel – 5. Dank und Undank für eine R.

1. R. in Volkserzählungen. Die R. von Menschen und Tieren ist ein weltweit verbreitetes Motiv in Volkserzählungen (cf. bes. Mot. R 100–R 199: *Rescues*) und umfaßt ein vielfältiges Spektrum an Befreiung, dabei auch Entzauberung (→ Erlösung), Rückverwandlung (→ Verwandlung) oder Aufhebung einer → Verwünschung. In der Regel ist es eine R. aus → Gefangenschaft und Not, d. h. widriger bzw. lebensbedrohlicher Zwangslagen. Diese Situationen können sich in der profanen Alltagswirklichkeit oder in der Unter- bzw. jenseitigen Welt abspielen, die Gefährdung kann von Menschen, Tieren oder von übernatürlichen Wesen ausgehen. Obwohl sich die R.smotive auf Menschen wie Tiere beziehen, so ist es doch vor allem der Mensch, der in → Gefahr gerät und gerettet werden muß. Er ist nach M. → Lüthi ein gefährdetes Wesen, ein Mangelwesen, das auf Hilfe angewiesen ist[1].

R.smotive finden sich in verschiedenen Erzählgattungen, wie z. B. Heiligenlegenden, Sagen und Mirakeln und bilden vor allem ein grundlegendes Strukturmerkmal des durch Mangel/Behebung des Mangels (→ Mangelsituation)[2] charakterisierten Märchens. Mit der R. erfüllt sich der erwartete gute Ausgang im Handlungsschema von Schwierigkeiten und ihrer Bewältigung. Im Unterschied zu Märchen stellen Sagen mit ihrem eher pessimistischen Weltbild zumeist das Unglück, das Negative ins Zentrum des Geschehens[3], aber es gibt auch innerhalb der sog. hist. Sagen eine Reihe von R.serzählungen wie die von den → Weibern von Weinsberg, von den → Mehrlingsgeburten oder dem → Jungfernsprung.

Da der R. eine gefahrvolle Situation vorausgeht, findet man diese Thematik nur selten in schwankhaften Erzählungen. Dabei wird nicht die R. ins Lächerliche gezogen, sondern die Opfer oder aber die Retter werden meist als Narren entlarvt.

In europ. Erzählungen des MA.s und der frühen Neuzeit z. B. heißt es über einen in den Brunnen gefallenen Juden, er habe sich geweigert, am Sabbat gerettet zu werden. Tags darauf allerdings verweigerten ihm die Christen die R. an ihrem Feiertag, dem Sonntag (Mot. J 1613)[4]. In einem im Mittelmeerraum und im pers. Erzählungsgut verbreiteten Dummenschwank wird erzählt, die übersteigerte Höflichkeit der Retter habe dazu geführt, daß ein vor dem → Ertrinken bewahrter Mann wieder ins Wasser zurückfällt. Ursache dieses Mißgeschicks ist die Sitte, in die Hände zu klatschen, wenn jemand niest. Als der Mann niest, lassen die Retter das ausgeworfene Seil los und klatschen in die Hände (Mot. J 2516.3.2)[5]. Mit → List gelingt es dem Protagonisten in AaTh 1535: → *Unibos* und in AaTh 1689 A: → *Raparius*, sich aus dem Sack zu befreien, in dem er ertränkt werden oder verhungern soll. Unter Vorspiegelung falscher Tatsachen verleitet er einen anderen zum Einsteigen in den Sack.

2. R.ssituationen

2.1. R. als Befreiung. Befreiung bedeutet im vorliegenden Kontext jegliche R. aus Gefangenschaft. Dabei spielt die R. aus einem Gefängnis in Volkserzählungen nur eine untergeordnete Rolle (cf. Mot. R 121 sqq.: *Means of Rescue from Prison*)[6]. Im Vordergrund steht vielmehr die Befreiung aus der Gewalt natürlicher oder übernatürlicher Wesen. Die Opfer werden von Menschen oder wilden Tieren geraubt oder entführt (cf. AaTh 506 B: cf. → *Dankbarer Toter*; → Entführung, → Brautraub) und in Käfigen (Mot. R 111.2.3) oder Bergen (Mot. R 111.2.2) gefangengehalten. Zumeist junge Frauen bzw. Prinzessinnen sind es, die in die Gewalt übernatürlicher Wesen wie Zauberer (Mot. R 111.1.7), Hexen (Mot. R 111.1.8), Riesen (Mot. R 111.2.3) und Dämonen geraten oder in die Unterwelt verschleppt (AaTh 301: *Die drei geraubten → Prinzessinnen*) und befreit werden.

Ein beliebtes und weltweit verbreitetes Motiv bildet die R. der Prinzessin aus der Gewalt eines → Drachen (cf. z. B. AaTh 300, AaTh 301; AaTh 303: *Die zwei* → *Brüder*). Ein ebenfalls weitverbreitetes Motiv stellt die Befreiung aus der Gewalt des → Ogers dar, der seine Opfer meist durch List und → Täuschung in seine Gewalt gebracht hat, entweder → Kinder in AaTh 327 A: → *Hänsel und Gretel*, AaTh 327 B: → *Däumling und Menschenfresser* oder junge → Frauen in Verkleidung als Bettler oder als Freier (AaTh 311, 312: → *Mädchenmörder*).

2.2. R. aus Todesgefahr. Ein weiterer großer Motivkomplex betrifft Menschen, die aus unmittelbarer Todesgefahr oder großer Not gerettet werden (→ Extreme). Vielfältig sind die Situationen der höchsten Gefährdung. Als spannungssteigerndes Element (→ Dynamik) typisch im Märchen, aber auch in Filmen und Kriminalromanen, ist die R. im letzten Moment in lebensbedrohlichen Situationen (z. B. AaTh 311, 312). Ein häufig wiederkehrendes Motiv stellt die R. vor einer → Hinrichtung dar. Bereits in der ma. Erzählliteratur finden sich Belege für die Verschonung von Verurteilten vor dem → Galgen[7]. In einer isl. Saga wird ein unschuldiger Mann von einem Heiligen vor dem Hängen bewahrt (Mot. R 165.2); in einer engl. Ballade ist es eine Dame, die von ihrem Liebhaber vor dem Galgen gerettet wird (Mot. R 161.4)[8]. Eine Reihe von Märchenmotiven behandelt die R. von Frauen vor dem Verbranntwerden (cf. AaTh 710: → *Marienkind*, AaTh 451: → *Mädchen sucht seine Brüder*).

→ Grausamkeit widerfährt oft Kindern, wie in dem in Europa verbreiteten Erzähltyp AaTh 765: → *Kindsmörderin*, in dem ein Vater seine Kinder vor ihrer mörderischen Mutter verstecken muß. Gefahr droht Kindern aber auch von wilden Tieren, wie in einer südafrik. Erzählung, in der ein Vater seinen gestohlenen Sohn retten kann (Mot. R 153.3.2). Eine Reihe von Erzählungen handelt von der R. vor dem Ertrinken (Mot. R 137, R 153.3.5); so wird ein Bauernjunge von Jesus (→ Christus) aus einem Brunnen, in den ihn ein eifersüchtiger Stallmeister gestoßen hat, gerettet wie in einer ung. Var. zu AaTh 665: → *Mann, der wie ein Vogel flog und wie ein Fisch schwamm*[9].

Der früheste Beleg für das Motiv der R. eines Sturmopfers (AaTh 973: → *Mann als Sturmopfer*) ist der Bericht des A. T.s über den Propheten → Jonas (Jon. 1,1–16)[10]: Bei stürmischer See wird ein Mann zur R. des Schiffs und der Besatzung ins Wasser geworfen, von einem großen Fisch verschluckt und nach einigen Tagen wieder lebend an Land gespien und somit gerettet. Vor allem in Europa verbreitet sind die Motive der R. aus dem Bauch eines Tieres (Wolf, Kuh; → Gastrotomie), das seine Opfer verschlungen hat (AaTh 333: → *Rotkäppchen*, AaTh 123: → *Wolf und Geißlein*, AaTh 700: → *Däumling*).

Ein ebenfalls klassisches und weltweit verbreitetes Motiv stellt die R. ausgesetzter oder verlassener Kinder dar (AaTh 930: → *Urias-*

brief; → Aussetzung)[11]. Kinder sind potentiell Gefährdete in dieser Welt, wobei die Bedrohung sogar von den eigenen Eltern ausgeht, deren Schutzbefohlene die Kinder sind. Hungersnot wie in AaTh 327 A: *Hänsel und Gretel*, Angst vor Schande bei unehelicher Geburt oder Eifersucht und Neid können Gründe für eine Aussetzung sein. Das strukturelle Prinzip dieses Erzählstoffs, bes. in Mythen und Sagen, beruht auf der R. als Voraussetzung dafür, daß diese Kinder später zu Macht und Würden gelangen. „Ein auf wunderbare Weise gerettetes Findelkind, das im späteren Leben keinen besonderen Stand erreicht, ist für Mythos und Sage geradezu widersinnig."[12] Im Märchen mit der Erwartung des guten Ausgangs ist das Alleingelassenwerden, das Aussetzen zumindest die Vorstufe zur R., zum Glück oder zu Reichtum.

2.3. R. von Tieren. Die Notlagen, in die Tiere geraten, sind begrenzter und insgesamt im natürlichen Lebenszusammenhang angesiedelt. Nicht von jenseitigen oder übernatürlichen Wesen droht Gefahr, sondern die Alltagsrealität birgt alle Bedrohungen. Einige Erzählungen thematisieren die mißliche Lage eines Tieres, das in einen Brunnen oder in eine Grube fällt (cf. AaTh 30–33, 156 C*: → *R. aus dem Brunnen*). Potentielle Lebensgefahr geht von Menschen aus, die Netze auslegen und Fallen stellen, aus denen sich die Tiere nicht ohne fremde Hilfe befreien können (cf. AaTh 75: → *Hilfe des Schwachen*). Gerettet werden Tiere aber auch vor dem Ertränken (Mot. B 362), aus Feuer (Mot. B 364.2) oder aus Käfigen (Mot. B 549.4).

3. Die Figur des Retters
3.1. Nahestehende und fremde Personen. Nur ein Teil der Retter von gefährdeten Personen stammt aus der eigenen Familie. Die Konstellationen sind darüber hinaus deutlich begrenzt, indem die R. ausschließlich zwischen Verwandten in direkter Linie erfolgt, aber dennoch vielfältiger als bei der Erlösung, die sich in der Regel zwischen Mann und Frau vollzieht[13]. So befreit der Ehemann die Frau, die Ehefrau den Mann; Eltern retten ihre Kinder, Kinder ihre Eltern oder ein Kind rettet sein(e) Geschwister (cf. z. B. AaTh 303, 311, 312). Vor allem in Novellenmärchen treten die Frauen als Retterinnen ihrer Ehemänner auf (z. B. AaTh 888: *Die treue → Frau*) und ziehen aus, um ihren Mann aus der Gefangenschaft zu retten. Befreiung aus Gefangenschaft ist die am häufigsten von Ehefrauen unternommene R., mittels List oder Täuschung (cf. unten Kap. 4), während Ehemänner ihre Frauen vor allem aus Sklaverei retten (Mot. R 151.1.1, R 151.2).

In AaTh 311 ist es die jüngste Schwester, die mit List und psychischer Stärke ihre älteren Schwestern aus der Gewalt des Menschenfressers befreit[14]; in vielen Var.n von AaTh 451: → *Mädchen sucht seine Brüder* rettet die jüngste Schwester ihre verwunschenen Brüder durch passives Dulden. Der Jüngste rettet seine älteren Brüder sowohl in AaTh 303 A: → *Brüder suchen Schwestern*, indem er die auf der Suche nach ihren Schwestern versteinerten Brüder wiederbelebt (→ Wiederbelebung), als auch in AaTh 327 B: *Däumling und Menschenfresser*, indem er sich und seine älteren Brüder aus der Gewalt eines Ogers befreit. In AaTh 551: → *Wasser des Lebens* gelingt es dem jüngsten Sohn, mit Hilfe eines Adlers und verschiedener magischer Objekte den Vater zu retten.

Andere nahestehende Personen, die als Retter in Aktion treten, sind z. B. Freunde (Mot. R 169.5.1, R 169.6), Liebhaber (Mot. R 153.2, R 161.1, R 161.3) oder treue Bedienstete, in AaTh 516: *Der treue → Johannes* meistens der Bruder oder Freund[15]. Weit häufiger aber erfolgt die R. durch Fremde, wobei es häufig der Zufall ist, der Opfer und Retter zusammenführt. Grundsätzlich infolge einer zufälligen Begegnung werden Menschen und Tiere zu Rettern von ausgesetzten Kindern. Bei den (überwiegend männlichen) Rettern fällt eine Vielfalt von Berufsbezeichnungen auf, wobei deutlich solche im Vordergrund stehen, die Mobilität erfordern bzw. im öffentlichen Raum stattfinden: Es handelt sich oft um → Hirten (Mot. R 131 sqq.), aber auch um Müller und Jäger, wie in Var.n von AaTh 930.

Das soziale Spektrum der Retter reicht von einfachen oder armen Menschen bis zu Königssöhnen. Außergewöhnliche Situationen, in denen sich Menschen vor allem in der Gewalt übernatürlicher Mächte befinden, erfordern unerschrockene Helden, die mit wunderbaren → Eigenschaften und Fähigkeiten ausgestattet sind oder übernatürliche Helfer besitzen, wie in den Drachentötermärchen oder den Märchen mit Wunderhelfern (z. B. AaTh 513 A: → *Sechse kommen durch die Welt*).

3.2. Tiere. Tiere treten oft als Retter von Menschen wie auch anderen Tiere auf[16]. Sie retten Menschen aus Todesgefahr (z. B. AaTh 540*: → *Hund im Meer*) und aus Gefangenschaft (Mot. B 544), beschützen ihr Leben, vor allem dadurch, daß sie vor Gefahren warnen (Mot. B 520 sqq.), und sind behilflich bei der Suche nach verschwundenen Personen (Mot. B 543). Die Tierarten sind vielfältig, sowohl große (z. B. Pferd, Löwe, Elefant, Adler, Hund) als auch kleine Tiere (z. B. Fliege, Frosch, Wurm, Fledermaus, Rabe) treten in Aktion, retten zumeist aber im Rahmen ihrer natürlichen Möglichkeiten. So retten Fische vor dem Ertrinken (cf. AaTh 506), Vögel bringen R., indem sie Menschen durch die Luft transportieren (AaTh 301). Eher unfreiwillig erfolgt die kuriose R. eines Mannes, der mit seinem Pferd in eine Grube gefallen ist: Als sich Bussarde über der Grube sammeln, fängt er einige, bindet sie aneinander und erschreckt sie, so daß diese gemeinsam losfliegen und ihn dabei aus seiner mißlichen Lage befreien (Mot. B 547.2.1); oder Ameisen schleusen Seide in ein Gefängnis ein, woraus sich der Gefangene einen Strick zur → Flucht binden kann (Mot. R 121.4)[17]. In einer ma. Erzählung rettet ein Löwe eine junge Frau, die von Heiden ins Bordell gesteckt werden sollte[18].

Bei der R. durch Tiere (cf. auch Kap. 5) handelt es sich um Zufallsbegegnungen oder um das treue Begleittier (meistens → Pferd) des Helden. Es befreit den guten Herrn aus Gefahr oder ausweglosen Situationen, in die der Held oft durch betrügerisches Handeln von Gegenspielern geraten ist, bewahrt ihn vor dem sicheren Tod oder erweckt ihn sogar zu neuem Leben[19]. In Var.n von AaTh 550: → *Vogel, Pferd und Königstochter* zieht das Pferd des Prinzen diesen aus dem Brunnen, in den ihn seine falschen Brüder geworfen haben. In AaTh 303 wird der von einem Betrüger getötete Drachentöter von hilfreichen Zwillingstieren (Hase, Fuchs, Wolf, Bär, Löwe) mit einer Zauberwurzel (KHM 60) oder auf andere Weise (Pferd bläst die Toten an[20]) ins Leben zurückgeholt. Gewöhnlich sind es aber die Hunde, die den Drachentöter begleiten und wiederbeleben. Der → Hund, seit Jahrtausenden ein treuer Freund des Menschen, wird in Filmen und in der Lit. mit diesen Eigenschaften charakterisiert (AaTh 921 B: *Der beste* → *Freund, der schlimmste Feind*). In Beispielen aus der frühen arab. Lit. gräbt der verschüttete Hund seinen vergifteten Herrn aus, opfert sich für ihn, indem er die vergifteten Speisen ißt, oder tötet die ehebrecherische Frau mit ihrem Liebhaber[21].

Artgenossen werden von Tieren vor allem aus Notlagen befreit, die durch Menschen verursacht wurden, wie aus Fallen, Netzen oder Käfigen (AaTh 233 B: cf. → *Vögel und Netz*). Dabei kann durchaus auch ein schwächeres das stärkere erretten, wie in der alten Fabel von der R. des Löwen durch eine Maus, die die Fallstricke durchnagt (AaTh 75).

4. R.sarten und -mittel. Mangelnde physische Stärke wird oft mit List bzw. Täuschung kompensiert. An profanen Hilfsmitteln nimmt die → Verkleidung als Täuschungsmittel einen großen Raum ein (cf. Mot. K 649.2, K 1812.19). So ist der → Kleidertausch eine bereits in antiken Quellen bekannte List zur Gefangenenbefreiung. In erster Linie weibliche Retter (bes. Ehefrauen) bedienen sich solcher Praktiken zur Befreiung von Gefangenen (AaTh 888 A: *The Wife Who Would Not be Beaten*)[22]. Listen zur Befreiung von Gefangenen stellen auch das Anzünden des Gefängnisses (Mot. R 121.3), das Hinausschmuggeln von Botschaften über einen Wasserlauf (Mot. R 121.9) oder die Irreführung von Verfolgern dar, indem ihnen ein falscher Weg genannt wird (Mot. K 545). Im Tierreich gelingt es häufig schwachen Tieren, dem Tod zu entgehen, was vor allem in Fabeln und Tiermärchen umgesetzt wird. Sie täuschen den überlegenen Gegner, in dessen Gewalt sie geraten sind, indem sie z. B. den Angreifer zum Singen oder Sprechen bringen, so daß er die vermeintlich sichere Beute für einen Augenblick losläßt, und nutzen die Gelegenheit zur Flucht (AaTh 6, 122, 227*: → *Überreden zum Sprechen, Singen etc.*).

Eine R. kann auch mit Hilfe magischer Mittel oder Wunder sowie durch Gebete erfolgen. Bereits in spätantiken und ma. Heiligenlegenden finden sich Belege für wunderbare R.en sowohl aus Lebensgefahr als auch für die Befreiung aus Gefangenschaft.

Die größte Gruppe bilden die Motive, in denen Menschen mit Hilfe von Magie gerettet werden. Bäume verbergen einen Flüchtigen vor seinen Verfolgern (Mot. D 1393.1, D 1393.4, D 1393.5), ein magischer Sturm beschützt versteckte Kinder (Mot. D 1393.3). Magische Gegenstände schützen Menschen vor der Hinrichtung (cf. AaTh 562: → *Geist im blauen Licht*) und verleihen bes. Widerstandskräfte, um ein Gottesurteil nicht wirksam werden zu lassen (Mot. D 1394.1) oder der Folter zu widerstehen (Mot. D 1394.2). Die Flucht aus dem Gefängnis gelingt mit Hilfe eines magischen Gegenstandes (Geige, Tischtuch, Geldbeutel), wie in AaTh 853: cf. → *Redekampf mit der Prinzessin*.

5. Dank und Undank für eine R. Den Rettern wird in der Regel → Dankbarkeit entgegengebracht, oder sie werden unmittelbar belohnt (→ Belohnung, Lohn). So ist die R. einer Prinzessin in den vielen Drachentötermärchen (z. B. AaTh 300, 301, 303) das Ziel der Helden, weil ihnen als ‚Lohn' die Heirat mit der Prinzessin versprochen wird, was für die unerschrockenen Freier meist auch mit einem sozialen Aufstieg verbunden ist. → Usurpatoren haben keine Möglichkeiten, sich als Retter auszugeben, stets wird der Betrug aufgedeckt und der wahre Retter erkannt. Schwierig gestaltet sich die Frage des Lohns in AaTh 653: *Die vier kunstreichen* → *Brüder*, in dem alle vier Brüder die gerettete Prinzessin beanspruchen.

Eine Ausnahme bilden Erzählungen, in denen sich die Geretteten undankbar zeigen und ihre Retter sogar bedrohen wie in AaTh 426: → *Mädchen und Bär*: Der dreimal von den Geschwistern uneigennützig gerettete Zwerg zeigt sich seinen Retterinnen gegenüber jedesmal undankbar, empfiehlt die Helferinnen in seiner Todesangst sogar dem Bären als „zarte Bissen, fett wie junge Wachteln" (KHM 161), aber seine Empfehlung schlägt der Bär aus und tötet ihn im Sinne einer ausgleichenden Gerechtigkeit.

Vor allem Tiere bringen Dankbarkeit gegenüber ihren Rettern aktiv zum Ausdruck, weil Menschen sie aus Gefahr errettet oder weil sie von ihnen verschont oder genährt worden sind, und stehen ihnen selbst später in Notsituationen als Tierhelfer bei (cf. Mot. B 360–B 366: → Dankbare [hilfreiche] Tiere). Auch übernatürliche Wesen zeigen sich dankbar. Verstorbene erweisen ihre Dankbarkeit noch aus dem Jenseits heraus (cf. AaTh 505–508: *Dankbarer Toter*) und stehen als Helfer oder ihrerseits als Retter zur Seite.

[1] Lüthi, M.: Das Volksmärchen als Dichtung. Köln 1975, 154, 168; cf. Brede, W.: Mängelwesen. In: Hist. Wb. der Philosophie 5. Basel/Stg. 1980, 712 sq. – [2] Propp, V.: Morphologie des Märchens. ed. K. Eimermacher. Ffm. 1975, 31–66; Lüthi (wie not. 1) 67–71, bes. 68. – [3] Lüthi (wie not. 1) 69, 168 sq.; Bausinger, 182. – [4] Pauli/Bolte, num. 389. – [5] Marzolph 1332 (a). – [6] EM 5, 833 sq. – [7] Brückner, 223 sq., 237; cf. auch 1001 Nacht, 24.–32. Nacht (Geschichte des Buckligen). – [8] Long, E.: „The Maid" and „The Hangman". Myth and Tradition in a Popular Ballad. Berk./L. A. 1971. – [9] Ortutay, G.: Ung. Volksmärchen. Bud. ³1966, num. 4. – [10] cf. Röhrich, L.: Die Volksballade von ‚Herrn Peters Seefahrt' und die Menschenopfersagen. In: Märchen, Mythos, Dichtung. Festschr. F. von der Leyen. Mü. 1963, 177–212. – [11] cf. auch Heissig, W.: Erzählstoffe rezenter mongol. Heldendichtung 1–2. Wiesbaden 1988, 491. – [12] EM 1, 1050. – [13] EM 4, 213. – [14] cf. Uther, H.-J.: Der Frauenmörder Blaubart und seine Artverwandten. In: SAVk. 84 (1988) 35–54, hier 48. – [15] Brückner, 364. – [16] Horn, K.: Der aktive und der passive Märchenheld. Basel 1983, 77. – [17] Marzolph, U.: Die Vierzig Papageien. Walldorf 1979, 49 sq. – [18] ibid., 244; Tubach, num. 3072. – [19] Horn (wie not. 16) 83 sq. – [20] Karlinger, F./Bîrlea, O.: Rumän. Volksmärchen. MdW 1969, num. 16. – [21] Marzolph, Arabia ridens, num. 229–231. – [22] Unbescheid, G.: Märchen aus Nepal. MdW 1987, num. 35.

Göttingen   Martina Lüdicke

Rettung aus dem Brunnen (AaTh 30–33, 156 C*), Gruppe von Tiererzählungen, die sich vor allem durch die unterschiedliche Gestaltung der R. unterscheiden:

In einem → Brunnen (Grube, Fallgrube, Wasserloch) ist ein Tier (oft → Fuchs) gefangen, welches sich durch die (meist listig provozierten) Handlungen anderer Tiere oder Menschen befreien kann:

(1) Das gefangene Tier entkommt, indem es ein anderes hereinlockt und über dessen Rücken herausspringt (AaTh 31: *The Fox Climbs from the Pit on the Wolf's Back*).

(2) Das in einem Ziehbrunnen gefangene Tier entkommt, indem es ein anderes (oft → Wolf) in einen

Eimer lockt, der nach unten fährt und das gefangene Tier im anderen Eimer nach oben zieht (AaTh 32: *The Wolf Descends into the Well in one Bucket and Rescues the Fox in the Other*).

(3) Das in einer Fallgrube gefangene Tier entkommt, indem es sich → totstellt und von einem dadurch getäuschten Menschen (Bauer, Jäger) herausgeworfen wird (AaTh 33: *The Fox Plays Dead and is Thrown out of the Pit and Escapes*).

(4) Das in einer Fallgrube gefangene Tier wird vom Menschen befreit und tritt fortan als dessen Helfer auf (AaTh 156 C*: *The Boy and the Bear in Pit*).

Die ältesten Typen sind AaTh 31 und AaTh 32. Sie sind schriftl. und mündl. weltweit verbreitet und lassen sich aufgrund der spezifischen Motive (Tier als Ersatz für eine Leiter; Ziehbrunnen mit zwei Eimern) meist leicht wiedererkennen. Vor allem in der mündl. Überlieferung sind sie allerdings vielfach ungenau wiedergegeben, abgewandelt und mit anderen Erzähltypen und Motiven kombiniert bzw. kontaminiert worden. Dies gilt in noch stärkerem Maße für AaTh 33. Regionale Typenkataloge reagieren darauf mit zahlreichen Binnendifferenzierungen, die insgesamt eher dazu führen, daß die Basisstruktur der ganzen Gruppe unklar wird. Das gilt auch für den Erzähltyp AaTh 30: *The Fox Tricks the Wolf into Falling into a Pit*, der lediglich ins weitere Umfeld der R. aus dem Brunnen gehört und ein Sammelbecken für unterschiedliche Betrugsgeschichten geworden ist.

AaTh 31 ist als einziger Erzähltyp der ganzen Gruppe durch eine dem → Äsop zugeschriebene Fabel vertreten[1]:

Ein Fuchs ist in einen Brunnen gefallen. Als ein durstiger Ziegenbock (Wolf) vorbeikommt, preist der Fuchs die Qualität des Wassers. Der Bock springt in den Brunnen und trinkt. Als er fragt, wie sie wieder herauskämen, sagt der Fuchs, er könne über den Rücken des Bocks herausspringen und ihm dann helfen. Als der Fuchs draußen ist, hilft er dem Bock nicht und sagt spöttisch, er hätte sich eben vorher überlegen sollen, wie er wieder herauskomme.

Zwar bearbeiteten auch → Phädrus (num. 4,9) und → Babrios (num. 182) diese Fabel[2], nicht jedoch → Romulus und → Avianus, weshalb sie im MA. weitgehend unbekannt blieb[3]. Lediglich in den *Carmina Cantabrigiensia* (ca 1050) ist ein Vagantenlied überliefert, in dem ein Pfarrer, der den Wolf in einer Fallgrube gefangen hat, die Rolle des Ziegenbocks einnimmt[4]. Erst die ital. Humanisten Laurentius Valla[5] und Rinuccio d'Arezzo (Rimicius)[6] griffen den äsopischen Stoff wieder auf. Ihre Version, in der Fuchs und Ziegenbock gemeinsam in den Brunnen springen, um ihren Durst zu löschen, war in der frühen Neuzeit überaus weit verbreitet. Sie wurde in Heinrich → Steinhöwels *Äsop*[7] und in den sog. *Aesopus Dorpii*[8] aufgenommen und ging so seit dem 16. Jh. in viele andere Fabelsammlungen[9], Lesebücher[10] und neuere Erzählsammlungen[11] ein.

Die meisten mündl. Var.n sind aus Nordosteuropa, Irland und Griechenland bekannt[12], was wohl auch an der unterschiedlich starken Sammeltätigkeit liegt. Sie gehen überwiegend auf die literar. Fassungen zurück[13]. Das ist auch daran zu sehen, daß die sentenzhafte Verspottung des Ziegenbocks am Ende − ‚Wenn du so viel Verstand wie Barthaare hättest [...]' (so schon bei Äsop) − nicht nur in den meisten schriftl., sondern auch in mündl. Var.n vorkommt[14].

Kombinationen und Modifikationen von AaTh 31 sind häufig zu beobachten: In einer russ. Erzählung frißt der Fuchs alle Tiere auf, die mit ihm in eine Grube gefallen waren (AaTh 20 A: cf. → *Tiere fressen einander*), und entkommt, indem er dem herbeigelockten Jäger auf den Rücken springt[15]. Eine Erzählung der Berber ersetzt den Fuchs durch den Igel, den Brunnen durch den Getreidesilo und läßt AaTh 105: → *Listensack des Fuchses* vorausgehen[16]. In einem südafrik. Tiermärchen fällt ein Schakal in den Brunnen, weil er sein Spiegelbild sieht und es für einen anderen Schakal hält[17]. In einer mecklenburg. Var. wird erzählt, daß der Wolf in eine Fallgrube geraten ist; der Fuchs verspottet ihn, fällt dabei aber selber in die Grube und entkommt dann über den Rükken des Wolfes[18].

Die R. des Fuchses aus einem Ziehbrunnen mit zwei Eimern (AaTh 32; das sog. Brunnenabenteuer) ist aufgrund seiner technischen Evidenz und seiner symbolischen Prägnanz das bekannteste Motiv der ganzen Gruppe[19]. Die frühesten Zeugnisse stammen aus dem 11. und 12. Jh. Wie die meisten Var.n kombinieren sie AaTh 32 mit anderen Erzähltypen und -motiven und liefern verschiedene Begründungen, warum der Fuchs im Brunnen sitzt und wie er den Wolf überreden kann, in den Eimer zu steigen. In seiner einfachsten Form erscheint das Brunnenabenteuer als Exempel mit allegorischer Auslegung zuerst bei → Odo of Cheriton (Anfang 13. Jh.)[20]: Der Fuchs ist in den Brunnen gefallen oder gefahren und lockt den vorbeikommenden Wolf in den anderen Eimer, indem er ihm von den Köstlichkeiten vorschwärmt, die ihn am Grunde des Brunnens erwarteten. In den erzählerischen Grundzügen kaum verändert findet sich diese einfache Version bis in die Gegenwart, z. B. in einer afroamerik. Geschichte aus dem → Uncle Remus-Zyklus (→ Berr Rabbit betrügt Fuchs)[21].

Je nach der Motivation der ‚Fahrt' in den Brunnen lassen sich folgende Ausprägungen feststellen:

(1) Das Spiegelbild des Mondes wird für einen Käse gehalten: Diese Kombination mit AaTh 34: cf. → *Spiegelbild im Wasser* ist am weitesten verbreitet. Bereits die wohl früheste Version des Brunnenabenteuers, eine hebr. Fabel des Rashi von Troyes (1040—1105), erzählt davon[22]. Größere Verbreitung erlangte die Version der *Disciplina clericalis* von → Petrus Alfonsus (Anfang 12. Jh.)[23], deren erster Teil AaTh 154: → *Fuchs und Glieder* entspricht. Der zweite Teil verläuft wie folgt[24]:

Ein Bauer droht seinen störrischen Ochsen, er werde sie dem Wolf vorwerfen. Am Abend klagt der Wolf die Ochsen ein. Der Fuchs schlichtet den Streit, indem er den Wolf überredet, seinen angeblichen Anspruch auf die Ochsen zugunsten eines Käses aufzugeben, den der Fuchs ihm zeigen werde. Nach langer Wanderung führt der Fuchs den Wolf mitten in der Nacht an einen Ziehbrunnen, in den der Mond scheint, und macht ihm weis, das Spiegelbild im Wasser sei ein Käse. Der Wolf sagt, der Fuchs solle den Käse heraufholen. Der Fuchs setzt sich in den einen Eimer. Als er lange nicht zurückkehrt, sieht der Wolf sich um den Käse gebracht und gehorcht der Aufforderung des Fuchses, ihm zu Hilfe zu kommen und sich in den anderen Eimer zu setzen, denn der Käse sei zu schwer. So entkommt der Fuchs. Der Wolf erkennt im Brunnen, daß er das ‚Gegenwärtige', die Ochsen, um des ‚Zukünftigen', des Käses, willen verloren hat.

Während diese Fabel als Ganzes außer über Steinhöwels *Äsop*[25] kaum weiter verbreitet wurde[26], findet sich die spezifische Kombination von AaTh 34 und 32 ohne den Eingangsteil vom Bauern und den Ochsen in zahlreichen schriftl. wie mündl. Var.n der Neuzeit[27]. Ebenfalls seit dem MA. gut belegt ist eine Modifikation, in der es der hungrige Fuchs selbst ist, der das Spiegelbild des Mondes für einen Käse hält; er ‚fährt' deswegen in den Brunnen und betrügt — nachdem er seine Selbsttäuschung erkannt hat — den vorbeikommenden Wolf mit eben dieser Täuschung[28].

(2) Das eigene Spiegelbild wird für ein anderes Tier gehalten, eine Fassung, die vor allem in der ma. Tierepik des 12.—14. Jh.s belegt ist (AaTh 92: cf. *Spiegelbild im Wasser*)[29]. Vereinzelt wurde diese Ausprägung in literar. Var.n der Neuzeit wieder aufgenommen[30].

Seit dem 14. Jh. bis hin zu → Goethes → *Reineke Fuchs* erscheint das Brunnenabenteuer in der Tierepik reduziert auf eine vereinfachte Form: Die Wölfin erzählt, daß der Fuchs, der zufällig im Brunnen saß, sie durch die Aussicht auf viele Fische in den anderen Eimer gelockt habe und daß sie am Ende von den Bauern verprügelt worden sei[31].

(3) Der Fuchs fährt oder fällt in den Brunnen, weil er durstig ist. Auch diese Version ist seit dem MA. belegt[32]. Manchmal reicht schon der große Durst des Wolfes, um ihn in den zweiten Eimer zu locken[33], die meisten Erzähler wenden aber ihre Phantasie auf die Rede des Fuchses, der dem Wolf z. B. etwas von Aalen[34], Schafen[35] oder Hühnern[36] vorflunkert. Gelegentlich kommen beide Tiere gemeinsam durstig zum Brunnen, und der Fuchs fährt listig als erster hinein. Diese Version kann mit anderen der Tierepik entstammenden Typen wie AaTh 1: → *Fischdiebstahl*[37] kombiniert sein.

(4) Der Fuchs (Kaninchen) ist auf der Flucht vor dem Wolf (Bär, Fuchs) und springt zur R. in den Brunnen. Dieser Subtyp kommt nur in mündl. Var.n vor[38]. In einer nordamerik. Var. ist es das Kaninchen, das vor dem Fuchs in den Brunnen flieht und diesen — wie sonst den Wolf — betrügt[39]. Häufig belegt ist die Kombination mit anderen Typen, z. B. mit AaTh 1525 D: cf. → *Meisterdieb*[40] oder mit AaTh 35 B*: *Fox Gets Bait from Trap by Luring Wolf into it*[41].

Insgesamt ist AaTh 32 in der mündl. Tradition dadurch geprägt, daß die Details der Handlung stark variieren und oftmals nur das Hauptmotiv vom Ziehbrunnen erkennbar bleibt. Lediglich die pointierte Schlußsentenz des Fuchses (‚Der eine auf, der andere nieder') ist auch in vielen mündl. Var.n fester Bestandteil des Erzähltyps.

In AaTh 31 und AaTh 32 geschieht die R. auf Kosten eines oder mehrerer anderer

Tiere[42]. Hierzu wären vielleicht weitere kambodschan. und vietnames. Erzählungen zu stellen[43]: Der im Brunnen gefangene Hase erzählt dem Tiger, der Himmel werde bald einstürzen (cf. auch AaTh 20 C: cf. *Tiere fressen einander*); nachdem der Tiger in den Brunnen gesprungen ist, quält ihn der Hase so lange, bis der Tiger ihn herauswirft.

AaTh 33 ist ausschließlich mündl. in Europa, in Nordafrika und Asien (u. a. arab., ind., malai. und indon. Belege) verbreitet; der Schwerpunkt liegt in Nordosteuropa und Irland[44]. Das zentrale Motiv ist die List eines gefangenen Tieres, sich totzustellen; der Jäger oder Bauer achtet deshalb nicht richtig auf das Tier, und so kann es fliehen. Eng mit AaTh 33 verwandt sind Versionen, in denen statt von der Grube von einem Fangeisen erzählt wird.

Auch AaTh 33 kennt eine Vielfalt von Ausgestaltungen des zentralen Motivs. Häufig sind mehrere Tiere (Fuchs, Kranich, Wolf, Hase, Bär etc.) in der Fallgrube gefangen und nur dasjenige, das sich totstellt (meist der Fuchs), entkommt[45]. Wenn sich alle totstellen, kann sich normalerweise nur das Tier retten, das als erstes aus der Grube geworfen wird; bei den anderen Tieren ist der Mensch dann klüger geworden[46]. Hier spielt das Motiv der fatalen und närrischen → Imitation eine Rolle, das in vielen Var.n benutzt wird, etwa wenn der Fuchs dem Wolf listig rät, den Trick des Totstellens zu wiederholen[47]. Wiederholtes Gefangenwerden kommt auch in den zahlreichen Var.n vom Igel und dem Fuchs vor: Als der Fuchs beim Stehlen im Weinberg in eine Falle tappt, rät der Igel ihm, den Toten zu spielen; der Fuchs entkommt. Als das nächste Mal der Igel gefangen ist, weiß der Fuchs keinen Rat; da beißt ihn der Igel und hält ihn so lange fest, bis der Bauer kommt und ihn erschlägt[48].

In Var.n mit Igel und Fuchs wird AaTh 33 oft auch mit AaTh 105: *Listensack des Fuchses* kombiniert: Als der Fuchs, der mit seinen vielen Listen prahlte, im Fuchseisen gefangen ist, hilft nur die eine List des Igels, sich totzustellen[49]. Ebenso beliebt ist die Kombination mit AaTh 41: → *Wolf im Keller*: Der vollgefressene Wolf (Fuchs, Schakal) paßt nicht mehr durch das kleine Loch, durch das er hereinkam; auf Rat des Igels stellt er sich tot und entkommt[50]. Bes. bei der Integration in längere Tiermärchen ist der Erzähltyp oft auch modifiziert worden, z. B. in einer Erzählung aus dem Tschad, in der der Affe absichtlich in die Falle der Hyänen geht, sich totstellt und die Hyänen bei seiner nächtlichen Flucht bestiehlt[51].

Im Kontext der bisher beschriebenen Erzähltypen böte es sich an, einen weiteren Erzähltyp anzusetzen, der von ma. naturkundlichem Wissen etwa über die Dankbarkeit des Elefanten beeinflußt sein könnte[52]: Ein Tier wird nicht durch seine List, sondern aufgrund altruistischer Absichten des Helfers aus einem Brunnen oder einer Grube gerettet. Hierzu gehört die einseitige Hilfeleistung (cf. AaTh 31*: *The Fox [Birds] Pulls the Wolf Out of the Pit*)[53]. Typischer ist jedoch die Wechselseitigkeit der Hilfe (cf. AaTh 156 C*), etwa in folgender Version: Ein Junge fällt in eine Grube auf einen Bären; sie helfen sich gegenseitig hinaus, der Bär zeigt dem Jungen, wo er Geld findet[54]. Weil die Var.n dieses Erzähltyps die gegenseitige Hilfe betonen, die für die Erzählungen von der R. aus dem Brunnen gerade nicht typisch ist, bleibt die Zuordnung zum weiteren Umkreis von AaTh 156: → *Androklus und der Löwe* sinnvoll.

Vor allem mündl. ist AaTh 30 verbreitet[55]: Der Fuchs lockt den Wolf in eine Falle (Fallgrube, Brunnen), ohne selbst darin gefangen zu sein. Dieser Typ gehört nicht eigentlich zum Kreis der Geschichten von der R. aus dem Brunnen, denn hier wird kein Tier gerettet. Insofern als aber AaTh 31 und AaTh 32 die R. regulär mit dem betrügerischen Hereinlocken eines Tieres in Grube oder Brunnen verbinden, ist die motivische Zusammengehörigkeit unübersehbar. Die Var.n von AaTh 30 ließen sich vielleicht als verselbständigte Vorgeschichten von AaTh 31–33 auffassen. Immerhin gibt es manche Erzählungen, die dies nahelegen: In einem Tiermärchen der siebenbürg. Roma führt der Fuchs sich und den Wolf absichtlich in eine Wolfsgrube, aus der er dann mit dem Sprung über dessen Rücken entkommt[56].

AaTh 30 kommt meist in Kombination mit anderen Betrugsgeschichten vor. Mindestens vier Ausprägungen lassen sich unterscheiden:

(1) Der Fuchs (Igel) weiß, wo eine verdeckte Fallgrube (Fangeisen) ist. Er führt den Wolf (Löwen, Schakal) absichtlich dorthin; der Wolf wird gefangen[57]. Dieser Subtyp ist der einzige, für den ein älterer literar. Beleg exi-

stiert, eine Fabel von Haï Gaon (939−1038), die eventuell auf ind. Erzählungen zurückgeht[58]:

Der Fuchs zeigt dem Löwen, der ihn verschlingen will, eine fettere Beute: einen Mann, der hinter einer verdeckten Tierfalle im Gebet kniet. Der Löwe will nicht angreifen, weil der Mann betet, doch der Fuchs sagt ihm, seine Sünde werde nicht von ihm oder seinen Söhnen, sondern von seinen Enkeln gesühnt. Als der Löwe in die Grube gefallen ist, verspottet der Fuchs ihn und erklärt, daß wohl der Großvater des Löwen gesündigt habe.

(2) Der Fuchs verleitet den Wolf, über eine Grube zu springen; der Wolf fällt hinein. Dieser Subtyp ist in längeren Tiermärchen vor allem in Ost- und Nordosteuropa verbreitet[59]. Er findet sich auch in Kombination mit AaTh 159: cf. → *Lösegeld der Tiere*: Ein Schwein verleitet erst einen Wolf, dann einen Bären, über eine Grube zu springen. Beide fallen hinein; am nächsten Tag, als das Schwein geschlachtet werden soll, weist es dem Bauern den Weg zur Grube. Der Bauer tötet Wolf und Bär und läßt das Schwein leben[60].

(3) Beim Versuch, den Fuchs in die Grube zu stoßen, fällt der Wolf selbst hinein. Die Belege hierfür stammen vor allem aus Lettland[61].

(4) Der Fuchs (Hase) lockt den Wolf (Löwen) unter falschen Vorspiegelungen zum Brunnen, z. B. weil es dort angeblich schöne Mädchen zu sehen gebe; der Wolf fällt oder stürzt sich hinein. Dieser Subtyp scheint vor allem in West- und Südwesteuropa belegt[62].

Die Reihe unterschiedlicher Begründungen läßt sich wohl noch verlängern. Zum Zweck einer brauchbaren Klassifikation von AaTh 30 scheinen jedoch zwei Motive unerläßlich: das Element der betrügerischen Absicht und das Resultat, daß das betrogene Tier in der Grube gefangen ist. Die zahlreichen Betrugsgeschichten mit Fuchs und Wolf, Igel und Fuchs etc., die in den regionalen Typenkatalogen[63] oft AaTh 30 subsumiert werden, bedürfen einer Neuklassifizierung.

[1] Perry, num. 9; Äsop/Holbek, num. 139. − [2] Phaedrus/Perry, 314 sq., 423. − [3] Dicke/Grubmüller, num. 176. − [4] Carmina Cantabrigiensia. ed. W. Bulst. Heidelberg 1950, num. 35 (Übers. bei Langosch, K.: Hymnen und Vagantenlieder. B. 1958, num. 13). − [5] Galli, R.: The First Humanistic Translations of Aesop. Urbana 1978, num. 1. − [6] Rinucius Aretinus: Fabulae Aesopicae. ed. M. P. Pillolla. Genua 1993, num. 5. − [7] Steinhöwel, H.: Äsop. ed. H. Österley. Tübingen 1873, num. 100. − [8] cf. Elschenbroich, A.: Die dt. und lat. Fabel in der frühen Neuzeit 1−2. Tübingen 1990, hier t. 2, 38−42 (in der Ausg. Straßburg 1522 finden sich die Versionen auf Bl. 70 a−b [Valla] und 80 b−81 a [Rinuccio]). − [9] z. B. Waldis, B.: Esopus. ed. H. Kurz. Lpz. 1862, Buch 3, num. 27; Alte Newe Zeitung. A Sixteenth-Century Collection of Fables. ed. E. Sobel. Berk./L. A. 1958, num. 51; Elschenbroich (wie not. 8) t. 1, 286 sq. (J. Postius); La Fontaine, Fables 3,5; Kobolt, W.: Groß- und Kleine Welt. Augsburg 1738, 331; cf. Schwarzbaum, Fox Fables, 555 und 558, not. 24. − [10] Tomkowiak, 298; Kvideland, R.: Tradisjonelt forteljestoff i språklœrebøker. In: Schön, E. (ed.): Folklore och litteratur i Norden. Turku 1987, 214−237, hier 235. − [11] z. B. Tumilevič, F. V.: Russkie narodnye skazki kazakov-nekrasovčev. Rostov 1958, 65−67. − [12] Ergänzend zu AaTh 31: Hodne; Arājs/Medne; Kippar; Ó Súilleabháin/Christiansen; Megas; MNK, num. 31, 31 A*; SUS; BFP; Noy; Schmidt; Bødker, Indian Animal Tales, num. 778. − [13] Der äsopischen Fabel entsprechen z. B. Parsons, E. C.: Folk-Lore of the Sea Islands, South Carolina. Cambr., Mass./N. Y. 1923, num. 155 (2); Findeisen, H.: Sagen, Märchen und Schwänke von der Insel Hiddensee. Stettin 1925, num. 25; Wossidlo, R.: Mecklenburger erzählen. ed. G. Henßen. B. 1957, num. 9. − [14] cf. Hodne 31. − [15] Galkin, P./Kitajnik, M./Kuštum, N.: Russkie narodnye skazki Urala. Sverdlovsk 1959, 152−154. − [16] Basset, R.: Nouveaux Contes berbères. P. 1897, num. 87. − [17] Schmidt, num. 510,2. − [18] Neumann, S.: Mecklenburg. Volksmärchen. B. 1971, num. 6. − [19] Ergänzend zu AaTh 32: Äsop/Holbek, num. 191; Tubach, num. 5247; Dicke/Grubmüller, num. 223; Kippar; Ó Súilleabháin/Christiansen; de Meyer, Conte; van der Kooi; Tomkowiak; Delarue/Tenèze; Cirese/Serafini; Camarena/Chevalier; Pujol, Dvořák; SUS; BFP; MNK; Dömötör, num. 420; Megas; Noy; Jason, Types; Marzolph; Robe; Schmidt, num. 544; Coetzee. − [20] Perry, num. 593. −
[21] Harris, J. C.: Uncle Remus. ed. R. Hemenway. N. Y. 1982, num. 16; cf. das Bearb.sverz. bei Burrison, J. A.: Storytellers. Folktales and Legends from the South. Athens/L. 1989, 238. − [22] Schwarzbaum, Fox Fables, 552 sq.; cf. eine sehr ähnliche Version des Rabbi Zechariah ad-Dahri (16. Jh.) ibid., 554. − [23] Jauß, H.-R.: Unters.en zur ma. Tierdichtung. Tübingen 1959, 128−132. − [24] cf. EM 5, 490. − [25] Steinhöwel (wie not. 7) num. 150 (= Ex Adelfonso, num. 9). − [26] cf. Dicke/Grubmüller, num. 223 (2. Version). − [27] z. B. Waldis (wie not. 9) Buch 4, num. 8; hierzu Lieb, L.: Erzählen an den Grenzen der Fabel. Ffm. u. a. 1996, 161−206, bes. 196 sq.; Delarue/Tenèze 3, 133 sq.; Espinosa 1, num. 206; Parsons (wie not. 13) num. 155 (1); Karlinger, F./Freitas, G. de: Brasilian. Märchen. MdW 1972, num. 55. − [28] cf. z. B. Berechja ha-Nakdan, num. 117 (= Schwarzbaum, Fox Fables, 550); La Fontaine, Fables 11,6; Kovács, Á.: König Mátyás und die Rátó-

ter. Lpz./Weimar 1988, 71 sq. – [29] Le Roman de Renart. ed. H. Jauß-Meyer. Mü. 1965, Branche 4; Reinhart Fuchs. ed. K. Düwel. Tübingen 1984, V. 835–850; zur ma. Tradition cf. Jauß (wie not. 23) 126–177 sowie McKnight, G. H.: The Middle English Vox and Wolf. In: Publ.s of the Modern Language Assoc. 23 (1908) 497–509. – [30] Windfuhr, M. (ed.): Dt. Fabeln des 18. Jh.s. Stg. 1960, 98 sq. (G. K. Pfeffel). – [31] z. B. Reinke de Vos. ed. A. Leitzmann. Halle 1960, 4,2; Goethe, J. W.: Reineke Fuchs in zwölf Gesängen. B. 1987, 11,101–131; cf. Schippers, J. A.: Middelnederlandse fabels. Nijmegen 1995, num. 464. – [32] z. B. The Vox and the Wolf. In: Mätzner, E.: Altengl. Sprachproben. ed. A. Brandl/O. Zippel. B. [2]1927, 114–118; cf. Schwarzbaum, Fox Fables, 555; Todorović-Strähl, P./Lurati, O.: Märchen aus dem Tessin. MdW 1984, num. 1; Mont, P. de/Cock, A. de: Vlaamsche volksvertelsels. Zutphen 1927, num. 26. – [33] Haltrich, J.: Dt. Volksmärchen aus dem Sachsenlande in Siebenbürgen. Mü. [6]1956, num. 100. – [34] Kooi, J. van der/Schuster, T.: Märchen und Schwänke aus Ostfriesland. Leer 1993, num. 207. – [35] Topper, U.: Märchen der Berber. MdW 1986, num. 45. – [36] Delarue/Ténèze 32. – [37] Jahn, U.: Volkssagen aus Pommern und Rügen. B. [2]1889, num. 556. – [38] cf. de Meyer, Conte, num. 32. – [39] Dorson, R. M.: American Negro Folktales. Greenwich, Conn. 1956, 97 sq.; id.: Negro Tales from Pine Bluff, Arkansas, and Calvin, Michigan. Bloom. 1958, 167 sq.; cf. Harris (wie not. 21). – [40] Burrison (wie not. 21) 155. – [41] Hadank, K.: Die Mundarten von Khunsâr [...]. B./Lpz. 1926, 91–94. – [42] cf. EM 5, 459. – [43] Gaudes, R.: Kambodschan. Volksmärchen. B. 1987, num. 4; Karow, O.: Märchen aus Vietnam. MdW 1972, num. 141; Landes, A.: Contes et légendes annamites. Saigon 1886, num. 44. – [44] Ergänzend zu AaTh 33: Rausmaa, SK 5, num. 30, 35; Kippar; Kerbelytė, LPTK; Arājs/Medne; Kecskeméti/Paunonen; Ó Súilleabháin/Christiansen; Camarena/Chevalier; SUS; BFP; Megas; Nowak, num. 9, 31; Arewa, num. 1735. – [45] Simonsuuri, L./Rausmaa, P.-L.: Finn. Volkserzählungen. B. 1968, num. 7. – [46] Scheu, H./Kurschat, A.: Pasakos apie paukščius. Žemait. Tierfabeln. Heidelberg 1913, num. 29. – [47] Loukatos, D. S.: Neoellēnika laographika keimena. Athen 1957, num. 3; cf. Megas. – [48] Loukatos (wie not. 47) num. 4; Mazon, A.: Documents, contes et chansons slaves de l'Albanie du Sud. P. 1936, num. 48; Miliopoulos, P. D.: Aus mazedon. Bauernstuben. Hbg 1955, 77. – [49] cf. BP 2, 120. – [50] Topper (wie not. 35) num. 44; Nowak, num. 31. – [51] Jungraithmayr, H.: Märchen aus dem Tschad. MdW 1981, num. 44; cf. auch die Modifikation in Hambruch, P.: Malai. Märchen. MdW 1922, 49–51. – [52] cf. Pauli/Bolte, num. 649. – [53] Ergänzend zu AaTh 31*: MNK; Ting. – [54] Arājs/Medne; cf. Lintur, P. V.: Ukr. Volksmärchen. B. 1972, num. 28. – [55] Ergänzend zu AaTh 30: Rausmaa, SK 5, num. 32; ibid. 6, num. 295; Kerbelytė, LPTK; Arājs/Medne; Kippar; Kecskeméti/Paunonen; Ó Súilleabháin/Christiansen; SUS; Cirese/Serafini, app.; Camarena/Chevalier; González Sanz; MNK; Megas; Noy; Lőrincz; Ting; Coetzee. – [56] Mode, H.: Zigeunermärchen aus aller Welt 1. Wiesbaden 1983, num. 56 (aus Rumänien). – [57] z. B. Laoust, E.: Contes berbères du Maroc. P. 1949, num. 2; MNK 30 B*. – [58] McKnight (wie not. 29) 504; Schwarzbaum, Fox Fables, 552–554. –[59] z. B. Afanas'ev, num. 1; Dowojna-Sylwestrowicz, M.: Podania żmujdzkie 1. W. 1894, 224–227; Haltrich, J.: Zur Vk. der Siebenbürger Sachsen. ed. J. Wolff. Wien 1885, num. 2; Ambainis, O.: Lett. Volksmärchen. B. 1979, num. 19. – [60] Bgažba, C. S.: Abchazskie skazki. Suchumi 1959, 95 sq. – [61] cf. Arājs/Medne. – [62] z. B. Meier, H./Woll, D.: Port. Märchen. MdW 1975, num. 25; cf. Delarue/Ténèze 30. – [63] cf. z. B. MNK; Coetzee.

Dresden Ludger Lieb

Reue. Die ursprüngliche Bedeutung von neuhochdt. R. (mhd. riuwe; ahd. hriuwa) ist ‚Schmerz um etwas Verlorenes'. Aus dieser allg. Bedeutung entwickelte sich in eingeengter Form „Schmerz über etwas, das man verschuldet hat und das man sich nun ungeschehen wünscht"[1]. R. ist folglich innerhalb der → Ethik die Unzufriedenheit mit einem eigenen vollzogenen Verhalten, oft verbunden mit dem Wunsch, es nicht vollzogen zu haben. R. kann einem Verhalten um seiner unerwünschten Folgen willen gelten, eigentliche R. jedoch betrifft ein Verhalten selbst, wegen seines Unwertes und der dadurch übernommenen → Schuld. In einem umfassenderen religionsgeschichtlichen Kontext sind R. und das Bewußtsein von → Sünde jedoch keine anthropol. Konstanten. Nicht alle Religionen betrachten den Menschen als Sünder. Es läßt sich sogar generell sagen, daß in den meisten anderen Religionen R. einen geringeren Stellenwert besitzt als im Christentum[2]. Im folgenden wird R. daher vorrangig aus der christl. Perspektive betrachtet, die die → Weltanschauung der mitteleurop. Volkserzählungen geprägt hat.

Im A. T. erlangt die R. des Sünders vor Gott bes. Bedeutung, wenn sie als Ausdruck der Umkehr erscheint. R. findet ihren Ausdruck im Schuldbekenntnis, im Schmerz und in der Wiedergutmachung: Abimelech bereut es, Sara, die Frau des → Abraham, zu sich genommen zu haben, und gibt sie diesem zusammen mit Schafen, Rindern, Knechten und Mägden zurück (Gen. 20,1−14); → Jakob entsühnt die Erlistung des Erstgeburtsrechts und versöhnt sich mit → Esau durch Geschenke (Gen. 32,4−22; 33,1−11)[3]. Auch jüd. rabbinische Auslegungen betonen den Wert des Bereuens, und zwar im Gegensatz zu äußeren Zeichen wie → Fasten und dem Tragen von Sackleinen; überhaupt machen R. und Bußvorstellungen im Diskurs des ma. Judentums eines der Hauptthemen aus. Im N. T. werden die Zöllner und Dirnen im Gegensatz zu den verstockten Hohenpriestern und Ältesten zu Vorbildern der geforderten R. (Mt. 21,23). → Judas Ischarioth bereut seine Tat, findet jedoch nicht zu einer Umkehr (Mt. 27,3).

In der christl. Theologiegeschichte wurde R. bes. im Kontext des altkirchlichen Bußverfahrens und der ma. Diskussion des Bußsakramentes thematisiert[4]. Hatte die alte Kirche die → Buße noch zögerlich als umstrittene zweite Möglichkeit der Sündenvergebung nach der → Taufe zugelassen, so entstand schon im frühen MA. die individuelle Buße durch die → Beichte mit dem prinzipiellen Ausschluß der Öffentlichkeit, der Wiederholbarkeit sowie der Festlegung von nach festen Ordnungen abzuleistenden → Strafen. Drei Akte des Sünders bewirkten die Rückkehr in den Gnadenstand, nämlich R. (contritio cordis), Beichte (confessio oris) und Genugtuung (satisfactio operis), wobei die Satisfaktionswerke während des MA.s eindeutig im Vordergrund standen. Die Frühscholastik begründete eine neuartige Auffassung der Buße, bei dem sie die von Gott inspirierte R. als Gnadenakt in den Mittelpunkt stellte, in dem sich die Versöhnung des Sünders mit Gott ereignete. Diese allein bewirkte die Vergebung der ewigen Sündenschuld. Die zeitlichen Sündenstrafen bleiben dagegen Gegenstand des kirchlichen Bußverfahrens.

Die entscheidenden Auseinandersetzungen der kathol. Kirche innerhalb der Scholastik und dann auch mit der → Reformation gehen um die Frage, wie R. als ‚Tugend des Geistes' (Petrus Lombardus) und als Teil des Bußsakraments zusammengehören. Thomas von Aquin begreift diese Werke (R., Bekenntnis der Sünden, konkretes Bußwerk) als vom Sünder zu erbringende ‚Materie', zu der im Sakrament die ‚Form' (Lossprechung durch den Priester) hinzukommt[5]. Noch eindeutiger als eines der sieben → Sakramente, die zweite Taufe, sieht die Orthodoxie die Buße. Vom Sünder werden Bewußtsein und R. über die vollbrachten Sünden erwartet sowie der aufrichtige Vorsatz verlangt, das Leben zu verändern. R. wird als Heilung verstanden[6]. Im evangel. Verständnis der R. wird die erste Ablaßthese → Luthers, nach der das ganze Leben der Christen Buße sein soll, immer wieder neu ausgelegt. Sakrament der Buße ist die Taufe. Ein eigenes Bußsakrament ist deshalb nicht erforderlich, weil der Christ in seiner Buße zur Taufe zurückkehrt[7].

Katechetische Erzählungen zum Thema R. wurden sowohl von der Kanzel aus als auch durch Drucke verbreitet[8]. J. → Klappers Zusammenstellung ma. Exempel enthält zahlreiche R.erzählungen, für deren Ablauf die folgende, aus → Johannes Moschos' (ca 550 − 619) *Leimōn* (Wiese) oder *Pratum spirituale* stammende, typisch ist:

Als ein Priester eine geweihte → Hostie in einer Büchse zu einem Kranken trägt, sieht ihn eine Prostituierte vorbeigehen und wird von R. ergriffen. Sie wirft sich vor der Hostie auf den Boden und bittet um Vergebung ihrer Sünden. Aus der Büchse teilt ihr eine Stimme zuerst in lat. Sprache, dann auf Deutsch mit, daß ihre Sünden vergeben seien. Von nun an führt sie ein tugendhaftes Leben[9].

Diese Geschichte imaginiert die theol. Aussagen der alten Kirche zur R. Sie handelt von Bekenntnis und Bußwerk sowie von göttlichem Gnadenakt, fast ohne Unterstützung durch den Priester. Auch Satisfaktionen werden nicht verlangt oder vorausgesetzt. Andere Exempla zu R.handlungen und -gedanken behandeln etwa folgende Themen:

Eine Frau, die sich dem Teufel verschrieben hat, wird von ihrem Sohn erlöst, der stellvertretend für sie beichtet, während sie R. empfindet. − → Paulus Eremita erkennt den Seelenzustand eines jungen Mönchs, der während eines Meßbesuchs seine Sünden bereut. − Ein unwürdiger Priester kann erst die Eucharistie feiern, als er beichtet und bereut. − Eine Dirne möchte öffentlich bei dem Prediger beichten. Als dieser seine Predigt trotz der dringlichen Bitte beendet, stirbt die Frau ungebeichtet. Nach einem Gebet erwacht sie und offenbart, daß sie ohne Fegefeuer in den Himmel kommen werde. Sie beichtet, erhält die Lossprechung und stirbt endgültig. − Einem geizigem Sohn setzt sich eine Kröte im Gesicht fest. Nachdem er bereut hat, spricht der Bischof ihn von der Sünde los, und die Kröte verschwindet (AaTh 980 D: cf. *Der undankbare → Sohn*)[10].

Allg. läßt sich wohl konstatieren, daß R.erzählungen zum Repertoire der Predigerorden während und nach der Reformation gehörten[11]. Es ist offensichtlich, daß sie von den Kompendienschreibern bei der Übernahme in die jeweilige Kompilation auf ihre aktuelle theol. Akzeptanz überprüft und – falls erforderlich – auf den jeweils neuesten Stand dogmatischer Auseinandersetzungen gebracht wurden.

Auch in den *Kinder- und Hausmärchen* der Brüder → Grimm finden sich derartige katechetische Erzählungen[12], wobei bes. KHM 3, AaTh 710: → *Marienkind* von D.-R. → Moser als gegenreformatorisches R.exempel gedeutet wurde[13]. Es endet mit den Worten Marias, der Muttergottes: „Wer seine Sünde bereut und eingesteht, dem ist sie vergeben." Offensichtlich spielen die R.erzählungen seit dem Beginn des 19. Jh.s in der romantischen Volksdichtung und Volkspädagogik eine neue und beliebigere Rolle. In KHM 145, AaTh 98 D wird die Undankbarkeit des Sohnes bestraft, ohne daß ihm R. zugestanden wird: Aus einer R.erzählung wird eine verkürzte Straferzählung. Bei der → Tannhäuser-Legende werden die Bedeutung der Satisfaktionen und der persönliche Eingriff Gottes in die Bußhandlung betont; ihre zahlreichen dt. Nachdichtungen (H. Heine 1836, E. Geibel 1838, C. Brentano 1852) deuten das päpstliche Gebot, der dürre Stekken müsse als Zeichen der Gnade Gottes wieder Blätter tragen (cf. AaTh 756: *Der grünende* → *Zweig*), als → Hartherzigkeit um[14]. Die bes. für Osteuropa untersuchte Erzählung von den zwei → Erzsündern (AaTh 756 C) könnte in ihrer Konstruktion didaktische Formulierungen der röm. Kirche beibehalten, die im Gegensatz zur protestant. Rechtfertigungslehre stehen[15].

Im 20. Jh. verloren R.- und Bußererzählungen an Bedeutung, gemeinsam mit dem Verblassen der eschatologischen Vorstellungen (→ Eschatologie) in den christl. Kirchen.

[1] DWb. 8, 830–835. – [2] cf. Jeremias, J./Eßer, A./Schröer, H.: R. In: TRE 29 (1998) 99–109; Vorgrimler, H.: R. In: LThK 8 (²1963) 1261–1265; Weismayer, J.: R. In: LThK 8 (³1999) 1135–1139. – [3] Wahl, H. M.: Die Jakobserzählungen. B./N. Y. 1997. – [4] cf. RGG 1 (⁴1998) 1903–1924. – [5] Werbick, J.: Schulderfahrung und Bußsakrament. Mainz 1985. – [6] Schmemann, A.: Sakrament der Heilung. In: Studien zur Orthodoxie 1 (1995) 28–32. – [7] Schlink, E: Ökumenische Dogmatik. Göttingen ²1985. – [8] cf. u. a. Moser, D.-R.: Verkündigung durch Volksgesang. B. 1981; id.: Intentionalität und Rezeption katechetischer Volkserzählungen. In: Bausinger, H./Moser-Rath, E. (edd.): Direkte Kommunikation und Massenkommunikation. Tübingen 1976, 65–74; Alsheimer, R.: Das Magnum Speculum Exemplorum als Ausgangspunkt populärer Erzähltraditionen. Bern/Ffm. 1971. – [9] Klapper, MA., num. 68; MPG 87, 2897. – [10] Klapper, MA., num. 45, 92, 93, 124, 142. – [11] Matuszak, J.: Das Speculum Exemplorum als Qu. volkstümlicher Glaubensvorstellungen des Spät-MA.s. Siegburg 1967, 29–32; Tubach, Reg. s. v. Repentance. – [12] KHM/Uther, Reg. s. v. R. – [13] Moser, D.-R.: Christl. Märchen. Zur Geschichte, Sinngebung und Funktion einiger „Kinder- und Hausmärchen" der Brüder Grimm. In: Janning, J./Gehrts, H./Ossowski, H./Thyen, D. (edd.): Gott im Märchen. Kassel 1982, 92–113, 174–178. – [14] Moser, D.-R.: Die Tannhäuser-Legende. Eine Studie über Intentionalität und Rezeption katechetischer Volkserzählungen zum Buß-Sakrament. B./N. Y. 1977; cf. allg. Weigel, H./Klante, W./Schulze, I. (edd.): Tannhäuser in der Kunst. Bucha bei Jena 1999. – [15] Moser (wie not. 14) 55–67.

Bremen   Rainer Alsheimer

Rezept gerettet (AaTh 1689 B), Dummenschwank, dessen Pointe in der naiven Übertragung menschlicher Maßstäbe auf Tiere liegt:

Einem Dummen wird auf dem Heimweg das gekaufte Fleisch von einem Tier (Raubvogel, Hund, selten Katze) gestohlen. Er resigniert gelassen mit der Bemerkung, das Tier habe ja gar nicht die passenden Zutaten (Kochrezept), um das Fleisch genießbar (schmackhaft) zuzubereiten.

AaTh 1689 B liegt in zwei Haupttypen vor[1]. In der älteren, zuerst in der ma. arab. Lit. anzutreffenden Fassung wird das Fleisch (Lammwürstchen, Leber) von einem Raubvogel (Falke, Habicht) gestohlen[2]. Dieser Sachverhalt findet sich ähnlich bereits in einem Witz des griech. → *Philogelos* (num. 259), der später auch im hs. Repertoire der Schwänke um → Hodscha Nasreddin vertreten ist[3]; während die Pointe dort allerdings darin liegt, daß der Beraubte seinerseits Fleisch stiehlt (um zu sehen, wie man sich als Falke fühlt), meint der Dumme im arab. Schwank, daß dem Raubvogel die Lammwürstchen ohne Senf nicht schmecken würden. Spätestens seit der von Veled Çelebi Bahā'ī zusammengestellten türk.

Slg (1323/1907 u. ö.)⁴ ist dieser Schwank mit einer Pointe des R.s, die in der späteren europ. Überlieferung dominiert, dann stereotyper Bestandteil der Nasreddin-Schwänke geworden⁵ und kann über deren chin. Adaptationen⁶ auch Ursprung der für Tibet nachgewiesenen Var.n⁷ sein. Außerhalb dieses Überlieferungsstrangs werden nur in einer singulären Var. aus dem schweiz. Graubünden Vögel (Raben) als Fleischräuber genannt⁸.

Die Brücke zur zweiten, in der europ. Überlieferung dominanten Fassung stellt ein Text in Juan de → Timonedas *Sobremesa* (zuerst 1563) dar, in dem eine Katze einem dummen Basken (de Viskaya) die gekauften Kutteln stiehlt; hier erscheint zum ersten Mal das Motiv des auf einem Zettel aufgeschriebenen Kochrezepts, das der Dumme vom Verkäufer erhalten hat⁹. Offenbar direkt aus dieser Fassung ins Deutsche übersetzt erscheint der Text dann über einen Jungen ‚aus Vitzgaja', mit ‚Hammelschlägel', R. und diebischer Katze in C. → Lehmanns *Exilium melancholiae* (1643)¹⁰. In der Schwankliteratur des 17./18. Jh.s ist die Geschichte nach E. → Moser-Rath mindestens weitere sieben Mal anzutreffen, wobei bestimmte Gruppierungen festzustellen sind: Während J. L. Weidner die im folgenden dominante Änderung der Katze in einen Hund einführte¹¹, realisiert eine Gruppe der Texte den Protagonisten als (verwitweten) → Bauern¹², eine andere nennt – für die weitere Überlieferung folgenlos – mit misogyner Tendenz eine (junge) Frau (Magd)¹³. Die erste dieser beiden Gruppen führt zudem das Motiv des (mit Kreide) auf die lederne Kleidung des Dummen geschriebenen R.s ein, das manchmal in der späteren, ausschließlich dt.sprachigen mündl. Überlieferung erscheint¹⁴; dies ermöglicht gelegentlich die weitere Pointe, daß der Dumme die Schrift auswischt, weil er befürchtet, der Hund könne zurückkehren und das R. lesen. Im 19. und frühen 20. Jh. hat sich der Schwank, zumindest teilweise wohl auch durch die Kalenderliteratur (fries.)¹⁵ sowie gedr. Schwanksammlungen (arab.)¹⁶, weiter verbreitet und ist ohne wesentliche Änderungen verschiedentlich aus mündl. Überlieferung aufgezeichnet worden¹⁷. Neben gelegentlichen gattungstypischen Lokalisierungen¹⁸ erscheint die einzig nennenswerte ökotypische Variation in den griech. und arab. Var.n, in denen der Dumme anstelle von Fleisch Stockfisch (den er in den griech. Var.n ursprünglich für Leder hielt) kauft¹⁹.

Die naive Verkennung der Tatsache, daß die eigenen Maßstäbe nicht für andere Geltung besitzen müssen, spiegelt sich auch in einem weiteren eng verwandten Schwank. Hier reagiert ein Dummer auf die Mitteilung, daß Diebe seine Truhe (Sack) gestohlen hätten, gelassen mit der Mitteilung, das werde ihnen nichts nützen, da sie den Schlüssel dazu nicht hätten. Die Tatsache, daß dieser Schwank bereits zur Tang-Zeit (618–907) in China²⁰ sowie im 12. Jh. bei dem arab. Theologen → Ibn al-Ǧauzī²¹ belegt ist, deutet möglicherweise auf eine buddhist. Quelle ähnlich dem → *Po-Yu-King* hin.

Der Schwank AaTh 1689 B bezieht seine Attraktivität aus seiner Adaptationsfähigkeit sowie aus der menschlichen Schwäche, über die Dummheiten der weniger Klugen zu lachen. Gleichwohl belegt die aus heutiger Sicht schon als aufdringlich zu bezeichnende Detailfreude, mit der eine schriftl. dt. Fassung das Geschehen personalisiert und lokalisiert (Der „Schmiedegesell Dippel" „kam in früher Morgenstunde" "nach Kassel, um in der Marktgasse eine wichtige Besorgung zu machen" [...]), einmal mehr, daß man auch gute Geschichten ‚zerzählen' kann²². Allg. kann sich die Geschichte nur unter kulturellen Gegebenheiten behaupten, in denen das Geschehen wenigstens ansatzweise glaubwürdig erscheint. Deutet der Wechsel der diebischen Tiere von Raubvogel zu Katze/Hund ebenso wie die Einführung des schriftl. Kochrezepts die Adaptation aus einem eher ländlich geprägten in ein städtisches Umfeld an, so entziehen die modernen gesellschaftlichen Entwicklungen in den Städten der westl. Welt dem Schwank seinen Nährboden.

---

¹ Ergänzend zu AaTh: van der Kooi; Archiv van der Kooi, Groningen; de Meyer, Conte; Legros (= Laport *1232); BFP; Stroescu, num. 3895; Haboucha; Ting; MacDonald J 2562. – ² Marzolph, Arabia ridens 2, num. 889; Marzolph, U.: Nasreddin Hodscha. Mü. 1996, num. 47. – ³ cf. auch Wesselski, Hodscha Nasreddin, num. 41; Kut, T.: Nasreddin Hoca hikâyeleri yazmalarının kolları üzerine bir deneme [Konkordanz der in den verschiedenen Nasreddin Hodscha-Mss. enthaltenen Geschichten]. In: IV. Milletlerarası Türk Halk Kültürü kongresi bildirileri. Halk Edebiyatı. Ankara 1992, 147–200, hier

166, num. 63; Biniakowski, L./Schünemann, B.: Die Schwankslgen um Hoça Nasrettin bzw. Ǧuḥā in den jeweils ersten Druckausg.n auf Osman., Arab. und Pers. Hausarbeit Köln 1986 (osman. num. 42; arab. num. 101; pers. num. 82). – [4] Nasreddin Hoca Hikâyeleri. Ausg. Istanbul [4]1342/1926, 101; [5]1929, 52 sq. – [5] Wesselski, Hodscha Nasreddin, num. 498 (türk., griech., ung., serb., kroat.); cf. auch Haboucha (Djohá); BFP; MacDonald J 2562 (türk.; pers.); aṭ-Ṭarābulsī, Ḥ. Š.: Nawādir Ǧuḥā al-kubrā. (Kairo 1927) Nachdr. Beirut [2]1980, num. 126. – [6] cf. z. B. Zhao Shijie (ed.): Afanti he „Afanti"men. Xinjiang minzu minjian youmo gushi. Peking 1986, 55 sq. (aus Sinkiang). – [7] Ting 1689 B$_1$. – [8] Büchli, A.: Mythol. Landeskunde von Graubünden 2. ed. U. Brunold-Bigler. Disentis [3]1989, 599. – [9] Childers J 2562; Chevalier, M.: Cuentos folklóricos en la España del Siglo de Oro. Barcelona 1983, num. 220. – [10] EM-Archiv: Exilium melancholiae (1643) num. 54. – [11] EM-Archiv: Zincgref-Weidner, Apophthegmata 5 (1655) 119 sq. – [12] EM-Archiv: Gerlach, Eutrapeliae 1 (1656) num. 551; Scheer-Geiger 1 (1673) num. 63; Polyhistor 2 (1729) num. 49; cf. Moser-Rath, Schwank, 245. – [13] EM-Archiv: Jan Tambaur (ca 1660) 128; Helmhack, Fabel-Hannß (1729) num. 235; Bienenkorb 1 (1768) num. 23. – [14] Ruppel, H./Häger, A.: Der Schelm im Volk. Kassel [3]1952, 140 sq.; Lang-Reitstätter, M.: Lachendes Österreich. Salzburg [2]1948, 45; Kapfhammer, G.: Bayer. Schwänke „dastunka und dalogn". Düsseldorf/Köln 1974, 175 sq., num. 4. – [15] cf. B. van der Kooi; Archiv van der Kooi, Groningen. – [16] Littmann, E.: Arab. Märchen und Schwänke aus Ägypten. Mainz 1955, num. 33; cf. Khayyat, L.: The Style and Content of Arabic Folk Material in Chapbooks in the New York Public Library. In: Fabula 28 (1987) 59–71; Marzolph, U.: Still the Same Old Jokes. The Continuity of Jocular Tradition in Early Twentieth-Century Egyptian Chapbooks. In: Preston, C. L. und M. J. (edd.): The Other Print Tradition. N. Y./L. 1995, 161–179. – [17] Texte (Ausw.): Kristensen, E. T.: Molbo- of Aggerbohistorier 2. Århus 1903, num. 72 sq.; Joos, A.: Vertelsels van het Vlaamsche volk 2; Pollet-Looms 1890, num. 13 (+ AaTh 1531 A); Zender, M.: Volksmärchen und Schwänke aus der Westeifel. B. 1935, num. 121; Joisten, C.: Contes populaires du Dauphiné 2. Grenoble 1971, num. 157; Kovács, Á.: König Mátyás und die Rátóter. Lpz./Weimar 1988, 170 sq.; Narodna umjetnost 9 (1972) 126, num. 72 (kroat.). – [18] cf. z. B. Angaben in not. 9 und 10 (Biskaya); Lang-Reitstätter und Kapfhammer (wie not. 14) (Walsertal); Orso, E. G.: Modern Greek Humor. Bloom./L. 1979, num. 100 (Mann aus Anogias). – [19] ibid.; Hallgarten, P.: Rhodos. Die Märchen und Schwänke der Insel. Ffm. 1929, 218; Littmann (wie not. 16). – [20] Ting 1689 B$_2$. – [21] Marzolph, Arabia ridens 2, num. 889 (2). – [22] Ruppel/Häger (wie not. 14).

Göttingen   Ulrich Marzolph

Rezeption (lat. recipere: in sich aufnehmen, empfangen) bedeutet allg. die Übernahme von früherem und/oder fremdem bzw. neuem Gedanken- oder Kulturgut. Die röm. R. ägypt. Kunst[1] oder die sich seit dem ZA. des Humanismus entfaltende und wandelnde → MA.rezeption sind Zeugnisse diachroner R.; die Einverleibung fremdkultureller oder schichtspezifischer ästhetischer Merkmale in diversen Kunstgattungen wie z. B. der Musik können von synchronen R.svorgängen zeugen. Unter kommunikationstheoretischen Gesichtspunkten intendiert jeder kommunikative Akt auch eine aufnehmende und verarbeitende R. der übermittelten Information, wobei die pragmatischen und ästhetischen Charakteristika der eingesetzten Kommunikationskanäle sowohl individuell als auch kulturell-gesellschaftlich unterschiedlich rezipiert werden können. Zu der theol., juristischen, hist., literatur- und kulturwiss. R.sforschung hat sich deshalb in jüngster Zeit auch ein kognitionstheoretischer Zweig gesellt[2]. Unter R.sforschung kann heute eine Fülle von theoretischen Anliegen eingeordnet werden. Bis in die 1960er Jahre, als der Begriff insbesondere in der Sprach- und Literaturwissenschaft zu theoretischen Grundlagenerweiterungen führte[3], fand sich der R.sbegriff bes. in der Rechtswissenschaft und -praxis[4].

In der Erzählforschung wird der Begriff R. eingesetzt, um den vielschichtigen Prozeß der Aufnahme und aufnehmenden Weiterverbreitung von Erzählinhalt und -stil zu erfassen. Es wird unterschieden zwischen primärer R. innerhalb der Überlieferungsgemeinschaft und sekundärer R. in Bereichen wie Lit., Kunst, Musik, Pädagogik, oder Wiss., wobei der Einbezug des ganzen Spektrums von Kommunikationsmedien (→ Kommunikation, audiovisuelle → Medien) über die Mündlichkeit hinaus diese Unterscheidung heute weniger markant erscheinen läßt[5]. Neben hist. und situationsgebundenen medialen Möglichkeiten können Biogr., Geschlecht, Alter und → soziales Milieu eine Rolle in der R. und ihrer Ausprägung spielen[6].

In der westl. Tradition ist zweifelsohne die rezipierende Auslegung der Hl. Schrift, belegbar seit dem 2. Jh. a. Chr. n., das umfangreichste Beispiel der Komplexität des R.svorganges[7]. Die damit verbundene Diskussion um bibl. Exegese ist so alt wie die Techniken, die Epen → Homers „durch grammatische Interpretation oder allegorische Exegese" zu retten: „Der fremd gewordene Wortlaut des alten Textes kann in der gegenwärtigen Sprache erläutert" und dadurch rezipiert werden; diese Verfahren „dienen der Rettung einer geschundenen Autorität"[8], deuten aber auch bereits auf den bei jeglicher R. vorauszusetzenden Vorgang der Übers. und Aneignung (→ Adaptation, → Bearbeitung). Das lat. translatio bedeutet wörtlich: ‚von einem Ort zum andern übertragen'[9] und ist ebenso wie receptio nicht nur mit Lit.-, sondern auch mit Rechtsgeschichte verbunden: Überliefertes und damit genormtes Recht muß für jeden Rechtsfall neu adaptiert und hierdurch konkretisiert werden.

Das Interesse an einer Wirkungsästhetik der Kunst[10] im 18. Jh. und dessen Niederschlag in romantischer Empfindsamkeit und Suche nach Natürlichkeit bereitete einen reichen Nährboden vor für die ‚Entdeckung' der Volkspoesie im ausgehenden 18. Jh. (→ Naturpoesie, → Romantik). Sie enthielt Bausteine einer R.sdokumentation, die in der sich aus dieser Epoche entwickelnden Erzählforschung eher sammelnd-belegend als theoretisch-explizierend vorging. In der enthusiastischen Aufnahme des vermeintlichen gäl. Volksepos → *Ossian* durch J. G. → Herder und seine Zeitgenossen (sowie deren R.) ist ein ganzes Spektrum möglicher R.aspekte bereits im Keim enthalten: die emotional-sensorische R. seitens des Individuums, gesellschaftliche R., → Übersetzung als Erweiterung des Wirkungshorizonts sowie der Einfluß des Kommunikationsmediums auf die Tradierung und somit Verbreitung und Wirkung[11].

Die romantische Faszination für Volkslieder, Märchen und Sagen, aus welcher Slgen von Volksliteratur und Analysen hervorgingen, ist selbst ein Beispiel oberschichtlicher und z. T. transkultureller R., Aneignung und Nachempfindung als unterschichtlich ausgegebener Materialien, und in dieser klassentranszendierenden Textübernahme liegt bereits eine zentrale rezeptionstheoretische Frage, die im ausgehenden 19. und frühen 20. Jh. aufgegriffen wurde. Unter dem Oberbegriff → Tradition ging es darum, die Wege der Tradierung, die untrennbar mit R. verbunden ist, systematisch zu verstehen. Studien zu einzelnen → Erzählern sowie C. W. von → Sydows Versuche, die Rolle der Traditionsträger sowie der Gründe für das Entstehen regionaler → Redaktionen oder → Ökotypen herauszuarbeiten[12] standen dabei im Gegensatz zur → geogr.-hist. Methode der Erzählforschung. Diese interessierte sich für das Wann und Wo von Tradierung, geleitet von der Frage nach Entstehungszeit, -ort und -form (→ Diffusion, → Rekonstruktion, → Urform, → Wandertheorie). Die Frage nach dem Warum, die für eine R.stheorie ausschlaggebend wäre, konnte aus den von Text und nicht → Kontext bestimmten Daten dieser Forschungsrichtung höchstens hypothetisch abgeleitet werden. Die verwandte → philol. Methode griff durch ihr textkritisches Editionsverfahren selbst in den R.sprozeß ein, wie dies am Beispiel der dt. Editionsgeschichte des → *Nibelungenliedes* (Kap. 6) erkenntlich ist.

In Vk. und Erzählforschung sind Fragen der R. eher unter den Begriffen Adaptation, Innovation oder auch → Parodie aufgegriffen worden, bei denen das Augenmerk auf kreative, inhaltsverändernde Prozesse (→ Kreativität) gelenkt werden konnte; auch sind andere Aspekte der Überlieferung unter den Begriffen Wirkungsgeschichte oder -kontext, die dem R.sbegriff untergeordnet werden können, untersucht worden. Dies läßt sich damit erklären, daß hier langfristig und mit wenigen Ausnahmen (cf. → Biologie des Erzählguts) die → Kollektivität und daraus folgend die → Anonymität von Erzählgut vorausgesetzt wurden, im Gegensatz zu der Grundannahme einer Originalität von Werk und Autor in der Lit.wissenschaft. Für das Entstehen von Volksliteratur wurde eine dem Kollektivbewußtsein eigene Superorganität[13] vermutet, die einzelnen Individuen die Fähigkeit, selbst kreativ oder auktorial und somit original zu erzählen, absprach. In E. Hoffmann-Krayers Satz von 1903 „Die Volksseele produziert nicht, sie reproduziert", drückt sich diese für jene Zeit typische Haltung am prägnantesten aus[14]. Dementsprechend fiel auch das Urteil zur wechselseitigen R. zwischen sog. Volks- und Hochliteraturen zugunsten der Hochliteratur aus (cf. → Gesunkenes Kulturgut). J. Meier legte für den Bereich des Volksliedes ganze Abstammungsreihen vor, die die R., Adaptation und schließlich Tradierung von

‚Kunstliedern' im Volksmund nachvollzogen[15]. Im Lauf des 20. Jh.s und dem zunehmenden Augenmerk auf synchrone anstelle diachroner Fragestellungen steigerte sich auch das Interesse an der eigentlichen Textproduktion, aufbauend auf Theorien aus Linguistik und Poetik (→ Produktionstheorie). P. G. → Bogatyrev und R. → Jakobson erarbeiteten eine Differenzierung von Folklore und Lit. gemäß ihrer sozialen → Funktion, wonach Folklore sich in jeder neuen Verwirklichung an einem ‚traditionellen, außerpersönlichen System' orientiert[16]. Die Rezipienten werden hier also indirekt als die eine mündl. Erzählung mitformende Instanz genannt. In M. → Parrys und A. → Lords Theorie der mündl. Komposition (→ Oral Poetry) wird diese Annahme konkretisiert: Der Sänger eines Epos paßt seinen Vortrag der jeweiligen Publikumsdynamik sowohl in Länge als auch in Inhalt an[17]. Aus diesen Einsichten entwickelte sich schließlich in der 2. Hälfte des 20. Jh.s das ethnolinguistische Paradigma der Erzählforschung (D. Hymes) sowie der → Performanzansatz (R. Bauman), die beide den Erzählprozeß innerhalb seines individuellen sozialen, kulturellen und hist. Kontextes ansiedeln und die Wechselwirkung zwischen Erzähler und Erzählpublikum (→ Interaktion) einbeziehen.

Dieser Ansatz weist Schnittpunkte mit der bes. in der dt.sprachigen Lit.wissenschaft der 1960er Jahre vertretenen Theorie der R.sästetik auf, deren Vertreter die R. eines literar. Werkes als genauso wichtig wie seine Produktion erkannten[18]. Die literatursoziol. R.stheorie, und hier bes. die Leserforschung[19], ist seitens der Erzählforschung vor allem von R. → Schenda aufgegriffen worden[20]. Die Mitberücksichtigung von Druck und → Illustrationen stellt ein weiteres wichtiges Arbeitsgebiet dar (cf. → Bildquellen, Bildzeugnisse)[21]. Zur musikwiss. und musikethnol. R.stheorie sind bisher noch kaum Anknüpfungspunkte geschaffen worden, doch lassen sich aus dem steigenden wiss. Interesse am Vorgang des Zuhörens (→ Zuhörer) und damit der Aufnahme von Erzählinhalten erste Ansätze gemeinsamer Interessen erkennen[22].

Verbindungen bestehen ferner zu dem ebenfalls in den 1960er Jahren angesiedelten Versuch von R. Williams, eine Geschichte der literar. Produktion zu skizzieren, die auf die Rolle des Kommunikationssystems sowie des sich stets wandelnden Publikums einging und dadurch die vorherrschende Idee, daß Lit. in einer Art Vakuum entstehe, kritisierte (cf. → Popularisierung)[23]. Das Zusammenspiel von Kommunikationssystem und individuell veränderlichen, wenn auch sozial geprägten Gefühlsstrukturen schafft die Grundlage sowohl für die R. als auch die Produktion von Erzählung, gleich welcher sozialen Schicht (cf. auch → Conduit-Theorie)[24]. Es liegen Überlegungen vor zum psychol. R.svorgang rund um das Phänomen der Lieblingserzählungen. Eine Verbindung ließe sich hier erkennen zur Rolle von Gefühlsstrukturen beim Hören und Wiedererzählen von Inhalten, doch werden hier bisher keine Brücken zu einer breiteren R.stheorie geschlagen[25]. Der Begriff der Gefühlsstrukturen ist vor allem in den von Williams und S. Hall beinflußten brit. Cultural Studies aufgegriffen worden; in der Folkloristik blieb sein direkter Widerhall dagegen gering[26].

Ein umfassender Versuch, die konzeptionellen Verbindungen zwischen den aus unterschiedlichen Erkenntnisinteressen erwachsenen Forschungsansätzen und dadurch eine interdisziplinäre R.stheorie herauszuarbeiten, liegt bisher nicht vor. Eine Theorie jeglicher Art kreativer Tätigkeit erfordert die Einbeziehung der R. und Kommunikation mit dem Publikum. Dies trifft bes. für die Erzählforschung zu, die gruppenspezifische Werte und Ästhetik ergründet. Methodologisch bringt dieses Erfordernis jedoch Probleme mit sich, die eine langzeitig eher auf Texte und Textproduktion fokussierte Forschung erst langsam in Angriff nimmt. Quantitative Daten zu Verbreitung und Zahl von Erzählstoffen, wie sie z. B. in der Leserforschung eruiert werden, geben nur indirekt Einblick in die Art und Weise, wie diese Materialien kognitiv, sensorisch und emotional rezipiert werden. Man darf hoffen, daß in der qualitativen, ethnogr. fundierten Performanz- und Kontextforschung auch ein zunehmender Schwerpunkt auf R.smuster erwachsen wird.

[1] Ziegler, C.: From One Egyptomania to Another. The Legacy of Roman Antiquity. In: Humbert, J.-M./Pantazz, M./C. Ziegler (edd.): Egyptomania. Egypt in Western Art 1730–1939. Ottawa 1994, 15–20. – [2] cf. Dissanayake, E. D.: Homo Aestheticus. Where Art Comes From and Why. N. Y. 1992;

Schneider, R.: Grundriß zur kognitiven Theorie der Figurenrezeption am Beispiel des viktorianischen Romans. Tübingen 2000. − [3] Schöttker, D.: Theorien der literar. R. R.sästhetik, R.sforschung, Empirische Lit.wiss. In: Arnold, H.-L./Detering, H. (edd.): Grundzüge der Lit.wiss. Mü. 1996, 537−554. − [4] Brockhaus Enz. 18. Wiesbaden [18]2000, 323−324. − [5] cf. allg. Röhrich, L./Lindig, E. (edd.): Volksdichtung zwischen Mündlichkeit und Schriftlichkeit. Tübingen 1989. − [6] Zur geschlechtsspezifischen R. cf. Arzt, S.: „Absurd, daß Frauen so niedergemacht werden". Zur geschlechtsspezifischen R. der Erzählung vom Widerstand der Waschti in Ester 1. In: Katechetische Blätter 121 (1996) 370−374; Sawin, P. E.: Lönnrot's Brainchildren. The Representation of Women in Finland's Kalevala. In: J. of Folklore Research 25 (1988) 187−217; allg. cf. Radner, J. N. (ed.): Feminist Messages. Coding in Women's Folk Culture. Urbana, Ill. 1993; zu R. und Alter cf. Noltenius, R.: R., Phantasie und Sprache beim kindlichen Nacherzählen. In: Zs. des Dt. Sprachvereins 101 (1991) 326−337; Sutton-Smith, B. (ed.): The Folkstories of Children. Phil. 1981; Heath, S. B.: Ways with Words. Cambr. 1983, 73−189. − [7] Nagel, T.: Die R. des Johannesevangeliums im 2. Jh. Lpz. 2000; cf. auch Angstenberger, P.: Der reiche und der arme Christus. Die R.sgeschichte von 2 Kor 8,9 [...]. Bonn 1997; Bachmann, M.: Göttliche Allmacht und theol. Vorsicht. Zu R., Funktion und Konnotation des bibl.-frühchristl. Gottesepitheton pantokrator. Stg. 2002; Kratz, R. G.: R. und Auslegung im A. T. und in seinem Umfeld. Fbg 1997. − [8] Jauss, H. R.: Rückschau auf die R.stheorie. In: Danuser, H./ Krummacher, F. (edd.): R.sästhetik und R.sgeschichte in der Musikwiss. Hannover 1991, 13−36, hier 16 sq. − [9] cf. Miller, J. H.: Border Crossings, Translating Theory. Ruth. In: Budick, S./Iser, W. (edd.): The Translatability of Cultures. Stanford 1996, 207−223, hier 207 sq. − [10] Jauss (wie not. 8) 23−26. −
[11] Herder, J. G.: Über Ossian und die Lieder alter Völker [1773]. In: id.: Ausgewählte Prosa. ed. R. Franz. Bielefeld 1906, 1−28; zur Ossian-Genese cf. Shiach, M.: Discourses on Popular Culture. Stanford 1989, 104−112; zur kritischen Ossian-R. cf. Porter, J.: James Macpherson and the Ossian Epic Debate. In: JAFL 114 (2001) 396−477.− [12] von Sydow, 11−18, 46 sq. − [13] Kroeber, A.: The Superorganic. In: American Anthropologist 19 (1917) 163−213. − [14] Hoffmann-Krayer, E.: Naturgesetze im Volksleben. In: HessBllfVk. 2 (1903) 57−64, hier 60. − [15] Meier, J.: Kunstlieder im Volksmund. Halle 1906. Nachdr. ed. R. W. Brednich. Hildesheim u. a. 1976; cf. Bausinger, 44. − [16] ibid., 48. − [17] cf. Bendix, R.: Amerik. Folkloristik. B. 1995, 95−102. − [18] Ingarden, R.: Vom Erkennen des literar. Kunstwerkes. Tübingen 1968; Jauss, H. R.: Lit.geschichte als Provokation. Ffm. 1970; Warning, R. (ed.): R.sästhetik. Mü. 1975; Link, H.: R.sforschung. Stg. 1976; cf. Wünsch, M.: R. In: Brunner, H./Moritz, R. (edd.): Lit.wiss. Lex. Grundbegriffe der Germanistik. B. 1997, 287−290; Haring, L: Reception Aesthetics. In: Brown, M. E./Rosenberg, B. A. (edd.): Enc. of Folklore and Literature. Santa Barbara 1998, 540 sq. − [19] Iser, W.: Der implizite Leser. Mü. 1972; id.: Der Akt des Lesens. Mü. 1976; Fish, S.: Literature in the Reader. Affective Stylistics. In: New Literary History 1 (1970) 123−162; Weinrich, H.: Lit. für Leser. Stg. 1971; Dahrendorf, M.: R. In: LKJ 3 (1984) 168−173; Hohendahl, P. U. (ed.): Sozialgeschichte und Wirkungsgeschichte. Ffm. 1974. − [20] Schenda, R.: Volk ohne Buch. Studien zur Sozialgeschichte der populären Lesestoffe 1770−1910. Ffm. 1970. −
[21] Weinrebe, H. M. A.: Märchen − Bilder − Wirkungen. Zur Wirkung und R.sgeschichte von ill. Märchen der Brüder Grimm nach 1945. Bern 1987; Uther, H.-J.: Hans im Glück. Zur Entstehung, Verbreitung und bildlichen Darstellung eines populären Märchens. In: The Telling of Stories. ed. M. Nøjgaard/J. de Mylius/I. Piø/B. Holbek. Odense 1990, 119−164; id.: Der gestiefelte Kater. Ein Buchmärchen im Spiegel seiner Ill.en. In: Merveilles & Contes 5,2 (1991) 321−371; id.: Zur Motivik und Ikonographie des Rapunzel-Märchens. In: Rapunzel. Traditionen eines europ. Märchenstoffes in Dichtung und Kunst. Ausstellungskatalog Kassel 1993, 35−44. − [22] cf. Danuser/Krummacher (wie not. 8); für eine Übersicht zu relevanten musikethnol. Arbeiten cf. Bendix, R.: Symbols and Sound, Senses and Sentiment. Notizen zu einer Ethnographie des (Zu-)Hörens. In: Brednich, R. W./Schmitt, H. (edd.): Symbole. Zur Bedeutung der Zeichen in der Kultur. Mü. 1997, 42−67; cf. Schenda, R.: Von Mund zu Ohr. Bausteine zu einer Kulturgeschichte volkstümlichen Erzählens in Europa. Göttingen 1993. − [23] Williams, R.: Politics and Letters. Interviews with New Left Review. L. 1979, 241, 169. − [24] cf. Kirk, J.: Class, Community and ‚Structures of Feeling' in Working-Class Writing from the 1980s. In: Literature & History 8,2 (1999) 44−63. − [25] Holbek, B.: Betrachtungen zum Begriff „Lieblingsmärchen". In: Uther, H.-J.: Märchen in unserer Zeit. Mü. 1990, 149−158, hier 153−154; cf. Dieckmann, H.: Das Lieblingsmärchen der Kindheit und seine Beziehung zur Neurose und Persönlichkeitsstruktur. In: Praxis der Kinderpsychologie und Kinderpsychiatrie 16 (1967) 202−208. − [26] B. Kirshenblatt-Gimblett arbeitet jedoch erfolgreich mit dem Begriff R. in ihrer Interpretation des Klezmer Musik Revivals, cf. ead.: Sound of Sensibility. In: Judaism 47,185 (1998) 49−78; wichtige Arbeitsanstöße liefert die ethnomusikologische Fallstudie von Feld, S.: Sound and Sentiment. Phil. 1982; der Begriff findet sich auch in der Publ.sreihe „Institutional Structures of Feeling" wieder, z. B. bei Turner Strong, P.: Captive Selves, Captivating Others. The Politics and Poetics of Colonial American Captivity Narratives. Boulder, Colo. 1999; bes. der Bereich des Predigens zeigt Ansätze zu ganzheitlichem R.sstudium: Davis, G.: „I got the word in me and I can sing it, you know." A Study of the Performed African-American

Sermon. Phil. 1995; Lawless, E.: Holy Women, Wholly Women. Sharing Ministries of Wholeness Through Life Stories and Reciprocal Ethnography. Phil. 1993.

Göttingen　　　　　　　　Regina Bendix

Rhampsinit (AaTh 950), alte literar. und mündl. verbreitete Erzählung über R. (vielleicht Ramses III. [1187−56] oder Ramses II. [1279−13], vermutlich jedoch ein fiktiver Name), erstmals im 5. Jh. a. Chr. n. als von ägypt. Priestern gehörte Überlieferung von → Herodot (2,121) erzählt[1]:

Der Baumeister des Königs R. fügt beim Bau des kgl. Schatzhauses einen losen Stein in die Mauer ein. Sterbend offenbart er seinen beiden Söhnen das Geheimnis. Die Brüder rauben nachts Schätze, bis der König Fallen aufstellt, in denen einer der beiden gefangen wird. Er bittet seinen Bruder, ihm den Kopf abzuschlagen, damit man ihn nicht erkenne und der Überlebende vor Verfolgung sicher sei. Der König läßt den Enthaupteten an der Stadtmauer aufhängen, um zu sehen, wer Mitleid zeige.
Die Mutter beauftragt den überlebenden Sohn, ihr den Toten zu bringen. Er reitet mit einem mit Weinschläuchen beladenen Esel zu dem Toten und läßt etwas Wein ab, an dem die Wächter sich berauschen. Er schert ihnen die rechten Wangen und bringt den Toten heim.
Um den Schatzräuber (→ Räuber) zu überführen, zwingt der König seine Tochter zur Prostitution: jeder Mann, der zu ihr komme, müsse ihr zuvor seine klügste und seine schändlichste Tat erzählen. Der Dieb kommt zu ihr und erzählt seine Geschichte. Als sie ihn festhalten will, hält er ihr den Arm hin, den er einer Leiche abgeschnitten hat, und entkommt. Der König sichert ihm Straflosigkeit zu und gibt ihm die Prinzessin zur Frau.

Aus Griechenland ist auch eine kürzere sagenhafte Fassung mit schlechtem Ausgang überliefert. Sie findet sich im 2. Jh. p. Chr. n. bei Charax von Pergamon und → Pausanias[2], erschien aber möglicherweise bereits 568 a. Chr. n. bei Eugammon von Cyrene in seiner *Telegonie*:

Die beiden berühmten Baumeister der mythischen Zeit, Agamedes und sein Stiefsohn (Bruder) Trophonius, bauen ein Schatzhaus mit losem Stein für → Augias in Elis (Hyrieus von Hyria), stehlen hieraus, und der erstere, gefangen in Schlingen (wobei Augias von → Dädalus beraten wurde), wird von letzterem geköpft[3].

Zwei auf 285 und 710 datierte, aus dem Sanskrit ins Chinesische übersetzte Texte und eine ebenfalls auf ind. Vorlagen zurückgehende tibet. Fassung aus dem 9. Jh. zeigen, daß diese Geschichte auch auf dem ind. Subkontinent schon früh bekannt war[4].

Die Diebe sind hier Onkel (Weber) und Neffe (der Bodhisattva; cf. → Buddha). Der Onkel verliert seinen Kopf, dem Neffen gelingt es, Kopf und Leichnam zu verbrennen, Opfer für die Seele des Toten zu bringen und dessen Asche im Ganges zu verstreuen. Er schwängert die Prinzessin und stiehlt entweder später ihr Kind oder wird von diesem, als der König zu diesem Zweck alle Männer zusammenruft, als Vater erkannt. Es folgen Begnadigung und Heirat mit der Prinzessin.

Über eine chin. Quelle wurde diese Redaktion auch in die große jap. Erzählungssammlung *Konjaku monogatari* (frühes 12. Jh.) übernommen[5]. Nur in der Version von 285 begegnet das Motiv vom abgeschittenen Arm[6]. Abweichend verläuft eine Version im *Kathāsaritsāgara* des → Somadeva (10. Jh.):

Ein Dieb bricht beim König ein und beginnt ein Verhältnis mit der Prinzessin. Er wird entdeckt und gehenkt. Sein Freund nimmt seinen Platz bei der Prinzessin ein, und es gelingt ihm, die bewachte Leiche zu verbrennen und die Asche im Ganges zu verstreuen. Der König bietet ihm die Hälfte seines Reiches an, aber die Prinzessin läßt ihn von ihrem neuen Liebhaber, einem Bettelmönch, töten[7].

Das Motiv von der Verbrennung der Leiche findet sich gelegentlich auch in der jüngeren mündl. ind. Überlieferung des Erzähltyps, die übrigens eher den westl. Traditionen von AaTh 950 als den älteren Sanskrittexten nahesteht[8].

Seit dem späten 12. Jh. ist der Stoff im ma. Europa belegt[9]. Zwar bleibt eine gewisse Abhängigkeit von der Herodot-Fassung noch unverkennbar, es wurden jedoch ständig neue Motive hinzugefügt. Wichtig für die weitere Überlieferung wurde die Fassung im *Dolopathos* des → Johannes de Alta Silva (ca 1190)[10] und die davon ausgehenden volkssprachlichen Bearb.en[11] sowie die Version in der Novellensammlung *Il Pecorone* von Giovanni Fiorentino (1387)[12] und das mittelndd. Märe *De deif van Brügge* (1. Hälfte des 15. Jh.s)[13].

Im *Dolopathos* läßt der König sich bei jedem Versuch, den Täter zu erwischen, von einem alten geblendeten Dieb beraten. Mit dem nach außen ziehenden Rauch eines Feuers entdeckt dieser den losen Stein, worauf der Dieb (ein Ritter) in einem Faß mit Pech gefangen werden kann. Als seine Leiche durch die Stadt geschleift wird, kann der Sohn seinen Kummer nicht zurückhalten und schneidet sich, um einen Vorwand dafür zu liefern, das erste Mal einen Daumen ab, beim zweiten Mal wirft er sein Kind in einen Brunnen. Der König läßt den enthaupteten Dieb aufhängen und von 20 schwarzgekleideten Rittern auf der einen und 20 weißgekleideten auf der anderen Seite bewachen. Der Sohn reitet halb weiß, halb schwarz bekleidet auf einem halb weiß, halb schwarz bemalten Pferd zwischen ihnen hindurch und stiehlt die Leiche.

Herbert (um 1225) erweitert diese Fassung: Alle Ritter werden zu einem Fest geladen in der Erwartung, daß der Dieb in das Zimmer der Prinzessin schleichen werde. Sie muß ihn dann markieren. Er schläft mit ihr und markiert auch alle anderen Männer im Palast, sogar den König. Nun versucht man ein → Gottesurteil: Der Mann, dem ein Kind ein Messer anbietet, soll der Dieb sein. Als das Kind sich ihm nähert, bietet der Dieb ihm gleichsam zum Tausch ein Spielzeug an. Der König läßt sich diesmal nicht täuschen, akzeptiert ihn jedoch als Schwiegersohn.

Der Autor des *Bérinus* (14. Jh.) variiert das Motiv vom Beischlaf mit der Prinzessin. Sie verliebt sich in den Dieb und gibt ihm die Farbe, so daß er die anderen mit einem Daumenabdruck markieren kann. Ein Freund entdeckt, daß der Abdruck am Kopf des Diebes kleiner ist als der Abdruck bei den anderen, erzählt dies jedoch dem Herrscher erst, als dieser verspricht, den Dieb nicht zu bestrafen.

In den vielen anderen Fassungen der → *Sieben weisen Meister*, teilweise auch innerhalb von → *Gesta Romanorum*-Bearb.en[14], ist die Geschichte viel kürzer und endet meistens damit, daß der Leichnam durch die Stadt geschleift wird. Als die Schwestern weinen, sticht der Dieb sich mit einem Messer in den Schenkel.

Ser Giovanni bringt zwei neue Motive ein: Der Dieb und seine Freunde verscheuchen als Teufel maskiert die Wache und stehlen die Leiche. Jetzt wird sehr teures Kalbfleisch feilgeboten, in der Hoffnung, daß der Dieb der Versuchung nicht widerstehen kann, es zu stehlen. Tatsächlich raubt der Dieb das Kalb. Bettler werden ausgeschickt, um aufzupassen, wo man Fleisch bekommt. Die Mutter des Diebes gibt einem von ihnen etwas Fleisch, aber ihr gerade heimkehrender Sohn tötet ihn.

In *De deif van Brügge* sucht ein → Meisterdieb (AaTh 1525 sqq.) einen berühmten Kollegen auf, damit sie zusammen das Schatzhaus ausrauben. Sie stellen einander auf die Probe: Es ist ein Vogelei zu stehlen, ohne daß der Vogel den Diebstahl wahrnimmt (AaTh 1525 H₁: *One Thief Steals Egg from Bird's Nest*; cf. → Diebswette). Nachdem der übriggebliebene Dieb die Wachen bei der Leiche seines Kollegen überlistet und betäubt hat, kleidet er sie in Mönchskutten.

Andere ma. Fassungen bringen, wenn sie auch die genannten Versionen und Motive vielfach variieren, kaum Neues. Nur Giovanni → Sercambi (1347–1424) läßt, seinen moralisierenden Absichten entsprechend, auch den zweiten Dieb ergreifen und hinrichten[15].

Als in der Neuzeit Herodot zu neuem Ansehen gelangt war, wurde seine Version die Vorlage für viele literar. Bearb.en des R.stoffes[16]. In Volksbüchern[17] und anderen populären Genres wie auch in der seit dem 19. Jh. greifbaren mündl. Überlieferung bleibt dagegen die Nachwirkung der ma. europ. Tradition noch lange Zeit unverkennbar.

In der mündl. Überlieferung ist AaTh 950 weit verbreitet (von Indien bis Sibirien, in Westeuropa und Nordafrika sowie auch in Amerika und auf den Philippinen)[18]. Handlungsablauf und motivische Gestaltung dieser Var.n folgen meistens der zentralen Thematik, die alten Motive sind aber häufig anders gruppiert, öfter variiert und mit Lokalkolorit versehen.

So ist das teure Fleisch aus dem *Pecorone* in Europa, Asien und Afrika meistens ersetzt worden durch ein lebendiges (oft mit Schätzen beladenes) Tier (Kamel [Balkan, Nordafrika, Asien][19], Elefant [Indien, Mongolei][20], Strauß [Nordafrika][21] etc.), das der König als Köder für den Dieb laufen läßt. Nachdem der Dieb es gestohlen hat, wird eine alte Frau ausgeschickt, um das Fett des Tieres als Medizin für ihren kranken Sohn zu suchen. Der Dieb tötet sie (oder schneidet ihr die Zunge heraus und markiert ihre Tür mit ihrem Blut)[22].

Relativ wenige Var.n schließen sich im Motivbestand völlig einer der älteren Vorlagen an; die Regel ist eine Mischung von Episoden und Motiven aus den unterschiedlichen ma. Fassungen. Manchmal hat sich aus solch einer Mischung eine in Raum und Zeit begrenzte Sonderredaktion entwickelt, wie die komplexe Hosenknopf-Redaktion (19./frühes 20. Jh.; Mittel- und Osteuropa, bes. Norddeutschland), die offensichtlich eine bisher unbekannte literar. (dt.?) Vorlage hat, und, was sich sonst fast nie findet, einen Prinzen als Helden.

Ein Prinz (in Deutschland öfter Hosenklang genannt) zieht in die Welt (wird fortgejagt, weil er ein Dieb ist; muß sich eine Prinzessin suchen etc.). Er gerät unter Räuber, zeigt ihnen sein Können, erwirbt magische Gegenstände, wird Schuhmacher-, Tischler- oder Maurerlehrling, bricht (mit Hilfe seiner Zaubergegenstände) mit seinem Meister in das Schatzhaus eines (von einem geblendeten Räuber beratenen) Königs ein und erwirbt letztendlich die für ihn bestimmte Prinzessin[23].

Das R.märchen hat in der Neuzeit nur relativ wenige neue Motive aufgenommen, und nur in einigen Fällen haben diese eine großräumige Verbreitung gefunden. Das vermutlich am weitesten verbreitete neue Motiv – in Europa abgesehen von der westl. Hälfte, in Vorderasien bis nach Afghanistan, in Nordafrika und im frz.sprachigen Nordamerika – handelt davon, daß der König Geld auf die Straße legt. Wer es aufhebt, muß der Dieb sein. Der schlaue Dieb beschmiert seine Sohlen (in Nordafrika: die Pfoten seiner Kamele) mit einer klebenden Masse und sammelt es so, ohne sich zu bücken, unbemerkt auf[24].

AaTh 950 wird meistens selbständig erzählt, aber oft werden auch andere Schwänke aus dem Meisterdiebzyklus (AaTh 1525 sqq.) in den Handlungsverlauf eingeflochten, vor allem AaTh 1525 D: *Theft by Distracting Attention*, AaTh 1525 H_1 oder AaTh 1737: → *Pfarrer im Sack*. Die ersten beiden Typen bilden meist eine der Eingangsepisoden:

Der Sohn eines verstorbenen Diebs will vom Bruder (Kollegen) seines Vaters das Stehlen lernen, zwei Meisterdiebe treffen einander, oder der Held gerät unter Räuber. Der später beim Schatzhausraub Überlebende beweist seine Geschicklichkeit entweder mit einem der Ablenkungsmanöver von AaTh 1525 D (z. B. beim Diebstahl eines Ochsen) oder wie in *De deif van Brügge* in einem Wettbewerb im Stehlen von Vogeleiern.

Die Kombination von AaTh 1525 D und AaTh 950 findet sich bes. in Var.n der Hosenknopf-Redaktion[25], aber auch unabhängig davon verstreut in einem weiten geogr. Gebiet[26], die Verbindung mit AaTh 1525 H_1 ist in Südosteuropa, am Südrand des Mittelmeers und in der span. und port. Überlieferung Amerikas anzutreffen[27]. Am Schluß wird AaTh 950, überwiegend im Südosten Europas und im Nahen Osten, gelegentlich auch anderswo, erweitert mit AaTh 1737 (= AaTh 1525 IV): Nachdem der Dieb sich gestellt hat, lockt er, getarnt als Todesengel, einen Nachbarkönig, der seinen König verlacht hat, weil er von einem Dieb hereingelegt worden ist, in einen Kasten und liefert ihn seinem (künftigen) Schwiegervater aus[28]. Es treten gelegentlich auch Kombinationen mit anderen Typen auf, wie z. B. AaTh 676, 954: → *Ali Baba und die 40 Räuber*, diese sind jedoch meist nicht so verbreitet[29].

Kritik an dem durchaus amoralischen Benehmen des Helden fehlt auch bei dieser Meisterdiebserzählung völlig. Mit unschlagbarer → List und außergewöhnlichen Fähigkeiten verwirklicht er seinen sozialen Aufstieg. Die glückliche Kombination seiner Komponenten hat diesem Erzähltyp dauerhafte und großräumige Beliebtheit eingebracht. Über die Region, in der er entstanden ist – in Ägypten, in Griechenland oder vielleicht im Orient –, ist viel spekuliert worden, es läßt sich jedoch nichts Sicheres sagen[30]. Fest steht nur, daß die von der Herodot-Fassung ausgelöste literar. Tradition die mündl. stark beeinflußt hat.

[1] Lloyd, A. B.: Herodotus Book II. Commentary 99–182. Leiden u. a. 1988, 52; Hansen, W.: Ariadne's Thread. A Guide to Internat. Tales Found in Classical Literature. Ithaca/L. 2002, 357–371. – [2] cf. Köhler/Bolte 1, 200; Frazer, J. G.: Pausanias's Description of Greece 5. Nachdr. N. Y. 1965, 176–179. – [3] Meier, J.: Die mitteldd. Verserzählung „De deif von Brugge". Neumünster 1970, 38–41; BP 3, 396. – [4] Chavannes 2, num. 379; ibid. 3, 185–189; Schiefner, F. A. von: Tibetan Tales Derived from Indian Sources. L./N. Y. [1882], num. 4. – [5] Ikeda. – [6] Chavannes 2, num. 379. – [7] Tawney, C. H. (Übers.): The Ocean of Story 5. ed. N. M. Penzer. L. 1926, 142–151. – [8] Tauscher, R.: Volksmärchen aus dem Jeyporeland. B. 1959, num. 51. – [9] cf. auch Tubach und Dvořák, num. 1996. – [10] Johannes de Alte Silva: Dolopathos, or The King and the Seven Wise Men. Übers. B. B. Gilleland. Binghamton 1981, 43–49; cf. auch Chauvin 8, 180, num. 225. – [11] Brunet, C./Montaiglon, A. de: Li Romans de Dolopathos. P. 1856, 183–222; Bossut, R.: Bérinus 1–2. P. 1931; Paris, G.: Le Conte du trésor du roi R. In: Revue de l'histoire des religions 15 (1907) 151–187, 267–316, hier 166–171; Meier (wie not. 3). – [12] Giovanni Fiorentino: Il Pecorone. ed. G. Papini. Lanciano 1910, num. 9,1. – [13] Fischer, H.: Die dt. Märendichtung des 15. Jh.s. Mü. 1956, num. 48; Meier (wie not. 3). – [14] BP 3, 398 sq. – [15] Sercambi, G.: Novelle inedite. ed. R. Renier. Turin 1889, num. 58. – [16] BP 3, 397; Meier (wie not. 3) 58. – [17] Petropoulos, D. A.: Das R.-Märchen in neugriech. Überlieferungen. In: Laographia 22 (1965) 343–353, hier 349 sq. – [18] Ergänzend zu AaTh: Rausmaa, SK 2, num. 171; Hodne; Kecskeméti/Paunonen; Arājs/Medne; Kerbelytė, LPTK 2; Ó Súilleabháin/Christiansen; van der Kooi; Tomkowiak; González Sanz; Pujol; Cirese/Serafini; MNK; György, num. 194; Krzyżanowski; SUS; Soboleva; BFP; Megas/Puchner; Gullakjan; Jason; Jason, Types; Jason, Iraq; El-Shamy, Folk Traditions, H 58, K 407.1, K 415; Nowak, num. 407; Marzolph; Lőrincz; Robe; Coetzee. – [19] BFP; Mousaios-Mpougioukas, K.: Paramythia tou Libisiou kai tēs Makrēs. Athen 1967, 304

sq.; Hoogasian-Villa, S.: 100 Armenian Tales and Their Folkloristic Relevance. Detroit 1966, num. 73; Lidzbarski, M.: Geschichten und Lieder aus den neuaram. Hss. der Kgl. Bibl. zu Berlin. Weimar 1896, num. 14; Kúnos, I.: Türk. Volksmärchen aus Adakale. Lpz. 1907, num. 39; Makeev, L.: Kazachskie i ujgurskie skazki. Alma-Ata 1952, 125–133; Levin, I.: Märchen vom Dach der Welt. MdW 1986, num. 21 (tadschik.); Day, L. B.: Folk-Tales of Bengal. L. 1908, num. 11; Müller, D. H.: Die Mehri- und Soqotri-Sprache 2. Wien 1905, num. 15. – [20] Pathak, R.: Die Logik der Narren. Wiesbaden 1978, num. 13; Heissig, W.: Mongol. Volksmärchen. MdW 1963, num. 19. –
[21] Jason, H.: Märchen aus Israel. MdW 1976, num. 62; Basset, R.: Nouveaux Contes berbères. P. 1897, num. 113; Dermenghem, E.: Contes kabyles. Algier 1945, 87–93; Meinhof, C.: Afrik. Märchen. MdW 1921, num. 66. – [22] cf. auch Jason; Jason, Indic Oral Tales 1525 *S; Marzolph *1525 S. – [23] Jahn, U.: Volksmärchen aus Pommern und Rügen. Norden/Lpz. 1891, num. 52; Henßen, G./Wossidlo, R.: Mecklenburger erzählen. B. 1957, num. 96, 97; Ranke 3, 313–319; Wisser, W.: Plattdt. Volksmärchen N. F. MdW 1927, 285–295; Schulte Kemminghausen, K.: Westfäl. Märchen aus dem Nachlaß der Brüder Grimm. Münster ²1963, 47–50; Peuckert, W.-E.: Schlesiens dt. Märchen. Breslau 1932, num. 210; Bødker, L.: Dän. Volksmärchen. MdW 1964, num. 33; Böhm, M.: Lett. Schwänke und verwandte Volksüberlieferungen. Reval 1911, num. 50; Silverman Weinreich, B.: Four Yiddish Variants of the Master-Thief Tale. In: Weinreich, U. (ed.): The Field of Yiddish. N. Y. 1954, 199–213; Šejn, P. V.: Materialy dlja izučenija byta i jazyka russkago naselenija severo-zapadnago kraja. SPb. 1893, num. 96. – [24] Böhm und Bødker (wie not. 23); Ranke 3, 317; Polívka 4, 296 sq.; Löwis of Menar, A. von: Russ. Volksmärchen. MdW 1914, num. 49; Lintur, P. V.: Zakarpatskie skazki Andreja Kalina. Užgorod 1957, 24–29; Beke, O.: A Cseremiszek (Marik) népköltészete és szokásai 1. Bud. 1951, num. 32; Hallgarten, P.: Rhodos. Die Märchen und Schwänke der Insel. Ffm. 1929, 175–189; Hoogasian-Villa (wie not. 19); Jason (wie not. 21); Marzolph; Borcherding, G.: Granatapfel und Flügelpferd. Kassel 1975, 158–165 (afghan.); Lidzbarski (wie not. 19); Socin, A./Stumme, H.: Der arab. Dialekt der Houwara des Wād Sūs in Marokko. Lpz. 1895, num. 9; Frobenius, L.: Volksmärchen der Kabylen 1. Jena 1923, num. 36; Lemieux, G.: Les Vieux m'ont conté 2. Montreal/P. 1974, num. 5. – [25] wie not. 23. – [26] Basanavičius, J.: Lietuviškos pasakos įvairios 2. Vilnius 1995, num. 89; Campbell, J. F.: Popular Tales of the West Highlands 1. L. ²1890, num. 17 d; Šejn (wie not. 23) num. 95; Löwis of Menar (wie not. 24); Afanas'ev, num. 390; Diller, I.: Zypriot. Märchen. Athen 1982, num. 27; Dawkins, R. M.: Modern Greek Folktales. Ox. 1953, num. 56; Day (wie not. 19); Espinosa, J. M.: Spanish Folk-Tales from New Mexico. N. Y. 1937, num. 57. – [27] Dirr, A.: Kaukas. Volksmärchen.

MdW 1926, num. 74; Šakryl, K. S.: Abchazskie narodnye skazki. M. 1975, num. 59; Aichele, W.: Zigeunermärchen. MdW 1926, num. 17 (aus Rumänien); Jason (wie not. 21) num. 58; Lidzbarski (wie not. 19) ; Socin/Stumme (wie not. 24); Basset (wie not. 21); Rivière, J.: Receuil de contes populaires de la Kabylie du Djurdjura. P. 1882, num. 3; Espinosa (wie not. 26) num. 58; Wheeler, H. T.: Tales from Jalisco, Mexico. Phil. 1943, num. 27, 58; Andrade, M. J.: Folk-Lore from the Dominican Republic. N. Y. 1930, num. 130; Pino Saavedra, Y.: Folktales of Chile. L. 1967, num. 39; Parsons, E. C.: Folk-Lore from the Cap Verde Islands. Cambr./N. Y. 1923, num. 29, 30. – [28] Segerstedt, A.: Svenska Folksagor och Äfventyr. Stockholm 1884, 28–32; Paasonen, H.: Tscheremiss. Texte. ed. P. Siro. Hels. 1939, num. 4; Dolidze, N. J.: Gruzinskie narodnye skazki. Tiflis 1956, 333–339; Kretschmer, P.: Neugriech. Märchen. MdW 1917, num. 16; Camaj, M./Oberdorffer, U.: Alban. Märchen. MdW 1974, num. 14; Kúnos (wie not. 19); Jason (wie not. 21); Lidzbarski (wie not. 19); Laoust, E.: Contes berbères du Maroc. P. 1949, num. 80; Brunner-Traut, E.: Altägypt. Märchen. MdW 1973, num. 26; Levin (wie not. 19); Fansler, D. S.: Filipino Popular Tales. N. Y. 1921, num. 8. – [29] EM 1, 305; Ó Súilleabháin/Christiansen; Ranke 3, 313; Calvino, I.: Fiabe italiane. Turin 1956, num. 193. – [30] cf. Tawney/Penzer (wie not. 7) 245–286; Liungman, Volksmärchen, 244 sq.

Groningen   Jurjen van der Kooi

Rheinromantik

1. Begriff – 2. Entstehung – 3. Rheinsage – 4. Wirkung

1. Begriff. Die R. ist ein Produkt der → Romantik und bis heute ein kulturelles Phänomen, das sich literar., hist., künstlerisch und politisch äußert[1] und vor allem touristisch relevant ist[2]. Der Terminus bezieht sich auf den sog. Mittelrhein, den Stromabschnitt von Mainz oder Bingen bis Bonn oder Köln[3]. Die R. erwuchs aus der Begeisterung für den Rhein, für die → Natur, die Geschichte und volksliterar. Zeugnisse. Sie prägte die Vorstellung vom dunklen und lichten, geheimnisvollen und geschichtsträchtigen, mythischen und sagenumwobenen dt. Strom. Die Sinnbilder des ‚heiligen Stroms' und des ‚Vater Rheins' durchdringen ästhetische und wiss. Bekundungen. Sie bildeten die Grundlage des Rheinmythos.

2. Entstehung. Ansätze eines romantischen literar. Zugriffs auf die Rheinlandschaft

enthalten die → Reiseberichte des 18. Jh.s, die sich bei der Beschreibung von Landschaft und Örtlichkeiten auf die Chronik- und Reiseliteratur der frühen Neuzeit (z. B. Konrad Celtis, Bernhard Moller, M. → Zeiller) stützen. Aber die Landschaftsauffassung hatte sich gewandelt, indem nunmehr die Furcht vor steilen Bergen und tiefen Schluchten, düsteren Wäldern und stürzenden Wassern überwunden schien und die Ursprünglichkeit alles Naturhaften betont wurde[4]. 1787 unternahm A. de Georgi Bertòla eine ‚Mahlerische Rhein-Reise'. In seinem 1796 erschienenen Werk idealisierte und sentimentalisierte er die Landschaft und stellte Vergleiche mit seiner ital. Heimat an[5]. Ganz ähnliche Eindrücke hatte W. Heinse, der zwischen 1774 und 1786 nicht nur nach Italien reiste, sondern auch mehrfach die Rheingegenden aufsuchte. In seinen Aufzeichnungen schilderte er sein Ergriffensein von den gestaltenden Kräften der Landschaft[6]. Bereits im 16. und 17. Jh. wurden Engländer zu den eifrigsten Zeugen von Landschaft und Leben am Rhein (z. B. Roger Ascham [1550], T. Coryate [1608], W. Crowne [1636], E. Browne [1668]). Im England des 18. Jh.s fand dann die romantische Stimmung einen starken Ausdruck. Deutschland, von dem man meist nur das Rheinland und seine nächste Umgebung kannte, erschien als ein Land voller grausamer Bluttaten und ungeheuerlicher Wundergeschichten. Rhein. Märchen, Sagen und Legenden wurden in England begierig aufgenommen[7].

Die engl. Rheinbegeisterung hat, außer der Neugier auf Fremdes und ungewöhnliche Erfahrungen, ästhetische Ursachen. Dichter[8] und Verf. von Reiseführern[9] begeistern sich für die wilde Natur und eine pittoreske Szenerie, vertiefen sich in die ma. Baukunst und Dichtung, erfreuen sich an der melancholischen Staffage von Burgen und Schlössern, Ruinen und Friedhöfen und beleben die Schauplätze mit hist. Figuren und schauerlichen Wesen. Mit Sagen ausgestattet, verlebendigen sich die Trümmer zu Zeichen irdischer Vergänglichkeit[10]. Die engl. Reisenden und Poeten verstehen sich als erste auf eine Deutung des Rheinerlebnisses, das romantisch genannt wird[11].

Die Entstehung der dt. R. wird um 1800 angesetzt. F. Schlegel kommt 1802 auf einer Reise nach Paris an den Strom und überläßt sich der Schwärmerei für die wilde und unberührte Gegend und die Zeichen einer großartigen Vergangenheit[12]. Der Theoretiker der sog. hochromantischen Schule bringt Landschaft und Geschichte ebenso wie Natur und Geist in eine enge Verbindung[13]. Clemens → Brentano und Achim von → Arnim sammeln auf ihrer Rheinwanderung im selben Jahr volkstümliche Sagen, Legenden und Lieder und fügen ihre Wahrnehmungen und Phantasien zu einem romantischen Kunstwerk zusammen[14].

Die Verf. der Rheinbücher und der Rheindichtungen leben in einer Zeit starker geistig-politischer Veränderungen. Vor dem Hintergrund der dt.-frz. Auseinandersetzungen wenden sie sich der nationalen, der rhein. Vergangenheit zu[15]. Bes. die Sagen des Rheins bilden, getragen von einer Landschaft, die Kennzeichen der dt. und nationalen Einheit ab[16].

3. Rheinsage. Die Rheinsage verkörpert einen narrativen Texttypus, der im frühen 19. Jh. unter Rückgriff auf ältere Stoffe und Motive und unter den spezifischen Bedingungen der R. entstand und ihr wesentliches literar. Merkmal darstellt[17]. Reisebeschreibungen werden mit bearb., erfundenen und gedichteten Geschichten ausgestattet, und es entstehen Textsammlungen, die volkstümlich werden[18]. Sie lassen das starke geschichtliche Interesse der Herausgeber und Verf. erkennen. J. B. Rousseaus Buch *Rhein. Sagen und Volksgeschichten, Legenden und Mythen* (1846) z. B. vereinigt epische und lyrische Bearb.en von Stoffen unterschiedlichster Art. Vorgestellt werden die Märtyrer der Thebäischen Legion, → Lohengrin und Siegfried von Xanten (→ Sigurd, Siegfried), Maximilian Franz, der letzte Kurfürst von Köln, Johanna Sebus mit der gleichnamigen Ballade von → Goethe und viele andere[19]. Bes. die Helden des MA.s bezeugen den Ruhm rhein.-dt. Gemeinsamkeit. Den Burgen und Ruinen, den Kirchen und Klöstern werden die Geschichten der ‚Vorzeit' angeheftet, die keineswegs der Überlieferung des MA.s, öfter aber phantastischen → Ritterromanen entstammen[20].

Es bilden sich Sagengruppen heraus, deren Einzeltexte ständig verändert, thematisch ausgeweitet oder vermischt werden, wie die Drachenfelssage (cf. → Drache, Drachenkampf,

Drachentöter), die Sage vom Ritter Roland und der Burg Rolandseck, von den feindlichen → Brüdern und vom → Mäuseturm von Bingen[21]. Die von Brentano poetisch umgesetzte Sage mit der von ihm erfundenen verführerischen Gestalt der → Lorelei, die die Schiffer durch ihren Gesang betöre und ins Verderben stürze, erlangt eine außerordentliche Popularität und weite Verbreitung[22]. Ähnliche dichterische Bearb.en erfahren eher lokale Erzählungen wie die Sage von den Andernacher Bäckerjungen und die Sieben-Jungfrauen-Sage von Oberwesel[23]. Weit geringere Verwendung finden Inhalte des Volksglaubens, und zwar dämonologische Sagen von Geistern und Gespenstern, Wundern und sonderbaren Ereignissen. Das Verfahren der hist. Anbindung prägt die Anthologien ebenso wie die poetischen Bände der Dichter und Dichterinnen mit ihren Balladen, Sagengedichten und Versifizierungen[24]. Häufig kommen örtliche Epigonen zu Wort. In der 2. Hälfte des 19. Jh.s bestimmen diese sogar das Bild; sie haben oft Mühe, noch zugkräftige und unterscheidende Titel zu formulieren.

Die R. produzierte so viele Erzählungen, daß es kaum eine andere Landschaft gibt, die so viele ‚geschichtliche' Sagen besitzt wie das Rheinland[25]. Ihre Entstehung beruht nicht allein auf dem romantischen Bedürfnis, Vergangenheit in einer auffälligen Landschaft lebendig zu machen, sondern die rhein. Dichter und Schriftsteller streben ebenso eine Aufwertung der volksliterar. Gattung Sage an. Sie wählen allerdings bei der Gestaltung eigene Wege, betätigen sich durchweg als Hersteller oder gar Erfinder von Sagen und Sagenstoffen und benutzen häufig poetische Formen[26]. Die ‚Entstehung' einer Sage unter diesen Bedingungen läßt sich am Beispiel der Loreleisage von der Balladenumsetzung eines Volkssagenmotivs durch Brentano bis hin zu → Heines Gedicht nachvollziehen[27]. Eine regelrechte Erfindung ist die Geschichte von Jan und Griet. Der Erzähllaune eines Kölner Bürgers entsprungen, von einem Lokalpoeten in Verse übertragen und auf eine ortsbekannte Melodie gesungen, wird die tragische Liebesgeschichte zwischen dem Schweinejungen und späteren berühmten Reitergeneral und der überheblichen Magd zur Volkssage erklärt und in Sagensammlungen aufgenommen; Sagenschriftsteller schaffen Prosaauflösungen und Nacherzählungen[28].

Die Zahl der Sammlungen und Dichtwerke ist kaum überschaubar[29]. Die Sagenhersteller lassen sich nicht alle biogr. nachweisen[30]. Die bekanntesten gehören der Bildungsschicht an: A. Kaufmann ist Archivrat. W. Müller von Königswinter übt den Beruf eines Arztes aus, bevor er sich zum freien Dichter erklärt. Rousseau betätigt sich als Literat und Redakteur. A. Schreiber ist Professor für Ästhetik in Freiburg und Heidelberg. K. → Simrock wirkt als Professor für Lit. in Bonn. N. Vogt ist Geschichtsprofessor in Mainz, Bibliothekar in Aschaffenburg und Archivar in Frankfurt. Die einzige Frau in dieser bürgerlichen Runde ist A. von Stolterfoth. Es handelt sich in der Mehrheit um Gelehrte, die keinen oder wenig Kontakt zum Volk besaßen und ihre Sagen am Schreibtisch fabrizierten.

4. Wirkung. Adressaten dieser Art von Volksliteratur sind die bürgerlichen Kreise, die Zeit und Geld haben, um sich am Rhein von Landschaft, Geschichte und Lebensgefühl begeistern zu lassen[31]. Simrock wünscht in der Vorbemerkung zu den *Rheinsagen*, seiner Sammlung möge es gelingen, „den Reisenden als poetischer Wegbegleiter willkommen zu sein, die Jugend zur Erlernung der vaterländischen Geschichte heiter anzuregen, und jedem Gebildeten eine geistreich belebende Unterhaltung zu gewähren"[32]. Müller von Königswinter spitzt die vaterländische Empfänglichkeit der Leser dergestalt zu, daß er „in der Theilnahme des Publicums ein wachsendes Interesse für unsere deutsch-nationale Dichtung zu erblicken" glaubt. Sein *Rhein. Sagenbuch*, mit Bedacht im Haupttitel *Loreley* genannt, soll darum mithelfen, „die Neigung zu deutschem Sein und Wesen zu wecken und die Vaterlandsliebe zu fördern und zu heben [...]. Denn es gilt [...]: Deutschland über Alles!"[33].

Nach dem Ende der napoleonischen Herrschaft und der Aufhebung der Kontinentalsperre streben die engl. Dichter und Schriftsteller in Scharen zum Rhein. Dabei widmen sie sich bevorzugt den rhein. Sagen, die sie als Zeichen der mythischen Vergangenheit aufnehmen und verarbeiten. C. E. Dodd nimmt die Sage vom Mäuseturm von Bingen, von den feindlichen Brüdern und von Roland in sein

1818 veröffentlichtes Reisebuch auf. 1827 gibt J. R. Planché Nachdichtungen rhein. Sagen in Liedform heraus. T. Campbell druckt 1823 seine Rolandballade. 1839 erhebt J. Snowe den Anspruch, alle Sagen, Überlieferungen und die Geschichte des Rheinabschnitts zwischen Köln und Koblenz erfaßt zu haben[34]. Auch amerik. Schriftsteller überlassen sich dem Eindruck rhein. Sagen. Anfang der 30er Jahre des 19. Jh.s besucht James F. Cooper den Rhein. Der wichtigste Vermittler romantischen Empfindens wird Henry W. Longfellow, der sich zwischen 1826 und 1842 mehrmals am Rhein aufhielt[35].

Um die Wende vom 18. zum 19. Jh. bereisen Franzosen das Rheinland, das in dieser Zeit größtenteils zur frz. Republik gehört. Auch Victor Hugo wußte die geheimnisvollen Rheinsagen zu schätzen. Die bekannten Rheinsagen, die Sage vom Drachenfels, von Roland, von der Lorelei und vom Mäuseturm finden sich dann bei fast allen frz. Dichtern der Romantik[36].

Von ihrem Beginn an unterliegt die Rheinsage der Gefahr der Trivialisierung. Sie verkörpert jedoch einen Sagentypus, der schriftl., weithin in Versgestalt und künstlich auftritt, über viele Verbreitungswege dem Rhein eine weltweite Öffentlichkeit verschafft und die Folklorisierung des Rheinlandes mitbewirkt[37]. Als Heimat- und Lesebuchsage hat sie über Lektüre und Unterricht den Weg in das mündl. Erzählen gefunden und musterhafte Bedeutung für mancherlei Nachahmungen erlangt[38]. Sie hat bewußtseinsbildende Wirkung; Bewohner, Touristen und Wissenschaftler verbinden mit ihr das wichtigste Kennzeichen des Rheins bis in die Gegenwart.

[1] Honnef, K./Weschenfelder, K./Haberland, J. (edd.): Vom Zauber des Rheins ergriffen ... Zur Entdeckung der Rheinlandschaft vom 17. bis 19. Jh. Mü. 1992, 13–32, 147–156, 169–180, 195–206, 219–232, 241–252; Kross, S. (ed.): Malerische R. B. 1989; Prause, M.: Die R. In: Heyen, F. J. (ed.): Zwischen Rhein und Mosel. Der Kreis St. Goar. Boppard 1966, 291–304. – [2] Grosser, T.: Der romantische Rheinmythos. Die Entstehung einer Landschaft zwischen Politik und Tourismus. In: Gassen, R./Holeczek, B. (edd.): Mythos Rhein. Ein Fluß in Kitsch und Kommerz. Ludwigshafen 1992, 11–19; Kompter, L.: „Vater Rhein". Zur Reflexion eines Sinnbildes. In: Festschr. F. Beißner. Bebenhausen 1974, 197–225; Mathey, H.: Der „Heilige Strom". Politische und geistesgeschichtliche Voraussetzungen der R. In: Beitr.e zur Rheinkunde 36 (1984) 3–21. – [3] Walzel, O.: R. In: id.: Vom Geistesleben alter und neuer Zeit. Lpz. 1922, 440–466. – [4] Neu, H.: Der Rhein in Schrifttum und Kunst in der 1. Hälfte des 19. Jh.s. In: Rhein. Heimatpflege 8 (1936) 37–45, hier 41; Steinmeyer, H.: Mensch und Landschaft der Romantik. Unter bes. Berücksichtigung der Rheinansichten. Köln 1928, 19. – [5] Fechner, J.-U.: Erfahrene und erfundene Landschaft. Aurelio de Georgi Bertòlas Deutschlandbild und die Begründung der R. Opladen 1974. – [6] Fischer, H.: Wilhelm Heinses Erlebnis rhein. Landschaft. In: Rhein. Heimatpflege N. F. (1970) 149–157. – [7] Gsundbrunn, K.: Der dt. Rhein, die rhein. Sagen, Siedlungen und ihre Bevölkerung in der engl. nichtdramatischen Lit. des 18. und 19. Jh.s. Diss. Erlangen 1928, 21, 95–105. – [8] Grünewald, W.: Studien zum Deutschlandbild der engl. Romantik. Diss. (masch.) Heidelberg 1958. – [9] Stader, K. H.: Bonn und der Rhein in der engl. Reiselit. In: Aus Geschichte und Vk. von Stadt und Raum Bonn. Festschr. J. Dietz. Bonn 1973, 117–153; Albrod, G.: Der Rhein im ill. Reisebuch des 19. Jh.s. Diss. Aachen 1984; Pretzel, U.: Die Lit.-form Reiseführer im 19. und 20. Jh. Unters.en am Beispiel des Rheins. Ffm. 1995. – [10] Stoldt, H.-H.: Die Geschichte der Ruinen-Poesie in der Romantik. Diss. Kiel 1924; Kander, L.: Die dt. Ruinenpoesie des 18. Jh.s bis in die Anfänge des 19. Jh.s. Diss. Heidelberg 1933. – [11] Dischner, G.: Ursprünge der R. in England. Zur Geschichte der romantischen Ästhetik. Ffm. 1972. – [12] Endres, C.: Dichtung und Geistesgeschichte um den Rhein. Ratingen 1957, 280; Ruland, J.: Der Rhein. Grundzüge einer nicht nur dt. Lit. In: Rhein. Heimatpflege 19 (1982) 241–256, hier 248. – [13] Segeberg, H.: Phasen der Romantik. In: Schanze, H. (ed.): Romantik-Hb. Stg. 1994, 49–53. – [14] Oellers, N.: Geschichte der Lit. in den Rheinlanden seit 1815. In: Petri, F./Dröge, G. (edd.): Rhein. Geschichte 3. Düsseldorf ²1980, 567–570, hier 567; Tümmers, H. J.: Der Rhein. Ein europ. Fluß und seine Geschichte. Mü. ²1999, 194. – [15] Tümmers, H. J.: Die patriotische R. In: Honnef u.a. (wie not. 1) 91–106; Schwering, M.: Politische Romantik. In: Schanze (wie not. 13) 477–505. – [16] Stephan, H.: Die Entstehung der R. Köln 1922, 91–94. – [17] Bützler, J.: Geschichte der rhein. Sage und die Romantik in ihrem Einfluß auf deren Wiederbelebung. Elberfeld 1928 (Bützler betont dagegen ein ‚Wiederbelebung'). – [18] Fischer C.: Die rhein. Volkserzählforschung. In: Rhein. Jb. für Vk. 28 (1989/90) 7–28, hier 10; cf. auch Uther, H.-J.: Sagen aus dem Rheinland. Mü. 1994, 7–16. – [19] Rousseau, J. B.: Rhein. Sagen und Volksgeschichten, Legenden und Mythen. Koblenz (1846). – [20] Bützler (wie not. 17) 124, 153. – [21] Leyen, F. von der/Höttges, V. (edd.): Lesebuch der dt. Volkssage. B. 1933, 293; Krause, A.: Wie Ritter Roland nach Rolandseck kam. In: Heimatjb. des Kreises Ahrweiler (1999) 48–52; Jacke, H.: Die rhein. Sage von den zwei feindlichen Brüdern in ih-

rer von der Romantik beeinflußten Entwicklung. Wuppertal-Elberfeld 1932; Uther, H.-J.: Behinderte in populären Erzählungen. B./N. Y. 1981, 123–127 (zur Sage von den feindlichen Brüdern); Beckmann, B.: Von Mäusen und Menschen. Die hoch- und spätma. Mäusesagen [...]. Zürich 1974. – [22] Lentwojt, P.: Die Loreley in ihrer Landschaft. Romantische Dichtungsallegorie und Klischee. Ein literar. Sujet bei Brentano, Eichendorff, Heine u. a. Ffm. 1998. – [23] Schäfer, K. (ed.): Die Andernacher Bäckerjungen. Hintergründe einer Sage. Andernach 1994; Graf, K.: „Eine Sage für den Pinsel eines Ovids!" Kritisches zur Rheinsage am Beispiel der Sieben-Jungfrauen-Sage von Oberwesel. In: Hansen-Bl. 64 (1999) num. 52, 53–59. – [24] cf. Vogt, N.: Rhein. Geschichten und Sagen 1–4. Ffm. 1817–36; Schreiber, A.: Ausw. der interessantesten Sagen des Rheins und des Schwarzwaldes. Heidelberg (1819); Stolterfoth, A. von: Rhein. Sagen-Kreis. Ein Ciclus von Romanzen, Balladen und Legenden des Rheins nach hist. Qu.n bearb. Ffm. 1835; Reumont, A. von: Rheinlands Sagen, Geschichten und Legenden. Köln/Aachen 1837; Simrock, K.: Rheinsagen aus dem Munde des Volkes und dt. Dichter. Bonn 1837; Kiefer, F. J.: Die Sagen des Rheinlandes. Köln 1845; Firmenich, J. M.: Germaniens Völkerstimmen 1. B. (1846); Müller von Königswinter, W.: Loreley. Rhein. Sagenbuch. Köln 1851. – [25] Röhrich, L.: Die Welt der rhein. Sage. In: id.: Sage und Märchen. Fbg/Basel/Wien 1976, 107–124, hier 107. – [26] cf. Schenda, R.: Mären von dt. Sagen. Bemerkungen zur Produktion von ‚Volkserzählungen' zwischen 1850 und 1870. In: Geschichte und Gesellschaft 9 (1983) 26–48. – [27] Krogman, W.: Lorelei. Geburt einer Sage. In: Rhein.-westfäl. Zs. für Vk. 3 (1956) 170–196. – [28] Fischer, H.: „Ich weiß nicht, was soll es bedeuten ..." Sagen des Rheins und was dahinter steckt. In: Heimatbll. des Rhein-Sieg-Kreises 60–61 (1992–93) 117–135. – [29] cf. Wehrhan, K.: Die Sage. Lpz. 1908, 126–132 (Rheinland). – [30] cf. Kaufmann, H.: Die Dichtung der Rheinlande. Eine landschaftliche und örtliche Bibliogr. Bonn/Lpz. 1923, 49–63; Schenda (wie not. 26). – [31] Fleckenstein, G.: Warum ist es am Rhein so schön? Aspekte der R. von 1800 bis zur Gegenwart. In: Der Rhein. Mythos und Realität eines europ. Stromes. ed. H. Boldt. Köln 1988, 189–202; Niem, C.: Loreley und Mäuseturm – Sagen am Mittelrhein. In: Der Geist der Romantik in der Architektur. Gebaute Träume am Mittelrhein. Regensburg 2002, 41–49. – [32] Simrock (wie not. 24) VI. – [33] Müller von Königswinter (wie not. 24) 465, 482. – [34] Kalb, G.: Bildungsreise und literar. Reisebericht. Studien zur engl. Reiselit. Nürnberg 1981; Vaughan, W.: Die Engländer und rhein. Sagen um 1790–1850. In: Honnef u. a. (wie not. 1) 107–120. – [35] Neunkirchen, H.: Der Rhein bei engl. und amerik. Dichtern des 19. Jh.s. In: Festschr. zum 20. Neuphilologentag [...]. Düsseldorf 1926, 131–162; Fischer, H.: Entwurf einer Landschaft. Das Siebengebirge in Texten engl. und amerik. Dichter und Schriftsteller. In: Heimatbll. des Rhein-Sieg-Kreises 43–45 (1977) 11–38. – [36] Cohnen, T.: Der Rhein in der frz. Lit. Diss. Bonn 1926, 34, 42; Smets, J.: Der Rhein, Deutschlands Strom, aber Deutschlands Grenze. Zur Rheinmythologie in Frankreich und in Deutschland vom MA. bis zum 20. Jh. In: Jb. für westdt. Landesgeschichte 24 (1998) 7–50. – [37] cf. Schenda, R.: Folkloristik und Sozialgeschichte. In: Kloepfer, R./Janetzke-Diller, G. (edd.): Erzählung und Erzählforschung im 20. Jh. Stg./B./Köln/Mainz 1981, 441–448. – [38] Tomkowiak, 147, 175, 179, 184, 189.

Hennef   Helmut Fischer

Ricchieri, Ludovico Maria (Celio Rodigino, Coelius Rhodiginus), * Rovigo 1469, † Padua 1525, ital. Humanist. R.s Vater Antonio, ein Schneider, Stoffhändler und Schuhmacher, wurde am 1. 1. 1491 in den Rat der Stadt aufgenommen; über die Herkunft seiner Mutter Piacenza ist nichts bekannt[1]. U. a. dank der Großzügigkeit von Girolamo Silvestri, Mitglied einer berühmten Familie in Rovigo[2], studierte R. zunächst in seiner Vaterstadt, dann in Ferrara unter der Leitung von Nicolò Leoniceno, bei dem er Moralphilosophie, Griechisch und Latein lernte, später in Padua Naturwissenschaften sowie bürgerliches und kanonisches Recht[3]. 1491 kehrte er nach Rovigo zurück, wo er bis 1499 und 1503–04 Präzeptor der öffentlichen Schule war[4]. Nach einer verwickelten und noch nicht ganz aufgeklärten Kontroverse mit dem Rat der Stadt[5] verließ R. Rovigo und lehrte an anderen Orten: 1505 war er in Vicenza[6]; 1508 verlieh ihm Herzog Alfons I. von Este den Lehrstuhl für Rhetorik an der Univ. Ferrara[7]; 1509 unterrichtete er privat in Padua[8]; zwischen 1511 und 1514 war er in Reggio Emilia[9]; 1515 hielt er sich wahrscheinlich zunächst in Venedig auf, später in Mailand, wohin ihn der frz. König Franz I. auf den Lehrstuhl für griech. bzw. lat. Lit. berufen hatte[10]; 1523 wurde er auf Vorschlag von Pietro Antonio Silvestri, dem Sohn seines Mäzens Girolamo, in den Rat von Rovigo aufgenommen[11] und als Gesandter zum Dogen Andrea Gritti nach Venedig geschickt[12].

R. verfaßte Kommentare zu → Vergil, → Ovid (*Metamorphosen, Heroides*)[13], → Horaz, → Homer, → Plinius d. Ä. und Cicero (*Pro Milone, Epistolae ad Atticum*, Briefe *Ad familiares*)[14], zu Quintilians *Institutio oratoria*, der

Politica des Aristoteles, dem Gedicht *De rerum natura* des Lukrez[15] sowie Reden und Briefe[16]. R.s wichtigstes und erfolgreichstes Werk, *Antiquarum lectionum* (kurz *Antiquae lectiones*)[17], fußt – ähnlich wie die *Adagia* des → Erasmus von Rotterdam – auf einer Slg kommentierter antiker Sprichwörter. Nachdem das Werk 1508 schon weit fortgeschritten war, erweiterte R. es, unterzog es einer grundlegenden Umarbeitung und publizierte es 1516 in Venedig als *Lectionum antiquarum libri XVI*. R.s Neffe Camillo ließ die vom Autor ausgearbeitete Fassung (unter Auslassung einiger Widmungen) erneut in 30 Büchern 1542 in Basel veröffentlichen. Die *Lectiones* bildeten den Anlaß für den 1517 entstandenen Streit mit Erasmus, der R. beschuldigte, er habe die Texte der *Adagia* und die Kommentare anderer Autoren wie Giorgio Valla und Raffaele Maffei plagiiert[18].

Die *Antiquae lectiones* sind ein Zitatenschatz aus Autoren der griech.-lat. Antike und des MA.s, verbunden mit Interpretationen und Reflexionen, welche die Gesamtheit des Wissens betreffen, von der studia humanitatis bis hin zu Medizin, Recht, den Naturwissenschaften und der Philologie. Entgegen dem ersten Eindruck von unsystematischer Anordnung besitzt das Werk eine Struktur, die den Argumenten eine phil. Ordnung geben soll, vom Autor allerdings nur in den ersten Büchern eingehalten wird. Diese Anordnung wird den Gelehrten im Vorw. dargelegt, im 17. Kap. des 2. Buchs in Erinnerung gebracht und dann der Fähigkeit des Lesers, das Material geistig zu systematisieren, überlassen.

Die in den *Antiquae lectiones* enthaltenen Überlegungen und Zitate entwickeln sich entsprechend der Geisteshierarchie, die von Gott über Engel und Dämonen bis zum Menschen reicht. Die für Abhandlungen über Gott und die Natur benutzten Texte nichtchristl. und christl. Autoren werden bei R. zum Gegenstand ständiger philol. Reflexion. Um sie in ihrer eigentlichen Bedeutung zu begreifen, ist es nötig, verlorene Lesarten zu rekonstruieren, entstellte Passagen zu berichtigen, zu interpretieren, zu erklären und sich die Ausführungen der großen Humanisten wie Angelo → Poliziano, Ermolao Barbaro oder Filippo Beroaldo d. Ä. zunutze zu machen.

Die Einheit der *Lectiones* beruht also auf zwei unterschiedlichen Ansätzen: einerseits dem phil. Ansatz platonischer Richtung, nach dem von der Welt des Verständlichen ausgehend die Welt der als Bilder oder Schatten des Wahren angesehenen sinnlich wahrnehmbaren Wesenheiten betrachtet wird (cf. → Phänomenologie), andererseits auf der Philologie als einer Disziplin, die quer durch alle anderen Disziplinen geht. R. gelingt es damit, seine *Lectiones* auf zwei verschiedenen Typen des → Humanismus aufzubauen, dem philol. von Poliziano und Barbaro und dem phil. von Giovanni Pico della Mirandola und Marsilio Ficino[19]. In der Folgezeit haben die *Lectiones* nicht nur in Italien, sondern auch nördl. der Alpen eine intensive Rezeption erfahren; so wurden sie in Basel (1550, 1556), Lyon (1560, 1562) und Frankfurt (1666) gedruckt und zählen zu den von François → Rabelais und Ben Jonson benutzten Quellen[20].

[1] Griguolo, P.: Grammatici, notai e uomini di cultura nel Polesine tra XIV e XVI secolo. Venedig 2001, 26, 31, 34–41, 116, 119; Adami, F.: Note sul „Magnifico Consiglio" di Rovigo fino alla riforma statutaria del 1672. In: Le „Iscrizioni" di Rovigo delineate da Marco Antonio Campagnella. Triest 1986, 78. – [2] cf. Pietropoli, G.: L'Accademia dei Concordi nella vita rodigina [...]. Padua 1986, 200. – [3] cf. Marangoni, M.: L'armonia del sapere. I „Lectionum antiquarum libri" di Celio Rodigino. Venedig 1997, 9, not. 14. – [4] Cessi, C.: La scuola pubblica in Rovigo sino a tutto il secolo XVI. Rovigo 1896; Contegiacomo, L.: Rovigo, personaggi e famiglie. In: Le „Iscrizioni" (wie not. 1) 484; Griguolo, P.: Notizie sulla scuola pubblica di Rovigo, L. R. ed Ermico Caiado. In: Italia medioevale e umanistica 35 (1992) 421–429. – [5] Contegiacomo (wie not. 4); Cessi, C.: La „cacciata" di Celio Rodigino da Rovigo. Rovigo 1987. – [6] cf. Calvi, P.: Biblioteca e storia di quei scrittori così della città come del territorio di Vicenza 3,2. Vicenza 1775, 160. – [7] cf. Papadopoli, N. C.: Historia Gymnasii Patavini 1. Venedig 1726, 296 sq.; Borsetti, F.: Historia almi Ferrariae Gymnasii 1. Ferrara 1735, 122 sq.; Contegiacomo (wie not. 4). – [8] Facciolati, J.: Fasti Gymnasii Patavini 1. Padua 1757, 56. – [9] Griguolo (wie not. 1) 114 sq. – [10] cf. Silvestri, C.: Vita di Lodovico Celio detto il Rodigino. In: Calogerà, A. (ed.): Raccolta d'opuscoli scientifici e filologici 4. Venedig 1730, 157–213, bes. 161; Contegiacomo (wie not. 4). – [11] ibid. – [12] Ramello, L.: Celio Rodigino. Sua vita con note. Rovigo, Accademia dei Concordi, Ms. Concordiano 20/12, fol. 10v. – [13] cf. Cavagna, A. G./Deutscher, T. B.: Lodovico R. In: Bietenholz, P. G./Deutscher, T. B. (edd.): Contemporaries of

Erasmus. A Biogr. Reg. of the Renaissance and Reformation 3. Toronto u. a. 1987, 155. – [14] Rhodiginius, L. C.: Lectionum antiquarum libri XXX. Basel 1452, 349, 900, 1032. – [15] Oliva, G.: Celio Rodigino. Saggio biografico dell'età del Rinascimento. Rovigo 1868, 19. – [16] cf. Rhodiginius (wie not. 14) 912, 155; Ramello (wie not. 12) fol. 3v; Rovigo, Accademia dei Concordi, Ms. Concordiano 376/105; Des. Erasmi Roterodami Opus epistolarum [...] 3. ed. P. S. Allen. Ox. 1913, 549 sq. – [17] cf. Mulryan, J.: The „Lectionum Antiquarum" of Ludovicus Caelius and the Italian Mythographers. In: Acta Conventus Neo-Latini Guelpherbytani. Proc. of the Sixth Internat. Congress of Neo-Latin Studies [...]. ed. S. P. Revard/F. Rädle/M. A. Di Cesare. Binghamton, N. Y. 1988, 99–105. – [18] Zur Auseinandersetzung mit Erasmus cf. Marangoni, M.: Celio Rodigino e l'incontro con Erasmo. In: Erasmo, Venezia e la cultura padana nel '500. Atti del XIX Convegno internazionale di studi storici, Rovigo, 8–9 maggio 1993. Rovigo 1995, 297–306; ead. (wie not. 3) 5–23; Cessi, C.: Intorno al falsificatore del trattato de „Orthographia" attribuito ad Apuleio. Venedig 1900. – [19] cf. ferner Marangoni (wie not. 3); zum Studium der Homosexualität in den „Lectiones" cf. Marchetti, V.: Detestanda libido. Le sessualità anomale nei „Lectionum antiquarum libri triginta" di Lodovico R. In: Eresie, magia, società nel Polesine tra '500 e '600. Atti del XIII Convegno di studi storici, Rovigo, 21–22 novembre 1987. Rovigo 1989, 23–31; zur Präsenz der „Astronomica" von Marco Manilio in R.s „Lectiones" cf. Maranini, A.: Filologia fantastica: Manilio e i suoi „Astronomica". Bologna 1994; Hinweise auf die frz. Rezeption der „Lectiones" bei Lecointe, J.: L'Idéal et la différence. La perception de la personnalité littéraire à la Renaissance. Genf 1993, 39, 303. – [20] Mulryan (wie not. 17); Lecointe (wie not. 19).

Rovigo   Michela Marangoni

Richard Löwenherz, * Oxford 8. 9. 1157, † Châlus 6. 4. 1199, engl. König (1189–99). Durch seine Teilnahme am 3. → Kreuzzug 1190–92, die Eroberung Zyperns, die Einnahme des palästin. Akkon und den Sieg über Sultan Saladin erwarb sich R. noch zu Lebzeiten großen Ruhm. Bei seiner Rückkehr wurde er 1192 von Herzog Leopold V. von Österreich, den er bei der Belagerung von Akkon beleidigt hatte, nahe Wien gefangengenommen und zunächst auf der Burg Dürnstein (Wachau) festgesetzt, wenig später auf die pfälz. Burg Trifels überführt und dem dt. Kaiser Heinrich VI. ausgeliefert, der ihn erst 1194 gegen Zahlung eines hohen Lösegeldes freiließ. Bis zu seinem Tode war R. in ständige Kämpfe mit dem frz. König Philipp II. August und bes. mit seinem eigenen Bruder Johann I. Ohneland verwickelt, der ihm während seiner Abwesenheit und auch danach die Herrschaft streitig machte[1]. R.s Beiname ‚L.' geht auf den Geschichtsschreiber → Giraldus Cambrensis (um 1187) zurück[2]. Die Nachwelt hat ihn als eine → Kristallisationsgestalt für den Topos des vorbildlichen → Herrschers idealisiert.

Schon im MA. wurde R., dem Zeitgenossen literar. Neigungen nachrühmten und unter dessen Namen auch zwei altfrz. Serventois überliefert sind, von Dichtern und Chronisten zum artusähnlichen Musterkönig (cf. → Artustradition) verklärt[3]. Die Nachwirkung des mittelengl. Versromans *Kyng Rychard Coer de Lyoun* (um 1230)[4], der die verbürgten Heldentaten R.s um erfundene erweitert, ist in späteren Werken nachzuweisen, wie z. B. in → Shakespeares Historiendrama *King John* (1594/97) oder Sir Walter → Scotts Roman *The Talisman* (1825)[5]. Auch in der mhd. Lit. hat R. Spuren hinterlassen: In der dt. Schlußstrophe eines lat. Liedes der *Carmina burana* etwa sehnt sich die Sprecherin nach dem ‚chunich von Engellant'[6], und Walther von der Vogelweide würdigt in einem Spruch ‚den von Engellant' wegen seiner exemplarischen Freigebigkeit[7].

Bes. um R.s → Gefangenschaft und seine angebliche Befreiung durch den Sänger Blondel ranken sich Sagen und Balladen (u. a. Franz Schuberts *Romanze des R. L.* [Text von Karl Ludwig Müller]; Robert Schumanns *Blondel's Lied* [Text von Johann Gabriel Seidl]), die bis in die Moderne hinein fortwirken[8] und seinen Ruf als König der Dichter befördert haben. Am Anfang dieser Erzähltradition steht ein um 1260 geschriebener Text[9], in dem der ‚ménestrel' Blondel den Eingekerkerten in einem österr. Schloß aufspürt, ihn durch eine Melodie (→ Erkennungszeichen) erkennt und seine Freilassung (durch Loskauf) in die Wege leitet. Die frei erfundene Episode, die zeitweilig (und zu Unrecht) mit dem hist. bezeugten Trouvère Blondel de Nesle in Verbindung gebracht wurde[10], schöpft aus Motiven der internat. Erzählliteratur[11].

Der Roman *La Tour ténébreuse et les jours lumineux, contes Anglois, accompagnez d'historiettes, & tirez d'une ancienne chronique composée par R., Cœur de Lion, Roy d'Angleterre* von Marie-Jeanne → l'Héritier de Villandon (P.

1705) greift die Blondel-Sage auf und verknüpft sie mit einer romantisierenden Liebeshandlung. Hiermit setzte eine literar. Mode ein, die zu einer Fülle einschlägiger epischer, dramatischer und lyrischer Werke führte. Überdies zog der breitenwirksame Stoff seit Georg Friedrich Händels *Riccardo Primo, re d'Inghilterra* (Uraufführung L. 1727), entscheidend befördert durch das Libretto von Michel-Jean Sedaine zu André-Ernest-Modeste Grétrys folgenreicher Oper *R. Cœur-de-Lion* (Uraufführung P. 1784), zahlreiche Stücke für das Musiktheater nach sich[12].

Zusätzliche Popularität gewannen die Geschichten um R. L. schon seit dem 16. Jh.[13] und dann bes. in Scotts Roman *Ivanhoe* (1819) durch ihre Verbindung mit der Erzähltradition um den als edlen → Räuber verstandenen Volkshelden Robin Hood. Zahlreiche Theaterstücke und Opern des 18./19. Jh.s sowie Verfilmungen des 20. Jh.s bezeugen die anhaltende Wirksamkeit dieses Überlieferungsstranges[14]. Ohne solche Zutat kommt etwa im *Romanzero* (1851) Heinrich → Heines[15] Gedicht über die Rückkehr von R. L. aus „Östreichs Festungsduft" aus, während Felix Dahns Ballade *König R. und Blondel* (1857)[16] den heroischen Charakter der Episode betont.

Stark wechselnde lokalpatriotische Akzente erhielt die Geschichte von R.s Gefangenschaft und Befreiung je nach Nationalität der Autoren – ob in P. Ginthums Darstellung, die den hist. korrekten Schauplatz des Geschehens wählt[17], K. Geibs Erzählung *R. L. auf dem Trifels*, die wiederum Blondel einbezieht[18], oder in einer von K. → Haiding gesammelten österr. Sage[19], in der die Befreiung des Königs durch den Sänger in Dürnstein spielt. Der Konflikt zwischen R. L. und dem dt. Kaiser Heinrich VI. wurde während des 2. Weltkriegs in einer Erzählung zur Propaganda gegen den ‚Erbfeind' England mißbraucht[20]. Die Figur des R. L. inspirierte auch den überaus beliebten und langlebigen, zuerst 1937 von Harold R. Foster und seit 1971 von John C. Murphy gezeichneten Comic-Roman um *Prince Valiant* (dt. *Prinz Eisenherz*). Ebenso wie dieser u. a. zu einer Galionsfigur der homosexuellen ‚Szene' geworden ist, sorgte schon für R. L. die Frage seiner angeblichen Homosexualität zu einer vorübergehenden Belebung der wiss. Diskussion[21].

[1] cf. Stubbs, W. (ed.): Chronicles and Memorials of the Reign of R. I. 1–2. L. 1864–65; König R. I. L. von England (1189–1199). Dürnstein 1966; Gillingham, J.: R. L. Eine Biogr. Düsseldorf 1981; Pernoud, R.: Der Abenteurer auf dem Thron. R. L. König von England. Mü. 1994; Kessler, U.: R. I. L. König, Kreuzritter, Abenteurer. Graz 1995. – [2] cf. Broughton, B. B.: The Legends of King R. I. Cœur de Lion. A Study of Sources and Variations to the Year 1600. The Hague/P. 1966, 117. – [3] cf. Needler, G. H.: R. Cœur de Lion in Literature. Lpz. 1890, 8; Nelson, L. (ed.): R. Cœur de Lion in Literature and Myth. L. 1992; Krohn, R.: „R.es lob gemêret wart mit hôher werdekeit". Der L.-Mythos in MA. und Neuzeit. In: Müller, U./Wunderlich, W. (edd.): Herrscher, Helden, Heilige. St. Gallen 1996, 134–136; Gmelin, H.: R. L. und die Trobadors. In: Zs. für frz. und engl. Unterricht 26 (1927) 561–574; 27 (1928) 14–28, 81–88; Wright, T.: The Political Songs of England, from the Reign of John to that of Edward II. (L. 1839) N. Y. 1968, 57 sq., 356. – [4] Kyng Rychard Coer de Lyoun. ed. K. Brunner. Wien/Lpz. 1913; cf. Krohn (wie not. 3) 143–145. – [5] cf. ibid., 146; verfilmt u. d. T. Kind R. and the Crusaders (USA 1954; Regie David Butler). – [6] Vollmann, B. K. (ed.): Carmina Burana. Texte und Übers. Ffm. 1987, 498 (145,7). – [7] Cormeau, C.: Walther von der Vogelweide. Leich, Lieder, Sprüche. B./N. Y. [14]1996, 37 (3,10); cf. Krohn (wie not. 3) 139–143. – [8] Reither, H./Seebach, H.: Der engl. König R. I. L. als Gefangener auf Burg Trifels. Mainz 1999. – [9] Wailly, N. de: Récits d'un ménestrel de Reims au treizième siècle. P. 1876. – [10] cf. Wiese, L.: Die Lieder des Blondel de Nesle. Dresden 1904, XXXIV sq., XL. – [11] ibid., XXX sq. – [12] Krohn (wie not. 3) 147–151. – [13] cf. Holt, J. C.: Robin Hood. L. 1982, 40 sq. – [14] Krohn (wie not. 3) 149 sq. – [15] Heine, H.: Sämtliche Schr. 11. ed. K. Briegleb. Mü. 1976, 40 sq. – [16] Dahn, F.: Sämtliche Werke poetischen Inhalts 2. Lpz. 1898, 156 sq. – [17] Ginthum, P.: Pfälzer Sagen und Balladen. Landau 1925, 24. – [18] Geib, K.: Sagen und Geschichten des Rheinlandes. Mannheim 1836, 1–10. – [19] Haiding, K.: Alpenländ. Sagenschatz. Wien/Mü. 1977, 131 sq. – [20] Stockhausen, J. von: Die Nacht von Wimpfen. Straßburg 1941, 53–63; Krohn (wie not. 3) 151 sq. – [21] Zuerst Harvey, J. H.: The Plantagenets. L. 1948, 33 sq.; cf. Gillingham (wie not.1) 346 sq.

Karlsruhe   Rüdiger Krohn

Richmodis → Frau: Die tote F. kehrt zurück

Richter

1. Allgemeines – 2. R. im Erzählgut – 2.1. Weise und gerechte R. – 2.2. Korrupte und andere schlechte R. – 2.3. Bestrafung von R.n

1. Allgemeines. Der R. ist eine mit der Ausübung der Gerichtsbarkeit betraute Person, sei es, daß ihm die Entscheidung eines Rechtsstreits zwischen zwei Parteien (Kläger und Beklagtem) zur Vermeidung der Selbstjustiz obliegt oder daß er den Strafanspruch des Staates gegenüber einem Angeklagten verfolgt[1]. In früherer Zeit waren die Übergänge zwischen den beiden Funktionen fließend, wie denn überhaupt der R. im Wandel der Geschichte ein äußerst komplexes Bild zeigt. R.amt und Priesteramt fielen anfänglich zusammen. In Gesellschaften des antiken Orients existierte eine enge Verbindung von Politik in Gestalt monarchischer Herrschaft mit der Religion in Gestalt der Königsideologie, auf die sich die Funktion, als Gesetzgeber zu wirken und → Gerechtigkeit durchzusetzen, gründete. Das A. T. sieht das Recht als konsequente Ableitung aus dem Willen Gottes[2]. R. waren gleichzeitig Priester und → Herrscher wie Hammurapi (1728–1686 a. Chr. n.), → Salomo, → Daniel[3] oder auch → Alexander d. Gr. Die Funktion des R.s delegierten Herrscher häufig an ihre Stellvertreter oder spezielle Beamte, blieben aber oberste Instanz. „Der koning ist gemeine richter ubir all" heißt es im *Sachsenspiegel* (ca 1220–35)[4]. Ebenso ging in der arab. Welt die R.gewalt vom Kalifen auf den Kadi über[5]. Einen unabhängigen, von den Parteien gewählten R. (iudex) kannte dagegen das klassische röm. Recht. Er ist Vorbild des rechtsgelehrten, unabhängigen R.s der Neuzeit. Von den Rechtsparteien gewählt wurde auch der → Schiedsrichter, der anstelle eines staatlichen Gerichts entscheidet.

2. R. im Erzählgut. Erzählungen über R. sind sehr vielfältig. Darstellungen des R.s sind nicht nur von Ort und Zeit ihrer Entstehung abhängig (→ Rechtsvorstellungen), sondern wesentlich vom jeweiligen Genre. Prägend für die Gestalt des gerechten R.s wirkten Vorstellungen von einem göttlichen Gericht nach dem Tod des Menschen, die sich nicht nur im jüd.-christl. Bereich finden (→ Buch des Lebens; → Jüngstes Gericht; → Seelenwaage)[6], sondern auch schon im alten Ägypten (Totenbücher) sowie in Hinduismus, Buddhismus, Zoroastrismus und Islam. Gott verkörpert die Gerechtigkeit selbst[7]. Göttliche Rechtsprechung wurde auch in → Gottesurteil und → Zweikampf gesehen. „Got ist selber recht. Dar umme ist im recht lip" heißt es im *Sachsenspiegel*[8]. In den weisen Herrschern wiederum offenbart sich das göttliche Recht (1. Kön. 3,28). Zur Verherrlichung des idealen Herrschers gehört nun auch das Kriterium, daß er ein gerechter R. ist (cf. z. B. AaTh 207 C: → *Glocke der Gerechtigkeit* mit Kristallisationsfiguren wie dem ceylones. König Eḷāra, dem pers. Herrscher Anōšarvān oder → Karl d. Gr.). Auch noch im Zaubermärchen ist der R. meist ein → König, der R.gewalt über Familie, Hausgesinde und Untertanen hat[9]. Er spricht ohne Untersuchung und Prozeß das → Urteil wie z. B. in KHM 9, AaTh 451: → *Mädchen sucht seine Brüder*[10]. Hingegen schildern die realistischeren Novellenmärchen das Urteilsvermögen von R.n in → Rechtsfällen. In Rechtssagen und -legenden handelt es sich oft um einen ungerechten R., der bestraft wird. Nicht unwesentlich verhalfen Schwänke dem R. zu einem negativen Image. Die häufig unterschiedliche und widersprüchlich erscheinende Auslegung der Gesetze durch R., die Förmlichkeit des Gerichtsverfahrens, die schwer verständliche Fachsprache des nach seiner Rezeption in Mitteleuropa noch oft als fremd empfundenen röm.-kanonischen Rechts und nicht zuletzt die hohen Kosten (bes. für die Ladung des Gegners und dessen Auslagen im Falle des Unterliegens)[11] ließen den R. eher zur zwielichtigen Figur werden. Der bestechliche R. (→ Bestechung) wurde gleich dem käuflichen → Advokaten, dem habgierigen Prälaten und dem lüsternen Schreiber[12] geradezu ein Topos in der Lit. seit dem MA.[13] Witze über R. bestehen meist aus dem → Dialog zwischen R. und Angeklagtem, wobei letzterer häufig das letzte Wort behält, z. B. in jüd. Witzen zwischen jüd. Angeklagten und nichtjüd. R. oder dem talmudgelehrten → Rabbi[14].

2.1. Weise und gerechte R. Den Prototyp eines gerechten R.s, in dessen Wirken göttlicher Wille zum Ausdruck kommt und der daher nicht nur gerecht, sondern auch weise handelt, stellt der R.könig Salomo dar. Sein Urteil im Streit zweier Frauen um ein Kind (1. Kön. 3,16–28), den er mit einer einfachen und logisch nachvollziehbaren Begründung entschied (AaTh 926: *Judgment of Solomon*), wurde Thema internat. weitverbreiteter Novellenmärchen, ist als → salomonisches Urteil sprichwörtlich geworden[15] und steht als Metapher für eine gerechte und weise Entscheidung schlechthin.

Zum Ausweis großer Fähigkeiten von Knaben, deren vornehme Herkunft unbekannt ist (→ Knabenkönig) oder die später zu berühmten Persönlichkeiten werden, gehört auch oft die → Klugheit, mit der sie als R. agieren:

Durch das Eingreifen seines Sohnes Salomo fällt König David das richtige Urteil (AaTh 821 B: cf. → Prozeß um die gekochten Eier), der junge Daniel überführt die Ankläger der → Susanna des falschen Zeugnisses (→ Baumzeuge), der Jüngling → Maimonides löst schwierigste Rechtsfälle, der Knabe Mahosadha richtet im Streit der zwei Frauen um ein Kind (Jātaka, num. 546; AaTh 926)[16].

Ein weiser und gerechter R. richtet, ohne gegen den Wortlaut des Gesetzes zu verstoßen, fällt jedoch aus Menschenkenntnis und Welterfahrenheit verständnisvolle und menschliche Urteile. Dieses Bild des R.s vermitteln vor allem Erzählungen, in denen unberechtigte oder als grausam empfundene Forderungen abgewiesen werden:

Der im Altertum als R. berühmte ägypt. König Bokchoris (717−711 a. Chr. n.) spricht → Plutarch zufolge der für die Bezahlung von geträumten Liebesdiensten klagenden Hetäre nur das Spiegelbild des Geldes zu (AaTh 1804 B: cf. → Scheinbuße)[17]. In mongol. (→ Ardschi Bordschi) und arab. Var.n zu AaTh 1617: → Kredit erschwindelt verhilft ein R. dem Kläger zu seinem Eigentum zurück[18]. In einer durch die Disciplina clericalis (1,17) des → Petrus Alfonsus tradierten Geschichte beschuldigt der Eigentümer eines Geldbeutels den ehrlichen Finder, daß er seinen Finderlohn schon herausgenommen habe, und erhält vom R. den Bescheid, daß es sich dann bei der gefundenen um eine andere Börse handeln müsse (Mot. J 1172.1; auch als Episode von AaTh 1534: → Schemjaka: Die Urteile des S.)[19]. Indem der R. unsinnige Forderungen → ad absurdum führt, bringt er in AaTh 1534, einer Kette von bizarren Rechtsfällen, die Kläger dazu, ihre Klagen zurückzuziehen: Einem, der vor dem Ertrinken gerettet wurde, dabei ein Auge verlor und seinen Retter anklagt, wird beschieden, daß er ins Wasser geworfen werden soll, und sofern er sich selbst rette, Recht haben soll[20]. Der Ankläger eines Mannes, der versuchte, Selbstmord zu begehen, sich von einer Brücke (Turm) stürzte und dabei einen Menschen tötete, soll sich von gleicher Höhe auf den Angeklagten werfen[21]. In AaTh 890: → Fleischpfand gibt der R. dem klagenden Gläubiger formal Recht, dem geschlossenen → Vertrag gemäß bei Nichtrückzahlung einer geliehenen Geldsumme einen Teil aus dem Fleisch des Schuldners herauszuschneiden, belegt ihn jedoch durch ge-

naueste Auslegung des Vertrages mit unerfüllbaren Aufgaben, bei deren Nichteinhalten er schwere Strafe androht; auch hier wird die Klage zurückgezogen[22].

Die Eigenschaften eines idealen R.s wurden immer wieder formuliert. Der studierte Jurist und später im Augustinerorden tätige Tomaso → Garzoni entwarf z. B. 1587 in seinem oft gedr. und vielübersetzten Werk La piazza universale di tutti le professioni del mondo (Neuausg. Florenz 1996) ein Idealbild vom R.stand, von der Unparteilichkeit und Unbestechlichkeit über die Güte bis zur korrekten Kleidung des R.s[23]; der Jurist J. Döpler stellte Ende des 17. Jh.s Verhaltensregeln für R. zusammen und schloß auch die Forderung nach einer ‚rechtschaffenen Besoldung' ein[24]. Narrative Ausgestaltungen erfuhren solche Forderungen in positiven Beispielen, wie sie z. B. Johannes → Pauli in seine Slg Schimpf und Ernst (1522) aufgenommen hat: zur lat. Rechtsregel ‚Audiatur et altera pars'[25], zum Richten ohne Ansehen der Person[26], auch wenn es wie im Fall des Gesetzgebers Zaleucus die eigene Familie betrifft[27], und zum zwar strengen, aber gütigen Richten[28]. Gerechtigkeit soll von Barmherzigkeit begleitet sein, weil sie sonst ihren Namen verliert und in Tyrannei umschlägt[29].

2.2. Korrupte und andere schlechte R. Häufiger als R.lob findet sich R.schelte, in gelehrten Diskursen, Predigtsammlungen (z. B. im Narrenschiff [1520] von Johann → Geiler von Kaysersberg)[30] und im → Ständespott (→ Beruf, Berufsschwänke). Daß dabei Advokat und R. oft austauschbar sind, spricht für sich.

Bes. häufig wird dem R. Bestechlichkeit vorgeworfen[31].

Auf das Schmieren, bei Sebastian → Franck[32] mit der Redensart „Wer gut schmiert, der gut fährt" belegt, spielt der Schwank von der Frau an, die den bildhaften Ausdruck wörtlich nimmt und dem R. die Hand mit Butter (Öl, → Salbe) schmiert (Mot. J 2475; Tubach, num. 2421 [für geschmierten Bischof])[33]. Bes. häufig und in verschiedenen Versionen findet sich der Schwanktyp von der doppelten Bestechung des R.s (AaTh 1861 A: The Greater Bribe): Der R. erhält von beiden Parteien Geschenke, wobei die wertvollere Gabe den Ausschlag gibt (Tubach, num. 2851, cf. auch 2993)[34]. Dabei wird nicht nur der R., sondern auch seine Ehefrau bedacht[35]. Doch kann der bestochene R. auch betrogen werden: Der erhaltene Honigtopf ist nur oben mit einer Schicht Honig bedeckt, darunter aber ist Erde. Als der bestochene R. dies erkennt, will er das Urteil umstoßen mit der Begründung, er habe sich geirrt. Das Urteil sei schon richtig, antwortete → Hodscha Nasreddin, der Irrtum stecke im Honig[36].

Wie sehr R. von Bestechung ausgehen, thematisiert AaTh 1660: → *Stein für den R.*: Der R. spricht den Angeklagten in Erwartung einer Bestechungsgabe frei, doch handelte es sich bei dem vermeintlichen Geschenk um einen Stein, mit dem der Angeklagte bei einer Verurteilung auf ihn werfen wollte. Zumindest finanziellen Gewinn macht der R. im Schwank, in dem er nach der röm. Rechtsregel ‚suum cuique'[37] jedem von zwei streitenden Bauern Recht gibt und die von den Streitparteien hinterlegten Gulden einstreicht[38]. In der Witzversion fragt eine Person den R., wieso beide Parteien recht haben könnten, und bekommt auch noch Recht[39].

R. gelten nicht nur als bestechlich, sondern ihnen werden auch andere negative Eigenschaften zugeschrieben. In einer pers. Erzählung will ein Mann an den schlechtesten aller Menschen Geld verschenken; nur der Kadi ist bereit, das Geld zu akzeptieren[40]. R. zeigen sich gerissen, wenn es um das eigene Portemonnaie geht (in Var.n zu AaTh 1589: → *Hund des R.s*). In Vigil Rabers Fastnachtspiel *Ain unzucht rech* handelt der R. verantwortungslos, wenn er die Schöffen zur Eile drängt, um früher ins Wirtshaus zu kommen[41]. R. stellen fremden Frauen nach[42] und sind dem Alkohol verfallen[43]. Als Rache des kleinen Mannes an allzu arroganter Amtsführung ist AaTh 1586: → *Fliege auf des R.s Nase* zu sehen, wenn dieser den R. ungestraft schlagen darf (cf. auch Mot. J 1193.2: *The value of a blow*).

Ein unfähiger R. sei schlimmer als die schlimmste Pest, heißt es auf einem ital. Emblem des 16. Jh.s[44]. Er versteht entweder von dem Rechtsprechungsgegenstand nichts oder kennt sich in der Juristerei überhaupt nicht aus: Er hält die Namen der bekannten Rechtsgelehrten Bartholus und Baldus für Zeugennamen und die Titel der Gesetzeswerke *Clementina* und *Novella* für die Namen von Dirnen[45].

2.3. Bestrafung von R.n. → Strafen drohen den R.n für ihre Verfehlungen. Doch seltener wird berichtet, daß sie von irdischen Gewalten bestraft werden, vielmehr ist dies jenseitigen Mächten zu verdanken (Mot. Q 265.1, Q 265.1.1).

Unter den irdischen Strafen findet sich das drakonische Urteil des Kambyses, der den korrupten R. Sisamnes bei lebendigen Leib schinden und mit der Haut den R.stuhl seines Nachfolgers Otanes beziehen läßt (Tubach, num. 2859; Mot. J 167). Zur Mahnung der R. findet sich dieses Motiv auf Bildern in Rathäusern Norddeutschlands und in den Niederlanden[46]. Daniel verurteilt die korrupten R., die Susanna zu Unrecht beschuldigt haben, zum Tode[47]. Der Diebstahl des R.s in einer Rechtslegende um Graf Wilhelm III., der normalerweise mit einer Geldbuße geahndet würde, führt zur Enthauptung wegen Amtsmißbrauch[48].

Zur Warnung dienen Erzählungen über Bestrafungen von R.n durch Jenseitige. In der Version des → Stricker von AaTh 1186: → *Advokat und Teufel* (1. Hälfte 13. Jh.) ist es ein R., der mit dem → Teufel über Land geht und, als eine Frau ihn erkennt und verflucht, daß ihn der Teufel hole, sofort vom Teufel gegriffen und in die Hölle geführt wird[49]. In einem Exemplum zeigt der Teufel kein Mitleid am Totenbett eines korrupten R.s, da dieser im Leben keines gegenüber Armen gezeigt hätte (Tubach, num. 2852); in einem anderen bringt Gott jedoch einen bestechlichen R. für 30 Tage wieder zum Leben, damit er Buße tun kann (Tubach, num. 2854). Nach einer vogtländ. Sage wurde ein ungerechter R. in eine Eiche gebannt und geht als Gespenst um, das nicht einmal der Pastor wegbringen kann[50]. In Sagen aus der Westeifel und dem Oberwallis straft ein unschuldig → Gehenkter den ungerechten R., indem er als → Wiedergänger ihm Krankheit und Tod bringt, ihn zur Flucht oder in den Wahnsinn treibt[51]. Manchmal spiegelt die Strafe das Fehlurteil (→ Talion, Antitalion): Zwölf R., die ein Grundstück dem Unrechten zugesprochen haben, werden von der Erde verschluckt (Grimm DS 102; → Eid, Meineid), oder ein R. muß mit den Köpfen der unschuldig Hingerichteten kegeln, bis sie durch Gottes Wort verscheucht werden[52]. Ein zu Unrecht Verurteilter mahnt den R. durch das Buchstabenrätsel „R. R. M. I. B. D. K./ R. D. M. S. R. D. G." (R., richte mich, ich bin Dein Knecht/ Richtest Du mich, so richtet Dich Gott); dies bringt einen Sinneswandel des R.s, und er spricht ihn frei[53].

¹ Kocher, G.: R. In: Hwb. zur dt. Rechtsgeschichte 4. ed. A. Erler/E. Kaufmann. B. 1990, 1033–1040; cf. auch Heinemann, F.: Der R. und die Rechtsgelehrten. Justiz in früheren Zeiten. (Lpz. 1900) Nachdr. Düsseldorf/Köln 1969. – ² Otto, E.: Recht/Rechtstheologie/Rechtsphilosophie. I: Recht/Rechtswesen im Alten Orient und im A. T. In: TRE 28 (1997) 197–209. – ³ Kocher, G.: Die Causa der Susanna. In: Forschungen zur Rechtsarchäologie und Rechtlichen Vk. 7 (1985) 47–69. – ⁴ Sachsenspiegel. Landrecht 3, 26, 1. – ⁵ Tyan, E.: Ḳāḍī. In: EI² 4 (1978) 373 sq.; Nowak, p. 22. – ⁶ Hardung, S.: Die Vorladung vor Gottes Gericht. Ein Beitr. zur religiösen und rechtlichen Vk. Bühl-Baden 1934; Kretzenbacher, L.: Die Seelenwaage. Klagenfurt 1958. – ⁷ Pleister, W./Schild, W./Latz, H. (edd.): Recht und Gerechtigkeit im Spiegel der europ. Kunst. Köln 1988, Abb. 114. – ⁸ Sachsenspiegel, Prolog. – ⁹ Ludwig, O.: R. und Gericht im dt. Märchen. Bühl-Baden 1935. – ¹⁰ cf. auch Schier, K.: Schwed. Volksmärchen. MdW 1971, num. 4. – ¹¹ Sellert, W.: Prozeßkosten. In: Erler/Kaufmann (wie not. 1) 49–53; id.: Die Akzessorietät von Kostentragung und Prozeßerfolg. In: Rechtsgeschichte als Kulturgeschichte. Festschr. A. Erler. Aalen 1976, 509–537. – ¹² cf. Wienker-Piepho, S.: „Je gelehrter, desto verkehrter?" Volkskundlich-Kulturhistorisches zur Schriftbeherrschung. Münster 2000, 158–173. – ¹³ Genzmer, E.: Hugo von Trimberg und die Juristen. In: L'Europa e il diritto romano. Gedächtnisschrift P. Koschaker 1. Mailand 1954, 289–336, hier 297. – ¹⁴ Röhrich, L.: Der Witz. Stg. 1977, 18–20; Magsamen, R.: Wenn das Auge des Gesetzes blinzelt. Fbg 1985, 43–58; Landmann, S.: Die klassischen Witze der Juden. Ffm./B. 1989, 24, 115–119. – ¹⁵ Röhrich, Redensarten 3, 1664, cf. auch 1276. – ¹⁶ Winternitz, M.: Geschichte der ind. Litteratur 2. Lpz. 1913, 174 sq. – ¹⁷ Harkort, F.: Die Schein- und Schattenbußen im Erzählgut. Diss. (masch.) Kiel 1956, 85–115. – ¹⁸ Marzolph, Arabia ridens, num. 449; id.: „Pleasant Stories in an Easy Style". In: Proc. of the Second European Conference of Iranian Studies (Bamberg, 30. Sept. – 4. Okt. 1991. ed. B. G. Fragner u. a. Rom 1995, 445–475, hier num. 14. – ¹⁹ Sofer, Z.: Das Urteil des Schemjaka (AT 1534). Diss. (masch.) Göttingen 1965, 78–85 (Motiv D); Pauli/Bolte, num. 115. – ²⁰ Sofer (wie not. 19) 98–106 (Motiv G). – ²¹ ibid., 66–77 (Motiv C). – ²² Schamschula, E.: Das Fleischpfand. Mot. J 1162.2 in Volkserzählung und Lit. In: Fabula 25 (1984) 277–295. – ²³ Garzoni, T.: Piazza universale oder Allg. Schawplatz [...]. Ffm. 1659, 1028–1037 (145. Diskurs). – ²⁴ Döpler, J.: Theatrum poenarum, suppliciorum et executionum criminalium 1–2. Sondershausen 1693/97. – ²⁵ Pauli/Bolte, num. 259; Liebs, D.: Lat. Rechtsregeln und Rechtssprichwörter. Mü. ⁶1998, 37 (A 106). – ²⁶ Pauli/Bolte, num. 122; zur allegorischen Gestalt der Justitia mit verbundenen Augen cf. Holk, L. E. van: Justitia. Bild und Symbol im 17. Jh. in den Niederlanden. In: Forschungen zur Rechtsarchäologie und Rechtlichen Vk. 3 (1981) 155–199, hier 157; Kissel, O. R.: Die Justitia 2. Mü. 1997. – ²⁷ Pauli/Bolte, num. 226. – ²⁸ ibid., num. 120. – ²⁹ Albertinus, A.: Hirnschleiffer. ed. L. S. Larsen. Stg. 1977, 80. – ³⁰ Heinemann (wie not. 1) 75–79. – ³¹ Moser-Rath, Schwank, 182–190; Schempf, H.: Iudicium Corruptum. In: Forschungen zur Rechtsarchäologie und Rechtlichen Vk. 20 (2003) 53–69. – ³² Röhrich, Redensarten 3, 1377. – ³³ Pauli/Bolte, num. 124. – ³⁴ Moser-Rath, Predigtmärlein, num. 168. – ³⁵ cf. Pauli/Bolte, num. 125. – ³⁶ EM 2, 211; Hodscha Nasreddin, num. 170. – ³⁷ Liebs (wie not. 25) 224 (S 89). – ³⁸ Moser-Rath, Predigtmärlein, num. 56; Moser-Rath, Schwank, num. 147. – ³⁹ Landmann, S.: Der jüd. Witz. Olten/Fbg 1960, 160; cf. auch Magsamen (wie not. 14) 47 (R. als Fragender). – ⁴⁰ Marzolph *1861. – ⁴¹ Raber, V.: Eilf Fastnachtspiele aus den Jahren 1512 bis 1535. ed. O. Zingerle. Wien 1886, 89–93, hier V. 87–89. – ⁴² Nowak, p. 23; Eberhard/Boratav, num. 268 (III). – ⁴³ Hodscha Nasreddin, num. 186. – ⁴⁴ Henkel, A./Schöne, A.: Emblemata. Hb. zur Sinnbildkunst des 16. und 17. Jh.s. Stg 1978, 519 (Achilles Bocchius). – ⁴⁵ Moser-Rath, Schwank, 186. – ⁴⁶ Pleister u. a. (wie not. 7) 162. – ⁴⁷ Kocher (wie not. 3). – ⁴⁸ Holk, L. E. van: Eine ma. Rechtslegende und ihre Darstellung in der Kunst des 17. Jh.s. In: Forschungen zur Rechtsarchäologie und Rechtlichen Vk. 5 (1983) 135–157; cf. auch Weegschaal en Zwaard. ed. M. A. Moelands/J. T. de Smidt. Ausstellungskatalog. Den Haag 1999, 72–87. – ⁴⁹ Ott, N. H.: Bispel und Mären als juristische Exempla. In: Kleinere Erzählformen im MA. Paderborner Colloquium 1987. ed. K. Grubmüller u. a. Paderborn u. a. 1988, 243–252 (Stricker-Märe zur Mahnung für R. vor Autoritätsmißbrauch und Selbstgerechtigkeit in einzelne Hss. der bes. in Süddeutschland verbreiteten Schwaben- und Deutschenspiegel eingeschoben). – ⁵⁰ Eisel, R.: Sagenbuch des Voigtlandes. Gera 1871, num. 115. – ⁵¹ EM 5, 893. –⁵² Müller-Bergström, W.: R. In: HDA 7 (1935–36) 691–694, hier 693 (weitere Nachweise); Müller/Röhrich F 49. – ⁵³ Elias, M.: Rechterraadsels of De twee gezichten van de zondebok. Maastricht 1998, 11; Wossidlo, R.: Mecklenburg. Volksüberlieferungen. 1: Rätsel. Wismar 1897, 222, num. 973 (3).

Korntal   Herbert Schempf

Richter, Ludwig → Illustration

Richtung: Die verkehrte R. (AaTh 1275–1276), zu den → Schildbürgergeschichten gehörende Schwänke aus neuerer Zeit, in denen Reisende nicht ans Ziel gelangen: Sie fahren entweder aus verschiedenen Gründen in die falsche R. oder kommen nicht voran, denn das Schiff oder Boot bleibt auf der Stelle.

AaTh 1275: *The Sledges Turned* weist folgende Normalform auf[1]:

> Reisende stellen bei der Ankunft in der Herberge (Schenke) die Schlitten (Pferdewagen) in Fahrtrichtung auf. In der Nacht (während des Besuchs in der Schenke) wendet ein Schelm das Fahrzeug, und die Reisenden kehren nach Hause zurück.

AaTh 1275 scheint im Osten Europas bekannter zu sein als im Westen. In Rußland sind mehrere Var.n[2] aufgezeichnet worden, ebenso in Olonez-Karelien[3] sowie bei den Komi und Wotjaken[4]. Für Finnland liegen zehn Var.n vor, die zum größten Teil aus Ostfinnland[5] stammen. In Lettland, Litauen und Polen ist der Erzähltyp ebenfalls bekannt[6]. Ung. Var.n sind im ung. Typenkatalog unter MNK 1275 I* verzeichnet: In einigen Var.n vergessen oft betrunkene Protagonisten, ihren Wagen zu wenden, und fahren deshalb in die falsche R. Darüber hinaus sind jüd. Var.n aus Osteuropa belegt[7].

Aus Westeuropa liegen wesentlich weniger Zeugnisse zu AaTh 1275 vor. In einer frz. Erzählung findet sich der Erzähltyp zusammen mit anderen Schildbürgermotiven: Auf dem Weg nach Paris gehen die Männer aus dem Dorf St.-Jacut in einem Kornfeld schwimmen (AaTh 1290: → *Schwimmen im Flachsfeld*) und vermissen danach einen der ihren (AaTh 1287: *Sich nicht → zählen können*). Währenddessen hat sich ihr Esel in die Richtung gedreht, aus der sie gekommen sind, und so kehren sie heim[8]. Zu einer bes. langen ital. Erzählung gehört neben vielen anderen Motiven eine Passage, in der ein Mann aus Cuneo in die Stadt reitet. Er macht halt in einer Poststation, wo einer der Gäste das Pferd in die R. dreht, aus der der Mann kam, so daß er wieder nach Hause reitet[9].

Dem Erzähltyp AaTh 1275*: *Travelers Lose Way and Get Turned Around* sind in verschiedenen Verz.en und Veröff.en recht unterschiedliche Texte zugeordnet worden. In einigen wird nur kurz gesagt, daß die Reisenden sich verirren und nach Hause zurückkehren[10]. Im bulg. Typenkatalog sind unter BFP *1275** mehrere Var.n erwähnt, in denen Männer sich verirren, nach Hause zurückkehren und sich selbst nicht mehr erkennen (cf. AaTh 1284: cf. *Irrige → Identität*). Auch für China sind unter Ting 1275 A* mehrere ähnliche Var.n verzeichnet.

In AaTh 1276: *Rowing without Going Forward* geht es um eine Reise zu Wasser[11]:

> Zwei Personen sitzen in einem Boot einander gegenüber und rudern. Das Boot kommt nicht voran. Sie vermuten, daß das Boot außer Atem ist und mehr Luft braucht, und ziehen daher den Stöpsel heraus. Das Boot fährt jetzt vorwärts, weil einer der beiden Wasser schöpfen muß (das Boot bewegt sich nicht vorwärts, weil es immer noch am Ufer festgebunden ist).

AaTh 1276 ist bes. in Nordeuropa bekannt, in Schweden[12], Norwegen[13], Dänemark[14] und Lappland[15]. In Finnland ist der Erzähltyp mit mindestens 48 Var.n der 1. Version und mit 31 Var.n der 2. Version bes. weit verbreitet[16]. Aus Friesland sind mindestens 20 Var.n der 1. und 2. Version registriert[17]. Weiterhin ist der Erzähltyp in der 1. Version in Rumänien[18] und Kroatien[19] belegt, in Rußland und Irland mit je einer Var.[20] sowie in Ostindien[21] und Kambodscha[22].

Seltener findet sich AaTh 1276*: *Prayer for Change of Wind*[23]:

> Eine alte Frau befindet sich rudernd oder wandernd auf der Reise. Es kommt ein starker Sturm und Gegenwind auf. Die Alte betet zu Gott, der Wind möge auf der Heimreise drehen. So geschieht es, und sie muß wieder gegen den Wind kämpfen.

In Finnland ist AaTh 1276* zwar recht verbreitet[24], doch darüber hinaus sind nur noch Belege aus Deutschland[25] und England[26] bekannt. Die Akteure dieses Erzähltyps sind nur in seltenen Fällen Schildbürger, und manchmal bildet AaTh 1276* den Teil einer Kette von Schildbürgergeschichten. Meist sind sie Einwohner eines Nachbardorfes, von dem gern → Ortsneckereien erzählt werden, oder persönlich bekannte und namentlich genannte Personen, wodurch die Erzählung sagen- und anekdotenartige Züge erhält. Ebenso oft sind die Protagonisten jedoch ein namenloser Alter oder eine Alte. Es können ein, zwei oder mehrere Personen auftreten.

---

[1] Ergänzend zu AaTh 1275: Rausmaa, SK 4, num. 4, 5 und 121; Arājs/Medne; Kecskeméti/Paunonen; SUS; Soboleva; Kerbelytė, LPTK; Krzyżanowski. — [2] z.B. Smirnov, A. M.: Sbornik velikorusskich skazok archiva Russkogo geografičeskogo obščestva. Petrograd 1917, 139. — [3] Konkka, U. S./Tupicyna, A. S.: Karelskie narodnye skazki. Južnaja Karelija.

Len. 1967, num. 58. − [4] Fokos-Fuchs, D. R.: Volksdichtung der Komi (Syrjänen). Bud. 1951, num. 16; Wichmann, Y.: Wotjak. Sprachproben 2. Hels. 1901, num. 49. − [5] Hs. Slgen der Suomalaisen Kirjallisuuden Seura (Finn. Lit.ges.), Hels. − [6] Arājs/Medne; Kerbelytė, LPTK; Krzyżanowski. − [7] Schwarzbaum, 189, 472 sq. − [8] Sébillot, P.: Contes populaires de la Haute-Bretagne 1. P. 1880, num. 37. − [9] Hörstel, W.: Aus dem sonnigen Süden. Nürnberg [1904], 213 (ital.). − [10] Ergänzend zu AaTh 1275*: Cirese/Serafini; Jason, Types. − [11] Ergänzend zu AaTh 1276: Ó Súilleabháin/Christiansen; Hodne; Rausmaa, SK 4, num. 122−125; SUS; van der Kooi; Stroescu, num. 3819. − [12] Liungman 2, 275. − [13] z. B. Kvideland, R./Eiríksson, H. Ö.: Norw. und isl. Volksmärchen. B. 1988, num. 45 (norw.). − [14] Kristensen, E. T.: Danske skjæmtesagn 1. Aarhus 1900, num. 510−512. − [15] Qvigstad, J.: Lappiske eventyr og sagn 1. Oslo u. a. 1927, num. 41.4. − [16] Hs. Slgen (wie not. 5); Hackman, O.: Finlands svenska folkdiktning I A 2. Helsingfors 1920, num. 249. − [17] van der Kooi. − [18] Schullerus 1276; Stroescu, num. 3819. − [19] Bošković-Stulli, M.: Istarske narodne priče. Zagreb 1959, num. 47. − [20] SUS; Ó Súilleabháin/Christiansen. − [21] de Vries, num. 171. − [22] Gaudes, R.: Kambodschan. Volksmärchen. B. 1987, num. 54, 58. − [23] Ergänzend zu AaTh 1276*: Rausmaa, SK 4, num. 126; DBF A 2, 6 sq. − [24] Hs. Slgen (wie not. 5). − [25] Neumann, S.: Ein mecklenburg. Volkserzähler. B. 1968, num. 45. − [26] DBF A 2, 6 sq.

Helsinki   Pirkko-Liisa Rausmaa

Richtungssymbolik. Der Aufbau des Märchenraumes (→ Raumvorstellung) entspricht nicht der geogr., empirisch erfaßbaren Welt und ist von binären Oppositionen (diesseits/jenseits; eigen/fremd; zentral/peripher; zivilisiert/wild, oben/unten; cf. → Polarität) geprägt, die einer narrativen Logik folgen. U. Hölscher deutet in diesem Sinne den mythol. Raum von → Homers *Odyssee*, die er als Epos zwischen „Märchen und Roman" ansiedelt, als einen Raum, der ausschließlich an den Dingen und Vorgängen erfahrbar werde[1]. Aus demselben Grund fragen Märchenheld oder -heldin weniger nach der Richtung des → Wegs als vielmehr nach dem Wo des Ziels und nach der Länge der Wegstrecke. Es ist der Weg, der die Richtung anzeigt bzw. impliziert[2]. → Jenseitswanderung, -fahrt oder -reise können vom Helden sowohl einen Richtungswechsel nach unten bzw. in die Erde (→ Höhle, → Brunnen, → Grab) als auch nach oben (→ Bohnenranke, Der himmelhohe → Baum) erfordern. Rückwärtsgehen hat in Sagen zahlreiche magische Konnotationen und existiert auch als → Tabu, nicht rückwärts schauen zu dürfen (→ Orpheus, → Sodom und Gomorrha). Wenn sich zwei Reisende, etwa die Brüder in KHM 60, AaTh 303: *Die zwei → Brüder*, → trennen, so zieht der eine nach Osten, der andere nach Westen, wobei mehr die Unterschiedlichkeit ihrer Lebensschicksale gemeint ist als reale Himmelsrichtungen. Geogr. Karten als Hilfsmittel der Raumorientierung werden als → Modernismen nur ausnahmsweise erwähnt, etwa um einen entlegenen Ort wie das „Schloß von Stromberg" (KHM 93, AaTh 400: → *Mann auf der Suche nach der verlorenen Frau*) zu finden. Weggabelung und → Wegkreuzung sind für die Erzählung von zentraler Bedeutung, da sich der Held an diesem Ort für die richtige Richtung entscheiden muß. Der Held wählt dabei bewußt, auch wenn angeblich alle drei Wege an dasselbe Ziel führen, den gefährlichsten (cf. → Herakles am Scheideweg). Hieran knüpft auch das Jesuswort vom breiten Tor (Weg), das in die Verdammnis, und dem schmalen Tor, das zum Leben führt (Matth. 7,13 sq).

In der Regel geht der Held, dem Gesetz der erzählerischen Ökonomie entsprechend, vorwärts bzw. geradeaus, er nimmt „den Weg [...] zwischen die Beine" (KHM 45, AaTh 700: → *Däumling*); und das Mädchen in KHM 25, AaTh 451: → *Mädchen sucht seine Brüder* geht „immer fort, so weit, so weit bis es an der Welt Ende kam". Die Orientierung gewinnt jedoch an unbekannten Orten wie im → Wald eine eigene Dringlichkeit. In KHM 15, AaTh 327 A: → *Hänsel und Gretel* streut Hänsel als → Wegmarkierung erst Kieselsteine, dann Brot auf den Weg. Andere steigen auf einen → Baum, um auf diese Weise mehr Übersicht zu gewinnen. In der Nacht ist es das → Licht, das den Bremer Stadtmusikanten die Richtung eines Hauses anzeigt (KHM 27, AaTh 130: cf. → *Tiere auf Wanderschaft*).

Wenn sich ein König (KHM 49, AaTh 451; KHM 108, AaTh 441: → *Hans mein Igel*) oder eine Prinzessin (KHM 127, AaTh 425 A: cf. → *Amor und Psyche*) im Wald → verirren, so sind zwar → wegweisende Gegenstände, Personen (u. a. → Einsiedler) oder Tiere zur Stelle; ihr Angebot, ihn oder sie aus dem Wald zu führen, knüpfen sie jedoch meist an verhängnisvolle oder unangenehme Bedingungen. Selten enthalten die Angaben der richtungsweisenden Personen eigentliche Richtungsadverbien („Wenn du aber rechts gehst, so kommst du um Mittag in das Land des Hungers und Durstes"[3]). Die für das jüd. und christl. Denken so wichtigen bipolaren Begriffe links und rechts[4] spielen für das Märchen wohl nur eine untergeordnete Rolle.

Als Wegweiser im Märchen finden sich Gegenstände, personifizierte Naturgestalten bzw. Gestirne und Tiere, u. a. → Apfel, → Feder, → Pfeil, → Blutstropfen (KHM 88, AaTh 425 A), Knäuel (KHM 49) oder → Faden (cf. AaTh 874*: → *Ariadne-Faden*), → Sonne, → Mond, → Wind oder → Sterne (Mot. H 1232). Die wegweisenden Tiere teilen, wie der → Fuchs in KHM 57, AaTh 550: → *Vogel, Pferd und Königstochter*, entweder die Richtung mit („gerade fort, endlich wirst du an ein Schloß kommen") oder lassen den Helden aufsitzen und führen ihn an den jeweiligen Bestimmungsort.

Die verschiedenen Formen wegweisender Gegenstände haben meist den Charakter eines (nicht mehr bewußten) → Orakels. So bläst der König in KHM 63, AaTh 402: → *Maus als Braut* drei Federn in die Luft; von diesen fliegt die erste nach Westen, die zweite nach Osten, die dritte hingegen bleibt liegen; dadurch wird dem Helden und seinen beiden älteren Brüdern die jeweilige Reiserichtung vorgegeben. In schwed. Fassungen ist die Feder durch einen rollenden Apfel ersetzt, während in slav. und oriental. Var.n zu Beginn des Märchens drei Pfeile abgeschossen werden. Auch in anderen Erzähltypen findet sich ein abgeschossener Pfeil als wegweisender Gegenstand, etwa in AaTh 465: → *Mann wird wegen seiner schönen Frau verfolgt* oder AaTh 550. Legenden und Sagen kennen das Motiv, daß ein sich selbst überlassenes Ochsengespann den Leichnam eines Heiligen an einen bestimmten Platz bringt (cf. → Bauplatzlegende, → Gespannwunder).

[1] cf. Hölscher, U.: Die Odysee. Epos zwischen Märchen und Roman. Mü. 1990, 137. – [2] Horn, K.: Der Weg. In: Die Welt im Märchen. ed. J. Janning/H. Gehrts. Kassel 1984, 22–37, hier 22; cf. auch Harms, W.: Homo viator in bivio. Studien zur Bildlichkeit des Weges. Mü. 1970. – [3] Tegethoff, F.: Frz. Volksmärchen. MdW 1923, 273–283, hier 274. –

[4] cf. Wb. der Symbolik. ed. M. Lurker. Stg. 1983, 564 (weiterführende Lit.).

Zürich   Alfred Messerli

Riese, Riesin

1. Allgemeines – 2. Phänomenologie – 3. R.n der Mythologie – 4. Heroische Epik des MA.s – 5. Sagen – 5.1. Verhältnissagen – 5.2. Erklärungssagen – 5.3. R.n als Baumeister – 5.4. Verschwinden der R.n – 6. Märchen – 7. Riesige Menschen – 8. R.n im Brauch – 9. Deutung

1. **Allgemeines.** R.n sind übernatürliche Wesen (→ Dämon), Figuren der sog. niederen Mythologie und des Volksglaubens. Erzählungen von R.n finden sich im Mythos, in der Epik, in erzählenden Liedern, literar. Werken (z. B. bei François → Rabelais[1], Johann → Fischart, Jonathan → Swift), Zauber- und Schwankmärchen, Legenden und Sagen. Schon aus dieser Auflistung der Gattungen ergibt sich, daß R.nüberlieferungen kulturgeschichtlich unterschiedlichen Epochen zugehören (→ Kulturgeschichtliche Züge).

Synonym zur Bezeichnung R.[2] wird im ndd. Raum der Ausdruck Hüne gebraucht. Weitgehend gleichbedeutend ist auch der bes. in der Romania und im Englischen gebräuchliche Begriff des → Oger. Der Terminus Gigant (cf. engl. giant, frz. géant) geht auf die griech. Mythologie zurück. Überschneidungen gibt es mit der skand., bes. norw. Figur des → Trolls[3]. Ursprünglich bezeichnete jeder dieser Namen wohl eine bes. Art von R.n[4].

Die Figur des R.n weist zahlreiche Überschneidungen mit anderen Gestalten des Volksglaubens auf. Parallelen in der äußeren Erscheinung bestehen etwa bei den ‚Wilden Leuten' (→ Wildgeister)[5] oder → Heiden, zumal die R.n oft als vorchristl.-heidnische Wesen aufgefaßt werden[6]. Wie → Ritter sitzen R.n auf Burgen, und in der Sage AaTh 701: → *R.nspielzeug* wird der R.nvater geradezu als Ritter bezeichnet[7]. Auch das Wort Recke steht des öfteren für R. oder Halbriese. Schließlich gibt es zwischen R.n und → Räubern Assoziationen und Funktionsäquivalente. Oft sind ferner Motive der Zwergensagen (→ Zwerg) auf R.n übertragen worden[8]. Vermischungen und Überschneidungen mit der Figur des → Teufels sind häufig[9]; dummer R. und dummer Teufel sind auswechselbar.

2. Phänomenologie. Zu den charakteristischen Merkmalen von R.n gehört primär ihre Größe (Mot. F 531) und Stärke; Ausnahmen bestätigen die Regel[10]. Beide Eigenschaften werden in z. T. grotesker → Übertreibung ausgemalt: Ein R. ‚reicht bis in den Himmel'; er mißt ‚drei Spannen zwischen seinen Brauen'; seine ‚Ohren sind 600 Fuß lang'; er hinterläßt riesige → Fußspuren; er sieht von weitem aus wie ein Gebirge; er watet durch den Ozean; er verfügt über die Stärke von zwölf Männern und ist in der Lage, gewaltige Steine, Mühlsteine oder Glocken wegzuschleppen; R.n reißen Bäume mitsamt den Wurzeln aus; die Stimme der R.n ist so laut, daß durch ihr Schreien Felsen zusammenstürzen; bei ihrem Schnarchen biegen sich die Bäume, und auch ihr Niesen hört man meilenweit[11].

R.n sind zwar anthropomorph gedacht, doch weisen sie gelegentlich phantastische Merkmale auf. Der homerische → Polyphem (AaTh 1135–1137) oder der türk. Tepegöz haben nur ein Auge mitten auf der Stirn (→ Einäugiger, Einäugigkeit)[12]. Andere R.n besitzen zu dritt ein einziges Auge, das sie wechselseitig benutzen (cf. → Graien), oder sie sind wie die bibl. R.n mit sechs Fingern und sechs Zehen ausgestattet (2. Sam. 21,16–22). Das Herz oder die Seele des R.n kann sich außerhalb seines Körpers befinden (→ External soul).

Alle Normabweichungen sind Merkmale von Häßlichkeit (→ Schön und häßlich), die auch sonst bei R.n hervorgehoben wird: R.n haben eine fellartige Haut und zottige Haare, andere sind kahlköpfig. Sie haben tief herabhängende → Augenbrauen, scharfe hervorstehende Zähne, große Ohren. Ihr Ohrenschmalz und Schmeer aus der Nase wiegen viele Zentner, ihre Barthaare viele Fuder[13].

Meist werden männliche R.n erwähnt, doch es gibt auch Riesinnen. Von Riesinnen wird gesagt, daß sie ihre → Brüste über die Schulter zurückschlagen können; ihre Söhne rennen hinterher und saugen sie aus[14]. Menschliche Helden, denen es gelingt, von hinten an den Brüsten der Riesin zu saugen, werden von ihr adoptiert (→ Adoption). In der Harzer Roßtrappensage springt die Riesin mit ihrem Pferd über das ganze Bodetal (→ Jungfernsprung)[15]. Gelegentlich werden R.n offenbar doppelgeschlechtig gedacht (z. B. KHM 93, AaTh 400: → Mann auf der Suche nach der verlorenen Frau; KHM 90, AaTh 650 A: → Starker Hans).

R.n sind sowohl Einzel- als auch Gruppenwesen. In Märchen treten R.n meist zu zweit oder zu dritt auf. Wie die Zwerge haben auch die R.n Könige. Schon im Thrymlied der → Edda wird Thrym als ‚der Thursen König' bezeichnet[16]. Spätere dt. Sagen erzählen vom riesischen König Watzmann, der R.nkönigin Frau Hütt[17], dem R.nkönig Och (→ Ach)[18] oder von König Surbold[19].

Der Charakter der R.n ist ausgesprochen ambivalent. Neben feindseligen und schreckenerregenden R.n kommen auch gutmütige und hilfreiche R.n vor. Die geistigen Leistungen der R.n verhalten sich umgekehrt proportional zu ihrer Körpergröße und Kraft. Abgesehen von den weisen R.n der Edda wird allg. der geringe Verstand der R.n hervorgehoben. Es gibt sogar einen ahd. Wurmsegen, in dem ein einfältiger R. mit dem sprechenden Namen Tumbo (der Dumme) auftritt[20]. AaTh 1000–1199: Tales of the Stupid Ogre meint zumeist den dummen R.n. Auch in Schwanksagen und -märchen wird die Dummheit der R.n thematisiert[21]: R.n tragen z. B. Baumstämme ins Tal, bis zufällig einmal ein Stamm den Berg hinabkollert und sie so eine bequemere Art der Beförderung kennenlernen[22]; andere verzehren verendetes Vieh; sie meinen, dies sei das beste Fleisch, da Gott es selbst schlachte[23].

In Sagen und Heldensagen tragen R.n häufig einen Eigennamen[24], z. B. → Rübezahl. Manche dieser Eigennamen − der starke Hermel am Niederrhein, Drago von Drachenfels, der große Christoph bei Goslar, der starke Spretz, der Starkwöffel − sind wohl nur die Namen von starken Leuten, sog. Menschenriesen (cf. Die außergewöhnliche → Stärke)[25].

3. R.n der Mythologie. Religionsgeschichtlich sind R.n zunächst geglaubte Figuren mythischer Fiktionen. In den Mythologien vieler Völker treten R.n als Widersacher der Götter in Erscheinung, oder sie gelten noch vor den Göttern als Urbewohner der Welt.

In Kosmogonien (→ Schöpfung) steht am Anfang der Welt oft ein Urriese (Mot. A 614.1, A 831.2)[26]. In der griech. Mythologie entstanden die unsterblichen Titanen und die sterblichen Giganten aus der Verbindung von Urwesen[27]: Nach → Hesiods Theogonie (116 sqq.)

zeugte der Himmelsvater Uranos mit Rhea, der Mutter Erde, die Titanen, nachdem er seine aufständischen Söhne, die Kyklopen, in den Tartaros geworfen hatte. Bruder des Himmelsträgers → Atlas war Prometheus, dessen Auseinandersetzung mit → Zeus in der Sage vom → Feuerraub gipfelt. Unter den R.ngestalten der griech. Mythologie ist auch → Antaios, Sohn des Poseidon und der Gaia, der von → Herakles im Zweikampf besiegt wurde.

Im A. T. (Gen. 6,1−4) wird erzählt, daß sich die gefallenen Engel menschliche Frauen nahmen und mit ihnen die R.n zeugten. Im A. T. sind die R.n in Kanaan beheimatet, die riesigen Kinder Ekras in Hebron (Enakiter; cf. Num. 13,23−33). Bekannt ist die bibl. Erzählung vom Kampf → Davids mit dem riesenhaften Philister Goliath (1. Sam. 17,45). Der R.nglaube des A. T.s wirkte noch bei christl. Autoren des MA.s und des Barock fort. Danach hatte die → Sintflut den Zweck, mit den bösen Elementen auch die Giganten von der Welt zu tilgen, doch sie entstanden von neuem. Hier ist an erster Stelle Nimrod zu nennen, der im MA. als Erbauer des → Turms von Babel betrachtet wurde.

Daß R.n ihre Gestalt wandeln können, zeigt der Fall des hl. → Christophorus (AaTh 768), der vor seiner Taufe der menschenfressende → hundsköpfige R. Reprobus war. Auch in der Ikonographie wird er stets als eine von der Last des Jesuskindes (→ Christus) gebeugte R.ngestalt dargestellt[28].

Nach altgerm. Vorstellungen sind die Götter Nachkommen der R.n, wenn Odin als Sohn einer R.ntochter bezeichnet wird[29]. Dies erklärt auch, warum es zwischen R.n und Göttern keine scharfe Trennungslinie gibt. Mythen erzählen von schönen R.nmädchen, die die Liebe der Götter erregen oder von diesen verführt werden[30].

In der nordgerm. Mythologie ist es die Hauptaufgabe des Gottes → Thor, die R.n zu bekämpfen. Immer wenn die Götter in die Klemme geraten, steht Thor bereit, mit seinem Hammer entscheidend einzugreifen (cf. auch → Donner), und R.nheim ist das bevorzugte Ziel seiner Abenteuer[31]. Einige dieser Erzählungen stehen den Schwankmärchen nahe. Es gibt in der altgerm. Mythologie aber nicht nur den überlisteten dummen R.n, sondern auch den vermutlich älteren Typus des weisen R.n[32]. Die Seherin Vǫlva, die vom Ende der Welt kündet (*Vǫlospá* 2), ist eine R.ntochter. Der weiseste aller R.n ist Mimir, der tief Verborgenes weiß (*Vǫlospá* 18); aus seiner Weisheitsquelle schöpft Odin unter Preisgabe eines Auges seine Allwissenheit. Auch der Dichtermet war ursprünglich im Besitz der R.n, von denen Odin ihn raubte[33].

4. Heroische Epik des MA.s. In der Heldenepik des MA.s wird die übermenschliche Kraft profaner Helden durch ihre Stilisierung zu R.n hervorgehoben. Bereits im altfrz. Epos wird die Tendenz deutlich, die menschlichen Vorkämpfer des Christentums, → Karl d. Gr. und → Roland (cf. auch → Holger Danske) ins R.nhafte zu steigern. Nachwirkungen dieser Vorstellung sind noch die Rolandssäulen vor allem des norddt. Raumes (z. B. Rathaus zu Bremen). Die erste mhd. Dichtung, in der von nichtbibl. R.n gesprochen wird, ist das *Alexanderlied* des Pfaffen Lamprecht (Mitte 12. Jh.). Darin ist im Zusammenhang mit den Kriegszügen → Alexander d. Gr. die Rede von Giganten, denn man hielt die Existenz solcher Gestalten im Orient für möglich. Auch in der Spielmannsdichtung und in der heroischen Epik des hohen und späten MA.s (u. a. → *Herzog Ernst*) kommen R.n vor. Das → *Nibelungenlied* (V. 87−100, bes. 94) erwähnt bei der Erzählung vom Horterwerb eine Schar von zwölf R.n. Ein R. taucht auch im Lied vom hürnen Seyfried auf (*Der gehörnte* → *Siegfried*), ebenso im Volksbuch von Siegfried (→ Sigurd, Siegfried).

Die Epik um Wolfdietrich enthält mehrere R.nepisoden, ebenso die daraus abgeleiteten erzählenden Lieder wie die Ballade *Jäger aus Griechenland*[34]. R.nszenen finden sich gehäuft in der Epik um → Dietrich von Bern. Immer geht es hier um die Errettung einer von einem R.n gefangenen Jungfrau (→ Brautraub, → Entführung)[35], so auch in den im 13. Jh. entstandenen Epen *Wunderer* und *Eckenlied*[36]. In der Dietrich-Epik sind R.n bloße Kraftprotze, die nur als Gegenspieler eines Helden agieren; sie dienen der Ausschmückung des Stoffs, sind nie Selbstzweck. So wirkt ihre Darstellung zumeist relativ farblos und typisiert. Eine Art R.nkatalog enthält der *Reinfrid von Braunschweig* (Ende 13. Jh.; V. 25266−25284)[37].

Die Beziehung zwischen Menschen und R.n wird vorzugsweise als Konflikt bzw. Kampf (→ Zweikampf) dargestellt. Im Kampf verlassen sich R.n vor allem auf ihre Körpergröße und Stärke. Dabei benutzen sie eine Waffe, die nicht so viel Übung und militärische Kunst verlangt wie ein Schwert, Speer etc.; sie schwingen eine Stange oder Keule, für deren Beherrschung lediglich körperliche Stärke notwendig ist. Der Kampf zwischen einem Helden und einem R.n ist also auch ein Konflikt zwischen der menschlichen, ritterlichen Kampfkultur und der wilden, barbarischen Kraft der R.n[38].

Abb.en von R.n aus dem Umkreis der heroischen Epik[39] bestätigen, daß R.n im MA. als real existierende Gestalten angesehen wurden[40]. → Paracelsus unterscheidet in seinem *Liber de nymphis* (1566) zwei Arten von R.n, die mythischen (dämonischen) und die menschlichen R.n. Mit Paracelsus beginnt auch die Entdämonisierung der R.n. In der Folgezeit werden R.n zu Schwankgestalten, oder sie sind nur noch große und mit übernatürlichen Kräften begabte Menschen[41]. Die Diskrepanz zwischen mythischer Phantasie und aufgeklärt-rationaler Sicht der Realität (→ Rationalisierung) hat noch im 17. und 18. Jh. die Gelehrten beschäftigt[42].

5. Sagen. Zahlreiche Sammlungen von Volkserzählungen enthalten ganze Kap. mit R.nsagen[43].

5.1. Verhältnissagen. Ein Großteil der R.nüberlieferungen schildert die Größe und Stärke der R.n im Verhältnis zu Mensch, Tier und Umwelt (cf. → Proportionsphantasie). Die am weitesten verbreitete Verhältnissage ist die vom R.nspielzeug (AaTh 701)[44]. R.n benutzen z. B. ausgerissene Bäume als Waffen oder Spazierstöcke[45]. Das technisch-handwerkliche Wissen der R.n ist unterentwickelt. Ein häufiges Erzählmotiv ist die gemeinsame Nutzung eines Arbeitsgeräts (Sense, Wetzstein, Axt, Hammer, Schlegel etc.) durch zwei R.n, die das betr. Geräte nur als Unikat kennen (Mot. G 151)[46]. R.n schlagen mit der Axt ein Loch in den Boden, pissen hinein und ersäufen Menschen darin. Sie baden, während sie auf einem Berg sitzen, die Füße in einem Fluß im Tal, trinken vom Berg, sich beugend, aus dem Bach im Tal. Riesinnen kämmen ihr Haar mit Roßgerippen; sie benutzen einen Bauernwagen als Schubkarren, einen spitzen Turm als Zahnstocher[47]. In vielen Sagen tragen R.n Tiere fort, stecken Menschen in die Tasche oder in einen Handschuh oder klemmen einen Wagen mitsamt den Pferden unter die Achsel[48]. Ebenso verbreitet sind die Sagen vom Nasenloch des R.n, das ein Bauer versehentlich für einen Hohlweg hält; der R. muß niesen und schleudert dabei Bauer und Gespann eine Stunde weit weg[49]. Ein R. stellt sich über einen Hohlweg, so daß die Menschen zwischen seinen Beinen hindurchfahren können[50].

Viele Sagen beziehen sich auf Essen und Trinken der R.n[51], denn R.n sind gewaltige Esser (→ Vielfraß). Der frz. R. → Gargantua verschluckt ein ganzes Schiff. Wo er pißt, entsteht ein See. Ein anderer R. heißt geradezu ‚Fresser'[52]. Entsprechend ihrer Freß- und Trinkleistungen sind auch die → Exkremente der R.n gewaltig[53]. In dt. Schwänken etwa ärgern die R.n die Menschen, indem sie auf die Straßen scheißen, so daß die Bauern sich in ihrem Kot festfahren[54].

5.2. Erklärungssagen. Häufig dienen R.n zur Erklärung auffallender Naturerscheinungen: Verheerende Stürme (→ Wind), Überschwemmungen, imposante Gebirgsgegenden erweckten bei den Menschen die Vorstellung des Übermenschlichen, das zu R.nerzählungen Anlaß bot. Gewitter-, Sturm-, Erdbeben- und Himmelsriesen sind vor dem Hintergrund elementarer Erfahrungen entstandene Gestalten[55]. Im alten Island gab es die Vorstellung von Frostriesen[56]. Gewitter werden häufig als → Kegelspiel der R.n gedeutet[57]. Andere R.n bewerkstelligen den Auf- und Untergang der Sonne, Sonnen- und Mondfinsternisse oder sind zuständig für Ebbe und Flut[58].

Nach populärer Vorstellung sind die Spuren und Taten der R.n in der Natur vorzufinden, der sie erst ihre endgültige Form gegeben haben (cf. → Paul Bunyan). So sind R.n die Urheber des nach ihnen benannten R.ngebirges[59]. Gängig ist die Erklärung der Entstehung von Gebirgen dadurch, daß ein R. sich den Sand aus dem Schuh schüttete[60]. In Norddeutschland finden sich zahlreiche R.n- oder Hünensteine, die zu entsprechenden Sagen Anlaß gegeben haben[61]. Verstreute Felsblöcke gelten als liegengebliebene Wurfgeschosse von R.n. Eindrücke oder Löcher in Felsen erinnern an Fingerabdrücke oder Fußspuren von R.n. Bergsättel sollen den R.n zum Reiten gedient haben[62]. Auch auf Granitblöcken sind R.nspuren eingedrückt[63]. Felsen und Gebirgsformationen werden als wegen einer Freveltat versteinerte R.n gedeutet[64]: Bei der Roßtrappe nahe Thale sitzt versteinert der ‚große Christoph' mit seinem Hund[65]. Eine versteinerte Hünin ist auch das ‚hockende Weib' in den Dörenther Klippen[66]. Alles, was groß ist, wird mit R.n in Verbindung gebracht: Unter R.nsteinen werden R.ngräber und darin Schätze vermutet[67]; große Grabhügel werden als R.ngräber erklärt[68].

Neben Erd- und Felsbildungen haben fossile → Knochenfunde dazu beigetragen, den Glauben an R.n zu stützen. Vom Altertum bis ins 18. Jh. wurden Knochenreste ausgestorbener großer Tierarten, bes. Mammutknochen, als R.ngebeine aufgefaßt. Sagen führten den Beweis ihrer ‚Wahrheit'. So wird erzählt, daß R.nknochen als Wahrzeichen in der Kirche, am Rathaus oder in Raritätenkabinetten aufgehängt und zur Schau gestellt wurden[69]. Von dem um 1443 in Wien gefundenen Mammutknochen hat wahrscheinlich das sog. R.ntor des Stephansdoms seinen Namen erhalten[70].

5.3. R.n als Baumeister. R.n fungieren oft als Schöpfer großer Bauwerke (→ Baumeister) wie Schlösser, Burgen, Kirchen, Brücken, Dämme oder Straßen[71]. In den skand. und balt. Ländern sind die Baumeistersagen am häufigsten mit der Gestalt des R.n Finn verbunden, der beim Bau des Doms zu Lund, aber auch in Trondheim und Reval mitgeholfen haben soll; durch das Erraten seines Namens wird er überwunden (AaTh 500: → *Name des Unholds*)[72]. Im Gegensatz zu den skand. R.nbaumeistersagen ist in Mitteleuropa oft der Teufel an die Stelle der R.n getreten; er wird ebenso wie der R. stets um seinen Lohn geprellt. R.n sind auch mit der Gründung von Städten (→ Gründungssage) in Zusammenhang gebracht worden[73].

Häufiger jedoch stören R.n den Kirchenbau, was ihrem primär heidnischen Wesen eher entspricht. So wird mehrfach berichtet, daß R.n gewaltige Steine auf Kirchen werfen, um sie zu zerstören. Zumeist verfehlt der R. sein Ziel, nur der Kirchturm behält einen Knick und steht seitdem schief, oder der Stein verfehlt die Kirche und liegt jetzt daneben; die Kirche hat nur ein Holzdach, keinen Turm; man sieht an den geschleuderten Felsbrocken noch die Finger- oder Handspuren der R.nfaust[74].

5.4. Verschwinden der R.n. Da R.n nicht mehr als Gestalten eines lebendigen Volksglaubens erlebt werden, thematisieren Sagen oftmals die Gründe ihres Verschwindens: R.n sind ausgestorben oder haben sich nur spärlich vermehrt, und so sind sie durch die jetzt lebenden Menschen allmählich vertrieben worden[75]. Sie sind in einem kalten Winter nach Nordamerika gereist[76]. Nach langen Kämpfen mußten sie den Menschen weichen[77]; sie wurden erschlagen, weil sie betrunken waren, und in einer Höhle ausgeräuchert[78]. Zwei R.n wurden mit heißem Mehlbrei überschüttet, geblendet und getötet, als sie eine Stadt bedrohten[79]. Der letzte R., der die Menschen durch übermütige Streiche neckte, wurde durch eine List getötet; sein Schädel wurde zum Andenken eingemauert[80].

Häufig gilt das Aussterben der R.n als → Strafe für ihre Gottlosigkeit[81]. In zahlreichen Erzählungen vom R.nstreit bewerfen sich die R.n gegenseitig mit Steinen oder schießen sich tot[82]. Der schwäb. R. Erkinger hat sich selbst durch einen Sprung von einem Turm getötet[83]. Ein anderer R. grub sich sein Grab, legte sich hinein und ließ sich zuschaufeln[84]. Die Sage vom R.nspielzeug endet fast immer mit der eschatologischen Bemerkung, daß die Menschen dereinst die R. vertreiben würden[85].

6. Märchen. Im Märchen sind die Eigenschaften der R.n im wesentlichen auf zwei Komplexe reduziert: Kraft gepaart mit → Dummheit. Während R.n im Zaubermärchen eher bedrohlich erscheinen, sind sie im Schwankmärchen tölpelhafte Muskelprotze. Der Held ist den R.n zwar an Stärke grundsätzlich unterlegen, doch kann er diesen Mangel durch Schläue und Behendigkeit kompensieren. Oft besteht die Auseinandersetzung mit R.n in einer → Kraftprobe, die der menschliche Held mit Hilfe einer → List gewinnt (→ Stark und schwach). Als Modell hierfür gilt AaTh 1640: → *Tapferes Schneiderlein*. Dabei

gehen viele Züge der Erzählung eher ins Komische. Zumeist werden nur fingierte Kraftleistungen vorgeführt (AaTh 1060—1063 B: cf. → *Wettstreit mit dem Unhold*). Ein R.nabenteuer bildet auch eine wichtige Szene in Var.n von AaTh 304: *Der gelernte* → *Jäger*: Der Held schießt drei R.n, die sich gerade einen Ochsen am Spieß braten, jeweils den Bissen vor dem Munde weg.

Dem Helden im Zaubermärchen droht ständig die Gefahr, vom R.n verschlungen zu werden, denn R.n sind Menschenfresser (Mot. G 11.2; → Kannibalismus, → Menschenfleisch riechen)[86]. Manchmal verdrängt sogar die Bezeichnung Menschenfresser bzw. Oger den Gattungsnamen R. Mit der Vorstellung von R.n als Menschenfressern ist die Motivik von R.n als Frauenentführern eng verbunden, die bereits aus der ma. Vorstellungswelt bekannt ist[87].

7. Riesige Menschen. Auf einer entdämonisierten Schwundstufe werden R.n nur mehr als große oder außergewöhnlich starke Menschen aufgefaßt. Derselbe Vorgang kann auch in die Vergangenheit projiziert werden, wenn R.n als außerordentlich große Menschen gesehen werden, die in einer Vorzeit lebten[88]. V. Höttges spricht von ‚Menschenriesen' und ihren Kraftleistungen und differenziert zwei Kategorien[89]: ‚riesische Kriegshelden' wie der R. Hidde[90], der zur Zeit Karls d. Gr. lebte[91], und starke Bauernknechte, deren falsch angewandte Kraft ihrer Dienstherrschaft lästig wird (cf. auch AaTh 1000, 1002: → *Zornwette*)[92].

R.nwüchsige Menschen wurden z.T. auf Jahrmärkten gegen Eintrittsgeld zur Schau gestellt[93]. Sie setzten die Tradition der Hof- und Schauriesen des 17./18. Jh.s fort, die bes. in der Barockzeit zu einer fürstlichen Hofhaltung gehörten.

8. R.n im Brauch. In religiösen und weltlichen theatralischen Umzugsspielen verschiedener europ. Länder treten überlebensgroße menschengestaltige Figuren oder Maskengestalten auf, die ihrer Gestalt und Funktion entsprechend mit dem Fachterminus ‚Umgangsriese' bzw. nach weltlichem und religiösem Schauspiel differenzierend als ‚Prozessions-' oder ‚Umzugsriese' bezeichnet werden.

Im österr. Bundesland Salzburg und in der Steiermark ziehen die Samson-Umzüge (→ Simson) jährlich große Zuschauermengen an. Umzugsriesen gibt es auch in Nordfrankreich, in Belgien, den Niederlanden und in Spanien[94]. Die belg. und ndl. R.n sind weitgehend theatralische Verkörperungen des bibl. R.n Goliath, dessen Figur seit dem 14. Jh. zu den R.nfiguren der Fronleichnamszüge und anderer geistlicher Prozessionen gehört. Auch Figuren der bibl. Völker → Gog und Magog wurden als R.n in kirchlichen und weltlichen Prozessionen mitgetragen.

9. Deutung. Aus psychol. Sicht sind R.n als „unbewußte Naturkräfte und Mächte des Dunklen" interpretiert worden[95]. Aus kindlicher Perspektive gesehen, könnten sie als Phallussymbol und Phantasiebild eines übermächtigen Vaters gedeutet werden[96]. Ob man darüber hinaus Riesinnen psychol. als ‚negativen Mutteraspekt'[97] oder als ‚große Mutter'[98] interpretieren will, sei dahingestellt. Derartige Interpretationen bringen für eine rationale Erzählforschung nur wenig. Ganz ähnlich wie bei den frauenraubenden und -verzehrenden → Drachen liegt den Erzählungen von frauenraubenden R.n vielleicht die (männliche) Angst vor einem stärkeren und potenteren Rivalen zugrunde. Nicht zufällig sind darum auch die Kämpfer gegen R.n grundsätzlich Männer, weil im herkömmlichen Rollenspiel der Geschlechter von ihnen Kraft, Mut und Stärke erwartet werden.

Körperliche Größe flößt Respekt und → Angst ein, daher transferiert die Phantasie das Furchtgebietende oft in körperlich riesenhafte Vergrößerung. Vor allem in der Retrospektive, d. h. wenn man mit ihnen fertig geworden ist, sind Gegner immer gewaltig groß (gewesen). Man möchte dem Furchtgebietenden gewachsen, besser noch, überlegen sein, weshalb man diesem auch Defizite unterstellt. So ist der R. zwar gewaltig und furchteinflößend, aber er ist dumm.

Dies führt zu einer Reihe psychol. erklärbarer Erzählstrategien: (1) Um die Leistung eines Helden gebührend zur Geltung zu bringen, muß sein Widersacher entsprechend groß und furchtgebietend sein. (2) Übermenschliche R.nkraft und -stärke kann von einem Kleineren nur durch List und höhere Intelligenz überboten werden. Folgerichtig ist der → Däumling (AaTh 700) stets listiger und erfolgreicher als seine normalgewachsene Umgebung (AaTh 327 B: → *Däumling und Menschenfresser*). Der natürliche Widerpart der R.n ist ein → Trickster. Die Auswechselbarkeit der R.nfigur mit der des Teufels hat hier ihren Grund, denn beide Figuren verbindet die Dummheit. (3) Für die Natur-, Erklärungssagen und Ätiologien gilt die Analogie: Großes muß durch Großes bewerkstelligt worden sein. (4) Gigantische Größe tendiert zur Übertreibung und damit zur Groteske. Dies hat viele R.nüberlieferungen in die Nähe von Komik und Schwank gerückt.

[1] cf. Pillard, G.-E.: Le vrai Gargantua. Mythologie d'un géant. P. 1987. – [2] Grimm, Mythologie, 429–462; Broderius, J. R.: The Giant in Germanic Tradition. Diss. Chic. 1930; Motz, L.: The Families of Giants. In: Arkiv för nordisk filologi 102 (1987) 217–235. – [3] Hartmann, E.: Die Trollvorstellungen in den Sagen und Märchen der skand. Völker. Stg./B. 1936, 48–51. – [4] Tarantul, E.: Elfen, Zwerge und R.n. Unters. zur Vorstellungswelt germ. Völker im MA. Ffm. 2001, 187. – [5] cf. Bernheimer, R.: Wild Men in the Middle Ages. Cambr., Mass. 1962. – [6] cf. Heyl, J. A.: Volkssagen, Bräuche und Meinungen aus Tirol. Bozen 1897 (Nachdr. 1989), num. 67. – [7] cf. Grimm DS 17. – [8] Zur Feindschaft zwischen R.n und Zwergen cf. z. B. Jahn, U.: Volkssagen aus Pommern und Rügen. Stettin 1886, num. 211; Zaunert, P.: Rheinland Sagen 2. Jena 1924, 9. – [9] Höttges, bes. 196–288. – [10] cf. Röhrich, L.: Die dämonischen Gestalten der schwäb. Volksüberlieferung. Diss. (masch.) Tübingen 1949, 195, 63 sq. – [11] Müller-Bergström, W.: Zwerge und R.n. In: HDA 9 (1938–41) 1008–1138, hier 1124; Höttges; Broderius (wie not. 2). – [12] cf. Conrad, J. A.: Polyphemus and Tepegöz Revisited. In: Fabula 40 (1999) 278–297. – [13] cf. Vries, J. de: Altgerm. Religionsgeschichte 1–2. B. ³1970, hier t. 2, 252; Uther, H.-J.: Die schönsten Märchen von R.n und Zwergen. Mü. 2002, 268 sq. – [14] z. B. Jahn (wie not. 8) num. 218; Knoop, O.: Volkssagen, Erzählungen, Aberglauben, Gebräuche und Märchen aus dem östl. Hinterpommern. Posen 1885, num. 128; cf. Holbek, B./Piø, I.: Fabeldyr og sagnfolk. Kop. 1967, 102 sq., 127. – [15] Grimm DS 319; Sieber, F.: Harzland Sagen. Jena 1928, 2. – [16] Edda 2. Übers. F. Genzmer. Jena 1922, 12 (Strophe 6). – [17] Grimm DS 234. – [18] Zaunert, P.: Westfäl. Sagen. Jena 1927, 5. – [19] Kuhn, A./Schwartz, W.: Norddt. Sagen, Märchen und Gebräuche. Lpz. 1848, num. 350. – [20] cf. Hoffmann-Krayer, E.: Tumbo. In: HDA 8 (1936–37) 1183–1185. – [21] Kuhn/Schwartz (wie not. 19) 324, 360. – [22] Depiny, A.: Oberösterr. Sagenbuch. Linz 1932, num. 2. – [23] Schmitz, J. H.: Sagen des Eifellandes. Trier 1847, 23. – [24] Nachweise cf. HDA 9, 1121–1126. – [25] ibid. – [26] Die jüngere Edda. Übers. G. Neckel/F. Niedner. Jena 1925, 55; cf. Genzmer (wie not. 16) 75. – [27] cf. Kl. Pauly 5, 867 sq.; 2, 797 sq. – [28] cf. Benker, G.: Christophorus. Patron der Schiffer, Fuhrleute und Kraftfahrer. Legende, Verehrung, Symbol. Mü. 1975. – [29] Neckel/Niedner (wie not. 26) 54. – [30] cf. Genzmer (wie not. 16) 66. – [32] cf. allg. Schulz, K.: R.n. Von Wissenshütern und Wildnisbewohnern in Edda und Saga. Heidelberg 2003. – [33] de Vries (wie not. 13) t. 1, 245. – [34] DVldr 1, num. 5. – [35] Röhrich, Erzählungen 1, 5–12, 393–407. – [36] cf. Ahrendt, E.-H.: Der R. in der mhd. Epik. Diss. (masch.) Rostock 1923, 68; cf. allg. Die aventiurehafte Dietrichepik: Laurin und Walberan, Der jüngere Sigenot, Das Eckenlied, Der Wunderer. Mhd. Text und nhd. Übers. von C. Tuczay. Göppingen 1999. – [37] cf. Ahrendt (wie not. 36) 121–126. – [38] ibid., 247. – [39] cf. Schupp, V./Szklenar, H.: Ywain auf Schloß Rodenegg. Eine Bildergeschichte nach dem „Iwein" Hartmanns von Aue. Sigmaringen 1996. – [40] cf. Ahrendt (wie not. 36) 96 sq. – [41] Petzoldt, L.: Kleines Lex. der Dämonen und Elementargeister. Mü. 1990, 186. – [42] Carpzov, J. B.: De gigantibus dissertatio. Lpz. 1660; Sennert, A.: De gigantibus dissertatio historico-philologica. Wittenberg 1663; Ryckius, T.: Oratio de gigantibus. Leiden 1681; cf. Daxelmüller, C.: Bibliogr. barocker Diss.en zu Aberglaube und Brauch 5. In: Jb. für Vk. N. F. 7 (1984) 195–240. – [43] z. B. Grimm DS 16–20; Müller, F.: Siebenbürg. Sagen. Wien/Hermannstadt ²1885, num. 28–30; Kuhn/Schwartz (wie not. 19); Bartsch, K.: Sagen, Märchen und Gebräuche aus Mecklenburg 1. Wien 1879, num. 48–56; Jahn (wie not. 8) 158–172; Sieber (wie not. 15) 1–5; Zingerle, I. V.: Sagen aus Tirol. Innsbruck ²1891, num. 201–219; Depiny (wie not. 22) 27–29; Schambach, G./Müller, W.: Niedersächs. Sagen und Märchen. ed. W.-E. Peuckert. Stg. 1948, num. 154–166. – [44] Höttges, 172–184; ead.: Die Sage vom R.nspielzeug. Jena 1931. – [45] Höttges, 172–184. – [46] Zaunert, P.: Hessen-Nassau. Sagen. Jena 1929, 59; Zingerle (wie not. 43) num. 205, 206; Höttges, 116 sq. – [47] Eisel, R.: Sagenbuch des Voigtlandes. Gera 1871, num. 23; Höttges, 160–172. – [48] ibid., 184. – [49] Depiny (wie not. 22) num. 6; weitere Var.n bei Höttges, 161 sq. – [50] Haas, A.: Rügensche Sagen. Bergen (Rügen) ⁹1939, num. 135. – [51] Höttges, 162 sq. – [52] HDA 9, 1124. – [53] Pröhle, H.: Unterharz. Sagen. Aschersleben 1856, num. 106; weitere skatologische Sagen bei Höttges, 163. – [54] Pröhle (wie not. 53) num. 106. – [55] Depiny (wie not. 22) num. 1; Busch, O.: Nordwestthüringer Sagen 1. Mühlhausen 1926, 52; Schönwerth, F.: Aus der Oberpfalz. Sitten und Sagen 2. Augsburg 1858, num. 2, 8; Zaunert, P.: Natursagen 1. Jena 1921, 11 sq., 58; Rochholz, E. L.: Naturmythen. Neue

Schweizer Sagen. Lpz. 1862, 4 sq.; Höttges, 122 sq. − [56] ibid., 73, 122−124. − [57] ibid., 117−119; cf. Loorits, O.: Grundzüge des estn. Volksglaubens 1. Lund 1949, 467. − [58] Höttges, 72 sq.; Müllenhoff, K.: Sagen, Märchen und Lieder der Herzogtümer Schleswig, Holstein und Lauenburg. ed. O. Mensing. Schleswig 1921, num. 263, 557, 559. − [59] Kühnau, R.: Schles. Sagen 2. Lpz. 1911, num. 1146. − [60] Müller (wie not. 43) num. 18; Höttges, 46 sq.; Sieber (wie not. 15) 1; Zaunert (wie not. 8) 8; Schell, O.: Berg. Sagen. Elberfeld 1922, num. 1056. − [61] Kuhn/Schwartz (wie not. 19) num. 226. − [62] Müller (wie not. 43) num. 19. − [63] Jahn (wie not. 8) num. 208. − [64] Grimm DS 234; cf. Panzer, F.: Bayer. Sagen und Bräuche 1. Mü. 1848, num. 276; Kühnau (wie not. 59) num. 1143. − [65] Pröhle (wie not. 53) num. 5. − [66] Höttges, 89 sq. − [67] ibid., 82 sq. − [68] Haas (wie not. 50) num. 133. − [69] Höttges, 33. − [70] Petzoldt (wie not. 41) 147. − [71] Grimm DS 19; Schambach/Müller (wie not. 43) num. 166; Höttges, 49−69. − [72] cf. Boberg, I. M.: Baumeistersagen (FFC 151). Hels. 1955. − [73] Müller (wie not. 43) num. 23, 28. − [74] Schambach/Müller (wie not. 43) num. 162; Zaunert (wie not. 46) 60 sq.; Kuhn/Schwartz (wie not. 19) num. 27, 59, 109, 126, 335; Bartsch (wie not. 43) num. 49; Jahn (wie not. 8) num. 202; HDA 9, 1135 sq.; Höttges, 31−37. − [75] Kuhn/Schwartz (wie not. 19) num. 127. − [76] Nachweise im Detail cf. HDA 9, 1136 sq. − [77] Haas, A.: Usedom-Wolliner Sagen. Stettin ²1924, 24. − [78] Sieber (wie not. 15) 4. − [79] Peuckert, W.-E.: Schles. Sagen. Jena 1924, 244. − [80] Pohl, E.: Die Volkssagen Ostpreußens. Königsberg 1943, 188. − [81] Kühnau (wie not. 59) num. 1146; Grimm DS 233. − [82] Kuhn/Schwartz (wie not. 19) num. 156, 295; Schambach/Müller (wie not. 43) num. 159. − [83] Meier, E.: Dt. Sagen, Sitten und Gebräuche aus Schwaben. Stg. 1852, num. 169. − [84] Heyl (wie not. 6) num. 68; HDA 9, 1126 sq. − [85] cf. Höttges, 38 sq. − [86] cf. auch Peuckert (wie not. 79) 244; Meier (wie not. 83) num. 169; Sieber (wie not. 15) 5. − [87] Meier (wie not. 83): Tarantul (wie not. 4) 205 sq. − [88] Haas, A.: Pommersche Sagen. Lpz. 1926, 112. − [89] Höttges, 187−191. − [90] Grimm DS 323. − [91] cf. auch Grimm DS 18; Mailly, A.: Niederösterr. Sagen. Lpz. 1925, num. 75; Tettau, W. J. A./Temme, J. D. H.: Die Volkssagen Ostpreußens, Litthauens und Westpreußens. B. 1865, num. 55; Künzig, J.: Schwarzwald Sagen. Jena 1930, 284−287. − [92] Kuhn, A.: Sagen, Gebräuche und Märchen aus Westfalen. Lpz. 1859, num. 263; Depiny (wie not. 22) num. 1, 5; Henßen, G.: Volk erzählt. Münster 1935, num. 85; Meyer, G. F.: Schleswig-Holsteiner Sagen. Jena 1929, 12. − [93] cf. Mairhofer-Irrsee, H.: Der R. von Lengau. Lebensgeschichte vom 2,58 Meter großen Franz Winkelmeier, dem größten Menschen der Welt. Salzburg 1976. − [94] Beitl, K.: Die Umgangsriesen. Volkskundliche Monogr. einer europ. Maskengestalt. (Diss. Wien 1956) 1961; Ducastelle, J. P. (ed.): Les Géants processionnels en Europe. Brüssel 1983; Floimair, R. (ed.): R.n. Salzburg/Mü. 1996. − [95] von Beit 1, 389, 400, 404. − [96] Bettelheim, B.: Kinder brauchen Märchen. Stg. 1977, 177−183.− [97] von Beit 1, 170. − [98] ibid., 362.

Freiburg/Br.   Lutz Röhrich

Riesenbaumeister → Baumeister

Riesenspielzeug (AaTh 701). Der dem Kreis der Riesensagen zuzurechnende Erzähltyp, der in der Monogr. von V. Höttges eingehend behandelt ist[1], gehört bes. im Deutschen zu den bekannteren Sagenstoffen:

Die Tochter (Frau) eines auf einem Berg (Burg) wohnenden Riesen findet bei einem Gang ins Tal einen auf dem Feld pflügenden → Bauern, nimmt ihn samt → Pflug und Zugtieren in ihrer Schürze mit nach Hause und zeigt dem Vater (Mutter, Ehemann) das niedliche Spielzeug. Ihr wird aufgetragen, alles zurückzubringen, denn der Mensch sei das Wesen, das die Riesen in ihrer Herrschaft einmal ablösen werde (alternativ: wenn es die Bauern nicht gäbe, hätten auch die Riesen kein Brot).

Die bei AaTh und Höttges[2] verzeichneten mehr als 130 Belege weisen den inhaltlich nur geringfügig variierten Erzähltyp vor allem im dt.sprachigen Raum, in Dänemark, Schweden, Finnland, bei den finn.-ugr. Tschuwaschen und Wotjaken, in der Ukraine, in Polen, Slovenien und Rumänien nach, während Zentralrußland, das Baltikum, die Niederlande, Flandern und Ungarn nur sporadisch vertreten sind. Neuere Kataloge[3] und Slgen[4] bestätigen dieses Bild zumeist, bezeugen darüber hinaus aber auch ein gehäuftes Vorkommen des Erzähltyps für Litauen[5].

Die frühesten Anklänge an den Stoff finden sich nach M. → Gaster in der Bibel[6]. An den Bericht über Kanaan als Land der Riesen, neben denen sich die Späher des → Moses klein wie Heuschrecken gefühlt hätten (Num. 13,23−33), knüpft ein Beleg aus einem hebr. Ms. des 12./13. Jh.s an: Die Tochter des Riesen Enak ißt einen verbotenerweise im väterlichen Garten gepflückten Granatapfel und wirft dessen Schale fort, die die Späher für eine Höhle halten; aus Furcht, ihr Vater könne ihr Vergehen entdecken, wirft sie später die Schale aus dem Garten hinaus, ohne die darin befindlichen Männer zu bemerken[7]. Die fast gleichlautende Wiedergabe dieser Erzählung in ital.

und frz. Hss. der folgenden Jh.e deutet nach Gaster die Wanderung der hebr. Version nach Europa an[8]. Gleichzeitig weist Gaster auf andere alte hebr. Erzählungen von Kontakten zwischen Riesen und Menschen hin[9]. Durch Variierung dieser Erzählelemente konnte nach Gaster AaTh 701 in der westl. Überlieferung entstehen.

Dagegen geht Höttges von den in Mitteleuropa belegten Riesenvorstellungen aus, die an vorhandene Hügel, Hünengräber oder verstreute Felsbrocken anknüpften[10], und deutet an, daß AaTh 701 sich in Anlehnung an eine u. a. in Deutschland verbreitete Erklärungssage entwickelt haben könnte, in der ein Riesenkind in seiner Schürze Sand oder einen Stein transportiert, ihn aber verliert, weil die Schürze entzwei reißt, so daß an der Stelle ein Hügel entsteht[11].

In der mitteleurop. Lit. begegnet der früheste Hinweis auf AaTh 701 in dem 1595 in Magdeburg erschienenen satirischen *Froschmeuseler* von Georg → Rollenhagen, in dem es heißt: „Wie die Hünen die grosse Leut/ Gethan hetten für dieser Zeit,/ Welcher Tochter, Bawr, Pferd vnd Wagen/ Hett im Schurztuch mit heimgetragen/ Jhrer Mutter für Würm gezeigt,/ Damit sie spielen wollt zur frewd."[12] Dieser Text, der die Kenntnis der Sage im Grunde voraussetzt, deutet sowohl auf ein höheres Alter als auch auf eine gewisse Verbreitung des ausgebildeten Erzähltyps hin; bestätigt wird dies allerdings erst durch einen Beleg des frühen 17. Jh.s aus Dänemark[13], der nach mündl. Überlieferung aufgezeichnet wurde und die erste Vollform von AaTh 701 bietet[14]. Demnach war die Sage im 16./17. Jh. zumindest im nordwestdt.-dän. Raum bekannt.

Im 18. Jh. liegen fast gleichzeitig Aufzeichnungen aus Deutschland (Thüringen 1788)[15], Finnland (ca 1769) und Schweden (1793) vor. Die beiden letztgenannten Belege[16] zeigen bereits ökotypische Züge der späteren Überlieferung in Skandinavien (Fehlen der Schürze, Auftreten der Riesenmutter). Eine gereimte Fassung aus dem Elsaß (von 1808)[17], die die Brüder → Grimm 1816 in einer Prosanacherzählung in ihre *Dt. Sagen* aufnahmen[18], lokalisiert das Geschehen erstmals auf Burg Niedeck und weist ausdrücklich auf den Bauern als Ernährer der Riesen hin. Der Text in den *Dt. Sagen* diente als Grundlage einer Reihe literar. Bearb.en des Stoffes[19], so schon 1817 durch Friedrich Rückert[20]. Adelbert von → Chamissos Gedicht *Das Riesen-Spielzeug* (1831–33)[21], das vielfach Aufnahme in Schullesebücher fand[22], wurde so bekannt, daß es die weitere mündl. Überlieferung im dt.sprachigen Raum maßgeblich beeinflußte[23]; bei Chamisso betont der Riese als Burgherr, er sei selbst bäuerlicher Herkunft. Auch das Gros der dt.sprachigen Belege aus mündl. Überlieferung endet mit dem Hinweis auf die wichtige Rolle des Bauern, dessen Existenz nicht angetastet werden dürfe[24].

In der jüngeren Überlieferung weist AaTh 701 z. T. einen sozialkritischen Akzent auf. Die Erzählung ist dann (schon bei den Brüdern Grimm) „keine reine Riesensage, vielmehr wird das Verhältnis vom Riesenvater und dem von seiner Tochter eingesammelten Bauernspielzeug als feudales Verhältnis Burgherr – Leibeigener aufgefaßt und geschildert"[25]. Daß in einer agrarisch strukturierten Welt die Ansicht zum Ausdruck gebracht werden sollte, der Bauer als Erzeuger des Brotgetreides dürfe nicht zum Spielzeug degradiert werden, kann als sicher gelten (cf. auch → Frevel, Frevler). Insofern geht es in dieser Version der Riesensage weniger um die Riesen als um die mit ihnen konfrontierten arbeitenden Menschen.

[1] Höttges, V.: Die Sage vom R. Jena 1931. – [2] ibid., 85–126; ead.: Typenverz. der dt. Riesen- und riesischen Teufelssagen (FFC 112). Hels. 1937, 172–184. – [3] Ergänzend zu AaTh: de Meyer, Conte; van der Kooi; Archiv van der Kooi, Groningen; MNK. – [4] Grüner, G.: Waldeck. Volkserzählungen. Marburg 1964, 195, num. 35; Benzel, U.: Volkserzählungen aus dem oberpfälz.-böhm. Grenzgebiet. Münster 1965, num. 35; Ranke, K.: Folktales of Germany. Chic. 1966, num. 20; Kooi, J. van der/ Schuster, T.: Der Großherzog und die Marktfrau. Leer 1994, num. 41 (oldenburg.); Haiding, K.: Alpenländ. Sagenschatz. Wien/Mü. 1977, num. 7; Vildomec, V.: Poln. Sagen. B. 1979, num. 15 (2); Lintur, P. V.: Ukr. Volksmärchen. B. 1972, num. 68; Simonsuuri, L./Rausmaa, P.-L.: Finn. Volkserzählungen. B. 1968, num. 449; Kvideland, R./Sehmsdorf, H. K.: Scandinavian Folk Belief and Legend. Minneapolis 1988, num. 55 (1). – [5] Kerbelytė, num. 23. – [6] Gaster, M.: The Giant's Toy. In: FL 41 (1930) 279–286, hier 281 sq. – [7] id.: The Exempla of the Rabbis. L. 1924, num. 321. – [8] Gaster (wie not. 6) 283. – [9] ibid., 284. – [10] Höttges (wie not. 1) 33–37. –
[11] ibid., 13; Liungman, W.: Das R. In: Zs. des Vereins für rhein. und westfäl. Vk. 28 (1931) 57–65, hier

58; cf. Höttges 1937 (wie not. 2) 41–43. – [12] Georg Rollenhagen: Forschmeuseler. ed. D. Peil. Ffm. 1989, V. 3785–3790. – [13] Kristensen, E. T.: Danske Sagn 3. Silkeborg 1895, num. 3 (dt. bei Ranke, F.: Volkssage. Lpz. 1934, 39 sq.). – [14] Höttges (wie not. 1) 24. – [15] Grimm, Mythologie 1, 447. – [16] Niklén, J.: Sagornas ö. Stockholm 1928, 145 sq.; Svenska Fornminnes Föreningens Tidskrift 5 (1881–83) 173 sq. – [17] Grimm, Mythologie 1, 446 sq. – [18] Grimm DS 1, num. 17; cf. Röhrich, L.: Volkspoesie ohne Volk. Wie ‚mündl.' sind sog. ‚Volkserzählungen'? In: id./Lindig, E. (edd.): Volksdichtung zwischen Mündlichkeit und Schriftlichkeit. Tübingen 1989, 49–65, hier 52 sq. – [19] cf. Höttges (wie not. 1) 119–126. – [20] Rückerts Werke. ed. G. Ellinger. Lpz./Wien 1897, 299 sq. – [21] Chamissos sämtliche Werke. B./Lpz. 1909, 188 sq. – [22] Tomkowiak. – [23] Höttges (wie not. 1) 28. – [24] ibid., 85–92. – [25] Röhrich, L.: Was soll und kann Sagenforschung leisten? In: id. (ed.): Probleme der Sagenforschung. Fbg 1973, 13–33, hier 28; Bürger, C.: Die soziale Funktion volkstümlicher Erzählformen – Sage und Märchen. In: Projekt Dt.unterricht. ed. H. Ide. Stg. 1971, 26–56.

Rostock   Siegfried Neumann

Riesentiere → Größe: Die ungewöhnliche G.

Rigoli, Aurelio, * Palermo 3. 6. 1933, ital. Ethnologe und Volkskundler. Als Schüler von G. → Cocchiara wurde R. 1956 an der Univ. Palermo im Fach Lit.wissenschaften mit einer Diss. über die populäre toskan. Novellistik (*La novellistica popolare toscana*) promoviert. Seit 1974 ist er ordentlicher Professor am Athenäum von Palermo und lehrt Kulturanthropologie, ‚Etnostoria' und Geschichte der populären Überlieferungen[1].
R. interessierte sich bereits früh für die sizilian. Volksdichtung[2]. In seiner philol. Unters. der Geschichte der Baronin di Carini wertete er die 392 Var.n aus, auf deren Grundlage S. → Salomone-Marino seine drei Fassungen der Geschichte in den Jahren 1870, 1873 und 1914 geschaffen hatte[3]. Hist.-vergleichend beschäftigte er sich mit den Unters.en der Volkskundler des 19. Jh.s (G. → Pitrè, Salomone Marino, S. A. Guastella u. a.)[4] über die sizilian. Volkskultur, wobei er neue Forschungsperspektiven und -felder für seine kritisch-interpretative Spekulation erprobte. Exemplarisch sind in diesem Sinne seine Unters.en über die Volksbüchlein des 16. und 17. Jh.s (Slg Nalli)[5], den Bilderschmuck sizilian. Karren[6] und das Puppentheater von Catania[7].
Als Ethnologe praktiziert R. eine evolutionistische Anthropologie[8], wobei er die Bedeutung des Mythos als historiographischer Quelle betont. Aus dieser Perspektive, zusammen mit Arbeiten über die Beziehung zwischen Folklore und Geschichte[9] bei Salomone Marino, entwickelte R. seine Analysemethode der Etnostoria, die durch vielfältige Nutzung unterschiedlicher Quellen – schriftl., mündl. (etnofonti), materieller (etnoreperti), ikonographischer etc. – auf die Integration von Geschichte und Anthropologie zielt[10]. Das von R. begründete Fach Etnostoria ist seit 1994 eine universitäre Disziplin. Grundprinzip dieser territorialen Anthropologie ist einerseits die Anerkennung der Vielfalt der sich gegenseitig ergänzenden Quellen und andererseits der Blick auf die Gesamtheit des Wissens und der Lebensstile (etnostili) eines bestimmten Territoriums in ihrer individuellen Verwirklichung[11].
Zu den Forschungsprojekten, für die R. seinen ethnohist. Ansatz anwandte, gehörten die staatlichen Vorhaben zur Fünfhundertjahrfeier der Entdeckungsreisen von Christoph Columbus (1992), in deren Rahmen in Genua die Ausstellung *Due mondi a confronto* veranstaltet wurde[12], sowie die Ausstellung zu Ehren von A. Bertarelli (1863–1938), dem Mailänder Sammler populärer Drucke[13]. In Palermo gründete R. das Centro Internazionale di Etnostoria und das Archivio Etnostorico Nazionale. In Ucria (Provinz Messina) richtete er fünf von der ethnohist. Methodologie geprägte volkskundliche Museen ein[14].
R. leitet die wiss. Betreuung der Gesamtausgaben der Werke Pitrès[15] und Salomone Marinos[16]. Er ist Gründer und wiss. Verantwortlicher des Projekts Archivio multimediale interdisciplinare delle confraternite d'Italia und Präsident des Premio internazionale di studi demoetnoantropologici G. Pitrè – S. Salomone Marino. Für seine Leistungen auf dem Gebiet der wiss. Forschung und ihrer methodologischen Anwendung wurde ihm 1993 vom Präsidenten der Republik Italien die Goldmedaille für kulturelle Verdienste verliehen.

[1] Schenda, R.: A. R. In: Jb. für Volksliedforschung (1965) 128–137; Greverus, I.-M.: A. R. In: Hess BllfVk. 57 (1966) 201 sq.; Schenda, R.: A. R. In: Fa-

bula 19 (1978) 183. – ² R., A.: Novelline popolari inedite in un manoscritto di S. Salomone Marino. Palermo 1960; id.: Scibilia Nobili e altre storie. Parma 1965; Veneziano, A.: Ottave. ed. A. R. Turin 1967; R., A.: Le principali forme della poesia popolare italiana. Palermo 1970; id.: Natoli. Storie e leggende di Sicilia 4. Palermo 1982. – ³ id.: Le varianti della Baronessa di Carini. Tradizione e poesia. Palermo 1984; cf. Cocchiara, G.: Le varianti della Baronessa di Carini. In: id.: Le origini della poesia popolare. Turin 1966, 68–75. – ⁴ R., A.: Il concetto di sopravvivenza nell'opera di Pitrè e altri studi di folklore. Caltanissetta/Rom 1963; Salomone Marino, S.: Costumi e usanze dei contadini di Sicilia. ed. A. R. Palermo 1968; R., A.: Due manoscritti inediti di S. A. Guastella. In: Festschr. C. Naselli 1. Catania 1968, 399–420; Salomone Marino, S.: Il paese del giudizio. ed. A. R./S. Vilardo. Palermo 1977; id.: Raccolta di leggende popolari siciliane in poesia. ed. A. R. Palermo 1978; R., A.: Spigolature tra folklore e antropologia. Palermo 1993; id./Amitrano, S. A.: Antropologia in Sicilia. Orizzonti e protagonisti. Messina 1998. – ⁵ R., A.: Mondo popolare e letteratura. Palermo ³1974, 13–53. – ⁶ id.: Le figurazioni del carretto siciliano. Messaggio iconico fra percezione e significato. In: Figurazione e messaggio. Atti del seminario di studi su il carretto siciliano come documento culturale. Palermo 1977, 41–64. – ⁷ id.: Eroi di Sicilia. Figurazioni del teatro popolare. Palermo 1983; id.: Analisi antropologica dei sistemi figurativi. A proposito dei cartelloni dell'opera dei pupi. In: Guardare e vedere. Analisi antropologica dei sistemi figurativi. Vigevano 1997, 87–122. – ⁸ id.: Problemi e ipotesi della antropologia evoluzionista. Messina 1983; id.: Il tabù universale. Palermo 1973; id.: Totemismo come ipotesi. Messina 1981; id.: Lezioni di etnologia. Palermo 1988; id.: Incesto e tabu. Messina 1989; id.: La logica del primitivo. Comiso 1999. – ⁹ id.: Folklore ed etnostoria. Messina 1977, 57–81; id.: Storia senza potere. Messina 1996. – ¹⁰ id.: Lo sbarco degli alleati nella Sicilia del 1943 tra prospettiva storiografica egemone e prospettiva subalterna. In: Bernardi, B./Poni, C./Triulzi, A. (edd.): Le fonti orali. Antropologia e storia. Mailand 1978, 173–208; id.: Magia e etnostoria. Turin 1978; id.: La ricerca sul terreno e il passato. Il problema dell'etnostoria. In: Uomo 5,2 (1980) 273–293; id.: Le ragioni dell'etnostoria. Palermo 1995; id. (ed.): Etnostoriografia. Palermo/Comiso 1999; cf. Amitrano, S. A.: Che cos'è l'etnostoria. Palermo 1995; Puglisi, G.: L'etnostoria come epistemologia delle scienze dell'uomo. In: Etnostoria 1,2 (1997) 151–159. – ¹¹ R., A./Amitrano, S. A./Bellantonio, L.: Antropologia e territorio. Messina 1998; R., A. (ed.): Beni demoetnoantropologici in Sicilia ed istituzioni. Mailand 1999. – ¹² cf. id. (ed.): Due mondi a confronto. I segni della storia. Rom/Venedig/Genua 1992. – ¹³ id./Amitrano, S. A. (edd.): Costumi e popolo nel regno italico. Rom 1989; R., A.: Fuoco, acqua, cielo, terra. Vigevano 1993. – ¹⁴ id.: Prima mappa dei beni demoetnoantropologici di Sicilia. Palermo 1998; id.: Tradizione arte comunicazione. Messina 2001. – ¹⁵ id. (ed.): Unpublished Works of Giuseppe Pitrè and Salvatore Salomone Marino. In: Europ. Ethnologie und Folklore im internat. Kontext. Festschr. L. Petzoldt. Ffm. 1999, 229–241; id.: Viaggiatori italiani e stranieri in Sicilia. Palermo 2000; Pitrè, G.: La rondinella nelle tradizioni popolari. ed. A. R. Palermo 2000. – ¹⁶ id. (ed.): Storia intima. Palermo 1998.

Palermo   Annamaria Amitrano

Riklin, Franz → Psychoanalyse

Rinaldo Rinaldini → Räuber, Räubergestalten

Rind → Kuh, → Ochse, → Stier

Ring

1. Kulturgeschichte des R.gebrauchs – 2. R.e im Erzählgut – 2.1. Zauberringe – 2.2. R.e des Wiedererkennens – 2.3. R.e der Treue – 2.4. R.e des Familienglücks

1. Kulturgeschichte des R.gebrauchs. Im europ. MA. zählten Fingerringe – wie schon in der Antike – zu den beliebtesten Schmuckstücken der Oberschicht[1]. Als herrscherliche Macht- und Würdezeichen beglaubigten Siegelringe (wie der Fischerring des Papstes) den Rang ihres Trägers. Der bei der Bischofsweihe übergebene Bischofsring war signum fidei, Zeichen der Bindung an die Ortskirche[2]. 1057 legte dem Chronisten Frutolf zufolge der Zähringer Graf Berthold der Kaiserin Agnes den von Kaiser Heinrich III. erhaltenen R. zum Beweis seiner Anwartschaft auf das Herzogtum Schwaben vor[3]. 1172 erhielt → Richard Löwenherz zum Zeichen seiner Herrschaft über Aquitanien in Limoges den R. der hl. Patronin Valérie angesteckt[4]. 1482 diente in Florenz eine andere → Reliquie, der wundertätige Bischofsring von St. Zenobius, als Mittel der Diplomatie[5].

R.e fungierten daneben offenbar bereits im hohen MA. als Zeichen der → Liebe und → Treue[6]. Aus dem einseitig vom Bräutigam beim Verlöbnis der → Braut übergebenen Verlobungsring (schon im → *Ruodlieb,* Fragment 14,64) entwickelte sich unter kirchlichem Einfluß der gegenseitige R.wechsel bei der Trauung[7]. Im dt. Raum etablierte er sich im 13. Jh., blieb jedoch bis in die frühe Neuzeit auf die Oberschicht und das wohlhabende Bürgertum beschränkt. Fallstudien wie die von C. Klapisch-Zuber für Florenz im 15. Jh., in der auch die Bezüge zur Ikonographie des R.s auf Florentiner Gemälden der Verlobung Mariens herausgestellt werden[8], vermögen den hohen Stellenwert des R.symbols im sozialen Ritual der → Eheschließung zu demonstrieren, machen jedoch auch die Notwendigkeit einer regional, zeitlich und ständisch differenzierten Betrachtungsweise deutlich.

In der frühen Neuzeit verbreitete sich der Typus der das persönliche Andenken fixierenden Gedächtnis- bzw. Trauerringe (Mourning R.s)[9], die den schon im MA. vorhandenen Memorialcharakter[10] des verschenkten R.s unterstrichen.

Kostbare R.e, von denen man häufig mehrere trug, demonstrierten augenfällig das Ansehen ihres Trägers. Wenngleich die Massenproduktion von R.en[11] erst im 19. Jh. einsetzte, kann kein Zweifel an der weiten Verbreitung frühneuzeitlicher Fingerringe in allen gesellschaftlichen Schichten bestehen.

Magische Inschriften auf erhaltenen Stücken oder bes. Materialien wie der Krötenstein (→ Kröte) sichern schon für das MA. die Existenz von R.en, denen man bes. Schutz- und Abwehrkräfte zuschrieb (→ Abwehrzauber, → Amulett)[12]. Solche schützenden und heilenden R.e blieben aber auch in der Renaissance[13] und darüber hinaus beliebt[14].

2. R.e im Erzählgut. Die Beantwortung der Frage[15], ob die ideale geometrische Form des Reifens einen materialisierten → Zauberkreis darstellt oder einen ins Metall übertragenen Faden (wie → Gürtel und Fessel ein Mittel des ‚Bindens‘[16]), mag komparatistischer Spekulation überlassen bleiben. Auf sehr allg. Ebene ist die Feststellung gültig, daß R.e Bindungen und Beziehungen ausdrücken. Die hier gewählte Schwerpunktsetzung soll nicht darüber hinwegtäuschen, daß es alternative Möglichkeiten der Gruppenbildung, zahlreiche nicht berücksichtigte R.motive sowie vielfältige Bedeutungsüberschneidungen gibt. Als verführerischer Universalschlüssel zum Verständnis der R.symbolik bietet sich das Konzept der magischen Kraftauflagung (→ Dingbedeutsamkeit, -beseelung) an, weshalb man z. B. auch bei dem weitverbreiteten Motiv von dem im Fischbauch wiedergefundenen R. (AaTh 736 A: *R. des* → *Polykrates*) daran gedacht hat, dem R. könnten in einer ursprünglicheren Version magische Eigenschaften innegewohnt haben[17].

Exemplarisch für im folgenden nicht behandelte Motive seien Erzählungen über diebische Rabenvögel (→ Rabe) angeführt. Sie stehlen häufig R.e, angelockt durch das Glänzen des kleinen Schmuckstücks. Ein Abt zwingt einen Raben, den gestohlenen R. zurückzubringen[18]. Vögel trennen Liebende (Mot. N 352; → *Magelone*) oder lassen Unschuldige in Diebstahlsverdacht geraten (Grimm DS 513: *Idda von Toggenburg*[19]). In zwei mitteldt. Sagen wird ein Diener für einen nicht von ihm begangenen Diebstahl hingerichtet[20]; beide sind Ätiologien bildlicher Darstellungen (Merseburg: Wappen), die einen Raben mit R. im Schnabel zeigen (→ Denkmalerzählungen). Heute ist der Merseburger Käfig, in dem ein Rabe gehalten wird, ein touristisches ‚Erzähl-Mal‘.

2.1. Zauberringe. R.e „bergen und bewirken Kraft"[21]. R.e mit magischen Kräften (Mot. D 1076; → Magie) sind in Weltliteratur und Folklore außerordentlich häufig – bis hin zum modernen Fantasy-Boom (cf. J. R. R. → Tolkiens *The Lord of the R.s,* 1954/55). Da der universelle Wunschring des Märchens, der alle Wünsche erfüllt (AaTh 560: → *Zauberring*) oder andere magische Eigenschaften besitzt, die seinem Träger schaden können (AaTh 1137: cf. → *Polyphem*), eigens behandelt wird, genügen hier knappe Hinweise[22]. Schon in der ma. Lit. sind Zauberringe das dominierende magische Requisit[23]. Verbreitet ist das Motiv des → unsichtbar machenden R.s (→ Gyges). Im → *Friedrich von Schwaben* ([14./15. Jh.] V. 1332–1376, 2150–2158) erhält der Held drei wundertätige R.e, die gegen Feuer und Gift helfen bzw. Kraft verleihen. Natürlich können sich die bösen Gegenspieler ebenso magischer R.e bedienen (AaTh 1137). Dämonen können nicht nur in Gefäße (AaTh 331: → *Geist im Glas*), sondern auch in R.e eingeschlossen werden[24]. Für ein Beispiel machtvollen Liebeszaubers steht der R. der Fastrada (Mot. T 85.4.1), der → Karl d. Gr. über ihren Tod hinaus zur Liebe zwingt (→ Nekrophilie)[25]. Die magische Wirkung von R.en wird oft auf die eingesetzten → Edelsteine zurückgeführt.

2.2. R.e des Wiedererkennens. Weltweit vertreten ist das Motiv vom R. oder von der R.hälfte als → Erkennungszeichen (Mot. H 94), das in den Becher der Frau geworfen wird (AaTh 974: → *Heimkehr des Gatten*)[26]. Das seit dem Ende des 15. Jh.s vielfach gedruckte Erzähllied vom edlen Moringer (Grimm DS 529)[27] enthält das R.motiv ebenso wie die Fassungen der Erzählung von Heinrich dem Löwen (Grimm DS 526; → Löwentreue)[28], die bereits im Spätmittelalter in Böhmen greifbar sind (Bruncvík-Stoff)[29]. Von dort fand die Heinrich-Erzählung in der frühen Neuzeit über Drucke Eingang in populäre russ. und ung. Lesestoffe. Das R.motiv erscheint aber auch in skand. Balladen, die diesen Stoff behandeln, wie es überhaupt in der europ. Balladenüberlieferung sehr verbreitet ist. An Bildzeugnissen können die um 1500 entstandenen Wandgemälde von Karden (Mosel) genannt werden. Auf einem Bild dieses Zyklus holt die Herzogin ihre R.hälfte aus einem Schmuckkästchen[30]. Bereits auf der Gedächtnistafel der Welfen aus der Braunschweiger Domkirche (1. Viertel 15. Jh.) hält Heinrichs Gemahlin Mechthild den Ehering ostentativ in die Höhe[31].

Breit entwickelt wird das Motiv der R.hälfte z. B. schon von dem Familienbuch der Aargauer Adelsfamilie von Hallwil (16. Jh.): Der aus der Fremde heimgekehrte Sohn beweist gegenüber den Kartäusern mit seiner R.hälfte den Anspruch auf das Erbe seines Vaters, der es den Mönchen unter Vorbehalt übergeben hatte[32].

In Märchen wie etwa AaTh 510 B: cf. → *Cinderella* macht die unerkannt bei Hof dienende junge Frau den Königssohn dadurch auf sich aufmerksam, daß sie ihm den R. in die Suppe wirft[33].

2.3. R.e der Treue. Als Symbole von Liebe und Ehe verkörpern R.e den Grundwert der Treue. Obwohl überwiegend Textilien (bes. Bänder) als Liebespfänder verwendet wurden, sind seit dem Hochmittelalter R.e als Liebespfänder der Dame an den → Ritter (cf. AaTh 1419 E: → *Inclusa*) belegt. Sie sollten Andenken und Memorialzeichen sein, ihm aber auch Kraft und Mut verleihen. Immer wieder erscheinen R.e als Liebespfänder im Volkslied[34].

Eindrucksvoll demonstriert die magische Bindung durch den R. der literar. tradierte Stoff von der Verlobung einer → Statue (Mot. T 376)[35]. Erstmals im 12. Jh. bei William of Malmesbury greifbar, machte die wohl in Rom entstandene Geschichte der Statue der → Venus, die den ihr von einem jungen Mann übergestreiften R. ernst nimmt und ihn am Vollzug der Ehe mit seiner irdischen Braut hindert, durch das *Speculum historiale* des → Vincent de Beauvais Karriere und gelangte u. a. über H. → Kornmann 1614 zu weiterer Popularität[36]. Im 19. und 20. Jh. wurde der Stoff wiederholt aufgegriffen (am bekanntesten ist die Bearb. von Prosper Mérimée, *La Vénus d'Ille* [1837]). Eine zweite, weniger rezipierte Var. bot die *Kaiserchronik* (12. Jh.) mit der bei Theodosius eingereihten Astrolabius-Legende[37]. Spätma. Marienmirakel ersetzten die Venus der auf William of Malmesbury zurückgehenden Version durch Maria.

Verlust und Zerbrechen von R.en gelten als böse Omina[38]. „Sie hat die Treu gebrochen, Mein Ringlein sprang entzwei", heißt es in Joseph von → Eichendorffs 1810 entstandenem volksliedhaftem Gedicht *Lied*[39]. Im mhd. Brautwerbungsepos *Salman und Morolf* (→ *Salomon und Markolf*) zeugt die Weitergabe des R.s von der Untreue der Geliebten[40]. Der goldene Verlobungsring zerbricht, als der brandenburg. Kurfürst Friedrich III. entgegen seinem Versprechen eine neue Gemahlin nimmt[41]. Der wiedergefundene Ehering der Schwabenherzogin Agnes führt in der seit Ende des 16. Jh.s faßbaren R.sage zur Stiftung der St. Johanniskirche in Schwäb. Gmünd[42]. In bestimmten Var.n von AaTh 300: cf. → Drache, Drachenkampf, Drachentöter signalisiert ein schwarz oder trüb werdender R. Unheil für den Märchenhelden[43].

2.4. R.e des Familienglücks. Eigentlich zu den Zauberringen zu rechnen sind die R.e, die als Talismane das Glück eines (meist adligen) Geschlechts garantieren[44]. Die Herzöge von Sachsen-Gotha werden aussterben, erzählte man F. P. → Grimm in Gotha 1836, wenn der R. der hl. → Elisabeth nicht mehr in ihrem Besitz sei[45]. Diese R.e gehören zu den Gegenständen, die — vergleichbar den seit dem Spätmittelalter in hist. Quellen bezeugten aristokratischen Erbkleinodien[46] — unveräußerlich bewahrt werden müssen. Sie sind meist die → Gabe von jenseitigen Wesen, überwiegend von → Zwergen. Mehrfach erscheint ein R. innerhalb einer Triade von Gegenständen (→ Drei, Dreizahl) wie in der auf die *Mémoires* des Marschalls von Bassompierre 1665 zurückgehenden lothring. Geschichte *Das Streichmaß, der R. und der Becher* (Grimm DS 71). Bereits 1599 im *Oldenburg. Chronicon* Hermann Hamelmanns[47] gedruckt wurden die Erzählungen über den Grafen von Hoya (Grimm DS 35) und die Frau von Alvensleben (Grimm DS 68). Letztere leistet Geburtshilfe bei einer Zwergenfrau (→ Hebamme) und erhält zum Dank einen Goldring; dieser sorgt, solange er sich im Haus Kalbe und beim Geschlecht befindet, für dessen Wohlergehen. Am frühesten ist im dt. Bereich Grimm DS 29: *Der Scherfenberger und der Zwerg* belegt. Zu Beginn des 14. Jh.s erzählt Ottokar in seiner *Steir. Reimchronik*, wie der Herr von Scherfenberg von einem Zwerg einen wunderbaren R. erhält. Obwohl die ma. chronikalische Rezeption des Werks an diesem Stoff kein Interesse zeigte, finden sich frühneuzeitlich zwei von Ottokar unabhängige Versionen[48]. Dies wirft die schwierige Frage der adligen Hausüberlieferung auf. Eine vergleichende Studie solcher Traditionsbildung könnte die Kenntnis vormoderner adliger Erinnerungskultur fördern.

[1] cf. allg. Edwards, C.: History and Poetry of Finger-R.s. N. Y. 1854; Jones, W.: Finger-R. Lore, Historical, Legendary, Anecdotal. L. 1877; Evans, J.: Magical Jewels of the Middle Ages and the Renaissance particularly in England. Ox. 1922; Battke, H.: Geschichte des R.es. Baden-Baden 1953; Fourlas, A. A.: Der R. in der Antike und im Christentum. Münster 1971; Chadour, A. B.: R. In: Lex. des MA.s. 7. Mü./Zürich 1995, 855–857; Scarisbridge, D.: R.s. L. 1993; Hurschmann, R.: R.e. In: DNP 10 (2001) 1020 sq. — [2] Labhart, V.: Zur Rechtssymbolik des Bischofsr.s. Köln 1963; Schmauder, M./Berger, R.: R. In: LThK 8 ([3]1999) 1192–1194. — [3] Parlow, U.: Die Zähringer. Stg. 1999, num. 28; Schenda, R. (ed., unter Mitarbeit von H. ten Dornkaat): Sagenerzähler und Sagensammler der Schweiz. Bern/Stg. 1988, 105. — [4] Smith, R. J.: Henry II's Heir. The Acta and Seal of Henry the Young King, 1170–83. In: English Historical Review 116 (2001) 297–326, hier 310. — [5] Cornelison, S. J.: A French King and a Magic R. In: Renaissance Quart. 55 (2002) 434–469. — [6] Schulze-Dörlamm, M.: Der Mainzer Schatz der Kaiserin Agnes aus dem mittleren 11. Jh. Sigmaringen 1991, 72–87. — [7] Schmidt-Wiegand, R.: Hochzeit, Vertragsehe und Ehevertrag in Mitteleuropa. In: Völger, G./Welck, K. von (edd.): Die Braut 1. Köln 1985, 264–273, hier 269 sq.; Wackernagel, W. D.: Ehering. In: Hwb. zur dt. Rechtsgeschichte 1. B. 1971, 840–843; May, G.: Die kirchliche Eheschließung in der Erzdiözese Mainz seit dem Konzil von Trient. Mainz 1999, 55–57. — [8] Klapisch-Zuber, C.: La Maison et le nom. P. 1990, 151–183, 200–208; zur Ikonographie cf. Traeger, J.: Renaissance und Religion. Mü. 1997, 546 (Reg. s. v. R.); allzu knapp cf. Lengyel, A./Redaktion: R. In LCI 3 (1971) 554. — [9] Ward, A. u. a.: Der R. im Wandel der Zeit. Mü. 1981, 96 sq. — [10] Wenzel, H.: Hören und Sehen, Schrift und Bild. — Mü. 1995, 308–310. —
[11] Kutschmann, J.: Volkstümliche Fingerr.e. In: Rhein.-westfäl. Zs. für Vk. 11 (1964) 1–30. —
[12] Dinzelbacher, P.: Heilige oder Hexen? Zürich 1995, 218 sq.; Kieckhefer, R.: Magie im MA. Mü. 1995, 120. — [13] cf. für England Cherry, J.: Healing through Faith. In: Renaissance Studies 15 (2001) 154–171. — [14] Hansmann, L./Kriss-Rettenbeck, L.: Amulett und Talisman. Mü. [2]1977, 326 sq.; Pressmar, E.: R.e als Amulett und Talisman. In: Bayer. Jb. für Vk. (1978–79) 73–87. — [15] Jungwirth: R. In: HDA 7 (1935–36) 702–724, hier 704. — [16] Holzapfel, O.: Zur Phänomenologie des R.brauchtums. In: ZfVk. 64 (1968) 32–51. — [17] EM 10, 1165. —
[18] Brückner, 247. — [19] Grimm DS, t. 2, 595. —
[20] Griepentrog, G.: Hist. Volkssagen aus dem 13. bis 19. Jh. 3. B. 1975, num. 112, 113; cf. Pröhle, H.: Harzsagen. ed. W.-E. Peuckert. Göttingen 1957, 256; cf. auch EM 9, 417 sq. —
[21] Klosterhalfen, C. H.: R.e und Kreise, Macht und Magie. Emsdetten 1967, 8 (wichtigste jüngere motivgeschichtliche Monogr., trotz theaterwiss. Ausrichtung). — [22] ibid.; Stern, A.: Der R. in der Sage, im Märchen, in der Novelle, im Drama, im Recht. In: HessBllfVk. 30–31 (1931–32) 106–125; BP 4, 117; HDA 7, 717–722; Opie, I./Tatem, M. (edd.): A Dict. of Superstitions. Ox./N. Y. 1989, Reg. s. v. R.; Tuczay, C.: Magie und Magier im MA. Mü. 2003, 116, 135, 247, 323. — [23] cf. z. B. Strassberg, S.: Die Entführung und Befreiung der Königin Ginevra. Diss. B. 1937, 65–67. — [24] Hansen, J.: Qu.n und Unters.en zur Geschichte des Hexenwahns und der Hexenverfolgung im MA. Bonn 1901, 227; Cardini, F.: Hexenwesen und Volkskultur im SpätMA. an Beispielen aus der Toskana. In: Dinzelbacher, P./Mück, H.-D. (edd.): Volkskultur des europ. SpätMA.s. Stg. 1987, 73–88, hier 79; EM 4, 1047. — [25] Grimm DS 459; cf. EM 5, 1296. — [26] BP 2, 348; Littmann, E.:

Arab. Märchen. Lpz. 1957, 451 (weitere Hinweise); zur Rezeption in einer bad. Burgenerzählung cf. Kästner, H.: Ritter Kuno von Falkenstein und der Teufel im Höllental. In: Aurnhammer, A./Kühlmann, W. (edd.): Zwischen Josephinismus und Frühliberalismus. Fbg 2002, 213–243, hier 224 sq. – [27] DVldr, num. 103; Schanze, F.: Moringer (Der edle Moringer). In: Verflex. 6 ([2]1987) 688–692. – [28] Neuere Lit. bei Ridder, K.: Wyssenherre, Michel. In: Verflex. 10 ([2]1999) 1467–1470; Ziegeler, H.-J.: Der Herr von Braunschweig. ibid. 11,3 (2002) 649–652; dt. Texte bei Behr, H.-J./Blume, H. (edd.): Vestigia Leonis. Braunschweig 1995. – [29] Bok, V.: Zur Rezeption des Bruncvík-Stoffes in Böhmen. In: Jb. der Oswald von Wolkenstein-Ges. 10 (1998) 81–91. – [30] Luckhardt, J./Niehoff, F. (edd.): Heinrich der Löwe und seine Zeit 3. Mü. 1995, 23 (Abb. 14). – [31] ibid., 112 sq., num. H 7 (mit Abb.). – [32] Jacob-Friesen, H.: Das Hausbuch der Herren von Hallwil. In: Basler Zs. 94 (1994) 29–74; zur Rezeption cf. Schenda (wie not. 3) 175 sq. – [33] BP 2, 45–56. – [34] Meisen, K.: Liebespfänder in ma. und neuerer Zeit. In: Rhein. Jb. für Vk. 4 (1953) 142–204. – [35] Frenzel, Stoffe ([9]1998) 748–751; Mülher, R.: Der Venusring. In: Aurora 17 (1957) 50–62; Huet, G.: La Légende de la statue de Vénus. In: Revue de l'histoire des religions 68 (1913) 193–217; Baum, P. F.: The Young Man Betrothed to a Statue. In: Publ.s of the Modern Language Assoc. 34 (1919) 523–579; ibid. 35 (1920) 60–62; Tubach, num. 4101, 4103, 5148. – [36] Kornmann, H.: Mons Veneris [...]. Ffm. 1614, 77–81; Haberkamm, K.: Kornmanns „collectanea" Mons veneris (1614) und De Miracvlis Mortvorvm (1610). In: Simpliciana 21 (1999) 161–176, hier 165–168. – [37] Ohly, E. F.: Sage und Legende in der Kaiserchronik. Darmstadt 1968, 203–210. – [38] Klosterhalfen (wie not. 21) 103. – [39] Eichendorff, J. von: Werke 1. ed. W. Frühwald u. a. Ffm. 1985, 84; Bolte, J.: Das R.lein sprang entzwei. In: ZfVk. 20 (1910) 66–71; Stückrath, O.: Das R.lein sprang entzwei. ibid. 28 (1918) 98 sq. (mit Nachtrag J. Bolte). – [40] Griese, S.: Salomon und Markolf. Tübingen 1999, 129. –
[41] Lothar [i. e. Grimm, F. L.]: Volkssagen und Mährchen der Deutschen und Ausländer. Lpz. 1820, 91 sq. – [42] Graf, K.: Der R. der Herzogin. In: Babenberger und Staufer. Ausstellungskatalog Göppingen 1987, 84–134; EM 5, 360; auf einen verlorenen Trauring wurde auch die Gründung der Abtei Orval zurückgeführt, cf. Fontaine-Dicks, E. de la: Luxemburger Sagen und Legenden. Christnach 1989, num. 219. – [43] Ranke, K.: Die zwei Brüder (FFC 114). Hels. 1934, 181. – [44] HDA 7, 720; ibid. 9, 1080; viele Belege bei Peuckert, W.-E.: Niedersächs. Sagen 2. Göttingen 1966, num. 750. – [45] Hoffmann, G./Rölleke, H. (edd.): Der unbekannte Bruder Grimm. Düsseldorf/Köln 1979, num. 40; cf. auch Lothar (wie not. 41) 92. – [46] Graf, K.: Fürstliche Erinnerungskultur. In: Grell, V./Paravicini, W./Voss, J. (edd.): Les Princes et l'histoire du XIVe au XVIIIe siècle.

Bonn 1998, 1–11, hier 5. – [47] Hamelmann, H.: Oldenburg. Chronicon [...]. [Oldenburg] 1599, 21 sq. – [48] Moeglin, J.-M.: L'Anneau de Guillaume de Scherfenberg. In: Médiévales 20 (1991) 61–74.

Winningen   Klaus Graf

Ring im Fischbauch → Polykrates: Ring des P.

Ringe: Die drei R., Lehrerzählung aus MA. und Renaissance (Mot. J 462.3.1). Die Grundgemeinsamkeiten der verschiedenen Fassungen können nur recht allg. formuliert werden:

Mehrere (meist drei) Geschwister weisen je einen Ring bzw. → Stein ihres Vaters vor, um sich als bes. erwähltes Kind auszuweisen. Die Frage nach dem echten Ring sowie die Kinder selbst werden auf Religionen (gelegentlich auf christl. Richtungen) bezogen.

Die unterschiedlichen Antworten auf die Kernfrage nach der wahren Religion gliedern die Überlieferung einerseits in einen weniger beachteten frühen apologetischen Zweig und andererseits in den berühmten Zweig, dessen Toleranzbotschaft in → Lessings Ringparabel (*Nathan der Weise* [1779], 3. Akt) gipfelt[1]. Der apologetische Zweig ist in vier Fassungen des 13. und 14. Jh.s überliefert, drei davon sind Predigtexempla in lat. Prosa. Ein altfrz. Dit ritterlichen Geistes, der zu einem Kreuzzug aufruft (wohl spätes 13. Jh.), stellt die älteste erhaltene Fassung sowohl in einer Volkssprache als auch in Versen dar[2]. In allen vier Versionen hebt sich ein nachweislich echter Ring von den falschen dadurch ab, daß er (Wunder-) Heilungen bewirkt. Damit steht der bevorzugte Erbe für die einzig wahre christl. Religion (bzw. für deren orthodoxe Ausrichtung). Den Anfang der Überlieferung bildet die Fassung im *Tractatus de diversis materiis praedicabilibus* (num. 331) des um 1260 gestorbenen Dominikaners → Étienne de Bourbon. Sie nimmt eine Sonderstellung ein: Nur hier geht es um Töchter (wohl analog zum grammatischen Geschlecht von fides und religio) unbestimmter Zahl; der einzigen ehelichen stehen jüngere ‚falsche' gegenüber, die ihre R. fälschen. Diese vertreten nicht etwa andere Religionen, sondern christl. Richtungen, Albigenser und Waldenser (cf. → Ketzer), die der in

Südfrankreich tätige Prediger (und Inquisitor) hart kritisierte.

Seit der altfrz. Verserzählung erscheinen stets Söhne als Erben, meistens drei, die fortan immer auf die drei monotheistischen Weltreligionen verweisen. Am verbreitetsten (gerade auch in Übers.en) und zugleich am maßvollsten innerhalb des apologetischen Zweiges ist die Fassung der → *Gesta Romanorum* (num. 10). Sie ist nur im süddt., nicht im engl. Überlieferungszweig enthalten; aber der engl. Dominikaner John → Bromyard bringt sie als Exempel für fides in seiner *Summa predicantium* (F IIII; 14. Jh); die beiden ältesten Söhne besorgen sich falsche R. In der *Gesta*-Fassung wird nach dem Scheitern der Kreuzzüge den Juden das Land der Verheißung und den Sarazenen ihr Reichtum gegönnt; die christl. Überlegenheit sei eine spirituelle.

Etwa gleichzeitig mit den *Gesta Romanorum*, einige Jahrzehnte nach der ältesten Fassung und wohl noch im 13. Jh., wird im → *Novellino* (num. 73)[3] die erste Version mit Toleranztendenz gestaltet. Zwei weitere ital. Prosaversionen folgen, zunächst eine Passage in dem Roman *Fortunatus Siculus o sia l'Avventuroso Ciciliano* (1311) von Busone da Gubbio[4], sodann, in der Mitte des 14. Jh.s, die Novelle in → Boccaccios *Decamerone* (1,3), die die weitere Geschichte des Stoffes entscheidend prägt und den apologetischen Zweig in den Hintergrund treten läßt. Von ihr abhängig sind z. B. die − motivlich allerdings recht selbständige − Verserzählung *Der Jued mit den dreyen R.n* [1545] von Hans → Sachs[5] sowie die knappe Version eines als Ketzer verbrannten Müllers (Friaul, Ende 16. Jh.)[6].

Neben den drei frühen ital. Fassungen steht im späten 15. Jh. die davon unabhängig wirkende einzige bekannte hebr. Version, die wesentliche Unterschiede aufweist: Der Vater stirbt nicht, er verreist lediglich; er übergibt jedem seiner nur zwei Söhne einen Edelstein. Der Autor, Salomon aben Verga, war von der Vertreibung der Juden aus Spanien (1492) betroffen; er ließ sich in Portugal taufen. Sein Werk *Schevet Jehuda* schildert Judenverfolgungen; es wurde an mehreren Orten gedruckt, in moderne westl. Sprachen und ins Lateinische übersetzt[7].

Vom apologetischen Zweig unterscheiden sich diese Versionen durch ihre Einbettung in einen Rahmen: In einer Zwangslage erzählt ein Jude das Exemplum vor einem Herrscher anderer Religionszugehörigkeit. In der hebr. Version handelt es sich, der Lebenserfahrung des Autors entsprechend, um einen christl. Herrscher (Don Pedro I., um 1100), ansonsten um einen Moslem. Boccaccio weist (wie schon Ms.-Var.n des *Novellino*) die Geschichte dem im Westen angesehenen Sultan Saladin (um 1138−98) zu. Angesichts des Erzählzwecks bleibt die Frage nach dem echten Ring (Stein) zumeist programmatisch offen. In den ital. Versionen benutzt der Sultan, der sich in Geldnot befindet, die Religionsthematik als Fangfrage; der reiche Jude ‚redet sich heraus' und antwortet taktisch: Die Ringparabel muß keineswegs seine innersten Überzeugungen verraten. Gerade die Novellenfassungen stellen Redegeschick und Schläue von Bankiers oder Kaufleuten heraus, um die es bes. Boccaccio generell geht.

Obwohl die bekannte Überlieferung der apologetischen Fassungen früher einsetzt, diese aufgrund ihrer Rahmenlosigkeit einfacher wirken und das Motiv der Wunderkraft von Steinen sehr alt ist, dürfte eher in den Toleranzfassungen der ältere, ursprüngliche Zweig zu sehen sein. Der Rahmen − ein Herrscher weiß eine geschickt vorgebrachte Weisheitserzählung zu schätzen und belohnt sie großzügig − könnte auf oriental. Ursprung deuten[8]. Die Erzählung wird jedenfalls dort entstanden sein, wo sich Weltreligionen begegnet sind. Allerdings sind alte arab. Fassungen nicht bekannt. Die hervorgehobene Rolle des jüd. Erzählers und das Verständnis für dessen Situation könnten für jüd. Ursprung sprechen. Demnach hätten Prediger − Étienne de Bourbon, der erste Aufzeichner der Erzählung, hat mehrere oriental. Stoffe überliefert − diese Geschichte aus ihrem Erzählrahmen herausgelöst und für ihre Zwecke umgestaltet.

Im Sinne dieser Überlegungen hat die Forschung früh (einflußreich G. → Paris[9]) der hebr. Version eine Schlüsselrolle eingeräumt − z. T. aber wohl zu unvorsichtig: Die zwar vielleicht in der Ursprungssprache, aber erst relativ spät aufgezeichnete, von der sonstigen Überlieferung stark abweichende Fassung des Salomon aben Verga könnte sich von verlorenen früheren letztlich weiter entfernt haben als die wesentlich älteren, relativ homogenen ital.

Versionen, die – nicht nur für Lessing – eine Schlüsselrolle spielen. Allerdings stützt sich Lessing nicht nur auf Boccaccio: Die Vorstellung einer ‚geheimen Kraft' des echten Rings könnte er in den ihm bekannten *Gesta Romanorum*, also im apologetischen Zweig der Überlieferung, gefunden haben. Lessings Ringparabel, die Mitte seines Thesenstücks *Nathan der Weise*, stellt die wichtigste Version dieser alten Geschichte dar: Erst der Aufklärer bringt die in einem Teil der Redaktionen angelegte Toleranzbotschaft zu voller Entfaltung.

Eine typisch moderne antimetaphysische Wendung gibt Günther Anders der Parabel: Alle drei Söhne glauben an den Wert ihres Erbstücks, haben aber völlig wertlose Ringe erhalten. Sie versöhnen sich untereinander, jedoch auf Kosten des Juweliers, der sie über ihre Fehleinschätzung aufklärt[10].

[1] cf. zusammenfassend Hudde, H.: „Der echte Ring vermutlich ging verloren." Die ältesten Fassungen der Ringparabel. Überblick, Überlegungen, Deutungen. In: Geschichte und Verstehen. Festschr. U. Mölk. Heidelberg 1997, 95–110; Lessing, G. E.: Nathan der Weise. ed. P. Demetz. Ffm. u. a. 1966 (Abdruck mehrerer älterer Versionen); wichtig auch Penna, M.: La parabola dei tre anelli e la tolleranza nel Medio Evo. Turin 1953; Mulsow, M.: Die drei R. Toleranz und clandestine Gelehrsamkeit bei Mathurin Veyssière La Croze (1661–1739). Tübingen 2001; cf. auch Tubach und Dvořák, num. 4106. – [2] Li dis dou vrai aniel. ed. A. Tobler. Lpz. (1871) 1912 (ins Dt. übertragen von G. Gröber in Festschr. A. Tobler. Braunschweig 1905, 1–11). – [3] Il Novellino. Das Buch der hundert alten Novellen. ed. J. Riesz. Stg. 1988, num. 73. – [4] Busone da Gubbio: Fortunatus Siculus o sia l'Avventuroso Ciciliano. ed. G. F. Nott. Mailand 1833, 455 sq. – [5] Sachs, H.: Sämtliche Fabeln und Schwänke 4. ed. E. Goetze/C. Drescher. Halle 1903, 1–3. – [6] cf. Ginzburg, C.: Il formaggio e i vermi. Il cosmo di un mugnaio del '500. Turin ⁶1976, 58–60. – [7] Salomo aben Verga: Das Buch Schevet Jehuda 1–2. ed. M. Wiener. Hannover 1855/56, hier t. 1, 54 sq. und t. 2, 107 sq.; Goebel, F. M.: Jüd. Motive im märchenhaften Erzählungsgut. (Diss. Greifswald) Gleiwitz 1932, 255–262. – [8] So Shagrir, J.: The Parable of the Three Rings. In: J. of Medieval History 23 (1997) 163–177 (dort auch Hinweis auf C. Ginzburg). – [9] Paris, G.: La Parabole des trois anneaux [1885]. In: id.: La Poésie du moyen âge 2. P. 1895, 131–163. – [10] Süddt. Ztg. (28./29. Nov. 1978) 130 sq. (erwähnt bei Elm, T.: Die moderne Parabel. Mü. 1982, 301).

Erlangen   Hinrich Hudde

Ringerzählung. Clock tale, das engl. Äquivalent für R., taucht weder im internat. Typenkatalog (AaTh) noch im *Motif-Index* (Mot.) auf. Er wurde von J. R. Perkal zur Bezeichnung von Var.n des Motivs Mot. Z 49.6: *Trial among animals* eingeführt, die in ihrer Struktur dadurch charakterisiert sind, daß die Kette der einander anklagenden Tiere wieder beim ursprünglichen Kläger anlangt, der schließlich als Schuldiger verurteilt wird. Für diese Erzählungen wählte sie den Begriff clock tale, „because, clocklike, the ultimate responsibility for the crime comes back to rest with the original accuser"[1]. M. → Lüthi nahm diesen Begriff als R. auf, wies exemplarisch auf die Struktur des Gedichts *Ein trauriges Gespräch, so Christus an dem Kreuz führt* aus Friedrich von Spees *Trutz Nachtigal* (1649) hin und brachte weitere Beispiele von R.en in anderen Motivkomplexen[2]. Lüthi nutzte zur Veranschaulichung der Erzählstruktur eine andere Metapher als Perkal: R.en seien ringförmig angelegt und liefen in sich selbst zurück[3].

Eine klassifikatorische Bestimmung der R.en wird von Perkal und Lüthi mit der Einordnung der R.en unter die Formelmärchen (AaTh 2000–2399)[4] nahegelegt. Innerhalb dieser Gruppe stellen R.en eine Sonderform der → Kettenmärchen[5] dar. Wie in diesen werden auch bei R.en die einzelnen Glieder einer Kette (cf. → Struktur) „so systematisch angeordnet und miteinander verkettet [...], daß in jedem neuen Glied auf den Inhalt des vorhergehenden zurückgegriffen wird"[6]. Der Unterschied zu anderen Kettenmärchen besteht bei R.en darin, daß sie nach dem Durchlauf durch die Kette beim anfänglichen Zustand anlangen, wie in AaTh 555: → *Fischer und seine Frau*: Die Behausung des Fischerehepaars ist wieder der Pißpott. Anders aber als → Rundmärchen beginnen R.en nicht erneut von vorn[7]. Der Ausgangszustand der Erzählung ist dann durch die Geschichte der Entfernung von ihm und der Wiederannäherung an ihn ‚gefüllt'. Er weist eine neue Qualität auf, was Perkal anhand des Motivs der einander anklagenden Tiere zeigte und daran den Begriff clock-tale entwickelte:

> Eine hebr. Version berichtet vom Otter, der vor dem König → Salomo das Wiesel anklagt, seine Kinder erdrückt zu haben. Das Wiesel beschuldigt den Specht. Weil er die Kriegstrommel schlug, sei es zur

Schlacht geeilt und habe dabei versehentlich die Kinder des Otters zertreten. Die Kette der Beschuldigungen führt dann über den Skorpion, die Schildkröte, die Krabbe und den Hummer auf den Otter zurück. Dieser sei ins Wasser gegangen, um die Jungen des Hummers zu fressen. Es erfolgt der Schuldspruch des Königs Salomo über den Otter.

Am Ende der Geschichte ist die Ausgangssituation wiederhergestellt: Der Otter steht wieder vor dem Richter, aber nun nicht mehr als Kläger, sondern als Angeklagter. Die Veränderung der Bewertung — explizit wie hier oder implizit wie in anderen R.en — stellt die Pointe der R. dar. Dies erklärt auch, warum R.en oft ein moralisierendes Fazit haben[8].

So betrachtet, sind R.en final strukturierte Kettenmärchen. R.en stellen eine nicht häufig auftretende Gestaltungsoption eines Motivs dar. Innerhalb der Var.n eines Motivs stehen Ring-Var.n neben Ketten-Var.n, die nicht zum Ausgangszustand zurückkehren[9].

Der Begriff der R. bezeichnet eine leicht erkennbare narrative Struktur und erscheint neutraler als die problematischen Begriffe Ketten-, Rund- oder Formelmärchen, die gemäß A. → Taylors negativer Bestimmung der Formelmärchen allesamt gerade durch die Abwesenheit märchenrelevanter Elemente bestimmt sind[10].

Wie die folgenden Beispiele allerdings zeigen, werden in der Forschung ein weiterer und ein engerer Begriff der R. nebeneinander benutzt. Letzterer beschränkt die R. auf bestimmte Kettenmärchen, der erweiterte Begriff verwendet R. auch für literar. Gebilde, die nicht zu den Formelmärchen zählen. So ist bei AaTh der Typus der einander anklagenden Tiere nicht vertreten. In den unter Mot. Z 49.6: *Trial among animals* versammelten Geschichten einander anklagender Tiere schließt sich die Kette nicht zum Ring. Perkal dokumentiert sieben neue Var.n, die von S. → Thompsons Beispielen abweichen[11]. Danach liege mit dem ind. Ökotyp zu AaTh 2031: → *Stärkste Dinge* der nächstverwandte Typus vor: AaTh 2031 C: *The Man Seeks the Greatest Being as a Husband for his Daughter* handelt von der in ein Mädchen verzauberten Maus, die nach dem stärksten Mann der Welt als Gatten sucht. Das Maus-Mädchen heiratet, nachdem es von verschiedenen in Frage kommenden Bräutigamen (Sonne, Wolke, Wind etc.) auf jeweils stärkere verwiesen wird, letztlich doch eine Maus.

Eine Ausweitung des Begriffs der R. bietet sich bei Typen und Motiven an, die zumindest nach AaTh und Mot. nicht im engeren Sinne zu Kettenmärchen gehören, allerdings eine strukturelle Analogie aufweisen bzw. nicht unter die ‚Formula Tales' aufgenommen wurden. So lassen sich einige Var.n von AaTh 555 als R.en betrachten, ebenso einige Fassungen von AaTh 750 A−D: *Die drei* → *Wünsche*: Ein Ehepaar bekommt von Gott drei Wünsche. Der erste Wunsch wird töricht verbraucht (z. B. für ein Kleid), worauf der Ehepartner verärgert einen Fluch ausstößt, der prompt und buchstäblich in Erfüllung geht. Der dritte Wunsch muß dann eingesetzt werden, um die Folgen des → *Fluchs* rückgängig zu machen[12].

Lüthis Ausweitung des Begriffs auf den *Oidipus tyrannos* (AaTh 931: → *Ödipus*) des Sophokles, auf Friedrich von Spees *Trutz Nachtigal* und auf höfische Artusromane zeigt, daß mit einem gewissen interpretatorischen Aufwand der Begriff der R. auch auf komplexe literar. Gebilde angewendet werden kann, die weder unter den Begriff der Kettenmärchen noch unter den der Formelmärchen fallen. Eine solche erweiterte Verwendung bedürfte einer Begriffsbestimmung, die auf die Subordination unter die Formelmärchen verzichtet. Der Preis dafür wäre freilich eine größere Vagheit des Begriffs.

[1] Perkal, J. R.: A „Clock" Tale and Its Related Motif-Complex. In: Fabula 3 (1960) 254−269, hier 255. — [2] Lüthi, M.: Eine Ringerzählung (Clock-Tale) bei Friedrich von Spee. ibid. 4 (1961) 209−230. — [3] id.: R.en. In: id.: Volksmärchen und Volkssage. Bern/Mü. ³1975, 118−144, hier 118. — [4] Taylor, A.: Formelmärchen. In: HDM 2 (1934−40) 164−191. — [5] ibid., 165−189. — [6] EM 7, 1195. — [7] Perkal (wie not. 1) 255. — [8] Lüthi (wie not. 3) 131. — [9] ibid., 133 sq. (behandelt, wie sich Ketten zu Ringen schließen). — [10] HDM 2, 165; EM 3, 1410. — [11] Perkal (wie not. 1). — [12] cf. Der Stricker: Verserzählungen 1. ed. H. Fischer. 4. rev. ed. J. Janota. Tübingen 1979, 1−10.

Göttingen   Tobias Bulang

Rink, Hinrich Johannes, * Kopenhagen 16. 8. 1819, † Kristiania (Oslo) 15. 12. 1893, dän. Grönlandforscher und Beamter, Begründer der Eskimologie[1]. R. studierte 1840–43 Physik und Chemie an der Polytechnischen Lehranstalt in Kopenhagen, 1844 wechselte er an die Univ. von Kiel. Er bereiste 1845–46 die Nikobaren, 1848–51 Nordwestgrönland und 1852 Südwestgrönland, war 1853–55 Kolonievorsteher in Julianehaab (Qaqortoq), 1855–68 Inspektor für Südgrönland mit Wohnsitz in Godthaab (Nuuk) und 1871–82 Direktor der Monopolgesellschaft Den kongelige grønlandske Handel in Kopenhagen.

Nachdem er eine Druckerei in Godthaab eingerichtet hatte[2], begann R. mit dem systematischen Sammeln westgrönländ. Überlieferungen der Inuit (→ Eskimos). Er versandte zunächst ein Rundschreiben in dän. und grönländ. Sprache (datiert 22.4.1858), in dem er u. a. dazu aufforderte, Predigten, Zeichnungen, Landkarten sowie traditionelle Volkserzählungen und Lieder einzusenden. Auf diese Weise kamen viele Erzählungen zusammen, die nahezu alle auf Grönländisch von den Erzählern selbst niedergeschrieben waren. 1859–63 wurden vier kleine Bände mit grönländ. Texten und dän. Übers.en, von Grönländern illustriert, gedruckt[3]. R. nahm auch 85 bis dahin unveröff. Erzählungen auf, die 1823–28 von P. Kragh (1794–1883) gesammelt worden waren, als er Missionar in Aasiaat (Egedesminde) war.

Später gab R. zwei weitere umfangreiche Slgen auf Dänisch heraus: *Eskimoiske Eventyr og Sagn* (Kop. 1866/71)[4]. Der 1. Band enthält 119 Erzählungen der Westgrönländer, die R. größtenteils als Kontaminationen mehrerer Var.n darbot. Dazu kommen zehn Erzählungen aus Labrador und sechs von Ostgrönländern erzählte Texte sowie 33 Zusammenfassungen von Erzählungen, darunter sechs aus Ostgrönland und zehn von Inuit in Labrador, die von dt. Herrnhuter Missionaren gesammelt worden waren[5], sowie drei Fragmente von Liedern. Knapp die Hälfte der 128 Erzählungen des 2. Bandes basiert auf R.s eigenen Aufzeichnungen in grönländ. Sprache. Einige davon sind übersetzt, andere nur zusammenfassend wiedergegeben. Außerdem sind 28 Lieder aufgenommen[6]. Im ganzen haben etwa 60 Erzähler (darunter Jens Kreutzmann, Aron aus Kangeq) bei R.s Sammlung von Erzählungen in Westgrönland mitgewirkt, dazu kommt eine unbekannte Anzahl von Beiträgern zur Slg von Kragh.

R. war an den grönländ. Erzählungen als Quellen zur Geschichte und Religion der Grönländer interessiert[7]. Er verglich auch die Materialien der von G. Holm geleiteten sog. Konebadsekspeditionen oder Umiaq Expedition (1883–85) nach dem ostgrönländ. Ammassalik mit den westgrönländ. Texten[8] und veröffentlichte gemeinsam mit F. → Boas eine kleinere komparatistische Unters. von Erzählungen und Liedern, die Boas 1883–84 bei Inuit in Cumberland Sound (Baffin Island) aufgezeichnet hatte[9]. Von R. stammt auch der erste Versuch eines Motivkatalogs für grönländ. Erzählungen[10].

In den späten 1990er Jahren ist eine bedeutende Anzahl der von R. veröff. Erzählungen nach heutiger grönländ. Rechtschreibung ungekürzt herausgegeben worden: 1996 wurden 74 von R. gesammelte Erzählungen publiziert, mit Kommentaren zum Verhältnis der dän. Texte in *Eskimoiske Eventyr og Sagn* (1871) zu den grönländ. Originalen (nur in dän. Sprache)[11]. 1997 kam ein Band mit den Erzählungen und Liedern Kreutzmanns heraus, zu denen dieser selbst Aquarelle beigesteuert hatte[12]. Zwei Jahre später erschienen die von Aron aus Kangeq niedergeschriebenen und gesammelten Erzählungen, die er selbst illustriert hatte[13]. Alle Texte wurden neu ins Dänische übersetzt.

[1] Oldendow, K.: Grønlændervennen H. R. Videnskabsmand, skribent og grønlandsadministrator. Kop. 1955; Søby, R. M.: R., un visionnaire. Son action pour un Groenland groenlandais. In: Inter-nord 18 (1987) 121–130. – [2] Oldendow, K.: Bogtrykkerkunsten i Grønland og mændene bag den. Kop. 1957 (gekürzte engl. Ausg. Kop. 1958). – [3] R., H.: Kaladlit okalluktualliait/Grønlandske Folkesagn 1–4. Godthåb 1859/60/61/63 (Nachdr. 1972. ed. L. M. Lund). – [4] id.: Tales and Traditions of the Eskimo. ed. R. Brown. Edinburgh/L. 1875 (Nachdr. Mineola, N. Y. 1997) (gekürzte Ausg.). – [5] Hs. Kopenhagen, Kgl. Bibl., Ny kgl. Saml. 2488, 4°, I–IX, Abt. III, num. 287–309 (grönländ./dt.); erstmals veröff. von Barüske, H.: Eskimo-Märchen. MdW 1969 (³1991), num. 28, 95; id.: Märchen der Eskimo. Ffm. 1975, num. 31–37. – [6] Petersen, H. C. (ed.): Ivngerutit. H. J. Rinki-ip katerssortitai. Godthåb 1959. – [7] R., H.: Om Grønlændernes gamle Tro og hvad der af samme er bevaret under Kristendommen. In: Aarbøger for nordisk Oldkyndighed og Historie (1868) 192–256; id.: Eskimoisk Digtekonst. In: For Ide og

Virkelighed 1 (1870) 222–243. – [8] Holm, G.: Sagn og Fortællinger fra Angmagssalik. Bemærkninger til Sagnsamlingen af H. R. Kop. 1888, 335–345. – [9] R., H./Boas, F.: Eskimo Tales and Songs. In: JAFL 2 (1889) 123–131. – [10] cf. R., H.: The Eskimo Tribes 2. Kop. 1887–91, 107–113. – [11] R., H. J.: Oqalualaartussaqaluarnerpoq ... Oqaluttuat/Måske nogen kunne fortælle ... Fortællinger. ed. K. Thisted/G. Thorning. Nuuk 1996. – [12] Kreutzmann, J.: Oqaluttuat & Assilialiat. ed. K. Thisted/A. Grove. Nuuk 1997 (dän.: Fortællinger og akvareller. Nuuk 1997). – [13] „Taama allattunga, Aron". Aalup Kangermiup oqaluttuttuai assilialiaalu tamakkiisut 1–2. ed. G. Thorning/A. Grove/K. Thisted. Nuuk 1999 (dän.: "Således skriver jeg, Aron". Samlede fortællinger og illustrationer af Aron fra Kangeq 1–2. Nuuk 1999).

Kopenhagen   Inge Kleivan

Rip van Winkle → Siebenschläfer

Risus paschalis (lat.: Ostergelächter; ausgelöst durch das Erzählen von → Ostermärlein). Bei „einem dieser merkwürdigen Bräuche, der katholischen Kirche angehörend, handelt es sich [...] darum, daß der Pfarrer am Ostertage von der Kanzel ein Ostermärlein, d. h. eine erheiternde, nicht immer ganz ‚einwandfreie' Erzählung oder improvisierte Schnurre usw. zum besten gab, um dadurch bei seinen Zuhörern eben dieses Ostergelächter hervorzurufen". Dieser Beschreibungsversuch H. Flucks (1934)[1] steht am Ende der im 16. Jh. beginnenden Begriffsgeschichte (cf. auch → Predigtexempel, Predigtmärlein)[2]. Charakteristisch für diese ist ihre weitgehende Prägung durch den antikathol. Standpunkt, den oft geringen Realitätsgehalt in der Beschreibung des Phänomens, die weitgehende Fokussierung auf den komischen Effekt statt auf das als Mittel dienende Erzählmaterial, den mehrfachen Wechsel des jeweils bestimmenden Paradigmas der Darstellung (reformorientierte innerkirchliche Kritik, antikathol. Polemik, Kirchengeschichte, anthropol. Kuriositätensammlung, Vk.). Der 1518 erschienene Traktat des Johannes Oekolampadius[3], Ausgangspunkt dieser Begriffsgeschichte, bietet vorab einen Angriff gegen zeitgenössische Praktiken der → Predigt (Kap. 5). Ob es sich dabei um einen (wie auch immer zu definierenden[4]) Brauch handelte, bleibt ebenso zweifelhaft wie – angesichts der kritischen Intention des Autors – die Realitätsnähe seines Berichts. Aus anthropol.-kulturgeschichtlicher Perspektive existieren zweifellos Analogien zum Osterspiel (Salbenkrämerszene) und zur Fastnacht. Im Zentrum steht für Oekolampadius die moralische Frage nach der Erlaubtheit des → Lachens im christl. Leben; die vorgebrachten Argumente und Autoritäten sind aus dem seit der Spätantike geführten Kampf kirchlicher Rigoristen gegen das Lachen bekannt[5]. Der vermutlich vom Herausgeber Wolfgang Capito gesetzte Traktattitel *De risu paschali* prägt einen folgenreichen Terminus[6], indem er ein komplexes Ganzes auf eine griffige Formel reduziert.

In der Folge wurde der R. p. zu einem Topos antikathol. Kritik; dabei dürften die meisten protestant. Autoren direkt oder indirekt auf dem Traktat des Oekolampadius gefußt und das seit der Gegenreformation offenbar namentlich im bair.-österr. Raum wieder belegbare Phänomen[7] nicht aus eigener Anschauung gekannt haben. Im 19. Jh. ging das Thema von der Kontroverstheologie und der Kirchengeschichte großenteils in die Kompetenz der germanistischen Vk. über, womit sich die vorher meist negative Wertung des Phänomens, das nun durch Fremdheit und vermutete Archaik faszinierte, zu einer gerechteren oder gar verklärenden Beurteilung wandelte[8]. Gemäß dem Kontinuitätsparadigma wurde der R. p. nun oftmals als Zeugnis vorchristl. germ. oder antiker Religiosität gedeutet[9].

V. Wendlands Monogr. zum Thema[10] leidet bei guter Quellenkenntnis an gewissen (vor allem methodischen) Schwächen – mangelhafte Trennung von R. p. und Ostermärlein, keine Diskussion des Terminus ‚Brauch', unzureichende Darstellung der kathol. Innenansicht der Erscheinung. Dazu kommen durch die damalige Forschungslage bedingte Lükken: Die nach 1980 einsetzende systematische Erschließung der ma. dt. Predigt könnte neue Quellen für das ma. Ostermärlein zutage gefördert haben[11], Vergleichbares gilt für die Erforschung der Barockpredigt[12], schließlich wäre eine systematische Suche nach archivalischen Quellen zum R. p. wohl erfolg- und ertragreich[13].

Die Arbeit der Theologin M. C. Jacobelli[14] verwendet das hist. Material als Argument gegen eine leibfeindliche Frömmigkeit. Sie vermutet im R. p. das Zeichen einer sakralen Wirklichkeit, die — in der offiziellen Kirche verdrängt — in der Volkskultur überwintert habe; der R. p. bedeute die Gottgewolltheit der Lust, namentlich der sexuellen Lust. Damit vollzieht sie eine Remythisierung des R. p.

[1] Fluck, H.: Der R. P. Ein Beitr. zur religiösen Vk. In: ARw. 31 (1934) 188—212, hier 188. — [2] Wendland, V.: Ostermärchen und Ostergelächter. Brauchtümliche Kanzelrhetorik und ihre kulturkritische Würdigung seit dem ausgehenden MA. Ffm./Bern/Cirencester 1980; Röcke, W.: Ostergelächter. Körpersprache und rituelle Komik in Inszenierungen des risus paschalis. In: Körperinszenierungen in ma. Lit. ed. K. Ridder/O. Langer. B. 2002, 335—350. — [3] Briefe und Akten zum Leben Oekolampads 1—2. ed. E. Staehelin. Basel 1927/34, hier t. 1, num. 35—37. — [4] Zur Problematik des Terminus cf. Scharfe, M. (ed.): Brauchforschung. Darmstadt 1991, 190—194. — [5] Suchomski, J.: Delectatio und utilitas. Ein Beitr. zum Verständnis ma. komischer Lit. Bern/Mü. 1975. — [6] Die dt. Entsprechung ‚Ostergelächter' ist bereits vor 1565 bei Johannes Mathesius (DWb. 7, 1375), nicht erst bei V. L. von Seckendorff (cf. Wendland [wie not. 2] 79 sq.) belegt. — [7] Zur Beurteilung der Überlieferungslücke cf. Wendland (wie not. 2) 200. — [8] Zur fortdauernden antikathol. Virulenz des Themas im Bereich der Kirchengeschichte cf. ibid., 94—97. — [9] ibid., 103—112; auf entsprechenden Theorien baut die struktural-hermeneutische Deutung R. Warnings auf (Funktion und Struktur. Die Ambivalenzen des geistlichen Spiels. Mü. 1974, bes. 107—123). — [10] Wendland (wie not. 2) 94—97. — [11] Damit könnte sich auch der Befund über die ma. Verbreitung des R. p. ändern; cf. ibid., 167 sq. — [12] ibid., 202. — [13] Verstreutes bei Gugitz, G.: Das Jahr und seine Feste im Volksbrauch Österreichs. Wien 1949, 180—186, not. 9—12; Moser-Rath, Predigtmärlein, 32 sq. — [14] Jacobelli, M. C.: Il R. P. e il fondamento teologico del piacere sessuale. Brescia 1990 (dt. Regensburg 1992).

Muri bei Bern   André Schnyder

Ritter

1. Genese und Blüte des R.tums im Hochmittelalter — 2. Kontinuität des R.tums und R.renaissancen — 3. R.literatur seit dem späten MA. — 4. Populäre Lesestoffe — 5. Raubrittersagen — 5.1. 19./20. Jh. — 5.2. Vor 1800 — 6. Adlige Erzähl- und Erinnerungskultur vor 1800

1. Genese und Blüte des R.tums im Hochmittelalter. Die Entstehung des europ. R.tums und seine Ausformung im hohen MA. waren ein komplexer Prozeß, der sich in mehreren Dimensionen vollzog: in militärgeschichtlichen Innovationen, sozialgeschichtlichen Entwicklungen und in einem grundlegenden zivilisatorisch-wertegeschichtlichen Wandel, verbunden mit der Ausbildung bes. ritueller und literar.-erzählerischer Formen. Sozialgeschichtlich-politische und kulturelle Aspekte waren dabei in mannigfacher Weise verwoben[1].

Die Veränderung der Heeresorganisation, die seit dem 9. Jh. die frühma. Bauernkrieger durch Berufskrieger ersetzte, etablierte die militärische Bedeutung des Panzerreiters, der bis heute die Vorstellung eines R.s bestimmt: ein in Rüstung[2] mit Helm und → Schwert oder Lanze auf dem → Pferd sitzender Krieger. Auf dem Schild identifizierte seit der Mitte des 12. Jh.s das Geschlechtswappen den R. Als Symbole der → Herrschaft wurden — zunehmend seit dem 11. Jh. — in ganz Europa vom Adel Befestigungsanlagen (bes. Höhenburgen) errichtet, die weitgehend an die Stelle der zuvor in den Siedlungen gelegenen Herrensitze traten[3].

Das Aufkommen des R.tums ist eng mit der Ausformung der Vasallität und des Lehenswesens (→ Feudalismus) sowie mit den Formierungsprozessen des Adels als Stand (→ Ständeordnung) verknüpft[4]. In Deutschland umschloß das R.tum als gesellschaftliches Forum der Integration den hohen Adel und die aus der Unfreiheit kommende Ministerialität der abhängigen Dienstleute gleichermaßen. Exemplarischer Ort des R.tums war der Hof[5], die curia des Königs oder Fürsten (→ Höfisches Leben). Daß auch die städtischen Oberschichten Anteil an der höfisch-ritterlichen Kultur hatten[6], darf in Anbetracht der lange dominierenden klischeebeladenen Gegenüberstellung von ritterlicher und bürgerlicher Welt nicht unerwähnt bleiben.

Die Regeln der höfischen Kultiviertheit, die gutes Benehmen (ritterliche Zucht), Urbanität und Körperbeherrschung[7] verlangten, verbreiteten sich, von gelehrten Klerikern unter Rezeption antiker Vorlagen entwickelt, von den höfischen Zentren aus unter der Aristokratie[8]. Bis heute sind die Begriffe Höflichkeit und Courtoisie als Bezeichnungen feiner Umgangsformen üblich — ebenso wie die Wörter Kavalier und ritterlich verweisen sie auf wertegeschichtliche Kontinuitäten. Tonangebend war im 12./13. Jh. die frz.-prov. Kultur. Religiöse Ethik sollte den wilden Haudegen disziplinieren, ihn zum miles christianus formen. Der offene Diskurs über rechtes Lieben – von der Vorstellung einer fest umrissenen höfischen Minne-Ideologie und vom Schlagwort des amour courtois löst sich die Forschung zunehmend[9] – wirkte sich auf die Geschlechterbeziehungen aus. Gegen das triebhafte Ausleben von Sexualität stellten sich Liebeskonzeptionen, die das vom Dienstgedanken (Frauendienst) geprägte tugendhafte Werben um die Herzensdame in den Vordergrund rückten. Große Bedeutung kam der Gottesfriedensbewegung zu, die das Fehdewesen und die adlige Gewalt eindämmen wollte, sowie dem Kreuzzugsgedanken (→ Kreuzzüge), der den R. als Kämpfer gegen die → Heiden entwarf. Prägnant formulierte 1095 der Kreuzzugsaufruf Papst Urbans II., daß aus Räubern R. Christi werden sollten[10]. Die geistlichen R.orden[11] – am bedeutendsten waren die Templer (1312 aufgehoben), die Johanniter und der Dt. Orden – nahmen dieses Programm auf, indem sie religiös-monastische Lebensform mit dem ritterlichen Kampf verbanden.

Auch wenn das altgermanistische Konstrukt eines widerspruchsfreien ritterlichen Tugendsystems obsolet ist, kann an der identitätsstiftenden Verbindlichkeit eines gemeinsamen Werteensembles und Verhaltenskodex (Treue, Freigebigkeit etc.) mit dem Zentralbegriff der ritterlichen Ehre kein Zweifel bestehen[12]. Zu beachten ist jedoch die ständige Spannung zwischen dem aus den literar. Quellen abstrahierten R.ideal und einer nach heutigen Maßstäben wenig human anmutenden Herrschafts- und Kriegspraxis[13].

Die Initiation des R.s erfolgte rituell in Form eines Erhebungsakts: durch die Schwertleite in Form der feierlichen Umgürtung, die im 13. und 14. Jh. allmählich abgelöst wurde durch den R.schlag. Bedeutsam für das Selbstverständnis der R. waren die Kampfspiele der → Turniere, Höhepunkte des höfischen → Festes[14].

Die faszinierendste Hinterlassenschaft des hochma. R.tums ist die Hochblüte der volkssprachlichen Lit. im 12. und 13. Jh., in deren Hauptgattungen – höfischer Roman und Lyrik der Troubadours und Minnesänger (→ Spielmann) – den ritterlichen Werten zentrale Bedeutung zukommt[15]. Antike Stoffe wurden aufgegriffen (bes. im → *Troja-Roman*), → Chrétien de Troyes begründete den abenteuerreichen Artusroman (→ Artustradition) und fand in → Hartmann von Aue und anderen mhd. Autoren bedeutende dt. Nachfolger, Minne wurde zum beherrschenden Thema der Erzählung im *Tristan* (→ Tristan und Isolde) des Gottfried von Straßburg und in weiteren Epen, und im → *Parzival* diskutierte Wolfram von Eschenbach religiöse Grundfragen ritterlicher Existenz. Auch die mittellat. Lit., die sich der ‚Renaissance des 12. Jh.s‘ verdankt, läßt die Aufbruchstimmung der Zeit erkennen. Höfische Werte bestimmten gleichfalls die → Chansons de geste und die Heldenepik (→ Epos, → Heldensage, → *Nibelungenlied*).

2. Kontinuität des R.tums und R.renaissancen. Die Erscheinungsformen des R.tums seit dem 13. Jh. werden geprägt durch die ständige Verschränkung von Kontinuität und Revitalisierung, was eine einfache Antwort auf die Frage nach dem Niedergang des R.wesens unmöglich erscheinen läßt[16]. Neben Konstanten sind immer auch retrospektive Tendenzen und Reprisen, etwa im Modus nostalgischen Rückblicks (R.romantik[17]; cf. → Romantik), in Rechnung zu stellen. Ältere Ansichten über den Verfall des R.tums im ‚Herbst des MA.s‘[18], eine allg. Adelskrise im Spätmittelalter[19] und das sog. Raubrittertum[20] haben einer differenzierten Sichtweise weichen müssen.

Dem sozialen Formierungs- und Konsolidierungsprozeß des niederen Adels in Deutschland[21], der gegenüber den Landesfürsten auf seine Autonomie bedacht sein mußte und sich zunehmend von den städtischen Oberschichten abschottete, bot der R.begriff ein Identifikationspotential, wie nicht zuletzt die Bezeichnung R.schaft sowohl für die Reichsritterschaft als auch für die territorial eingebundenen R.schaften[22] demonstriert. Diese Korporationen standen in der Tradition der spätma. Adelsgesellschaften[23], wie überhaupt das Bündniswesen ein wesentlicher Faktor für die Tradierung ritterlicher Werte und Rituale war. Das gilt nicht nur für die spätma.-frühneuzeitlichen Hoforden[24], sondern auch für die seit dem Ende des 18. Jh.s von Bürgerlichen wie

Adligen gegründeten R.bünde bis hin zu aktuellen, äußerst publikumswirksamen Freizeitaktivitäten im Zeichen der Wiederbelebung des R.tums (→ MA.rezeption). Daß sich auch auf dem Feld des frühneuzeitlichen Militärwesens die Professionalisierung des → Soldatenberufs und eine Berufung auf ritterliche Ideale nicht ausschlossen, haben neuere Forschungen gezeigt[25]. Nach wie vor lebendig war in der humanistischen Debatte und der Lit. der frühen Neuzeit das Ideal des miles christianus[26].

Neben den bis weit in die frühe Neuzeit und z. T. bis in die Gegenwart praktizierten R.erhebungen blieb die rituelle Dimension des R.tums vor allem im höfischen Festwesen (→ Fest) präsent. R.spiele waren ein fester Bestandteil des Renaissancefestes. Zum Vorbild vieler weiterer Thementurniere wurde 1549 ein im flandr. Binche abgehaltenes Fest, das in Anlehnung an Motive aus dem → *Amadisroman*, der Artustradition und weiteren R.dichtungen den abenteuerlichen Kampf guter R. gegen einen bösen Zauberer inszenierte[27].

Das R.tum war also paradoxerweise keinesfalls ganz vergessen, als es in der 2. Hälfte des 18. Jh.s wiederentdeckt wurde. Mit ungeheurer Dynamik zog es die Gebildeten – und nicht nur diese, wie die R.romane zeigen – in seinen Bann. Im 19. Jh. war man nur zu bereit, sich auf eine *Zauberreise in die R.schaft* (so der Titel eines Stücks von Johann → Nestroy) zu begeben. Man errichtete im Stil des Historismus neue R.burgen (oder sogar Ruinen) nach den alten Vorbildern[28], und wohl nicht nur Prinz Friedrich von Preußen verkleidete seine Domestiken im ma. Kostüm, wenn er auf der von ihm erbauten Burg Rheinstein weilte.

3. R.literatur seit dem späten MA. Als literaturwiss. Gattungsbegriff hat sich die um 1800 gängige Bezeichnung R.buch im dt.sprachigen Bereich gegenüber dem konkurrierenden Terminus → Volksbuch[29] nicht behaupten können. Von R.büchern[30] oder R.epik[31] ist vor allem in der Romanistik die Rede. Eine gesamteurop. Perspektive hat darüber hinaus den dt. höfischen Roman, der sich zum Prosaroman (bzw. Prosahistorie) entwickelte[32], und die Romanzen[33] aus dem angloamerik. Forschungskontext zu berücksichtigen. Und wer z. B. die isl. Riddarasögur (→ Saga), etwa *Flóres saga ok Blankiflúr* (→ *Floire et Blancheflor*),

nur an der klassischen Sagaliteratur mißt, verfehlt den Zusammenhang der skand. Rezeption der höfischen Stoffe (norw.-isl. Prosaübersetzungen, schwed. Versromane) mit frühneuzeitlichen → Chapbooks und sog. Volksbüchern (bzw. den skand. Äquivalenten dieses Begriffs)[34].

Der wirkungsmächtigste Rezeptionsstrang der höfischen Lit. des Hochmittelalters und ihrer ritterlichen Helden[35] war sicher die (auch am besten erforschte) Artustradition. Für die internat. Verbreitung von Stoffen mit ritterlicher Thematik, die entscheidend vom Buchdruck gefördert wurde, mögen stellvertretend die → *Haimonskinder* stehen, von denen Texte u. a. aus Frankreich, den Niederlanden, England, Skandinavien, Italien, Spanien und Portugal vorliegen[36]. Außerordentlich beliebt waren aber auch Adaptationen und Neuschöpfungen der Renaissance (z. B. *Amadis*, Ludovico → Ariostos *Orlando furioso*). Mehr und mehr verbreitete sich das Publikum: So wurde in Italien der Karlszyklus im 14. Jh. den Interessen städtischer Leser angepaßt (cf. → *Reali di Francia*)[37], und für Spanien belegen neuere Forschungen, daß zum Publikum der libros de caballería auch Bauern, Händler und Handwerker gehörten[38]. Mit der parodistischen Problematisierung der R.bücher etwa bei → Cervantes (*Don Quijote*)[39] öffnete sich freilich eine Schere zwischen Hochliteratur und populären, als trivial verdächtigten → Lesestoffen[40]. Ob es angemessen ist, den ritterlichen Lesestoffen der sog. Volksbücher den Vorwurf zu machen, daß sie konservative Projektionen entwarfen[41], mag dahingestellt bleiben.

In der 2. Hälfte des 18. Jh.s wurde das R.thema in gelehrt-gebildeten Kreisen vor allem über die Rezeption der *Mémoires sur l'ancienne chevalerie* (1751) des frz. Literaten Jean Baptiste La Curne de Sainte-Palaye virulent (dt. 1786)[42]. Begeistert wandte man sich damals auch der höfischen Lit. des hohen MA.s zu. Die → Kolportageliteratur und bes. die sog. R.romane machten ein breites Lesepublikum im 19. und 20. Jh. mit dem Geschichtsbild einer idealen, meist wenig differenziert gezeichneten ma. R.zeit vertraut. Auch Ende des 20. Jh.s ist das R.tum alles andere als vergessen, weder in der Hochliteratur (z. B. Italo Calvino, *Il cavaliere inesistente*, 1959) noch im

Unterhaltungssektor. Motive der hist. R.literatur werden in Fantasy-Romanen, Comics (z. B. *Prinz Eisenherz*, cf. → Richard Löwenherz), jap. Mangas, Rollen- und Computerspielen sowie im Internet in vielfältiger Weise aufgenommen[43]. Damit stellt das nur noch im Ursprung abendländische R.tum in der globalisierten Mediengesellschaft eines der attraktivsten Angebote auf dem Feld modischer Retro-Phänomene dar.

In den im 19./20. Jh. aufgezeichneten Märchen und Balladen und spätma.-frühneuzeitlichen Vorläufern (cf. → Exemplum, → Kompilationsliteratur[44]) erscheint der Terminus R. als mit anderen ständischen Bezeichnungen (Edelmann, Graf, Reiter, Herr etc.) austauschbar. Die Bemühungen der älteren volkskundlichen Forschung[45] um eine Darstellung des R.s im Märchen sind methodisch wenig überzeugend (zu übergreifenden Aspekten und der Thematik des sozialen Gegensatzes zwischen Adligen und Nicht-Adligen cf. → Soziales Milieu, → Sozialkritik, → Ständespott).

4. Populäre Lesestoffe. Um 1800 gehörte die Kritik an trivialen R.romanen (→ Trivialliteratur)[46] in gebildeten Kreisen zum guten Ton. So enthielt eine Würzburger Leihbücherei nach der Beurteilung Heinrich von Kleists weder Werke von → Schiller noch von → Goethe, sondern „Rittergeschichten, lauter Rittergeschichten, rechts die Rittergeschichten mit Gespenstern, links ohne Gespenster, nach Belieben"[47]. 1842 rekrutierte sich das Publikum der Trierer Leihbibliotheken vornehmlich aus Handwerkerkreisen, die „fast nur Ritter-, Räuber- und Gespenstergeschichten" verlangten[48]. Darüber hinaus fanden die überaus beliebten R.dramen im volkstümlichen Theater begeisterte Aufnahme[49]. Die dt. Schauerliteratur (→ Schauergeschichte, Schauerroman), zu der die meisten Produkte dieser Art zu zählen sind, ist ohne das Vorbild der engl. Gothic novel (→ Horrorgeschichte, Horrorliteratur) nicht denkbar.

Auf Schritt und Tritt begegnet man in den Sagensammlungen des 19./20. Jh.s, beginnend mit der von J. C. C. → Nachtigal (1800), sentimentalen oder schaurigen Erzählungen, die in der R.zeit spielen und meist mit Burgen verbunden sind. Die volkskundliche Erzählforschung hat diese Geschichten als unechtes Sagengut ausgeschieden und ignoriert, sofern sie ihren positivistischen Materialanhäufungen nicht das eine oder andere brauchbare Motiv, der ritterlichen Staffage entkleidet, einverleiben konnte. Den vor allem im Vormärz beliebten versifizierten Sagenromanzen hat man noch weniger Aufmerksamkeit geschenkt[50]. Nur bei der rhein. Sage (→ Rheinromantik) wurden die romantisierenden Produkte zur Kenntnis genommen[51]. Über Burgensagen wurde kaum gearbeitet[52]; eine Ausnahme bildet G. Keindorfs Monogr. über die Sagen der Burg Plesse (bei Göttingen), die in einem Fall die Abhängigkeit von einem 1792 publizierten R.roman zeigen konnte[53]. Wenn die Beiswanger Kapelle (bei Heubach, Württemberg) in einem 1800 gedr. Sagengedicht (Vorlage von Grimm DS 185) auf die Stiftung des Wettiners Friedrich mit dem Biß in der Wange zurückgeführt wird, so ist die Annahme der Abhängigkeit von dem vielgelesenen vierbändigen R.roman Friedrich Schlenkerts (*Friedrich mit der gebissenen Wange*, 1786−88) wohl mehr als nur eine vage Möglichkeit[54]. Die Emichsburg im Schloßpark von Ludwigsburg, eine künstliche Ruine, und die Darstellung eines Femegerichts in einer Grotte bei dem nahegelegenen Schloß Monrepos haben offenkundig die 1847 von einem Schüler Albert → Schotts aufgezeichnete Sage von Graf Emich und dem Femegericht inspiriert[55].

Eindeutige Übereinstimmungen mögen die Ausnahme sein, aber für eine grundsätzliche Zurückführung der vielen Volkssagen über R. auf die populären Lesestoffe spricht auch die Beobachtung, daß in zahlreichen Sagenbüchern der 1. Hälfte des 19. Jh.s Volkssage und literar. Sage der Vorzeit (die von L. Wächter mit seinen *Sagen der Vorzeit* [1787−98] begründete Gattung[56]) nicht sauber zu trennen sind. M. Grätz hat zu Recht die Frage aufgeworfen, „ob die zahlreichen in Ritter-, Schauer- und Geisterromanen anzutreffenden Sagenmotive Reflex einer ursprünglichen Tradition sind, oder aber ob die Popularität und weite Verbreitung dieser simplen Sagen [...] nicht erst aufgrund eben dieser Literatur entstanden sind"[57].

5. Raubrittersagen
5.1. 19./20. Jh. Der derzeit älteste bekannte Beleg für den Ausdruck Raubritter ist

im Titel des 1799 erschienenen, offenbar nicht erhaltenen R.romans *Der Raubritter mit dem Stahlarme oder der Sternenkranz, eine Geistergeschichte* zu finden[58]. Populär wurde der Begriff wohl nicht zuletzt durch die Sagensammlungen und die Burgenliteratur[59]. Er erscheint 1800 bei Nachtigal, der noch in einer Vorveröffentlichung 1797 „raubende Ritter" gebraucht hatte[60], und 1816/18 bei den Brüdern → Grimm (Grimm DS 185, 313, 573).

Die Flut der Raubrittersagen in den Slgen des 19. und 20. Jh.s ist – entgegen den Behauptungen marxistischer DDR-Forschung – keine Volkserinnerung an ma. Unterdrückung. Die Vielzahl der Belege ist offenkundig durch die in der Aufklärungszeit kultivierten Vorstellungen vom ma. Faustrecht zu erklären[61]. Mit Schauder blickte man Ende des 18. Jh.s auf die Burgruinen, die man überwiegend als gebrochene Raubritterschlösser betrachtete, wo einst „räuberische Wollüstlinge aus ihren Löchern auf Raub" lauerten[62]. Verbreitete bürgerliche Geschichtsdarstellungen des 18. Jh.s griffen die Gestalt des adligen → Räubers ebenso auf wie literar. Texte (z. B. *Die Nymphe des Brunnens* in den Märchen des → Musäus). Im 19. Jh. breitete sich der Kampfbegriff Raubritter als schlagwortartige Feudalismuskritik rasch im hist.-politischen Diskurs des liberalen Bürgertums aus[63]. Bis heute faszinieren Raubritter (und ihre Burgen, nunmehr Touristenziele) das Publikum, und auch das Schlagwort Raubritter, das sich nun vornehmlich gegen fiskalische Zumutungen wendet, ist außerordentlich beliebt.

Hauptberuf des Raubritters in den Sagen[64] ist das Ausplündern der reisenden Kaufleute (→ Kaufmann), die er dann nicht selten im Burgverlies schmachten läßt oder umbringt. Daneben raubt und schändet er Jungfrauen, schindet Bauern und verübt manch andere unsägliche, mitunter mit deutlicher Freude am Detail geschilderte → Grausamkeit. Ihr frevelhaftes Gebaren (→ Frevel, Frevler) müssen die → hartherzigen Herren in zahlreichen Sagen durch postmortales Umgehen büßen, etwa standesgemäß als gespenstische Reiter (→ Wiedergänger). Erhebliche Motivüberschneidungen bestehen mit den Tempelherrensagen[65]. In den von H. Fischer exemplarisch untersuchten Var.n der seit Ende des 19. Jh.s aufgezeichneten Erzählungen über den Junker Möcher auf Ravenstein[66] steht dieser meistens mit dem Teufel im Bunde (→ Teufelspakt).

Selbst wenn bürgerliche Courage die → Hybris des → Tyrannen zu Fall bringt, etwa durch erfolgreiche Belagerung, müssen seine → Listen überwunden werden. Wie der Räuber erscheint er als → Trickster. An erster Stelle steht im Motivbestand dasjenige der verkehrten Hufeisen (Grimm DS 573), häufig hilft ein unterirdischer → Gang oder ein gewaltiger Sprung (cf. → Jungfernsprung). Gelegentlich erscheint das Motiv der → Weiber von Weinsberg (Grimm DS 493), also das der treuen Frau, die den Bösewicht aus der Burg trägt (Grimm DS 573). Zahlreiche, teilweise schwankhafte Erzählungen knüpfen sich an den gewitzten fränk. Ritter Eppelein von Gailingen, der sich immer wieder den Nachstellungen der Nürnberger entziehen konnte[67].

Einen eigenen nationalen Bedeutungshintergrund haben die zahlreichen Schweizer Erzählungen über böse Zwingherren[68]. Diese stehen mit der eidgenössischen Befreiungstradition (Wilhelm → Tell) in Verbindung, die seit der 2. Hälfte des 15. Jh.s die Eidgenossen als Burgenbrecher sah[69].

5.2. Vor 1800. Die Woge der Raubrittersagen des 19. Jh.s konnte im Motivbestand an frühneuzeitliche Erzählungen und Traditionen anknüpfen, die nicht als Sagen bezeichnet werden sollten[70]. In der städtischen Traditionsbildung der frühen Neuzeit blieben die spätma. Konflikte mit dem Adel lebendig[71], wurden immer wieder in unterschiedlichen Medien vergegenwärtigt und konnten daher auch Erzählungen über raubende R. inspirieren[72]. Trotz der adelsfreundlichen Liedüberlieferung der von der Volksliedforschung als Raubritterlieder bezeichneten Texte (Lindenschmidtlieder u. a.)[73] können die Städte als Sieger im Kampf um die Erinnerungshoheit bezeichnet werden (cf. → Stadt und Land). In Quedlinburg wird im Stadtmuseum noch der Raubgrafenkasten gezeigt, in dem Albrecht von Regenstein (Titelheld des Romans *Der Raubgraf* [1884] von Julius Wolff) 1336 oder 1337 gefangengehalten worden sein soll (cf. G. A. → Bürgers Ballade *Der Raubgraf*, 1776)[74].

Erstmals 1621 bei W. Spangenberg begegnet die Erzählung vom grausamen Räuber Schreckenwald und seinem Rosengärtlein auf dem

Aggstein bei Melk (Grimm DS 507; cf. → Rose), die nicht nur Anlaß zu einem Sprichwort gab, sondern vor allem im 19./20. Jh. zu unzähligen Bearb.en führte (Sagen, Gedichte, Schauerromane, Oper)[75]. In J. H. von Falkensteins 1739 gedr. *Erfurter Historie* werden die Räuber auf Schloß Dienstberg, die sich in unterirdischen Gängen bewegen konnten, durch die List eines Erfurter Metzgers gefangengenommen[76]. Bei C. A. Dolle ist 1751 von einem räuberischen Graf Arnum bei Peetzen zu lesen, der sein Pferd verkehrt beschlagen ließ und von seiner Gattin aus der von den Hansestädten belagerten Burg getragen wurde[77]. Auf die Allianz der Untertanen und des Territorialstaats, der ebenso wie die Städte an der Pazifizierung des Adels interessiert war, verweist Grimm DS 166 (nach der *Hess. Chronik* von J. J. Winkelmann): Listig nehmen die Bauern die Raubburg Weißenstein (bei Marburg [Lahn]) ein und liefern die Edelleute dem Landesfürsten aus[78].

6. **Adlige Erzähl- und Erinnerungskultur vor 1800.** Gegenüber dieser Dominanz einer adelsfeindlichen städtischen Perspektive stellt sich die Frage, ob eigene Erzähltraditionen und Überlieferungen des ritterschaftlichen Adels vor 1800 nachzuweisen sind. Moderne hist. Ansätze, die sich der niederadligen Erinnerungskultur und Traditionsbildung in ihren unterschiedlichen Medien (Historiographie, Lied, Bildteppiche, Bilder etc.) zuwenden[79], treffen in volkskundlichen Publ.en aufgrund der Orientierung am Erzählgut der einfachen Leute wenig Brauchbares an. Außer einer Kompilation J. G. T. → Grässes[80] gibt es zu adligen Familienüberlieferungen (bzw. Geschlechtersagen oder genealogischen Sagen wie z. B. → Melusine) kaum Lit.[81], was sicher auch mit der unzureichenden Erschließung der frühneuzeitlichen → Chronikliteratur für Fragestellungen der Erzählforschung zusammenhängt. Abgesehen von der → *Zimmerischen Chronik*[82] findet sich – bes. in der sich seit Ende des 15. Jh.s ausbildenden Adelschronistik – eine Fülle einschlägiger Erzählungen, häufig Deutungen des Familienwappens, die nach ihren Motiven katalogisiert und nach ihren sozialen Funktionen[83] befragt werden sollten. Achtet man auf verbreitete Erzählmotive, so könnten aus hochma. lat. Quellen beispielsweise der in der welfischen Überlieferung anzutreffende Landgewinn durch Umpflügen (cf. → Pflug, pflügen)[84] oder das in der udalrichingischen Herkunftgeschichte des Petershausener Klosterchronisten aufgenommene Motiv der beiden Brüder, die aufgrund einer Missetat ins Exil müssen[85], genannt werden.

Methodisch prekär ist bei diesen und späteren Beispielen[86] meist die Frage, was wirklich von der Familie selbst getragene Hausüberlieferung[87] und was Fremdzuschreibung ist. Dabei ist es in der frühen Neuzeit nicht selten belegt, daß die Familie etwa von gelehrter Seite aufgefundene Angaben über Ursprung und Herkommen, wenn sie denn schmeichelhaft waren, bereitwillig akzeptierte[88].

[1] cf. allg. Winter, J. M. van: R.tum. Mü. 1969; Borst, A. (ed.): Das R.tum im MA. Darmstadt 1976; Bumke, J.: Höfische Kultur 1–2. Mü. 1986; Arentzen, J./Ruberg, U.: Die R.idee in der dt. Lit. des MA.s. Darmstadt 1987; Scaglione, A.: Knights at Court. Berk./L. A./Ox. 1990; Die R. Geschichte, Kultur, Alltagsleben. Ausstellungskatalog Eisenstadt 1990; Schlunk, A./Giersch, R.: Die R. Ausstellungskatalog Stg. 2003; Paravicini, W.: Die ritterlich-höfische Kultur des MA.s. Mü. 1994; Fleckenstein, J. u. a.: R., -tum, -stand. In: Lex. des MA.s 7. Mü./Zürich 1995, 865–879; Flori, J.: Chevaliers et chevalerie au Moyen Âge. P. 1998; Bouchard, C. B.: „Strong of Body, Brave and Noble". Chivalry and Soc. in Medieval France. Ithaca/L. 1998; Fleckenstein, J.: Vom R.tum im MA. Goldbach 1997; id.: R.tum. In: TRE 29 (1998) 244–253; id.: R.tum und ritterliche Welt. B. 2002; Keen, M.: Das R.tum. Düsseldorf 2002; Murray, M.: miles – ritter – chevalier. Diss. B. 2001; Bennet, M.: Why Chivalry? Military ‚Professionalism' in the Twelfth Century. The Origins and Expressions of Socio-Military Ethos. In: Trim, D. J. B. (ed.): The Chivalric Ethos and the Development of Military Professionalism. Leiden/Boston 2003, 41–64; Böninger, L.: Die R.würde in Mittelitalien zwischen MA. und Früher Neuzeit. B. 1995, 3–8. – [2] Eisenkleider. ed. G. Quaas. Ausstellungskatalog B. 1992. – [3] Rösener, W.: Adel und Burg im MA. In: Zs. für die Geschichte des Oberrheins 150 (2002) 91–111. – [4] Oexle, O. G./Paravicini, W. (edd.): Nobilitas. Göttingen 1997; Duggan, A. J. (ed.): Nobles and Nobility in Medieval Europe. Woodbridge 2000. – [5] Moraw, P. (ed.): Dt. Königshof, Hoftag und Reichstag im späteren MA. Stg. 2002. – [6] Selzer, S.: Artushöfe im Ostseeraum. Ffm. 1996; Fouquet, C.: Städtische Lebensform im SpätMA. In: Jb. für Regionalgeschichte 22 (2003) 11–36, hier 27–29. – [7] Bumke, J.: Höfischer Körper – Höfische Kultur. In: Heinzle, J. (ed.): Modernes MA. Ffm./Lpz. 1994, 67–102. – [8] Jaeger, C. S.:

The Origins of Courtliness. Phil. 1985; Fleckenstein, J. (ed.): Curialitas. Göttingen 1990; Bumke, J.: Höfische Kultur. In: Beitr.e zur Geschichte der dt. Sprache und Lit. 114 (1992) 414–492. – [9] Schnell, R.: Die ‚Höfische Liebe' als Gegenstand von Psychohistorie, Sozial- und Mentalitätsgeschichte. In: Poetica 23 (1991) 374–424; Jaeger, C. S.: Ennobling Love. Phil. 1999; Lundt, B.: Konzepte für eine (Zu-)Ordnung der Geschlechter zu Krieg und Frieden (9. bis 15. Jh.). In: Garber, K. u. a. (edd.): Erfahrung und Deutung von Krieg und Frieden. Mü. 2001, 335–356. – [10] Fulcher von Chartres: Historia Hierosolymitana. ed. H. Hagenmeyer. Heidelberg 1913, 136; Althoff, G.: Nunc fiant Christi milites, qui dudum extiterunt raptores. In: Saeculum 32 (1981) 317–333. –
[11] Elm, K. (ed.): Militia Sancti Sepulcri. Vatikanstadt 1998; Demurger, A.: Die R. des Herrn. Mü. 2003. – [12] Murray (wie not. 1) 76–137. – [13] cf. Kaeuper, R. W.: Chivalry and Violence. Ox. 1999. – [14] Fleckenstein, J. (ed.): Das ritterliche Turnier im MA. Göttingen 1986; Riddarlek och Tornelspel. Ausstellungskatalog Stockholm 1992; Barber, R./ Barker, J.: Die Geschichte des Turniers. Darmstadt 2001. – [15] Schulze, U.: Höfische Klassik. In: RDL 2 (³2000) 64–67; Schmid, E.: Höfischer Roman. ibid., 69–74; Schnell, R.: Hoflit. und Hofkritik in Deutschland. In: Moraw (wie not. 5) 323–355; Scaglione (wie not. 1). – [16] cf. Böninger (wie not. 1) 280 sq. – [17] Graf, K.: R.romantik? In: Haubrichs, W./ Herrmann, H.-W. (edd.): Zwischen Deutschland und Frankreich: Elisabeth von Lothringen, Gräfin von Nassau-Saarbrücken. St. Ingbert 2002, 517–532. – [18] Huizinga, J.: Herbst des MA.s. ed. K. Köster. Stg. 1987. – [19] cf. z. B. Morsel, J.: La Noblesse contre le prince. Stg. 2000. – [20] Andermann, K. (ed.): „Raubritter" oder „Rechtschaffene vom Adel"? Sigmaringen 1997. –
[21] id./Johannek, P.: Zwischen Adel und Nicht-Adel. Stg. 2001. – [22] Zur Osnabrücker Stiftsritterschaft cf. Hoffmann, C.: R.schaftlicher Adel im geistlichen Fürstentum. Osnabrück 1996. – [23] Ranft, A.: Adelsgesellschaften. Sigmaringen 1994. – [24] D'Boulton, A. J. D.: The Knights of the Crown. Woodbridge ²2000; cf. auch Störmer, W.: Landesherren als „R." und Turniergenossen im MA. In: Bayern. Vom Stamm zum Staat 1. Festschr. A. Kraus. Mü. 2002, 113–134. – [25] Trim (wie not. 1). – [26] Wang, R.: Der ‚Miles Christianus' im 16. und 17. Jh. und seine ma. Tradition. Bern/Ffm. 1975; Böninger (wie not. 1) 179–236; cf. auch Anglo, S. (ed.): Chivalry in the Renaissance. Woodbridge 1990; Scaglione (wie not. 1). – [27] Nieder, H.: R.spiele, Trionfi, Feuerwerkspantomime. Marburg 1999, 125–131; cf. Clark, S.: Thinking with Demons. Ox. 1997, 634–654; Leupold, B.: Das Turnier. In: Berns, J. J. u. a. (edd.): ErdenGötter. Marburg 1997, 373–387, hier 380. – [28] Der Geist der Romantik in der Architektur. ed. P. Habrock-Henrich. Regensburg 2002. – [29] Classen, A.: The German Volksbuch. Lewiston u. a. 1995; id./Müller, J.-D.: Volksbuch/Prosaroman im 15./16. Jh. In: Internat. Archiv für Sozialgeschichte der dt. Lit. Sonderheft 1. Tübingen 1985, 1–128; cf. auch EM 8, 955 sq. – [30] Das R.buch als Volkslesestoff (Synthesis 8). Mit Beitr.n von C. Velculescu u. a. Buk. 1981. –
[31] García de Enterría, M. C.: Libros de caballerías y romancero. In: J. of Hispanic Philology 10 (1986) 103–115; Hempfer, K. W. (ed.): Die R.epik in der Renaissance. Stg. 1989; cf. auch Villoresi, M.: La letteratura cavalleresca. Rom 2000. – [32] Ertzdorff, X. von: Romane und Novellen des 15. und 16. Jh.s in Deutschland. Darmstadt 1989. – [33] Krueger, R. L.: The Cambridge Companion to Medieval Romance. Cambr. 2000. – [34] cf. programmatisch Glauser, J.: Romances, rímur, chapbooks. In: Parergon 8 (1990) 37–47; cf. auch Schenda, R.: Volk ohne Buch. Mü. ³1988. – [35] Gerritsen, W. P./Melle, A. G. van: A Dict. of Medieval Heroes. Woodbridge 1998. – [36] Weifenbach, B.: Die Haimonskinder in der Fassung der Aarauer Hs. von 1531 und des Simmerner Drucks von 1535. Bern u. a. 2000. – [37] Hejikant, M.-J.: La figura del mondo. In: Meyer, M./Schiewer, H.-J. (edd.): Literar. Leben. Tübingen 2002, 269–282. – [38] Chartier, R.: „Volkstümliche" Leser und ihr Lesestoff von der Renaissance bis zum Age Classique. In: Leimgruber, N. B. (ed.): Die frühe Neuzeit in der Geschichtswiss. Paderborn u. a. 1997, 229–247, hier 231 sq. – [39] cf. z. B. Schrader, L.: Don Quichote. Der fahrende R. zwischen Ideal und Wirklichkeit. In: Das R.bild in MA. und Renaissance. Düsseldorf 1985, 149–173. – [40] cf. z. B. Winklehner, B.: Die Trivialisierung der frz. R.romane im Spiegel der frz. Romankritik des 17. Jh.s. In: Messner, D./ Birner, M. (edd.): Ber.e im Auftrag der Internat. Arbeitsgemeinschaft für Forschung zum rom. Volksbuch 6. Salzburg 1983, 276–295. –
[41] Classen, A.: Revitalisierung des R.tums. In: Prospero 5 (1998) 63–88, hier 81. – [42] Pritzkuleit, S.: Die Wiederentdeckung des R.s durch den Bürger. Trier 1991, 24–45. – [43] Sklar, E. S./Hoffman, D. L. (edd.): King Arthur in Popular Culture. Jefferson 2002; cf. auch Müller, U./Wunderlich, W.: The Modern Reception of the Arthurian Legend. In: Jackson, W. H./Ranawake, S. A. (edd.): The Arthur of the Germans. Cardiff 2000, 303–323. – [44] cf. exemplarisch Brückner, Reg. s. v. Berufe und Stände. –
[45] z. B. Herold, K.: Graf. In: HDM 2 (1934–40) 660–669; Leyen, F. von der: Held, R. und Soldat im dt. Märchen. In: Bayer. H.e für Vk. 5 (1918) 242–249. – [46] Taschenbuch für häusliche und gesellschaftliche Freuden auf das Jahr 1800. Ffm. 1800, 196; Pflug, G.: R.- und Räuberroman. In: Lex. des gesamten Buchwesens 6, 44–45. Stg. ²2001, 319–321; Schulz, G.: Die dt. Lit. zwischen Frz. Revolution und Restauration 1. Mü. ²2000, 283–296; Reisenleitner, M.: Die Produktion hist. Sinnes. Ffm. u. a. 1992; Grätz, M.: Das Märchen in der dt. Aufklärung. Stg. 1988, 225–233; Hadley, M.: The Undiscovered Genre. Bern/Ffm./Las Vegas 1978, 24–51; EM 3, 504 sq.; EM 8, 78. – [47] Kleist, H. von: Sämtliche Werke 4,1,1. ed. R. Reuß/P. Staengle. Ba-

sel/Ffm. 1996, 294 (Brief vom 14.9.1800). − [48] Freytag, N.: Aberglauben im 19. Jh. B. 2003, 149. − [49] cf. z. B. Hole, G.: Hist. Stoffe im volkstümlichen Theater Württembergs seit 1800. Stg. 1964, 36−43. − [50] cf. z. B. Otte, F.: Schweizer-Sagen in Balladen, Romanzen und Legenden. Straßburg 1840; Simrock, K.: Die geschichtlichen dt. Sagen aus dem Munde des Volks und dt. Dichter. Ffm. 1850; Kreutziger-Herr, A.: Ein Traum vom MA. Köln/Weimar/Wien 2003, 75 (zu R.n und Raubrittern im Kunstlied des 19. Jh.s). − [51] Fischer, H.: Erzählen − Schreiben − Deuten. Münster u. a. 2001, 58−63; cf. auch Graf, K.: „Eine Sage für den Pinsel eines Ovids!" In: Hansen-Bl. 64 (1999) 53−59, 61−72 (mit Anthologie überwiegend versifizierter Fassungen der Sieben-Jungfrauen-Sage von Oberwesel). − [52] Seidenspinner, W.: Sagenhafte Burgwelten. In: Ehmer, H. (ed.): Burgen im Spiegel der hist. Überlieferung. Sigmaringen 1998, 163−181; id.: Burg und Volkssage. In: Burgen und Schlösser 34 (1993) 2−9; id.: Kinder der Natur, Kinder der Nation. In: Bad. Burgen aus romantischer Sicht. ed. S. Dock/S. Durian-Rees. Fbg 1993, 28−35; Müller, O. A.: Einführung. In: Die Ortenau 21 (1934) IX−XXXII, hier XXII−XXXII; Kästner, H.: R. Kuno von Falkenstein und der Teufel im Höllental. In: Aurnhammer, A./Kühlmann, W. (edd.): Zwischen Josephinismus und Frühliberalismus. Fbg 2002, 213−243; Becker, S.: Märchenschlösser, Sagenburgen. Motivgeschichtliche und methodische Überlegungen zur Burg als Handlungsort und Metapher in Volkserzählungen. In: Laß, H. (ed.): Mythos, Metapher, Motiv. Unters.en zum Bild der Burg seit 1500. Alfeld 2002, 135−167. − [53] Keindorf, G.: Wege der Überlieferung. Göttingen 1995, 112−133. − [54] Graf, K.: Feindbild und Vorbild. In: Zs. für die Geschichte des Oberrheins 141 (1993) 121−154, hier 140; weitere Belege bei id. (wie not. 51) 58. − [55] id.: Sagen rund um Stuttgart. Karlsruhe 1995, num. 246; cf. Neumann, S.: Sagen aus Sachsen-Anhalt. Mü. 1995, num. 136. − [56] Grätz (wie not. 46) 226; Pantenius, W.: Das MA. in Leonhard Wächters (Veit Webers) Romanen. Diss. Lpz. 1904. − [57] Grätz (wie not. 46) 255. − [58] Neue allg. dt. Bibl. 54,1,1 (1800) 40; cf. Graf, K.: Die Fehde Hans Diemars von Lindach gegen die Reichsstadt Schwäb. Gmünd (1543−1554). In: Andermann (wie not. 20) 167−189, hier 179 sq. − [59] z. B. Gottschalck, C. F.: Die R.burgen und Bergschlösser Deutschlands 1−9. Halle 1810−35. − [60] Volcks-Sagen. Nacherzählt von Otmar. Bremen 1800, 181; Erholungen 3 (1797) 254 (cf. Grimm DS 319). − [61] cf. Graf 1993 (wie not. 54) 136−144. − [62] Köhler, F. A.: Eine Albreise im Jahre 1790 zu Fuß von Tübingen nach Ulm. ed. E. Frahm/W. Kaschuba/C. Lipp. Bühl-Moos 1984, 158 sq.; cf. Zimmermann, R.: Künstliche Ruinen. Wiesbaden 1989, 201, 203. − [63] Andermann, K.: Raubritter − Raubfürsten − Raubbürger? In: id. (wie not. 20) 9−29, hier 9sq. − [64] Beispiele bei Griepentrog, G.: Hist. Volkssagen aus dem 13. bis 19. Jh. B. 1975, 196 (Reg.); Burde-Schneidewind, G.: Hist. Volkssagen aus dem 13. bis 19. Jh. B. 1977, 252 (Reg.); cf. auch Hoffmann-Krayer, E.: Räuber. In: HDA 9 (1938−41) 106−111, hier 108 sq.; Fischer, H.: Erzählgut der Gegenwart. Köln 1978, 49−59. − [65] Zender, M.: Sagen und Geschichten aus der Westeifel. Bonn ³1986, 39. − [66] Fischer (wie not. 51) 155−173. − [67] Schlund, H.: Eppelein von Gailingen. Leutershausen 1987; Dünninger, J. (ed.): Fränk. Sagen vom 15. bis zum Ende des 18. Jh.s. Kulmbach ²1964, num. 73; Grimm DS 130; Brüder Grimm: Dt. Sagen 3. ed. B. Kindermann-Bieri. Mü. 1993, num. 30, 33; zur hist. Person Eckelein Gailing cf. Heßberg, H. von: Eppelein von Gailingen. In: Jb. für fränk. Landesforschung 40 (1980) 9−13. − [68] cf. Schenda, R. (unter Mitarbeit von H. ten Dornkaat) (ed.): Sagenerzähler und Sagensammler der Schweiz. Bern/Stg. 1988, 40, 49, 221, 231, 233; Brunold-Bigler, U.: Die Sagensammlung der Dichterin Nina Camenisch (1826−1912) von Sarn [1857]. Disentis 1987, num. 2, 5, 11, 14, 19, 20, 22, 33; Stutzer, B.: Eine Sage und ihr Bild. Ernst Stückelberg: der letzte R. von Hohenrätien. Chur 1993. − [69] Meyer, W.: Die Eidgenossen als Burgenbrecher. In: Der Geschichtsfreund 145 (1992) 5−95, hier 76−83. − [70] Graf, K.: Sagensammler vor dem 18. Jh.? In: Beitr.e zur Vk. in Baden-Württemberg 4 (1991) 295−304. − [71] id.: „Der adel dem purger tregt haß". In: Rösener, W. (ed.): Adelige und bürgerliche Erinnerungskulturen des SpätMA.s und der Frühen Neuzeit. Göttingen 2000, 191−204. − [72] Hinweise bei id. 1993 (wie not. 54) 141. − [73] Zink, W.: Die Lindenschmidtlieder. In: Jb. für Volksliedforschung 21 (1976) 41−86. − [74] Bürger, A.: Sämtliche Werke. ed. G. und H. Häntzschel. Mü./Wien 1978, 188−192; cf. Lorenz, H.: Werdegang von Stift und Stadt Quedlinburg. Quedlinburg 1922, 134−143. − [75] Schindler, M.: Die Kuenringer in Sage und Legende. Wien 1981, 35−41, 119−150. − [76] Falckenstein, J. H.: Civitatis Erffurtensis historia critica et diplomatica [...]. Erfurt 1739, 184. − [77] Kindermann-Bieri (wie not. 67) num. 22. − [78] Becker (wie not. 52). − [79] cf. Rösener (wie not. 71); Krieb, S.: Erinnerungskultur und adeliges Selbstverständnis im SpätMA. In: Zs. für württemberg. Landesgeschichte 60 (2001) 59−75. − [80] Grässe, J. G. T.: Geschlechts-, Namen- und Wappensagen des Adels dt. Nation. Dresden 1876. − [81] Hucker, B. U.: Zum Qu.nwert hist. Wappen- und Namensagen. In: Jänig, E./Schulz, K. (edd.): Festschr. zum 125jährigen Bestehen des Herold zu Berlin 1869−1994. B. 1994, 1−10; Andermann, K.: Mit des Kaisers holdseligem Töchterlein. In: Walz, D. (ed.): Scripturus Vitam. Heidelberg 2002, 453−460 (zu Grimm DS 476). − [82] Wolf, G.: Von der Chronik zum Weltbuch. B./N. Y. 2002; Jenny, B. R.: Graf Froben Christoph von Zimmern. Lindau/Konstanz 1959; Müller, H.: Hausgeschichten und Kuriosa. Adlige als Chronisten und Sammler. In: Gaier, U. u. a. (edd.): Schwabenspiegel. Ulm 2003, 79−88. − [83] Zur Methode cf. Graus, F.: Lebendige Vergangenheit. Köln/Wien 1975. − [84] Schmid, K.: Welfisches

Selbstverständnis. In: id.: Gebetsgedenken und adliges Selbstverständnis im MA. Sigmaringen 1983, 424–453, hier 428. – [85] id.: Adelssitze und Adelsgeschichte rund um den Bodensee. In: Zs. für württemberg. Landesgeschichte 47 (1988) 9–37, hier 17; cf. allg. Althoff, G.: Genealogische Fiktionen und die historiographische Gattung der Genealogie im hohen MA. In: Staaten, Wappen, Dynastien. Innsbruck 1988, 67–79; Werner, G.: Ahnen und Autoren. Husum 2002. – [86] z. B. Grimm DS 35, 67 (hierzu gehören etwa die im EM-Art. „Ring" nachgewiesenen Erzählungen über Ringe und andere Gegenstände, die das Glück des Hauses verbürgten). – [87] Graf, K.: Lit. als adelige Hausüberlieferung? In: Heinzle, J. (ed.): Literar. Interessenbildung im MA. Stg./Weimar 1993, 126–144; id.: Heroisches Herkommen. In: Petzoldt, L./Schneider, I./Streng, P. (edd.): Das Bild der Welt in der Volkserzählung. Ffm. u. a. 1993, 45–64. – [88] id.: Ursprung und Herkommen. In: Gehrke, H.-J. (ed.): Geschichtsbilder und Gründungsmythen. Würzburg 2001, 23–36.

Winningen   Klaus Graf

Ritter vom Pflug → Frau: Die treue F.

Rittershaus(-Bjarnason), Adeline, * Barmen 26. 7. 1867, † Berlin 6. 9. 1924, dt. Skandinavistin und Erzählforscherin[1]. R., jüngstes von sieben Kindern eines Barmener Kaufmanns, studierte 1894–98 an der Univ. Zürich Germ. Philologie, Pädagogik, Griechisch und Sanskrit. 1898 wurde sie an der Univ. Zürich mit der Diss. *Die Ausdrücke für Gesichtsempfindungen in den altgerm. Dialekten* (gedr. Zürich 1899) promoviert. Die Diss. erschien im Druck bei der Ges. für dt. Sprache in Zürich, deren erstes weibliches Mitglied R. war. Seit 1898 widmete sie sich während längerer Aufenthalte in Island bes. dem Studium isländ. Sagen und Märchen, den sog. kerlingarsögur (Altweibergeschichten). R. habilitierte sich 1902 mit der Arbeit *Die neuisl. Volksmärchen. Ein Beitr. zur vergleichenden Märchenforschung* (Halle 1902) an der Univ. Zürich und erhielt die Venia legendi für alt- und neuisl. Sprache und Lit. (ein Habilitationsgesuch an der Univ. Bonn war an den Zulassungsschwierigkeiten für Frauen gescheitert). Seit 1902 war sie in Zürich als Privatdozentin tätig, 1920 schied sie auf eigenen Wunsch wegen gesundheitlicher Gründe und erheblicher persönlicher Anfeindungen aus Univ.skreisen aus.

R.s Hauptwerk, *Die neuisl. Volksmärchen*, bietet einen umfassenden Überblick über isl. Märchen und gilt bis heute als wichtiger Beitrag zur vergleichenden Märchenforschung[2]. Es enthält ausführliche Auszüge von 127 übers. Märchen, Schwänken und der Gattung Märchen angenäherten Sagen mit reichem komparatistischem Material sowie Unters.en zur Geschichte und Herkunft[3]. Neben Var.n bereits veröff. Erzählungen machte R. der Forschung ca 40 Märchen erstmals zugänglich, die sie Hss. aus dem Besitz von Privatpersonen und der Landesbibliothek Reykjavík entnahm. Bemerkenswert ist das Fehlen von Kinder- und Tiermärchen.

R.s frauenpolitisches Engagement, das sich auch während ihrer Dozententätigkeit im Einsatz für eine bessere Schulbildung für Mädchen gezeigt hatte, bestimmte ihr zweites wichtiges Werk *Altnord. Frauen* (Frauenfeld/Lpz. 1917), in dem sie anhand altisl. Sagatexte weibliche Persönlichkeiten des Hochmittelalters untersuchte[4].

[1] Glauser, J./Flühmann, S.: „Alte-Weiber-Geschichten". In: unizürich (1995) H. 4, 46–48. – [2] cf. Naumann, H. und I.: Isl. Volksmärchen. MdW 1923, pass.; Schier, K.: Märchen aus Island. MdW 1983, 257; Kvideland, R./Eiríksson, H. Ö.: Norw. und Isl. Volksmärchen. B. 1988, 483. – [3] cf. Rez. J. Bolte in ZfVk. 14 (1904) 246 sq. – [4] Glauser/Flühmann (wie not. 1) 47 sq.

Augsburg   Ulrike Strerath-Bolz

Ritualistische Theorie. Jede Erörterung der Verbindung zwischen Ritus und Erzählung muß mit der mythisch-ritualistischen oder Cambridger Schule beginnen, da sie die einflußreichste Theorie hervorbrachte, die beides in Zusammenhang setzte. Ihre grundlegende Prämisse, die praktisch von allen ihren Verfechtern vertreten wird, ist das Zusammenspiel von → Mythos und Ritus. Innerhalb der Schule bestehen jedoch feine konzeptionelle Unterschiede[1].

Begründer der mythisch-ritualistischen Theorie war der Cambridger Arabist W. R. Smith (1846–94)[2]. In seinem Werk über die semit. Religion vertrat er die Ansicht, der Glaube sei der religiösen Praxis nachgeordnet[3]. Smith ging von der Praxis (d. h. vom Ritus) aus und kam von ihr zur Doktrin; dabei machte er geltend, daß Bedeutungen sich wandeln können, der Mythos also sekundär sein müsse, während der Ritus erstarrt sei und keine Veränderungen zulasse. Smith zufolge wurden für Riten, deren ursprüngliche Bedeutung vergessen war, erzählerische Rechtfertigungen geschaffen. Die Funktion von Mythen bestünde somit in der Erklärung von Riten[4].

Einflußreicher als Smith war sein Cambridger Kollege J. G. → Frazer (1854–1941), der der Theorie in *The Golden Bough* (L. 1890) eine andere Richtung gab. In Frazers Modell einer Entwicklung der Gesellschaft in den drei Stadien → Magie, Religion und Wissenschaft ist eine Übergangszeit zwischen den Stadien der Religion und der Wiss. enthalten, in der eine Koexistenz zwischen Magie und Religion besteht[5]. Im Stadium der Magie gibt es nur den Ritus; es fehlen Götter, über die es Geschichten zu erzählen gäbe. Mit der Entstehung der Religion ergibt sich eine Koexistenz von Mythos und Ritus, aber beide sind nur oberflächlich miteinander verbunden. Erst in der folgenden Übergangsphase kommt es zu einer engen Verflechtung von Mythos und Ritus. Frazer stellte ein ‚Gesetz der Ähnlichkeit' auf, wonach in Mythen beschriebene Handlungen zur Erreichung eines bestimmten Ergebnisses nachgeahmt werden (cf. → Similia similibus). Im Gegensatz zu Smith hielt Frazer den Mythos für primär, da seiner Ansicht nach der erzählerische Anteil am Ritus diesem vorausgeht und ihm Sinn verleiht. Wie der Anthropologe E. B. → Tylor (1832–1917) sah Frazer Mythos und Ritus im wesentlichen als ‚primitive' Wiss. an[6]. Frazer und Tylor stimmen hinsichtlich des erklärenden Charakters des Mythos überein, allerdings betrachtet Frazer die Erklärung als sekundär gegenüber der Kontrolle der Naturgewalten. Für beide ist Mythos eine ältere, minderwertige Form der heutigen Wiss. Frazer sieht dabei mehr den praktischen Aspekt des Mythos, während Tylor seine rein theoretische Natur betont.

Dogmatische Ausprägungen der Theorie finden sich in den Schriften von J. E. Harrison (1850–1928) und S. H. Hooke (1874–1968), deren Werke zusammen den Kanon der mythisch-ritualistischen Theorie bilden[7]. Auf der Basis von Quellen aus dem griech. Altertum bzw. dem antiken Nahen Osten kritisierten Harrison und Hooke Tylors Verständnismodell: Gegenüber Tylors Betonung eines ursächlichen Wunsches nach Erklärung argumentierte Hooke pragmatisch, daß sich die antiken Völker des Nahen Ostens nicht um Erklärung der Dinge bemüht hätten, sondern mit den praktischen Problemen des täglichen Lebens beschäftigt gewesen seien. Harrison stimmte mit Bezug auf das alte Griechenland im wesentlichen mit Hooke überein. Beide versuchten zu verstehen, in welcher Weise Rituale dazu dienten, die Naturkräfte unter Kontrolle zu halten, und folgten dabei dem Beispiel Frazers, begannen aber mit seiner magisch-religiösen Übergangsphase. Sie verstanden Mythos und Ritus ebenfalls als primitive Formen einer irrigen Wiss.; entsprechend mußte an die Stelle von Mythos und Ritus am Ende zwangsläufig die fundierte Wiss. treten.

Harrison, die entscheidende Impulse von dem Soziologen É. Durkheim (1858–1918) empfing, war innovativer und einflußreicher als Hooke. Ihre soziol. Interessen brachten sie dazu, Riten gesellschaftlicher → Initiation miteinzubeziehen. Sie schloß, daß der von Frazer postulierte Ritus der Erneuerung, den auch Hooke vertrat, ursprünglich ein Initiationsritus war, dem kein Mythos zugeschrieben wurde. In Anlehnung an Durkheim stellte sie die These auf, daß Gott ursprünglich nur eine durch den Ritus stimulierte Projektion gewesen sei. Dieser sozial konstruierte Gott sei zu Frazers Vegetationsgott geworden und entsprechend der Initiationsritus zu einem agrarischen Ritus; hierdurch wiederum konnte der Mythos von → Tod und → Wiedergeburt des Vegetationsgottes entstehen. Symbolischer Tod und symbolische Wiedergeburt der Initianden sind in diesem Sinne dem Tod und der Wiedergeburt des Vegetationsgottes und – in Erweiterung – dem Absterben und Wiedererscheinen der Feldfrüchte gleichwertig. Harrison zufolge verschwand mit der Zeit die initiatorische Dimension aus dem Ritualkomplex, übrig blieb nur der Vegetationsritus.

Trotz Frazers allmählicher Annäherung an Tylor blieben sowohl Harrison als auch Hooke mit ihrer Ansicht, daß die Erzählung den Text des Ritus, aber keine Erklärung für ihn darstelle, in Opposition zu Tylor. Danach ist der Mythos die verbale Dimension des Ritus. Bes. für Hooke stellt der gesprochene Teil des Rituals eine Beschreibung dessen dar, was vor sich geht.

Spätere Vertreter der mythisch-ritualistischen Theorie wandten die Ideen von Harrison und Hooke auf Material an, das anfänglich aus dem klassischen Altertum kam, jedoch aus Teilgebieten, die nicht speziell ‚ritualistisch' waren. G. Murray (1866–1957) z. B. wandte die Theorie auf die griech. Tragödie an[8], F. M. Cornford (1874–1943) auf die griech. Wiss. und die griech. Komödie[9].

Komparatisten nutzten die Theorie in breiterer Weise für Bereiche aus verschiedenen Teilen der Welt. Frühe Versuche in der Ethnologie stammen von A. M. Hocart (1883–1939)[10], am wichtigsten ist jedoch der Beitrag B. → Malinowskis (1884–1942)[11]. In seinem Frazer gewidmeten Buch *Myth in Primitive Psychology* (L. 1926) wandte er Frazersche Prinzipien in einem komparatistischen Rahmen auf die Mythen und Riten Eingeborener an. Malinowski zufolge verleihen Mythen den Riten einen zeitlosen Ursprung und den Charakter der Heiligkeit, womit sie gesamtgesellschaftliche Leitlinien liefern.

Unter den durch die mythisch-ritualistische Schule beeinflußten Religionsgeschichtlern sind E. O. James (1888–1972)[12] und M. → Eliade (1927–86)[13] vielleicht die fruchtbarsten Vertreter. Eliade bediente sich einer idiosynkratischen Version für sein Postulat einer die ganze Menschheit umfassenden grundsätzlichen religiösen und mythol. Einheit. Mit Malinowski stimmte er darin überein, daß Mythen Sozialverhalten aller Art sanktionieren. Darüber hinaus erweiterte Eliade das Konzept aber, indem er die Bedeutung der Neuinszenierung des Mythos betonte, bei der die am Ritus Beteiligten in mythische Urzeiten zurückversetzt würden.

Außer auf das Gebiet der Religion wird die mythisch-ritualistische Theorie am häufigsten auf profane Lit. angewandt. Harrison zufolge glauben immer weniger Menschen an die Wirksamkeit ritueller Nachahmung, doch werde sie in ästhetischen Formen, z. B. im Drama, weiterhin praktiziert[14]. Von diesem Postulat wurden u. a. Anwendungen der mythisch-ritualistischen Theorie auf das Schema des Heldenlebens (→ Held, Heldin)[15], Lieder[16] und Sagen[17] bis hin zu den Tragödien[18] und Komödien[19] → Shakespeares inspiriert. S. E. Hyman (1919–70) und N. Frye (1912–91) machten von der Theorie für die Lit. generell Gebrauch[20]. Ihnen zufolge wird Mythos zur Lit., wenn er vom Ritus abgetrennt wird. Auch auf die Lit. selbst wirkte sich Harrisons Theorie aus: M. C. Carpentier hat gezeigt, daß Harrisons Ansichten hinsichtlich der feministischen Prinzipien, die in matriarchalischen Gottheiten verkörpert werden, wie auch vom Ursprung jeder Art künstlerischen Schaffens im religiösen Ritual auf direktem Weg Schriftsteller wie James Joyce (1882–1941), T. S. Eliot (1888–1965) und Virginia Woolf (1882–1941) beeinflußten[21]. Außerdem wurde sie von einer Reihe von Wissenschaftlern aus anderen Disziplinen modifiziert[22]. C. → Lévi-Strauss spielte in seiner *Anthropologie structurale* (P. 1958) mit der Dialektik zwischen Mythos und Ritus. V. Ja. → Propp betrachtete in seinem Buch *Istoričeskie korni volšebnoj skazki* (Die hist. Wurzeln des Zaubermärchens. [Len. 1946]) die enge Beziehung zwischen Märchen und Religion. A. von → Gennep argumentierte in seiner einflußreichen Studie *Les Rites de passage* (P. 1909), daß eine Trennung von religiöser Theorie und ritueller Praxis den Übergang zu einer subjektiven Metaphysik bedeutet. W. → Mannhardt, der zunächst ein Anhänger der → mythol. Schule war, betonte später die engen Verflechtungen zwischen mythol. Konzepten und Bräuchen bzw. Spielen; seine spätere Position wird bes. in *Der Baumkultus der Germanen* (B. 1875) und in *Wald- und Feldkulte* (B. 1877) deutlich.

So einflußreich die Theorie von Beginn an war, finden die meisten Wissenschaftler sie inzwischen nicht mehr überzeugend, denn sie stelle nur die gleiche Frage wie das Rätsel zum Ursprung von Henne und Ei. Viele vertreten die Ansicht, daß Mythos und Ritus unabhängig voneinander wirksam sein können[23]. Trotz ihrer Schwächen erinnert die Theorie jedoch an die wichtige Beziehung zwischen dem, was gesagt, und dem, was getan wird (griech.: legomenon/dromenon)[24]. Diese Beziehung ist bis heute zentral. Zeitgenössische soziolinguistische Unters.en der Sprache des Ritus befaßten sich mit dem religiösen Vokabular und den Gattungen der Rede, der Kraft der Darbietung, dem Diskurs sowie der Formulierung von Macht, Autorität und Kreativität[25].

Eine neue Entwicklung in der amerik. Folkloristik betont Aspekte der Entextualisierung, d. h. wie Sprechereignisse durch Muster von rhetorischer und poetischer Kongruenz und Kohärenz sowie zunehmende Loslösung von dem pragmatischen Lebens- und Performanzkontext des Textes geprägt werden[26]. Diese Schwerpunktverlagerung erlaubt befriedigendere Beschreibungen und Erklärungen der unterschiedlichen Erscheinungsarten eines mündl. vorgetragenen Texts, selbst wenn man ihm aufgrund seines situativen Charakters den Status als maßgebliche Version von etwas früher Erzähltem bestreitet. Inzwischen geht es nicht mehr um zeitliche Priorität, sondern um das Wie der → Interaktion der Phänomene Mythos und Ritus im Prozeß der Traditionsbildung.

[1] cf. Ackerman, R.: The Myth and Ritual School. N. Y. 1991; Doty, W. G.: Mythography. The Study of Myths and Rituals. Selma 1986, 72–106; Fontenrose, J.: The Ritual Theory of Myth. Berk. 1966; Segal, R. A.: Theorizing about Myth. Amherst 1999, 37–46; Segal, R. A. (ed.): The Myth and Ritual Theory. Ox. 1998. – [2] cf. Black, J. S./Chrystal, G.: The Life of William Robertson Smith. L. 1912; Beidelman, T. O.: W. Robertson Smith and the Sociological Study of Religion. Chic. 1974. – [3] Smith, W. R.: Lectures on the Religion of the Semites. Edinburgh 1889. – [4] cf. auch Tylor, E. B.: Primitive Culture. L. 1871. – [5] cf. Ackerman, R.: J. G. Frazer. Cambr. 1987; Fraser, R.: The Making of „The Golden Bough". L. 1990. – [6] cf. Leach, E. R.: Golden Bough or Gilded Twig? In: Daedalus 90 (1961) 371–387; Smith, J. Z.: When the Bough Breaks. In: id.: Map Is not Territory. Leiden 1978, 208–239. – [7] Harrison, J. E.: Themis. Cambr. 1912; ead.: Ancient Art and Ritual. L. 1913; ead.: Alpha and Omega. L. 1915; ead.: Epilegomena to the Study of Greek Religion. Cambr. 1921; Hooke, S. H. (ed.): Myth and Ritual. L. 1933; id. (ed.): The Labyrinth. L. 1935; id.: The Origins of Early Semitic Ritual. L. 1938; id.: The Siege Perilous. L. 1956; id. (ed.): Myth, Ritual, and Kingship. Ox. 1958. – [8] cf. Murray, G.: Euripides and His Age. L. 1913; id.: Four Stages of Greek Religion. Ox. 1925; id.: Hamlet and Orestes. A Study in Traditional Types. In: Proc. of the British Academy 6 (1913–14) 389–412; id.: Dis Geniti. In: J. of Hellenic Studies 71 (1951) 120–128. – [9] Cornford, F. M.: From Religion to Philosophy. L. 1912; id.: The Origin of the Attic Comedy. L. 1914. – [10] cf. Hocart, A. M.: Kingship. Ox. 1927; id.: The Life-Giving Myth and Other Essays. The Progress of Man. L. 1937. –
[11] Malinowski, B.: Argonauts of the Western Pacific. L. 1922; id.: Myth in Primitive Psychology. L. 1926; id.: The Role of Myth in Life. In: Psyche 6 (1926) 29–39; id.: Magic, Science and Religion and Other Essays. Glencoe 1948. – [12] James, E. O.: Christian Myth and Ritual. L. 1933; id.: The Old Testament in the Light of Anthropology. L. 1935; id.: Comparative Religion. L. 1938; id.: The Beginnings of Religion. L. 1948; id.: The Nature and Function of Myth. In: FL 68 (1957) 474–482; id.: Myth and Ritual in the Ancient Near East. L. 1958. – [13] Eliade, M.: Le Mythe de l'éternel retour. Archétypes et répétition. P. 1949; id.: Traité d'histoire des religions. P. 1949; id.: Das Heilige und das Profane. Hbg 1957; id.: Mythes, rêves et mystères. P. 1958; id.: Myth and Reality. N. Y. 1963. – [14] Harrison 1913 (wie not. 7). – [15] Lord Raglan [i. e. Somerset, F. R.]: The Hero. L. 1936 (1949) u. ö. – [16] Bowra, C. M.: Primitive Song. L. 1962. – [17] Weston, J. L.: From Ritual to Romance. Cambr. 1920; Butler, E. M.: The Myth of the Magus. Cambr. 1948. – [18] Fergusson, F.: The Idea of a Theater. Princeton 1949; id.: ‚Myth' and the Literary Scruple. In: Sewanee Review 64 (1956) 171–185; Weisinger, H.: The Myth and Ritual Approach to Shakespearean Tragedy. In: Centennial Review 1 (1957) 142–166; id.: An Examination of the Myth and Ritual Approach to Shakespeare. In: Murray, H. A. (ed.): Myth and Mythmaking. N. Y. 1960, 132–140. – [19] Barber, C. L.: Shakespeare's Festive Comedy. Princeton 1959. – [20] Hyman, S. E.: Myth, Ritual, and Nonsense. In: Kenyon Review 11 (1949) 455–475; id.: The Ritual View of Myth and the Mythic. In: JAFL 68 (1955) 462–472; Frye, N.: The Archetypes of Literature. In: Kenyon Review 13 (1951) 92–110; id.: Myth, Fiction, and Displacement. In: Daedalus 90 (1961) 587–605. –
[21] cf. Carpentier, M. C.: Ritual, Myth, and the Modernist Text. The Influence of Jane Ellen Harrison on Joyce, Eliot, and Woolf. Amst. 1998. – [22] z. B. Burkert, W.: Homo necans. Berk. 1983; Gaster, T.: Thespis. N. Y. 1950; id.: Myth and Story. In: Numen 1 (1954) 184–212; Girard, R.: Violence and the Sacred. Baltimore 1977; Kluckhohn, C.: Myths and Rituals. A General Theory. In: Harvard Theological Review 35 (1942) 45–79. – [23] z. B. Kirk, G. S.: Myth. Its Meaning & Functions in Ancient and Other Cultures. Cambr. 1970. – [24] cf. Penner, H. P.: Myth and Ritual. A Wasteland or a Forest of Symbols? In: History and Theory 8 (1968) 46–57. – [25] cf. Csordas, T. J.: Genre, Motive, and Metaphor. Conditions for Creativity in Ritual Language. In: Cultural Anthropology 2,4 (1987) 445–469; Tambiah, S.: A Performative Approach to Ritual. In: Proc. of the British Academy 65 (1979) 113–169. – [26] Bauman, R./Briggs, C.: Poetics and Performance as Critical Perspectives on Language and Social Life. In: Annual Review of Anthropology 19 (1990) 59–88; Briggs, C.: Competence in Performance. The Creativity of Tradition in Mexicano Verbal Art. Phil. 1988; Kuipers, J. C.: Power in Performance. The Creation of Textual Authority in Weyewa Ritual

Speech. Phil. 1990; Wilce, J. M.: Eloquence in Trouble. The Poetics and Politics of Complaint in Rural Bangladesh. Ox. 1998.

Boston   Frank J. Korom

Rivander, Zacharias (eigentlich Zacharias Bachmann), * Lößnitz (Erzgebirge) 1554, † Bischofswerda (Lausitz) 17. 11. 1594 (vergiftet), luther. Geistlicher. Nach einem Studium der Theologie wurde R. 1573 Hauslehrer bei einem Adligen in Komotau (Böhmen). Im folgenden Jahr erhielt er eine Pfarrstelle in Oberschlema (bei Lößnitz), 1578 in Großsalze (heute Bad Salzelmen bei Magdeburg) und 1581/82 in Luckenwalde (Mittelmark). 1586 wurde R. Superintendent in Forst (Lausitz) und 1592 schließlich in Bischofswerda[1]. Spätestens seit 1579 war er Magister, seit 1588 Doktor der Theologie[2].

R. veröffentlichte – ausschließlich in dt. Sprache – kontroverstheol. Schriften, hist. Werke, zahlreiche Predigten sowie ein Drama über die Abendmahlslehre[3]. In manchen dieser Schr. argumentiert er mit Hilfe von Beispielerzählungen[4]. Für die Erzählforschung sind seine reinen → Exempelsammlungen am wichtigsten. *Der Ander Theil Promptvarii Exemplorvm. Darinnen viel Herrliche Schöne Historien Allerleÿ Alten vnd neuwen Exempel [...] Dergleichen im vorigen vnd ersten Promptuario gar nicht gefunden werden/ Alles nach den heyligen Zehen Gebotten Gottes fein ordentlich distribuirt [...]* erschien 1581 in Frankfurt am Main (weitere Aufl.n 1587[5] und 1607). Wie schon der Titel andeutet, handelt es sich um einen 2. Band zu Andreas → Hondorffs *Promptuarium exemplorum* aus dem Jahr 1568, das ebenfalls auf Deutsch erschienen und nach den Zehn Geboten (→ Dekalog) gegliedert war[6]. Dieses Buch erlebte viele Aufl.n und auch Übers.en, weshalb R.s Weiterführung nicht die einzige blieb. So wurde 1588 in Leipzig Wenzel Sturms *Der Ander Theil. Promptvarii Exemplorvm V. Stvrmii, Oder Historien vnd Exempelbuchs [...] nach Ordnung der heiligen Zehen Gebot [...]* gedruckt. Sturms Sohn Vinzenz hatte schon einige Aufl.n von Hondorffs Exempelsammlung betreut. Auch R. selbst veröffentlichte noch ein *Promptuarium Exemplorum: Historien Vnd New Exempelbuch [...]* (Eisleben 1591–92). Dies war eine kürzere und anders gegliederte Kompilation und keine neue Aufl. der übrigen Ausg.n[7]. Eine weitere Exempelsammlung stellt R.s *Fest Chronica Darinnen viel außerlesene/ denckwirdige Historien oder Geschicht/ die sich auff die Feyer vnd Sontage zugetragen [...] 1–2* (Erfurt/Lpz. 1591 [²1602]) dar, deren Beispiele nach dem Kirchenjahr geordnet sind.

R. bringt eine ähnliche Ausw. von Beispielgeschichten wie andere luther. Kompilatoren der 2. Hälfte des 16. Jh.s[8]. Seine Erzählungen[9] schöpfte er vor allem aus dem A. T., antiken Verfassern, den Kirchenvätern, der Chronik- und Historienliteratur sowie anderen Slgen von Exempla und Prodigien, u. a. von Job(us) → Fincel(ius), Kaspar → Goltwurm, Christoph → Irenaeus, Conrad → Lycosthenes und Johannes → Wolf(f); einige Geschichten stammen aus R.s eigener Erfahrung[10]. Spätere Verf. von Exempelsammlungen, u. a. Matthäus Hammer, Michael → Sachse und Daniel → Schneider, entnahmen wiederum Stoff aus R.s Büchern[11]. In Pastorenbibliotheken waren seine Schriften öfters anzutreffen[12].

[1] Schöpff, W.: D. Zacharias R. (Bachmann). In: Mittlgen des Geschichts- und Altertumsvereins zu Leisnig im Königreich Sachsen 13 (1908) 1–36, hier 1–9; Holstein, H.: Zacharias R. (Bachmann). In: ADB 28 (1889) 705 sq.; Rehermann, 245. – [2] Verz. der im dt. Sprachbereich erschienenen Drucke des 16. Jh.s 1. Abt. 1–22. Stg 1983–95, hier B 39, 30. – [3] Schöpff (wie not. 1) 9–35; Verz. (wie not. 2) B 30–53. – [4] 25 Beispielerzählungen aus Z. R. (Eine Hochzeit Predigt [...]. Wittenberg 1582) sind abgedruckt bei Rehermann, 371–384. – [5] Das Vorw. zu dieser Aufl. ist abgedruckt bei Schwitzgebel, B.: Noch nicht genug der Vorrede. Zur Vorrede volkssprachiger Slgen von Exempeln, Fabeln, Sprichwörtern und Schwänken des 16. Jh.s. Tübingen 1996, 206–210. – [6] cf. Schade, H.: Das Promptuarium Exemplorum des Andreas Hondorff. Diss. Ffm. 1966; Brückner, 646–703. – [7] Brückner, 604 sq.; cf. auch Verz. (wie not. 2) H 4729–4749, S 10030–10035. – [8] cf. auch Brückner, 420. – [9] Alsheimer, R.: Katalog protestant. Teufelserzählungen des 16. Jh.s. In: Brückner, 417–519, hier 513–519; Rehermann, 135, 140, 142, 151–173. – [10] Brückner, 170, 385, 583 , 604 sq.; Rehermann, 195–197. – [11] Brückner, 113 sq.; Rehermann, 212. – [12] Grüll, T. u. a. (edd.): Lesestoffe in Westungarn 1. Szegedin 1994, 116, 156, 352, cf. auch 270.

Stockholm/Dorpat   Jürgen Beyer

Robe, Stanley Linn, *Tangent (Oregon) 26. 7. 1915, nordamerik. Folklorist. R. studierte bis 1939 an der Univ. von Oregon in Eugene (B. A. 1936, M. A. 1939) und wurde 1949 an der Univ. von North Carolina in Chapel Hill promoviert. 1949−63 war er zunächst als Dozent, später als Associate Professor an der Span.-Port. Abteilung der Univ. of California in Los Angeles tätig, seit 1963 als ordentlicher Professor. Nach dem Eintritt in den Ruhestand (1983/84) ließ er sich in Laguna Nigel in Kalifornien nieder.

Alle Forschungen R.s befassen sich mit mündl. Überlieferungen der span.sprachigen Völker Mittel- und Nordamerikas, wobei er Publ.en im Bereich des Volksschauspiels[1], der Dialektologie[2], des Rätsels[3] und der Volkserzählung vorlegte. Für die Erzählforschung von Bedeutung sind seine Feldforschungen in Los Altos[4], Jalisco[5], Veracruz[6] und bei Amapa-Erzählern[7] sowie seine Anmerkungen zu den Sammlungen anderer Forscher wie P. de → Carvalho-Neto[8] oder R. D. Jameson[9]. Von den durch R. betreuten Arbeiten ist die Diss. von M. Costa Fontes[10] hervorzuheben.

R.s wichtigste Leistung auf dem Gebiet der volkskundlichen Erzählforschung ist sein Typenverzeichnis der Erzählungen der span.sprachigen Einwohner der USA, Mexikos und anderer mittelamerik. Länder[11]. In den untersuchten Erzählgemeinschaften dokumentierte R. insgesamt 688 Erzähltypen. Aus dem Index ergeben sich mehrere Schlußfolgerungen: Erstens entsprechen die geläufigsten Erzählzyklen denen, die auch in der europ. mündl. Überlieferung am häufigsten vorkommen. Für die Zaubermärchen trifft dies auch auf Typenebene zu, bei den Schwank-, Legenden- und vor allem den Tiermärchen lassen sich unterschiedliche Repertoires feststellen. Bei den Schwankmärchen zeigt sich eine ungewöhnlich starke Präsenz von Zyklen und Typen, die Laster und Schwächen der Geistlichen (→ Pfarrer) zum Thema haben − ein im gesamten span.sprachigen Bereich geläufiges Phänomen. Unterschiede zum europ. Erzählgut weisen bes. die Tierzählungen auf. Die Akteure entstammen der amerik. Fauna, wobei manche Arten Prototypen bestimmter Charaktermerkmale darstellen. So ist der Kojote (→ Coyote Stories) als Substitut des → Fuchses allgegenwärtig, ebenso häufig erscheint das Kaninchen (→ Brer Rabbit), das sich durch bes. Klugheit auszeichnet. Die Handlungen der in Mittelamerika und bei span.sprachigen US-Amerikanern verbreitetsten Tiermärchen sind in der europ. Romania praktisch unbekannt.

Hervorzuheben ist R.s Beitrag zur Definition von Schwanktypen, die im AaTh-Katalog fehlen und von denen viele zweifellos der Volksüberlieferung angehören. Durch sie wird die Herstellung von Parallelen zu anderen regionalen und nationalen Indizes sowie die Dokumentation spezieller Repertoires im rom., iber. und span.sprachigen Bereich ermöglicht.

[1] R., S. L.: Coloquios de pastores from Jalisco, Mexico. Berk./L. A./L. 1954. − [2] id.: The Spanish of Rural Panama. Major Dialectal Features. Berk. 1960. − [3] id.: Hispanic Riddles from Panama. Berk. 1963. − [4] id.: Mexican Tales and Legends from Los Altos. Berk./L. A./L. 1970. − [5] id.: Narrativa popular de Jalisco. Guadalajara 1975. − [6] id.: Mexican Tales and Legends from Veracruz. Berk./L. A./L. 1971. − [7] id.: Amapa Storytellers. Berk. 1972. − [8] Carvalho-Neto, P. de: Cuentos folklóricos de la Costa del Ecuador. Quito 1976. − [9] R., S. L. (ed.): Hispanic Folktales from New Mexico. Narratives from the R. D. Jameson Collection. Berk./L. A./L. 1977. − [10] Costa Fontes, M.: Portuguese Folktales from California. Diss. L. A. 1975. − [11] R., S. L.: Index of Mexican Folktales. Including Narrative Texts from Mexico, Central America, and the Hispanic United States. Berk./L. A./L. 1973.

Madrid   Julio Camarena Laucirica

Robert der Teufel. Die Sage von R. dem T. läßt sich nach der für die weitere Tradierung prägenden Version des Dominikaners → Étienne de Bourbon (13. Jh.)[1] folgendermaßen zusammenfassen:

Eine kinderlose Gräfin verspricht dem → Teufel ihr Kind, wenn er ihr zu Nachwuchs verhelfe (→ Kind dem Teufel verkauft oder versprochen). Sie empfängt einen Sohn, den sie R. nennt. R. begeht von klein auf Schandtaten (beißt seine Ammen in die Brust, raubt, tötet und vergewaltigt). Als seine Mutter ihm gesagt hat, warum er so böse ist, zieht er nach Rom, um beim Papst zu beichten (→ Beichte), und dieser schickt ihn zu einem → Einsiedler. Der Eremit erhält von einer Taube einen Zettel mit einer göttlichen Botschaft, die R. auferlegt, nicht mehr zu sprechen (→ Schweigen), sich verrückt zu stellen (Mot. K 523.1) und nichts zu essen als das, was er den Hunden fortnehmen kann. Zur Erfüllung seiner → Buße begibt sich R. in die Hauptstadt, wo er bei den Hunden unter der Treppe der Königshalle liegt.

Als Barbaren im Reich einfallen, zieht der König in den Kampf. An einem → Brunnen bringt ein Engel dem Büßer Waffen, Rüstung und ein Pferd. R. schlägt den Feind in die Flucht und versteckt Waffen und Pferd wieder bei dem Brunnen. Dies sieht die → stumme Königstochter. Der König versucht erfolglos herauszufinden, wer der Ritter ist. Der Vorgang wiederholt sich. Beim dritten Mal befiehlt der König, den Ritter gefangenzunehmen. Dies gelingt nicht, doch R. wird von einer Lanze am Bein verletzt. Er entfernt das Eisen aus der Wunde, die Königstochter nimmt es an sich. Der König verspricht dem siegreichen Ritter seine Tochter zur Frau und sein Königreich, wenn er sich zu erkennen gebe. Der Seneschall des Königs will die Chance nutzen und fügt sich eine Verletzung zu. Gott heilt jedoch die stumme Königstochter, die erzählt, was sie gesehen hat. Der inzwischen eingetroffene Einsiedler befiehlt R. zu sprechen. R. weigert sich, die Königstochter und das Königreich anzunehmen, und zieht fort, um das Leben eines Einsiedlers zu führen.

Diese Geschichte erscheint in einem 5078 Achtsilber umfassenden frz. Abenteuerroman, der Ende des 12./Anfang des 13. Jh.s verfaßt wurde[2]. Bei Étienne de Bourbon wurde sie zum lat. Predigtexemplum, das der Dominikaner → Johannes Gobi Junior in der *Scala coeli* (1323–30; num. 930) wieder aufnahm und zusammenfaßte. Im 1. Kap. der *Chroniques de Normandie* (14. Jh.) erscheint sie als falsche genealogische Erzählung (denn R. hat keine Nachkommen), die der Dynastie der normann. Herzöge eine diabolische Aura verleihen sollte[3]. R. der T. kann im übrigen nicht mit einem bestimmten Herzog der Normandie in Verbindung gebracht werden[4]. Im 14. Jh. verfaßten und verbreiteten → Gaukler eine aus 254 einreimigen Vierzeilern bestehende Versdichtung (Dit)[5]. Diese wurde für das Theater erweitert: das 2279 Verse umfassende Stück *Miracle de Nostre Dame par R. le dyable* gehörte zum Repertoire einer der Marienverehrung geweihten Pariser Bruderschaft und wurde am 6. Dez. 1375 aufgeführt[6]. Die beiden letzteren Versionen geben die asketische Haltung der früheren Fassungen zugunsten einer Versöhnung der Forderungen des Glaubens mit dem Streben nach Glück auf: Anstatt sein Leben als Einsiedler zu beschließen, heiratet R. auf göttliche Anweisung die Tochter des Königs. Burleske Szenen wurden hinzugefügt: Der vorgebliche Irre läßt einen Juden, der beim Kaiser zu Abend gegessen hat, den Hintern eines Hundes küssen; er stößt eine Königin in den Schmutz und wirft eine Katze in einen Kochtopf. Ende des 15. Jh.s wurde der Dit in Prosa übertragen: *La Vie du terrible R. le dyable* kam im Mai 1496 bei der Lyoner Druckerei von Pierre Mareschal und Bernabé Chaussard heraus[7]. Diesem Werk war ein ungeheurer Erfolg beschieden; es gab 1496–1580 elf Ausg.n in Paris, Lyon und Rouen[8]. Die → *Bibliothèque bleue* von Troyes nahm den Text in ihr Programm auf[9]. *R. le Diable* blieb bis zum 19. Jh. aufgrund allmählicher Anpassungen — wachsender Bedeutung von Zauber und Wunderbarem, Verwandlung des diabolischen Helden in eine Romangestalt — einer der berühmtesten Titel der Kolportageliteratur[10]. Im 15. Jh. griffen eine dt. Erzählung[11], die den asketischen Ausgang beibehielt, und ein engl. Roman, *Sir Gowther*[12], die Sage auf. Die gedr. frz. Version wurde seit dem 16. Jh. in fast alle europ. Sprachen übersetzt[13]. Die port. Fassung[14] erreichte auch Brasilien, in dessen Nordosten der *Folheto Roberto o Diabo* einer der größten Erfolge der Kolportageliteratur war[15]. Seit dem 19. Jh. erfuhr der Stoff eine Reihe von Neubearbeitungen: Er bildete die Vorlage für eine Oper von Giacomo Meyerbeer (Libretto Eugène Scribe/Germain Delavigne, 1831)[16], die wiederum parodiert wurde[17], für Theaterstücke[18] und populäre Romane[19].

Die Sage von R. dem T. bietet den dramatischen Bericht einer → Bekehrung. Sie ist eine moralische Geschichte, eine Erziehungserzählung, die den Helden zu christl. Werten hinführt. Von Version zu Version paßt sie sich der Erwartung des Publikums an, das man bes. nach dem 15. Jh. als populär bezeichnen kann[20]. Inhaltlich besteht sie aus einer Mischung ritterlicher, religiöser und volkstümlicher Elemente, die sich in der einfachen Struktur der exemplarischen Erzählung verbinden.

Der Einfluß der epischen Lit. ist offensichtlich[21]. Die Geburt R.s ist wie die des Zauberers → Merlin ein Werk des Teufels[22]. Wie Merlin versetzt er als Kind seine Umgebung in Schrecken[23]. Er bekehrt sich, nachdem ihm die Wahrheit über seine Geburt, wie im *Lai de Tydorel* (12. Jh.), durch seine Mutter enthüllt worden ist[24]. R. begibt sich nach Rom, um dem Papst zu beichten, wie dies im 11. Jh. gängige Praxis adliger Missetäter war. Sein Geständnis wird von einem Einsiedler gehört, hier wie so oft der einzige Gesprächspartner, den adlige Sünder akzeptieren[25]. Pferd und Waffen R.s sind weiß, was der Symbolfarbe von Mensch- und Tierwesen aus der Feenwelt entspricht (der weiße Hirsch in → Chrétiens *Erec et Enide*, die weiße Hindin im *Lai de Tyolet*)[26]. Der Brunnen, an dem R. Pferd und Rüstung verbirgt, ist ein räumlicher Topos der Ritterromane[27], das dreimalige Turnier ein zeitlicher[28]. Die Episode von Betrug und Entlarvung des Seneschalls hat eine Parallele in Fassungen des → *Tristan* (Eilhart von Oberg, Gottfried von Straßburg), in denen der Seneschall als Vorbedingung für die Heirat mit Iseut das Drachenhaupt (*R. le Diable*: Lanzeneisen) vorzeigt (cf. AaTh 300: cf. → Drache, Drachenkampf, Drachentöter)[29].

Eine ir. Heiligenlegende des 11. Jh.s weist große Ähnlichkeit mit der Sage von R. dem T. auf, bis hin zum Bußbefehl an den Sünder, muß jedoch nicht unbedingt ihre Quelle bilden[30]. Wenn die Rolle der Beichte betont wird, erhält das für die frommen Erzählungen des 12./13. Jh.s typische Thema tränenreicher Zerknirschung Bedeutung[31]. Das Motiv himmlischer Übermittlung der Bußvorschriften erinnert an die Ägidiusmesse und die dabei von → Karl d. Gr. erlangte Vergebung. Das Thema simulierten Irrsinns ist der byzant. Tradition der ,hl. Narren' (saloi) entlehnt[32] und begegnet auch als vorgebliche Geistesverwirrung von Ipomedon und Tristan in den *Folies Tristan*[33]. Die Buße des unerkannt unter einer Treppe Lebenden findet sich in der Vita des hl. → Alexius wieder. Die Rückkehr zum Animalischen erinnert an Heilige in Gestalt des wilden Mannes[34]. Auf die Regel des hl. → Benedikt verweist das R. auferlegte Schweigen[35]; die Erreichung des Standes der Heiligkeit nach wildem Weltleben ist ein hagiographischer Gemeinplatz.

Da die zweite Hälfte der Erzählung Affinitäten zu AaTh 502: *Der wilde* → *Mann* und AaTh 314: → *Goldener*[36] zeigt, wurde vermutet, die Sage von R. dem T. stelle die geistliche Bearb. eines Volksmärchens vom *Goldener*-Typ dar. Der Rekonstruktionsversuch einer der Sage von R. dem T. vorausgehenden Erzählung stützt sich auf Var.n des 19. Jh.s und geht dann ins MA. zurück, unter der Annahme, daß die Handlung sich nicht verändert habe. Dabei wurde vermutet, daß anfänglich entweder zwei Erzählungen — die von der Geburt des Helden (AaTh 756 B: → *Räuber Madej*) und das *Goldener*-Märchen — zusammengefaßt wurden[37] oder daß eine Erzählung existierte, die schon die Geburtsgeschichte enthielt[38].

[1] Lecoy de la Marche, A. (ed.): Anecdotes historiques, légendes et apologues, tirés du recueil inédit d'Étienne de Bourbon [...]. P. 1877, num. 168; Tubach, num. 4119; cf. Wesselski, A.: Mönchslatein. Lpz. 1909, num. 11. — [2] Löseth, E. (ed.): R. le Diable, roman d'aventures. P. 1903; Micha, A. (ed.): R. le Diable. Roman du XIIe siècle. P. 1996; cf. Deister, B.: Sprachliche Unters. des Abenteuerromans R. le Diable. Gießen 1918; Molinelli, T.: Recherches sur le roman et la légende de R. le Diable. Diss. Paris 1980; eine kritische Ausg. des Ms.s Paris, Bibl. Nationale de France, fr. 24405 durch E. Gaucher befindet sich in Vorbereitung. — [3] Berlioz, J.: Dramma di famiglia e ideale cavalleresco. La leggenda di Roberto il Diavolo nelle ,Chroniques de Normandie' (XIV secolo). In: Pellizer, E./Zorzetti, N. (edd.): La Paura dei padri nella società antica e medievale. Rom/Bari 1983, 155–169; Labory, G.: Les Mss. de la Grande Chronique de Normandie des XIVe et XVe siècles. In: Revue d'histoire des textes 27 (1997) 191–222; 28 (1998) 183–233; 29 (1999) 245–294. — [4] Breul, K. (ed.): Sir Gowther. Eine engl. Romanze aus dem XV. Jh. Oppeln 1886, 107–114. — [5] Breul, K. (ed.): Le Dit de R. le Diable zum erstenmal nach drei Hss. der Pariser Nationalbibl. kritisch herausgegeben. In: Tobler, A. (ed.): Mélanges de grammaire française. Halle 1885, 464–509; Gaucher, E.: Pour abréger ... R. le Diable. Du roman au dit. In: Prisma 13 (1997) 169–179. — [6] Paris, G./Robert, U. (edd.): Miracles de Nostre Dame par personnages 6. P. 1881, 1–77; Glutz, R.: Miracles de Nostre Dame par personnages. B. 1954, 169–171; R. the Devil. Übers. W. S. Merwin. Iowa City 1981; Evans, M. J.: „Amis et Amile" und „R. le dyable". Diss. Durham, N. C. 1981. — [7] Doutrepont, G.: Les Mises en prose des épopées et des romans chevaleresques du XIVe au XVIe siècle. Brüssel 1939, 308–311; Gaucher, E.: La Vie du terrible R. le Diable. Un exemple de mise en prose (1496). In: Cahiers de recherches médiévales 3 (1998) 153–164. — [8] Woledge, B.: Bibliogr. des romans et nouvelles en prose française antérieurs à 1500. Genf/Lille 1954, 111 sq.; Supplément. Genf 1975, 92 sq. — [9] Morin, A.: Catalogue descriptif de la Bibliothèque bleue de Troyes. Genf 1974, num. 1061–1070. — [10] Schenda, R.: Tausend frz. Volksbüchlein. In: Archiv für Geschichte des Buchwesens 9 (1968) 779–952, hier 918 sq., num. 802–802 b; Andriès, L.: La Bibliothèque bleue. Les réécritures de „R. le Diable". In: Littérature 30 (1978) 51–66; id.: Moyen âge et colportage. Le Diable et autres récits. P. 1981; Gaucher, E.: Le Diable et le bon Dieu. Quelques aspects de la tradition de R. le Diable. In: ead./Lestringant, F. (edd.): Topiques romanesques. Réécriture des romans médiévaux (XVIe–XVIIIe s.). Lille 1999, 43–52; ead.: La Représenta-

tion du surnaturel chrétien dans les réécritures de R. le Diable. In: Bibliothèque bleue et littératures de colportage (im Druck); ead.: L'Illustration de R. le Diable. Des manuscrits aux éditions imprimées. In: Littérature et peinture du Moyen Âge à l'âge classique (im Druck); Veratti, C.: Medievalismo nel Settecento. Due letture della leggenda di „R. le Diable". In: Lingua e stile 29 (1999) 285–303. – [11] Borinski, K.: Eine ältere dt. Bearb. von R. le Diable. In: Germania 37 (1892) 44–62; cf. auch Formes médiévales du conte merveilleux. ed. J. Berlioz/ C. Bremond/C. Velay-Vallantin. P. 1989, 41–54. – [12] Breul (wie not. 4); Mills, V.: Six Middle English Romances. L. 1973, 143–168. – [13] Breul (wie not. 4) 198–207; Thoms, W.: The Lyfe of R. the Deuyll, a Romance from the Edition by Wynkyn de Worde. (Edinburgh 1904) L. 1907; Kippenberg, A.: Die Sage von R. dem T. in Deutschland und ihre Stellung gegenüber der Faustsage. In: Studien zur vergleichenden Lit.geschichte 4 (1904) 308–333; Grober, G.: Miszellen zu „R. der T." (gekürzt). In: Ber.e im Auftrag der Internat. Arbeitsgemeinschaft für Forschungen zum rom. Volksbuch 1 (1974) 61–67; Stockinger, P.: Considérations sur R. le Diable. In: Birner, A. (ed.): Volksbuch. Spiegel seiner Zeit? Salzburg 1987, 161–172; Heurck, E. H. van: De vlaamsche volkboeken. Brüssel 1944, 31 sq.; Schwab, G.: Die dt. Volksbücher. Gütersloh/Lpz. 1835, 27–58; Debaene, L.: De nederlandse volksboeken. Antw. 1951, 231. – [14] Historia do grande Roberto. Lisboa 1779. – [15] Borges, F. N. F. u. a.: „Deus o Diabo" na literatura popular em verso. Modelo ipotético da narrativa. João Pessoa 1976; Fonseca dos Santos, I.: La Littérature populaire en vers du Nord-Est brésilien. In: Les Imaginaires 2. ed. G. Feyre. P. 1979, 192–201; Cantel, R.: De Roland à Lampião ou la littérature populaire du Nord-Est brésilien. In: Cahiers de littérature orale 5 (1980) 27–63. – [16] R. le Diable: Oper in fünf Akten. Ffm./Lpz. 2000; cf. Tardel, H.: Die Sage von R. dem T. in neueren dt. Dichtungen und in Meyerbeers Oper. B. 1900; R. le Diable. Ausstellungskatalog P. 1985; Lalitte, P.: R. le Diable au XIXe siècle. In: Médiévales 6 (1984) 95–108. – [17] Titi à la représentation de R. le Diable. Draguignan 1856; Nestroy, J.: R. der Teufel. Wien 1833; Rousset, P.: Vers de Guignol. Lyon 1875. – [18] Dumersan, T. M./Bouilly, J.-N.: R. le diable, comédie en 2 actes, mêlée de vaudevilles. P. 1813; Franconi, H.: R.-le-Diable, ou le Criminel repentant, pantomime en 5 actes. P. 1815; Vallou de Villeneuve, T.-F.: R.-le-Diable, à-propos-vaudeville. P. 1832; Piquet, H.: Trilogie normande. P. 1911; Philippe, A.: R. le Diable [...], drame historique en 4 actes. Bellême 1912; Haueter, B.: R. der T. Dramatisches Spiel in 12 Bildern für eine Schulklasse. Chur 1988. – [19] Sandre, T.: R. le Diable. P./Brüssel 1945; Gutmann, C.: Le Secret de R. le diable. P. 1991. – [20] Gaucher, E.: R. le Diable: une „œuvre ouverte". In: Cahiers de recherches médiévales 2 (1996) 61–71. –

[21] Benezé, E.: Sagen und litterarhist. Unters.en. 2: Orendel, Wilhelm von Orense und R. der T. Halle 1897; Gaucher, E.: Les Influences épiques dans le roman de R. le Diable. In: Plaist vos oir bone cançon vallant? Festschr. F. Suart 1. Lille 1999, 285–294; ead.: Sang vermeil, merveille du sen. À propos de R. le Diable. In: Le Sang au Moyen Âge. ed. J. B. Pellegrin. Montpellier 1999, 217–226; ead.: Realia et legenda. À propos de R. le Diable. In: Buschinger, D. (ed.): Les „Realia" dans la littérature de fiction au Moyen Âge. Amiens 2000, 50–61. – [22] Meyer, P.: L'Enfant voué au diable, rédaction en vers. In: Romania 33 (1904) 163–178; Halpert, H.: Supernatural Sanctions and the Legend. In: Newall, V. J. (ed.): Folklore Studies in the Twentieth Century. Woodbridge/Totowa 1980, 226–233; Berlioz, J.: Pouvoirs et contrôle de la croyance. La question de la procréation démoniaque chez Guillaume d'Auvergne (vers 1180–1249). In: Razo 9 (1989) 5–27; id.: Un Héros incontrôlable? Merlin dans la littérature des exempla du Moyen Âge occidental. In: Iris 21 (2001) 31–39; Gaucher, E.: Fils du diable, héros rédempteurs. Merlin et R. le Diable. In: Merlin. Roman du XIIIe s. Robert de Boron. ed. D. Quéruel/C. Ferlampin-Acher. P. 2000, 61–72; ead.: R. le Diable. Histoire d'une légende. P. 2003. – [23] Berlioz, J.: Deux Figures de l'excès. R. le Diable et Gilles de Rais. In: Les Cahiers Gilles de Rais 1 (1992) 53–58; Trempler, V.: R. der T. Ein Beitr. zur Unters. des destruktiven Narzißmus in der Adoleszenz. In: Psychotherapeut 39 (1994) 166–173; Gaucher, E.: Enfances diaboliques. R. le Diable. In: Prisma 12 (1996) 17–26. – [24] Ravenel, F. L.: Tydorel and Sir Gowther. In: Publ.s of the Modern Language Assoc. 20 (1905) 152–177; Colliot, R.: Un Rapport dramatique mère/ enfant dans le récit médiéval. La mère dénonciatrice du crime. In: Senefiance 26 (1989) 163–176; Gaucher, E.: La Mère coupable dans la légende de R. le Diable (XIIe–XIXe s.). In: Bien dire et bien aprandre 16 (1998) 133–144. – [25] Bretel, P.: Les Ermites et les moines dans la littérature française du Moyen Âge (1150–1250). P. 1995. – [26] Dubost, F.: Aspects fantastiques de la littérature narrative médiévale (XIIe–XIIIe s.). P. 1991. – [27] Ogle, M.: The Orchard Scene in Tydorel and Sir Gowther. In: Romanic Review 13 (1922) 37–43; Gaucher, E.: Le Motif de la fontaine dans R. le Diable. In: Sources et fontaines du Moyen Âge à l'âge baroque. P. 1998, 83–95. – [28] Weston, J. L.: The Three Day's Tournament. L. 1902. – [29] Woledge, B.: Bons Vavasseurs et mauvais sénéchaux. In: Festschr. R. Lejeune 2. P. 1969, 1272–1277. – [30] Crane, R. S.: An Irish Analogue of the Legend of R. the Devil. In: Romanic Review 5 (1914) 55–67. –

[31] Payen, J.-C.: Le Motif du repentir dans la littérature française médiévale, des origines à 1230. Genf 1967; Nagy, P.: Le Don des larmes au Moyen Âge. P. 2000. – [32] Berlioz, J.: Métaphore, lieux communs et récit exemplaire. Les images de la folie simulée dans la „Vie du terrible R. le Dyable" (1496). In:

Symboles de la Renaissance 2. P. 1982, 89–108, 231–236; Gaucher, E./Castellani, M.-M.: Écriture hagiographique et représentation de la sainteté dans le roman de R. le Diable. In: Revue des sciences humaines 251 (1998) 155–168. – [33] Winters, D.: A New Source for Lancelot's Madness. In: Studies in Philology 31 (1934) 379–384. – [34] Dickson, A.: Valentine and Orson. N. Y. 1929, 253–255; Ancona, A. D': La Leggenda di santo Albano, prosa inedita del secolo XIV. Bologna 1965. – [35] Roloff, V.: Reden und Schweigen. Zur Tradition und Gestaltung eines ma. Themas in der frz. Lit. Mü. 1973, 181–187. – [36] cf. Wais, K.: Märchen und Chanson de geste. Themengeschichtliches zu R. le Diable, Berte aux grans piés, Loher und Maler. In: Zs. für frz. Sprache und Lit. 87 (1977) 314–334; Berlioz, J.: Les Versions médiévales de l'histoire de R. le Diable. In: Martin, J. B. (ed.): Le Conte. Tradition orale et identité culturelle. Lyon 1988, 149–165. – [37] Breul (wie not. 4) 117. – [38] Löseth (wie not. 2) XXXII.

Lyon   Jacques Berlioz

Roberts, Warren Everett, * Norway (Maine) 20. 2. 1924, † Bloomington (Indiana) 1. 2. 1999, nordamerik. Folklorist[1]. R. studierte Englisch im Hauptfach, zunächst am Reed College in Portland, Oregon (mit zeitweiliger Unterbrechung durch den Wehrdienst im 2. Weltkrieg) und wechselte 1948 nach dem Abschluß (B. A.) auf Einladung von S. → Thompson an die Indiana Univ. in Bloomington. Schon 1949 wurden ihm die Folklore-Lehrveranstaltungen für die unteren Studienjahrgänge anvertraut. Damit gehörte R. insgesamt 45 Jahre lang dem Lehrkörper der Indiana Univ. an, zunächst im English Department und später, als Folklore zum unabhängigen Studiengang geworden war, im Folklore Institute. 1950 erwarb er den M. A.-Grad in Englisch. 1953 wurde er mit einer Diss. über AaTh 480: *Das gute und das schlechte → Mädchen* von der Indiana Univ. als erster Wissenschaftler der Vereinigten Staaten im Fach Folklore promoviert. Im Verlauf seiner Karriere erhielt R. den Chicago Folklore Prize (1954, für seine Diss.) und den Douglas Award der Pioneer America Soc. Zu seinem 65. Geburtstag erschien eine Festschr. mit einem ausgewählten Schriftenverzeichnis[2].

Als Doktorarbeit hatte Thompson eine Unters. von → Perraults Märchen in der mündl. Überlieferung vorgeschlagen. Von *Les Fées* fand R. jedoch so viele Fassungen, daß seine Diss. zu einer Typenmonographie wurde, die er u. d. T. *The Tale of the Kind and the Unkind Girls. AaTh 480 and Related Tales* (B. 1958, Detroit 1994) in Buchform veröffentlichte, ein Meisterwerk der → geogr.-hist. Methode. R. untersuchte darin weltweit über 900 Var.n von AaTh 480 und verwandten Erzählungen, die er in zwei große, ihrerseits jeweils wiederum in mehrere verschiedene Formen zerfallende Subtypen (*Following the River* und *Encounters en Route*) sowie 15 weitere kleinere Subtypen unterteilte. Hinsichtlich der Altersbestimmung zeigte er sich eher vorsichtig und entnahm einer Korrelation der literar. Zeugnisse mit den Subtypen, daß AaTh 480 mit Sicherheit schon um 1400 existiert haben müsse.

Zusammen mit Thompson publizierte R. den Typenindex *Types of Indic Oral Tales. India, Pakistan, and Ceylon* ([FFC 180]. Hels. 1960). Gemeinsam mit W. → Anderson versah er R. Tauschers *Volksmärchen aus dem Jeyporeland* (B. 1959) mit einem Anmerkungsapparat. Während eines Norwegenaufenthaltes (1959–60) untersuchte R. eine ausgewählte Gruppe norw. Erzähltypen und stellte als Beitrag zum Verständnis regionaler Eigenheiten für jeden Typ die norw. Normalform, Sonderformen sowie seine geogr. Distribution dar. Trotz dialektbedingter Schwierigkeiten konnte er diese Unters., *Norwegian Folktale Studies. Some Aspects of Distribution* (Oslo 1964), veröffentlichen. R.s Publ.en zur Erzählforschung in den 1950er und 60er Jahren waren durch sein komparatistisches Interesse geprägt[3].

Norwegen war für R. auch der Ort einer wiss. Neuorientierung. Er besuchte volkskundliche Museen und sprach mit norw. Sachkulturforschern, wobei sein wiss. Engagement sich mit seinem Interesse an der Holzbearbeitung traf. Nach Thompsons Ausscheiden aus dem Amt übernahm R. die wichtigen Lehrveranstaltungen zur Volkserzählung an der Indiana Univ., die er, an den abstrakten neuen Theorien der Erzählforschung nicht interessiert, 1964 L. → Dégh überließ. Er begann damit, Lehrveranstaltungen zu Volkskunst, Handwerk und Hausbau anzubieten. R. hatte führenden Anteil an den Bestrebungen, Sachkultur zu einem festen Bestandteil der Disziplin Folklore in den Vereinigten Staaten zu machen, und wirkte an der Entstehung von drei Ges.en zur Unters. der Sachkultur mit:

der Pioneer America Soc., der Assoc. for Gravestone Studies und des Vernacular Architecture Forum. Das Projekt eines Museums für Indiana kam allerdings nicht zustande. R.s Buch *Log Buildings of Southern Indiana* (Bloom. 1984, 1996) bietet eine vorbildliche Beschreibung und Analyse traditioneller Bauformen; viele von R.s Artikeln über Handwerk und Handwerker finden sich in dem Sammelband *Viewpoints on Folklife. Looking at the Overlooked* (Ann Arbor 1988) wieder.

[1] Hansen, W.: W. E. R. (1924–1999). In: Fabula 41 (2000) 127–129. – [2] The Old Traditional Way of Life. Festschr. W. E. R. Bloom. 1989. – [3] z.B. R., W. E.: The Proverb. In: Sebeok, T. A. (ed.): Studies in Cheremis Folklore. Bloom. 1952, 118–169; id.: A Norwegian Fairy Tale in Jamaica. In: Arv 10 (1954) 109–113; id.: Folklore in the Novels of Thomas Deloney. In: Studies in Folklore. Festschr. S. Thompson. Bloom. 1957, 119–129; id.: Two Welsh Gypsy and Norwegian Folktales. In: Fabula 4 (1961) 264–266; id.: „The Black and the White Bride", AaTh 403, in Scandinavia. ibid. 8 (1965) 64–92.

Bloomington   Henry Glassie

Robin Goodfellow, → Fairy-Wesen der engl. Überlieferung. Nach M. W. Latham ein zutiefst engl. ‚nationaler Streichemacher'[1], straft R. G. die Bösen und hilft den Benachteiligten, treibt allerdings gelegentlich auch wie ein → Kobold reinen Schabernack.

Die Wurzeln der R. G.-Vorstellungen reichen bis ins hohe MA. zurück. Engl. Balladen, die möglicherweise bereits seit der Renaissance kursierten und u. a. von T. → Percy veröffentlicht wurden[2], schildern R. G.s Taten in erzählerischer Form. In Prosa sind die Geschichten in dem anonymen → Chapbook *R. Good-Fellow, His Mad Prankes, and Merry Iests, Full of Honest Mirth, and Is a Fit Medicine for Melancholy* (L. 1628) enthalten. Der Erstdruck dieses Chapbooks wird nach J. P. Collier vor 1588 datiert, die darin enthaltenen Geschichten wurden z.T. Anfang des 17. Jh.s auch in Balladenform veröffentlicht[3]. Die im Chapbook konsequent entwickelte Geschichte steht innerhalb einer → Rahmenerzählung und wird einem Reisenden von der Kneipenwirtin erzählt. Nach Einschätzung von K. → Briggs enthält sie einen ‚beträchtlichen Anteil an echter Volksüberlieferung'[4].

R. G., Sohn des Fairy-Königs → Oberon und einer menschlichen Frau, ärgert als Kind seine Mitmenschen und läuft schließlich von zu Hause weg. Kurze Zeit arbeitet er bei einem Schneider, macht sich dort aber durch seine Streiche unbeliebt (→ Wörtlich nehmen). Von Oberon erfährt R. G. von seinen magischen Kräften: Er kann sich jeden Wunsch erfüllen und besitzt die Fähigkeit zur → Verwandlung in andere Menschen (cf. → Gestalttausch), Tiere oder Gegenstände. Oberon hält ihn dazu an, nur böse Menschen hereinzulegen und tugendhaften zu helfen. Wenn er dies befolge, werde er später das Land der Fairies besuchen dürfen.

In den dann folgenden Streichen hält sich R. G. nicht immer an dieses Gebot: Er foppt einen Bauern, der ihm nicht die Zeit sagen will (‚Heute ist es ebensospät wie gestern um diese Zeit'), durch Verwandlung in Vogel, Pferd und Fisch; er verhilft einer jungen Frau, die von ihrem geizigen Onkel geknechtet wird, zur Hochzeit mit dem Geliebten; als Spinnhelfer bleibt er weg, da er statt der gewünschten Nahrung (Milch, Sahne) Kleider erhält (→ Belohnung, Lohn); er foppt eine nächtliche Gesellschaft als Irrlicht; er rettet eine bedrängte junge Frau vor → Vergewaltigung; als Rabe und Geist bessert er einen Wucherer; er verliebt sich in die Frau eines Webers und stößt deren Mann ins Wasser; als Geiger unterhält er eine Gesellschaft, löscht dann das Licht und bringt die Leute dazu, sich zu streiten; er bestraft einen betrügerischen Schankwirt, indem er diesem als sein Brauherr Geld abfordert.

Später trifft R. G. wieder auf Oberon. Das Chapbook endet mit Liedern, die er singt, sowie Geschichten, welche ihm einige als Plagegeister auftretende Fairies erzählen.

R. G. hat zahlreiche Charakteristika mit anderen Gestalten der Volksüberlieferung gemeinsam: Seine Jugendstreiche (macht beim Reiten unanständige Gebärden; wirft die Ärmel an den Rock) werden auch → Eulenspiegel (num. 2, 48) zugeschrieben; wie → Frau Holle belohnt er → Fleiß, wie Rumpelstilzchen (AaTh 500: → *Name des Unholds*) hilft er als → Hausgeist jungen Frauen beim Hanfbrechen und → Spinnen, wie → Elfen oder → Zwerge erledigt er nachts Arbeiten, und wie Puck – mit dem er gelegentlich identifiziert wird – löscht er Kerzen oder entfacht Streit zwischen Hochzeitsgästen.

Ihr Fortleben verdankt die Gestalt des R. G. den Chapbooks sowie → Shakespeares *Midsummer Night's Dream* (9,2 [1600]). R. G.s Bühnenexistenz als Kobold hatte bereits vorher mit seinem Auftreten als Kobold in Anthony Mundays Komödie *The Two Italian Gentlemen* (1584) begonnen, der die Gestalt vermutlich aus Reginald Scots *Discoverie of*

Witchcrafte (1584) kannte. Folgenreich für die Volkserzählung war, daß Shakespeare die lebensgroßen Fairies des Volksglaubens – und damit R. G. – in harmlose kleine Figuren verwandelte[5]. In der Folgezeit wurden R. G.-Geschichten wiederholt für die Bühne bearbeitet, für Erwachsene[6] wie auch für Kinder in brit. Weihnachtspantomimen (→ Weihnachtsmärchen)[7] sowie in Stücken von Netta (i. e. Janet) Syrett (1918) oder Aurand Harris (1977; nach Shakespeare)[8].

In die Kinder- und Jugendliteratur wurde R. G. mit Francis Newberys *R. G. A Fairy* (1770) eingeführt. R. G.-Geschichten wurden in der Folge in weitverbreitete Anthologien wie *Gammer Gurton's Pleasant Stories* (1846) aufgenommen[9], und R. G. wurde so bekannt, daß er als Eponym einer Jugendzeitschrift (L. 1861) oder als fiktiver Autor im Titel von Annie Cole Cadys Jugendbuch *The American Continent and Its Inhabitants before Its Discovery by Columbus. A Unique History Communicated by R. G., Fairy Historian* (t. 1–2, 1893/94) erscheinen konnte. Auch Rudyard Kipling hat R. G.-Stoffe verarbeitet (*Puck of Pook's Hill*, 1906; *Rewards and Fairies*, 1910).

Deutungsversuche der R. G.-Gestalt reichen von antiken Pan- und christl. Teufelsvorstellungen bis hin zu Zusammenhängen zwischen R. G. und den röm. Laren oder dem kelt. Manannan[10]. Die in England bis ca 1500 verbreiteten R. G.-Vorstellungen[11] dürften im Zuge der Reformation zurückgegangen sein, während er in der Lit. eine beliebte Gestalt blieb.

[1] Latham, M. W.: The Elizabethan Fairies. The Fairies of Folklore and the Fairies of Shakespeare. N. Y. (1930) Nachdr. 1972, 223. – [2] Percy, T.: Reliques of Ancient English Poetry 3. L. 1812, 254; cf. auch die Flugschrift „A New Song to the Tune of R. G." (L. 1682). – [3] The Mad Pranks and Merry Jests of R. G. Reprinted from the Edition of 1628. Vorw. J. P. Collier. L. 1840 (Nachdr. N. Y. 1965). – [4] Briggs, K.: An Enc. of Fairies. N. Y. 1976, 342. – [5] Ritson, J.: Fairy Tales, Legends and Romances Illustrating Shakespeare. L. 1875; Sidgwick, F.: The Sources and Analogues of „A Midsummer Night's Dream". L./N. Y. 1908; cf. Latham (wie not. 1) 194–216, bes. 223. – [6] ibid., vii sq.; R. G., or, The Rival Sisters. L. 1738; Carton, R. C.: R. G. L. 1893; Gregory, R. G.: R. G. in Summer. L. 1976; id: R. G. in Autumn. L. 1977; id: R. G. in Winter. L. 1978; id.: R. G. in Spring. L. 1978. – [7] cf. Blanchard, E. L.: Jack the Giant Killer, or Harliquin & R. G. A Grand Grotesque Burlesque Comic Pantomime. L. 1853; Frost, F. [i.e. E. L. L. Blanchard]: Harlequin and Friar Bacon, or, Great Grim John of Gaunt, and the Enchanted Lance of R. G. L. [1846]. – [8] cf. Swortzell, L. (ed.): The Theater of Aurand Harris. New Orleans 1996. – [9] Gurton, G.: Pleasant Stories of Patient Grissel, the Princess Rosetta, & R. G. [...]. ed. Amb[rose] Mer[ton] (i. e. W. J. Thoms). L. 1846. – [10] cf. Briggs, K.: The Vanishing People. Fairy Lore and Legends. N. Y. 1978, 54; ead. (wie not. 4) 342. –
[11] cf. Rose, C.: Spirits, Fairies, Gnomes, and Goblins. Denver 1996, 276.

Stony Brook, N. Y.   Ruth B. Bottigheimer

Robin Hood → Räuber, Räubergestalten

Robinsonade. Der Begriff der R. leitet sich unmittelbar von Daniel Defoes (1660–1731) Roman *Robinson Crusoe* (1719) her, wurde aber als Gattungsbegriff erst 1854 von H. Hettner[1] und erneut 1924 von H. Ullrich in die Lit.wissenschaft eingeführt. Ullrich versteht unter R. „eine mehr oder weniger kunstvoll komponierte Erzählung, die uns die Erlebnisse von einer Person oder mehreren in insularer Abgeschlossenheit, d. h. von der menschlichen Gesellschaft und ihren Zivilisationsmitteln isolierter Lage, die nicht das Ergebnis einer sentimentalen Weltflucht ist, als Hauptmotiv oder doch als größere Episode vorführt"[2].

Ungeachtet der späten Begriffsbildung gab es schon vor dem *Robinson Crusoe* erschienene R.n. Je nachdem, wie weit man den Begriff faßt, begann dies bereits in der Antike mit verschiedenen Episoden aus → Homers *Odyssee*; weitere Beispiele finden sich über den *Philoktet* von Sophokles (495–405), das Heldenepos → *Kudrun* (um 1200), den (fiktiven) Reisebericht des Jean de → Mandeville (14. Jh.), die Geschichten von → Sindbad dem Seefahrer aus → *Tausendundeiner Nacht* und viele andere Texte bis zur ersten neuhochdt. R. im 6. Buch von Johann Jakob Christoph von → Grimmelshausens *Simplicius Simplicissimus* (1668/69):

Nachdem der Held die Realität des 30jährigen Krieges erfahren hat, wird er nach einem Schiffbruch mit seinem Freund auf eine rettende → Insel geworfen, erlebt dort noch einmal – der idyllischen Gegend zum Trotz – die menschliche Unnatur (Streit, Alkohol etc.) und verzichtet, allein geblieben, auf die Rückkehr in die sog. Zivilisation, um als → Einsiedler ein asketisches Leben zu führen (cf. auch → Einsamkeit). Bezeichnenderweise gibt er dem Ort seiner Absage an die Welt den Namen Kreuz-Insel.

Zu den bekanntesten R.n vor Defoe zählt ein kurzer Text von Henry Neville, *The Isle of Pines* (1668), der sogleich Furore machte und in zahlreiche Sprachen übersetzt wurde. Was zunächst wie eine klassische Männerphantasie aussieht – die Rettung eines Mannes mit vier Frauen (darunter einer Schwarzafrikanerin) auf eine einsame Insel – erweist sich vom Ende her als Satire auf etablierte Werte wie Fleiß und Ordnung sowie auf sexuelle Repression; damit einher geht das Vergnügen von Autor und Leserschaft an der Entfesselung erotischer Phantasie mit Inzest, Promiskuität etc. in einer Art → Schlaraffenland (AaTh 1930)[3]. Im ca 50 Jahre später entstandenen *Robinson Crusoe* wird der Protagonist hingegen 28 Jahre lang kein einziges Mal an eine Frau (außer seine Mutter) oder an Sexualität denken: Das hedonistische Weltbild wird durch den → Puritanismus abgelöst[4].

An dieser Stelle wird die Verwandtschaft der R. mit der → Utopie deutlich. Aber während die klassischen Utopien (Platon, Morus, Campanella, Bacon u. a.) mit ihren in der Vorzeit oder in ferner Zukunft angesiedelten Ideen reine Kopfgeburten zu sein scheinen, basieren die ‚klassischen' R.n etwa seit dem 17. Jh. auf den Erfahrungen von Seeleuten (→ Seemann) und ihren Schiffbrüchen sowie auf einer ständig anwachsenden Bericht- und Reiseliteratur (→ Reiseberichte) über fremde Länder (cf. auch → Exotik, Exotismus). Statt um die Vision vom Leben in einer besseren Welt unter idealen Voraussetzungen geht es von jetzt an um die ‚Erschaffung' einer besseren Welt unter naturgegebenen Bedingungen. Entsprechend bezeichnet H. A. Glaser R.n als „Utopien in statu nascendi"[5].

In dem nun thematisierten Kampf zwischen Naturzustand und Zivilisation ist → Natur das neue Stichwort. Defoe hat aus vielen Quellen geschöpft, die man als ‚authentische' R.n anführen könnte: so aus dem Bericht von Robert Knox, der 19 Jahre auf Ceylon verbrachte, nachdem er Piraten in die Hände gefallen war (*An Historical Relation of Ceylon*, 1681); sein Text zeigt erstaunliche Parallelen zu Defoes *Robinson Crusoe*, ebenso wie der Bericht über die vier Weltreisen des Kapitäns Dampier (*A Voyage Round the World* 1–3, 1697/1703/09) mit seinen zahllosen Informationen über exotische Landschaften, Lebensformen, Gesellschaften, Waren, Handwerkskünste, Flora und Fauna und mit der verbürgten Geschichte des Matrosen Alexander Selkirk, der vier Jahre lang auf einer einsamen Insel allein überlebte und der zu Defoes Zeit noch in London lebte. Defoe selbst hat Europa nie verlassen.

Was Defoes Roman vor allen bis dahin bekannten Reisebeschreibungen, Abenteuerromanen, R.n oder Schelmenromanen auszeichnet und tatsächlich zum Ausgangspunkt des modernen realistischen Romans in Europa macht, sind neben seiner bemerkenswerten erzählerischen Potenz drei bedeutsame Faktoren: zum einen die Konfrontation Robinsons mit sich selbst in 28jähriger Einsamkeit – genauer: 13 Jahren Einsamkeit und 15 Jahren Zweisamkeit mit dem Eingeborenen Freitag; zum zweiten seine zivilisatorische und kulturelle Leistung beim Aufbau seines Inselreichs; und schließlich seine Begegnung mit Gott.

Rousseau, dessen Empfehlung im pädagogischen Roman *Émile ou de l'éducation* (1762) maßgeblich zur Karriere des *Robinson Crusoe* als aufklärerisches Kinder- und Jugendbuch und zur Heranbildung einer → Kinder- und Jugendliteratur überhaupt in Deutschland beigetragen hat[6], wollte von Religion für Kinder nichts wissen. Dennoch wurde die protestant. Ethik, verbunden mit verschiedenen didaktischen Modellen, in der Folgezeit zum bestimmenden Merkmal der R.n, bes. in der Bearbeitung durch Joachim Heinrich Campe (*Robinson der Jüngere*, 1779/80):

Erzähltext und Dialoge zwischen Kindern und Erzieher wechseln sich regelmäßig ab und sorgen für die unmittelbare Nutzanwendung des Gehörten, sei es im Erlernen eines Handwerks, sei es in der Reflexion von Schuld und Strafe oder der von den Kindern geforderten unablässigen Selbstkontrolle. Wann immer Campes Erzähler um Sympathie und emotionale Parteinahme für seinen Helden wirbt, läßt er ihn weinen, beten oder singen. Selbst wenn bereits die zeitgenössische Jugend die damals üblichen pädagogischen Gespräche rasch überlesen oder weggelassen hat, gehören sie, hist. gesehen, zu den wirksamsten Qualitäten von Campes Text: dem zeitkritischen Kampf gegen Unwissenheit, Aberglauben, sinnlosen Müßiggang und Gedankenlosigkeit. Die intakte bürgerliche Familie ist sein Lebens- und Demonstrationsmittelpunkt[7].

Insgesamt verlief die Entwicklung der R.n zweisträngig: einmal als mehr oder minder phantasiereiche Fassungen für ein erwachsenes, zunehmend lesehungriges Publikum, einmal als immer wieder pädagogisch ambitionierte und nun stetig anwachsende Lit. für Kinder. Letzteres änderte sich erst im 20. Jh. Bemerkenswert ist, daß es weder in England noch in Frankreich ein annähernd so heftiges Interesse an einer Ausweitung der Thematik gab wie im dt.sprachigen Bereich.

Seit 1719 wurde die Bezeichnung R. oder der Name Robinson zum internat. Markenzeichen, oft in Verbindung mit einem bestimmten Beruf – etwa im anonymen *Der geistliche Robinson* (1723), Theoricus Schropfs *Der Buch-Händler Robinson* (1728) oder O. Felsings *Professor Robinson* (1906) – oder einer regionalen Bezeichnung; sogar bereits bekannte Werke wurden unter entsprechend neuem Titel als Kaufsignal herausgegeben, so Lesages *Gil Blas* als ‚Span. Robinson' (1–3, 1726) oder eine Bearb. von → Cervantes' *Don Quixote* als ‚Schwäb. Robinson' (1762)[8]. Insgesamt ist die Zahl sämtlicher ausländischer R.n kaum höher als die der innerdt. Modifikationen. Der R.n-Sammler J. C. L. Haken (*Bibl. der Robinsone* 1–5, 1805–08) nannte denn auch die Deutschen die ‚geborenen Imitatoren'. 89 R.n lassen sich in Deutschland bereits im 18. Jh. nachweisen.

Da die jeweilige Robinson-Figur für die Unterhaltung zu wenig hergibt, entstanden zunehmend Gruppen-R.n. Im Spektrum der lustvoll erzählten und nacherlebten Tabubrüche fehlen dabei Erotik bis hin zu blanker Pornographie, Inzest, Gruppensex oder Sodomie ebenso wenig wie übertriebene Askese-Übungen oder kolonialherrschaftliche Attitüden (→ Kolonialismus). Der sog. *Teutsche Robinson* des Bernhard von Creutz (1722 anonym erschienen) übertrifft alle anderen Texte in der Anhäufung von Ungeheuerlichkeiten. R. wird zum Synonym für Abenteuer jeglicher Provenienz.

Gleichzeitig entwickelte sich jedoch – auch und gerade in der Gruppen-R. – die entgegengesetzte, eher dem utopischen Gedanken verhaftete Tendenz. Herausragendes und bekanntestes Werk ist hier Johann Gottfried Schnabels *Insel Felsenburg* (1–4, 1731), von L. → Tieck 1828 herausgegeben[9].

Hier gibt es eine → Rahmenerzählung in einer Rahmenerzählung und zusätzlich 20 weitere Lebensgeschichten, mithin eine komplexe Erzählstruktur um den am Ende 100jährigen Helden und einstigen Schiffbrüchigen Albert Julius, der auf seiner Insel eine im Sinn des luther. Protestantismus mustergültige Kolonie von Zivilisationsmüden errichtet, gleichsam ein besseres Deutschland. Sitte und Ordnung werden zwar auch hier immer wieder bedroht, können aber jedes Mal wieder hergestellt werden, so gleich zu Beginn, wenn der einzige übriggebliebene Jüngling (Julius, der dann der Stammvater der Kolonie wird) seine Begierde gegenüber der (einzigen) übriggebliebenen Frau mit der Abfassung von Gedichten kompensiert, bis sie ihn endlich erhört.

Schließlich müssen noch die zahllosen Familien- bzw. Kinder-R.n erwähnt werden, am verbreitetsten *Sigismund Rüstig* (1841) von Frederick Marryat[10], der zum internat. Bestseller wurde, sowie der *Schweizer. Robinson* von Johann David Wyss (1812). Beide hatten einen starken Einfluß auf Jules → Verne, dessen Frühwerk *L'Oncle Robinson* (verfaßt 1870–71) aber keinen großen Erfolg hatte. Umso höher waren die Aufl.nziffern von *Gumal und Lina* von K. F. Lossius (1797/98), einer in Afrika spielenden Liebesgeschichte zweier heidnischer Kinder, die gemeinsam fliehen und unter der Leitung eines frommen Einsiedlers eine Kolonie im Sinn der Frühchristenheit gründen. Die zeitweise modischen weiblichen R.n, die es seit dem 18. Jh. gab, haben hingegen nicht wirklich Schule gemacht. 1724 erschien anonym unter dem Pseud. Bariteriposunds Pfeiffenthal die erste weibliche R. *Madame Robunse mit ihrer Tochter, Jungfer Robinsgen*. Deren Heldinnen (Jungfer Robinsone, Madame Robunse mit ihrer Tochter Robinsgen etc.) sind immer jung, schön und erotisch anziehend, woraus viel Verwirrung entsteht; die männlichen Akteure sind Diener, Liebhaber oder werden wirkliche Partner. Derartige Texte sind heute weitgehend vergessen.

Unter den unterschiedlichen Kinder-R.n, die im 19./20. Jh. (bes. in Deutschland) vornehmlich von Pädagogen verfaßt wurden, zeichnet sich vor allem der engl. Roman *Lord of the Flies* von William Golding (1954) durch seine gesellschaftskritische Differenziertheit aus. Hier wird das anfängliche Inselparadies durch die Regression der Kinder in vorzivilisatorische Barbarei zur Hölle. Dies illustriert Goldings tiefen Pessimismus im Hinblick auf die Macht der europ. Zivilisation. Für die Kinder ist der Tag der Rettung vor ihrer eigenen Triebanarchie zugleich das Ende der Unschuld[11].

Bis heute behaupten sich im allg. Leseinteresse sowohl die halb utopische Erwachsenen-R. beider Geschlechter (M. Tournier, *Freitag oder im Schoße des Pazifik*, 1968; M. Haushofer, *Die Wand*, 1994 etc.) als auch die Kinder-R. (z. B. Scott O'Dell, *Die Insel der blauen Delphine*, 1963) als Topos und Modell menschlicher Verhaltensmuster in Grenzsituationen. Im Übergangsbereich zur → Science Fiction-Lit. geht die Tendenz allerdings eher in die Richtung negativer Utopien bzw. futuristischer Schreckbilder − analog zur Sicht K. Poppers, der schon kurz nach dem 2. Weltkrieg die Utopie als latenten Terrorismus beschrieben hat[12]. Als Spiegel der Gesellschaft wird die R. in weiteren literar. Abwandlungen sicherlich immer wieder herangezogen werden, um das menschliche Ungenügen an der jeweiligen Alltagswelt zu illustrieren.

[1] Hettner, H.: Robinson und die R.n. B. 1854. − [2] Ullrich, H.: Defoes Robinson Crusoe. Die Geschichte eines Weltbuches. Lpz. 1924, 14. − [3] cf. Reichert, K.: R., Utopie und Satire im Joris Pines (1726). In: Arcadia 1 (1966) 50−69. − [4] Hettner (wie not. 1); Ullrich (wie not. 2); Fohrmann, J.: Abenteuer und Bürgertum. Zur Geschichte der dt. R.n im 18. Jh. Stg. 1981; Liebs, E.: Die pädagogische Insel. Studien zur Rezeption des Robinson Crusoe in dt. Jugendbearb.en. Stg. 1977; Stach, R.: Robinson und R.n in der dt.sprachigen Lit. Eine Bibliogr. Würzburg 1991, 301; Tidick, H.-J.: Daniel Defoes kleinbürgerliche Gesellschafts- und Lit.kritik. Ffm. 1983. − [5] Glaser, H. A.: Utopische Inseln. Ffm. 1996, 74. − [6] cf. Karrenbrock, H.: Märchenkinder − Zeitgenossen. Unters.en zur Kinderlit. der Weimarer Republik. Stg. 1993, 143−175. − [7] cf. Stach, R.: Robinson der Jüngere als pädagogisch-didaktisches Modell des philanthropistischen Erziehungsdenkens. Ratingen 1970; Liebs (wie not. 4); Kraft, H./Schelder, M.: Robinson. Der berühmteste Inselbewohner und die Geschichte seiner Geschichte. Gießen 1978. − [8] Die wundersamen Abentheuer des in der Welt herumirrenden neuen Don Quixotte oder Schwäb. Robinson. Aus dem Holländ. übers. von Sieur du Chevreul. Lpz. 1742 (i. e. 1762). − [9] Schnabel, J. G.: Insel Felsenburg 1−3. ed. M. Czerwionka (unter Mitarbeit von R. Wohlleben). Vorw. G. Dammann. Ffm. 1997; cf. Brüggemann, F.: Utopie und R. Unters.en zu Schnabels Insel Felsenburg 1731−43. Hildesheim 1978; Müller, G.: Gegenwelten. Die Utopie in der dt. Lit. Stg. 1989. − [10] Bodensohn, A.: Abenteuer, Meer, Insel, Schiff. Ffm. ²1965; Carpenter, K./Steinbrink, B.: Ausbruch und Abenteuer. Dt. und engl. Abenteuerlit. Von Robinson bis Winnetou. Oldenburg 1984. −
[11] Rosenfield, C.: Men of a Smaller Growth. A Psychological Analysis of W. Golding's „Lord of the Flies". In: Literature and Psychology 11 (1961) 93−101; Esch, A./Golding, W.: Lord of the Flies. In: Oppel, H. (ed.): Der moderne engl. Roman. B. 1965, 328−343. − [12] Popper, K. R.: Utopie und Gewalt [1949]. In: Neusüß, A. (ed.): Utopie und Phänomen des Utopischen. Neuwied/B. 1968.

Potsdam   Elke Liebs

Róheim, Géza, * Budapest 12. 9. 1891, † New York 7. 6. 1953, ung. Psychologe, Folklorist, Ethnologe, Begründer der psychoanalytischen Folkloreforschung in Ungarn[1]. R. studierte ab 1909 an der Univ. Budapest Geographie, Philosophie, Psychologie, physikalische Anthropologie, Finnougristik, Anglistik u. a. Fächer, 1911−12 in Berlin Ethnologie bei E. Lehmann sowie Mythenforschung bei P. Ehrenreich und in Leipzig Völkerkunde bei K. Weule. Nach Studienreisen in verschiedene europ. völkerkundliche Museen 1911−13 wurde er 1914 in den Fächern Geographie, Urgeschichte des Orients und Engl. Philologie in Budapest promoviert. Seit 1917 war er als Fachberater in der ung. Nationalbibliothek (Abt. für Vk.) mit der Einrichtung eines ung. Folklore-Archivs beauftragt. R.s 1917 in Budapest eingereichte Habilitation in allg. Ethnologie wurde nicht angenommen. Bereits als Gymnasiast war R. (mit Vorträgen) Mitglied der Magyar Néprajzi Társaság (Ung. Ethnogr. Ges.), seit 1912 gehörte er zur ung. Sektion der Folklore Fellows. Seit ihrem Bestehen (1915) war R. Mitglied der um S. Ferenczi gruppierten Budapester Schule der Freudschen → Psychoanalyse (S. → Freud), und er war der erste, der die Psychoanalyse in der Vk. und Ethnologie anwandte. Für seine Verdienste wurde ihm 1921 der Freud-Preis verliehen.

In der Zeit der radikal-fortschrittlichen ung. Kultur- und Museumspolitik (1918/19) setzte sich R., allerdings erfolglos, für die Einrichtung eines ethnol. Instituts bzw. eines Ethnologie-Lehrstuhls an der Univ. Budapest ein. Nach dem Zusammenbruch der Räterepublik und folgender Entlassung im Herbst 1919 lebte er als Privatgelehrter, später auch als Psychoanalytiker in Ungarn. 1928–31 führte er eine ethnopsychol. Forschungsreise in Frz.-Somaliland, Zentralaustralien, auf der Normanby-Insel bei Neuguinea und bei den Yuma-Indianern in Kalifornien durch. 1938 emigrierte R. in die USA, ließ sich 1940 in New York nieder und wurde Mitglied der von T. Reik begründeten Soc. for Psychoanalytic Psychology. Im Auftrag der Viking Fund Stiftung unternahm er 1947 eine Forschungsreise zu den Navajo-Indianern in New Mexico. Nach dem 2. Weltkrieg nahm R. die Kontakte mit ung. Kollegen wieder auf und beschäftigte sich wie bereits früher mit Problemen des Schamanismus bzw. einer ung. Urreligion. Isoliert und verbittert starb er kurz nach dem Tod seiner Frau. Teile von R.s Nachlaß befinden sich in der Geisel Library, Univ. of California, San Diego.

R.s frühe Publ.en sind der Entwicklung der → Seelenvorstellungen[2], den ung. Volksglaubensvorstellungen und -bräuchen[3] sowie einzelnen Märchentypen (z.B. AaTh 300: cf. → Drache, Drachenkampf, Drachentöter)[4] gewidmet; auch einen ersten Typenkatalog tschuwasch. Märchen hat er zusammengestellt[5]. Vor allem aber hat er zahlreiche ung. Folkloremotive psychoanalytisch interpretiert[6]. In *Spiegelzauber* (Lpz./Wien 1919) und in *Mondmythologie und Mondreligion, eine psychoanalytische Studie* (Wien 1927) erkennt man Versuche, die Freudsche Psychoanalyse weiterzuentwickeln. R.s Publ.en zu Australien[7] dienten der Polemik der Freudianer gegen B. → Malinowski.

R.s Nachlaß enthält Tausende von seiner Frau angefertigte Photographien und zahlreiche Tonbandaufnahmen. Seine Aufzeichnungen von Mythen, Lebensgeschichten, Träumen, Riten etc. wurden erst spät[8] und nicht vollständig publiziert.

Als Kulturhistoriker hat R. viele gemeineurop. Motive mit psychoanalytisch relevanten Mythen erklärt[9]. Er beschäftigte sich u.a. mit einer Systematisierung der ung. Volksbräuche und -sitten[10] und Mythologie[11] wie auch mit Träumen[12]. In seiner ‚ontogenetischen Kulturtheorie' betont er die Strukturähnlichkeiten zwischen Frühkulturen und Kleinkindern (cf. → Anthropol. Theorie), auch für die Entwicklungsphasen der Seele[13].

R.s Ansichten waren hochgeschätzt[14], haben jedoch in der Folkloristik nur wenig nachgewirkt. W. Muensterberger, W. L. Barre, G. Devereux, M. Spiro, J. Morton und bes. A. → Dundes haben wesentlich zur Verbreitung von R.s Werken beigetragen[15]. M. Panoff, H.-P. Duerr, B. Kilborne u.a. (in Ungarn z.B. K. Marót) sind indirekt von R. beeinflußt. In Ungarn wird R. als Klassiker der Vk. geschätzt[16], und seine Publ.en sind in Neuauflagen ständig präsent[17].

[1] cf. allg. Robinson, P. A.: The Freudian Left. Wilhelm Reich, G. R., Herbert Marcuse. N. Y. 1969; Eicke, D. (ed.): Die Psychologie des 20. Jh.s 3,2. Zürich 1977, 127 sq.; Verebélyi, K.: R. G. Bud. 1990; Harmat, P.: Freud, Ferenczi és a magyarországi pszichoanalízis (Freud, Ferenczi und die ung. Psychoanalyse). Bud. ²1994, bes. 353–365. – [2] R., G.: A varázserő fogalmának eredete (Der Ursprung der Zauberkraft). Bud. 1914. – [3] id.: Adalékok a magyar néphithez (Angaben zum ung. Volksglauben) 1–2. Bud. 1913/20. – [4] id.: Sárkányok és sárkányölő hősök (Drachen und Drachenkämpfer). In: Ethnographia 22 (1911) 129–142, 193–209. – [5] cf. Mészáros, G.: Csuvas népköltési gyűjtemény (Tschuwasch. Slg von Volksdichtung) 2. Bud. 1912, 514–525. – [6] cf. z.B. id. (wie not. 3) t. 2. – [7] id.: Australian Totemism. L. 1925; id.: A csurunga népe (Das Volk des Schwirrholzes). Bud. 1932. – [8] id.: The Eternal Ones of the Dream. A Psychoanalytic Interpretation of Australian Myth and Ritual. N. Y. 1945; id.: Children of the Desert. The Western Tribes of Central Australia 1–2. N. Y. 1974 (Sydney 1988). – [9] id.: Animism, Magic and the Divine King. L. 1930; id.: Magic and Schizophrenia. Bloom. 1955; id.: The Panic of the Gods and Other Essays. N. Y. 1972. – [10] id.: Magyar néphit és népszokások (Ung. Volksglauben und Volksbräuche). Bud. 1925. – [11] id.: Hungarian and Vogul Mythology. Seattle/L. 1954. – [12] id.: The Gates of the Dream. N. Y. 1969. – [13] id.: The Riddle of the Sphinx, or Human Origins. L. 1934 (Nachdr. N. Y. 1974); id.: The Origin and Function of Culture. N. Y. 1943; id.: Psychoanalysis and Anthropology. N. Y. 1950. – [14] cf. id.: Man and His Culture. Psychoanalytic Anthropology after Totem and Tabu. ed. W. Muensterberger. N. Y. 1969. – [15] cf. id.: Fire in the Dragon and Other Psychoanalytic Essays on Folklore. ed. A. Dundes. Princeton 1992. – [16] cf. Psychoanalytic Studies in Honor of G. R. Bud. 1999. – [17] cf. R., G.: Primitív kultúrák pszichoanalitikus vizsgálata (Die psychoanalytische Erforschung primitiver Kulturen). Bud.

1984; id.: A büvös tükör (Der Zauberspiegel). Bud. 1984.

Budapest   Vilmos Voigt

Röhrich, Lutz, * Tübingen 9. 10. 1922, dt. Volkskundler und Erzählforscher[1]. R. wurde nach dem Abitur 1941 zum Kriegsdienst einberufen und nach schwerer Verwundung 1944 entlassen. Er studierte 1945–50 in Tübingen Germanistik, Geschichte, Musikwissenschaft und Latein und wurde bei H. Schneider mit der Diss. *Die dämonischen Gestalten der schwäb. Volksüberlieferung* promoviert[2], einer Unters. von rund 2000 Volksglaubensvorstellungen des südwestdt. Raumes unter bes. Einbeziehung archivalischer Quellen. 1950 legte R. das erste Staatsexamen für Gymnasiallehrer ab (Deutsch, Geschichte, Latein), trat dann aber bei K. Wagner eine Assistentenstelle am Dt. Inst. der Univ. Mainz an (1950–54) und habilitierte sich 1954 in Germ. Philologie und Vk. mit der Schrift *Märchen und Wirklichkeit* (gedr. Wiesbaden 1956). Nach der Privatdozentur erfolgte 1959 die Ernennung zum außerplanmäßigen Professor in Mainz. 1967 erhielt R. in Freiburg den Lehrstuhl für das dort neu eingerichtete Fach Vk.; zwei Jahre später wurde ihm außerdem die Leitung des Dt. Volksliedarchivs übertragen. R. machte Freiburg zu einem Zentrum der internat. Volkserzählforschung und bildete zahlreiche Volkskundler aus dem In- und Ausland aus (u. a. R. W. → Brednich, L. → Petzoldt, D.-R. → Moser, K. → Roth, D. → Ward, R. Wehse und S. Wienker-Piepho). Als Herausgeber betreute er die Reihen *Motive. Freiburger folkloristische Forschungen* (1971–77) und *Artes Populares* (1976–92). 1990 wurde er emeritiert. R. ist seit Anbeginn Mitherausgeber der EM und zählt zu den Begründern der Internat. Soc. for Folk Narrative Research (Vizepräsident 1979–89). Er ist korrespondierendes Mitglied der Österr. Akad. der Wiss.en (Wien) sowie der Gustav-Adolfs-Akad. (Uppsala) und Ehrenmitglied der Folklore Fellows (Helsinki). Für sein Wirken erhielt er mehrere Auszeichnungen (Chicago Folklore Prize [1974], Oberrhein. Kulturpreis [1984], Brüder Grimm-Medaille der Universität Marburg [1985], Pitrè-Preis [1985], Preis der Märchen-Stiftung Walter Kahn [1991]) und wurde durch drei Festschriften geehrt[3].

In seinen Hauptarbeitsgebieten hist. und vergleichende Sagen- und Märchenforschung sowie Volkslied-, Sprichwort- und Witzforschung hat R. zentrale Veröff.en vorgelegt. In seiner Habilitationsschrift dient der Wirklichkeitsbezug (→ Realitätsbezüge) als Kriterium für eine Abgrenzung des → Märchens von anderen Erzählgattungen wie Ätiologie, Sage, Legende und Schwank. R. faßt Volkserzählungen als anthropol. Modell auf, wobei autobiogr. Elemente von → Erzählern und Erzählerinnen einfließen (→ Ich-Erzählung, → Identifikation). In Anlehnung an A. Spamer, F. → Ranke u. a. spricht er von einem Prozeß der → Rationalisierung, der ethnische Unterschiede der ‚grundschichtlichen' Einstellung in Märchen (→ Völkerpsychologie) deutlich mache. Schon hier klingen Themen der Volkserzählung an, die immer wieder R.s Interesse geweckt haben: die realen Hintergründe des Phantastischen, die durch Märchen vermittelten Glaubensvorstellungen eines nicht naturwiss. geprägten Weltbildes (→ Magisches Weltbild) und damit verbundene → Utopien (→ Wunschdichtung)[4]. Der → Grausamkeit im Märchen geht R. ebenso nach wie → kulturgeschichtlichen Zügen (→ Brauch) oder dem → sozialen Milieu, in dem sich → Helden und Heldinnen und ihre → Gegenspieler bewegen. Seit der 2. Aufl. (1964) enthält das Werk zwei weitere Kapitel, die Märchen mit schlechtem Ausgang (→ Pessimismus) sowie das Verhältnis von Mensch und Tier und seine Widerspiegelung in → Tiermärchen behandeln[5]. Die in 6. Aufl. (Baltmannsweiler 2000) vorliegende Unters. zählt neben den Arbeiten von M. → Lüthi über das europ. Volksmärchen internat. zu den einflußreichsten Märchenstudien des 20. Jh.s[6].

In der zweibändigen kommentierten Anthologie *Erzählungen des späten MA.s und ihr Weiterleben in Lit. und Volksdichtung bis zur Gegenwart* (Bern/Mü. 1962/67) dokumentierte R. die Erzählstoffe epischer Kleindichtungen von ihren Erstbelegen in der Lit. und Historiographie bis zu Aufzeichnungen des 20. Jh.s. Hierbei werden Aspekte der → Stabilität von Überlieferungen, des Wandels von Funktionselementen und der Übergänge in andere Erzählgenres sowie der Interdependenz von →

Schriftlichkeit und Mündlichkeit (→ Lit. und Volkserzählung) angesprochen. Unter den 24 aufgenommenen Erzähltypen und -komplexen befinden sich u. a. die gestörte → Mahrtenehe (→ *Peter von Staufenberg*), das → Almosen der Minne, AaTh 922: → *Kaiser und Abt*, AaTh 1137: cf. → *Polyphem*[7] sowie verschiedene religiöse Motive und Stoffe mit überwiegend didaktischer Tendenz wie AaTh 750 A−D: *Die drei* → *Wünsche*, AaTh 471 A: → *Mönch und Vöglein* oder AaTh 838: → *Sohn am Galgen*, deren Weiterleben R. auch in anderen Formen nachging[8].

Die volkskundliche Erzählforschung in den 1950er und frühen 1960er Jahren hat durch R. entscheidende Impulse erhalten. Für das 1955 von W. Fraenger im damaligen Ost-Berlin neu begründete JbfVk. verfaßte R. einen Überblick zum Stand der Märchenforschung[9]. In verschiedenen Beitr.en forderte R. eine stärkere Berücksichtigung von Volkserzählungen im Deutschunterricht[10] und verfaßte den grundlegenden methodischen Aufriß *Die dt. Volkssage*[11]. Damit war R. einer der Initiatoren der Wiederbeschäftigung mit der lange Zeit im Schatten des Märchens stehenden Gattung → Sage. Zusammen mit I. Müller legte er einen Index der dt. Totensagen als Teilstück eines (nicht fortgesetzten) Katalogs der dt. Volkssagen vor[12] und war maßgeblich an der Organisation und Durchführung verschiedener Kongresse zum Thema beteiligt[13]. Eine Einführung in die Gattung, auch als Forschungsbericht zu verstehen, erschien u. d. T. *Sage* (Stg. 1966, ²1971).

Die 1960er Jahre waren darüber hinaus bestimmt von einer intensiven Beschäftigung mit dem → Volkslied[14]. Zusammen mit Brednich stellte R. die zweibändige Ausg. *Dt. Volkslieder* (Düsseldorf 1965/67) zusammen, die sowohl *Erzählende Lieder* (t. 1) als auch *Lieder aus dem Volksleben* (t. 2) enthält. Später veröffentlichte er mit Brednich und W. Suppan ein *Hb. des Volksliedes* (1−2. Mü. 1973/75), das die Untergattungen des Liedes in monogr. Art behandelt.

Weitere Forschungsfelder R.s sind die Kleinformen der Volksüberlieferung. Er untersuchte das Fortleben ursprünglich magischer und sinnbildhafter Gesten in stereotypen Wendungen der Gegenwartssprache und setzte sich mit ‚verhüllender Metaphorik' damit auseinander, wie die verschiedenen Tabus in unterschiedlichen Zeiten durch immer wieder neue Metaphern gedeckt werden, nicht zuletzt in parodistischen Formen (→ Parodie) von Volks- und Kunstliedern, in Zitaten, geflügelten Worten, Sprichwörtern, Wellerismen und Redensarten (*Gebärde − Metapher − Parodie.* Düsseldorf 1967). Das Interesse für die Vielfalt sprachlicher Ausdrucksformen fand seinen Niederschlag in der zusammen mit W. → Mieder verfaßten Einführung *Sprichwort* (Stg. 1977; → Sprichwort) und bes. in dem mehrfach aufgelegten Standardwerk *Lex. der sprichwörtlichen Redensarten* (1−2. Fbg/Basel/Wien 1973, ⁵1980; erw. Fassung: *Das große Lex. der sprichwörtlichen Redensarten* 1−3. Fbg/Basel/Wien 1991/92/92)[15], das R. mit Hilfe seiner damaligen Mitarbeiter und Mitarbeiterinnen (bes. G. Meinel) erarbeitete. Behandelt sind 15000 sprichwörtliche → Redensarten, darunter Ausdrücke und Redewendungen der Werbung, der Sport-, Film- und Zeitungssprache, der Jugend- und der allg. Umgangssprache sowie dialektale Begriffe und stereotype Vergleiche.

R. ist auch die erste volkskundliche Unters. über die Figuren, Formen und Funktionen des → Witzes zu verdanken (*Der Witz.* Stg. 1977; Mü. 1980). Hierin beschreibt er die Kategorien dieser Kleinform, ihrer Technik und Sprache, wobei er Schüttelreime, Limericks, Wellerismen und die Kategorie des Bildwitzes einbezieht[16].

Darüber hinaus hat R. zahlreiche Beitr.e zu einzelnen Märchen (z. B. AaTh 500: → *Name des Unholds*[17], AaTh 440: → *Froschkönig*[18]) und Sagen sowie ihren Handlungsträgern vorgelegt. Bes. Figuren wie der → Teufel[19], aber auch die Gestalt des → Herrn der Tiere haben R. zu intensiven Forschungen angeregt (cf. auch die Frauenjagdsage [→ Jungfernsprung]). Zur Unters. bestimmter Themenkomplexe (z. B. Opfersagen [AaTh 973: → *Mann als Sturmopfer*], Erzählungen über Aufhocker[20], → Denkmäler und Wahrzeichen als Realien in der Sagenüberlieferung[21]) sowie der Spezifik regionaler Sagen[22] bezog R. stets verschiedene Erzählgenres ein[23] und stellte Zusammenhänge zwischen Märchen, Mythen und Sagen heraus[24]. Hierzu gehören u. a. auch Abhandlungen über die Symbolkraft der → Sonne[25] oder über den → Baum[26], die → Todessymbolik[27], die Bedeutung des → Mythos in einer ‚mythenlosen Gesellschaft'[28] oder die Rolle von Musikmythen[29].

Unter hist.-vergleichenden und interkulturellen Aspekten beleuchtete R. Vermittlungs- und Wandlungsprozesse, setzte sich mit dem Verhältnis von Schriftlichkeit und Mündlichkeit[30] und der → Kontinuität[31] von Erzählungen auseinander und untersuchte den Einfluß von → Medien auf die Tradierung von Erzählstoffen[32]. Er arbeitete psychomentale Strömungen heraus[33] und diskutierte die volkskundliche Methodik im Hinblick auf ihre Brauchbarkeit für die Erzählforschung[34]. Leitthema aller Unters.en zu Phänomenen des Märchens und der Sage war die Frage, inwieweit die geschilderten Begebenheiten kulturanthropol. Muster abbilden und welche Entwicklungsprozesse dabei entscheidend sind: → Kontamination sei das Wesen aller Volksdichtung[35], und Stabilität in der Überlieferung bedeute nicht zugleich etwas Unveränderbares[36]. In Märchen würden → Konflikte gelöst, in Sagen hingegen endeten sie mit einer unaufgelösten Dissonanz, ihr Weltbild sei von Pessimismus geprägt.

Auf allen Gebieten der Erzählforschung hat R. grundlegende Veröff.en vorgelegt. In einer Fülle von Beitr.en[37] sind zentrale Fachfragen angesprochen und oftmals Entwicklungstendenzen der Erforschung von Sagen, Märchen, Sprichwörtern, Redensarten, Volksliedern, Schwänken und Witzen vorweggenommen.

[1] Freiburger Bibliogr. Taschenbuch der Albert-Ludwigs-Univ. Fbg [7]1989, 185 sq. − [2] R., L.: „Ich erinnere mich ...". Die Anfänge der Vk. in Mainz vor einem halben Jh. In: Vk. in Rheinland-Pfalz 18 (2003) 114−140. − [3] Festschr. für L. R. zum 60. Geburtstag (= Jb. für Volksliedforschung 27−28 [1982−83]); Proverbium 4 (1987); Dona Folcloristica. Festgabe für L. R. zu seiner Emeritierung. Ffm. u. a. 1990 (Bibliogr. 267−283, zusammengestellt von G. Meinel). − [4] R., L.: Zur Deutung und Bedeutung von Folklore-Texten. In: Fabula 26 (1985) 3−28. − [5] id.: Märchen mit schlechtem Ausgang. In: HessBllfVk. 49−50 (1958) 236−248; id.: Mensch und Tier im Märchen. In: SAVk. 49 (1953) 165−193; cf. auch id.: Tiererzählungen und ihr Menschenbild. In: The Telling of Stories. Approaches to a Traditional Craft. ed. M. Nøjgaard u. a. Odense 1990, 13−33. −[6] Engl. Übers. cf. id.: Folktales and Reality. Bloom./Indianapolis 1991 (Übers. P. Tokofsky). − [7] id.: Die ma. Redaktionen des Polyphem-Märchens (AT 1137) und ihr Verhältnis zur außerhomerischen Tradition In: Fabula 5 (1962) 48−71. − [8] id.: Der hl. Englmar. Legende, Volksschauspiel und Brauch. In: Rhein. Jb. für Vk. 12 (1961) 86−134; id.: Biblical Scenes in the Folk Art of Middle Europe. In: Fourth World Congress of Jewish Studies 2. Jerusalem 1968, 141−144; id.: Adam und Eva. Das erste Menschenpaar in Volkskunst und Volksdichtung. Stg. 1968; id.: Noah und die Arche in der Volkskunst. In: Vk. Festschr. L. Schmidt. Wien 1972, 433−442; id.: Anfänge der Menschheit. In: Märchen in der Dritten Welt. ed. C. Oberfeld u. a. Kassel 1987, 7−28; id.: Religiöse Stoffe des MA.s im volkstümlichen Erzähl- und Liedgut der Gegenwart. In: Dinzelbacher, P./Bauer, D. R. (edd.): Volksreligion im hohen und späten MA. Paderborn u. a. 1989, 419−465. − [9] id.: Die Märchenforschung seit dem Jahre 1945. In: DJbfVk. 1 (1955) 279−296, 2 (1956) 274−319, 3 (1957) 213−224, 494−514. − [10] id.: Deutschunterricht und Vk. In: Der Deutschunterricht 13 (1961) 77−112. − [11] id.: Die dt. Volkssage. In: Studium Generale 11,11 (1958) 664−691. − [12] Müller, I./R., L.: Dt. Sagenkatalog. 10: Der Tod und die Toten. In: DJbfVk. 13 (1967) 346−397; cf. auch R., L.: Das Verz. der dt. Totensagen. In: Fabula 9 (1967) 270−284. − [13] cf. Lüthi, M./R., L./Fohrer, G. (edd.): Sagen und ihre Deutung. Göttingen 1965, 11−27; R., L. (ed.): Probleme der Sagenforschung. Fbg 1973. − [14] Zuletzt R., L.: Amor absconditus. Von der verborgenen Sprache der Liebe in der Volksdichtung. In: Augsburger volkskundliche Nachrichten 6,2 (2001) 7−35; cf. id.: Gesammelte Schr. zur Volkslied- und Volksballadenforschung. Münster 2002. − [15] Als CD-ROM veröffentlicht (Mü. 1996), später innerhalb der „Digitalen Bibl." (t. 42. B. 2001). − [16] cf. auch id.: Ausgemachte Viechereien. Tierwitze und was dahinter steckt. Fbg 1977. − [17] id.: Rumpelstilzchen. Vom Methodenpluralismus in der Erzählforschung. In: SAVk. 68−69 (1972−73) 567−596. − [18] Zusammenfassend cf. id.: Wage es, den Frosch zu küssen! Das Grimmsche Märchen Nummer Eins in seinen Wandlungen. Köln 1987 (Bad Orb 1999). − [19] Zuletzt id.: German Devil Tales and Devil Legends. In: JFI 7,1 (1970) 21−35. − [20] R., L.: Homo homini daemon. Tragen und Ertragen. Zwischen Sage und Bildlore. In: Medien popularer Kultur. Festschr. R. W. Brednich. Ffm./N. Y. 1995, 346−361. − [21] id.: Die sichtbaren Beweise. In: Archäologie und hist. Erinnerung. ed. J. Cobet/B. Patzek. Essen 1992, 137−150. − [22] id.: Die Sagenslgen der Alemannen. Schweiz in der Gegenwart. In: Alemann. Jb. (1973−75) 434−468; id.: Le Monde surnaturel dans les légendes alpines. In: Croyances, récits et pratiques de tradition. Gedenkschrift C. Joisten. Grenoble 1982, 25−41; id.: „Vizotum" oder: Was macht die Sagenphantasie aus? Seltene Naturphänomene und ihr mythischer Überbau in Alpensagen. In: Studien zur Stoff- und Motivgeschichte der Volkserzählung. ed. L. Petzoldt u. a. Ffm. u. a. 1995, 355−379. − [23] id.: Erotik und Sexualität im Volksmärchen. In: Liebe und Eros im Märchen. ed. J. Janning/L. Gobyn.

Kassel 1988, 20–48; id.: Märchenspiegel – Spiegelmärchen. In: Märchenspiegel 6 (1995) 5–8; id.: Das Märchen und das Lachen. In: Kuhlmann, W./R., L. (edd.): Witz, Humor und Komik im Volksmärchen. Tübingen 1993, 23–44; id.: Der Arme und der Reiche. Glück, Geld und Gold im Märchen. In: Universitas 50 (1995) 516–532; Gefährdete Kindheit – Probleme und Lösungen im Märchen. In: Bücksteeg, T./Dickerhoff, H. (edd.): Märchenkinder – Kindermärchen. Mü. 1999, 171–195. – [24] z. B. id.: Der Vogel Gryf. Ein alemann. Märchen. In: Europ. Ethnologie und Folklore im internat. Kontext. Festschr. L. Petzoldt. Ffm. u. a. 1999, 243–256. – [25] id.: Sonnen-Folklore. In: Die Sonne, Licht und Leben. ed. J. Jobé. Fbg/Basel/Wien 1975, 89–150. – [26] id.: Der Baum in der Volkslit., in Märchen, Mythen und Riten. In: Germanistik aus interkultureller Perspektive. Festschr. G.-L. Fink. Straßburg 1988, 9–26. – [27] cf. zuletzt id.: „Und wenn sie nicht gestorben sind ...". Geburt und Tod in Märchen und Sage. In: Geburt und Tod. ed. E. P. Fischer. Mannheim 1999, 149–203. – [28] id.: Märchen und Mythen. In: Mythos in mythenloser Gesellschaft. Das Paradigma Roms. ed. F. Graf. Stg./Lpz. 1993, 295–304. – [29] id.: Musikmythen. In: Die Musik in Geschichte und Gegenwart 6. Basel u. a. ²1997, 1421–1440. – [30] id.: Vk. und Lit. In: RDL 4 (²1982) 742–761; id.: Erzählungen des SpätMA.s zwischen Schriftlichkeit und Mündlichkeit. In: Dinzelbacher, P./Mück, H.-D. (edd.): Volkskultur des Europ. SpätMA.s. Stg. 1987, 199–222; id.: Orale Traditionen als hist. Qu.n. Einige Gedanken zur dt.sprachigen mündl. Volksüberlieferung. In: Vergangenheit in mündl. Überlieferung. ed. J. von Ungern-Sternberg/H. Reinau. Stg. 1988, 79–99; id.: Wechselwirkungen zwischen oraler und literaler Tradierung. In: Oberfeld, C. (ed.): Wie alt sind unsere Märchen? Regensburg 1990, 51–70.; id.: Volkspoesie ohne Volk. Wie ‚mündl.' sind sog. ‚Volkserzählungen'? In: id./Lindig, E. (edd.): Volksdichtung zwischen Mündlichkeit und Schriftlichkeit. Tübingen 1989, 49–65. – [31] id.: Das Kontinuitätsproblem bei der Erforschung der Volksprosa. In: Kontinuität? Geschichtlichkeit und Dauer als volkskundliches Problem. ed. H. Bausinger/W. Brückner. B. 1969, 117–133. – [32] id.: Problems of Dragon Lore. In: Folklore on Two Continents. Festschr. L. Dégh. Bloom./Indiana 1980, 205–209; id.: Metamorphosen des Märchens heute. In: Doderer, K. (ed.): Über Märchen für Kinder von heute. Weinheim/Basel 1983, 97–115; id.: Wandlungen des Märchens in den modernen Bildmedien. Comic und Cartoons. In: Uther, H.-J. (ed.): Märchen in unserer Zeit. Mü. 1990, 11–26; id./Wienker-Piepho, S. (edd.): Storytelling in Contemporary Societies. Tübingen 1990. – [33] id.: Vom ‚Woher?' zum ‚Warum?' Was kann der volkskundliche Erzählforschung von der Psychologie lernen? In: Urbilder und Geschichte. C. G. Jungs Archetypenlehre und die Kulturwiss.en. Gedenkschrift H. Trümpy. Basel/Ffm. 1989, 11–33; id.: Sage, Märchen, Volksglauben. Kollektive Angst und ihre Bewältigung. In: Eifler, G./Saame, O./Schneider, P. (edd.): Angst und Hoffnung. Grundperspektiven der Weltauslegung. [Mainz 1984], 173–202. – [34] id.: Erzählforschung. In: Brednich, R. W. (ed.): Grundriß der Vk. B. ³2001, 421–448; id.: Von der Mythologie zur kulturhist. Erzählforschung – am Beispiel der Zwergenmotivik. In: Die Brüder Grimm und die Geisteswiss.en. ed. B. Lauer. Kassel 1999, 15–42. – [35] id.: Sage. Stg. ²1971, 27. – [36] id. (wie not. 31) 124. – [37] cf. bes. auch die Sammelbände (mit z. T. erw. Beitr.en) id.: Sage und Märchen. Erzählforschung heute. Fbg/Basel/Wien 1976; id.: „und weil sie nicht gestorben sind ...". Anthropologie, Kulturgeschichte und Deutung von Märchen. Köln/Weimar/Wien 2002.

Göttingen   Hans-Jörg Uther

Rokoko

1. Begriff und Abgrenzung – 2. Begriffsgeschichte – 3. R. und Formen des Märchenhaften – 4. R.ästhetik und Märchen

1. **Begriff und Abgrenzung.** Das Wort rococo ist eine ursprünglich spöttisch hypokoristische Ableitung von frz. (style) rocaille (Muschelstil)[1]. Eine inzwischen breite internat. Forschungsdiskussion[2] zeigt, daß sich der stilgeschichtliche Epochenbegriff R. ausgehend von der dt. Kunst- und Kulturgeschichtsschreibung wohl unter dem Einfluß der analogen Aufwertung des → Barockbegriffs spätestens seit den 60er Jahren des 20. Jh.s[3] allg. durchgesetzt hat und mittlerweile auch transdisziplinär verwendet wird[4]. Im Ursprungsland Frankreich versteht man unter R. gewöhnlich den Zeitraum spätestens von der Régence (1715–23) bis zum Ende des Louis XV (1774)[5], während in England als terminus ad quem meist schon die Jh.mitte[6] gilt; dagegen schließen die neuere ital. Settecento-Geschichtsschreibung noch Carlo Goldoni[7] und Giuseppe Parini[8] und neuere hispanistische Arbeiten auch José de Cadalso und die Empfindsamkeit ein[9], während der so bezeichnete Stil in Deutschland nicht vor 1730–40 greifbar wird, späte Anregungen aber über die → Goethe-Zeit hinaus bis ins → Biedermeier reichen[10]. Innerhalb solch langer Zeiträume schienen interne Periodisierungsversuche unerläßlich, die zugleich den hist. Unterschieden Rechnung tragen und die Tragfähigkeit des Konzepts erweisen sollten. Während R. Lau-

fer, gestützt auf seine Theorie einer — nicht kunst- und stilgeschichtlich orientierten — rokokohaften ‚vision du monde‘, vorsichtig nur von ‚trois moments‘ spricht und das Louis XVI einschließt[11], postulierte z. B. H. Hatzfeld ein komparatistisches Dreigenerationenmodell: Rococo-Rocaille, Full Rococo-Pompadour und Expiring Rococo-Louis XVI[12]. Offen ist gerade im Hinblick auf die Märchenmode[13] (→ Conte de[s] fées), die in der Spätzeit Ludwigs XIV. im Zuge der Historisierung durch die Querelle des Anciens et des Modernes die Krise des klassizistisch-barocken Lit.-kanons indiziert, inwieweit bereits das späte Louis XIV dieser Stilrichtung zuzuordnen wäre, sei es, daß man auf libertinistische Strömungen, auf die Mode der Chinoiserien und des oriental. Kolorits (→ Exotik, Exotismus)[14] oder auf ein Wiederaufleben der „nie versiegenden Quellen des Barock"[15] in der hocharistokratischen Preziosität verweist. Nach F. Neubert[16] hat so auch Laufer[17] die These eines frühen R. schon in der Spätzeit Ludwigs XIV. vertreten. Problematisch ist bei der Epochenabgrenzung, ob man das R. lediglich als eine kraftlose, hedonistisch preziöse Form des Spätbarock werten soll, wie etwa M. Raymond (→ Manierismus)[18], oder ob man es umgekehrt, wie E. Ermatinger[19], im Einklang mit Klassizismus und Rationalismus dem Barock entgegensetzen muß. Offen ist in der Epochendebatte auch noch immer die Frage, ob das R. als ganzheitlicher, d. h. kunstübergreifender Epochenbegriff taugt, wie Neubert[20] und vor allem Hatzfeld[21] annahmen, ob man mit Laufer bloß von einer dominanten Stilrichtung[22] bzw. mit G. Poe von einem ‚dominance stretch‘[23] ausgehen soll oder ob man es lediglich mit einer ‚componente rococo‘[24], d. h. einer „kulturellen Bewegung unter anderen"[25] bzw. einer stilistischen Möglichkeit der → Aufklärung, zu tun hat. Kontrovers ist ferner die Frage, inwieweit die Phänomene R. und Aufklärung zusammengehören (Laufer)[26] oder kategorial unterschieden werden müssen (P. Brady[27]). Impliziert die These Hatzfelds eine gewisse Abwertung der Aufklärung[28], so gilt dies weder für Laufer noch für Brady. Die in Analogie zum Barockbegriff versuchte Aufwertung des R. zu einem überhist. Stilbegriff[29] hat sich allerdings nicht durchgesetzt. Umgekehrt ist dagegen die kritische Ablehnung des Begriffs inzwischen selten[30]. Am unstrittigsten ist die Bezeichnung nach wie vor als Stil- und Gattungsbegriff.

2. Begriffsgeschichte. Das Wort rococo, erstmals Ende des 18. Jh.s belegt, diente bis in die 1. Hälfte des 19. Jh.s zur Bezeichnung weniger eines Epochenstils als eines schlechten (spät)barocken Geschmacks (so z. B. Stendhal über Giovanni Lorenzo Bernini) oder aber zur Kennzeichnung der noch nicht überwundenen ‚Zöpfe‘ des vorrevolutionären Zeitalters (z. B. bei August Heinrich Hoffmann von Fallersleben, Heinrich Laube, Joseph Freiherr von → Eichendorff)[31]. In der Kunstgeschichtsschreibung etablierte sich der Begriff seit F. T. Vischers zehnbändiger *Aesthetik oder Wissenschaft des Schönen* (1846—56) und in der Lit. — noch immer als pejoratives und deutlich gegen Frankreich gerichtetes Schlagwort — in W. Menzels dreibändiger *Dt. Dichtung von der ältesten bis auf die neueste Zeit* (1854—59). Deutlich sind die Widerstände gegen die Übernahme des als typisch frz. geltenden Begriffs und seiner Konnotationen des oberflächlich-freigeistig Frivolen in der dt.nationalen Kulturgeschichtsschreibung. Kurioserweise wurde die stilgeschichtliche Kunst- und spätere form- und kulturgeschichtliche R.forschung (parallel zur Barockforschung) jedoch seit der Jh.-wende eine ausschließlich dt. Domäne (mit Namen wie H. A. Korff, J. Wiegand, H. Cysarz, Ermatinger, H. Kindermann, F. Brüggemann, P. Böckmann u. a.), an die nach dem 1. Weltkrieg die romanistische ‚idealistische Neuphilologie‘ (Neubert, V. Klemperer) und die Komparatistik (Hatzfeld) anknüpften und deren Ansätze nach 1948 wieder aufgenommen wurden[32]. Während die ital. Lit.wissenschaft auf diese Tendenzen teilweise schon in den 1930er Jahren reagierte (W. Binni, A. Momigliano), verdankt sich die um ein halbes Jh. verspätete Aufwertung des R.begriffs in Frankreich offensichtlich erst der in den 1960er Jahren einsetzenden Barockdebatte. Hier wie dort gaben die Arbeiten von J. Rousset und Raymond den Ton an und holten in gewisser Weise Fragestellungen der dt. Romanistik der 1920er Jahre[33] nach. Laufer[34] und J. Sgard[35] — letzterer in kritischer Haltung gegen den umfassenden R.-Epochenbegriff Laufers — machten den Begriff seit den 1970er

Jahren geläufig und trugen dazu bei, daß er auch in den übrigen rom. Nationalphilologien und in der ags. Lit.wissenschaft (A. Schonberger, L. Ruff, J. Russel, H. Grant Sampson, Brady) rezipiert wurde.

3. R. und Formen des Märchenhaften. Abgesehen von dem genannten Problem der literarhist. Zuordnung des → Perrault-Kreises und der späthöfisch preziösen (cf. → Höfisches Leben) und weiblich geprägten Mode des conte de fées[36] ist die Affinität des literar. Märchens der Aufklärung zum R. heute wohl allg. akzeptiert, wenngleich nirgends eingehend erforscht; bes. die germanistische → Wieland-Forschung[37] und neuerdings R. Robert[38] haben hierauf insistiert, während nicht nur ältere einschlägige Arbeiten[39] – mit Ausnahme von A. Anger[40] – diesen Aspekt nach wie vor übergehen, der auch in den großen Forschungsberichten ausgeblendet bleibt. Letzteres ist umso auffälliger, als sich der Terminus in der Erforschung verwandter Kleingattungen (Verserzählung, conte philosophique, Epyllion, Anakreontik etc.) längst durchgesetzt hat. Gattungsgeschichtlich gesehen partizipiert das literar. Märchen nämlich an der Aufwertung der sog. kleinen Gattungen und des conte in Vers und Prosa mit dem rokokohaften „Zug zum Niedlichen und Nichtigen in Form und Gehalt"[41], wobei die Berührungspunkte mit dem conte philosophique kein Zufall sind und die starre Entgegensetzung von R.literatur und Aufklärung bei Brady[42] offensichtlich relativiert. Im Zuge der Querelle des Anciens et des Modernes von den Vertretern der ‚Modernen' in Mode gebracht, kann das Märchen in Frankreich tatsächlich neben dem Roman[43] als eine Leitgattung des R.-zeitalters begriffen werden. Ein Blick auf den Verf.index im Abschlußband des → Cabinet des fées[44] zeigt, daß neben weniger bekannten Verf.n auch viele namhafte Autoren der Aufklärung zu der Beliebtheit der Gattung beigetragen haben. Dieser Befund entspricht überdies der kunsthist. These einer ‚Nobilitierung der niederen Sphären' in der Kunst des R.[45] und weitergehend der Aufwertung der sog. niederen, bislang nichtkanonischen Gattungen (zu denen auch der Roman gehört). In beiden Fällen kann man unter dem Stichwort einer Privatisierung[46] Roman und Märchen als komplementäre, ‚moderne' Gattungen im Dienste kollektiver Sehnsüchte und Bedürfnisse begreifen. Die vielfältigen gattungsspezifischen Überschneidungen des Märchens mit anderen Formen (→ Gattungsprobleme) werden von hierher einsichtiger.

Da es unter dem R.-Aspekt aber nicht um eine ausschließliche Gattungsspezifik gehen kann, impliziert die R.-These zugleich umgekehrt die ‚Entgrenzung' der noch bei → Straparola, → Basile und Perrault gewahrten Konstituenten der Gattung Märchen im Zuge der für das 18. Jh. charakteristischen ‚Auflösung strenger Gattungsformen'[47]. Die Öffnung des conte de fées klassischer Prägung zu unterschiedlichen Formen des conte merveilleux (unter dem Einfluß des conte oriental), die teils allusive, teils fast pornographische Erotisierung des Märchens im Übergang zum conte licencieux[48], die Instrumentalisierung des Märchens für aufklärerische und erzieherische Zwecke und die Aufblähung des Märchens zum Erziehungsroman[49], die Entstehung neuer Gattungen wie Märchenepos (Christoph Martin Wieland), Märchendrama (Carlo → Gozzi) oder Märchenromanze (z. B. Thomas Parnell[50]), die Amalgamierung der einheimischen Tradition mit klassischen oder ma. Themen (z. B. Ernst Schulzes *Psyche, ein griech. Märchen* [1807], oder Mademoiselle de la → Forces *L'Enchanteur* [1697]) und ‚artfremden' Traditionen wie der Schäferdichtung (cf. → Hirt) – diese Tendenzen weisen weniger das Märchen als R.gattung denn das Märchenhafte allg. als rokokohaft aus, indem letzteres eine führende Rolle in dem Prozeß der Aufwertung eines lustvoll genossenen, spielerisch entschärften Imaginären übernimmt. In der Vorliebe des R. für verzauberte Orte, für → Traum und Evasion finden das Märchen und Märchenrequisiten eine unmittelbare Entsprechung. Stichworte sind für Robert, die sich vor allem auf S. F. Kimball[51] stützt, caprice und fantaisie, die ihren psychol. Ausdruck im narzißtischen Spiegelmotiv (→ Narziß) finden[52]. Das Märchenhafte bildet „ein Tröpfchen nur aus jener Feenquelle der zauberischen Phantasie", die der Romantiker Ernst Schulze in seinen Huldigungsversen auf Wieland[53] besingt, und kann als ‚Vorreiter' der ‚Revolution des R.'[54] im Zeichen der befreiten → Phantasie[55], des Abwerfens von Ballast durch die ästhetische

‚Leichtigkeit des R.'[56] gelten. Die Aufwertung des Märchenhaften erscheint so psychohist. als Antwort auf die 1935 von P. Hazard konstatierte Krise des europ. Bewußtseins des Jh.s Ludwigs XIV.[57] Als entlastender ‚Traum vom Glück'[58] legitimiert das Märchen(hafte) epochenspezifische kollektive Wunsch- und wohl auch narzißtische Fluchtphantasien (→ Wunschdichtung) und die aufklärerische Vorstellung eines natürlichen Sieges gerechter Weltordnung. Das Märchen fungiert als Leitgattung der aufklärerischen ‚Erfindung der Freiheit'[59].

4. R.ästhetik und Märchen. Sicher kommt die ‚kleine' Welt des Märchens mit ihrer Faszination des magischen Objekts der Vorliebe der R.kunst für das Zierliche und Kleinteilige einschließlich der erotischen Fetischisierung von Gegenständen und Körperteilen entgegen. So hat M. Praz das R.zeitalter mit Blick auf Alexander Popes komisches Kleinepos *The Rape of the Lock*, dessen Erscheinen 1714 in England den Beginn des R.zeitalters bezeichnet, im plastischen Symbol der Rocaille-Muschel[60] zusammenfassen wollen. Bes. dürfte das hyperbolische Märchen-Schöne (das die Negation durch das übertrieben Häßliche und Groteske bedingt) dem gesellschaftlich bestimmten Ideal des geschmackvoll ‚hübschen', als ‚glatt' definierten Schönen und Reizenden entsprechen, das E. Burke in seiner einflußreichen Schrift *A Philosophical Enquiry into the Origins of Our Ideals of the Sublime and Beautiful* (1757) dem Erhabenen gegenüberstellt und im Gegensatz zu letzterem dem gesellschaftlichen Bereich zuordnet. Noch einen Schritt weiter geht dann Denis Diderot in dem Artikel *beau* des 2. Bandes der *Encyclopédie* (1752)[61], wo erstmals der Bereich des Hübschen (joli) neben dem herkömmlichen Schönen ausgewiesen wird. Die Reduzierung des Schönen auf das Zierliche und Gefällige im Spiel der aufklärerischen Salons entspricht zwar den von Hatzfeld thematisierten Leitbegriffen des R., eroticism, wit und elegance[62], hat aber auch im volkstümlich Märchenhaften gewisse Entsprechungen. Ebenso scheinen Erotisierung und witzige Pointierung den conte de fées der Epoche zwar unübersehbar von seinen populären Ursprüngen zu entfernen, so daß man auch von einer R.isierung des Märchens sprechen könnte, andererseits bewahrt aber eben die gesellschaftliche Anbindung den konstitutiv oralen Charakter der contes de fées. So gesehen ist das R.märchen diesen Ursprüngen näher als das romantische → Kunstmärchen, auch wenn Anger den Wielandschen ‚Geist Capriccio' „noch in den Märchenspäßen der Romantiker"[63] am Werk sieht (→ Romantik). Das Märchen paßt zu dem Ideal einer „gesellige[n], scheinbar absichtslos plaudernde[n], leicht ironisch getönte[n] Unterhaltung"[64] aufgeklärter Geselligkeit. Es markiert den Vorrang des Gefälligen und Spielerischen im Sinne einer vorromantisch geprägten, geselligen Wirkungsästhetik, die sich – wohl vermittelt durch Anthony Ashley Cooper Shaftesburys ‚moral grace'-Philosophie – im Grazienideal[65] des R., den Grazien des Kleinen (Johann Jakob Bodmer) niederschlägt und nach J. P. Minguet[66] erstmals das Leitbild des ‚homo ludens' hervorbringt. Wiederum erscheint das spielerisch Graziöse und das Natürliche der Konversation als Ergebnis einer tiefgreifenden Neudefinition des Mündlichen vorliterar. Provenienz, doch liegt es dessenungeachtet nahe, auch hier einen Bezug zu dem von M. → Lüthi[67] festgestellten spielerischen Charakter märchenhafter Interaktion herzustellen. Trotz der unübersehbaren Psychologisierung, die dem ‚isolierenden'[68] und bildhaft veräußerlichten, im Wortsinn ‚verdinglichten' → Stil des Volksmärchens[69] entgegenwirkt, ist auch das höfische R.märchen „eine Kunst der Fläche", die Gefühle und Eigenschaften „auf die Fläche der Handlung" projiziert[70] und Tiefe ebenso wie Plastizität scheut. Die → Ästhetik des Märchens steht so im Einklang mit der allg. Ästhetik des R.[71] Es kommt der ornamental geprägten R.ästhetik der Oberfläche offensichtlich entgegen, die Brady[72] als ‚metonymisch' von dem ‚metaphorischen' Duktus und der Symbolsprache der Romantik unterschieden hat.

Endlich widerstrebt auch das R.märchen im Sinne der genannten Capriccio-Ästhetik[73] klassischer Formstrenge und scheint damit der von Laufer[74] geltend gemachten R.-Asymmetrie zu entsprechen, auch wenn dieser das Feenmärchen nicht berücksichtigt. Das Prinzip der Asymmetrie bezeichnet eine dezentrierte ‚unité organique', die sich grundlegend von der ‚unité hiérarchique' des klassischen

Stilideals unterscheidet und ästhetisch, aber auch soziol. als ‚harmonisation d'un déséquilibre'[75] im Niedergang des Absolutismus verstanden werden kann. Laufer schließt hier indirekt an frühere Überlegungen von G. Poulet[76] an, der – ohne den R.begriff zu bemühen – die Vorliebe des 18. Jh.s für die geschwungene Linie und das Asymmetrische hervorgehoben und sich dabei vor allem auf den engl. Maler William Hogarth bezogen hatte. Brady spricht in ähnlicher Perspektive von einem ‚sweet disorder'[77]. Das dem Prinzip der ‚fantaisie' entsprechende Gesetz des Wucherns der Dekoration (→ Dekorative Züge) bei einfacher Grundstruktur[78] gilt nach Robert[79] auch für den conte de fées. Das neue Stilideal schließt klassische und neoklassische bzw. klassizistische Prinzipien des Symmetrischen und Analytischen aus, bleibt aber einer Ästhetik der Kunstfertigkeit verbunden, die das Natürliche integriert und das natürliche Wuchern in die Kunstfertigkeit der Dekoration bannt. Wenn „Woman and Nature" als „basic sources of rococo inspiration"[80] anzusehen sind, so situiert sich das Feenmärchen, das unter dem Leitbild der (weiblichen) → Fee steht und komplexe gesellschaftliche Vorgänge und Konflikte in einem höfischen Dekor gleichsam märchenhaft renaturalisiert[81], im Zentrum der neuen Ästhetik. Vielfalt und Abwechslung, die Vorliebe für malerische Effekte und → Kontraste[82] und die Motive der → Verwandlung entsprechen der allg. Definition Laufers[83]. Auch in seiner neuen Funktion als conte philosophique stellt das höfische R.märchen eine fiktional phantasievolle Korrektur der Wirklichkeit dar[84]. Gerade die künstlich gesteigerte Intrige und die malerischen Einlagen des R.märchens können als Mittel der Steigerung des ästhetischen Vergnügens durch die ‚Verzierung' der schlichten Volksmärchenstruktur begriffen werden; die ‚Schlangenlinie' verschafft jenen lustvollen Umweg, der nach H. Hillmann[85] das Wunderbare des Feenmärchens der Aufklärung bestimmt.

[1] Bauer, H.: Rocaille. Zur Herkunft und zum Wesen eines Ornamentmotivs. B. 1962. – [2] cf. Anger, A.: Literar. R. Stg. 1962; Brady, P.: The Present State of Studies on the Rococo. In: Comparative Literature 27 (1975) 21–33; id.: Towards Autonomy and Metonymy. The Concept of Rococo Literature from 1859 to 1976. In: Yearbook of Comparative and General Literature 25 (1976) 31–41; Libera, Z.: La Notion de rococo dans la littérature européenne. In: Banasević, N. (ed.): Actes du Ve Congrès de l'Assoc. internationale de littérature comparée. Amst. 1969, 137–145; Binni, W.: Il rococò nella letteratura settecentesca. In: Manierismo, barocco e rococò. Concetti e termini. Rom 1962, 217–237; Lüthje, R. J.: Begriffsbestimmungen des R. und ihre Anwendung auf die frz. Lit. In: Romanistisches Jb. 31 (1980) 79–106; Magnana Campanacci, J.: Il rococò letterario (1960–1986). In: Lettere italiane 38 (1986) 542–577; Brady, P.: Rococo Poetry in English, French, German, Italian. Knoxville, Tenn. 1992, 11–31. – [3] Als Wendepunkt in der bis dahin fast ausschließlich dt. Debatte bezeichnet Magnana Campanacci (wie not. 2) 542 den röm. Kongreß 1960 „Manierismo, barocco, rococò"; Binni (wie not. 2). – [4] Weisgerber, J.: Formes rococo. Littérature et beaux arts. In: Revue de littérature comparée 55 (1981) 141–167; id.: Les Masques fragiles. Esthétique et formes de la littérature rococo. Lausanne 1991. – [5] Kimball, S. F.: The Creation of Rococo. Phil. 1943; die Studie Kimballs hat vor allem durch die frz. Übers. (Le Style Louis XV. Origine et évolution du rococo. P. 1949) gewirkt; cf. auch Stamm, I. S.: German Literary Rococo. In: The Germanic Review 36 (1961) 230–241; Samuel, R. H.: Rococo. In: Richie, J. M. (ed.): Periods in German Literature 1. L. 1966, 43–64; Anger, A.: Dt. R.-Dichtung. In: DVLG 36 (1962) 430–479, 614–618. – [6] Sampson, H. G.: Rococo in England. In: The Centennial Review 22 (1978) 356–373. – [7] cf. Hatzfeld, H.: The Rococo of Goldoni. In: Italica 45 (1968) 410–420. – [8] z. B. Momigliano, A. (ed.): Giuseppe Parini, uomo e poeta. (Catania 1925) Turin 1960. – [9] cf. Caso González, J. M. (u. a.): Los conceptos de rococó, neoclasicismo y prerromanticismo en la literatura española del siglo XVIII. Oviedo 1970. – [10] Anger (wie not. 2) 34–45. –
[11] Laufer, R.: Style rococo, style des Lumières. P. 1963, 39. – [12] Hatzfeld, H.: The Rococo. Eroticism, Wit, and Elegance in European Literature. N. Y. 1972, 12; cf. auch Binni, W.: Classicismo e neoclassicismo nella letteratura del Settecento. Florenz 1963; Cherpack, C.: The Literary Periodization of Eighteenth-Century France. In: Publ.s of the Modern Language Assoc. of America 84 (1969) 321–327, hier 321 sq. – [13] Di Scanno, T.: Les Contes de fées à l'époque classique (1680–1715). Neapel 1975. – [14] Dufrenoy, M.-L.: L'Orient romanesque en France 1704–1789. t. 1–2. Montreal 1947. – [15] Baader, R.: Dames de lettres. Autorinnen des preziösen, hocharistokratischen und „modernen" Salons (1649–1698). Stg. 1986, 229. – [16] Neubert, F.: Frz. R.-Probleme. In: Hauptfragen der Romanistik. Festschr. P. A. Becker. Heidelberg 1922, 256–279. – [17] Laufer (wie not. 11); Überblick bei Brady 1992 (wie not. 2) 5–31. – [18] Raymond, M.: Le Baroque littéraire français. In: Manierismo (wie not. 2) 107–128. – [19] Ermatinger, E.: Barock und R. in der dt. Dichtung. Lpz./B. 1926. – [20] Neubert (wie not. 16). –

[21] Hatzfeld, H.: R. als literar. Epochenstil in Frankreich. In: Studies in Philology 35 (1938) 532–565. [22] Laufer (wie not. 11). – [23] Poe, G.: The Eighteenth-Century French Rococo. Some Terminological, Methodological and Theoretical Considerations. In: L'Esprit créateur 33,3 (1993) 57–67, hier 58. – [24] Binni (wie not. 2) 25 sq. – [25] Heckel, H.: Zu Begriff und Wesen des literar. R. in Deutschland. In: Germanistische Abhdlgen 67 (1933) 216–218, hier 225. – [26] Laufer (wie not. 11). – [27] Brady, P.: Rococo Style versus Enlightenment Novel. Genf 1984. – [28] cf. in diesem Sinn Magnana Campanacci (wie not. 2) 544. – [29] Klemperer, V.: Der Begriff R. In: Jb. für Philologie 1 (1925) 444–467. – [30] So bei R. G. Saisselin, obwohl der Autor ursprünglich zu den Wegbereitern des Begriffs gehört, cf. id.: The Rococo Muddle. In: Studies on Voltaire 417 (1966) 233–255. – [31] Anger (wie not. 2) 1 sq. – [32] ibid., 1–12. – [33] Schürr, F.: Barock, Klassizismus und R. in der frz. Lit. Lpz./B. 1928. – [34] Laufer (wie not. 11). – [35] Sgard, J.: Style Rococo et style Régence. In: id.: La Régence. P. 1970, 11–20; zu Sgards Kritik an Laufer (wie not. 11) cf. seine Rez. in Revue d'Histoire littéraire de la France 65 (1965) 120 sq.; cf. auch Bazin, G.: Classique, baroque et rococo. P. 1965. – [36] Storer, M. E.: Un Épisode littéraire de la fin du XVIIe siècle. La Mode des contes de fées (1685–1700). P. 1968. – [37] Sengle, F.: Wieland. Stg. 1949. – [38] Robert, R.: Le Conte de fées littéraire en France de la fin du XVIIe à la fin du XVIIIe siècle. Nancy 1981, 354–365. – [39] cf. z. B. Grätz, M.: Das Märchen in der dt. Aufklärung. Vom Feenmärchen zum Volksmärchen. Stg. 1988; Barchilon, J.: Le Conte merveilleux français. P. 1975. – [40] Anger (wie not. 2). – [41] ibid., 43. – [42] Brady (wie not. 27) 223 („[...] that the rococo and the Enlightenment are essentially different"). – [43] Laufer (wie not. 11) 19. – [44] Le Cabinet de fées 37. [Amst. 1786] Nachdr. Genf 1978. – [45] Sedlmayer, H.: Zur Charakteristik des R. In: Manierismo (wie not. 2) 349. – [46] Minguet, J. P.: Esthétique du rococo. P. 1966, 168. – [47] Anger (wie not. 2) 48–50. – [48] z. B. Clarke, G.-P.: La Féerie érotique. Crébillon et ses lecteurs. N. Y. u. a. 1999. – [49] cf. auch Grätz (wie not. 39) 33–87. – [50] Parnell, T.: A Fairy Tale, in the Ancient English Style. In: id.: The Collected Poems. ed. C. Rawson/F. P. Lock. Newark 1989, 139–144. – [51] Kimball (wie not. 5). – [52] Robert (wie not. 38) 356 sq. – [53] Zitiert bei Anger (wie not. 2) 33. – [54] Stackelberg, J. von: Von Rabelais bis Voltaire. Zur Geschichte des frz. Romans. Mü. 1970, 253–257. – [55] Apel, F.: Die Zaubergärten der Phantasie. Zur Theorie und Geschichte des Kunstmärchens. Heidelberg 1978. – [56] Stackelberg (wie not. 54) 255. – [57] Hazard, P.: La Crise de la conscience européenne. P. 1935. – [58] Saisselin, R.: The Rococo as a Dream of Happiness. In: J. of Aesthetics and Art Criticism 19 (1960) 145–152.– [59] Starobinski, J.: L'Invention de la liberté. Genf 1965. – [60] Binni (wie not. 12) 17. – [61] Diderot, D.: Œuvres esthétiques. ed. P. Vernière. P. 1959, 391–436, hier 422, 425, 427 sq. – [62] Hatzfeld (wie not. 12). – [63] Anger (wie not. 2) 41. – [64] ibid., 23. – [65] ibid., 22. – [66] Minguet (wie not. 46) 168. – [67] Lüthi, M.: Volksmärchen und Volkssage. Bern/Mü.^{2} 1966, 17 . – [68] ibid. – [69] ibid., 16. – [70] ibid., 14. – [71] Laufer (wie not. 11) 44. – [72] Brady 1976 (wie not. 2); id.: Rococo Style and French Literature. In: Studi francesi 10 (1966) 428–437. – [73] Oesterle, G.: Das Capriccio in der Lit. In: Das Capriccio als Kunstprinzip. ed. E. Mai. Mailand 1996, 187–191. – [74] Laufer (wie not. 11) 68. – [75] ibid., 25. – [76] Poulet, G.: Les Métamorphoses du cercle. P. 1961, 33–91. – [77] Brady, P.: A Sweet Disorder. Atomistic Empiricism and the Rococo Mode of Vision. In: Studies in Eighteenth-Century Culture 7 (1978) 451–461. – [78] Laufer (wie not. 11) 28. – [79] Robert (wie not. 38) 355. – [80] Brady 1966 (wie not. 72) 428; cf. auch Toth, K.: Weib und R. in Frankreich. Wien 1923; cf. Magnana Campanacci (wie not. 2) 566 sq. – [81] Wolfzettel, F.: La Lutte contre les mères. Quelques exemples d'une valorisation émancipatrice du conte de fées au XVIIIe siècle. In: Réception et identification du conte depuis le Moyen Âge. ed. M. Zink/X. Ravier. Toulouse 1987, 123–132. – [82] id.: Malerisch, pittoresk. In: Ästhetische Grundbegriffe 3. ed. K. Barck u. a. Stg. 2001, 760–790; zur Ästhetik des Märchens cf. id.: Der verzerrte Spiegel der höfischen Welt. Überlegungen zum hist. Standort des frz. Feenmärchens am Ende des 17. Jh.s und im frühen 18. Jh. In: Frühaufklärung. ed. S. Neumeister. Mü. 1994, 241–286. – [83] Laufer (wie not. 11) 48. – [84] ibid. – [85] Hillmann, H.: Wunderbares in der Dichtung der Aufklärung. Unters.en zum dt. und frz. Feenmärchen. In: DVLG 43 (1919) 76–113.

Frankfurt am Main   Friedrich Wolfzettel

Roland. Als hist. Gestalt aus dem Umkreis → Karls d. Gr. ist R. nur unsicher und spärlich bezeugt. Lediglich eine Hss.familie von Einhards *Vita Karoli magni* erwähnt ihn als Markgrafen der Bretagne (Britannici limitis praefectus) unter den Gefallenen im Kampf gegen die Basken, als er den Rückzug von Karls Truppen in den Pyrenäen zu decken hatte (15. 8. 778)[1]. In der Folgezeit kam es zur Ausprägung einer verlorenen, da weitgehend mündl. und z. T. sicher im Gesangsvortrag lebenden Erzähltradition, die durch mehrere Zeugnisse belegt wird[2].

Erst in der literar. Tradition[3] und wohl unter dem Einfluß der Legende[4] gewinnt die Gestalt R.s seit dem ausgehenden 11. Jh. Kontur. Als Sohn von Karls Schwester → Berta und Herzog Milo von Anglers ist er Karls Neffe[5]. Die frühesten Zeugnisse sind die *Chanson de R.*[6], die die Gattung der → Chansons de geste in Frankreich eröffnet, sowie der sog. *Pseudo-Turpin*, eine legendarische, dem Reimser Erzbischof Turpin, Zeitgenosse Karls d. Gr., zugeschriebene lat. Prosaerzählung[7]. Vornehmlich auf dem *Pseudo-Turpin* beruht die reiche R.-Bildtradition vor allem in den Gattungen Skulptur, Buchmalerei und Kleinkunst[8].

Die *Chanson de R.* in ihrer ältesten, um 1080/1100 datierten (Oxforder) Fassung verdankt sich in Aufbau und Erzählweise klerikal gebildeter Gestaltung:

König Karl hat die arab. besetzte Iber. Halbinsel nahezu völlig, bis auf die Hauptstadt Saragossa, unterworfen. Nun bietet der heidnische Sarazenenkönig Marsilie durch Boten seine Unterwerfung und Bekehrung zum Christentum an. Karls Neffe R. schlägt seinen Stiefvater Ganelon für die gefährliche Gesandtschaft zu Marsilie vor. Ganelon schwört dafür → Rache und verbindet sich in einem heimtückischen Plan mit dem heidnischen Herrscher. Nach Karls Abzug aus Spanien bleibt R. mit der Nachhut zurück und wird von einem übermächtigen Heer der Sarazenen angegriffen. R. ist zu stolz, Karls Heer mit seinem → Horn Olifant zurückzurufen. Bischof Turpin, einer der zwölf Pairs, verspricht den Kämpfern himmlischen Lohn, wenn sie fallen. Im Kampf werden nahezu alle Franken vernichtet, bevor R. schließlich doch einen Hornruf Hilfe holt: Als letzte erliegen Turpin, R.s Freund Olivier und schließlich R. selbst ihren Verletzungen. Karl kehrt zurück und schlägt die Sarazenen, wozu die → Sonne ihren Lauf anhält. Nun kommt Marsilies Lehnsherr Baligant mit einem noch größeren Heer, doch auch jetzt kann Karl mit Gottes Hilfe siegen. Die Toten werden beklagt und bestattet. In Aachen wird Gericht über Ganelon gehalten. Ein → Gottesurteil besiegelt sein Geschick. Mit der für Verräter typischen → Strafe wird er in vier Teile gerissen[9].

Neben der Formelhaftigkeit der Sprache als Element stilisierter Mündlichkeit sind es die literar. Gestaltungstechniken, die auf einen klerikal gebildeten Verfasser der *Chanson de R.* deuten. Dazu gehören etwa Personen- und Sachbeschreibungen, Reden (Predigt Turpins, R.s Rede an sein → Schwert Durendal), Kampfschilderungen, vorausdeutende → Träume, symbolische Gestik oder strukturelle Doppelungen (zwei Schlachten gegen die Sarazenen).

R. erscheint in der *Chanson de R.* als Muster eines → Helden, der sich in treuer Bindung an seinen König ganz Gott hingegeben hat. Im opferbereiten Kampf gegen die → Heiden ist er als Prototyp des miles christianus (→ Ritter) gestaltet. Bleiben die Entstehungsumstände der *Chanson de R.* auch unklar, so ist doch ihre Wirkungsgeschichte mit der von der röm. Kirche seit dem Aufruf Papst Urbans II. auf der Synode von Clermont 1095 propagierten Kreuzzugsideologie (→ Kreuzzüge) eng verbunden.

Von den zahlreichen volkssprachlichen Bearb.en der *Chanson de R.* ist das *R.slied* (RL) des Pfaffen Konrad, um 1170 im Auftrag Heinrichs des Löwen verfaßt, die früheste[10]. Es verstärkt die heilsgeschichtliche und legendarische Tendenz der Erzählung durch vermehrte Verweise auf die Kreuzzugsthematik, bes. auf das Märtyrertum der Helden R., Olivier und Turpin, und erweitert die klerikale Prägung durch bibl. Anspielungen (Kampf zwischen → David und Goliath; Vergleich des Genelun mit → Judas; Prodigien beim Tod R.s wie beim Tod Jesu (→ Christus)[11]. Eine erweiternde Neubearbeitung des RL bietet der *Karl d. Gr.* des → Stricker (um 1230)[12]. Nach einer verlorenen niederrhein. Fassung ist der RL-Abschnitt des *Aachener Buchs von Karl* (Anfang 14. Jh.) gearbeitet[13].

Neben die *Chanson de R.*, die in einer Reihe formal wie auch inhaltlich unterschiedlicher Fassungen erhalten ist[14], tritt Anfang des 12. Jh.s der *Pseudo-Turpin* (*Historia Karoli Magni et Rotholandi*). Dieser war ursprünglich in die Verehrung des Grabes des Apostels → Jacobus in Santiago de Compostela integriert und Teil des zwischen 1139 und 1173 zusammengestellten *Liber Sancti Jacobi* (älteste Hs.: *Codex Calixtinus*)[15]. Mehr als 200 Hss. in z. T. lokal ausgerichteten Versionen bezeugen die europaweite Wirkung des *Pseudo-Turpin*[16].

Der hl. Jacobus erscheint Karl d. Gr. im Traum und mahnt ihn, das bis dahin unbekannte Grab des Jacobus in Compostela von den heidnischen Sarazenen zu befreien. Karl folgt ihm. Nach längerer Belagerung von Pamplona stürzen die Mauern auf ein Gebet des hl. Jacobus hin ein (Kap. 2)[17]. Am Abend vor zwei der zahlreichen Schlachten gegen die Heiden stecken die Christen ihre Lanzen in den Boden; am Morgen sind einige von ihnen mit Rinde und grünem Laub geschmückt; sie zeigen diejenigen Kämpfer an, die den Märtyrertod erleiden werden (Kap. 8 und 10). Nach vielen Kämpfen siegt Karl und verteilt das Land an seine Gefolgsleute, darunter den Herzog Ogier von Dänemark (→ Holger

Danske)[18]. R. besiegt nach einem längeren Glaubensdisput den → Riesen Ferracut, der nur durch den Nabel verwundet werden kann (cf. → Achillesferse). Die Schlacht bei Roncevaux, Karls Hilfe und die Bestrafung des Verräters (Kap. 21−29) werden weitgehend mit den gleichen Motiven geschildert wie in der *Chanson de R.*

Seit dem 12. Jh. ist die Figur R.s, vielfach verbunden mit der Karls d. Gr., im europ. Kulturraum präsent, in den Nationalliteraturen des MA.s maßgeblich geprägt durch den Einfluß der *Chanson de R.*, in eingeschränktem Maße durch den *Pseudo-Turpin*[19]. Eigenständige lat. Bearb.en wie das *Carmen de proditione Guenonis* (12. Jh.)[20] und die Versifizierung des *Pseudo-Turpin* im *Karolellus* (um 1200) sind demgegenüber selten[21].

Bereits im 12. Jh. beginnen z. T. im Typ der Kindheitslegenden gestaltete Konstruktionen von R.s ‚Vorgeschichte'. Die franko-ital. Dichtungen *Berta e Milone* und *Orlandino* sind R.s Eltern und seiner Jugend in Italien gewidmet (→ *Reali di Francia*); zur Vorgeschichte R.s gehört auch die altfrz. *Chanson d'Aspremont*[22]. Das altfrz. Epos *Girart de Vienne* erzählt u. a. von der beginnenden Freundschaft von R. und Olivier, die im → Zweikampf gegeneinander von einem Engel getrennt werden, der sie auf den gemeinsamen Kampf gegen die Heiden verweist.

Eine literar. folgenreiche Neuformulierung der R.figur gelang der ital. Renaissanceliteratur, die in Matteo Maria → Boiardos *L'Orlando Innamorato* (1486) den Stoff der alten Chanson de geste in die Welt des Ritterromans integrierte, in dessen Zentrum die Liebe steht. In noch stärkerem Maße trifft dies auf Ludovico → Ariostos epische Dichtung *Orlando furioso* (1516, 1521) zu, in der der Glaubenskampf allenfalls noch Rahmen und Hintergrund für eine phantastisch-märchenhafte Kunstwelt abgibt, in der sich ritterliche Liebessehnsucht entfaltet. In zahlreichen Übers.en, nicht zuletzt auch in mehreren Verfilmungen, hat das Werk seine Faszination bis ins 20. Jh. behalten.

Die Figur R.s blieb auch in der Neuzeit Teil des kulturellen Gedächtnisses, bes. in der Romania. Doch zeigt das 19. Jh. im Gefolge der Frz. Revolution und mit der Wiederentdeckung der ma. Texte eine vielfach neuakzentuierte Besinnung auf R. als den religiösen Kämpfer für sein Vaterland, die ‚douce France': R. wird zur patriotischen Symbolfigur (→ Mittelalterrezeption). Claude-Joseph Rouget de Lisle schrieb zwei Wochen nach dem Text der Marseillaise sein vaterländisches Lied *R. à Roncevaux* (1792) mit dem Refrain „Mourons pour la patrie". Genannt seien an weiteren Zeugnissen nur Alfred de Vignys Romanze *Le Cor* (1824) und die Opern *L'Enfance de R.* von Émile Mathieu (1893) sowie *R. à Roncevaux* von Auguste Mermet (1864)[23].

Auch im Deutschland des 19. Jh.s besaß die Gestalt R.s eine gewisse, aus historisierender Sicht wiederbelebte Aktualität, so etwa in der Balladendichtung (Friedrich de la Motte → Fouqué: *Romanzen vom Tal Ronceval* [1805]; Ludwig → Uhland: *Klein R.* [1808]; *R. Schildträger* [1811]) oder in dramatischen Bearb.en (Karl Immermann: *Das Tal von Roncesvalles* [1819]; Richard von Kralik: *R.s Tod* [1898]).

Eine spezielle, wenngleich eingeschränkte R.-Tradition zeigen die spätma. R.säulen (→ Säule). Sie sind in nord- und mitteldt. Städten an Orten prominenter Öffentlichkeit (Markt, Rathaus) aufgestellt und haben rechtssymbolischen Status. Sie stehen vielfach für die Verleihung von Stadt- oder Marktrecht, Handels- und Zollprivilegien. Ihre Verbindung zu den literar. Zeugnissen der R.sage und -dichtung ist unsicher oder doch locker: Nach Aussage etwa des *Pseudo-Turpin* (15,9) gilt R. als rechte Hand Karls, als Schwert der Gerechtigkeit, Verteidiger der Christen, Stütze der Witwen und Waisen, Spender von Speise und Erquikkung für Arme wie Reiche, Stimme ohne Falsch vor Gericht. Dargestellt ist R. stets als stehender Ritter, gerüstet, mit Schild und (meist bloßem) Schwert[24].

[1] Pertz, G. H./Waitz, G. (edd.): Einhard: Vita Karoli Magni. ed. O. Holder-Egger. Hannover/Lpz. [6]1911, 12; cf. zum Zeugniswert der Stelle Mandach, A. de: Le Problème de la présence de R. à la défaite pyrénéenne de 778. Pour une novelle édition critique la Vita Karoli. In: La Chanson de geste et le mythe carolingien. Festschr. R. Louis. Vézelay 1982, 363−378; zur hist. R.-Figur cf. Nonn, U.: R. In: Lex. des MA.s 7. Mü./Zürich 1995, 957. − [2] cf. Pertz/Waitz (wie not. 1) 12 (Apparat); Kartschoke, D. (ed.): Das R.slied des Pfaffen Konrad. Mhd./Neuhochdt. Stg. 1996, 786 (erwähnt wird die Vernichtung des Nachhut von Karls Heer durch die Sarazenen in Roncevaux); weiterer Hinweis auf verlorene R.dichtungen bei William von Malmesbury (um 1080−1142), Gesta regum Anglorum (MPL 179, 1227). − [3] Über-

blick bei Ott, N. H. u. a.: R. (in der Überlieferung). In: Lex. des MA.s 7. Mü./Zürich 1995, 952−957. − ⁴ cf. Ohly, F.: Zu den Ursprüngen der Chanson de R. In: Mediaevalia litteraria. Festschr. H. de Boor. Mü. 1971, 135−153. − ⁵ Erst der weiteren Entwicklung gehört die Abkunft R.s aus einer inzestuösen Verbindung Karls mit seiner Schwester an, cf. Lejeune, R.: Le Péché de Charlemagne et la „Chanson de R." In: Studia Philologica 2. Festschr. D. Alonso. Madrid 1961, 339−371. − ⁶ Steinsieck, W. (ed.): Das altfrz. R.slied. Stg. 1999 (Oxforder Fassung); Mortier, R.: Les Textes de la Chanson de R. 1−10. P. 1940−44 (Ausg. sämtlicher Fassungen); Horrent, J.: Chanson de R. et geste de Charlemagne. Heidelberg 1981, 1−51; ibid. 3,2,2 (1985). − ⁷ Mandach, A. de (ed.): Der Pseudo-Turpin von Compostela. Mü. 1965; Klein, H.-W. (ed.): Die Chronik von Karl d. Gr. Mü. 1986 (Aachener Fassung). − ⁸ Lejeune, R./Stiennon, J.: La Légende de R. dans l'art du moyen âge 1−2. Brüssel 1966. − ⁹ Ohly, F.: Der Tod des Verräters durch Zerreißen in ma. Lit. [1989]. In: id.: Ausgewählte und neue Schr. Stg./Lpz. 1995, 423−435. − ¹⁰ Kartschoke (wie not. 2); cf. id.: Die Datierung des dt. RL.s. Stg. 1965; Ott-Meimberg, M.: Kreuzzugepos oder Staatsroman? Strukturen adliger Heilsversicherung im dt. RL. Mü. 1980 (cf. Rez. D. Kartschoke in: GRM 34 [1984] 406−420); Nellmann, E.: Pfaffe Konrad. In: Verflex. 5 (²1985) 115−131. − ¹¹ Ohly, F.: Die Legende von Karl und R. In: Johnson, L. P./Steinhoff, H./Wisbey, R. A. (edd.): Studien zur frühmhd. Lit. B. 1974, 292−343; Ohlys starke Anbindung des R.slieds an die Legende wird relativiert durch Nellmann (wie not. 10) 126 sq. und Kartschoke (wie not. 2) 797 sq. − ¹² Bartsch, K. (ed.): Karl d. Gr. von dem Stricker. Quedlinburg/Lpz. 1857 (Nachdr. B. 1965); zu den Qu.n cf. Burg, U. von der: Strickers Karl d. Gr. als Bearb. des RLs. Göppingen 1974, 224−231. − ¹³ Keller, A. von (ed.): Karl Meinet. Tübingen 1888, A 394,50−533,12; cf. Beckers, H.: ‚Karlmeinet'-Kompilation. In: Verflex. 4 (²1983) 1012−1028, bes. 1021−1023. − ¹⁴ Mortier (wie not. 6). − ¹⁵ cf. Herbers, K.: Liber Sancti Jacobi. In: Lex. des MA.s 5. Mü./Zürich 1991, 1948. − ¹⁶ Mandach, A. de: Naissance et développement de la chanson de geste en Europe. 1: La Geste de Charlemagne et de R. Genf 1961, 364−398 (mit Zusammenstellung der Überlieferung); zu der Aachener Überlieferungsgruppe, die im Zusammenhang mit der Verehrung des 1165 heiliggesprochenen Karl steht, cf. Klein (wie not. 7) 16−25; zur Verbreitung des „Pseudo-Turpin" im Reich und zum möglichen Einfluß auf das RL cf. Decker, W.: Über das RL und Pseudo-Turpin. In: Euphorion 72 (1978) 133−142. − ¹⁷ Zum Motiv cf. auch Pseudo-Turpin, Kap. 33 (nachgetragen): Auf R.s Gebet hin stürzen die Mauern der sieben Jahre lang belagerten Stadt Noples ein. − ¹⁸ Klein (wie not. 7) Kap. 11 und 27. − ¹⁹ Ott u. a. (wie not. 3); Gautier, L.: Les Épopées françaises 3. P. 1880, 64−264 (zum gesamten Kreis der R.-Dichtungen); Horrent, J.: La Chanson de R. dans les littératures française et espagnole au moyen âge. P. 1951; Ott-Meimberg, M.: Karl, R., Guillaume. In: Mertens, V./Müller, U. (edd.): Epische Stoffe des MA.s. Stg. 1984, 81−110. − ²⁰ cf. Horrent 1981 (wie not. 6) 15−17. − ²¹ Schmidt, P. G. (ed.): Karolellus atque Pseudo-Turpini Historia Karoli magni et Rotholandi. Stg./Lpz. 1996. − ²² cf. Gautier (wie not. 19) 70−94. − ²³ cf. zum gesamten Komplex Dakyns, J. R.: The Middle Ages in French Literature, 1851−1900. L. 1973; Redman, H., jr.: The R. Legend in Nineteenth-Century French Literature. Lexington 1991 (hier wird auch im Zusammenhang mit der Entdeckung und frühen Editionsgeschichte der ma. Texte im 19. Jh. hergestellt). − ²⁴ Trusen, W.: Der „hl." R. und das Kaiserrecht. In: Festschr. N. Grass. Innsbruck 1986, 395−406; Rempel, H.: Die R.sstatuen. Herkunft und geschichtliche Wandlung. Darmstadt 1989; Trusen, W.: R. (Recht). In: Lex. des MA.s 7. Mü./Zürich 1995, 953 sq.

Hamburg   Nikolaus Henkel

Rolle

1. Wort und Begriffsbestimmung − 2. R. in der Erzählung − 3. R. in der Performanz − 4. R. des Forschers

1. **Wort und Begriffsbestimmung.** Das Wort R. (lat. rotula: Rädchen, Schriftrolle) gelangte im MA. über das Französische (rôle) in andere europ. Sprachen. Erst im späten 16. Jh. wurde es im Theater verwendet, wo der Part des Schauspielers „auf einem handlichen Papierstreifen geschrieben wurde, der [...] so abgerollt wurde, daß nur der jeweils zu sprechende Text sichtbar war"[1]. Durchaus mit dem Bedeutungsgehalt der Schauspielermetapher[2] wurde der Begriff von G. H. Mead[3] und R. Linton[4] in die Soziologie und Kulturanthropologie übernommen und auch in Sozialpsychologie und Psychologie[5] zum festen terminus technicus, in der Soziologie sogar zur ‚zentralen Kategorie'[6]. In der Erzählforschung ist er wenig rezipiert und verwendet worden.

R. bezeichnet ein durch Erwartungen, → Normen, Konventionen oder → Tabus geregeltes, kulturell akzeptables Verhalten von Individuen in bestimmten Positionen oder bestimmtem Status (z. B. Familie, Beruf, Gesellschaft) in bestimmten Situationen. Die Beziehungen der R.nträger zueinander sind geregelt durch recht stabile R.nerwartungen, die sich auf Erscheinungsbild, Verhalten wie auch auf Eigenschaften, Wertvorstellungen etc. beziehen. R.nerwartungen lassen jedoch situative Varianz und Handlungsspielräume zu. Die Handlungsträger können sich konform oder abweichend verhalten, was mit positiven (→ Belohnung, Lohn) oder negativen (→ Strafe) Sanktionen verbunden ist. R.n lassen sich unterteilen in solche, die auf zugeschriebenen (Familie, Geschlecht, Kaste) oder auf erworbenen Positionen (Beruf, Rang) beruhen. Ergeben sich aus verschiedenen R.n eines Individuums widersprüchliche R.nerwartungen, sind R.nkonflikte die Folge. Auf die R.ntheorie und die Kritik an ihr kann hier nur verwiesen werden[7].

Anders als Persönlichkeit, Charakter und Figur enthält R. stets den Aspekt der → Interaktion und Beziehung wie auch des funktionalen Bezugs zum sozialen System (→ Funktionalismus). Durch ihre relative Festigkeit ist die R. dem Typus (→ Stereotyp) und der Kategorie benachbart.

Unterschieden wird zwischen verschiedenen Arten von R.n: Die soziale R. ist die Summe der Erwartungen, die dem Inhaber einer sozialen Position in Bezug auf sein Verhalten entgegengebracht werden, und benennt damit ein regelmäßiges Verhaltensmuster, das mit einer Position oder einem Status in einem sozialen System assoziiert wird; die strukturale R. bezeichnet eine soziale R. im Kontext institutionalisierter sozialer Systeme (z. B. Verwandtschaft, Organisation, Gesellschaft); beide werden durch Sozialisation erlernt. Kulturelle R. meint die Gesamtheit der Verhaltenserwartungen, die das Kind durch Enkulturation übernimmt; sie beinhaltet die grundlegenden Selbstverständlichkeiten der Zugehörigkeit zu einer (ethnischen, nationalen, religiösen) Gruppe. Demgegenüber verweist die rituelle ebenso wie die dramatische, theatrale, performative und kommunikative R. auf Ritus und Brauch[8], Tanz, Spiel (→ Kinderspiel, → Volksschauspiel, → Puppentheater) sowie auf Erzählung und Erzählsituation (→ Kontext, → Performanz). Für die Betrachtung des Erzählens (auch in Liedform; cf. → Ballade, → Volkslied) sind alle Arten von R.n relevant.

2. R. in der Erzählung. Wiewohl individuelle → Charaktereigenschaften ihre Träger zu Typen machen können (→ Dümmling, Dummling), bilden sie noch keine sozialen R.n. Diese werden erst durch die Kategorien Sozialstatus, Geschlecht und Alter/Personenstand konstituiert[9].

Die Aneignung der sozialen R. (Sozialisation) wird in Erzählungen nicht thematisiert, die → Handlungsträger treten als fertige R.nträger mit eindeutigen R.nattributen (Kleidung, Aussehen, Zeichen etc.) und in unhinterfragter → Identifikation mit ihrer R. auf. Demgemäß sind R.ndefinitionen in Erzählungen und Liedern prinzipiell eindeutig, es dominieren stereotype R.nbilder oder R.nmodelle. Von vorrangiger Bedeutung bes. in Zaubermärchen und Balladen sind zugeschriebene R.n in den Primärgruppen → Familie und Verwandtschaft (cf. → Pate) sowie Stand (→ Ständeordnung), seltener die aus ethnischer Zugehörigkeit abgeleiteten R.n. Diese wie auch die erworbenen R.n in → Beruf oder sozialer Stellung finden sich eher in Novellenmärchen, Schwank und Witz.

Von den sozialen R.n abzusetzen sind die narrativen R.n der Handlungsträger, die ihre Funktion in der Erzählung bestimmen. Den engen Zusammenhang zwischen R.nträger und Handlungsfunktion hat M. → Lüthi mehrfach betont[10]. Für das Zaubermärchen-Modell V. Ja. → Propps ist dieser Zusammenhang konstitutiv, werden doch die → Funktionen bei ihm als Aktionen einer handelnden Person (russ.: postupok dejstvujuščego lica) definiert[11]; in der engl. Übers. und wiss. Lit. werden letztere ‚tale roles' genannt[12]. Propp ermittelt in den von ihm untersuchten russ. Zaubermärchen sieben für den Gang der Handlung relevante narrative R.n: → Gegenspieler (Schadenstifter), Schenker, → Helfer, Zarentochter (und ihr Vater), Sender, → Held und falscher Held[13]. Nach P. Milne ist „the tale role [...] an abstraction which has no real existence on its own. Like the function, the tale role is an empty slot which is filled by actual fairy tale characters"[14]. Die Besetzung der R.n ist nun aber keinesfalls beliebig. Aufbauend auf E. Köngäs Maranda[15] weist B. → Holbek für das Zaubermärchen nach, daß für den Verlauf des Geschehens die soziale Position bzw. die soziale R. der Handlungsträger entscheidend ist[16]. Holbek erkennt in den Märchen acht soziale R.n[17]. Sie ergeben sich aus den acht möglichen Kombinationen der drei Sozialfaktoren Status (hoch/niedrig), Geschlecht (männlich/weiblich) und Alter (jung/erwachsen). Zentrales Thema des Märchens sei der Wechsel von einer sozialen R. in eine andere. Dieser Aspekt steht im Zentrum der Arbeit von I. Spörk, die aufbauend auf Propp und der soziol. R.ntheorie der Frage nachgeht, ob das R.nbild der Frau im Märchen gesellschaftsstabilisierend ist oder die Grenzen des Bestehenden sprengt[18].

Andere Versuche, narrative R.n zu bestimmen, haben für den Schwank H. → Bausinger[19] und für die Schwankballade K. → Roth[20] unternommen; beide unterscheiden die narrativen R.n des ‚Überlegenen‘ und des ‚Unterlegenen‘, letzterer beim Thema → Ehebruch noch die Geschlechterrollen des erotischen Dreiecks, deren Konstellation den Handlungsverlauf determiniert[21].

Aus der Tatsache, daß die festen sozialen R.n der Handlungsträger verletzt, überwunden oder umgangen werden, ergeben sich die zentralen und handlungstragenden → Konflikte der Erzählungen: (1) Bei der R.nverletzung stellt der Handlungsträger die R. in Frage, d. h. er durchbricht die R.nerwartung durch normabweichendes, nonkonformistisches Verhalten und wird (im Märchen) in der Regel bestraft. Das ist z. B. der Fall, wenn der Vasall, der seinem König die Treue halten soll, diesen verrät oder der treulose Diener seine Herrin verleumdet (z. B. → Genovefa), wenn die Mutter, die ihr Kind schützen soll, dieses tötet (→ Kindsmörderin; AaTh 590: *Die treulose → Mutter*, AaTh 939 A: → *Mordeltern*) oder der Sohn, der seine Eltern ehren soll, diese umbringt (→ Elternmörder) oder wenn in der modernen Sage der Babysitter, der das Kind hüten soll, dieses töten will[22] oder wenn ein Arzt, der heilen soll, dem Urlauber aus kriminellen Beweggründen eine Niere entfernt[23]. Die Spannung und der Schrecken solcher Erzählungen resultieren wesentlich aus der Unerhörtheit der Verletzung der R.nerwartungen und damit des Vertrauens. (2) Ziel des Zaubermärchens ist der Wechsel des Helden in eine andere (höhere) soziale R. als Ergebnis eines → Reifungsprozesses[24], etwa der Übergang des jungen unerfahrenen Helden in die R. des Erwachsenen oder des armen Mädchens in die der Königin. Anders als bei dieser R.nübernahme geht es (3) bei dem sehr beliebten Motiv des R.ntauschs um die Übernahme oder widerrechtliche Aneignung (→ Usurpator) einer nicht zustehenden R. oder die Wiedergewinnung einer verlorengegangenen R., sei es durch magische → Verwandlung oder → Gestalttausch, sei es durch → Kleidertausch oder durch Überlistung wie etwa beim R.ntausch zwischen den Kindern und der Hexe in AaTh 327 A: → *Hänsel und Gretel* (cf. auch AaTh 327 B, 791, 1119, 1120: → *Bettplatztausch*)[25]. Eine solche R.numkehr betrifft bes. häufig die Geschlechtsrollen[26]: entweder wird durch → Verkleidung ein anderes Geschlecht vorgetäuscht (z. B. der → Liebhaber in Frauenkleidung oder die → Frau in Männerkleidung), oder es kommt durch Absprache oder List zu einer anderen R.nverteilung in der Ehe (AaTh 1366 A, 1375: → *Pantoffelhelden*[27]), oder aber es findet ein ritueller oder wirklicher → Geschlechtswechsel statt. Phantasien und Wunschträume von der Aufhebung sozialer Normen, von sozialem Aufstieg und einem besseren Leben kommen bes. deutlich im R.ntausch zwischen Hoch und Niedrig (AaTh 1935 u. a.: → *Verkehrte Welt*; AaTh 1558: → *Kleider machen Leute*) zum Ausdruck. In Schwank und Witz ist der Tausch der R.n zwischen R.npartnern (→ Herr und Knecht, → Pfarrer und → Küster, Prüfer und Prüfling, Kind und Erwachsener) häufig[28]. Die R.numkehr zwischen Jung und Alt, etwa die → Verjüngung (→ Altweibermühle) oder die Verkleidung als alter Mann oder junge Frau, ist als Erzählmotiv seltener[29].

In zahllosen Fällen entfaltet sich aus der → Polarität der R.n die Handlung, etwa zwischen → Vater und Sohn, → Stiefmutter und Stiefkindern, → Lehrer und Schüler, → Richter und Angeklagter. Es ist für die Erzählung bezeichnend, daß sich die meisten Konflikte im Binnenraum dieser R.npaare ereignen; für die Ballade hat Lüthi die zentrale Bedeutung der familiären R.nbeziehungen betont[30]. R.nkonflikte ergeben sich immer dann, wenn die Kombination von R.n dadurch problematisch wird, daß die Erwartungen an die verschiedenen R.n inkompatibel sind. Die sich hieraus ergebenden R.nkonflikte sind zumeist tragisch, etwa wenn der Richter oder König seinen eigenen Sohn blenden lassen muß (cf. Tubach, num. 1944)[31] oder der Vater seine Tochter nicht vor dem Galgen rettet[32].

3. R. in der Performanz. Jeder Akt der Performanz ist in einen sozialen Kontext und damit in ein → soziales Milieu eingebettet, in dem → Erzähler und → Zuhörer die entscheidenden R.n innehaben. Diese R.n haben stets eine kommunikative und eine soziale Dimension, wobei die kommunikativen und sozialen R.n wohl aufeinander bezogen, aber keineswegs miteinander identisch sind. Mit der R. des Erzählers (Sängers) ist nicht nur ein Bündel von Fähigkeiten und Kenntnissen[33], sondern auch die Übernahme der sozialen und kulturellen Verantwortung für das Dargebotene verbunden[34]; und ebenso sind an die R. des Zuhörers gewisse Kompetenzen und Pflichten geknüpft, neben der Sprachkompetenz etwa die Fähigkeit, die tieferen Bedeutungen und Anspielungen erfassen und das Dargebotene beurteilen und angemessen darauf reagieren zu können. Neben diesen kommunikativen haben Erzähler wie Zuhörer[35] stets auch soziale R.n, in denen sie übereinstimmen oder sich unterscheiden können. Frauen haben als Erzähler oder Sänger oft ein anderes → Repertoire und andere Zuhörer als Männer (→ Frauenmärchen, → Männermärchen). Ähnliche Zusammenhänge bestehen bei der Schichtzugehörigkeit, wo es zu einer Identifikation des Erzählers mit bestimmten in der Erzählung vorgegebenen R.n kommen kann[36]. Da seit der Romantik ‚echtes' Erzählen mit dem ‚einfachen Volk' assoziiert wird, gelingt es ‚einfachen' Erzählern nicht selten, ihren niedrigen sozialen Status durch gutes Erzählen aufzuwerten: Ihre kommunikative R. beeinflußt ihr soziales Prestige. Doch auch der umgekehrte Fall, die Aufwertung der kommunikativen R. durch die soziale oder hierarchische Position, ist keinesfalls selten.

Die Verzahnung zwischen narrativen und sozialen R.n macht vor allem Märchen zu einer geeigneten Vorlage für das R.nspiel. Da „das Märchengeschehen als Darstellung von Reifungsvorgängen" zu sehen ist[37], können die R.n in der Erziehung[38] wie auch in der Psychotherapie (→ Psychiatrie, → Psychoanalyse, → Psychologie) gut spielerisch umgesetzt werden, etwa durch imaginierten R.ntausch[39], bei dem es zur Identifikation mit der R. kommen soll.

4. R. des Forschers. Nicht zu übersehen ist schließlich, daß auch der Erzählforscher in zweifacher Weise in die R.nbeziehungen eingebunden ist. In der kommunikativen R. des kompetenten Zuhörers und interessierten Außenseiters, der das Gehörte dokumentiert und bereits durch sein Interesse aufwertet, beeinflußt er nicht nur die Erzählsituation, sondern auch den sozialen und kommunikativen Kontext des Erzählers; nicht selten ist er bei älteren Erzählern allerdings der einzige Zuhörer und findet sich in der R. des persönlichen Vertrauten wieder. Verstärkt wird der Einfluß des Forschers durch seine soziale R., ist er doch in der Regel ein Angehöriger der Bildungselite, während der → Informant zumeist dem ‚einfachen Volk' angehört. Die asymmetrische Kommunikation und R.nbeziehung ebenso wie die antizipierten gegenseitigen R.nerwartungen können nicht nur die konkrete Aufzeichnung, sondern die gesamte Erzähl- und Liedtradition beeinflussen; Beispiele sind etwa die Verleugnung der erotischen Folklore (→ Erotik, Sexualität) oder die Bevorzugung der von F. J. → Child zusammengestellten Balladen im engl. Sprachraum.

[1] Langer, G.: R. In: Brauneck, M./Schneilin, G. (edd.): Theaterlex. Reinbek 1986, 800 sq.; id.: Die R. in Ges. und Theater. Tübingen ²1996. – [2] Zur engen Beziehung zwischen Theater und Ges. cf. Sennett, R.: Verfall und Ende des öffentlichen Lebens. Ffm. 1983, 49 sq.; Langer ²1996 (wie not. 1); Goffman, E.: Wir alle spielen Theater. Die Selbstdarstellung im Alltag. Mü. 1969. – [3] Mead, G. H.: Mind, Self and Soc. Chic. 1934; cf. auch Parsons, T./Shils, E.: Toward a General Theory of Action. Cambr. 1951. – [4] Linton, R.: The Study of Man. An Introduction. N. Y. 1936; id.: Role and Status. In: Newcombe, T. H. u. a.: Readings in Social Psychology. N. Y. 1947, 367–370. – [5] Rocheblave-Spenlé, A. M.: In: Arnold, W. u. a.: Lex. der Psychologie 3. Fbg 1971/72, 210–215. – [6] Dahrendorf, R.: R. In: Bernsdorf, W. (ed.): Wb. der Soziologie. Stg. 1969, 902; cf. id.: Homo sociologicus. Köln 1972; Plessner, H.: Soziale R. und menschliche Natur. In: Derbolav, J. u. a. (edd.): Erkenntnis und Verantwortung. Düsseldorf 1960, 105–115; Coburn-Staege, U.: Der R.nbegriff. Ein Versuch der Vermittlung zwischen Ges. und Individuum. Heidelberg 1973; Goffman (wie not. 2); id.: Interaktion: Spaß am Spiel. R.ndistanz. Mü. 1973; Boudon, R./Bourricaud, F.: Soziol. Stichworte. Ein Hb. Opladen 1992, 435–440. – [7] Wiswede, G.: R.ntheorie. Stg. 1977; Schulte-Altedorneburg, M.: R.ntheorie als Soziologie der Herrschaft. Ffm. 1977; Kassel, H.: R.ntheorie und Symbolischer Interaktionismus im Spannungsfeld von Subjektivität und Objektivität. Stg. 1978; Haug, F.: Kritik der R.ntheorie. Hbg 1994. – [8] Scharfe,

M.: Zum Rügebrauch. In: id. (ed.): Brauchforschung. Darmstadt 1991, 184–215; Fielhauer, H.: Allerheiligenstriezel aus Stroh. ibid., 418–429. – [9] Holbek, B.: Interpretation of Fairy Tales (FFC 239). Hels. 1987, 416. – [10] Lüthi, M.: Das europ. Volksmärchen. Mü. [4]1974, 40, 57 sq., 68; id.: Das Volksmärchen als Dichtung. Göttingen 1975, 141, 152. – [11] Propp, V.: Morphologie des Märchens. ed. K. Eimermacher. Ffm. 1975, 27. – [12] id.: The Morphology of the Folktale. Austin/L. 1968, 21; cf. Milne, P.: Vladimir Propp and the Study of Structure in Hebrew Biblical Narrative. Sheffield 1988, 72 sq., 81–83. – [13] Propp (wie not. 11) 79 sq. – [14] Milne (wie not. 12) 82; cf. auch Jason, H.: The Narrative Structure in Swindler Tales. In: Arv 27 (1971) 141–160. – [15] Köngäs Maranda, E./Maranda, P.: Structural Models in Folklore and Transformational Essays. Den Haag/P. 1971, 347. – [16] Holbek (wie not. 9) 416–435. – [17] ibid., 416. – [18] Spörk, I.: Studien zu ausgewählten Märchen der Brüder Grimm. Meisenheim 1985, 28–31, 210–225. – [19] Bausinger, H.: Bemerkungen zum Schwank und seinen Formtypen. In: Fabula 9 (1967) 118–136. – [20] Roth, K.: Ehebruchschwänke in Liedform. Eine Unters. zur dt.- und engl.sprachigen Schwankballade. Mü. 1977, 16–29. – [21] Olsen, M.: Les Transformations du triangle érotique. Kop. 1976. – [22] Brednich, R. W.: Die Maus im Jumbo-Jet. Mü. 1991, 77–80. – [23] Campion-Vincent, V.: La Légende des vols d'organes. P. 1997. – [24] Rusch-Feja, D.: The Portrayal of the Maturation Process of Girl Figures in Selected Tales of the Brothers Grimm. Ffm. 1995, 99–226; Szonn, G.: Entwicklung und Reife im Märchen. Fellbach-Oeffingen 1989. – [25] Lüthi [4]1974 (wie not. 10) 107. – [26] Moser-Rath, E.: Dem Kirchenvolk die Leviten gelesen. Stg. 1991, 136–142; Müller, E.: Das Bild der Frau im Märchen. Mü. 1986, 123–131; Wehse, R.: Schwanklied und Flugblatt in Großbritannien. Ffm. 1979, 78, 107; Rusch-Feja (wie not. 24). – [27] Moser, D.-R.: Schwänke um Pantoffelhelden oder die Suche nach dem Herren im Haus. In. Fabula 13 (1972) 205–292; Moser-Rath (wie not. 26) 101, 138 sq.; Krohn, R.: Der man verkert sich in ein frauen. R.nklischees und Komik in den frühen Fastnachtspielen. In: Andersen, F. G. (ed.): Popular Drama in Northern Europe to the Late Middle Ages. Odense 1988, 135–164. – [28] Röhrich, L.: Der Witz. Stg. 1977, 17, 82. – [29] cf. griech. Beispiele in Chang, C.-G.: Der Held im europ. und korean. Märchen. Basel 1981, 144 sq. – [30] Lüthi, M.: Familienballade. In: Hb. des Volksliedes 1. ed. L. Röhrich/R. W. Brednich/W. Suppan. Fbg/Basel/Wien 1973, 89–100. – [31] Uther, H.-J.: Behinderte in populären Erzählungen. B./N. Y. 1981, 56 sq. – [32] Child, num. 95; Long, E.: ‚The Maid' and ‚The Hangman'. Berk. 1971. – [33] cf. zum Balladensänger Long, E.: Ballad Singers, Ballad Makers, and Ballad Etiology. In: WF 32 (1973) 225–236. – [34] Edwards, C.: „Stop me if you've heard this one": Narrative Disclaimers as Breakthrough into Performance. In: Fabula 25 (1984) 214–228. – [35] Dégh, L.: Narratives in Soc. (FFC 255). Hels. 1995, 63 sq. – [36] cf. Holbek (wie not. 9) 146–151. – [37] Lüthi [4]1974 (wie not. 10) 107. – [38] Müller (wie not. 26). – [39] Bühler, C./Bilz, J.: Das Märchen und die Phantasie des Kindes. Mü. [3]1971, 111–118; Rusch-Feja und Szonn (wie not. 24); Hilty, E.: Einäuglein, Zweiäuglein, Dreiäuglein. Wege zum Märchen. Bern 1988, 92–121.

München   Klaus Roth

Rölleke, Heinz, * Düsseldorf 6. 11. 1936, dt. Philologe und Erzählforscher. Nach der kaufmännischen Ausbildung und Tätigkeit in einem Zeitungsverlag (1953–59) studierte R. 1959–64 Germanistik, Geschichte und Philosophie an den Univ.en Köln und Zürich. Nach der Promotion in Köln 1965 mit einer Arbeit über den literar. Expressionismus arbeitete er als wiss. Assistent am Inst. für Dt. Sprache und Lit. der Univ. in Köln, 1971 habilitierte er sich mit einer hist.-kritischen Edition von *Des Knaben Wunderhorn*[1] für Dt. Philologie und Vk. Es folgten Lehrstuhlvertretungen an den Univ.en Düsseldorf, Cincinnati und Trier. Von 1974 bis zu seiner Emeritierung 2001 lehrte R. als Professor für Dt. Philologie einschließlich Vk. an der Univ.-Gesamthochschule Wuppertal. Seit den ersten wiss. Veröff.en in der 2. Hälfte der 1960er Jahre hat R. mit inzwischen weit über 50 Büchern, über 250 Aufsätzen sowie einer breiten Rez.stätigkeit nahezu den gesamten Bereich der dt. Lit.geschichte und der literar. Vk. bearbeitet[2]. Bes. als → Grimm-Forscher gelangte R. zu internat. Ansehen. 1985 erhielt er den Preis der Akad. für Kinder- und Jugendlit. Volkach und den Staatspreis des Landes Hessen; 1999 wurde ihm der Brüder-Grimm-Preis der Philipps-Univ. Marburg verliehen.

R.s wiss. Arbeiten sind editionsphilol. ausgerichtet. Seine Publ.en verstehen sich weitestgehend als Beitr.e zu einer positivistischen literarhist. Grundlagenforschung. Mit den Mitteln der philol. Textkritik wird nach Handschriftenlage und Druckgeschichte gefragt, werden Lesarten und Var.n ermittelt und dokumentiert (→ Philol. Methode). Auf einer zweiten Stufe wird nach Qu.n und Vorlagen geforscht und die Überlieferungsgeschichte eruiert. Hierhin gehören auch die gerade für die Märchenforschung relevanten Fragen nach der Vermittlung der behandelten Texte an die letzten Bearbeiter, nach dem Profil der zeitgenössischen Beiträgerschaft und der Wirksamkeit von (volks)literar. Traditionen. Eine dritte Bearb.sstufe gilt den (Einzelstellen-)Erläuterungen. Im Blickfeld stehen Abhängigkeiten und Intertextualitäten und die Frage nach der Motivation der fixierten Redaktionen. Auf einer letzten Stufe wird die weitere Wirkungsgeschichte verfolgt. Das Verfahren zielt auf die Sicherung von Daten und Fakten, um nachfolgenden Interpretationen und Deutungsversuchen verläßliche Materialien an die Hand zu geben.

Die hist.-kritische Edition von Achim von → Arnims und Clemens → Brentanos Liedersammlung *Des Knaben Wunderhorn* wurde wegweisend für das weitere editionsphilol. und literaturhist. Interesse und die Wiss.spraxis R.s. In einer vergleichbaren Herangehensweise folgten kommentierte Editionen der Werke des ma. Dichters → Konrad von Würzburg, des Barockdichters Johannes Gorgias, → Lessings, → Herders, Annette von Droste-Hülshoffs, Mathilde Wesendoncks, Hugo von → Hofmannsthals und Else Lasker-Schülers unter jeweils bes. Berücksichtigung volksliterar. Traditionen[3].

Seit den 1970er Jahren avancierten die → *Kinder- und Hausmärchen* der Brüder Grimm zum zentralen Forschungsgegenstand R.s. Bes. in den 1970er und 1980er Jahren entwickelte sich R.s Märchenforschung in enger archivalischer Kooperation mit L. Denecke.

Kritische Editionen R.s: *Die älteste Märchensammlung der Brüder Grimm. Synopse der hs. Urfassung von 1810 und der Erstdrucke von 1812.* Cologny-Genève 1975. – *Märchen aus dem Nachlaß der Brüder Grimm.* Bonn 1977 (Trier ^{5}2001). – *Brüder Grimm: KHM. Ausg. letzter Hand. Mit den Orig.anmerkungen der Brüder Grimm* 1–3. Stg. 1980 (verb. Nachdr. 1984, 1997). – *KHM. Nach der 2. vermehrten und verb. Aufl. von 1819* [...] 1–2. Köln 1982 (Mü. ^{6}1992; Nachdr. Reinbek 1993). – *KHM gesammelt durch die Brüder Grimm. Kleine Ausg. von 1858.* Ffm. 1985 (^{7}1999). – *KHM gesammelt durch die Brüder Grimm. Vollständige Ausg. auf der Grundlage der 3. Aufl.* (1837). Ffm. 1985 (erw. Nachdr. 1992). – *KHM. Gesammelt durch die Brüder Grimm. Vergrößerter Nachdr. der zweibändigen Erstausg. von 1812 und 1815 nach dem Handexemplar* [...] *mit sämtlichen hs. Korrekturen und Nachträgen der Brüder Grimm* 1–2 *und Ergänzungsheft* (in Verbindung mit U. Marquardt). Göttingen 1986 (verb. Nachdr. 1996). – *Unbekannte Märchen. Synopse von Einzeldr.en Grimmscher Märchen und deren endgültiger Fassung in den KHM* [...]. Köln 1987. – *Die wahren Märchen der Brüder Grimm.* Ffm. 1989 (^{6}1999). – *Grimms Märchen, wie sie nicht im Buche stehen.* Ffm. 1993. – *Grimms Märchen und ihre Qu.n. Die literar. Vorlagen der Grimmschen Märchen synoptisch vorgestellt und kommentiert.* Trier 1998. – *Grimms Märchen. Text und Kommentar.* Ffm. 1998 (Ausw.).

Dazu kommen Editionen von Grimms *Dt. Sagen*[4], *Volksliedern*[5] und *Wiegen- und Kinderliedern*[6] sowie anderen volksliterar. relevanten Zeugnissen[7]. Begleitende Studien gelten vor allem der Entstehungsgeschichte der KHM, ihren Qu.n, den Beiträgern und der Textgenese[8]. Darüber hinaus dokumentierte und untersuchte R. die Wirkungsgeschichte[9] und den weiteren biogr. Kontext[10], veröffentlichte eine Einführung in die Grimm-Märchen[11], Studien zum Sprichwort in den KHM[12] und allg. zum wiss. Werk der Grimms. Im Rahmen einer kritischen Ausg. der Gesamtkorrespondenz J. und W. Grimms erschien seine Edition des Briefwechsels zwischen den Brüdern[13].

Grundlegend für die moderne Grimm- und Märchenforschung wurden vornehmlich R.s Studien zum Beiträgerkreis der KHM. Durch die Heranziehung von Nachlaßmaterialien, bes. der Grimmschen Notizen in ihren Handexemplaren, konnte die Herkunft der meisten Märchen geklärt und die jeweilige Beiträgerschaft identifiziert werden. Nach R.s Befund entstammten die überwiegend jüngeren Erzählerinnen zu einem beträchtlichen Teil dem Kasseler Stadtbürgertum und dem westfäl. Landadel und besaßen Kenntnisse der frz. → Contes de(s) fées, was die vielfältigen Anklänge der von ihnen vermittelten Märchen an diese erklären[14]. R.s Studien trugen maßgeblich dazu bei, die Märchenforschung aus ihren regionalpatriotischen und nationaldt. Befangenheiten zu befreien. Einen entsprechenden Paradigmenwechsel initiierte vor allem seine Entmythisierung der sog. → Alten Marie[15].

Eine R.-Schule im engeren Sinne hat sich in der Grimmforschung nicht herausgebildet; wohl aber ist eine Reihe von wissenschafts- und musikgeschichtlichen Studien von R. inauguriert worden[16]. Darüber hinaus hat die im Einzelfall durchaus streitbare Philologie R.s die Märchenforschung insgesamt auf ein solides textologisches Fundament gestellt, das die Wiss.spraxis seitdem nachhaltig prägt.

[1] Arnim, L. A. von/Brentano, C.: Des Knaben Wunderhorn 1–6. ed. H. R. Stg. 1975–78 (Nachdr. 1–9. Stg. u. a. 1979; Studienausg. 1–3. Stg. 1987). – [2] cf. Veröff.sverz. in: „daß gepfleget werde der feste Buchstab". Festschr. H. R. Trier 2002, 537–559. – [3] id. (ed.): Konrad von Würzburg. Drei mhd. Novellen. Stg. 1968; id. (ed.): Johann Gorgias alias Veriphantor: Betrogener Frontalbo. Bonn 1985 ([2]1988); id. (ed.): Lessing: Fabeln und Abhdlgen über die Fabel. Stg. 1967; id. (ed.): Herder: „Stimmen der Völker in Liedern". Stg. 1975; id. (ed.): Droste-Hülshoff: Die Judenbuche. Bad Homburg 1970 (Nachdr. Ffm. 1972); id. (ed.): Mathilde Wesendonck: Märchen und Märchenspiele. Trier 2002; id. (ed.): Hugo von Hofmannsthal: Jedermann. Ffm. 1990; id. (ed.) (zusammen mit U. Marquardt): E. Lasker-Schüler/ F. Marc: Privater Briefwechsel. Düsseldorf/Zürich 1998. – [4] Brüder Grimm: Dt. Sagen. Ausg. auf der Grundlage der 1. Aufl. ed. und kommentiert H. R. Ffm. 1994. – [5] Brüder Grimm: Volkslieder 1–3. ed. C. Oberfeld. Marburg 1985/89/87. – [6] Brüder Grimm: Wiegen- und Kinderlieder. ed. H. R. Weimar 1999. – [7] z. B. Das Tagebuch des Meister Franz, Scharfrichter zu Nürnberg [1801]. ed. J. C. Jacobs/H. R. Dortmund 1980; R., H.: Westfäl. Sagen. Düsseldorf/Köln 1981 (Mü. [3]1992, Neudruck Ffm. 1998); id. (unter Mitwirkung von P. Höpgen): Märchen und Sagen im Ruhrgebiet. Bielefeld 1984; Arnim, F. von: Hundert neue Mährchen im Gebirge gesammelt. Nach der Erstausg. von 1844 ed. H. R. Köln 1986 (Neudruck Ffm. 1991); id.: Das Volksliederbuch. Köln 1993; R., H.: Das große dt. Sagenbuch. Düsseldorf/Zürich 1996. – [8] cf. z. B. id.: „Nebeninschriften". Brüder Grimm – Arnim und Brentano – Droste-Hülshoff. Bonn 1980; id.: „Wo das Wünschen noch geholfen hat". Gesammelte Aufsätze zu den „Kinder- und Hausmärchen" der Brüder Grimm. Bonn 1985; id.: Die Märchen der Brüder Grimm. Qu.n und Studien. Trier 2000. – [9] id.: Der wahre Butt. Die wundersamen Wandlungen des Märchens vom Fischer und seiner Frau. Düsseldorf/ Köln 1978. – [10] id. (zusammen mit G. Hoffmann): Der unbekannte Bruder Grimm. Dt. Sagen von Ferdinand Philipp Grimm. Düsseldorf/Köln 1979. – [11] id.: Die Märchen der Brüder Grimm. Eine Einführung. Mü./Zürich 1985 (Bonn [3]1992). – [12] id. (zusammen mit L. Bluhm): „Redensarten des Volks, auf die ich immer horche". Das Sprichwort in den Kinder- und Hausmärchen der Brüder Grimm. Bern u. a. 1988 (erw. Neuausg. Stg./Lpz. 1997). – [13] id. (ed.): Briefwechsel zwischen Jacob und Wilhelm Grimm 1. Stg. 2001. – [14] id.: Die Frau in den Märchen der Brüder Grimm. In: Die Frau im Märchen. ed. S. Früh/R. Wehse. Kassel 1985, 72–88. – [15] id.: Die ‚stockhess.' Märchen der ‚alten Marie'. Das Ende eines Mythos um die frühesten KHM-Aufzeichnungen der Brüder Grimm. In: GRM N. F. 25 (1975) 74–86; zum Streit um die Berechtigung von R.s Neuzuweisung cf. Rebel, H.: Why not ‚Old Marie'? In: Social History 13 (1988) 1–24; dagegen Bluhm, L.: Neuer Streit um die ‚Alte Marie'? In: Wirkendes Wort 39 (1989) 180–198; Bottigheimer, R. B.: Fairy Tales, Folk Narrative Research and History. In: Social History 14 (1989) 343–357. – [16] z. B. Beitr.e von G. Hoffmann, U. Marquardt, J. Rißmann, Kwon-Ha Ryu, K. Wilcke in Brüder Grimm Gedenken; Bluhm, L.: Grimm-Philologie. Hildesheim 1995; id.: Die Brüder Grimm und der Beginn der dt. Philologie. Hildesheim 1997; Meier, S.: Liebe, Traum und Tod. Die Rezeption der Grimmschen Kinder- und Hausmärchen auf der Opernbühne. Trier 1999.

Oulu   Lothar Bluhm

Rollenhagen, Georg, * Bernau (bei Berlin) 22. 4. 1542, † Magdeburg 20. 5. 1609, dt. Pädagoge, Dramatiker, Satiriker und Prediger. Nach seiner Ausbildung auf den Gymnasien von Prenzlau und Magdeburg nahm R. umfassende Studien in Wittenberg (1560) auf, die durch verschiedene pädagogische Tätigkeiten unterbrochen wurden. Nach dem Magisterabschluß (1567) trat R. die Stelle des Prorektors am Magdeburger Gymnasium an, das er ab 1575 als Rektor leitete und zu einer der führenden protestant. Gelehrtenschulen ausbaute. Mehr als 30 Jahre nahm R. neben seinem Rektorat auch das Amt des Predigers am Stift St. Sebastian wahr[1].

Wie verschiedene pädagogische Schriften, die R. neben einigen Gelegenheitsgedichten verfaßte, sind auch seine Dramen seinem Lehramt verpflichtet. Sein → *Abraham* (zuerst 1569), → *Tobias* (zuerst 1576)[2] und → *Lazarus* (1590), die alle auf Vorlagen anderer Autoren zurückgehen, führen die Tradition des protestant. Schuldramas weiter[3]. Die Stücke zeichnen sich durch eine volkstümliche, mit zahlreichen Sprichwörtern durchsetzte Sprache aus und verbinden religiöse Belehrungen mit teilweise derb-komischen Einschüben. Dazu tragen vor allem die verschiedenen → Teufelsgestalten und die Figur des → Narren, aber im *Lazarus* auch der breit ausgestaltete Auftritt des Leimstenglers (3,11) und die angehängte parodistische Leichenpredigt *Über des Reichen Mannes Begräbnis* bei. Im *Tobias* bringt R. auch Magdeburger Hochzeitsbräuche auf die Bühne. Für die lat. Komödien des → Terenz, die ebenfalls am Magdeburger Gymnasium aufgeführt wurden, schrieb R. u. d. T. *Terentius* (1592) gereimte Inhaltsangaben mit kommentierten Personenverzeichnissen und (teilweise als Sprichwortreihen formulierten) Deutungshilfen.

Von R.s zahlreichen Predigten ist nur die Himmelfahrtspredigt von 1592 gedruckt überliefert. Besser dokumentiert sind seine Interessen an zeitgenössischen politischen Ereignissen, die er zwischen 1589 und 1590 in verschiedenen gereimten Flugschriften kommentiert hat[4]. Dieses Engagement könnte vielleicht mit den Befürchtungen vor dem Weltuntergang begründet werden, die mit dem Jahr 1588 verbunden waren und mit denen R. sich schon in der Schrift *Zum Newen Jahr/ Widerlegung der Reim/ so jtzt gemein sein. Tausent/ fünffhundert/ Achtzig acht/ Das ist das Jahr das ich betracht/ Geht in dem die Welt nicht vnder/ So geschicht doch sonst groß mercklich wunder* kritisch auseinandersetzt.

R.s bekanntestes Werk ist der *Froschmeuseler* (zuerst 1595), ein satirisches Tierepos, das mit knapp 20000 Knittelversen (dem von R. bevorzugten Metrum) als umfangreichster dt. Vertreter dieser Gattung zu gelten hat[5]. Das Werk geht auf Veit Ortel von Winsheim zurück, der 1566 in Wittenberg eine Vorlesung über die im 16. Jh. weitverbreitete pseudohomerische Epenparodie *Batrachomyomachia* (→ *Frosch-Mäuse-Krieg*) gehalten hatte und seine Hörer zu volkssprachlichen Nachahmungen angeregt haben soll. Knapp 30 Jahre später gab R. seine dt. Bearb. in den Druck, die er bis zur Ausg. letzter Hand (1608) mehrfach überarbeitete. Die etwa 300 Hexameter umfassende griech. Vorlage liefert R. nur das Handlungsgerüst:

> Der Mäuseprinz Krümelklau macht am Ufer eines Sees die Bekanntschaft mit dem Froschkönig Pausback; nach einer langen Unterhaltung lädt dieser den Mäuseprinzen zum Besuch seines Wasserschlosses ein und nimmt ihn auf den Rücken, um den See zu überqueren. Als plötzlich eine Wasserschlange erscheint, taucht Pausback unter, so daß Krümelklau ertrinkt. Daraufhin erklären die Mäuse den Fröschen den Krieg, aber durch göttliche Fügung bringt die blutige und grausame Schlacht keine Entscheidung, sondern nur entsetzliche Verluste für beide Seiten.

Diese eher dürftige Handlung erweiterte R. durch die Ausarbeitung verschiedener Gesprächs- und Beratungsszenen erheblich[6]. Dafür verwendete er zahlreiche Qu.n, die nur selten sicher zu identifizieren sind. Eine Fülle von Sprichwörtern durchzieht das ganze Epos, aber auch zahlreiche Fabeln[7], Exempel, Sagen und Schwänke aus zeitgenössischen Chroniken und Sammlungen oder aus der mündl. Überlieferung sind eingearbeitet. Die Anlehnung an R.s erklärtes Vorbild, den *Reinke de Vos* (→ *Reineke Fuchs*), ist unverkennbar — R. hat auf die Ausg. mit der jüngeren protestant. Glosse zurückgegriffen[8] —, aber auch Johann → Fischart und Martin → Luther hat R. zu nutzen gewußt, und ebenso finden Zitate aus der Bibel neben Entlehnungen aus der antiken Lit. und aus fachwiss. Werken (Tier- und Pflanzenkunde, Alchemie, Astronomie) ihren Platz. Das parodistische antike Tierepos der Vorlage ist somit in eine Enz. verwandelt, die einen Einblick gewährt in das Bildungsgut, das ein dt., protestant. geprägter Humanist am Ende des 16. Jh.s als der literar. Übermittlung wert angesehen hat. Ein ausführliches Reg. und zahlreiche Marginalien betonen den enzyklopädischen Charakter des Werkes, das in drei Bücher mit insgesamt 119 Kap.n eingeteilt ist. Die thematische Ordnung der Bücher folgt dem von der Qu. vorgegebenen Rahmen und orientiert sich zugleich an der Gattung des Fürstenspiegels (→ *Speculum principum*). Nach den Individualtugenden und den zwischenmenschlichen Beziehungen (1. Buch) werden Probleme der innerstaatlichen Ordnung (2. Buch) und schließlich Fragen der Kriegs- und Bündnispolitik (3. Buch) erörtert.

R. hat zahlreiche Erzählstoffe in sein Epos integriert; sein Umgang damit kann hier nur angedeutet werden. Fabeln erscheinen bei ihm als knappe Anspielung (z.B. 1,4817—4820; AaTh 34 A: → *Hund verliert das Fleisch*), aber auch in breiter Ausgestaltung (1,1445—1976; AaTh 112: → *Feldmaus und Stadtmaus*) oder werden als Rahmen für zahlreiche andere Episoden genutzt (1,2811—2886; 1,5919—6156; AaTh 105: → *Listensack des Fuchses*). Sie können auch kombiniert werden (2,2907—3063), wie die Fabel vom Rat der Schwalbe (AaTh 233 C: *The Swallow and the Hemp-seeds*) mit der vom Rat der Eule (Dicke/Grubmüller, num. 131). Manches erscheint bei R. erstmals in der dt. Lit., wie die Fabel vom Streit zwischen dem Kopf und dem Schwanz der Schlange (2,2115—2266; Dicke/Grubmüller, num. 514), oder scheint sein Eigentum zu sein, wie die Fabel von der Glocke der Schafe und den Hunden (2,3165—3290; Dicke/Grubmüller, num. 318). Wie mit der Fabeltradition verfährt R. mit anderen Erzählstoffen der Antike. Die → Circe-Episode bringt er nach Giambattista Gelli (1498–1563) in erheblicher Ausweitung (1,651–1434)[9], während auf die Entführung der Europa durch → Zeus in Gestalt eines Stiers nur angespielt wird (2,7059 sq., 7235–7238); mehrfach greift R. mit → Alexander d. Gr. verbundene Exempel auf [10]. Nur knapp äußert er sich über den Ursprung des ersten Sachsenkönigs (1,55 sq.)[11], während der Sage vom Glücksrad (→ Fortuna) 41 Verse gewidmet sind (1,4955–4995) und der → Rattenfänger von Hameln (3,2173–2220) und erst recht die ‚Stadtmusikanten‘ (3,1185–1432; AaTh 130: cf. → Tiere auf Wanderschaft) ebenfalls ausführlich gewürdigt werden[12]. Die Fülle der Erzählstoffe verschmilzt R. zu einem einheitlichen Ganzen, indem er das in der Tierepik übliche Prinzip der narrativen Assimilation von in kleineren Erzählformen überlieferten Stoffen mit dem Prinzip der abgestuften Erzählerebene kombiniert, d. h. die Erzählstoffe werden von den epischen Figuren selbst erzählt und oft als von ihnen oder ihren Verwandten selbst erlebt ausgegeben[13]. So wird die Fabel AaTh 57: → Rabe und Käse (1, 3023–3143) nicht vom auktorialen Erzähler mitgeteilt, sondern der Mäuseprinz erzählt, wie der Fuchs dem Kater die Übertölpelung des Raben schildert.

Der *Froschmeuseler* ist R.s erfolgreichstes Werk. Es wurde bis 1637 (meistens zusammen mit den 16 Holzschnitten der Erstausgabe) mindestens zehnmal gedruckt (weitere Aufl.n 1683, 1730)[14]. Seit dem frühen 19. Jh. erschienen verschiedene, z. T. stark kürzende und den Wortlaut modernisierende Bearb.en, die das satirische Epos zum Jugend- und Kinderbuch machten[15].

Weitere Erzählstoffe, -typen und -motive (Ausw.)[16]: 1,2159–2292 = AaTh 47 B: cf. → *Wolf und Pferd.* – 2293–2448 = AaTh 217: → *Katze und Kerze.* – 3091–3170 = AaTh 61 A: → *Fuchs als Beichtvater.* – 3179–3374 = AaTh 157: *Tiere lernen* → *Furcht vor den Menschen.* – 4591–4600 = → Argonauten. – 4619–4628 = → Gyges. – 5171–5912 = AaTh 155: → *Undank ist der Welt Lohn.* – 5541–5145 = Heinrich der Löwe (cf. → *Löwentreue*). – 6111–6146 = AaTh 75: → *Hilfe des Schwachen.* – 6383–6406 = AaTh 110: → *Katze mit der Schelle.* – 2,447–556 = → Königswahl der Tiere. – 569–628 = Verwandlung der Philomela in eine → Nachtigall. – 801–816 = Phaeton stürzt vom Sonnenwagen. – 997–1016 = AaTh 201: *Der freie* → *Wolf (Hund).* – 2399–2430 = AaTh 93: → *Worte des Herrn sind ernstzunehmen.* – 3531–3692 = AaTh 293: → *Magen und Glieder.* – 3785–3790 = AaTh 701: → *Riesenspielzeug.* – 5505–6734 = AaTh 277: → *Frösche bitten um einen König.* – 3,49–70 = Kampf der Titanen. – 417–526 = Latona verwandelt die lyk. Bäuerin in Frösche. – 771–824 = AaTh 231**: *The Eagle Wants to Tear the Dove to Pieces.* – 906–942 = AaTh 77: cf. *Die eitlen* → *Tiere.* – 989–1004 = AaTh 222A: *Bat in War of Birds and Quadrupeds* (cf. AaTh 103, 104, 222: → Krieg der Tiere). – 1055–1092 = AaTh 51: → *Löwenanteil.* – 1501–1542 = AaTh 214 B: → *Esel in der Löwenhaut.* – 2145–2158 = AaTh 278: cf. → *Tiere aneinandergebunden*). – 2227–2250 = → Mäuseturm von Bingen. – 2251–2292 = Pompill (= Popiel).

[1] Zur Biogr. R.s zuletzt Peil, D.: G. R. In: Dt. Dichter der frühen Neuzeit (1450–1600). Ihr Leben und Werk. ed. S. Füssel. B. 1993, 561–574 (mit Nachweis der älteren Lit.). – [2] Peil, D.: Die Schaubühne als ‚pädagogische‘ Anstalt. Anmerkungen zu G. R.s „Tobias". In: Prolegomena zur Kultur- und Lit.geschichte des Magdeburger Raumes. ed. G. Schandera/M. Schilling. Magdeburg 1999, 107–127. – [3] R., G.: Des Ertzvaters Leben vnd Glauben. Magdeburg 1569 (Hildesheim 1603); id.: Spiel von Tobias (1576). ed. J. Bolte. Halle 1930; id.: Spiel vom reichen Manne und armen Lazaro. ed. J. Bolte. Halle 1929. – [4] Peil, D.: Der Hinckende Both, der Post Both und der Post Reuter. Drei gereimte Flugschriften aus der Zeit um 1589 und die Probleme ihrer Edition. In: Editionsdesiderate zur Frühen Neuzeit. Beitr.e zur Tagung der Kommission für die Edition von Texten der Frühen Neuzeit 1. ed. H.-G. Roloff (unter Mitarbeit von R. Meincke). Amst./Atlanta 1997, 109–129; daß alle drei Flugschriften von R. verfaßt sind, wird mittlerweile bezweifelt, cf. Damnitz, A. von: Tausent/ Fünffhundert/ Achtzig acht/ Das ist das Jahr/ das ich betracht [...]. Drei anonyme Flugschriften zu den Ereignissen zwischen 1588 und 1589. Neuried 2002. – [5] Froschmeuseler. ed. K. Goedeke. Lpz. 1876 (Ausg. muß nach wie vor herangezogen werden, da in der älteren Forschungslit. meistens danach zitiert wird); maßgeblich nunmehr R., G.: Froschmeuseler. Mit den Holzschnitten der Erstausg. ed. D. Peil. Ffm. 1989. – [6] Richter, R.: G. R.s Froschmeuseler: Ein rhetorisches Meisterstück. (Diss. L. A. 1970) Bern/Ffm. 1975; Peil, D.: Rhetorische Strukturen in G. R.s Froschmeuseler? In: Ma. Denk- und Schreibmodelle in der dt. Lit. der Frühen Neuzeit. ed. W. Harms/J.-M. Valentin. Amst./Atlanta 1993, 197–217. – [7] Ob auch die Slg von Prosafabeln, die u. d. T. „Alte Newe Ztg von der Welt Lauff" 1592 erschienen ist, R. zugeschrieben werden darf (so Sobel, E.: Alte Newe Ztg. Berk./ L. A. 1958), ist angesichts der Vorliebe R.s für den Knittelvers anzuzweifeln. – [8] cf. Peil, D.: Der Einfluß des Reynke de vos auf G. R.s Froschmeu-

seler (1595). In: Reinardus 5 (1992) 157–169. – [9] Krausse, H. K.: Die Circe-Episode in R.s Froschmeuseler. In: Arcadia 15 (1980) 242–257. – [10] Froschmeuseler 1,181; 1,315; 1,4710 sq.; 1,4933 sq.; 1,5471–5477; 2, 7164–7168. – [11] Grimm, Mythologie 1, 474. – [12] Uther, H.-J.: Zur Entstehung, Bildgeschichte und Bedeutung des Märchens. In: Die Stadtmusikanten in Bremen. Geschichte – Märchen – Wahrzeichen. ed. A. Röpcke/ K. Hackel-Stehr. Bremen 1993, 18–52, bes. 27–32. – [13] Peil (wie not. 8). – [14] cf. Dünnhaupt, G.: Bibliogr. Hb. der Barocklit. Hundert Personalbibliogr.n dt. Autoren des 17. Jh.s 2,2. Stg. 1981, 1612–1624. – [15] Brunken, O.: G. R.s „Froschmeuseler", ein späthumanistisches didaktisches Tierepos für die Jugend des gebildeten „Mittelstands". In: Die Schiefertafel 5 (1982) 46–69, 70–73. – [16] cf. auch die Nachweise bei Dicke/Grubmüller, Reg. s. v. R., G.

München   Dietmar Peil

Rollentausch → Doppelgänger, → Frau in Männerkleidung, → Geschlechtswechsel, → Gestalttausch, → Kleidertausch, → Stellvertreter, → Verkleidung

Roma → Sinti, Roma

Roman de Renart

1. Allgemeines – 2. Inhalt des *R. de R.* – 3. Typik und Thematik – 4. Hintergrund und Qu.n – 5. Zur Geschichte und zum Stand der Forschung

1. Allgemeines. Der Titel *R. de R.* bezeichnet nicht ein durchkomponiertes Einzelwerk, sondern einen Zyklus von z. T. nur locker miteinander verbundenen altfrz. Tiererzählungen (14 Haupthandschriften, Teile oder Fragmente überliefert in 19 weiteren Hss.) in paarweise gereimten Achtsilbern, gesammelt in 27 zwischen ca 1174 und 1250 entstandenen Branchen (→ Tierepos)[1]. Die etwa zwanzig Autoren sind zum größten Teil anonym geblieben und dürften Kleriker gewesen sein. Der zusammenfassende, schon ma. Titel rechtfertigt sich durch die zentrale Figur des Fuchses (goupil), dessen Eigenname Renart (= Reinardus [im → *Ysengrimus*] = Reginhart) im Französischen zum Gattungsnamen geworden ist. Bei aller Verschiedenheit der Branchen wirkt der Listenreichtum, aber auch die Boshaftigkeit des Protagonisten als Organisationsprinzip der vielfältigen Erzählungen (cf. → List; → Bosheit, böse)[2].

2. Inhalt des *R. de R.* Einen ältesten Kern bilden nach allg. Forschungskenntnis[3] die zwischen ca 1174 und ca 1190 entstandenen Branchen, deren zentrale Thematik der ‚Krieg' zwischen → Fuchs und → Wolf (Ysengrin) ist. Es sind die Branchen, auf denen der im Gegensatz zum *R. de R.* als Buchepos mit finaler Struktur gestaltete mhd. *Reinhart Fuchs* (→ *Reineke Fuchs*) beruht. Branche II, die älteste Branche, als deren Verf. in späteren Branchen Pierre de Saint-Cloud genannt wird, erzählt die Begegnungen des Fuchses mit kleineren Tieren:

Hahn (Chantecler) (AaTh 61: → *Fuchs und Hahn*), Henne (Pinte), die einen Traum des Hahns deutet, Meise, Kater (Tibert), Rabe (Tiecelin; AaTh 57: → *Rabe und Käse*). Sie zeigen die boshafte List des Fuchses, aber auch sein Scheitern. Es folgen Renarts amouröse Annäherung an die nicht abgeneigte Wölfin (Hersent) in der Wolfshöhle, der Verrat durch die Fuchskinder gegenüber dem zurückgekehrten Ysengrin, der sich in seiner Leichtgläubigkeit durch die ungetreue Ehefrau beruhigen läßt, die gemeinsame Verfolgung des Fuchses, dem es schließlich sogar gelingt, die Wölfin, die im Eingang des Fuchsbaus steckengeblieben ist, vor den Augen Ysengrims zu vergewaltigen (AaTh 36: → *Fuchs vergewaltigt die Bärin*).

Branche V a, ebenfalls Pierre de Saint-Cloud zugeschrieben, stellt in unmittelbarem Anschluß daran die unausweichlichen Konsequenzen in der Auseinandersetzung zwischen Fuchs und Wolf dar:

Ysengrin und Hersent befinden sich am Hof des → Löwen (König Noble; → Tierkönig), der Wolf trägt vor der Versammlung aller Tiere seine Klage vor (→ Tierprozeß). Der König verbirgt seine Sympathie für Renart nicht und ist nicht geneigt, diesen wegen Ehebruchs zu verurteilen, da außereheliche Liebe den höfischen Konventionen entspreche. Da Klage erhoben ist, muß aber verhandelt werden. Das aus der Lombardei als Legat des Papstes gekommene Kamel (Musart) nimmt Stellung in einem komische Wirkung erzielenden gelehrten Sprachgemisch aus Französisch, Lateinisch und Italienisch; auch weitere Tiere äußern sich, darunter der Bär (Brun) und der Hirsch (Brichemer). Renart soll am Hof erscheinen und schwören, das verübte Unrecht gutzumachen. Nach Ladung durch den Dachs (Grimbert) ist Renart bereit, auf den Zahn des ‚hl. Roonel' zu schwören (cf. AaTh 44: → *Eid aufs Eisen*), daß er unschuldig sei. Mit Roonel, dem Hund des Bauern Frobert, hat sich der auf persönliche Rache sinnende Ysengrin jedoch verständigt, Renart in eine Falle zu locken. Roonel soll sich → totstellen, bei Annäherung Renarts zubeißen und diesen festhalten, bis 40 Hunde aus dem Hinterhalt kämen, um Renart zu zerfleischen. Der Fuchs aber bemerkt die Atembewegung des Hundes und flieht im letzten Augenblick (AaTh 53: *Reynard the Fox at Court*). Schwer geschunden durch die Verfolger erreicht er seine Burg Maupertuis.

Diese Kerngeschichte, die keine Lösung des Konflikts zwischen Fuchs und Wolf bringt, hat in der Folgezeit immer wieder zu Forts.en, Nachahmungen und Variationen herausgefordert.

Das im *R. de R.* häufig auftretende Motiv des → Hungers und der Nahrungsbeschaffung ist Ausgangspunkt für das Schinkenabenteuer in Branche V (1178), bei dem Renart gegenüber Ysengrin leer ausgeht, ebenso in Branche XV (1178) mit der Auseinandersetzung zwischen Fuchs und obsiegendem Kater um eine Wurst, desgleichen in Branche III (1178): Überlistung von Fischhändlern durch Sichtotstellen, um an Fische zu kommen (AaTh 1: → *Fischdiebstahl*). Als beim Aalverzehr in Renarts Familie Ysengrin angelockt wird, wird ihm ein grausamer Streich durch schmerzvolle Tonsurierung zum Mönch gespielt (Wolf als Mönch)[4]. Beim Fischfangabenteuer am gefrorenen Teich büßt der Wolf durch Renarts Machenschaften seinen Schwanz ein (AaTh 2: → *Schwanzfischer*). In Branche IV (1178) von Fuchs und Wolf im Brunnen (AaTh 31: cf. → *Rettung aus dem Brunnen*) wird erzählt, wie sich Renart auf Kosten Ysengrins aus einem Dilemma befreit. Täuschung durch das Spiegelbild (AaTh 34: cf. → *Spiegelbild im Wasser*), Ausnutzung der Jenseitsvorstellungen, komische Umkehrung von Aufwärts- und Abwärtsbewegung verdichten sich in der Struktur dieser meisterhaften Erzählung[5].

Branche XIV (1178) enthält das Weinabenteuer: Renart und der Wolf Primaut fallen in einer Kirche über die Hostien her, danach über die Vorräte des Priesters. Der betrunkene Primaut erhält von Renart die Tonsur, singt die Messe und läutet die Glocken, geht dabei und später noch mehrmals in die ihm von Renart bereiteten Fallen (AaTh 41: → *Wolf im Keller*; AaTh 100: cf. *Der singende* → *Wolf*).

Branche I (1179), die Branche mit der größten geschichtlichen Wirkung bis hin zu → Goethes *Reineke Fuchs*, nimmt das Thema des Hoftags und der Gerichtsverhandlung wieder auf: Hersent schwört einen doppeldeutigen → Eid und erklärt sich bereit, sich einem → Gottesurteil zu stellen. Während der Debatten über den abwesenden Fuchs und die Vorwürfe des Wolfes erscheint der Hahn Chantecler mit Trauerzug und der Leiche der von Renart gemordeten Henne Coupée, um Klage beim König zu erheben. Nach der feierlichen Bestattung Coupées, an deren Märtyrergrab Wunder geschehen, erfolgen drei Botengänge zu Renart. Brun, dem Bären, wird dabei sein Verlangen nach Honig zum Verhängnis, denn Renart sorgt dafür, daß dessen Schnauze und Pfoten in einem Baumstamm eingeklemmt bleiben und Brun sich nur mit größter Mühe blutüberströmt retten kann (AaTh 38: cf. → *Einklemmen unholder Wesen*). Tibert kann ebenfalls nur knapp sein Leben retten, nachdem Renart ihn mit der Aussicht auf Mäuse in eine Falle gelockt hat. Erst Grimbert, dem Dachs, gelingt es, Renart vor den König zu bringen. Renart spielt den Reumütigen und Unterwürfigen, aber er wird zum Tod durch Erhängen verurteilt. Als er jedoch zur Buße eine Pilgerfahrt ins Heilige Land verspricht, läßt man ihn ziehen (AaTh 20 D*: *Cock and Other Animals Journey to Rome to become Pope*). Wenig später wirft er sein Pilgergewand von sich, überschüttet den König mit Spott und kehrt nach Maupertuis zurück.

In Branche X (zwischen 1180 und 1190) tritt Renart als Arzt auf, der den kranken Löwen heilt (AaTh 50: *Der kranke* → *Löwe*). Der Fuchs läßt seine Bosheit an Wolf und Hirsch aus, deren Körper zur Gewinnung der Heilmittel für den König grausam abgehäutet bzw. aufgeschnitten werden. Nur der Kater kann dem Zugriff durch Flucht entgehen. Renart erhält zur Belohnung zwei Burgen.

In Branche VI (um 1190) erscheint Renart wieder vor Gericht. Schließlich ist er zum gottesgerichtlichen → Zweikampf mit Ysengrin bereit. Dieser trägt den Sieg davon, und Renart wird wie in Branche I zum Tode durch den Strang verurteilt, aber ein Mönch rettet ihn und bringt ihn in seinem Kloster unter. Nachdem Renart vier nicht für ihn bestimmte Kapaune verspeist hat, wird er aus dem Kloster geworfen und kehrt nach Maupertuis zurück.

Branche VIII (um 1190): Nach Beichte seiner Sünden erfolgt der Aufbruch Renarts zur Pilgerfahrt nach Rom mit weiteren Tieren. Beim Auftauchen von Schwierigkeiten kehrt er um, aber nach reichem Mahl bei Primaut.

Branche XII (um 1190; Autor ist der Normanne Richard de Lison): Tibert und Renart haben Priestergewänder an; als Falle Renarts für Tibert ist Glockenläuten gedacht. Tibert, gefangen am Glockenseil, wird von Renart verspottet, von den Bauern für einen Teufel gehalten und verprügelt (AaTh 40 A*: *Wolf Has Tail Attached to Bell*).

Branche I a (zwischen 1190 und 1195): Belagerung von Maupertuis, Vergewaltigung der Königin durch Renart, dessen Gefangennahme durch Tardif, die Schnecke, und Verurteilung zum Tode; Befreiung durch Lösegeld, das Frau und Kinder Renarts dem König bringen.

Branche I b (zwischen 1190 und 1195): Der Fuchs fällt in einen Färberkübel, ist gelb gefärbt und erscheint unerkannt in der Rolle eines bret. Spielmanns. Er rächt sich an Ysengrin, der seine Geschlechtsteile verliert und zu Hause deswegen von Hersent beschimpft wird, sowie an Poncet, einem jungen Vetter des Dachses Grimbert, den die Füchsin Hermeline als vermeintliche und sich rasch tröstende Witwe zu heiraten im Begriff war (AaTh 65: → *Freier der Frau Füchsin*)⁶.

Branche VII (zwischen 1195 und 1200): Renart sitzt hungrig auf einem vom Hochwasser bedrohten Heuhaufen und sieht den Milan Hubert. Renart möchte ihm angeblich seine Sünden beichten. Beim Friedenskuß schnappt er zu und frißt ihn auf.

Branche XI (um 1200): Tod von Hermeline, Noble unternimmt einen Kreuzzug, Renart verbreitet eine falsche Nachricht vom Tod des Königs, bemächtigt sich des Throns und heiratet die Königin; es kommt zu Kämpfen zwischen Renart und Noble, der schließlich dem Rebellen verzeiht.

Branche IX (um 1200, Autor ‚un prestre de la Croiz en Brie'): Geschichte um den Bauern Lietard. Der Fuchs hilft ihm gegen Brun, der das Leben verliert. Renart gelingt es schließlich, den Bauern zu seinem Vasallen zu machen (AaTh 154: → *Fuchs und Glieder*; AaTh 47 A, 47 C: → *Fuchs [Bär] am Pferdeschwanz*).

Branche XVI (um 1202): Renart und der Bauer Bertaud. Renart trifft Noble und Ysengrin; es wird die Beute geteilt, von der der Löwe alles erhält (AaTh 51: → *Löwenanteil*).

Branche XVII (um 1205): Am Hof des Königs, Feier der Märtyrerin Coupée. Renart und Ysengrin spielen Schach, Renart verliert seinen ganzen Einsatz, sogar seine Geschlechtsteile. Er fällt in Bewußtlosigkeit und gilt als tot. Er erhält eine Totenfeier, bei der er aber schließlich entweichen kann. Bei einem Zweikampf Renarts mit Chantecler wird Renart so geschunden, daß er sich nur retten kann, indem er sich totstellt. Er verschwindet und macht glauben, das Grab eines Bauern namens Renart sei sein eigenes.

In den letzten, zwischen 1205 und 1250 entstandenen epigonalen Branchen ist Ysengrin der Protagonist, Renart erscheint z.T. nicht mehr (Branche XVIII, XIX, XXI). Im übrigen wiederholen sich Renarts listige Strategien und Racheaktionen, verbunden mit obszöner Thematik in Branche XXII, mit Magie beim Versprechen, Noble eine Braut zuzuführen in Branche XXIII. Branche XXIV eröffnet eine mythische Dimension: Renarts bösartiges Wesen erklärt sich durch seine Geburt. Eva (→ Adam und Eva) hat sie wie die aller grausamen und wilden Tiere mit dem von Gott verliehenen Zauberstab bewirkt, während Adam mit diesem die für den Menschen nützlichen Tiere erscheinen ließ.

3. Typik und Thematik. Der Reiz der Tiergeschichten im *R. de R.* beruht auf einem Erzählen, welches die Welt der Menschen in der Welt der Tiere so in Erscheinung treten läßt, daß die Tiere zugleich ihre typischen Charakterzüge bewahren (→ Anthropomorphisierung)⁷. Aus dieser nicht aufgehobenen Spannung erwachsen die Möglichkeiten zu Komik und Parodie und damit zur Satire, die den Grundton bes. der älteren Branchen bestimmen. Sie zielt auf die höfisch-ritterliche Gesellschaft mit dem König an der Spitze und auf deren Ethos, bezieht aber auch die bäuerliche Welt mit ein. Dem Rechts- und Gerichtswesen mit allen Einzelheiten des Verfahrens gilt bes. Aufmerksamkeit. Die Sexualität und überhaupt die körperlichen Reaktionen werden ohne Hemmung dargestellt. Den Frauen wird Neigung zu Untreue und Sinnenlust zugesprochen. Wie das Beispiel des Huhns Pinte zeigt, ist aber das Bild der Frau nicht nur negativ. Breite Darstellung in parodistischer Stilisierung findet die religiöse und kirchliche Sphäre: die Welt der Priester und Mönche, vor allem aber die religiöse Praxis mit Gebet, Beichte, Zeremonien, Reliquienkult, Pilgerreisen und Wundern. In der Welt des *R. de R.* wirkt die zentrale Figur des listigen, verschlagen-heuchlerischen und zu allen Täuschungen bereiten Fuchses, dem andererseits als Schelm auch die Sympathie im Mitlachen nicht versagt wird, als Katalysator zur „Entlarvung und Kennzeichnung der typischen und in ihrer Typik festgelegten Natur" seiner Partner und Widersacher⁸. In dieser Weise werden die Eigenschaften und Charaktere der Tiere, die zugleich für die der Menschen stehen, als unveränderlich gegeben verstanden. Diese Typik ist zudem der Grund für die unabgeschlossene Episodenreihung, die keine auf ihr Ende gerichtete Geschichte kennt⁹. Das Erzählen im *R. de R.* läßt eine auf Kontingenz beschränkte und an keiner verbindlichen Moral orientierte Gegenwelt zur epischen Heroik und zur Welt der höfischen Liebe entstehen. Deren Idealität und Ethos werden hier, insbesondere mit den Verfahren der Parodie, ironisch in Frage gestellt. Der *R. de R.* ist ein geschichtlich bedeutsames Zeugnis dieser Möglichkeit in der ma. Lit.

4. Hintergrund und Qu.n. Heldenepos (z. B. *Chanson de Roland* [→ Roland], *Couronnement de Louis*, *Prise d'Orange* [→ *Guillaume d'Orange*]) und höfischer Roman (z. B. über → Tristan und Isolde, die ersten Romane → Chrétiens de Troyes) sind als Folie, deren

Kenntnis vorausgesetzt wird, im *R. de R.* ständig gegenwärtig[10]. Die Branchen des *R. de R.* sind eigenständige Leistungen ihrer Verfasser, aber diese schöpfen aus vielen Quellen: der Tradition der äsopischen Fabeln (→ Äsopika), dem → *Romulus,* der *Ecbasis captivi,* der *Disciplina clericalis* (→ Petrus Alfonsus) und insbesondere dem *Ysengrimus* (um 1150) des Magisters Nivardus. Pierres de Saint-Cloud betonter Neueinsatz, wie er im Prolog der Branche II zum Ausdruck kommt, erweist ihn als selbständigen Fortsetzer des *Ysengrimus*[11]. Zu den Quellen ist aber neben diesen in lat. Sprache verfaßten ma. Werken auch die mündl. volkstümliche Erzählüberlieferung zu rechnen[12].

5. **Zur Geschichte und zum Stand der Forschung.** Die Ursprungs- und Qu.nfrage hat die Forschung lange gespalten. Den Nachweis des dominanten literar. Ursprungs hat in entscheidender Weise L. Foulet[13] geführt und damit den ‚Folkloristen' J. → Grimm, G. → Paris, L. Sudre und C. Voretzsch widersprochen[14]. In der neueren Forschung stehen diese Fragen im ganzen nicht mehr im Mittelpunkt. Bes. H. R. Jauss[15] hat das Problem der im *R. de R.* in Erscheinung tretenden eigenen gattungsspezifischen, die Verarbeitung von Quellen wie den Duktus des Erzählens bestimmenden Intentionalität betont. Die Besonderheit der Branchen des *R. de R.* gilt es dabei abzugrenzen vom lehrhaften Sinn der Fabeln und Exempla, auch von der Fortuna-Fatum-Thematik (→ Fortuna, → Schicksal) des *Ysengrimus* und dem transzendenten Sinn der ritterlichen Aventüre. Das Interesse an der Bedeutung der Erzählstrukturen im *R. de R.* markiert die Fragestellung von E. Suomela-Härmä[16]. Neue Perspektiven eröffnen auf moderner Lit.theorie beruhende Analysen und Deutungen der Sprache des *R. de R.* als spezifischer ‚écriture renardienne' und ihrer abgründigen Subversivität (J. R. Scheidegger, J. R. Simpson)[17].

Seit dem MA. entfaltet sich eine reiche Wirkungsgeschichte des *R. de R.* Für Frankreich sind im MA. selbst die *Mémoires* von Philippe de Novare (13. Jh.), *Renart le Bestourné* von Rutebeuf und *Le Couronnement de Renart* (2. Hälfte 13. Jh.), der allegorische *Renart le Nouvel* von Jacquemart de Gielée (Ende 13. Jh.), *Renart le Contrefait* des Clerc de Troyes (14. Jh.) sowie Jehan Tenessaux' *Livre de maistre Regnart et de dame Hersent sa femme* (1466) zu nennen[18]. Die allg. Stoff-, Motiv- und Wirkungsgeschichte der Fuchserzählungen ist aber nur in einem über Frankreich hinausgreifenden Rahmen möglich[19].

[1] Büttner, H.: Studien zu dem R. de R. und dem Reinhart Fuchs. 1: Die Überlieferung des R. de R. und die Hs. O. Straßburg 1891. – [2] Ausg.n: Martin, E. (ed.): Le R. de R. 1–3. (Straßburg 1882/85/87) Nachdr. B. 1973; Roques, M. (ed.): Le R. de R. 1–6. P. 1957/51/55/58/60/63; Fukomoto, N./Harano, N./Suzuki, S. (edd.): Le R. de R. 1–2. Tokio 1983/85; Dufournet, J./Méline, A. (edd.): Le R. de R. 1–2. P. 1985 (altfrz. Text und neufrz. Übers.); dt. Übers.en: Le R. de R. Übers. H. Jauss-Meyer. Mü. 1965 (Branche II, V a, III, IV, I); Rattunde, E.: Die Zehnte Branche des „Renard". In: Das Tier in der Dichtung. ed. U. Schwab. Heidelberg 1970, 128–174; Bibliogr.: Varty, K.: The „R. de R.". A Guide to Scholarly Work. Lanham/L. 1998. – [3] Ausführliche Übersicht über den Inhalt der Branchen I–XVII bei Bossuat, R.: Le R. de R. P. 1957, 11–60; Numerierung der Branchen nach der Ausg. von Martin (wie not. 2); abweichende Zählungen bieten die Ausg.n von Roques, Fukomoto u. a. (wie not. 2); cf. Konkordanz in Scheidegger, J. R.: Le R. de R., ou le texte de la dérision. Genf 1989, 11–14; für die Chronologie maßgeblich geworden ist Foulet, R.: Le R. de R. P. 1914 (Nachdr. 1968); cf. auch die chronologische Übersicht der Branchen bei Dufournet/Méline (wie not. 2) t. 2, 499–502. – [4] Dicke/Grubmüller, num. 634. – [5] Jauss, H. R.: Unters.en zur ma. Tierdichtung. Tübingen 1959, 114–177. – [6] cf. KHM/Uther 4, 78–80. – [7] cf. die klassische Formulierung von Grimm, J.: Reinhart Fuchs. B. 1834, VIII. – [8] Jauss (wie not. 5) 201. – [9] ibid., 198. – [10] Dufournet/Méline (wie not. 2) t. 1, 13–16 (Überblick über Parodie der hohen Gattungen im R. de R.). – [11] Jauss (wie not. 5) ibid., 178 sq. – [12] ibid., 9 sq. – [13] Foulet (wie not. 3). – [14] Grimm (wie not. 7); Paris, G.: Le R. de R. [1894, 1895]. In: id.: Mélanges de littérature française du Moyen Âge. ed. M. Roques. P. 1912, 337–423; Sudre, L.: Les Sources du R. de R. P. 1892 (Nachdr. Genf 1974); Voretzsch, C.: Jacob Grimms Dt. Thiersage und die moderne Forschung. In: Preuß. Jbb. 80 (1895) 416–484. – [15] Jauss (wie not. 5). – [16] Suomela-Härmä, E.: Les Structures narratives dans le R. de R. Hels. 1981. – [17] Scheidegger (wie not. 3); Simpson, J. R.: Animal Body, Literary Corpus. The Old French R. de R. Amst. 1996. – [18] Flinn, J.: Le R. de R. dans la littérature française et dans les littératures étrangères au Moyen Âge. Toronto 1963; knapper Überblick über die Wirkungsgeschichte des R. de R. in der frz. Lit. bis zum 20. Jh. bei Dufournet, J.: Le R. de R. In: Beaumarchais, J. P. de/Rey, A.: Dict. des littératures de langue française. P. 1994, 1718–1720. – [19] Flinn

(wie not. 18) 530−688 (Italien, Niederlande und England); cf. auch Scheidegger (wie not. 3) 63−116.

Göttingen   Hermann Krapoth

Roman de Trubert → Douin de Lavesne

Romanska, Cvetana Stojanova, * Sofia 16. 12. 1914, † ebenda 4. 3. 1969, bulg. Folkloristin und Slavistin (einige ihrer Publ.en erschienen unter dem Namen Vranska und R.-Vranska)[1]. R. studierte 1933−37 slav. Philologie an der Univ. Sofia, u. a. bei J. Ivanov, M. → Arnaudov und ihrem Vater S. Romanski, 1937−39 an der Karls-Univ. in Prag und wurde dort 1939 mit einer Arbeit zu den Apokryphen über die Muttergottes und das bulg. Volkslied promoviert[2]. 1939 wurde sie Assistentin, 1956 Dozentin und 1963 Professorin am Lehrstuhl für slav. Sprachwissenschaft und Ethnographie der Univ. Sofia. Seit 1962 leitete sie die Sektion Folklore am Ethnogr. Inst. der Bulg. Akad. der Wiss.en. An der Univ. lehrte sie bulg., slav. und russ. Folklore und bulg. und slav. Ethnographie[3].

R. forschte auf den Gebieten der altbulg., bulg. und allg. der slav. Lit.en und Sprachen (Lexikographie), jedoch bes. im Bereich der slav., vor allem bulg. Folklore. Hier beschäftigte sie sich mit Wiss.sgeschichte[4], untersuchte eine lokale Gemeinschaft der russ. Nekrasovcen-Immigranten (Altgläubigen) in Bulgarien[5], erforschte zeitgenössische bulg. Folklore[6] und verfaßte eine Reihe von Studien u. a. über Volkslied[7], Sprichwort[8] sowie Kinderfolklore. Sammelarbeit und Forschung waren bei R. stets eng verbunden[9]. So wurde z. B. unter ihrer Leitung und mit ihrer aktiven Teilnahme 1961−65 reiches Material zum bulg. Heldenepos aufgezeichnet und ediert[10]. In diesem Zusammenhang untersuchte sie auch Lieder[11] und Prosaüberlieferungen[12] des südslav. Heldenepos (→ Krali Marko). Einen bes. Schwerpunkt im Bereich der Erzählforschung[13] bildeten bulg. Sagen und Legenden[14]. Die Erforschung der Folkloregattungen ergänzte R. durch Aspekte der Performanz und Biologie der lebendigen Erzähl- und Liedtradition[15]. Bei der Unters. der zeitgenössischen Folklore bezog sie auch den Bereich des → alltäglichen Erzählens ein[16]. 1976 erschien eine Ausw. ihrer Aufsätze[17].

[1] Koev, I.: Profesor Dr. C. R. kato folklorist i etnograf (1914−1969) (Professor Dr. C. R. als Folkloristin und Ethnographin). In: Izvestija na etnografskija inst. i muzej 14 (1972) 291−294; Krăstanova, K.: Naučnijat prinos na prof. C. R. v oblastta na folkloristikata i etnografijata (Bibliografski materiali) (Der wiss. Beitr. von Professor C. R. auf dem Gebiet der Folkloristik und Ethnographie [Bibliogr. Materialien]). ibid., 295−304; Stojkova, S.: Naučnoto delo na profesor C. R. (Die wiss. Tätigkeit Professor C. R.s): In: Bălgarski folklor 1,1 (1975) 48−55; Dinekov, P.: Professor C. R. In: R., C.: Văprosi na bălgarskoto narodno tvorčestvo. Izbrani studii i statii (Fragen zum bulg. Volksschaffen. Ausgewählte Studien und Aufsätze). ed. P. Dinekov/S. Stojkova. Sofia 1976, 5−17; R., C. S. In: Rečnik na bălgarskata literatura 3 (1982) 212−214. − [2] Vranska, C.: Apokrifite za Bogorodica i bălgarskata narodna pesen (Die Apokryphen über die Muttergottes und das bulg. Volkslied). In: Sbornik na Bălgarskata akademija na naukite 34 (1940) 1−208. − [3] Für den Univ.-sunterricht verfaßte R. mehrere Lehrbücher: R.-Vranska, C.: Bălgarsko narodno poetično tvorčestvo. Christomatija (Bulg. Volksdichtung. Chrestomathie). Sofia 1958 ([2]1964, [3]1969); R., C.: Slavjanski folklor (Slav. Folklore). Sofia 1963 ([2]1970); ead.: Bălgarskata narodna pesen (Das bulg. Volkslied). Sofia 1965; ead.: Slavjanskite narodi. Etnografska charakteristika (Die slav. Völker. Ethnogr. Beschreibung). Sofia 1969 ([2]1977). − [4] cf. z. B. Vranska, C.: F. L. Čelakovski i slavjanskoto narodno tvorčestvo s osoben ogled kăm bălgarskite narodni pesni i poslovici (F. L. Čelakovský und das slav. Volksschaffen mit bes. Beachtung bulg. Volkslieder und Sprichwörter). In: Godišnik na Sofiskija universitet, Istoričesko-filologičeski fakultet 41 (1944−45) 1−95; R., C.: Marin Drinov kato etnograf i folklorist (Marin Drinov als Ethnograph und Folklorist). In: Izsledvanija v čest na Marin S. Drinov. ed. A. K. Burmov u. a. Sofia 1960, 145−167. − [5] cf. z. B. ead.: Folklor na rusite-nekrasovci ot s. Kazaško, Varnensko (Die Folklore der Nekrasov-Russen im Dorf Kazaško bei Varna). In: Godišnik na Sofiskija universitet, Filologičeski fakultet 53,2 (1958) 493−614. − [6] Vranska, C. (zusammen mit S. Georgieva-Stojkova): Prinos kăm izučavaneto na bălgarskija partizanski bit i folklor (Po materiali ot Plevensko i Loveško) (Ein Beitr. zur Erforschung der Lebensweise und der Folklore der Partisanen. [Nach Materialien aus den Regionen um Pleven und Loveč]). Sofia 1954. − [7] R., C.: Bălgarskite narodni pesni − njakoi techni charakterni osobenosti i schodstvata im s narodnite pesni na ostanalite slavjanski narodi (Die bulg. Volkslieder − einige ihrer Besonderheiten und Ähnlichkeiten mit den Volksliedern der anderen slav. Völker). In: Slavistični izsledvanija. ed. I. Lekov u. a. Sofia 1968, 449−463; ead.: Die Haiduken in der bulg. Volksdichtung. In: Die Volkskultur der südosteurop. Völker. Tagung der Südosteuropa-Ges., Mü., und der Arbeitsgemeinschaft Ost, Wien. Salzburg, 24.−27. Mai 1961. ed. H. Gülich-Bielenberg. Mü.

1962, 34−41; ead.: Les Chansons populaires des haidouks bulgares comparées aux chansons à thèmes semblables des autres peuples slaves et balkaniques. In: Actes du Ier Congrès internat. des études balkaniques et sud-est européennes 7 (1971) 755−770. − [8] cf. z. B. ead.: Bălgarskite narodni poslovici săs socialna tematika v sravnenie s poslovicite na ostanalite slavjanski narodi (Die bulg. Sprichwörter mit sozialer Thematik im Vergleich mit den Sprichwörtern der anderen slav. Völker). In: Rad IX-og kongresa Saveza folklorista Jugoslavije. ed. J. Vuković. Sarajevo 1963, 239−256. − [9] cf. auch Vranska, C. (zusammen mit G. Keremidčiev und S. Stojkova): Upătvane za săbirane na proizvedenija na ustnoto narodno tvorčestvo (Anleitung zum Sammeln von mündl. Volksüberlieferungen). Sofia 1957. − [10] Angelova, R./R., C. u. a. (edd.): Bălgarski junaški epos (Bulg. Heldenepos). Sofia 1971. − [11] cf. z. B. R., C.: Kăm văprosa za proučvaneto na proizchoda, razprostranenieto, motivite i razvitieto na eposa za Krali Marko u južnite slavjani (Zur Frage der Erforschung von Ursprung, Verbreitung, Motiven und Entwicklung des Krali Marko-Epos bei den Südslaven). In: Slavjanska filologija 5. ed. A. Burmov u. a. Sofia 1963, 5−19; R., Z.: Bulg. und mazedon. Heldenlieder und hist. Volkslieder über Persönlichkeiten aus der ung. Geschichte. In: Europa et Hungaria. ed. G. Ortutay/T. Bodrogi. Bud. 1965, 333−343. − [12] R., C.: Predanijata za Krali Marko văv folklora na južnite slavjani (Die Sagen über Krali Marko in der Folklore der Südslaven). In: Slavistični studii. ed. I. Lekov u. a. Sofia 1963, 379−391; ead.: Sagen um Lokalitäten, die mit hist. Gestalten der bulg. Heldenlieder in Verbindung stehen. In: Fabula 9 (1967) 285−292; ead.: Obšta charakteristika na proizvedenijata v proza za geroite na junaškija epos (Allg. Charakteristik der Prosaüberlieferungen über die Helden des Heldenepos). In: Angelova/R. u. a. (wie not. 10) 98−102. − [13] Zur Märchenforschung cf. R., C.: Ergebnisse der gegenwärtigen Erforschung der bulg. Volksmärchen und ihre zukünftigen Aufgaben. In: Laographia 22 (1965) 424−430. − [14] ead.: Bălgarskite narodni istoričeski predanija (Die bulg. hist. Volkssagen). In: ead./Ognjanova, E. (edd.): Narodni predanija i legendi. Sofia 1963, 5−46; ead.: Die bulg. Volkssagen und Legenden. Sammlung, Erforschung und Systematisierung. In: DJbfVk. 10 (1964) 353−358; R., Z.: Die bulg. Volkssagen und Legenden. Zustand und Erforschung, Typen und Motive. In: Acta Ethnographica 13 (1964) 85−92; R., C.: Über bulg. Volksdichtungen unter dem Einfluß eschatologischer Legenden. In: Das heidnische und christl. Slaventum. Acta II Congressus internationalis historiae Slavicae Salisburgo-Ratisbonensis anno 1967 celebrati. Wiesbaden 1969, 114−119. − [15] R., Ts.: Djado Lako. A Representative Bulgarian Narrator [1962]. In: Studies in East European Folk Narrative. ed. L. Dégh. Bloom. 1978, 367−397; R., C.: Pesni na dvama narodni pevci − bašta i sin ot s. Ljutovo, Pazardžiški okrăg (Lieder von zwei Volkssängern − Vater und Sohn, aus dem Dorf Ljutovo, Bezirk Pazardžik). In: SbNU 50 (1963) 247−276; ead.: Djado Mano − avtor i izpălnitel na narodni pesni ot s. Maslovo, Sofijsko (Opa Mano − Verf. und Sänger von Volksliedern aus dem Dorf Maslovo bei Sofia). In: Izvestija na Etnografskija inst. i muzej 1 (1953) 143−201. − [16] Vranska (wie not. 6). − [17] R. 1976 (wie not. 1).

Sofia   Doroteja Dobreva

Romantik

1. Allgemeines − 2. Geschichte der dt. R. − 3. R. und Volksliteratur

1. Allgemeines. Als ‚romantisch' (frz. romantique, engl. romantic) wurden − vergleichbar der Wortbedeutung von diutisk/dt. = volkssprachlich − zunächst seit dem Spätmittelalter die volkssprachlichen Lit.en der Romania bezeichnet, sodann die Gattungseigentümlichkeiten des Romans (erfundene Geschichte; romanhaft, nicht immer der Realität entsprechend) und erst seit dem 17. Jh. (auch in den Formen ‚romanisch' oder ‚romanzisch') allmählich eine Gestimmtheit, sodann ein künstlerischer Stil. Die Bedeutungsentwicklung von R. verläuft ähnlich, der Begriff R. wird aber seit Ende des 18. Jh.s zunächst für die gesamte Kunst des MA.s, später vor allem von Friedrich Schlegel und → Novalis für die seinerzeit modernste Welt- und Kunstanschauung reklamiert.

Die Bezeichnung R. bot sich wegen der intensiven und systematischen Beschäftigung der Romantiker mit der ‚romantischen' Kunst des MA.s im allg. und der vehementen künstlerischen und wiss. Rezeption von deren Lit. im besonderen an (→ Mittelalterrezeption). Auch damit grenzte sich die junge Bewegung bewußt von der Klassik[1] und deren dezidierter Antikenrezeption ab. Diese Abgrenzung wurde nur im dt.sprachigen Raum akzeptiert; für die Romania umfaßt der Epochenbegriff R. undifferenziert die dt. Geistes- und Lit.geschichte von 1770 bis 1830. Die Subsumierung der dt. Klassiker (auch die der Musikgeschichte von Joseph Haydn bis Ludwig van Beethoven) unter den Begriff der R. ist u. a. durch das Fehlen eines modernen Klassikbegriffs außerhalb Deutschlands erklärlich. Spezifisch romantische Ideen und Tendenzen der dt. R. wurden bes. in Frankreich (frühe und breite Novalis-

und E. T. A. → Hoffmann-Rezeption) u. a. durch Victor Hugo und François René Vicomte de Chateaubriand sowie in England (Thomas → Percy, Walter → Scott, George Byron, Percy Bysshe Shelley, John Keats, William Wordsworth, Samuel Taylor Coleridge), aber auch in Rußland (→ Puškin, Vasilij A. → Žukovskij), Polen (Adam Mickiewicz), Italien und Schweden aufgegriffen.

Heftiger als von der Klassik war die intendierte und tatsächliche Abgrenzung der Romantiker vom Rationalismus der → Aufklärung. F. Schlegels Definition im 116. Fragment seiner Zs. *Athenäum* (1798) bezeichnete a priori die Haupttendenzen der Lit. der R. und war zugleich richtungweisend:

„Die romantische Poesie ist eine progressive Universalpoesie. Ihre Bestimmung ist nicht bloß, alle getrennten Gattungen der Poesie wieder zu vereinigen und die Poesie mit der Philosophie und Rhetorik in Berührung zu setzen. Sie will und soll auch Poesie und Prosa, Genialität und Kritik, Kunstpoesie und Naturpoesie bald mischen, bald verschmelzen, die Poesie lebendig und gesellig und das Leben und die Gesellschaft poetisch machen, [...] und durch die Schwingungen des Humors beseelen. [...] Die romantische Dichtart ist noch im Werden; ja das ist ihr eigentliches Wesen, daß sie ewig nur werden, nie vollendet sein kann. [...] Sie allein ist unendlich, wie sie allein frei ist, und das als ihr erstes Gesetz anerkennt, daß die Willkür des Dichters kein Gesetz über sich leide."[2]

Die gesetzlose ‚Willkür des Dichters' gestattet es, die Grenzen der Rationalität wie des → Realismus zu überschreiten, z. B. Transreales, Phantastisches (→ Phantasie, Phantastik) oder → Wunder, aber auch ganz allg. Stimmungen und Gefühle als Stoffe und Motive dichterisch zu behandeln, Mensch, → Natur und Übernatur als solche und in ihrem Verhältnis zueinander unter den Chiffren der → Allverbundenheit und des magischen Idealismus neu zu sehen, zu deuten, zu werten und künstlerisch zu gestalten (phil. und mythol. Grundlegungen bes. durch Friedrich Wilhelm Joseph von Schelling, Joseph von → Görres, Georg Friedrich Creuzer). Die Romantiker nehmen die Lizenzen zur Vermischung der poetischen Gattungen und zur Erweiterung des literar. Kanons wahr: Märchen, Volkslieder, Volksbücher werden z. T. nach → Herders Vorgang als → Naturpoesie reklamiert und kreiert; sie dominieren zeitweise die literar. Bestrebungen der R.; die Kinderliteratur gewinnt ernsthafte Anerkennung und Pflege[3], der Roman und die Novelle werden in Theorie und Praxis (anstelle des Epos) als bedeutende moderne Gattungen bewertet. Da romantische Kunst sich immer auf dem Weg, aber nie am Ziel sieht, betont sie willkürliche bzw. offene statt der geschlossenen (klassischen) Formen, drückt sich oft vorbehaltlich aus (sog. Romantische → Ironie) und kultiviert das Fragmentarische (→ Fragmententheorie, Kap. 5).

In ihrer ‚Progressivität' läßt sich die romantische Kunst mit der Zielform, in ihrer Tendenz zur ‚Universalpoesie' nicht zufällig mit dem Märchen vergleichen oder sogar identifizieren. Dezidiert hat das der Frühromantiker Novalis unter biogr., poetologischen und phil. Gesichtspunkten festgehalten:

„Im Märchen glaub ich am besten meine Gemütsstimmung ausdrücken zu können." – „Das Märchen ist gleichsam der Kanon der Poesie – alles Poetische muß märchenhaft sein." – „Alle Romane, wo wahre Liebe vorkommt, sind Märchen – magische Begebenheiten." – „In einem echten Märchen muß alles wunderbar – geheimnisvoll und unzusammenhängend sein – alles belebt. [...] Die ganze Natur muß auf eine wunderliche Art mit der ganzen Geisterwelt vermischt sein – die Zeit der allgemeinen Anarchie – der Gesetzlosigkeit – Freiheit – der Naturzustand der Natur – [...]. Der echte Märchendichter ist ein Seher der Zukunft."[4]

2. Geschichte der dt. R. Die Träger der romantischen Bewegung gehören hauptsächlich den Jahrgängen zwischen 1767 (August Wilhelm Schlegel) und 1802 (Wilhelm → Hauff) an. Indes sind die Linien romantischen Lebensgefühls und Dichtens zeitlich weiter zu ziehen, da z. B. die frühen Werke Eduard → Mörikes oder Theodor → Storms noch durchaus in diesem Geist entstanden und Richard → Wagners Kunst bis hin zum → *Lohengrin* (1850)[5] als genuin romantisch zu klassifizieren ist.

Traditionell unterteilt man die literaturhist. Epoche der R. in einzelne personell, zeitlich, lokal und hinsichtlich ihrer künstlerischen Präferenzen divergierende Bewegungen, die aber insgesamt dem allg. Ideengut[6] verpflichtet blieben.

Die Frühromantik (Jenaer R.; 1795–1803) mit den Hauptvertretern A. W. und F. Schlegel, Novalis, Ludwig → Tieck und Wilhelm Wackenroder ist gleichermaßen durch theoretische Diskussionen wie durch erste programmmatische Kunstwerke geprägt (Wackenroder/ Tiecks *Herzensergießungen* [1796], Tiecks *Kaiser Octavianus* [1804; → *Octavian*], F. Schlegels *Lucinde* [1799]). Das → Kunstmärchen ist repräsentiert durch Novalis und Tieck (in dessen frühesten Veröff.en überdies künstlerische Märchenrezeptionen begegnen: *Der gestiefelte Kater* [1797; AaTh 545 B: *Der gestiefelte → Kater*], *Ritter Blaubart* [1797; AaTh 312: cf. → *Mädchenmörder*], *Leben und Tod des kleinen Rothkäppchens* [1800; AaTh 333: → *Rotkäppchen*] etc.). Durch eine Fülle kongenialer Übers.en (vor allem der Werke → Shakespeares und → Cervantes') gewinnt die Frühromantik weltbürgerlichen Charakter.

Die Hochromantik (jüngere R., Heidelberger R.; 1801–15), hauptsächlich durch Clemens → Brentano, Achim von → Arnim, Bettina von → Arnim (geb. Brentano) und Görres bestimmt, aber auch prägend für die jugendlichen J. und W. → Grimm, ist die künstlerisch bedeutsamste und durch ihre volkskundlichen Sammelunternehmungen bes. hervorragende romantische Bewegung: Brentanos Roman *Godwi* (1801) und vor allem seine Lyrik begründen nach Tiecks Vorgang den eigentlichen romantischen Ton, den Brentano dann bes. in seinen Kunstmärchen zur Vollendung bringt; Görres führt mit *Die teutschen Volksbücher* (1807), einer Anthologie von Kurzfassungen von → Volksbüchern, eine neue literar. Gattung ein. Initialzündend für die weitere Entwicklung der R. sind Arnim und Brentanos Anthologie *Des Knaben Wunderhorn. Alte dt. Lieder* 1–3 (mit einem Anh. *Kinderlieder*; 1805–08) und Arnims *Ztg für Einsiedler* (1808) – in vieler Hinsicht grundlegende literarhist. Unternehmungen, an denen u. a. auch Bettina von Arnim und die Brüder Grimm beteiligt waren. Der Idealisierung des dt. MA.s und seiner vielfältigen Rezeption entspricht die gegenüber der Frühromantik deutlichere Hinwendung der Heidelberger R. zu den Themen Christentum, Staat, Gesellschaft und bes. zum Volkstümlichen und zur → Volksdichtung der Vergangenheit.

Die Spätromantik ist aufgrund ihrer Dauer (1810–30) und ihrer großen literar. Produktivität in mindestens drei Richtungen zu unterteilen.

Die norddt. bzw. Berliner R. ist getragen von den Dichtern Friedrich de la Motte → Fouqué, Adelbert von → Chamisso, Joseph von Eichendorff, E. T. A. Hoffmann, Carl Wilhelm (Salice-)Contessa, Wilhelm Müller und dem Publizisten K. A. Varnhagen van Ense; auch Heinrich von Kleist und das Ehepaar von Arnim standen diesem Kreis nahe. Die Werke der Berliner R. fanden seinerzeit und finden z. T. noch gegenwärtig die größte Popularität; romantische Kunst und romantisches Gedankengut erreichten in dieser gegen Ende der Epoche schon bürgerlich domestizierten sowie bereits mit biedermeierlichen und realistischen Tendenzen kontaminierten Bewegung weiteste Verbreitung.

Die um Tübingen und Stuttgart zentrierte schwäb. R. weist ähnliche Züge eines Epochenübergangs auf und wurde durch die bemüht volkstümlichen, oft bes. heimatverbundenen Dichtungen und Schriften vor allem Ludwig → Uhlands, aber auch Justinus → Kerners, Gustav → Schwabs und Hauffs überaus populär.

Der späteste romantische Dichterkreis hatte seinen Mittelpunkt in Dresden (Dresdener R. oder Schauerromantik) und in den betriebsamen Freunden Johann Friedrich Kind und Johann August Apel[7] seine führenden Köpfe. Insbesondere in Apels zusammen mit F. Laun (Pseud. für Friedrich August Schulze) veröff. *Gespensterbuch* (1810/13) und ihrem Libretto zu Carl Maria von Webers Oper *Der Freischütz* (1822; → *Freischütz*) zentrierten sie ihre Vorstellungen vom Romantischen auf handfestes Geister- und Gespensterwesen sowie auf entsprechende Schauer- und Gruseleffekte (→ Gespenst; → Schauergeschichte, Schauerroman; → Spuk).

Die skizzierten vielfachen literarhist. Untergliederungen der R. sind in dieser Fülle in keiner anderen Epoche gegeben. Sie zeigen auf ihre Weise, wie schwierig eine einheitliche Kontur der dt. R. zu zeichnen ist. Dazu kommt, daß parallel zur R. die Werke der dt. Klassik bzw. des späten → Goethe entstanden und daß in der Zeit, als in Werken Eichendorffs und Hoffmanns das ‚Romantische' noch einmal in eine eindrucksvolle Verwandlung trat, Autoren wie Tieck, Chamisso, ja sogar Brentano oder etwa Hauff mit seinem *Lichtenstein*-Roman (1823) bereits zu Realisten geworden waren. Dieser Übergang von romantischer Hochgestimmtheit zu pragmatischem, oft sozial engagiertem Realismus (wie in Chamissos genialer Märchennovelle *Peter Schlemihl* [1814] vorgezeichnet) läßt sich bei vielen Dichtern auch biogr. festmachen: Chamisso wird Naturwissenschaftler, Arnim Gutsherr, Kerner betätigt sich als Arzt, Uhland als Gelehrter und Politiker; Eichendorff und Hoffmann gehen zunehmend ihrem Beamtenberuf nach, Bettina von Arnim widmet sich dem Armenwesen.

Heinrich → Heine verabschiedete sich auf seine Weise von seinen romantischen Anfängen, indem er Themen und Formen romantischen Dichtens ironisierte und damit insgesamt deren Fort- und Weiterführung weithin unmöglich machte bzw. auf Bahnen epigonaler Trivialität lenkte. Bezeichnenderweise war es Heine, der am Ende der Epoche in seiner Schrift *Die romantische Schule* (1836) deren erste (kritische) Darstellung gab. Überdauernde Bedeutung sprach er im wesentlichen nur den hochgelobten romantischen Sammelunternehmungen (vor allem *Des Knaben Wunderhorn* und den Grimmschen Märchen und Sagen) zu, wie er denn auch in seiner Abhdlg → *Elementargeister* (1837) eine stattliche Reihe von sachkundig kommentierten Exzerpten aus diesen Werken gab[8].

3. **R. und Volksliteratur.** Nachdem die Frühromantiker noch Herders volksliterar. Bemühungen übergangen hatten und auch die diese aufnehmenden Aktivitäten der Heidelberger R. bis hin zu den Grimms mit Kritik bedachten („Ammenmärchen", „Rumpelkammer wohlmeinender Albernheit [...] Trödel"[9]), wies der 1. Band des *Wunderhorns* den Weg zu einem spezifisch romantischen Umgang mit dem Phänomen und den Zeugnissen der Volksliteratur: Deren Hochschätzung als ‚Naturpoesie' bzw. als Hervorbringungen des ‚Volksgeistes', die Beachtung ihrer Traditionen in Oralität und Literalität, Methoden des Sammelns, Bearbeitens und Publizierens sind Charakteristika dieser überaus einflußreichen Anthologie. Schon am 17.2.1805 kündigte Arnim an, „alte mündlich überlieferte Sagen und Mährchen werden mit der Fortsetzung dieser Sammlungen sich verbinden"[10]. Zwar kam es zu keiner solchen Forts. des *Wunderhorns*, aber in Arnims *Einsiedler*-Ztg fand sich 1808 Raum für theoretische Diskussionen über volksliterar. Gattungen, für Veröff.en von eingesandten Märchen (Philipp Otto → Runge) und Sagen (u. a. durch J. Grimm), Bearb.en alter Volkslieder sowie ma. und barocker Dichtungen.

Es entwickelte sich eine überaus rege volksliterar. Sammeltätigkeit vor allem in Kreisen (angehender) Schriftsteller wie etwa Albert Ludwig → Grimm, Auguste von Pattberg (1769–1850) oder Carl Nehrlich (1773–1849). Bes. hervorgehoben seien darunter die bislang kaum beachteten, aber allein schon durch ihre zeitliche Priorität vor Grimm bedeutsamen frühen Volksmärchenaufzeichnungen von Eichendorffs[11], vor allem die ganz entscheidend durch Brentano, aber auch von Arnim angeregten und geprägten Grimmschen Märchen- und Sagenveröffentlichungen (1812/15; 1816/18), die in ihren Primordien noch ganz den seinerzeit modernsten romantischen Tendenzen verpflichtet sind[12], ferner ähnliche Unternehmungen Uhlands, Kerners und Schwabs sowie schließlich die immer noch romantische Ideen realisierende Sammeltätigkeit des jungen Storm, die in entsprechende Veröff.en seines Freundes K. → Müllenhoff aufging.

Alle Aufzeichnungen und Publ.en sind hinsichtlich Auswahl und Überarbeitungen romantisch geprägt, sei es durch spezifische Auffassung und Wertschätzung älterer dt. Lit. überhaupt, sei es durch stilistische Archaisierung moderner Versionen, romantische Modernisierung alter Überlieferungen oder Versuche poetischer und philol. → Rekonstruktionen nicht erhaltener Urfassungen (cf. auch → Urform). Eben an Art und Umfang solcher Eingriffe und Bearb.en lassen sich die einzelnen Richtungen und Autoren am klarsten unterscheiden. Die verschiedene Ausprägung und Beurteilung der rezeptionellen Bearb.en führte noch in der Epoche der R. zur Trennung poetischen und wiss. Umgangs mit der älteren Lit. im allg. und der Volksliteratur im besonderen[13].

Volksmärchenrezeption (bes. in der Form des → Buchmärchens) und Kunstmärchendichtung sind zwar in den Epochen der Hoch- und Spätromantik so stark verflochten wie sonst kaum, doch sind hier auch bedeutende Ausnahmen wie z. B. Chamisso oder Hoffmann, die nicht durch die KHM beeinflußt wurden, zu konstatieren. Insgesamt kann das romantische Kunstmärchen[14] „neben dem

Volkslied und den Sagendichtungen als eine der typischen Gattungen der Romantik gelten"[15]. Gemeinsam sind der R. und den Kunstmärchen ihrer Epoche die Abkehr von der Rationalität zugunsten der Phantasie (Brentano), das Interesse für Magisches (Hoffmann) und Transreales (Novalis), aber auch Psychologisches (Tieck), die Sehnsucht nach naiven Urzuständen (Fouqué; → Naivität) sowie die bevorzugten Motive des Wahns, des → Traums, der Kindlichkeit, der bildenden Kunst, der Musik etc.

Tiecks Märchennovelle *Der blonde Eckbert* (1797) steht am Beginn der Geschichte des romantischen Kunstmärchens, zunehmend realistische Elemente in den Märchen Hoffmanns und Hauffs markieren ihr allmähliches Ende, wenn auch noch eine der frühesten Dichtungen Storms (die Märchendichtung *Hans Bär* [1837]) in ihrem typischen Ineinander von Volksmärchenmotiven und Kunstmärchenstil eindeutig der R. zugehört. Mit dem endgültigen Übergang vom romantischen zum realistischen Märchen in Storms *Die Regentrude* ist 1864/65 auch dessen später Sonderweg im Bereich des romantischen Kunstmärchens beendet.

[1] Strich, F.: Dt. Klassik und Romantik. Mü. 1922. – [2] Schlegel, F.: Kritische Schr. ed. W. Rasch. Mü. ²1964, 38 sq. – [3] Doderer, K.: R. und Kinder- und Jugendlit. In: LKJ 3 (1984) 204–208. – [4] Novalis: Briefe und Werke. 3: Fragmente. ed. E. Wasmuth. B. 1943, num. 2434, 2441, 224, 2442. – [5] Die Wagner-Epigonen E. Humperdinck und S. Wagner führen dessen spezifische R. mit ihrer Text- und Musikgestaltung in ihren Märchenopern bis ins 20. Jh. weiter; cf. auch das ähnlichen Idealen verpflichtete und von Wagner beeinflußte Werk von Wesendonck, M.: Märchen und Märchenspiele. ed. H. Rölleke. Trier 2002. – [6] Kluckhohn, P.: Das Ideengut der dt. R. Tübingen ⁴1964. – [7] Schon 1815 charakterisierte Jean Paul deren Tendenzen und die Fouqués und Tiecks kritisch in seiner Vorrede zu Dobeneck, F. L. F. von: Des dt. MA.s Volksglauben und Heroensagen 1. B. 1815, XXXIV sq. – [8] cf. Rölleke, H.: Heinrich Heine und die Volkslit. In: Heinrich Heine, cittadino d'Europa. ed. A. F. Piccioni. Mailand 1999, 79–88. – [9] cf. id.: Die Märchen der Brüder Grimm. Eine Einführung. Bonn ³1992, 11. – [10] Arnim, A. von/Brentano, C.: Des Knaben Wunderhorn 3. ed. H. Rölleke. Stg. u. a. 1977, 348. – [11] Eichendorff, J. von: In freudenreichem Schalle. Eine Slg oberschles. Märchen. ed. E. Grunewald. Würzburg 1996. – [12] Rölleke, H.: „Ritter Dietz von Schauenburg". Ein Modellfall der romantischen Lit.rezeption bei Arnim, Brentano und den Brüdern Grimm. In: Jb. des Freien Dt. Hochstifts (1995) 224–237; id.: „Wie die Dioskuren" – Art und Ergebnisse literar. Zusammenarbeit in der R. In: Literar. Zusammenarbeit. ed. B. Plachta. Tübingen 2001, 131–140; id.: Die Märchen der Brüder Grimm und die Weltlit. In: Aspekte der R. ed. J. Osinski/F. Saure. Kassel 2001, 9–21. – [13] Grunewald, E.: Friedrich Heinrich von der Hagen. 1780–1856. Ein Beitr. zur Frühgeschichte der Germanistik. B. 1988; Bluhm, L.: Die Brüder Grimm und der Beginn der Dt. Philologie. Hildesheim 1997. – [14] Rölleke, H.: „Hans Bär". In: Schr. der Theodor-Storm-Ges. 51 (2002) 69–72; cf. allg. Fontaine, C.-M.: Das romantische Märchen. Mü. 1985. – [15] cf. EM 8, 616. –

Lit.: Nadler, J.: Die Berliner R. B. 1921. – Benz, R.: Märchen-Dichtung der Romantiker. Jena ²1926. – id.: Die dt. R. Lpz. 1937. – Bieringer-Eyssen, J.: Das romantische Kunstmärlein in seinem Verhältnis zum Volksmärchen. Diss. (masch.) Tübingen 1953. – Dippel, G.: Das Novellenmärchen der R. im Verhältnis zum Volksmärchen. Diss. Ffm. 1953. – Moser, H.: Volks- und Kunstdichtung in der Auffassung der Romantiker. In: Rhein. Jb. für Vk. 4 (1954) 69–89. – Korff, A.: Geist der Goethezeit 3. Lpz. ²1956. – Bausinger, H.: ‚Historisierende' Tendenzen im dt. Märchen seit der R. In: Wirkendes Wort 10 (1960) 279–286. – Steffen, H.: Märchendichtung und R. In: Formkräfte der dt. Dichtung vom Barock bis zur Gegenwart. Göttingen 1963, 100–123. – Rommel, O. (ed.): Die romantisch-komischen Volksmärchen. Darmstadt 1964. – Prang, H. (ed.): Begriffsbestimmung der R. Darmstadt 1968. – Thalmann, M.: Zeichensprache der R. Heidelberg 1970. – Steffen, H. (ed.): Die dt. R. Poetik, Formen und Motive. Göttingen ²1970. – Wiese, B. von (ed.): Dt. Dichter der R. B. 1971. – Immerwahr, R.: Romantisch. Genese und Tradition einer Denkform. Ffm. 1972. – Polheim, K. K. (ed.): Der Poesiebegriff der dt. R. Paderborn 1972. – Lehmann, J.: R. In: Handlex. zur Lit.wiss. ed. D. Krywalski. Mü. 1974, 429–434. – Fink, G.-L.: Volk und Volksdichtung in der ersten Berliner R. In: R. in Deutschland. Ein interdisziplinäres Kolloquium. ed. R. Brinkmann. Stg. 1978, 532–549. – Görich, R. (ed.): Perspektiven der R. Bonn 1987. – Oesterle, G.: Der Streit um das Wunderbare und das Phantastische in der R. In: Phantastische Welten. Märchen, Mythen, Fantasy. ed. T. Le Blanc/W. Solms. Regensburg 1994, 115–130. – Zimmermann, H.-P.: Ästhetische Aufklärung. Zur Revision der R. in volkskundlicher Absicht. Würzburg 2001.

Wuppertal   Heinz Rölleke

Romeo und Julia, ital. Liebesgeschichte, deren Hauptfiguren vor allem durch → Shakespeares Drama *R. and Juliet* (entstanden ca

1594/95) sprichwörtlich für jugendliche Liebende wurden (→ Liebe). Die früheste bekannte Fassung ist die 33. Novelle aus dem *Novellino* des → Masuccio Salernitano (1476)[1]:

Die Liebenden Mariotto und Giannozza in Siena heiraten heimlich, Mariotto wird wegen eines Totschlags nach Alexandria verbannt, Giannozza läßt sich von dem Mönch, der sie und Mariotto getraut hatte, einen Schlaftrunk bereiten, um einer Heirat mit dem von ihrem Vater ausgewählten Bewerber zu entgehen. Nachdem die → Scheintote begraben wurde, wird sie befreit und kann fliehen. Da der Bote, den Giannozza nach Alexandria schickt, von Piraten gefangengenommen wird, erfährt Mariotto nichts von ihrer geglückten Flucht, sondern erhält die Nachricht, daß Giannozza tot sei. Er kehrt verkleidet nach Siena zurück und wird beim Versuch, ihr Grabmal zu öffnen, erkannt und anschließend hingerichtet. Giannozza kehrt zurück und stirbt vor Schmerz.

Luigi da Porto (*Historia novellamente ritrovata di due nobili amanti* [1530]) verlegt das Geschehen nach Verona, gibt den Liebenden die Namen R. und Giulietta und verbindet die Liebesgeschichte mit dem Motiv der Fehde zwischen den (hist.) Familien der Montecchi und Cappelletti, die bereits bei → Dante (*Purgatorio* 6,106−108)[2] als Beispiel für politischen Zwist angeführt werden. Anders als bei Masuccio (und ähnlich wie → Pyramus und Thisbe in → Ovids *Metamorphosen* 4,55−166) sterben die Liebenden bei da Porto durch → Selbstmord: R. hört von Giuliettas Tod und nimmt → Gift über ihrem vermeintlich toten Körper. Giulietta bringt sich um, indem sie die Luft anhält. Der Tod der Liebenden führt zur Versöhnung der beiden Familien.

In Matteo → Bandellos Version (*Novelle* [1554] 2,9), die von da Porto ausgeht, wird die Figur der Amme eingeführt, die den jungen Liebenden zu helfen versucht. Pierre → Boaistuaus frz. Übers. von Bandellos Novelle (*Histoires tragiques* [1559] 1,3), die einige Details abändert und sentimental-pathetische Reden und moralische Kommentare hinzufügt, diente als Vorlage für Arthur Brookes engl. Erzählgedicht *Romeus and Juliet* (1562), der unmittelbaren Quelle Shakespeares[3]. In zahlreichen Erzählerkommentaren betont Brooke die tragischen Aspekte der Liebesgeschichte. Die Liebenden sind der blinden → Fortuna ausgeliefert, deren Macht auch ihre Liebe nicht überwinden kann. Literar. Vorbild für Brooke war hier offensichtlich → Chaucers Versroman *Troilus and Criseyde* (ca 1385), der gleichfalls eine tragische Liebesgeschichte zum Thema hat und auf den möglicherweise Shakespeare auch direkt zurückgriff[4]. Das Hauptinteresse Shakespeares gilt zwei Bereichen: der Psychologie der jungen Liebenden und dem unnatürlichen Streit zwischen den beiden Häusern Montague und Capulet. Die Beilegung dieses Streits bedeutet die Wiederherstellung der natürlichen Ordnung, die wie in anderen Tragödien Shakespeares mit dem Tod Unschuldiger verbunden ist. Dieser Vorstellung einer natürlichen Ordnung liegt die Harmoniekonzeption des Renaissance-Platonismus zugrunde; auch die Darstellung der Liebe von R. und Juliet ist durch platonische und neuplatonische Vorstellungen geprägt, wie sie von Philosophen der ital. Renaissance entwickelt und weitergegeben wurden[5]. Unabhängig von Shakespeare nahm in Spanien Lope de → Vega die Novelle Bandellos als Vorlage für die Tragikomödie *Castelvines y Monteses* (ca 1606−12)[6], die glücklich endet.

Shakespeares Drama war bes. im 18. Jh. die Vorlage für weitere Bearb.en[7]. Vielfach wurde es den bestehenden klassizistischen Normen angepaßt, so in Fassungen von Christian Felix Weiße (1767) und Jean-François Ducis (1772), die dabei gelegentlich auf ältere Versionen zurückgriffen. Gottfried → Kellers Novelle *R. und J. auf dem Dorfe* (1856) stellt das Motiv der verfeindeten Familien in den Mittelpunkt und überträgt es auf eine bäuerlich-kleinbürgerliche Gesellschaft; die Liebenden sterben hier durch gemeinsamen Selbstmord[8]. In die Welt New Yorker Bandenkriege wird das Geschehen in Leonard Bernsteins Musical *West Side Story* (1956) verlegt[9]. Mit Diana Wynne Jones' *The Magicians of Caprona* (1980) findet der Stoff Eingang in die erzählende Kinderliteratur. Die Popularität des Stoffs zeigt sich auch an zahlreichen Verarbeitungen in Oper[10], Ballett und Film.

---

[1] Frenzel, Stoffe, 645−649; Gibbons, B. (ed.): R. and Juliet. L. 1980, 32−37. − [2] Presta, U.: Cappelletti. In: Enc. dantesca 1. Rom 1970, 822; Arnaldi, G.: Montecchi. ibid. 3 (1971) 1015 sq. − [3] cf. Bullough, G.: Narrative and Dramatic Sources of Shakespeare 1. L. 1957, 269−363. − [4] Gibbons (wie not. 1) 37. − [5] cf. Kullmann, T.: Courtliness and Platonism in the English Renaissance. In: Anglistentag 1998 Erfurt. Proc. ed. F.-W. Neumann/S. Schülting. Trier 1999,

199–209; Charlton, H. B.: Shakespearian Tragedy. Cambr. 1948, 49–63; Leimberg, I.: Shakespeares „R. und J." Von der Sonettdichtung zur Liebestragödie. Mü. 1968; Koppenfels, W. von: R. and Juliet. In: Schabert, I. (ed.): Shakespeare-Hb. Stg. ²1978, 559–567. – [6] cf. McGrady, D.: R. and Juliet Has no Spanish Source. In: Shakespeare Studies 5 (1969) 20–24; Leighton, C. H.: La fuente de La quinta de Florencia. In: Nueva revista de filología hispánica 10 (1956) 1–12; Kullmann, T.: Abschied, Reise und Wiedersehen bei Shakespeare. Tübingen 1989, 43. – [7] Frenzel, Stoffe, 648 sq. – [8] cf. KNLL 9, 284–286. – [9] Zu weiteren Adaptionen cf. von Koppenfels (wie not. 5) 565–567. – [10] cf. Zwanzig, E.: Vertonte Märchen, Mythen, Sagen, Legenden. Erlangen 1989.

Osnabrück　　　　　　Thomas Kullmann

Romero, Sílvio Vasconcelos da Silveira Ramos, * Lagarto (Bundesstaat Sergipe) 21. 4. 1851, † Rio de Janeiro 18. 7. 1914, brasilian. Jurist und Polyhistor, der einen großen Einfluß auf das Kulturleben seines Landes hatte. R. studierte 1868–73 Jura in Recife (1873 Bakkalaureus), war 1874–75 als Staatsanwalt in Sergipe und 1876–79 als Bezirksrichter in Rio de Janeiro tätig. 1880–1910 hatte er eine Professur für Philosophie am Colégio Pedro II und für Rechtsphilosophie an der Fakultät für Rechts- und Sozialwissenschaften inne. Er war 1874–75 Provinz- und 1889–1902 Reichsdeputierter und war 1896 unter den Gründungsmitgliedern der Academia Brasileira de Letras (→ Brasilien).

R. hat umfangreiche Werke zur Lit.[1] und Geschichte, Vk., Ethnographie, Politik, Philosophie und Dichtkunst publiziert[2]. Auf dem Gebiet der Vk. verfaßte er drei grundlegende Werke: *Cantos populares do Brasil* 1–2 (Lissabon 1883) und *Contos populares do Brasil* (Lissabon 1885), jeweils mit Einl.en und Anmerkungen von T. → Braga, sowie *Estudos sobre a poesia popular do Brasil* (Rio de Janeiro 1888; Petrópolis ²1977)[3].

Cantos populares do Brasil enthält Balladen aus iber. und brasilian. Tradition, volkstümliche Mysterienspiele (autos), Verse, Gebete und Kettenmärchen. Die Balladen stammen z. T. aus der Slg von Celso de Magalhães[4] und 556 Vierzeiler aus Rio Grande do Sul von C. de Koseritz[5]. Von den *Cantos* erschienen zwei weitere Ausg.n (Rio de Janeiro ²1897; 1954 mit Anmerkungen von L. da Câmara → Cascudo).

Die 1. Ausg. der *Contos populares do Brasil* enthält 42 Erzählungen europ. und 19 Fabeln afrik. Herkunft sowie einige Mythen und Fabeln von der Tupí-Guaraní-Gruppe. Ohne Absprache mit R. hatte Braga vor der Drucklegung den Aufbau des Bandes geändert und die indian. Texte um Material aus der Slg *O Selvagem* (Rio de Janeiro 1876) von Couto de Magalhães erweitert. R. protestierte heftig gegen diese Änderungen, und es begann eine von 1887 bis 1905 andauernde Polemik zwischen den beiden Forschern. In der 2. Ausg. (Rio de Janeiro/Sao Paulo 1897) eliminierte R. die Einl. und die Anmerkungen Bragas und stellte die ursprüngliche Form wieder her, fügte eine neue Einl. und neue Texte hinzu, die er selbst in Sergipe und Rio de Janeiro gesammelt hatte, und strich 21 der 25 indian. Texte von Couto de Magalhães. Diese 2. Ausg. enthält insgesamt 88 Texte: 51 Erzählungen europ., 21 indian. und 18 afrik. Ursprungs, letztere z. T. von Mestizen. Eine 3. Ausg. der *Contos* (Rio de Janeiro 1954), die Cascudo herausgab und mit zusätzlichen Angaben versah, übernahm den Text der 2. Ausg.

Estudos sobre a poesia popular do Brasil enthält Artikel, die R. 1879–81 in der *Revista brasileira* publiziert hatte. In ihnen zeichnete R. ein Bild der brasilian. Überlieferung im Kontext der nationalen Bildung. Auf ein Kap. über den Charakter der brasilian. Poesie, über das Volk und seine Bräuche, Feste, Gesänge und Geschichten folgt eine Darstellung der Schriftsteller, die sich mit Volksdichtungen beschäftigten. Weiter widmete sich R. dem Ursprung von Dichtung und Volksmärchen unter Berücksichtigung der Beiträge von Portugiesen, Indianern, Afrikanern und Mestizen. Darüber hinaus findet sich je eine Abhdlg über die Veränderung der port. Sprache in Amerika und über Heftchenliteratur (literatura del cordel).

[1] z. B. R., S.: História da litteratura brasileira 1–2. Rio de Janeiro 1888 (²1902–03; erw. Aufl. 1–5 ³1943, ⁷1980; Jubiläumsausg. zum 150. Geburtstag 1–2. ed. L. Antônio Barreto. Rio de Janeiro/Aracaju 2001). – [2] Candido, A.: O método crítico de S. R. São Paulo ²1963; Souza, J. M.: S. R., o crítico e o polemista. Rio de Janeiro 1976; Lima, J. S.: História da literatura sergipana 2. Aracaju 1986, 355–365. – [3] Matos, C. N.: A poesia popular na República das Letras. S. R. folclorista. Rio de Janeiro

1994; S. R. e Teófilo Braga. Actas do 3. Coloquio Tobias Barreto. Lissabon 1996; Calasans, J.: Contos populares do Brasil, de S. R. In: Revista da Academia de Letras da Bahía 43 (1998) 189–198; Nascimento, B. do: S. R. e os contos sergipanos de origem africana. In: Estudos de folclore. Festschr. M. Diégues Jr. Maceió 1991, 59–66. – [4] Magalhães, C. de: A poesia popular brasileira. In: O Trabalho (Recife 15. 4./20. 9. 1873). – [5] z. T. direkt übermittelt, z. T. entnommen aus: Gazeta de Porto Alegre (23. 1./12. 3. 1880).

Rio de Janeiro   Braulio do Nascimento

Romulus. Der R. ist unter den antiken → Fabelbüchern die einzige größere Slg in lat. Prosa und neben der versifizierten Slg des → Avianus, die indes begrenzter wirkte, wichtigster Vermittler der äsopischen → Fabel (→ Äsopika) ins MA. Voraussetzungen, Ausformung und Ausstrahlung des im 5. Jh. p. Chr. n. möglicherweise in Gallien erstellten Korpus sind wegen der diffusen Quellenlage nur begrenzt zu erfassen.

Den Namen trägt das im MA. als *Liber/Libri (fabularum) Aesopi* laufende Werk nach einem nicht zu identifizierenden R. (in dem ma. Bearbeiter den röm. Kaiser R. Augustulus sahen), der es in einer Eingangsepistel als eigene Übers. aus dem Griechischen ausgibt und seinem Sohn Tiberinus anempfiehlt. Ein anschließender Brief ist dem Gattungsstifter → Äsop in die Feder gelegt, der das Werk seinem nach dem Dienstherrn in der Äsop-Vita benannten ‚magister Rufus' (lat.; griech. Xanthos) widmet. In der Ausg. G. Thieles[1] folgen 98 Fabeln in vier Büchern und ein Epilog über die Statue des Äsop; der Herausgeber kann sich aber nur auf bereits redigierende Zeugen stützen[2]: recensio Gallicana (7 Hss.)[3] und recensio vetus (3 Hss.)[4] mit einem Kern von 81 Fabeln (es fehlen num. 2, 7, 11, 18, 25 sq., 34, 37 sq., 41, 80–82, 84, 94, 97 sq., ferner in der recensio vetus num. 48, 89, 91, 93) und die zwei Mischredaktionen der Weißenburger Rez. (58 Fabeln)[5] und des Ademar von Chabannes (Leiden, Univ.sbibl., Voss. lat. oct. 15, 195v–203v: 67 Fabeln)[6] mit zwei (num. 97 sq.) bzw. fünfzehn weiteren Fabeln. Die Summe erweckt den Eindruck eines auf exakt 100 Stücke zusteuernden Fabelmonuments, aufgerichtet auf einem mächtig legitimierenden Fundament, das im Übersetzer den Gründer Roms assoziiert[7], den Fabelbestand beim Archegeten der Gattung selbst fundiert und im Schlußverweis auf eine Steinskulptur Äsops mit Inschrift[8] das eigene Vorhaben als Entsprechung in der Schrift errichtet. Reflexe auf eine solche Konzeption finden sich in der Äsop-Epistel[9], ebenso auch auf die Verbreitung in einer ill. Prachtausgabe, für die sich aus der Überlieferung Indizien beibringen lassen[10].

Jedoch ist die Einheit der zwei Episteln und die Fiktivität der ersten nicht unstrittig[11]; zudem hängt die Einschätzung dessen, was dem R.-Anonymus als Sammler, Herausgeber oder Redaktor zuzurechnen ist, von den jeweils benutzten Quellen ab. Hier zeichnet sich als Konsens der Forschung die prägende Benutzung des → Phädrus (den auch die Episteln verarbeiten) in einem archetypischen Prosa-Phädrus des 4. Jh.s ab (*Aesopus Latinus*, auch *Ur-Romulus*, *Aesopus ad Rufum*), den N. Holzberg, gestützt auf die Phädrus noch am nächsten stehende Weißenburger Rez., durch die Äsop-Epistel, eine Phädrus näherstehende Aufteilung in fünf Bücher, Konzentration allein auf Phädrus-Fabeln und Ausw. der bes. gattungstypischen Stücke gekennzeichnet sieht[12]. Diese weitgehend auf Phädrus bezogene Hauptquelle wurde später mit weiteren Nebenquellen aufgefüllt, dabei wiederum Phädrus benutzt. Da dessen Œuvre in der Forschung teils aber erst aus den spätüberlieferten Paraphrasen des Ademar von Chabannes und der Weißenburger Rez. rekonstruiert wird, ist die Quellenlage verwickelt; der Ansatz eigenständiger Phädrus-Paraphrasen des R. ist überdies an Annahmen zur Vollständigkeit der jeweiligen Rekonstruktion des *Aesopus Latinus* gebunden. Vor allem für Buch 4 lassen sich jedoch die *Hermeneumata sive interpretamenta* des Pseudo-Disotheus, ein griech. Lateinlehrbuch des 3. Jh.s p. Chr. n., sicherer namhaft machen. Obschon sprachlich ebenfalls schlicht, wurde das R.-Korpus aber eher als Gattungskompendium denn als Schulbuch angelegt.

Bearb.stendenzen ist die Forschung noch nicht systematisch und in Hinsicht auch auf Vergleichsmaterial nachgegangen. Die Umordnung der Fabeln erfolgte nicht planlos[13]; man muß mit thematischen Prinzipien ebenso wie mit anderen Strukturierungen (Paarbildung) rechnen. Hier wäre u. a. ein Vergleich mit der → Babrios-Rezeption Avians nützlich[14]. Vielfach wörtliche Anlehnung an die Quelle und – in Abweichungen von Phädrus – Ersatz von dessen urbanem durch spätantikes Vulgärlatein muß so wenig spezifisch sein wie die in der Prosaifizierung abflachende Pointierung der Versrede. In der Neigung, Redeszenen rhetorisierend umzuformen[15], läßt sich dagegen eine echte Besonderheit greifen. In den Fabellehren der Pro- und Epimythien neigen der oder die Bearbeiter des R./*Aesopus Latinus* zur Entschärfung der phädrianischen Vorgaben und zur Explizierung auf einen konkreten Lehrsatz hin. Insgesamt aber bleiben die Vorgaben „im Kern, vor allem hinsichtlich des Handlungsablaufes und auch in der allgemeinen Richtung der Kritik, bewahrt"[16].

Die beiden Mischredaktionen des Ademar von Chabannes und der Weißenburger Rez. – jene um 1025 in St. Martial in Limoges geschrieben, diese zwar älter (9. Jh.), aber beherrscht von einem „in völliger Auflösung begriffene[n] Lateinisch"[17] – blieben nahezu folgenlos[18]. Die zwei im 7. Jh. sich trennenden Hauptredaktionen der recensio vetus und der recensio Gallicana hatten unterschiedlichen Erfolg: Die syntaktisch unbeholfenere recensio Gallicana fand in der Romania eine gewisse Verbreitung; die syntaktisch geglättete recensio vetus hat sich dagegen nur in drei Hss. des 13. und 14. Jh.s erhalten, von denen zwei dt. Importe aus der Romania sind[19]. Zeitlich und räumlich durchgreifendere Wirkung entfaltet der R. erst über seine vielen meist von der recensio Gallicana ausgehenden Dependenzen[20]:

(1) Die ersten drei Bücher des R. formte ein anonymer Verf. vermutlich des 12. Jh.s nach einer Mischredaktion, unter Benutzung von Zusatzquellen[21] und mit minimalen Bestandsergänzungen und Kürzungen[22], jedoch ohne in die Handlungsgerüste entscheidend einzugreifen, in elegische Distichen und rhetorisch und stilistisch hochgestochenes Latein um[23]. Trotz – oder wegen – seiner Artifizialität[24] wurde der nach dem ersten Herausgeber Isaacus Nicolaus → Neveletus benannte *Anonymus Neveleti* ein beispielloser Erfolg, mitgetragen nicht zuletzt von der Verwendung im lat. Unterricht des Trivium, was ihn zum ‚eigentlichen Äsop' des MA.s[25] erhob[26]. Das dort traditionelle Verfahren der lectio schriftl. abstützend, enthält ein Drittel der Hss. den Autortext gemeinsam mit lat. Kommentar, d. h. ihm sind für den Auslegungsschritt der expositio ad sensum Prosaparaphrasen beigegeben. In diese fließt nicht nur partiell wiederum R. aus anderen Quellen ein[27], die Fabelparaphrasen bringen es auch auf eine beträchtliche eigene lat. Wirkungsgeschichte in vielgestaltigen selbständigen Prosasammlungen[28]. Neben dem Autortext sind auch diese Kommentare und ihre Ableger als potentielle Vermittler von Erzählstoffen in die Volkssprachen in Betracht zu ziehen[29]. In diesen „geht etwa jede zweite Fabelbearbeitung auf den *Esopus* des Anonymus Neveleti zurück"[30].

(2) In der Auswahl von 27+2 Fabeln hat die recensio Gallicana Teil am Erfolg des in über 250 Hss. verbreiteten *Speculum maius* des → Vincent de Beauvais, der sie im 2. Drittel des 13. Jh.s leicht und bes. um die Epimythien gekürzt an zwei Stellen aufnahm: ins *Speculum historiale* (3,2–8), dort in den Kontext des für Äsops Wirken vermuteten Zeitraums; in anderer Reihenfolge und um num. 15 und 63 vermehrt ins *Speculum doctrinale* (3,114–123) in poetologischem Kontext als Specimina der Gattung[31]. Ob ihre Übernahme diesen Fabeln mehr als nur punktuell (etwa in der dt. Weltchronik *Excerpta chronicarum* der Nürnberger Ratsschreiber Johannes Platterberger und Dietrich Truchseß, 1459) bes. Ausstrahlung sicherte, ist nicht untersucht.

(3) Der vom *R. Nilantinus* des 11. Jh.s mit seinen 50 Fabeln von der recensio vetus ausgehenden Traditionslinie verleihen prominente Bearbeiter Kontur. Von → Lessing des Anliegens wegen, aus nüchterner Beschreibung des Laufs der Welt Exempla christl. Wertethik zu formen[32], als „dümmste[r] von allen Mönchen"[33] gescholten, wurde dem Autor des *R. Nilantinus* gleichwohl im frühen 12. Jh. die Ehre zuteil, der verlorenen engl. Fassung jenes – bis heute obskur gebliebenen – ‚Königs Alfred' als Vorlage zu dienen (und dazu zwei engl. hexametrischen bzw. rhythmischen Versbearbeitungen ohne Wirkung)[34], die im späteren 12. Jh. dann → Marie de France für ihren *Ésope* heranzog. Die Bedeutung des *R. Nilantinus* für den Transfer des R. in die Volkssprache reicht über das Englische und Französische hinaus: Der nach seinen Haupthandschriften benannte *R. LBG* ist zu Teilen ver-

mutlich eine ‚Rückübersetzung' aus dem Englischen (Alfred) und/oder Französischen (Marie) — die Quellenlage ist nicht endgültig geklärt[35]; im *R. Roberti* hat der Vorgang eine gewisse, auf Maries *Ésope* gründende, jedoch wirkungslose Parallele[36] —, und dieses im späten 13. Jh. entstandene Korpus von 136 Prosafabeln fließt nicht nur wieder in die lat. Kommentare des *Anonymus Neveleti* ein, sondern wird auch nord- und mitteldt. Äsop-Slgen (*Wolfenbütteler Äsop* des → Gerhard von Minden, *Magdeburger Äsop, Leipziger Äsop, Kopenhagener Epimythien*) zum R.-Vermittler. Dazu ist der *R. Nilantinus* wichtigste Quelle der Fuchsfabeln (Ende 12./Anfang 13. Jh.) des Rabbi → Berechja ha-Nakdan.

(4) Schon der Titel des *Novus Esopus* Alexander → Neckams signalisiert einen Werkanspruch, der über schulmäßige Umarbeitung hinausreicht und den die Entscheidung für 42 Stücke — darunter 37 aus der recensio Gallicana — insofern mit aufbaut, als sie die Brücke zu den 42 Avian-Fabeln als zweitem prominenten Korpus der Zeit schlägt. Auch Neckams Ausgriff auf Phädrus-Material aus Zusatzquellen (Ademar) kann hier motiviert sein — wieweit er indes zurückreicht, ist strittig[37]. Gezielt hat der Universitätslehrer mit seinem *Novus Esopus* auf gehobene und die schlichteren recensio Gallicana-Fabeln in entsprechende Verse hebende rhetorisch-poetische Unterweisung. Wirkung in die Volkssprache hatte sein Werk nur im außerdt. Raum (zwei altfrz. Übertragungen).

(5) Ähnlich ist für einige Kurzfassungen, denen R.-Fabeln in mehr oder minder großer Auswahl zugrundeliegen, Entstehung im Schulkontext zu vermuten. Dafür spricht in den Oxforder R.-Abbreviaturen, daß sie sechs ihrer 45 Fabeln der recensio Gallicana wiederum mit Lehrsentenzen aus dem *Novus Esopus* auffüllen. Solche Korpora wurden okkasionell und ohne weiterreichenden Anspruch erstellt und blieben in ihrer Verbreitung begrenzt[38]. Daß hierher neben Prosa- auch Versbearbeitungen gehören, zeigen jene 16 R.-Fabeln, die in der 2. Hälfte des 11. Jh.s als Schulübung zur Metrik in leoninische Hexameter gebracht wurden (Würzburger Vers-R.)[39]. Zu diesen kleineren Korpora zählt auch der *R. Bernensis* (15. Jh.): 13 kurze Prosafabeln im Codex 141 der Berner Burgerbibliothek, die

Thiele, obwohl schon L. → Hervieux sie auf R. bezog und Phädrus-Reminiszenzen anmerkte, unbekannt blieben[40] und deren Unters. aussteht.

(6) Als R.-Extravaganten laufen in der Forschung eine Reihe von in Nachbarschaft zu R.-Exzerpten bezeugten Fabeln — *R. Bernensis, R. Monacensis, R. von Tours, Helmstedter R., Breslauer Extravaganten,* die *Extravagantes Esopi antique* Heinrich → Steinhöwels und weitere[41] —, die in ihrer Einheit und in ihren Bezügen auf den R. noch zu untersuchen sind. Die Stoffe sind nicht alle äsopisch, und es spielt auch Tierepik hinein (→ Tierepos). Die Vermittlung der R.-Extravaganten in die Volkssprachen scheint vor allem über die Verwendung in der → Predigt erfolgt zu sein.

In die dt. Fabel des MA.s wirkte die R.-Tradition stärker hinein als Avian. Die Verhältnisse in den anderen europ. Volkssprachen sind weniger überschaubar, die Relationen dürften aber ähnlich ausfallen. Die genaue R.-Quelle ist im Deutschen indes selten namhaft zu machen — und wenn, dann zuerst als *Anonymus Neveleti.* Das ändert sich nachhaltig erst im Zuge der seit dem 15. Jh. häufigeren zweisprachigen Fabelsummen. Unter ihnen nimmt Steinhöwels ill. lat.-dt. Gesamtausgabe des *Esopus* von 1476 mit ihrem umfangreichen R. und R.-Extravaganten-Bestand insofern eine Sonderrolle ein, als sie einerseits die allg. Entwicklung der dt. Fabel in Richtung auf nähere Wiedergabe der Quelle noch einmal verstärkte (so daß → Luthers Versuch eines *Deudschen Esopus* Fragment von sieben Prosafabeln blieb: vermutlich die letzten mit Vorlage im alten R.), andererseits als exzeptioneller Bucherfolg ihren R. an viele europ. und außereurop. Lit.en weiterreichte[42].

Erzähltypen und -motive (Ausw.)[43]: 1,1 = Hahn schätzt die im Mist gefundene Perle gering (Mot. J 1061.1). — 1,2 = AaTh 111 A: → *Wolf und Lamm.* — 1,3 = AaTh 278: cf. → *Tiere aneinandergebunden.* — 1,5 = AaTh 34 A: → *Hund verliert das Fleisch.* — 1,6 = AaTh 51: → *Löwenanteil.* — 1,8 = AaTh 76: → *Wolf und Kranich.* — 1,10 = Undankbare Schlange beißt ihren Wohltäter (Mot. W 154.2; cf. AaTh 155: → *Undank ist der Welt Lohn*). — 1,12 = AaTh 112: → *Feldmaus und Stadtmaus.* — 1,15 = AaTh 57: → *Rabe und Käse.* — 1,17 = AaTh 214: → *Esel will den Herrn liebkosen.* — 1,18 = AaTh 75: → *Hilfe des Schwachen.* — 1,20 = AaTh 233 C: cf. → *Vögel und Netz.* — 2,1 = AaTh 277: → *Frösche bitten um einen König.* – 2,2 = AaTh 231**: cf. → *Kranich und Fische.* – 2,5 = Schwangerer Berg gebiert Maus (Mot. U 114). – 2,7 = cf. AaTh 101: *Der alte → Hund.* – 2,8 = AaTh 70: → *Hasen und Frösche.* – 2,9 = AaTh 123: → *Wolf und Geißlein.* – 2,10 = 285 D: cf. → *Feindschaft zwischen Tieren und Menschen.* – 2,13 = AaTh 60: → *Fuchs und Kranich.* – 2,15 = cf. AaTh 244: cf. → *Tiere borgen voneinander.* – 2,20 = AaTh 277 A: cf. *Der aufgeblasene → Frosch.* – 3,1 = AaTh 156: → *Androklus und der Löwe.* – 3,2 = AaTh 47 B: → *Wolf und Pferd.* – 3,4 = AaTh 222 A: cf. → *Krieg der Tiere.* – 3,7 = AaTh 77: cf. *Die eitlen → Tiere.* – 3,14 = Bäume mit Axt gefällt, für deren Stiel sie selbst das Holz geliefert haben (Mot. U 162). – 3,15 = AaTh 201: *Der freie → Wolf (Hund).* – 3,16 = AaTh 293: → *Magen und Glieder.* – 3,19 = AaTh 162: → *Herr sieht mehr als der Knecht.* – 4,1 = AaTh 59: → *Fuchs und saure Trauben.* – 4,3 = AaTh 161: → *Augenwinken.* – 4,7 = Vögel glauben, ihr Schicksal rühre den Vogelfänger zu Tränen (Mot. J 869.1). – 4,12 = AaTh 50 A: *Fußspuren vor der → Löwenhöhle.* – 4,13 = AaTh 232 D*: *Crow Drops Pebbles into Water Jug so as to be Able to Drink.* – 4,17 = Mann und Löwe streiten darum, wer der Stärkere sei (Mot. J 1454). – 4,18 = AaTh 280 A: → *Grille und Ameise.*

[1] Thiele, G.: Der Lat. Äsop des R. und die Prosa-Fassungen des Phädrus. Heidelberg 1910 (Nachdr. Hildesheim/Zürich/N. Y. 1985); Irmscher, J. (ed.): Antike Fabeln. B. u. a. 1978 (1999), 343–404; Hausrath, W.: Phädrus. In: Pauly/Wissowa 19,2 (1938) 1475–1505, hier 1484–1486; Grubmüller, K.: Meister Esopus. Mü. 1977, 61–67; Holzberg, N.: Die antike Fabel. Darmstadt 1993, 105–116; Dicke, G.: Äsop. In: Verflex. 11 (²2000) 141–165; Nøjgaard, M.: La Fable antique. Kop. 1967, 404–431; Adrados, F. R.: Historia de la fábula greco-latina 2. Madrid 1987, 473–509. – [2] cf. Thiele (wie not. 1) CL–CLVI (12 Hss. des 10.–15. Jh.s); 3 Hss. bei Dicke/Grubmüller, XXX sq., LXXI. – [3] Text der Hs. London, British Library, Ms. Burn. 59, 1r–6v, separat bei Hervieux 2, 195–233. – [4] Text der Hss. Wien, Österr. Nationalbibl., Cod. 303, 132r–137r (bzw. Cod. 901, 7r–23v), separat bei Hervieux 2, 417–454, 455–473. – [5] Wolfenbüttel, Herzog-August-Bibl., Cod. Gud. lat. 148 4°, 61v–83r; Text: Thiele (wie not. 1); Hervieux 2, 157–192. – [6] Weitere Hss. bei Dicke/Grubmüller, LXV; Text: Ademar di Chabannes: Favole. ed. F. Bertini/P. Gatti. Genua 1988; cf. auch Thiele, G.: Der ill. lat. Äsop in der Hs. des Ademar. Cod. Voss. Lat. vet. 15, fol. 195–205. Leiden 1905. – [7] Holzberg (wie not. 1) 109. – [8] Thiele (wie not. 1) 304–306. – [9] ibid., 5–7. – [10] ibid., CXXXII–XL. – [11] Grubmüller (wie not. 1) 62, not. 86. – [12] Holzberg (wie not. 1) 108 sq. – [13] Thiele (wie not. 1) XXII. – [14] Luzzato, M. J.: Note su Aviano e sulle raccolte esopiche greco-latine. In: Prometheus 10 (1984) 75–94. – [15] cf. Thiele (wie not. 1) XXXVII–XLVI. – [16] Grubmüller (wie not. 1) 64. – [17] Thiele (wie not. 1) CLVII. – [18] cf. aber not. 6 zu fünf bisher unbekannten Fabeln in Streuüberlieferung. – [19] Der Cod. vind. 303 (3. Viertel 13. Jh.) ist Import aus Nordfrankreich nach Süddeutschland, das Berliner Ms. germ. oct. 87 (13. oder 14. Jh.) entstammt dem Rhein-Maas-Übergangsraum. – [20] Thiele (wie not. 1) CXXXI sq.; Grubmüller (wie not. 1) 67–85; Verflex. 11, 146–155; einzelne Stücke und volkssprachliche (bes. dt.) Bearb.en bei Dicke/Grubmüller, 869–871 (Reg.). – [21] Boldrini, S.: L',Aesopus' di Gualtiero Anglico. In: Catanzaro, G./Santucci, F. (edd.): La favolistica latina in distica elegiaci. Assisi 1991, 79–106, hier 94–101. – [22] Nicht aufgenommen: Thiele (wie not. 1) num. 58, 70, ergänzt: num. 59 sq. (Zählung nach Foerster, W. [ed.]: Lyoner Yzopet. Mit dem kritischen Text des lat. Orig.s [sog. Anonymus Neveleti]. Heilbronn 1882 [Nachdr. Wiesbaden 1968], 96–137; weitere Ausg.n richten sich auf engere Ausschnitte der lat. Textüberlieferung, cf. Grubmüller [wie not. 1] 78, not. 170; dort zu ergänzen Wright, A. E. [ed.]: The Fables of Walter of England. Toronto 1997). – [23] Zum „Anonymus Neveleti" cf. Grubmüller (wie not. 1) 77–84; Boldrini (wie not. 21); Verflex. 11, 146–150. – [24] Bisanti, A.: L'ornatus in funzione didascalica nel prologo di Gualtiero Anglico. In: Sandalion 12–13 (1989–90) 151–163. – [25] Manitius, M.: Geschichte der lat. Lit. des MA.s 3. Mü. 1931, 772. – [26] Über 180 Hss. bei Hervieux 1, 503–602; Dicke/Grubmüller, LXVI–LXVIII; Drucke vor 1500: Gesamtkatalog der Wiegendrucke 1. Lpz. 1925, num. 347–351, 382–427a, 443 sq., 2776–2800; jüngere Drucke: Hervieux 1, 617–635; Verz. der im dt. Sprachbereich erschienenen Drucke des 16. Jh.s Stg. 1983–2000, A 435, 440, 442, 4028; Belege für den Schulgebrauch: Wheatley, T. A.: The „Fabulae" of Walter of England, the Medieval Scholastic Tradition, and the British Vernacular Fable. Diss. Richmond, Va 1991; Grubmüller, K.: Elemente einer literar. Gebrauchssituation. Zur Rezeption der äsopischen Fabel im 15. Jh. In: Würzburger Prosastudien 2. ed. P. Kesting. Mü. 1975, 139–159; Henkel, N.: Dt. Übers.en lat. Schultexte. Ihre Verbreitung und Funktion im MA. und in der frühen Neuzeit. Mü. 1988; Wright, A. E.: Kommentar und Übers. Zur Entlatinisierung der Fabel im ausgehenden MA. In: Wolfenbütteler Beitr.e 11 (1998) 53–72. – [27] Grubmüller (wie not. 1) 69. – [28] cf. Dicke/Grubmüller, 839 sq. – [29] Wright (wie not. 26) 58. – [30] EM 9, 1432, unter Verweis auf Hugos von Trimberg „Renner", Ulrich Boners „Edelstein", den „Breslauer Äsop" (cf. Henkel, N.: Breslauer Äsop. In: Verflex. 11, 285–287), den Nürnberger Prosa-Äsop (Grubmüller, K. [ed.]: Nürnberger Prosa-Äsop. Tübingen 1994); frz. z. B. Pariser Ysopet I: McKenzie, K./Oldfather, W. A. (edd.): Ysopet-Avionnet. The Latin and French Texts. Urbana, Ill. 1919 (Nachdr. N. Y. 1967); für das Dt. ist die einschlägige Rezeption auf dem Umweg über die Nummer der entsprechenden Fabel im „Anonymus Neveleti" (Dicke/Grubmüller, 839) zu erschließen. –

[31] Vincentius Bellovacensis: Speculum quadruplex 1–4. (Douai 1624) Nachdr. Graz 1964, t. 2, 290–295; t. 4, 87–90; Text nach dem Speculum historiale auf Inkunabel-Grundlage: Hervieux 2, 234–245. – [32] Lessing, G. E.: R. und Rimicius. In: Sämtliche Schr. 11. ed. K. Lachmann. Stg. 1895, 351–380, hier 359. – [33] cf. Jauss, H. R.: Unters.en zur ma. Tierdichtung. Tübingen 1955, 24–55; Text: Hervieux 2, 513–548; Hss.: Hervieux 1, 715–718 (3), Dicke/Grubmüller, LXXII (2). – [34] cf. Hervieux 1, 801–815; t. 2, 653–757. – [35] cf. Runte, H. R.: ‚Alfred's Book', Marie de France, and the Matron of Ephesus. In: Romance Philology 36 (1982–83) 556–564; Hss.: Hervieux 1, 784–793; Dicke/Grubmüller, LXXI (ergänzend Birmingham, Univ. Library, Ms. 7/i/12, 1ra–26ra); Text: Hervieux 2, 513–548. – [36] cf. Grubmüller (wie not. 1) 75, bes. not. 156 sq. – [37] Gaburgino, G.: Il ‚Novus Esopus' di Alessandro Neckam. In: Catanzaro/Santucci (wie not. 21) 107–132; Klein, T. A. P.: Überlieferungsprobleme in den Kleindichtungen Alexander Neckams am Beispiel des ‚Nouus Aesopus'. In: Filologia mediolatina 2 (1995) 233–242. – [38] cf. zu den Oxforder R.-Abbreviaturen: Hervieux 1, 461–463 (eine Hs. des 14. Jh.s); ibid. 2, 246–261 (Text); Streuüberlieferung von sieben Fabeln in Odos of Cheriton „Liber parabolarum" ergänzt bei Dicke/Grubmüller, LXXII; Hinweis auf eine weitere eigenständige R.-Paraphrase ibid., XXXIV sq., not. 69. – [39] Würzburg, Univ.sbibl., Ms. M. p. th. f. 26, Vorsatzbl. vorn und hinten; Voigt, E.: Ein unbekanntes Lehrbuch der Metrik aus dem XI. Jh. In: Mittlgen der Ges. für dt. Erziehungs- und Schulgeschichte 4 (1894) 194–158. – [40] cf. Hervieux 1, 817 sq.; t. 2, 758–762 (Text). –
[41] Verflex. 11, 152 sq. – [42] Dicke, G.: Heinrich Steinhöwels ‚Esopus' und seine Fortsetzer. Tübingen 1994. – [43] Nach Thiele (wie not. 1); Aufschlüsselung nach Dicke/Grubmüller, 869.

Hamburg   Michael Baldzuhn

Romulus und Remus, → Zwillingssöhne des Mars und der Rhea Silvia. Während die Gestalt des Romulus (Ro.) seit der Mitte des 4. Jh.s v. u. Z. in der sizil. Geschichtsschreibung faßbar ist[1], findet sich das Zwillingspaar erstmals in der 2. Hälfte des 3. Jh.s bei dem sich auf Diokles von Peparethos[2] berufenden röm. Historiker Fabius Pictor[3] bezeugt, der mit seiner Version der → Gründungssage Roms die zahlreichen Var.n der Griechen[4] verdrängte. In der Folgezeit[5] vielfach aus- und umgestaltet[6], hat das Schicksal der Zwillinge in der röm. Vulgata am Ende der Republik seine kanonische Fassung gefunden[7]:

Numitor, der König von Alba Longa (beim heutigen Castel Gandolfo), wird von seinem jüngeren Bruder Amulius gestürzt, seine Tochter Rhea Silvia zur Vestalin gemacht, um jegliche Nachkommenschaft zu verhindern. Diese bringt jedoch, von Mars geschwängert, die Zwillinge Ro. (der Römer?) und Remus ([Re.] von lat. remoris: aufhaltend?[8]) zur Welt. Auf Befehl des Amulius in einem Körbchen im Tiber ausgesetzt (→ Aussetzung), werden sie bei einem Feigenbaum am Nordwesthang des Palatin an Land getrieben und von einer → Wölfin (lupa) bzw. einem Specht (picus), den hl. Tieren des Mars, gefüttert, bis sie der Hirte Faustulus findet, der sie gemeinsam mit seiner Frau Larentia, einer ehemaligen Hure (auf dem Wortspiel lupa = meretrix basierend), erzieht.

Als sie herangewachsen sind, töten die Brüder ihren Onkel Amulius, setzen Numitor wieder in die Herrschaft über Alba Longa ein und beschließen, dort, wo ihr Körbchen gestrandet war, eine eigene Stadt zu gründen. Um zu entscheiden, wer die neue Stadt regieren solle, erkunden sie mittels Vogelflug den Willen der Götter (→ Divination): Durch das Erscheinen von zwölf gegenüber sechs Geiern legitimiert, gründet Ro. durch das Ziehen einer ersten Furche die neue Stadt[9] und gibt ihr den Namen Roma[10]. Als der unterlegene Re. seinen Bruder verspottet, indem er die neuen Mauern überspringt, wird er von diesem eigenhändig bzw. (in der spätesten Fassung) durch dessen Parteigänger Celer[11] getötet. Nach einer anderen, das Stigma des Brudermordes umgehenden Fassung[12] soll es dagegen bereits anläßlich der Deutung des Vogelflugs zum Streit gekommen sein, in dessen Verlauf Re. den Tod findet[13].

In der Kombination von Aussetzungs- und Gründungsmythos, an den ätiologisch verschiedene Kulte (Luperkalien, Lemurien u. a.) und Riten (Stadtgründung) ‚zurück'gebunden waren[14], stellt die Geschichte der Zwillinge keine Übernahme eines griech. Mythos dar[15], sondern repräsentiert einen nicht nur im italischen (Caeculus von Praeneste)[16], griech. (Miletos), jüd. (→ Moses), pers. (→ Kyros), sondern im gesamten ide. Raum zu findenden Mythentyp[17], allerdings mit zwei für Zwillingspaare atypischen Merkmalen: (1) Das Schicksal der Zwillinge verläuft, anders als in vergleichbaren Mythen Griechenlands (Aiolos und Boiotos; Amphion und Zethos; Pelias und Neleus), geradezu gegenläufig: Der eine tötet den anderen (oder ist zumindest für dessen Tod verantwortlich) und wird erst dann zum Begründer des neuen Gemeinwesens und seiner Institutionen. (2) Keine der sakralen und staatsrechtlichen Doppelbildungen in Rom leitet sich, obwohl gleichfalls in der Struktur eines Zwillingsmythos angelegt, von Ro. und Re. ab.

Seine Erklärung findet dieser Befund wohl in der relativ späten Genese des Mythos (4./3. Jh.), der seine Existenz möglicherweise der Endphase des Ständekampfes zwischen Patriziat und Plebs verdankt[18]. In der Tat sind Ro. und Re. als Zwillingspaar archäologisch-hist. nicht vor dem Jahr 296 belegt, als die (plebejischen) Ädilen Gnaeus und Quintus Ogulnius die Statue einer die beiden Knaben stillenden Wölfin beim Luperkal aufstellen ließen[19]. Auf Münzen erscheint die Gruppe gleichfalls erstmals 269–266 auf einer Prägung unter dem Konsulat des Quintus Ogulnius[20]. Keineswegs gesichert ist dagegen der Bezug auf die Gründungslegende für einen etrusk. Bronzespiegel aus Praeneste, der gleichfalls eine Wölfin mit zwei Jungen zeigt[21]. Die Figur der Wölfin[22] schließlich läßt sich mit der sog. Kapitolin. Wölfin, einer Bronzestatue unbekannter Herkunft (die erhaltenen Zwillinge sind eine Hinzufügung des frühen 16. Jh.s), zwar bis ins 6./5. Jh. zurückverfolgen, doch beweist dies noch nicht die Existenz des gesamten Mythos für diese frühe Zeit[23]. Dies gilt auch für den Versuch[24], ins 8. Jh. zu datierende Mauerfunde auf dem Palatin mit der Stadt des Ro. (Roma quadrata) zu identifizieren und darin eine Bestätigung der literar. Überlieferung einerseits, des traditionellen Datums der Stadtgründung (21.4.753 v. u. Z. [Datierung nach M. Terentius Varro]) andererseits zu sehen[25]. So bleibt die Existenz von Ro. und Re. als Zwillingspaar allein auf die literar. Überlieferung beschränkt[26], ohne daß dies die Wirkungsmacht der röm. Gründungssage beeinträchtigt hätte.

[1] Alkimos (in: Fragmente der griech. Historiker 3 C. ed. F. Jacoby. Leiden 1958, num. 840 F 12: ein Rhomylos als Sohn des Äneas und Großvater des Stadtgründers Rhomos; Kallias (ibid., num. 840 F 14): Sohn des Latinus. – [2] ibid., num. 820 F 2. – [3] Beck, H./Walter, U. (edd.): Die frühen röm. Historiker 1. Darmstadt 2001, 68–76 (= 7 a), 76–87 (= 7 b). – [4] cf. Jacoby (wie not. 1) num. 809–840; Poucet, J.: Les Origines de Rome. Tradition et histoire. Brüssel 1985. – [5] Zur lat. Lit. cf. Krämer, H. J.: Die Sage von Ro. und Re. in der lat. Lit. In: Synusia. Festschr. W. Schadewald. Pfullingen 1965, 355–402; Fox, M.: Roman Historical Myths. The Regal Period in Augustian Literature. Ox. 1996. – [6] Synopse der Var.n bei Wisemann, T. P.: Re. A Roman Myth. Cambr. 1995, 14. – [7] Zum Detail cf. Titus Livius, Ab urbe condita 1,3,9–1,7,3; Dionysios Halikarnasseus, Antiquitates Romanae 1,71–87; Plutarch, Aitia Rōmaïka 1–12; dazu Krampf, F.: Die Qu.n der röm. Gründungssage. (Diss. Lpz.) Borna 1913. – [8] Wisemann (wie not. 6) 110 sq.; De Simone, C.: Il nome di Romolo. In: Carandini, A./Cappelli, R. (edd.): Roma. Romolo, Remo e la fondazione della città. Rom 2000, 31 sq. – [9] Dagegen Konon (Jacoby [wie not. 1] num. 26 F 1); Strabo 5,3,2; Plinius, Naturalis historia 8,61; De viris illustribus urbis Romae 1,4 u. a. (Gründungsakt durch beide Brüder vor dem Vogelflug). – [10] Zu den verschiedenen Etymologien cf. Opelt, I.: Roma und Rom als Idee. In: Philologus 109 (1965) 47–56. – [11] cf. Fugmann, J.: Königszeit und Frühe Republik in der Schrift „De viris illustribus urbis Romae" 1. Ffm. u. a. 1990, 69–97, hier 90–92. – [12] Titus Livius, Ab urbe condita 1,7,2 u. a. – [13] Zur Traditionsbildung cf. Wagenvoort, H.: The Crime of Fratricide. In: id.: Studies in Roman Literature, Culture and Religion. Leiden 1956, 169–183. – [14] Bendlin, A.: Ro. In: DNP 10 (2001) 1130–1133, hier 1132. – [15] Überholt ist Trieber, C.: Die Ro.sage. In: Rhein. Museum N. F. 43 (1888) 569–582 (sah in der verlorenen Tragödie „Tyro" des Sophokles die Vorlage). – [16] cf. Cornell, T. J.: Aeneas and the Twins. The Development of the Roman Foundation Legend. In: Proc. of the Cambridge Philological Soc. N. S. 21 (1975) 1–32, hier 31 sq. – [17] Liste bei Binder, G.: Die Aussetzung des Königskindes Kyros und Ro. Meisenheim 1964, 125–250; Briquel, D.: Trois Études sur Ro. In: Bloch, R. (ed.): Recherches sur les religions de l'antiquité classique. Genf/P. 1980, 267–346; id.: La Mort de Rémus ou la cité comme rupture. In: Detienne, M. (ed.): Tracés de foundation. Löwen/P. 1990, 171–179; Werner, R.: Der Ursprung Roms in seinen euras. und oriental. Beziehungen. In: Das antike Rom und der Osten. Festschr. K. Parlasca. Erlangen 1990, 195–218; zum Mythos im ‚mythenlosen' Rom cf. Graf, F. (ed.): Mythos in mythenloser Gesellschaft. Das Paradigma Roms. Stg./Lpz. 1993. – [18] Wiseman (wie not. 6) 103–128. – [19] Titus Livius, Ab urbe condita 10,23,11 sq. – [20] Crawford, M. H.: Roman Republican Coinage 1. Cambr. 1974, num. 20. –
[21] Binder (wie not. 17) 82 (not. 20); Adam, R./Briquel, D.: Le Miroir prénestin de l'Antiquario Communale de Rome et la légende des jumeaux divins au milieu latin à la fin du IVe siècle av. J. C. In: Mefra 94 (1982) 33–65; anders Wisemann (wie not. 6) 65–71 (Lares Praestites). – [22] Dulière, C.: Lupa Romana 1–2. Brüssel/Rom 1979; Weigel, R.: Lupa Romana. In: Lex. Iconographicum Mythologiae Classicae 6. Zürich 1992, 292–296. – [23] Bendlin (wie not. 14) 1131; anders Bremmer, J. N.: Ro., Re. and the Foundation of Rome. In: id./Horsfall, N. M.: Roman Myth and Mythography. L. 1987, 25–48, hier 47 sq.; Cornell, T. J.: The Beginnings of Rome. L./N. Y. 1995, 60 sq. – [24] Carandini/Cappelli (wie not. 8); Carandini, A.: Die Geburt Roms. Zürich/Mü. 2002, 561–595. – [25] Zu Recht kritisch Kolb, F.: Rom. Die Geschichte der Stadt in der Antike.

Mü. ²2002. − ²⁶ cf. etwa die Übernahme des Mythos von Wölfin und Zwillingen im ma. Siena.

Konstanz   Joachim Fugmann

Rooth, Anna Birgitta, * Ängelholm 15. 6. 1919, † Förslöv 5. 6. 2000, schwed. Folkloristin[1]. R. studierte an der Univ. Lund Vk., Kunstwissenschaften und Lit.geschichte, 1940 wurde sie an der Phil. Fakultät Kandidatin, 1943 Lizentiatin. 1951 verteidigte sie ihre unter der Leitung C. W. von → Sydows entstandene Diss. *The Cinderella Cycle*, eine in Anlehnung an die → geogr.-hist. Methode erarbeitete Monogr. über die Verbreitung und Überlieferung der Erzählkomplexe AaTh 510 A−B: → *Cinderella* und AaTh 511: → *Einäuglein, Zweiäuglein, Dreiäuglein*. 1952−61 und 1964−72 war sie als Dozentin für Volksdichtungsforschung an der Univ. Lund tätig. 1973−84 war sie als Nachfolgerin D. Strömbäcks Professorin für Europ. Ethnologie an der Univ. Uppsala.

Ausgehend von der Sagenforschung[2] beschäftigte sich R. eingehend mit Mythen. Ihre bekannteste Arbeit auf diesem Gebiet ist die Unters. *Loki in Scandinavian Mythology* (Lund 1961). Danach sind die Mehrzahl der Mythen über → Loki Var.n von Geschichten, wie sie im MA. in Europa kursierten, und können daher nicht als Quelle für die nord. Mythologie verwendet werden. In *The Raven and the Carcass. An Investigation of a Motive in the Deluge Myth in Europe, Asia and North America* ([FFC 186]. Hels. 1962; → Sintflut) wird neben den Texten umfassendes Bildmaterial analysiert. Wie schon in vorausgehenden Studien wollte R. zeigen, daß Mythen nicht religiöser Natur sind, sondern der (fiktional intendierten) traditionellen Erzähllieferung bzw. Lit. angehören[3].

Die Beschäftigungen mit → Bildquellen und -zeugnissen nehmen einen hohen Stellenwert in R.s Forschungen ein. 1969 begann sie mit dem Aufbau eines ikonographischen Archivs in Lund, das später nach Uppsala verlegt wurde[4]. Das Archiv dokumentiert Bildzeugnisse von ethnol. und kulturhist. Interesse und stellt ein System für die Entschlüsselung von Bildinhalten bereit.

Mitte der 1950er Jahre begann R. mit Feldforschungen bei Indianern in Alaska und im nördl. Kanada, wohin sie mehrere Expeditionen unternahm − eine Pionierleistung, da Alaska zu dieser Zeit ein kaum erforschtes Gebiet war. Die vielleicht wichtigste Studie, die daraus hervorging, ist u. d. T. *The Importance of Storytelling. A Study Based on Field Work in Northern Alaska* (Uppsala 1976) veröffentlicht worden[5]. R.s Arbeiten über Alaska verweisen auch auf ihr Interesse an Gebieten mit gemeinsamen Traditionen, in diesem Fall auf die Verbindung zwischen Alaska und Grönland. Dabei fragt R. u. a. nach der Bedeutung von Erzählungen in einer Kultur und der Funktion des Erzählers im Prozeß der kulturellen Entwicklung. Indem sie rezente Überlieferungen mit einbezog, konnte R. Analysen der Genres, Erzähltechniken und stilistischen Besonderheiten entwickeln[6] und gilt damit als eine Wegbereiterin für heutige volkskundliche Interessenschwerpunkte[7].

[1] cf. Rooth, A. B.: Imagerier. Uppsala 1984 (mit Bibliogr. 1942−84 und sieben neuen ethnol. Bildstudien); Swahn, J.-Ö.: A. B. R. (1919−2000). In: Fabula 43 (2002) 143−145. − [2] z. B. Rooth, A. B.: Tradition Areas in Eurasia. In: Arv 12 (1956) 160−171; ead.: Scholarly Tradition in Folktale Research. In: Fabula 1 (1958) 193−200; ead.: Märchen und Sage. In: Schwed. Vk. Festschr. S. Svensson. Stockholm/Lund 1961, 460−490; ead.: Askungen i öst och väst. Uppsala 1980. − [3] ead.: Patternrecognition, Data Reduction, Catchword and Semantic Problems. An Epistemological Study. Uppsala 1978; ead.: Quantities and Qualities. Number and Dignity for Pattern Recognition of Tales and Myths. Uppsala 1980; ead.: Motive aus griech. Mythen in einigen europ. Märchen. In: Siegmund, W. (ed.): Antiker Mythos in uncseren Märchen. Kassel 1984, 35−42. − [4] ead.: Ikonografiska arkivet. En presentation av en idé, ett system och en bildbank. Uppsala 1984; ead.: Systematic Code Catalogue of the Uppsala Iconographic Archive for Registering Pictorial Material of Ethnological and Culture Historical Interest. Uppsala 1984; ead.: Exploring the Garden of Delights. Essays in Bosch's Paintings and the Medieval Mental Culture (FFC 251). Hels. 1992. − [5] ead.: The Alaska Expedition 1966. Myths, Customs and Beliefs among the Athabascan Indians and Eskimos of Northern Alaska. Lund 1971; ead. (ed.): The Alaska Seminar. Uppsala 1980. − [6] ead.: Folklig diktning. Form och teknik. Stockholm 1965; ead.: Myths, Aetia or Animal Stories? The Relationship of the Genres Myths, Aetia and Animal Stories. In: Etnologiska institutionen vid Uppsala universitet, Meddelanden 5 (1975) 1−17; ead.: Om memorat. Uppsala 1978; ead.: Probleme von Genres und Funktionen der Volksdichtung im Lichte neuer Erkenntnisse aus der Feldfor-

schung. In: Etnologiska institutionen vid Uppsala universitet, Meddelanden 13 (1979) 1–8; ead.: Från lögnsaga till paradis. Uppsala 1983; ead.: Döden och den svarta oxen. Symbolspråk och värderingar. Uppsala 1985. – [7] Klein, B.: A. B. R. and Folkloristics in Sweden. In: FF Network 22 (2001) 10–12.

Lund   Inger Lövkrona

Rose, Rosenwunder

1. Allgemeines – 2. Symbolik und Ätiologie – 3. R. als Todeszeichen – 4. R.ngarten – 5. R.nwunder

1. Allgemeines. Die R. ist eine der in Erzählungen am häufigsten genannten → Blumen. Sie ist in der → Symbolik von → Liebe, → Tod und → Ewigkeit zentral verankert und steht oft als Oberbegriff für blühende → Pflanzen überhaupt. Ihr Name wurde zudem auf einige andere botanische Gattungen übertragen (Seerose, Christrose, Pfingstrose).

Zuerst wohl in China, Indien und Vorderasien kultiviert, waren Edelrosen wegen ihres Duftes für den oriental. → Garten als Sinnbild des → Paradieses bezeichnend. In Mitteleuropa waren bis zum frühen MA. nur Wildrosen bekannt; mit den Kreuzzügen wurden auch hier edlere Sorten eingeführt[1]. In der höfischen Gartenkunst der frühen Neuzeit spielte die R. eine herausragende Rolle.

Mit der Blumenbegeisterung des Biedermeier und der Verfeinerung der Blumensprache[2], dann auch mit der Herausbildung politischer Blumensymbole erlangte die R. neben der → Nelke im 19. Jh. bes. Beachtung. In diesem Kontext sind zahlreiche kulturgeschichtliche Beitr.e zu sehen[3]. Die Romantik hat mit der roten R., die bestimmte Bilder und Assoziationen, sympathetische Verbindungen und Verwandlungen vermittelt (cf. *La Belle et la bête*, AaTh 425: → *Amor und Psyche*)[4], das Interesse an ihrem Symbolgehalten neu geweckt. Als emblematische Drapierung von Gesellschaftsentwürfen stand sie als ‚Königin der Blumen' für Weiblichkeitsbilder der bürgerlichen Gesellschaft[5] wie für eine Ritualisierung des Brautmotivs[6]. Eine Vielzahl von Zuchtformen hat die R. im 19. und 20. Jh. zur beliebtesten Blume des Schenkens werden lassen. Damit rückt sie auch in den ethnogr. Blick[7].

Blüte und Frucht der R. sind beliebter Gegenstand von Rätsel und Rätselanekdote[8]. In dem schon in Slgen des 16. und 17. Jh.s enthaltenen Rätsel von den fünf ungleichen Brüdern werden die unterschiedlichen Kelchblätter der R. erfragt[9].

2. Symbolik und Ätiologie. Duft und Farbe, aber auch die → Dornen (eigentlich Stacheln) machen die Faszination der R. aus[10]. Bes. der Kontrast der weißen und roten R. (→ Farben, Farbsymbolik) war symbolprägend und hat auch Eingang in populäre Erzählstoffe gefunden[11], so etwa in KHM 161: *Schneeweißchen und Rosenrot*, AaTh 426: → *Mädchen und Bär*. Und nicht nur der Duft der Edelrosen[12], auch der aromatische → Geruch, den die Laubblätter der wildwachsenden Weinrose[13] verströmen, wurde in Erzählungen aufgegriffen. In der dt. Sprache steht die R. für weltliche und geistige Liebe[14], sie gilt als Weiblichkeits- und Sexualsymbol[15] sowie als Aphrodisiakum[16]; doch bezeichnet sie auch Liebesleid, bes. in Volkslied[17] und Schlager, denn mit ihren Dornen ist sie als Symbol grundsätzlich ambivalent. Die R. steht für die Vereinigung von Gegensätzlichem: Freud und Leid, Liebe und Tod. Die zur Umfriedung von kultiviertem Land gepflanzte Heckenrose wird im Märchen zur Metapher einer undurchdringlichen Abgeschlossenheit (AaTh 410: → *Schlafende Schönheit*). Den symbolischen Gehalt als Pflanze der Dornenkrone → Christi teilt die R. mit dem Weißdorn[18].

Dornen und rote Farbe ergeben den ätiologischen Bezug zum → Blut. Schon die altpers. Dichtung verwandte das Motiv der weißen und der roten, vom Blut der liebestrunkenen → Nachtigall verfärbten R.nblüte[19].

In der antiken Mythologie bildete die R. in der Hand das Attribut der schaumgeborenen Aphrodite und → Venus[20]. Sie stand für die → Jahreszeit des Frühlings und kennzeichnete sinnliche Schönheit und geistige Anmut als klassische Ideale. Die Verweisfunktion auf den Frühling war bereits früh auch in die christl. Ikonographie übernommen worden: In der Januariuskrypta von Praetextat weisen R.n in den Händen der Kränzewinderinnen auf den Frühling hin; üppige R.nbäume galten als Zier des Paradieses[21].

In christl. Erzählstoffen werden bes. die weißen Josephsrosen und Marienrosen erwähnt, die den Weg der Hl. Familie auf ihrer Reise nach Ägypten gesäumt und in der Nacht geleuchtet haben sollen. Rote R.n wurden hingegen zum Symbol des Blutes Christi: Sie sollen aus den Blutstropfen aufgeblüht sein, die am → Kreuzweg oder am Fuße des Kreuzholzes auf dem Kalvarienberg die weißen Blüten rot färbten[22]. Neben der roten Nelke und der Akelei[23] gilt daher die R. als Blume Christi.

Neben der → Lilie wurde die R. auch zum bevorzugten Symbol Marias. Weiße und rote R.n stehen für die Freuden und Leiden der Gottesmutter. Der Ikonographie der Madonna im R.nhag[24] als Hüterin des Paradiesgartens entspricht die mystische Deutung der R. als Sinnbild der Verbindung zwischen geistiger und materieller Welt; die fünf Blätter der Wildrosenblüte stellten den Bezug zum Ave Maria her. Die drei Kränze Marias aus weißen, roten und goldenen R.n gingen in den R.nkranz ein.

Darüber hinaus findet sich die R. in zahlreichen weiteren religiösen Motiven. Häufig genannt wird sie als Attribut von Heiligen zum Zeichen ihres Martyriums (→ Märtyrer)[25]. Die Hagiographie nutzt zudem vielfach den Vergleich mit Schönheit und Duft der R. So wird die hl. → Elisabeth von Thüringen im Erfurter Erstdruck ihrer Vita in ihrer jugendlichen Tugendhaftigkeit als „eyne wolriechende schoene R." bezeichnet[26]. Mit R.n übersät wurden Gräber der Heiligen dargestellt, und wie R.n und Lilien als Blumen des Paradieses strahlten die Gesichtszüge von Heiligen im Tode[27]. In der Legende wird der hl. Dominikus in Dornen gewälzt, aus denen rote R.n erblühen[28].

Die höfische Kultur des MA.s schätzte die R. als Inbegriff weltlicher und geistlicher Schönheit und Minne. In ironisch-satirischer Umdeutung der höfischen Minneallegorie entstand im 12. Jh. der *Roman de la rose* mit erheblicher literar. Nachwirkung[29]. Aus der Minnefrömmigkeit des Hochmittelalters wurde mit der Blumen- und R.nsymbolik die Brautmystik entwickelt, in der ital. Malerei des 14. Jh.s bes. das sposalizio der → Katharina von Alexandrien; aber auch die hl. Agnes und Katharina von Siena wurden als Bräute Christi dargestellt[30]. In der Verzückung der hl. Theresa von Großwardein spielte die R.nsymbolik eine große Rolle: Die R., die Theresa in ihrem Garten brach, gab sie Christus, ihrem himmlischen Bräutigam, der die Jungfrau ins Paradies mitnahm (cf. AaTh 471 A: → *Mönch und Vöglein*).

Enger symbolischer Bezug besteht zwischen R. und → Herz; vielleicht trat die R. wegen ihrer ambivalenten Deutung im Spätmittelalter zugunsten des Herzsymbols (Herz-Jesu-Verehrung) zurück, doch wirkte die Mariensymbolik selbst über die Reformation hinaus in der Lutherrose (Martin → Luther), die statt des Blütenbodens Herz- und Kreuzsymbol trägt[31].

In der Renaissance war die R. als Venusattribut im Sinne der defloratio in der Emblematik wieder aufgegriffen worden[32]. Zentral erscheint diese Metaphorik in → Goethes *Heidenröslein* (1770/71)[33]. → Herder hat das Lied in etwas abweichender Fassung als *Fabelliedchen* 1773 und 1779 veröffentlicht[34]; da Herder das Lied als Kinderlied deklariert, hat er offenbar nicht begriffen, daß mit der defloratio hier eine → Vergewaltigung angedeutet wird[35].

Die R. als Symbol für das klösterliche → Schweigen bzw. Schweigegebot sowie (geschnitzt oder gemalt über Beichtstühlen) für das Beichtgeheimnis wurde von Papst Hadrian IV. (1154–59) eingeführt[36]. Im Humanismus weit verbreitet, ist dieses Sinnbild der Verschwiegenheit (,das sey unter der R. geredet'[37]) noch in der Redensart ,etwas durch die Blume sagen' erhalten.

Die religiöse Symbolik der R. in den christl. Konfessionen war so eindeutig besetzt und präsent, daß die Sinnbildinszenierung im dt. Faschismus sie nicht aneignen und umdeuten konnte, sondern als eigentliche R. der germ. Mythologie die Seerose erfand[38].

3. R. als Todeszeichen. Eine weiße R. wurde als Ankündigung des nahenden Todes gedeutet (Mot. Z 142.1). In KHM 203: *Die R.* blüht mit dem Tod des Kindes eine R. auf. Im übertragenen Sinn galt der Euphemismus Kirchhofsrose (für dunkel gerötete Wangen und Hautnekrosen im Alter) als Todesbote.

Bes. durch die barocke Emblematik verbreitet, stand die an einem Tag blühende und kurze Zeit darauf verwelkte R. sinnbildlich für die Unausweichlichkeit des → Sterbens[39]. Als Vanitassymbol war die R. allgegenwärtiges Motiv sakralen Dekors und barocker Kunst[40]. Zur Tradierung der Motivik haben neben dem Kirchenlied, etwa Michael Francks *Ach wie flüchtig, ach wie nichtig* (1652), auch populäre Lieder beigetragen, etwa Johann Georg Jacobis 1782 verfaßtes Gedicht *Vergänglichkeit* („Sagt, wo sind die Rosen hin") oder das Volkslied vom *Schnitter Tod* (1637) mit dem Refrain „Hüt' dich, schön's Blümelein"[41].

Über ihre Bedeutung als Heilpflanze hinaus galt bes. die Pfingstrose als Vanitassymbol[42]. Mit ihrer kurzen, aber üppigen Blütezeit verdeutlicht sie das Werden und Vergehen und Neuwerden.

4. R.ngarten. Deutlicher als im Märchen wird die Ambivalenz der R.nsymbolik in Sagen[43], bes. in der R.ngartenmotivik[44]. Seit der frühen Neuzeit meist positiv besetzt und mit Liebe, Erotik, sexuellen Wünschen und frivolen Anspielungen verbunden, stehen die in Ortsnamen noch erhaltenen R.ngärten des MA.s oft mit Kampfplätzen, Friedhöfen oder Richtstätten in Zusammenhang[45]. Die mhd. Heldendichtung, bes. die Epik um → Dietrich von Bern, berichtet vom R.ngarten zu Worms[46], und die Südtiroler Heldendichtung deutet im R.ngarten von König Laurin auch Naturerscheinungen des Alpenglühens[47]. Vor allem aber waren es Rechtsorte, die wohl wegen der Blutsymbolik der R. als R.ngarten bezeichnet wurden, bes. Stätten des Gerichts[48] und der Hinrichtung. Ein solcher R.ngarten findet sich etwa in den Sagen um die Kuenringer[49]. Die Erzählung *Schreckenwalds R.ngärtlein*, zuerst in *Anmütiger Weißheit Lust Garten* (1621) von Conrad → Lycosthenes (i. e. Wolfhart Spangenberg) über den R.ngarten auf dem Aggstein bei Melk an der Donau enthalten, wurde mehrfach bearbeitet und auch in die *Dt. Sagen* der Brüder → Grimm aufgenommen[50]. Die Benennung von Friedhöfen oder Schindangern als R.ngarten weist auf die Verbindung mit Siechtum und Tod hin. Die Affinität von R.nbezeichnungen für Krankheiten rührt möglicherweise von der Farbe (Gesichtsrose, Gürtelrose) sowie von der Blutsymbolik her. Daher wurde der Terminus R.ngarten auch für Leprosen- und Siechenhäuser verwendet und später analog auf gesellschaftlich diskriminierte und marginalisierte Tätigkeiten, wegen der Ambivalenz der R.nsymbolik (Liebe, Erotik, Sexualität) bes. auf Prostitution (R.ngassen), übertragen[51].

5. R.nwunder. R.n vom Himmel und das verbreitete → Prodigium von den R.n im Winter verdeutlichen das Wundergeschehen in Heiligenlegenden[52] und in der Christussymbolik (*Es ist ein Ros' entsprungen*). Die blühenden R.n im → Wintergarten (Mot. H 1023.3) sollen Anlaß zu Kloster- und Kirchengründungen (→ Gründungssage) gegeben haben[53]. R.n vom Himmel oder die aus dem Blut von Märtyrern entspringenden R.n galten als Unschuldsbeweis[54]. Der aus trockenem Holz knospende R.nzweig (AaTh 756: *Der grünende* → *Zweig*) und der R.n tragende Stein werden schon in der Bibel (Stab → Aarons) genannt und sind häufiges Legendenmotiv. Aus den Augenhöhlen von Toten oder aus dem Grab hervorwachsende R.n (→ Grabpflanzen), so auch in der Kinderlegende num. 4: *Armut und Demut führen zum Himmel* der Grimmschen → *Kinder- und Hausmärchen*, bedeuteten Sühne- und Gnadenzeichen. Ähnlich erscheint das Motiv auch in AaTh 755: → *Sünde und Gnade*[55]. Das R.nlachen (Mot. D 1454.2.1) ist → Zeichen edler Gesinnung (cf. AaTh 480: *Das gute und das schlechte* → *Mädchen*).

Häufig wird die Verwandlung von → Broten als Gabe an die Armen oder Bettler, bei Adligen in R.n, bei anderen in Holzspäne oder Kämme, geschildert. Das Motiv ist bes. aus der Legende der hl. Elisabeth von Thüringen bekannt[56], allerdings erwähnen es die frühen Legendare, die Vita der Heiligen des Dietrich von Apolda (um 1290) und auch die → *Legenda aurea* noch nicht. Erst in Slgen von Heiligenlegenden des 14. Jh.s, so bei Hermann von Fritzlar (1343–49), ist es enthalten[57]:

Als Kind versuchte Elisabeth, im Schoß ihres Kleides Speisen für die Armen aus der Hofküche fortzutragen. Als sie von ihrem zukünftigen Schwiegervater, Landgraf Hermann, angehalten wurde, sollen sich ihm rote und weiße R.n gezeigt haben.

Hermann von Fritzlar dürfte auf Reisen nach Italien, Spanien und Frankreich Legendare eingesehen haben, die das R.nwunder enthielten; aus den Legenden des hl. → Nikolaus und der hl. Radegunde war es zunächst auf Rosa von Viterbo und Casilda von Toledo (Burgos) übertragen worden, die Tochter des Sarazenenkönigs, die gefangenen Christen heimlich Speisen gebracht hatte. Der früheste Beleg des R.nwunders in der Elisabethlegende stammt aus einem Franziskanerbrevier von

1332[58]. Eine wohl schon vom Ende des 13. Jh.s stammende, auf franziskan. Überlieferung zurückgreifende Hs. enthält eine Var. des R.nwunders, in der ein in Elisabeths Bett liegender Leproser in R.n verwandelt wird[59]. Als Bildmotiv bringen bes. die Andachtsbilder und die großen Bilderzyklen seit dem 19. Jh. das R.nwunder in zahlreichen Variationen; nach 1820 wurde es zur typischen Bildfassung der Elisabethlegende[60].

In Ungarn, wo früh bereits eine Rezeption der mediterranen Überlieferung stattgefunden hatte, erhielt die Verehrung der hl. Elisabeth mit der nationalen Bewegung im 19. Jh. auch eine politische Dimension[61]. Zentrale Bedeutung nimmt das R.nwunder in Franz Liszts Oratorium *Die Legende von der hl. Elisabeth* (1865) ein, das sie im Vorfeld des österr.-ung. Ausgleichs als ung. Nationalheilige inszenierte. Politische Funktion hatte im Habsburgerstaat der Reaktionszeit auch die emblematische Rezeption der Elisabeth-R.n in der ‚R. aus dem Garten Wittelsbach' – Elisabeth von Österreich.

[1] Wilde, J.: Kulturgeschichte der Sträucher und Stauden. Speyer 1947, 63–92. – [2] Billig, I./List, S.: Neue vollständige Blumensprache. Mü. s. a.; Heilmeyer, M.: Die Sprache der Blumen. Mü./L./N. Y. 2000. – [3] Schleiden, M. J.: Die R. Geschichte und Symbolik in ethnogr. und kulturhist. Beziehung. Lpz. 1873; Strantz, M. von: Die Blumen in Sage und Geschichte. B. 1875, 1–62; Lebl, M.: Lebl's R.nbuch. B. 1895 (Nachdr. Hildesheim 1999); Nietner, T.: Die R. Ihre Geschichte, Arten, Kultur und Verwendung. B. 1880; Esselborn, E.: Die R., der Blumen Königin. Kaiserslautern 1890; Joret, C.: La R. dans l'Antiquité et au moyen-âge. P. 1892. – [4] Volkmann, H.: Von Gärten und Pflanzen im Märchen. Bad Nauheim 1995; ead.: Märchenpflanzen, Mythenfrüchte, Zauberkräuter. Grüne Wegbegleiter in Lit. und Kultur. Göttingen 2002, 106 sq.; Kübler, S./Kenntemich, A.: R.n- und Blumenmärchen 1–3. Bad Nauheim 1995. – [5] Döring, W.: Die Königin der Blumen. Elberfeld 1835. – [6] Caloy, H.: Die Braut. Das fesselnde Ritual des Eros. Stg. 1989. – [7] Tergit, G.: Kaiserkron und Päonien rot. Kleine Kulturgeschichte der Blumen. Köln/B. 1958 (Mü./Zürich 1963); Kübler, S.: Blatt für Blatt die R. Ausstellungskatalog Bad Nauheim 1992 ([2]1997); Bimmer, A. C. (ed.): Grünzeug. Pflanzen im ethnogr. Blick. Marburg 1998 (mit weiterführender Lit.). – [8] Kübler, S.: Zuerst ein fest verschlossen Päcklein. Neun R.nrätsel. In: HessBllfVk. N. F. 34 (1998) 163–180; Paetzer, G.: Wortgeographie der Hagebutte. Diss. (masch.) Marburg 1949. – [9] Taylor, A.: The Literary Riddle before 1600. Berk./L. A. 1948, 69. – [10] Seward, B.: The Symbolic R. N. Y. 1960. – [11] Folkertsma, E. B.: Wite en reade roazen. Fryske folksforhalen. Drachten 1967, 226–229. – [12] Schimmel, A.: Vom Duft der Heiligkeit. Bad Nauheim 1995; Wabner, D.: Der duftende Garten. Bad Nauheim 1995, 9–12; id.: R.nöl. Duft des Herzens. Bad Nauheim 1993. – [13] Marzell, H.: Wb. der dt. Pflanzennamen 3. Stg./Wiesbaden 1977, 1393–1441; Hegi, G.: Ill. Flora von Mitteleuropa 4,2. Mü. 1928, 976–986. – [14] R. In: DWb. 8, 1163–1180. – [15] Heinz-Mohr, G./Sommer, V.: Die R. Entfaltung eines Symbols. Mü. 1988; Sommer, V.: R. und Eros. Bad Nauheim 1991. – [16] Aigremont [i. e. Schultze-Galléra, S. von]: Volkserotik und Pflanzenwelt 1–2. (Lpz./Halle 1907/10) Lpz. [2]1919, hier t. 1, 15, cf. auch 110–119, bes. 116. – [17] Wentzel, H.: Symbolik im dt. Volkslied. Marburg 1915, 34–69. – [18] Wildhaber, R.: Der Weißdorn in vergleichendem Volksglauben. In: Studien zu Volkskultur, Sprache und Landesgeschichte. Festschr. M. Zender 1. Bonn 1972, 546–560. – [19] Schleiden (wie not. 3) 223–278; Strantz (wie not. 3) 6–10. – [20] Tervarent, G. de: Attributs et symboles dans l'art profane. Genf 1958, 323 sq. – [21] Schumacher-Wolfgarten, R.: R. In: LCI 3 (1971) 563–568, hier 564. – [22] Bendel, J.: Blumenmärchen und Pflanzenlegenden. Regensburg 1909, 26–28, 99–105. – [23] Löber, K.: Agaleia. Köln/Wien 1988. – [24] Behling, L.: Die Pflanze in der ma. Tafelmalerei. Köln/Graz [2]1967, 41–49, 55, 66, 82. – [25] Meinel, G.: R.nwunder. Legenden vom Geheimnis der R. Fbg 1993. – [26] Cronica sant Elisabet zsu Deutsch. Erfurt 1520 (Nachdr. ed. H. Hörnig. Bad Neustadt 1981). – [27] Angenendt, A.: Hll. und Reliquien. Mü. [2]1997, 119–122. – [28] Schleiden (wie not. 3) 89, 115. – [29] Huot, S.: The Romance of the R. and Its Medieval Readers. Cambr. 1993; Arden, H. M.: The Roman de la R. An Annotated Bibliogr. N. Y. u. a. 1993; Mölk, U.: Le Roman de la R. Bad Nauheim 1993. – [30] LCI 1, 324–326. – [31] Schleiden (wie not. 3) 40; cf. Luther, M.: Großer Katechismus. Wittenberg 1529; Melanchthon, P./Bugenhagen, J.: Unterricht der Visitatoren an die Pfarrherren im Kurfürstenthum zu Sachsen. Wittenberg 1538. – [32] Henkel, A./Schöne, A. (edd.): Emblemata. Hb. zur Sinnbildkunst des 16. und 17. Jh.s. Nachdr. Weimar 1996, 299. – [33] Sakanishi, H./Schade, E. (edd.): Goethe-Heidenröslein 1–2. Tokio 1987; Schade, E.: Goethes Heidenröslein und seine Vertonungen. Bad Nauheim 1993. – [34] Herder, J. G. (ed.): Volkslieder 2. Lpz. 1778/79, num. 23; Suphan, B.: Röslein auf der Heiden. In: Archiv für Lit.geschichte (1876) 84–92. – [35] Röhrich, L.: Heidenröslein. In: Röslein auf der Heiden – Goethe und das Volkslied. Fbg 1999, 5–11. – [36] Erler, A.: R. In: Hwb. zur dt. Rechtsgeschichte 4. B. 1990, 1139–1144. – [37] Grosses vollständiges Universal-Lex. [...] 40. Lpz./Halle 1742, 1019. – [38] cf. Ninck, M.: Wodan und germ. Schicksalsglaube. Jena 1935, 286–295. – [39] Henkel/Schöne (wie not. 32) 288–295. –

[40] Schneider, N.: Zeit und Sinnlichkeit. In: Kritische Ber.e 8, 4–5 (1980) 8–34; id.: The Early Floral Still Life. In: Herzog, H. M. (ed.): The Art of the Flower. The Floral Still Life from the 17th to the 20th Century. Bielefeld u. a. 1996, 15–21; Brückner, W.: Der Blumenstrauß als Realie. In: Zwanzig Jahre Inst. für Realienkunde [...]. Krems 1992, 19–62. – [41] Erk/Böhme 3, num. 2152; Böhme, F. M.: Volksthümliche Lieder der Deutschen. Lpz. 1895, 591; Husenbeth, H.: Die Todesauffassung im geistlichen Volkslied des 17. Jh.s. Ffm. 1966. – [42] Roth, E.: Paeonie und Kaiserkrone. In: Volkskultur und Geschichte. Festschr. J. Dünninger. B. 1970, 279–302. – [43] Perger, A. Ritter von: Dt. Pflanzensagen. Stg. u. a. 1864; Kronfeld, E. M.: Sagenpflanzen und Pflanzensagen. Lpz. 1919; Reling, H./Brohmer, P.: Unsere Pflanzen in Sage, Geschichte und Dichtung. Dresden [5]1922; Staby, L.: R.n-Sagen. In: Zur guten Stunde 32 (1919) 523; Graffunder, P.: Die R. in Sage und Dichtung. Prag 1896; Marzell, H.: Die Pflanzen im dt. Volksglauben. Jena 1925. – [44] Ranke, K.: R.ngarten, Recht und Totenkult. Hbg 1951. – [45] Schmidt-Wiegand, R.: R.ngarten. In: Hwb. zur dt. Rechtsgeschichte 4. B. 1990, 1144–1148. – [46] Holz, G.: Die Gedichte vom R.ngarten zu Worms. Halle 1893 (Nachdr. Hildesheim1982). – [47] Kühnebacher, E. (ed.): Dt. Heldenepik in Tirol. Bozen 1979. – [48] Sieb, B. E.: Stal – Roland – R.ngarten. Zur magischen Bedeutung der Gerichtsstätten. In: Zs. der Savigny-Stiftung für Rechtsgeschichte 76 (1959) 246–266. – [49] Die Kuenringer. Das Werden des Landes Niederösterreich. Ausstellungskatalog Wien 1981. – [50] Schindler, M.: Die Kuenringer in Sage und Legende. Wien 1981; Grimm DS 507. – [51] Rumpf, M.: R.n und Leprosen im Volkslied. In: Jb. für Volksliedforschung 30 (1985) 18–36; Habrich, C./Wilmanns, J. H. (edd.): Aussatz, Lepra, Hansen-Krankheit. Ingolstadt 1986. – [52] Günter, H.: Legenden-Studien. Köln 1906, 60, 164; Frenken, G.: Wunder und Taten der Heiligen. Mü. 1925, 201 sq.; Hahner, G.: Der Exempelgebrauch im Lauretanum Mariale des Laurentius Lemmer (1687). Würzburg 1984, 117–119; Schmidt, L.: Ein R.nwunder. Die Beatrix-Legende von Mariahof in Steiermark. In: id.: Die Volkserzählung. B. 1963, 254–264. – [53] Grimm DS 463. – [54] Tubach, num. 4132, 4133. – [55] Röhrich, L.: „Und wenn sie nicht gestorben sind ..." Geburt und Tod in Märchen und Sage. In: Mannheimer Forum 98–99 (1999) 149–203, hier 199 sq. – [56] Köhler-Zülch, I.: Erzählung und Kult – Die hl. Elisabeth. In: Zwischen Utopie und Realität. Dt.-ung. Lit.beziehungen im Wandel. ed. H. Fassel/ A. F. Balogh/D. Szabó. Bud. 2001, 62–79, bes. 64. – [57] Pfeiffer, F.: Dt. Mystiker des 14. Jh.s 1. Lpz. 1845, 242–246. – [58] Schmoll, F.: Die hl. Elisabeth in der bildenden Kunst des 13. bis 16. Jh.s. Marburg 1918, 14. – [59] ibid., 94. – [60] Pieske, C.: Zur Ikonographie der Hl. Elisabeth von Ungarn. In: Szarvas, Z. (ed.): Traum vom Denken. In memoriam E. Kunt. Miskolc 1996, 179–214. –

[61] Zum folgenden cf. Becker, S.: Die R.n der Elisabeth. In: Folklore in 2000. Festschr. V. Voigt. Bud. 2000, 182–205.

Marburg   Siegfried Becker

Rosignoli, Carlo Gregorio, * Borgo Manero (Novara) 14. 11. 1631, † Mailand 5. 1. 1707, ital. Jesuit, Lehrer der Rhetorik, Philosophie und Theologie, Rektor verschiedener Ordenskollegien und schließlich Oberer des Ordenshauses zu Mailand[1]. Nachdem seine frühen Schriften keine positive Aufnahme gefunden hatten[2], machte R. sich später einen Namen als populärer Universalkompilator, dessen Werke sich weniger durch Originalität und Tiefe als durch ihre moralisierende Art auszeichnen.

Von R. sind insgesamt 21 Werke meist katechetischen Charakters verzeichnet (→ Katechese, Katechismus)[3], die durch zahlreiche ital. Nachdrucke und bis ins 20. Jh. reichende Übers.en (frz., span., engl., tschech., lat. und bes. dt.) große Verbreitung erlangten. Sie erörtern jesuit. Themenkomplexe (z. B. zu den *Exercitia spiritualia* des hl. Ignatius von Loyola[4]) und sind allg. der Erbauungsliteratur (*Über die Wahl eines Lebensstandes*[5], Betrachtungen zu den Festtagen des ganzen Jahres[6], zum guten Tod[7], *Wahrnung [an die Jugend] über drey sehr große Gefahren der Unschuld und Frombheit*[8], gute Gedanken[9], Pro und Kontra guter bzw. schlechter Gesellschaft[10], gegen die sieben Todsünden[11]) sowie der Hagiographie[12] zuzurechnen; sie sollten im Geist der → Gegenreformation Sprache[13], Spiele[14] und Bilder[15] von Mißbrauch oder Abweichung von der christl. Lehre reinigen und verbessern (→ Jesuit. Erzähllit.). Dabei bedient sich R. oft des Exempels, um die jeweiligen abstrakten Grundsätze zu beleuchten. Von der Forschung sind bisher die in R.s berühmtestem, dreibändigem Werk *Maraviglie di Dio nei suoi Santi* (Mailand 1691/96/98)[16] enthaltenen Beispiele von → Wundern untersucht worden[17].

Publikumsgunst und kommerzieller Erfolg von R.s *Maraviglie* führten u. a. zur Publikation von Schriften zu Altarsakrament und Meßopfer[18], Fegefeuer und Armen Seelen[19], schließlich über die Natur[20]. Alle Werke sind streng systematisch aufgebaut und enthalten

Quellenangaben sowie ein alphabetisch nach Stichworten geordnetes Register der Wunder.

R.s *Maraviglie* sind Kompilationen der → Mirakel von Heiligen und Märtyrern bzw. Heiligenbildern; sie enthalten Gründungsgeschichten, Bestätigungs- und Strafwunder[21], Jenseitsvisionen, Totenerscheinungen etc., umfassen also merkwürdige Geschichten aller Art, welche auch ohne wunderbaren Ausgang im engeren Sinn enden können. Ihnen unterliegt ein breites Konzept von nützlichen und unterhaltenden Beispielen oder ‚Tugendwundern‘, in denen sich die göttliche Vorsehung zeigt. R. reiht die Texte mit dem Ziel der angenehmen Lektüre ohne feste katechetische Ordnung aneinander; dadurch bleiben sie für unterschiedliche Rezeptionsakte offen: zur Predigt oder zum katechetischen, lauten oder stillen Lesen[22]. Der 3. Band präsentiert die ‚Exempel der Erstlinge in der neuen Christenheit‘, d. h. der neuen Heiligen und Märtyrer, sowohl unter den jesuit. Missionaren als auch unter den neu bekehrten Eingeborenen in Lateinamerika, Asien und Afrika[23].

Als Quellen zitiert R. etwas mehr als 90 Autoren bzw. Werke. Er schöpft meist aus allerneuesten zeitgenössischen, bes. jesuit. Sammlungen. Bereits im Vorw. zum 1. Band gibt er die Lektüre der → *Acta sanctorum* (→ Bollandisten) als Anstoß für seine schriftstellerische Tätigkeit an. Oft benutzt ist auch das Werk des Laurentius → Surius. Ma. Exempelautoren werden selten als primäre Quelle zitiert. Als weltlicher Autor erscheint der gelehrte Humanist und Geograph Giovanni Battista Ramusio (1485–1557) mit seinem Hauptwerk *Navigazioni e viaggi*[24] vor allem im 3. Centurienband, in dem R. sich hauptsächlich der Werke des jesuit. Schriftstellers Daniello Bartoli (1608–85) und der Jahresberichte der Kollegien in der Neuen Welt bedient.

Erzähltypen und -motive der *Maraviglie* (Ausw.): t. 1, 1, num. 2 = Galgenwunder, Jakobspilger. – 3 = Die auf einem Heiligenbild dargestellte Agnes nimmt einen angebotenen Ring an. – 5 = Werburga belebt eine verzehrte Gans aus den übriggebliebenen Knochen wieder (→ Pelops). – 11 = Dem Gerasimus von Palästina trägt ein Löwe statt des gestohlenen Esels Wasser. – 16 = Mühle des Kentingernus mahlt gestohlenes Korn nicht. – 16 = AaTh 1910: → *Bär (Wolf) im Gespann*. – 16 = cf. AaTh 736: *Ring des* → *Polykrates*. – 16 = Wintergarten. – 25 = Maria läßt Walterus von Birbeke durch einen Engel beim Turnier vertreten, da Walterus sich in der Kirche verspätet hat (cf. Mot. K 1841.2). – 26 = Wasser zu Wein verwandelt (Mot. D 477.1). – 29 = Magische Trompete läßt Soldaten erscheinen (Mot. D 1475.1). – 31 = Die enthauptete Solange von Berry trägt ihren eigenen Kopf zur Beerdigungsstätte. – 33 = Jesus (→ Christus) steigt vom Marienbild herab, um mit zwei Knaben in der Kirche zu speisen. – 36 = Rosenwunder (Casilda von Toledo). –

t. 1, 2, num. 4 = Ave Maria auf Lilien. – 5 = Franz von Paula segnet die gebackenen Fische, die wieder lebendig werden (→ Bratenwunder). – 41 = Marienbild und Kreuz machen den König von Kastilien bei der Belagerung von Sevilla für die Mauren unsichtbar. – 47 = AaTh 827: → *Heiligkeit geht über Wasser*. –

t. 2, 1, num. 3 = Kind spricht im Mutterleib. – 9 = AaTh 1910. – 23 = Maclovius will auf einer Insel Messe halten; die Insel ist ein Wal (Mot. B 874.3). – 33 = AaTh 884: cf. → *Frau in Männerkleidung*. – 36 = Wunderbare Börse füllt sich immer wieder von selbst (Mot. D 1451). – 43 = AaTh 827. –

t. 2, 2, num. 3 = Klosterbrüder arbeiten im Garten im Regen, ohne naß zu werden. – 3 = Mönch läßt das Bierfaß offen stehen, ohne daß etwas ausläuft. – 6 = Euphrasia läßt sich enthaupten, um ihre Jungfernschaft zu wahren (→ Keuschheit). – 10 = Flucht der Frau in Männerkleidung aus dem Gefängnis. – 25 = Engel bringt zwei Mönchen einen Fisch in die Wildnis (→ Speisewunder). – 26 = Wasser teilt sich vor dem flüchtenden Oringa von Florenz (Mot. D 1551). – 31 = Gefangene Kreuzritter werden auf wunderbare Weise in einer Nacht aus Kairo zurück nach Frankreich transportiert. – 32 = Ein von Türken in Konstantinopel gefangengehaltener Sizilianer erscheint nach dem Gebet der Mutter zu Hause: durch die Luft getragen (→ Luftreisen). – 37 = AaTh 767: → *Kruzifix gefüttert*. – 40 = Pfirsichbaum trägt stets 15 Früchte (wie die 15 Rosenkranzwunder), auch wenn man sie pflückt. – 49 = Verspeister Vogel spricht aus dem Leib. –

t. 3, 1, num. 2 = In Chile wird ein Baum gefunden, der ein Kreuz mit dem Bild Jesu bildet. – 10 = Marienbild läßt einen Brunnen in der belagerten Stadt entspringen. – 13 = Joan Messia erhält von einem Engel einen Mantel für eine arme Frau (Mot. V 411.2). – 13 = Frische Pflaumen im Winter. – 39 = Junge versucht Selbstmord, um seine Keuschheit zu wahren, der Strick reißt. – 42 = Jesusfigur auf dem Kruzifix öffnet die Augen. –

t. 3, 2, num. 1 = Korn für Armen wächst im Winter (→ Kornlegende). – 13 = In Japan sticht ein Mann mit einem Dolch auf ein Kruzifix ein; seine Frau gebiert einen toten Sohn mit Dolchwunden. – 44 = Auf Ceylon erscheint ein Kreuz auf der Begräbnisstätte eines jungen Märtyrers. Dreimal wird es entfernt. Das letzte Mal erscheint es in der Luft, damit niemand es ergreifen kann. – 46 = Rosenkranz auf dem Kopf schützt vor dem Regen. – 47 = Reliquien und Marienbild retten einen zum Christentum bekehrten jap. Herrscher vor Kugeln.

[1] cf. Sommervogel, C. (ed.): Bibl. de la Compagnie de Jésus 7. Brüssel/P. 1896, 146−161; O'Neil, C. E./ Domínguez, J.: Diccionario histórico de la Compañía de Jesús 4. Rom 2001, 3413 sq.; Patrignani, G./ Boero, G.: Menologio di pie memorie d'alcuni religiosi della Compagnia di Gesù 1. Rom 1859, 101 sq.; Polgar, L.: Bibliogr. sur l'histoire de la Compagnie de Jésus 3,3. Rom 1990, 105 sq.; Guidetti, A.: R., C. G. In: Dict. de spiritualité ascétique et mystique 13. P. 1987−88, 1001−1003. − [2] cf. ibid., 1003. − [3] cf. Sommervogel (wie not. 1). − [4] R., C. G.: Notizie memorabili degli esercizj spirituali di Sant'Ignazio fondatore della Compagnia di Giesu. Bologna 1685 (dt.: Guldener Denck-Ring [...]. Augsburg/Dillingen 1737); id.: Verità eterne esposte in lettioni ordinate principalmente per li giorni degli esercizi spirituali. Mailand 1688 (dt.: Ewige Grund-Wahrheiten [...]. Augsburg 1695). − [5] id.: L'Elettione dello stato, overo Alcuni avvertimenti per ben'eleggere lo stato della vita. Mailand 1670 (dt.: Ueber die Wahl eines Lebensstandes. Münster 1857). − [6] id.: La pietà ossequiosa alle feste principali dell'Anno. Mailand 1864 (dt.: Geistreiche Betrachtungen auf die vornehmste Fest-Täg dess gantzen Jahrs. Augsburg 1701). − [7] id.: L'Elettione della morte, overo la Gran sorte di morir bene o male in mano dell'huomo. Discorsi. Mailand 1693 (dt.: Höchste Gefahr, ohne Gefahr [...]. Augsburg/Dillingen 1702). − [8] id.: Avvisi salutari alla gioventu contro a' suoi maggiori pericoli. Bologna 1702 (dt.: Treuliche Wahrnung und kräfftige Mittel [...]. Ingolstadt 1738). − [9] id.: Il buon pensiero esposto in alquante lezioni. Mailand 1702. − [10] id.: L'elettione dell'amico, overo il pro e 'l contra delle buone, e delle male compagnie. Mailand 1699 (dt.: Erwählung eines Freunds [...]. Augsburg 1729). − [11] id.: Arme contro all'Idra di sette capi, cioè de' sette peccati capitali opera posthuma. Bologna 1708 (dt.: Außerlesene Waffen Wider die Siben-köpfige Schlang [...]. Augsburg 1729). − [12] id.: Vita e virtu della M. Nicolina Rezzonica [...]. Como 1682; id.: Vita e virtu della contessa di Guastalla Lodovica Torella [...]. Mailand 1686; id.: Divoti osequi a' santi del mese, e del nome. Bologna 1699 (dt.: Verehrung Deß Heiligen Unseres Nahmens. Augsburg 1832); id.: Vite, e virtu di D. Paolo Siu colao della Cina, e di D. Candida Hiu gran dama cinese. Mailand 1700. − [13] id.: La lingua purgata. Mailand 1694. − [14] id.: Il giuoco di fortuna overo il bene e 'l male de' giuochi. Mailand 1700. − [15] id.: La Pittura in giudicio, overo il Bene delle oneste pitture e 'l male delle oscene. Mailand 1696; cf. Galderisi, C.: C. G. R. In: Enc. philosophique universelle 3. P. 1992, 1426. − [16] cf. R., C. G.: Opere spirituali e morali 1−3. Venedig 1713, t. 1; zu den Ausg.n cf. Hinten, W. von: Wundererzählungen als Exempel bei dem Jesuiten C. G. R. In: Jb. für Vk. 3 (1980) 65−74 (unvollständig). − [17] cf. ibid.; Daxelmüller, C.: Narratio, Illustratio, Argumentatio. Exemplum und Bildungstechnik in der frühen Neuzeit. In: Exempel und Exempelslgen. ed. W. Haug/B. Wachinger. Tübingen 1991, 77−94, hier 81. − [18] id.: Maraviglie di Dio nel divinissimo Sacramento, e nel santissimo Sacrificio. Mailand 1701. − [19] id.: Maraviglie di Dio nell'anime del Purgatorio. Incentivo Della Pietà Christiana a suffragarle. Mailand 1703. − [20] id.: Maraviglie della Natura, Ammaestramenti di Moralità. Bologna 1705. − [21] cf. id.: Maraviglie di Dio. Mailand 1691, t. 1, 1, num. 13, 15; t. 2, 2, num. 2; t. 3, 2, num. 2, 46. − [22] cf. De Sanctis, L.: Roma papale descritta in una serie di lettere. Florenz 1882. − [23] cf. Hausberger, B.: Für Gott und König. Die Mission der Jesuiten im kolonialen Mexiko. Oldenburg 2000. − [24] Ramusio, G. B.: Navigazioni e viaggi 1−6. ed. M. Milanesi. Turin 1978 (Venedig ³1563−1606).

Mailand   Luisa Rubini

Rosweyde, Heribert → Vitae patrum

Rot wie Blut, weiß wie Schnee → Farben, Farbsymbolik

Roth, Klaus, * Hamburg 17. 11. 1939, dt. Volkskundler mit Arbeitsschwerpunkten in der Erzählforschung, der südosteurop. Alltagskultur und der interkulturellen Kommunikation. R. studierte 1960−69 Anglistik, Geographie, Slavistik und Vk. in Hamburg, Freiburg im Breisgau, Aberdeen und Bloomington, wo er 1969 den M. A. in Folklore erwarb. 1970−73 war er als Gymnasiallehrer tätig. 1975 wurde er mit der Diss. *Ehebruchschwänke in Liedform. Eine Unters. zur dt.- und engl.-sprachigen Schwankballade* bei L. → Röhrich in Freiburg promoviert (gedr. Mü. 1977). 1976−82 war R. wiss. Assistent am Volkskundlichen Seminar der Univ. Münster, seit 1982 ist er Professor für Vk. an der Univ. München. Er ist Präsident des Herder-Forschungsrates (seit 2002), Vizepräsident der Südosteuropa-Ges. (seit 1996), Leiter weiterer wiss. Institutionen und Kommissionen und Mitherausgeber der EM (seit 1993). Von der Bulg. Akad. der Wiss.en wurde er 2002 mit der Ehrenmedaille ‚Marin Drinov' ausgezeichnet.

Als Lied- und Erzählforscher hat sich R. mit der Balladen-[1], Schwank- und Märchentradition[2] befaßt, ferner mit der Popularliteratur[3] und ihrem Verhältnis zu den traditionellen Erzählgattungen. Sein bes. Interesse gilt Kompositionsformen, Vermittlungsbedingungen zwischen mündl. und schriftl. sowie Sprachgrenzen überschreitender Überlieferung[4]. Ein Augenmerk ist auf Übers.sprobleme[5] und (stereotype) Bilder vom ‚Anderen'[6] gerichtet. R. fragt nach der Funktion von Erzählungen im (sozialistischen) Alltag[7] und generell in interkulturellen Situationen[8].

Die Volks- und Alltagskultur Südosteuropas, speziell Bulgariens, hat R. (oft gemeinsam mit seiner Frau Juliana) in einer Fülle von Einzel- und Überblicksstudien behandelt[9]. Die kulturelle Entwicklung[10], der Umgang mit der Geschichte[11], vielfältige Modernisierungsprozesse[12] und Lebensbewältigungsstrategien in der sozialistischen und nachsozialistischen Ära stehen im Zentrum des Interesses[13]. R. betrachtet großstädtische und ländliche Lebensweisen[14], Handwerk[15] und Brauch[16] sowie Formen und Inhalte geistiger Überlieferung im Spiegel populärer Drucke[17]. Zum rezenten Bänkelsang in Bulgarien hat er die Performanz und das Liedrepertoire eines Sängers untersucht[18]. Die Beziehung der Balkanländer zum (westl.) Europa ist ein weiterer wichtiger Aspekt[19]. Seit 1997 gibt R. die von ihm begründete Zs. *Ethnologia Balkanica* heraus.

Wesentlichen Anteil hat R. an der Konzeption eines kulturanthropol. ausgerichteten Studiengangs zur interkulturellen Kommunikation an der Univ. München[20]. Das Verhältnis der Europ. Ethnologie (Vk.) zu diesem Problemfeld hat er programmatisch unter allg.[21] und speziellen Aspekten, etwa dem des interkulturellen Austauschs, entfaltet[22]. Zunehmend beschäftigt er sich im Zuge der Globalisierung mit den politisch-wirtschaftlichen Bedingungen der Kulturentwicklung[23]. Seine Fragen gelten auch Nachbarschaftsbeziehungen (zwischen Deutschen, Polen und Tschechen)[24], interethnischer Koexistenz (der Balkanstaaten)[25] oder der dt. und europ. Identität[26].

Charakteristisch für R.s wiss. Arbeit ist die Breite der Forschungsinteressen — auch mit hist. bäuerlicher und bürgerlicher Sachkultur hat er sich befaßt[27] — sowie die interdisziplinäre und internat. Zusammenarbeit. Viele seiner Studien sind auch in engl. oder bulg. Sprache publiziert worden. Schließlich ist noch auf Beitr.e zur Methodik der Vk. zu verweisen[28].

[1] R., K.: Die Ballade von den „Zwei Schwestern". In: Jb. für Volksliedforschung 13 (1968) 71–84; id.: Zur mündl. Komposition von Volksballaden. In: Jb. für Volksliedforschung 22 (1977) 49–65. — [2] Daskalova-Perkowski, L. u. a.: Typenverz. der bulg. Volksmärchen. ed. K. R. (FFC 257). Hels. 1995; R., K.: Märchen als Lesestoff für alle. In: Dona Ethnologica Monacensia. Festschr. L. Kretzenbacher. Mü. 1983, 267–288; id.: Bulg. Märchen zwischen Mündlichkeit und Schriftlichkeit. In: Volksdichtung zwischen Mündlichkeit und Schriftlichkeit. ed. L. Röhrich/E. Lindig. Tübingen 1989, 93–108; id. (zusammen mit J. Roth): Die Kinder- und Hausmärchen der Brüder Grimm in Bulgarien. In: Kulturelle Traditionen in Bulgarien. ed. R. Lauer/P. Schreiner. Göttingen 1989, 217–233. — [3] id. (ed.): Südosteurop. Popularlit. im 19. und 20. Jh. Mü. 1993; id. (zusammen mit J. Roth): Lesestoffe in Bulgarien. In: Ethnologia Europaea 14 (1984) 80–91; id.: Die bulg. Popularlit. und der Übergang von der Patriarchalität zur Moderne. In: Zs. für Balkanologie 22 (1986) 94–103. — [4] id.: Grenzen überschreiten: Die Übers. und kulturelle Adaption von Volkserzählungen. In: Die Kunst des Erzählens. Festschr. W. Scherf. Potsdam 2001, 187–203. — [5] id. (zusammen mit J. Roth): Christoph von Schmids „Die Ostereier" in Südosteuropa. In: Hören, Sagen, Lesen, Lernen. Festschr. R. Schenda. Bern u.a. 1995, 599–613. — [6] id.: „Bilder in den Köpfen". Stereotypen, Mythen, Identitäten aus ethnol. Sicht. In: Das Bild vom Anderen. ed. W. Heuberger u. a. Ffm./B./Bern 1998, 21–43; id.: Das Bild des ‚Anderen' in der bulg. Popularlit. In: Multikulturalität und Multiethnizität in Mittel-, Ost- und Südosteuropa. ed. E. P. Brezovszky/A. Suppan/E. Vyslonzil. Ffm./B./Bern 1999, 205–215. — [7] id.: Erzählen im sozialistischen Alltag. Beobachtungen zu Strategien der Lebensbewältigung in Südosteuropa. In: ZfVk. 87 (1991) 181–195. — [8] id.: Erzählen und Interkulturelle Kommunikation. In: Mit der Differenz leben. ed. id. Münster/Mü./N. Y. 1996, 63–78. — [9] id.: Slike u glavama. Ogledi o narodnoj kulturi u jugoistočnoj Evropi (Bilder in den Köpfen. Betrachtungen zur Volkskultur in Südosteuropa). Belgrad 2000; id.: „Volkskultur". In: Bulgarien. ed. K. D. Grothusen. Göttingen 1990, 590–604; Die Volkskultur Südosteuropas in der Moderne. ed. K. R. Mü. 1992; R., K. (zusammen mit G. Wolf): Südslav. Volkskultur. Bibliogr. Columbus, Ohio 1993. — [10] id.: Buchdruck und Volkskultur in Bulgarien im 19. und 20. Jh. In: Revue des études sud-est européennes 29 (1991) 15–25. —

[11] id.: Osman. Spuren im Alltagsleben Südosteuropas. In: Die Staaten Südosteuropas und die Osmanen. ed. H. G. Majer. Mü. 1989, 319–332. — [12] id. (zusammen mit J. Roth): Modernisierungsprozesse in der bulg. Gesellschaft im Spiegel der Popularlit. (1880–1914). In: Narodna umjetnost 33 (1996) 325–355. — [13] id.: Praktiken und Strategien der Bewältigung des Alltagslebens in einem Dorf im sozialistischen Bulgarien. In: Zs. für Balkanologie 35

(1999) 63–77; id.: Zeit, Geschichtlichkeit und Volkskultur im postsozialistischen Südosteuropa. In: Zs. für Balkanologie 31 (1995) 31–45. – [14] id.: Großstädtische Kultur und dörfliche Lebensweise. In: Großstadt. Aspekte empirischer Kulturforschung. ed. T. Kohlmann/H. Bausinger. B. 1985, 363–376; id.: Bürgertum und bürgerliche Kultur in Südosteuropa. In: Soll und Haben. ed. U. Gyr. Zürich 1995, 245–260. – [15] Handwerk in Mittel- und Südosteuropa. ed. K. R. Mü. 1987. – [16] id. (zusammen mit J. Roth): The System of Socialist Holidays and Rituals. In: Ethnologia Europaea 20 (1990) 107–120. – [17] id. (zusammen mit J. Roth): „Naj-nova pesnopojka s narodni pesni ..." Populare Liederbücher und Liederheftchen in Bulgarien. In: Jb. für Volksliedforschung 27–28 (1982/83) 242–257. – [18] id.: Der bulg. Bänkelsang heute. Zum Wandel des Liedrepertoires eines Sängers. In: Festschr. E. Klusen. Bonn 1984, 417–434; id. (zusammen mit J. Roth): Der Jahrmarktsänger Marin Ivanov Nikolov in Sofia 1984 (Film D 1669. IWF Göttingen 1991); id.: Geschichtsunterricht auf der Straße. In: Medien popularer Kultur. Festschr. R. W. Brednich. Ffm./N. Y. 1995, 266–279. – [19] id.: Wie „europ." ist Südosteuropa? In: Wandel der Volkskultur in Europa. Festschr. G. Wiegelmann 1. Münster/Mü./N. Y. 1988, 219–231. – [20] id. (zusammen mit J. Roth): Interkulturelle Kommunikation. In: Grundriß der Vk. ed. R. W. Brednich. B. ³2001, 391–422. – [21] id.: Europ. Ethnologie und Interkulturelle Kommunikation. In: SAVk. 91 (1995) 163–181. – [22] id.: Zur Sache! Materielle Kultur und Interkulturelle Kommunikation. In: Netzwerk Vk. Festschr. K. Beitl. Wien 1999, 317–335. – [23] id.: ‚Interkulturelles Management' – ein volkskundliches Problem? In: Der industrialisierte Mensch. ed. M. Dauskardt/H. Gerndt. Hagen 1993, 275–290. – [24] Nachbarschaft. Interkulturelle Beziehungen zwischen Deutschen, Polen und Tschechen. ed. K. R. Münster/Mü./N. Y. 2001. – [25] id.: Ethnokulturelle Gemeinschaft der Balkanvölker. Konstrukt oder Realität? In: Der Balkan. Friedenszone oder Pulverfaß? ed. V. Heuberger u. a. Ffm./Bern 1998, 63–78; id.: Zu einer Politik der ‚interethnischen Koexistenz'. Kann Europa von den hist. Vielvölkerstaaten lernen? In: Südosteuropa-Mittlgen 40 (2000) 3–21. – [26] id.: Folklore and Nationalism. The German Example and Its Implications for the Balkans. In: Ethnologia Balkanica 2 (1998) 69–80. – [27] id.: Der Wandel bäuerlicher Wohnkultur im 17. und 18. Jh. im südl. Münsterland. In: Geschichtsbll. des Kreises Coesfeld 4 (1979) 5–25; id.: Neuerungen in der bäuerlichen Wohnausstattung. In: Volkskundliche Kulturraumforschung heute. ed. H. L. Cox/G. Wiegelmann. Münster 1984, 161–174. – [28] R., K.: Hist. Vk. und Quantifizierung. In: ZfVk. 76 (1980) 37–57; id.: Zur Auswertung von Nachlaßinventaren. In: AAG Bijdragen 23 (1980) 43–51.

München   Helge Gerndt

Rothaarig. Die R.keit (Rutilismus) ist ein auffallendes erbliches Merkmal von Menschen, das bes. infolge seiner relativen Seltenheit Aufmerksamkeit erregt. In der Weltbevölkerung herrscht im allg. dunkles → Haar vor[1]. R.keit tritt zwar vereinzelt bei fast allen Völkern und in allen Weltteilen auf, aber eine signifikante Häufung findet sich hauptsächlich in Mittel-, West- und Nordeuropa, wobei die Verbreitung von Süden nach Norden zunimmt (ethnisches → Stereotyp für Iren und Schotten)[2]. Ähnlich wie bei anderen durch bes. körperliche Merkmale auffallenden Menschen (→ Blind, Blindheit; → Hinken, Hinkender; → Krüppel; → Lahmer und Blinder) haben auch die R.en stark unter gesellschaftlichen → Vorurteilen (cf. → Stereotypen) und → Spott zu leiden, die in Einzelfällen bis zu Ausgrenzung und → Diskriminierung führen können[3].

Eine erste Zusammenstellung kulturhist. Zeugnisse zur R.keit hat B. Eble[4] vorgenommen, später hat R. Andree[5] zusätzliches ethnogr. Material beigetragen; eine Sammlung weiterer hist. und neuzeitlicher Zeugnisse bietet das HDA[6]. Einen spekulativen Versuch über die R.keit in Geschichte und Lit. hat H. B. Schiff[7] vorgelegt. Bei den Befragungen zum Atlas der dt. Vk. (ADV) wurden 1935 auch die Meinungen über R.e einbezogen[8]. Die Bayern betr. Ergebnisse haben durch H. Niedermeier Eingang in die umfassendste bisher vorliegende volkskundliche Dokumentation zum Thema R.keit gefunden[9]. Nimmt man alle diese Erhebungen zusammen, so standen Menschen mit roten Haaren und/oder → Bärten in vielen Teilen Mittel-, West- und Südeuropas lange Zeit im Geruch der Untreue, Unzuverlässigkeit und Hinterhältigkeit, sie galten als einzelgängerisch und in sexueller Hinsicht als bes. aktiv und exzentrisch. Niedermeier u. a. haben diesen schlechten Ruf der R.en auf die negative Konnotation der Farbe Rot (→ Farben, Farbsymbolik) zurückgeführt und als Kollektivwahn identifiziert, was Niedermeier aber nicht davon abgehalten hat, manche der bestehenden Vorurteile erneut zu bekräftigen[10]. Die frz. Ethnologin Y. Verdier[11] hat in ihrer Sozialgeschichte eines Dorfes in Burgund die dort bestehenden stereotypen Vorstellungen über R.e zusammengefaßt: Demnach seien r.e Frauen empfänglicher für atmosphärische Phänomene, sie strömten einen schlechten →

Geruch aus und hätten einen ‚kräftigen → Atem' („haleine puissante")[12], seien in der Liebe sehr leidenschaftlich, sie seien während der Menstruation ihrer Mütter gezeugt und lebten daher ohne inneres Gleichgewicht. R.e Männer waren laut Verdier ebenfalls sehr stark von den verbreiteten Vorurteilen betroffen, zumal man ihnen zusätzlich (auch sexuelle) Gewalttätigkeit zuschrieb.

Gegenüber diesen verbreiteten kollektiven Vorurteilen ist zu betonen, daß medizinische und anthropol. Forschungen keinerlei Beweise für die körperliche oder seelische Andersartigkeit der R.en erbracht haben, weder für die vermuteten Zusammenhänge zwischen R.keit und bestimmten Charaktereigenschaften[13] noch für vermutete Disposition der R.en für Krankheiten wie Krebs oder Tuberkulose[14]. Bewiesen ist lediglich die Erscheinung, daß Rutilismus in der Regel mit weißer Haut, hellen Augen und Sommersprossen einhergeht und die Haut R.er in der Sonne keine oder nur geringe Pigmente bildet.

In der Volksdichtung haben die verbreiteten Ansichten über die R.en ihren markantesten Ausdruck im Sprichwort gefunden. Den ADV-Erhebungen zufolge war das schon bei Eble[15] und K. F. W. → Wander[16] bezeugte Sprichwort ‚Rotes Haar und Erlenholz wachsen auf keinem guten Boden' im dt. Sprachraum in vielen Var.n flächendeckend verbreitet[17]; Parallelen aus dem rom. und ags. Sprachraum sind nachgewiesen[18]. Die ADV-Korrespondenten hatten darüber hinaus folgende Charaktermerkmale der R.en verzeichnet: „falsch, (hinter)listig, man soll sich vor ihnen hüten, leicht erregt, jähzornig, untreu, feurig, sinnlich, eigensinnig, giftig"[19]. Aus Rheinhessen ist aus den 1940er Jahren der bitterböse Spottvers überliefert, der dem einzigen r.en Schüler einer Schule hinterhergerufen wurde: „Roter Schuft/ Flieg' in die Luft/ Flieg' in die Ecken/ Sollst verrecken."[20]

In hist. Volkserzählungen zeichnet sich ein ähnliches Bild ab. Während R.e in Märchen keinerlei Rolle spielen, sind es in der Sage vor allem zwei Gestalten, die das Bild vom R.en nachhaltig bestimmt haben: → Judas Ischarioth und der → Teufel. Seit dem Spätmittelalter wurden gängige Vorstellungen vom verräterischen Wesen der R.en auf die Judasgestalt übertragen. Sie war in Dramen[21] und Tafelgemälden[22] regelmäßig mit roten Haaren und rotem Bart ausgestattet, was durch das Zeugnis der Hl. Schrift in keinerlei Weise unterstützt wird. Im Gegensatz zu den negativen Wertungen bezeugt der ätiologische Schwank *Warum die Roten fromm sein* bei Heinrich → Bebel zu Anfang des 16. Jh.s eine positive Auffassung: Jesus → Christus hätte keinem anderen seiner Jünger gestattet, ihn zu küssen, außer dem Rotfuchs Judas, also seien die Roten fromm, und Judas würde im Bild stets mit roten Haaren dargestellt[23]. In Sagen ist das Attribut des Teufels außer seinem Pferdefuß das rote Haar (Mot. G 303.4.1.8.1) bzw. der rote Bart (Mot. G 303.4.1.3.1). In einer Erzählung der Karpatendeutschen erkennt ein Junge, der in Dienst gehen will, aufgrund der Warnung seines Vaters den Teufel an seinem roten Schnurrbart[24]. Aber auch das Opfer des Teufels kann r. sein: Eine sächs. Volkssage berichtet, daß ein r.es Mädchen beim Tanz von den Burschen verschmäht wurde, bis sich einmal ein ‚stockfremder' Tänzer ihrer annahm, den der Pfarrer als den Teufel erkannte und vertrieb[25].

Für die ma. Lit. gilt, daß die Haarfarbe rot weitgehend negativ besetzt ist und den cholerischen Charakter der betr. Gestalten signalisiert[26]. Die Warnung vor R.en ist bereits im letzten Drittel des 11. Jh.s in dem mittellat. Versroman → *Ruodlieb* erstmals bezeugt, in dem einem heimkehrenden Ritter zwölf Ratschläge erteilt werden, darunter der erste, keinem R.en zu trauen, was sich im weiteren Verlauf der Erzählung als nur zu nützlich erweist. In jüngeren Var.n des Erzähltyps AaTh 910 A: cf. *Die klugen* → *Ratschläge* und in AaTh 1588**: *Cheater Caught On His Owns Words* rät der Vater seinem Sohn, das Haus eines Mannes mit rotem Bart zu meiden bzw. sich vor R.en oder Rotgesichtigen in acht zu nehmen. Auch in populären Lesestoffen der Barockzeit findet sich das gleiche Stereotyp vom gefährlichen R.en. So ließ z. B. einer dt. Erzählung zufolge ein span. Richter einmal einen R.en grundlos auspeitschen und antwortete auf Befragen, wenn der R.e die Strafe jetzt noch nicht verdient habe, so werde er sie wohl in Zukunft verdienen (cf. AaTh 1674*: *Anticipatory whipping*)[27]. In einem anderen Text hinterlegt ein r.er Reisender bei einem r.en Wirt eine Summe Geldes und läßt sie sich noch am selben Tag wieder zurückgeben, weil er überlegt hatte, daß einem R.en nicht zu trauen sei. Darauf der Wirt: „Ihr habt doch selbst rothe Haare." Darauf der Gast: „Desto besser muß ich euch kennen, indem ich von mir auf euch einen ganz sichern Schluß mache."[28]

Auch im Schwank ist das Vorurteil gegenüber R.en wiederzufinden. Unverheiratete Mädchen oder alte Jungfern beten in der Kirche um einen Mann und sind auch mit einem R.en zufrieden[29]. In manchen Schwänken dient die rote Haarfarbe dann oft nur noch als Erkennungszeichen: In AaTh 1425 A*: *Returning the Red-Haired Boy* bittet eine sterbende Frau ihren Mann, den geliehenen Kessel an den Nachbarn zurückzugeben und den r.en Jungen gleich mitzunehmen. Ähnlich in AaTh 1425 B*: *Why Seventh Has Red Hair*: Hier erfährt der sterbende Mann aus dem Mund seiner Frau, daß von ihren sieben Kindern nur das r.e sein eigenes sei[30]. In AaTh 1805*: *The Priest's Children*, bezeugt aus Rumänien, Ungarn und Rußland, verlangt der Priester von einem Viehdieb ein öffentliches Schuldeingeständnis während des Gottesdienstes und kündigt dessen Mitteilung mit den Worten an, was jetzt folge, sei die Wahrheit. Darauf verkündet der Viehdieb, alle r.en Kinder im Dorf seien vom Priester[31].

Seit der 2. Hälfte des 20. Jh.s scheinen die Ausgrenzungsprozesse gegenüber R.en im Rückgang begriffen zu sein. Durch das Rotfärben der Haare ist R.keit beim weiblichen Geschlecht zum neuen Schönheitsideal aufgerückt. Mittlerweile gibt es auch eine Fülle belletristischer Lit. zum Lob der R.keit[32].

[1] Orfanos, C. E./Astore, J. P. L.: Haar und Haarkrankheiten. Stg. 1979, 147. – [2] Conitzer, H.: Die R.keit. (Diss. B.) Stg. 1931, 95; Champion, R. H. u. a. (edd.): Textbook of Dermatology 4. Ox. u. a. ⁴1998, 2962. – [3] Jeggle, U.: Der Kopf des Körpers. Weinheim/B. 1986, 66. – [4] Eble, B.: Die Lehre von den Haaren in der gesamten organischen Natur 2. Wien 1831, 176 sq., 206. – [5] Andree, R.: Rote Haare. In: Zs. für Ethnologie 10 (1878) 335–345 (= id.: Ethnogr. Parallelen und Vergleiche. N. F. Lpz. 1889, 261–273). – [6] HDA 3 (1930–31) 1250 sq. – [7] Schiff, H. B.: Die R.en. Die Logik des Widersprüchlichen. Versuch einer Deutung des r.en und des kelt. Menschen. Saarbrücken 1960. – [8] Die entsprechende Atlas-Frage num. 205 lautet: „a) gibt es Redensarten oder Meinungen, die das menschliche Kopfhaar betreffen? Welche?"; die Fragen zu den einzelnen Haarfarben waren ohne Vorgaben wiedergegeben, bis auf die Farbe rot, wo es hieß: „Was sagt man über [...] rotes Haar? (z. B. deutet auf Jähzorn, Untreue)", cf. Zender, M. (ed.): Atlas der dt. Vk. N. F., Erläuterungen 1. Marburg 1959–64, 30. – [9] Niedermeier, H.: Die R.en in volkskundlicher Sicht. In: Bayer. Jb. für Vk. (1962) 76–106. – [10] ibid., 98. – [11] Verdier, Y.: Façons de dire, façons de faire. La laveuse, la couturière, la cuisinière. P. 1979, 46–49 (dt.: Drei Frauen. Das Leben auf dem Dorf. Stg. 1982, 46–49). – [12] ibid., 46 (dt., 46). – [13] Maroske, F.: Unters.en über Zusammenhänge zwischen R.keit und Charakter. Diss. Greifswald 1937. – [14] Peters, H.: Über Tuberkulose bei Erythrismus (R.keit). Diss. Bonn 1927. – [15] Eble (wie not. 4) 206. – [16] Wander 3, 1744. – [17] Grober-Glück, G.: Motive und Motivationen in Redensarten und Meinungen 1. Marburg 1974, 486–492. – [18] Düringsfeld, I. von/Reinsberg-Düringsfeld, O. Freiherr von: Sprichwörter der germ. und rom. Sprachen vergleichend zusammengestellt 2. Lpz. 1875, 146–148. – [19] Grober-Glück (wie not. 17) 72–83. – [20] Slg R. W. Brednich, Göttingen. –
[21] Baum, P. F.: Judas' Red Hair. In: The J. of English and Germanic Philology 21 (1922) 520–529. – [22] Mellinkoff, R.: Judas' Red Hair and the Jews. In: J. of Jewish Art 9 (1982) 31–46. – [23] Bebel/Wesselski 2, num. 153. – [24] Cammann, A./Karasek, A.: Volkserzählungen der Karpatendeutschen. Slowakei 1. Marburg 1981, 236–238; weitere Belege bei Tegethoff, E.: Märchen, Schwänke und Fabeln. Mü. 1925, num. 24; Ortutay, G.: Ung. Volksmärchen. B. 1957, num. 4. – [25] Sieber, F.: Sächs. Sagen. Jena 1926, 209 sq. – [26] Seitz, B.: Die Darstellung häßlicher Menschen in mhd. erzählender Lit. Diss. Tübingen 1967, 83. – [27] EM-Archiv: Harpagiander: Compendieuses Lexicon Apophthegmaticum. Nürnberg 1718, 384, num. 1904. – [28] EM-Archiv: Bienenkorb 7 (1771) 57 sq., num. 69; ähnlich bereits 1508 bei Bebel/Wesselski 1, num. 39. – [29] Kapfhammer, G.: Bayer. Schwänke. Mü. 1974, 76; BP 3, 121. – [30] Ergänzend zu AaTh: Legman, G.: Der unanständige Witz. Hbg 1970, 470. – [31] Ergänzend zu AaTh: SUS; Soboleva; MNK; Stroescu, num. 5316; cf. BFP 1735 A. – [32] Walpole, H.: Portrait of a Man with Red Hair. A Romantic Macabre. Lpz. 1925; Giardina, R.: Keine Angst vor R.en. B. 1996; id.: Lob der R.en. Mü. 1999; Hannover, I.: Frauen mit roten Haaren. B. 1997; Yendt, M.: Histoire aux cheveux rouges. Littérature jeunesse. Stg. 2001; Seifert, D.: Feuervogel. Mü. 2002.

Göttingen   Rolf Wilhelm Brednich

Rotkäppchen (AaTh 333)

1. Allgemeines – 2. Klassifizierungsprobleme – 3. Schriftl. Tradition – 4. Volksmärchen – 5. Altersdiskussion – 6. Prägnante Einzelzüge – 7. Die sekundäre Existenz des R.-Märchens – 8. Deutungen

1. Allgemeines. R. ist eines der bekanntesten Buchmärchen. Seine Beliebtheit verdankt es der Bearb. von Charles → Perrault (1695/97), in der es erstmals faßbar wird, und der Version in den → Kinder- und Hausmärchen der Brüder → Grimm (KHM 26, seit 1812). Beide Fassungen fanden u. a. durch populäre Drucke, Bilderbogen, Kinderbücher und Schullektüre weite Verbreitung[1]. Als Hauptgebiete eigenständiger mündl. Überlieferungen gelten Frankreich und Italien[2]. Die wichtigsten Inhaltselemente der von M. → Rumpf als Warnmärchen (→ Schreckmärchen) bezeichneten Geschichte[3] sind:

Ein kleines Mädchen, oft nach seinem roten Kopfputz benannt, begegnet auf dem Weg zur Großmutter (→ Großeltern) einem → Wolf (auch Werwolf, Oger, Ogerin). Es läßt sich von ihm ausfragen und zum Trödeln (Einschlagen eines bestimmten → Wegs) verleiten. Der Wolf eilt voraus zur Großmutter, verschlingt sie und legt sich in ihr Bett. Als R. eintrifft, entspinnt sich ein markanter → Dialog zwischen dem Kind und dem als Großmutter getarnten Wolf („Ei, Großmutter, was hast du für große Ohren!" – „Daß ich dich besser hören kann." etc. [KHM 26]); in einer Reihe von Var.n speist der Wolf zuvor das Mädchen mit Fleisch und Blut der Großmutter (→ Kannibalismus). Meist frißt der Wolf danach auch das Kind, und werden Enkelin und Großmutter jedoch anschließend von einem Retter (Jäger, Vater, Holzhauer) aus dem Bauch des Verschlingers befreit. Manchmal bemerkt das Kind die Gefahr rechtzeitig und kann sich mit einer List aus eigener Kraft retten.

2. Klassifizierungsprobleme. Die Vermischung verschiedener Märchentypen unter num. 333 war im internat. Klassifizierungssystem von Anbeginn angelegt. A. → Aarne hatte hier KHM 5, AaTh 123: → Wolf und Geißlein, KHM 26: R. und eine Reihe dän. Kettenmärchen zusammengefaßt, wobei ihm der gemeinsame Motivkomplex Verschlingen/Befreiung der Verschlungenen (→ Gastrotomie) als Definitionsgrundlage diente[4]. Obwohl für die Kettenmärchen 1928 eigene Typennummern (AaTh 2027, 2028: cf. → Fressermärchen [bes. Kap. 1 und 4]) geschaffen wurden[5], werden derartige Texte, und manchmal auch Fassungen von AaTh 123, nach wie vor AaTh 333 zugeordnet[6]. Als eigenständigen Typ hat Rumpf ein seit der 2. Revision des internat. Typenkatalogs unter AaTh 333 A: → Caterinella ausgewiesenes ital. Märchen legitimiert[7]: Während im R.-Märchen der Verschlinger von Anfang an als (seine Absichten zunächst hinterlistig tarnender) Aggressor fungiert, ist in AaTh 333 A die Protagonistin die Betrügerin.

3. Schriftl. Tradition[8]. Bezeichnend für Perraults Fassung (wie auch für Var.n aus frz. mündl. Überlieferung[9]) sind unzweideutig sexuelle Untertöne[10]: R. wird vom Wolf aufgefordert, sich zu ihm zu legen, zieht sich aus und wundert sich im Bett sehr darüber, wie die Großmutter im Nachtkleid beschaffen ist. Entsprechend warnt die von Perrault angehängte Moral junge Damen vor den Gefahren der Liebe. Der für Perraults Märchen bezeichnende schlechte Ausgang wurde auch in den Bilderbogen-Fassungen nur gelegentlich in ein glückliches Ende umgewandelt[11].

In Ludwig → Tiecks scherzhaft als Tragödie ausgewiesenem Stück Leben und Tod des kleinen Rothkäppchens (1800), für das Abhängigkeit von Perrault angenommen wird[12], bildet das Märchen eine Folie für Dialoge, die Freiheitsideale suggerieren[13]; die ironische Brechung der Figuren läßt auf Bekanntheit des Publikums mit Perraults Version schließen. Bei Tieck erscheint erstmals die Gestalt des Jägers, jedoch in der Funktion des Rächers, nicht des Retters. Die Grimm-Fassung ist an Perrault angelehnt, weist aber auch Einflüsse Tiecks und einen neuen positiven Schluß auf, der an AaTh 123 erinnert. Nach R. Hagen[14] kommt für die Umgestaltung W. → Grimm eher als die Erzählerin Jeanette Hassenpflug[15] oder vorhergehende Erzähler(innen) in Betracht. Anstößigkeiten sind in KHM 26 ausgemerzt, statt dessen treten erzieherische Elemente (Ermahnung zum → Gehorsam) in den Vordergrund. Ohne Nachwirkung geblieben ist eine R.s Lernerfolg demonstrierende Forts.[16] (erzählt von ‚Marie'[17]), in der ein anderer Wolf dem R. nachstellt und durch eine List der Großmutter unschädlich gemacht wird.

Dt. R.-Bearb.en des 19. Jh.s – die sicher bekannteste stammt von L. → Bechstein (1853) – folgen entweder Grimm[18] oder Perrault[19]; oft zeigen Details, daß den Autoren beide Fassungen geläufig waren. Eine Tendenz zur Vermischung der Grimm- und Perrault-Versionen läßt sich auch für Großbritannien und Nordamerika feststellen; in der Kinderliteratur setzten sich im 20. Jh. vielfach von → Grausamkeiten entschärfte Texte durch[20].

4. Volksmärchen. Von der gedr. Überlieferung unabhängige mündl. Var.n aus Frankreich, Italien (einschließlich dt. Sprachinseln) und Ungarn[21] zeichnen sich durch grausige, sexuelle und/oder skatologische Elemente sowie z. T. selbständiges kluges Handeln der Protagonistin aus:

Der Wolf (Oger, Ogerin) hängt die Gedärme der Großmutter an die Türklinke und/oder gibt dem Mädchen Fleisch, Blut, Zähne etc. der Großmutter zu essen und zu trinken, eine Handlung, die oft einem Kommentar des Wolfs (Stimme, Katze, Vogel) begleitet ist. Meist legt die Protagonistin sich (z. T. nach einer Entkleidungsszene) zu dem Verschlinger ins Bett und bemerkt, wie seltsam der Körper der vermeintlichen Großmutter beschaffen ist.

Ein Teil der Var.n endet mit dem Tod der Protagonistin[22], in einer aus Frankreich und Italien belegten Var.ngruppe[23] bemerkt sie gerade noch rechtzeitig, daß sie in Lebensgefahr schwebt:

Sie erklärt, daß sie noch einmal ‚müsse', worauf der Wolf (Freßdämon) sie, mit einer Schnur am Bein gesichert, hinausläßt. Sie löst die Schnur und bringt sich in Sicherheit. Z. T. schließen Verfolgungen durch die Verschlingergestalt an: So enthält eine Var. aus den Abruzzen das Motiv einer → magischen Flucht (cf. AaTh 313) mit Hilfe dankbarer Gegenstände aus den Jordanflusses[24]; in einer frz. Var. hindern Wäscherinnen den auf einer Sau reitenden Unhold am Überqueren des Flusses[25].

Ein ähnlicher Märchentyp (erstmals in einem Mythos des 8. Jh.s belegt) ist in Japan bekannt. Hier gerät ein Junge im Bergwald ins Haus der yamauba (Waldfrau). Als sie ihn fressen will, behauptet er, auf den Abort zu müssen, und entkommt, obwohl sie ihn an einem Seil festgebunden hat; es folgt eine magische Flucht[26]. In ganz Ostasien außerordentlich weit verbreitet ist ein anderer Erzähltyp[27], den W. → Eberhard für Taiwan in 241 Var.n minutiös untersucht hat[28]. Er ist zwar eher AaTh 123 zuzuordnen (der Aggressor [dämonische Gestalt, Wolf, Tiger] schleicht sich als weibliche Verwandte getarnt bei den Kindern ein), stimmt aber in der Motivik der Fluchtepisode (gelegentlich bis hin zur Aufforderung des Verschlingers: ‚mach's ins Bett'[29]), oft auch im unfreiwillig an Familienangehörigen begangenen Kannibalismus mit der europ. Var.ngruppe, in der sich die Heldin einer skatologischen List bedient, überein[30]. Dem ostasiat. Tigergroßtanten-Typ stehen bes. einige frz. und bulg. Var.n sowie eine Sonderform aus dem nordgriech. Epirus nahe[31].

Für Frankreich lassen sich P. → Delarues Analyse von 35 R.-Var.n zufolge 20 Texte nachweisen, die keine Abhängigkeiten von gedr. Fassungen zeigen; zwei Var.n gehen auf Perrault zurück, die übrigen sind Mischformen[32]. Ein ähnliches Bild vermitteln die von C. → Joisten zusammen mit elf Fragmenten veröff. 15 Var.n aus den frz. Alpen[33]. Eine vergleichbare Anzahl von Var.n gibt es wohl nur noch in Italien (53 Texte)[34]. Das Gros der ital. Fassungen hängt vermutlich mehr oder weniger stark von der Buchmärchentradition ab[35]. Dasselbe gilt wohl auch für einen Teil der balkan.[36], ung.[37], dt.-[38] und port.sprachigen Var.n[39] sowie für die Aufzeichnungen aus Flandern[40], Schweden[41], dem Baltikum[42], Polen[43] und für verstreute Belege aus weiteren europ. und außereurop. Ländern[44]. In Asien und Afrika finden sich einige stark variierte Fassungen, z. T. auch mit Anklängen an Motive der europ. Volksmärchen[45].

Eine eher untypische port. Var., die das R.-Märchen mit AaTh 480: *Das gute und das schlechte* → *Mädchen*[46] kombiniert, hat F. Vaz da Silva als Verbindung mit dem iber. Wolfmädchenthema interpretiert[47]. Der das Verschlingen einleitende typische Dialog mit der Fressergestalt erscheint – oft als Hauptinhalt – auch in anderen, meist kurzen Schreckmärchen und Sagen[48].

5. Altersdiskussion. Umstritten sind die seit Ende des 19. Jh.s immer wieder geltend gemachten Zusammenhänge[49] zwischen dem R.-Märchen und dem Wolfsabenteuer in der *Fecunda ratis* des Egbert von Lüttich (um 1023): Ein fünfjähriges Mädchen, das eine rote Tunika (ein Patengeschenk) trägt, wird von einem Wolf verschleppt, die Wolfsjungen können ihm jedoch nichts antun[50]. Nach J. M. Ziolkowski handelt es sich hier möglicherweise um die Umfunktionierung einer Volkserzählung zu einem christl. Exemplum über die Wirksamkeit des → Sakraments der → Taufe[51].

In den Niederlanden ist ein Märchen von roodcousken (rood kousje etc.) seit 1561 belegbar[52]; in Frankreich ist ‚conte au vieux loup' 1694 als Bezeichnung für → Ammenmärchen nachgewiesen[53]. Mündl. Var.n, die bei Perrault und Grimm fehlende ‚archaische' Züge aufweisen, werden gegenüber den literar. Fassungen oft als ursprünglicher bewertet und als Vorbild Perraults angesehen, der anstößige Stellen einer → Zensur unterworfen haben soll[54] (dagegen spricht da Silva in diesem Zusammenhang von thematischen Transformationen[55]). Der Anschein des Archaischen wird jedoch nicht immer als Beweis für hohes Alter akzeptiert[56]. G. → Henßen zufolge sind die grausigen Züge erst später aus dem ‚slav. Ökotyp' der Schreckmärchen (AaTh 334: → *Haushalt der Hexe*) in die frz. Volksüberlieferung gelangt[57]. Vertreter der mythol. Schule und P. → Saintyves, die R. als Lichtgestalt bzw. Personifikation des Monats Mai auffaßten, hielten die Grimm-Version für vollständiger, da das Licht immer wieder das Dunkel, der Frühling den Winter besiege[58]. Rumpf postulierte Zusammenhänge des R.-Märchens mit frz. Werwolfprozessen des 16. und 17. Jh.s (cf. → Wolfsmenschen)[59]. Stark assoziativen Charakter tragen die von G. Anderson als antike Vorläufer des R.-Märchens herangezogenen Quellen; sie können daher kaum überzeugen[60].

6. Prägnante Einzelzüge. Das rote Käppchen, nach dem die Protagonistin benannt ist und das zu vielfältigen Deutungen Anlaß gegeben hat[61], ist Delarue zufolge ein auf Perrault zurückzuführender nebensächlicher Zug, der in den von Perrault unabhängigen frz. Var.n meist fehlt[62]. Auch im Italienischen läßt die Häufigkeit des Titels *Cappuccetto Rosso*, der kaum je dem Dialekt angepaßt wurde, auf literar. Einfluß schließen[63]; ebenso hat in den port.sprachigen Var.n der Titel *O Chapelinho* (oder *Capuchinho*) *Vermelho* nur in zwei Fällen Bezug zum Text[64].

Bezeichnend für das R.-Märchen (wenn auch in der Grimm-Tradition stark zurückgedrängt) sind sein Spielcharakter[65] und die Vielzahl → formelhafter Elemente (→ Verse). Ein immer wiederkehrendes Motiv ist die Wahl zwischen zwei Wegen[66]. Anders als bei Perrault sind in frz. (und auch ital.[67]) mündl. Fassungen die Wege meist spezifiziert, etwa als „chemin des épingles, chemin des aiguilles". Von Y. Verdier wurde dies als eine Sexualsymbolik von Näh- und Stecknadeln interpretiert[68], von B. Bricout dagegen auf die Rivalität zwischen bäuerlicher und städtischer Produktion von Spitze zurückgeführt[69]. Das Vokabular der Spitzenklöpplerinnen liegt nach Bricout auch der rätselhaften Anweisung der Großmutter zugrunde, wie die Tür zu öffnen sei[70] (Perrault: „tire la chevillette, la bobinette chera"; mündl. leicht variiert[71]). In Perraults repetitiver Erwähnung des Buttertöpfchens könnten M. Soriano zufolge Zungenbrecher anklingen[72]; das kannibalistische Mahl des Mädchens wird im alpinen frz. Material regelmäßig mit Versen wie „Fricon, fricasse – Le sang de ta grantasse" kommentiert[73]. Nähe zu Kinderreimen und anderen populären Formeln diagnostizierte Bricout u. a. auch in der Wechselrede zwischen R. und Wolf[74], wobei in mündl. Var.n die Antworten häufig auf Alter und weibliche Mühsal verweisen[75]. Das übergreifende Muster des Märchens bildet nach Bricout ein Spiel: R. und Wolf machen Hochzeit (Parallelen zu frz. Heiratsbräuchen)[76].

7. Die sekundäre Existenz des R.-Märchens. Von R., dem „meistparodierte[n] Märchen der Weltliteratur", hat U. Erckenbrecht bis 1998 über 700 Parodien, Travestien und andere Umarbeitungen registriert[77], die u. a. in Publ.en von L. → Röhrich, W. → Mieder, H. Ritz (Erckenbrechts Pseud.) und J. Zipes dokumentiert sind[78]. Bezeichnend ist vor allem die Verwendung von Fach- und Sondersprachen (z. B. *R. aus der Sicht eines Chemikers; Der Wolf im Lichte der Interaktionstheorie*) oder Jargons (z. B. *R. im Nationalsozialismus; R. auf Amtsdeutsch; R. in der Scene*)[79]; entsprechend sieht Röhrich das Phänomen der Parodien in intellektuellen Schichten angesiedelt[80]. Die Adaptationen umfassen darüber hinaus Kurzgeschichten (öfter mit emanzipatorischem Anliegen bzw. entlarvender Funktion[81], aber auch mit erotischer bis pornographischer Ausrichtung[82]), Witze[83], Gedichte verschiedenster Art[84], szenische Bearb.en[85], Vertonungen, vor allem als Oper[86], und Verfilmungen[87] bzw. leitmotivische Verwendung im Film[88]. Gleichzeitig ist das R.-Märchen – selbst schon in der Sprache der Reklame parodiert[89] – ein beliebter Werbeträger (→ Werbung)[90] und aufgrund seines hohen Bekanntheitsgrads vielfältig politisch einsetzbar[91]. Im Bildbereich sind neben Gemälden, Comics,

Cartoons und Karikaturen vor allem die → Illustrationen der meist an Kinder gerichteten Märchenbücher zu nennen[92]; darüber hinaus gibt es R.-Spiele, -Waren, -Sammelobjekte und -Orte aller Art[93].

8. Deutungen. So zahlreich sind die Deutungen des R.-Märchens, daß B. → Holbek es als Leitfaden heranzog, um die Geschichte der Märcheninterpretation zu exemplifizieren[94]. Astralmythol. Erklärungen (R. als Morgenröte, Herbstsonne etc.)[95] sind inzwischen nur noch von wissenschaftsgeschichtlichem Interesse; gelegentliche Aufmerksamkeit[96] findet bis heute Saintyves' ritualistischer Ansatz[97]; Zusammenhänge mit → Initiationsriten von Jägerkulturen wurden noch in den 1980er Jahren postuliert[98]. Auf heftige Kritik[99] stießen die psychoanalytischen Deutungen des R.-Märchens durch E. Fromm („Erzählung vom Triumph der männerhassenden Frauen", Käppchen als Menstruationssymbol)[100] und B. Bettelheim (Überwindung pubertärer ödipaler Begierden)[101]. Anthroposophen betonen stereotyp überzeitliche Weisheit und Heilungskräfte[102], Analysen aus der Schule von C. G. → Jung z. T. die üblichen Reifungs- und Individuationsaspekte, treffen sich z. T. aber auch mit psychoanalytischen, literatursoziol. und anthropol. Befunden[103].

Aggressive infantile Aspekte hoben G. → Róheim[104] und A. → Dundes[105] hervor. Nach S. S. Jones verkörpert sich im R.-Märchen eine kindliche Mischung aus Angst, Ekel und Neugier gegenüber dem Rätsel der Sexualität[106]; Soriano und P. Rodriguez zufolge läßt Perraults R. auf ein traumatisches Familiengeheimnis schließen[107]. Aus literatursoziol. Perspektive wird das R.-Märchen, vornehmlich in seinen literar. Gestaltungen, auch als Parabel einer → Vergewaltigung (S. Brownmiller[108]) aufgefaßt; dabei wird nach Zipes alle Schuld dem Opfer zugeschoben[109]. Solchen Deutungen entsprechen Berichte aus der analytischen Praxis über die R.-Assoziationen von Patienten, deren Schwerpunkte die Themen Verführung und Familienkonflikte bilden[110].

Prägend für die neuere wiss. Diskussion wurde Verdiers Analyse der frz. mündl. Var.n vor dem Hintergrund ihrer ethnol. Studie über ein burgund. Dorf[111]. In den bei Perrault fehlenden Motiven fand sie Bilder für die biologischen Veränderungen des weiblichen Körpers, für die Initiation in weibliche Aufgaben, die an bestimmte Lebensalter gebunden sind, und für den Konfliktcharakter dieser Weitergabe weiblichen Wissens[112]. Ambivalenz, Hybridität und Unfestigkeit der handelnden Personen kommentierten C. de la Genardière und da Silva[113]. Nicht erst seit Verdier ist die Symbolik des → Blutes ein zentraler Gegenstand der Argumentation.

V. Laruccias kommunikationsorientierte Analyse des R.-Märchens verweist auf Zusammenhänge mit Repräsentation und Machtverhältnissen[114]; Leserwartung, teilweise angstbesetzte Rezeption und Verarbeitung des R.-Märchens beschrieben F. Wolfzettel und Ritz[115].

[1] Die R.-Slg von Elisabeth und Richard Waldmann. Bestandskatalog des Bilderbuchmuseums Burg Wissem. Troisdorf 2002; Renonciat, A.: Et l'Image, en fin de conte? Suites, fantaisies et variations sur les contes de Perrault dans l'imagerie. In: Romantisme 78 (1992) 103–126; Scherf, W.: Die Herausforderung des Dämons. Mü. u. a. 1987, 157 sq.; Meyer, M. de: Le Conte populaire dans l'imagerie populaire hollandaise et belge. In: Fabula 1 (1958) 183–192, hier 183–185; Rumpf, M.: R. Eine vergleichende Märchenunters. (Diss. [masch.] Göttingen 1951) Ffm. u. a. 1989, 85; Weiss, H. B.: Little Red Riding Hood. Trenton 1939; Tomkowiak; Eberhard/Boratav, 411; zur griech. Heftchenlit. freundliche Mittlg Maria Kaliambou, München. – [2] Delarue; Joisten, C.: Contes populaires du Dauphiné 1. Grenoble 1971, num. 48; Aprile 333–333 A. – [3] Rumpf (wie not. 1) 99–103; Soriano, M.: Les Contes de Perrault. [P.] 1968, 151, 153, 155; kritisch Scherf, 997 sq.; Genardière, C. de la: Encore un Conte? „Le Petit Chaperon Rouge" à l'usage des adultes. (Nancy 1993) P. [1996], 112 sq. – [4] Aarne, A.: Verz. der Märchentypen (FFC 3). Hels. 1910, Typ 333; cf. auch ibid., Typ 123; Lunding, A.: The System of Tales in the Folklore Collection of Copenhagen (FFC 2). Hels. 1910, num. 84; Ranke 1, 271 sq.; BP 1, 40. – [5] Aarne, A./Thompson, S.: The Types of the Folk-Tale (FFC 74). Hels. 1928. – [6] Ergänzend zu AaTh: Arājs/Medne; Kerbelytė, LPTK; SUS 333 A (weißruss.); Krzyżanowki; de Meyer, Conte; Legros; Aprile 333–333 A; MNK; BFP 333, *480₂; Angelopoulos/Brouskou; Marzolph; Flowers; Klipple; für R. unzutreffend: DBF A I, 234; Rausmaa, SK 1, num. 31, 32; Jason; Jason, Iraq; Ergis, num. 98, 99; Peñalosa 333, 333 A; Lambrecht, num. 3952 (6); unklar: Ó Súilleabháin/Christiansen; Kecskeméti/Paunonen. – [7] Rumpf (wie not. 1) 69–79; Scherf, 150 sq.; Aprile 333–333 A (45 Var.n zu AaTh 333 A). – [8] Scherf, 996–999; de la Genardière (wie not. 3) 77–162. – [9] z. B. Delarue, 373 sq.; Mélusine 3 (1886–

87) 352−354; cf. Tenèze, M.-L.: Motifs stylistiques de contes et aires culturelles. In: Mélanges de folklore et d'ethnographie dédiés à la mémoire d'Élisée Legros. Lüttich 1973, 45−83, hier 50 sq. − [10] Soriano (wie not. 3) 156, 435; Simonsen, M.: Perrault. Contes. P. 1992, 64; Verdier, Y.: Le Petit Chaperon rouge dans la tradition orale. In: Le Débat 3 (1980) 31−61, hier 55 (= Grands-mères, si vous saviez ... Le Petit Chaperon rouge dans la tradition orale. In: Cahiers de littérature orale 4 [1978] 17−55). − [11] Renonciat (wie not. 1) 106 sq., cf. 109, 116; de Meyer (wie not. 1) 185. − [12] Tieck, L.: Phantasus. ed. M. Frank. Ffm. 1985, 362−384, cf. 1337−1344, hier 1338. − [13] Jäger, H.-W.: Trägt R. eine Jakobiner-Mütze? Über mutmaßliche Konnotate bei Tieck und Grimm. In: Lit.soziologie 2. ed. J. Bark. Stg./B./Köln/Mainz 1974, 159−180; cf. auch Tieck (wie not. 12) 1340. − [14] Hagen, R.: Der Einfluß der Perraultschen Contes auf das volkstümliche dt. Erzählgut und bes. auf die Kinder- und Hausmärchen der Brüder Grimm 1. Diss. (masch.) Göttingen 1954, 86−96. − [15] Brüder Grimm: Kinder- und Hausmärchen. [...] Erstausg. von 1812 und 1815 [...]. t. 1. ed. H. Rölleke (in Verbindung mit U. Marquardt). Göttingen 1986, 117. − [16] Hagen (wie not. 14) 95 sq.; KHM/Uther 4, 56. − [17] Grimm (wie not. 15) 118; Rölleke, H.: Die 'stockhess.' Märchen der 'alten Marie'. In: GRM N. F. 25 (1975) 74−86. − [18] Löhr, J. A. C.: Das Buch der Maehrchen für Kindheit und Jugend 2. Lpz. [ca 1820], num. 3 (nach Uther, H.-J.: Dt. Märchen und Sagen. CD-ROM B. 2003); Bechstein, L.: Märchenbuch. Nach der Ausg. von 1857 [...]. ed. H.-J. Uther. MdW 1997, num. 9; Birlinger, A.: Nimm mich mit. Fbg 1871, 241−244; cf. Tomkowiak. − [19] Lehnert, J. H.: Mährchenkranz für Kinder. B. [1829], num. 2 (nach Uther 2003 [wie not. 18]) (Details und Ende nach Grimm); Holting, G.: Das kleine Rothkäppchen. B. 1840 (abgedruckt bei Zipes, J.: R.s Lust und Leid. Köln 1982, 105−112, cf. 216 [nur in der dt. Ausg. fälschlich als Grimm-Adaptation bezeichnet], cf. auch 45); Kehrein, J.: Volkstümliches aus Nassau. Lpz. 1891, num. 3 (nach Hagen [wie not. 14] 96) (Ende nach Grimm); cf. auch Liungman, Volksmärchen, 75, not. 1. − [20] Zipes, J.: The Trials & Tribulations of Little Red Riding Hood. (South Hadley 1983) N. Y./L. ²1993, 41 sq., 65 sq. und Textbeispiele; Hanks, C. und D. T. Jr.: Perrault's „Little Red Riding Hood". Victim of the Revisers. In: Children's Literature 7 (1978) 68−77, bes. 75 sq. −
[21] z. B. Delarue, Var. 4−8; Joisten (wie not. 2) num. 48.1−48.10; Schneller, C.: Märchen und Sagen aus Wälschtirol. Innsbruck 1867, num. 6; De Nino, A.: Usi e costumi abruzzesi 3. Florenz 1883, num. 12; Rumpf (wie not. 1) 25 sq. (Var. GG 1, GG 3); Berze Nagy, Var. 3. − [22] z. B. Delarue, Var. 4, 7, 8, 12; Schneller (wie not. 21); Berze Nagy, Var. 3; Scherf, 687−689. − [23] Scherf, 289−291, 1147−1149, 1237−1240; Delarue, Var. 5, 13, 29−31; Joisten (wie not. 2) num. 48.1, 48.2, 48.4−10, 48.16−18. − [24] De Nino (wie not. 21). − [25] Mélusine 9 (1898−99) 90 sq.; ähnlich Bacher, J.: Die dt. Sprachinsel Lusern. Innsbruck 1905, num. 17. − [26] Seki, num. 75; Ikeda 334; Naumann, N.: Verschlinger Tod und Menschenfresser. Zur Wandlung eines mythischen Bildes im jap. Märchen. In: Saeculum 22 (1971) 59−70, hier bes. 63; cf. auch Seki, num. 81. − [27] Seki, num. 80; Ikeda 333 A; Ting 333 C; Choi, num. 100; Scherf, 928−930, 1073−1075; Naumann (wie not. 26) bes. 66; ead.: Der Tiger in chin. Märchen, Sagen und frühen religiösen Vorstellungen. In: Fabula 38 (1997) 112−121, hier 112 sq.; z. B. Seki, K.: Folktales of Japan. Chic. 1963, num. 21. − [28] Eberhard, W.: The Story of Grandaunt Tiger [1970]. In: Little Red Riding Hood. A Casebook. ed. A. Dundes. Madison 1989, 21−63. − [29] ibid., 43; cf. z. B. Delarue, 373 sq. − [30] Eberhard (wie not. 28) 37−47. − [31] Delarue, Var. 28; Joisten (wie not. 2) num. 48.1; BFP *480₂; Angelopoulos/Brouskou, Var. 1−3. − [32] Delarue, bes. 381; id.: Les Contes merveilleux de Perrault et la tradition populaire. 1: Le petit Chaperon rouge. In: Bulletin folklorique d'Île de France N. S. 23 (1951) 221−227, 251−260, 283−291, bes. 221−225, 253 sq., 260, 291. − [33] Joisten (wie not. 2) num. 48; ferner Massignon, G.: Folktales of France. Chic. 1968, num. 16; Tenèze (wie not. 9) 46, 80 sq. − [34] Aprile 333−333 A; ergänzend cf. Calvetti, A.: Tracce di riti di iniziazione nelle fiabe di Cappuccetto Rosso e delle Tre Ochine. In: Lares 46 (1980) 487−496, hier 487 sq. − [35] cf. z. B. Anderson, W.: Novelline popolari sammarinesi 2. Tartu 1929, num. 30, 31, 45, 84, 86; Calvino, I.: Fiabe italiane. Turin 1956, 986 (zu num. 26); zu eigenständigen Var.n cf. Aprile, 516 sq. − [36] BFP (eigenständige bulg. Var.n unter BFP *480₂); Özbek, B.: Erzählungen der letzten Tscherkessen auf dem Amselfeld. [Bonn 1986], num. 47; Angelopoulos/Brouskou. − [37] MNK. − [38] BP 1, 234; Rumpf (wie not. 1) 25 sq.; Ranke 1, 270; Neumann, S.: Mecklenburg. Volksmärchen. B. 1971, num. 72. − [39] Cardigos, I.: Index of Portuguese Folktales (im Druck); Cascudo, L. da Câmara: Contos tradicionais do Brasil. Salvador ²1955, 154−157. − [40] de Meyer, Conte. −
[41] Liungman, Volksmärchen, 75; Liungman 1, 101−103. − [42] Kerbelytė, LPTK; Šmits, P.: Latviešu tautas teikas un pasakas 4. Waverly, Iowa ²1965, num. 8.1−8.2; Rumpf (wie not. 1) 27; für Estland freundliche Mittlg Risto Järv, Tartu. − [43] Krzyżanowski. − [44] SUS 333 A (weißruss.); Jech, J.: Lidová vyprávění z Kladska. Prag 1959, num. 14; Dekker/van der Kooi/Meder, 311 (fries.); Eberhard/Boratav, 411; Marzolph, Var. 2, 3; Sœur Marie-Ursule: Civilisation traditionnelle du Lavalois. Québec 1951, 211 sq. (num. 4, 5); Carrière, J. M.: Tales from the French Folk-Lore of Missouri. Evanston/Chic. 1937, num. 23; Flowers, Var. 1, 2; Ramirez de Arellano, R.: Folklore portorriqueño. Madrid 1926, num. 134; cf. auch Schmidt, S.: Hänsel und Gretel in Afrika. Köln 1999, 316. − [45] Esche, H.: Märchen der Völker Burmas. Lpz. 1976, 257−261; Zs. für Kolonialsprachen 6 (1915−16) 28−54, hier num. 3 (aus Transvaal); Du Toit, B. M.: Content and Context of Zulu Folk-Nar-

ratives. Gainesville 1976, 54–56; Klipple, Var. 2. – [46] Pedroso, Z. Consiglieri: Contos populares portugueses. Lissabon ³1985, num. 52; cf. Delarue (wie not. 32) 226 sq. und Cardigos (wie not. 39) 480 B. – [47] Silva, F. Vaz da: Capuchinho Vermelho em Portugal. In: Estudos de literatura oral 1 (1995) 187–210; id.: Metamorphosis. The Dynamics of Symbolism in European Fairy Tales. N. Y. u. a. 2002, 53–56. – [48] z. B. de Meyer, Conte, Var. 6; Scherf, 348–350; Berze Nagy 345*. – [49] Überblick bei Lontzen, G.: Das Gedicht „De puella a lupellis servata" von Egbert von Lüttich – eine Parabel zum Thema der Taufe. In: Merveilles & Contes 6,1 (1992) 20–44, hier 21 sq.; zustimmend hinsichtlich möglicher Verwandtschaft u. a. Wesselski, Theorie, 19 sq.; da Silva 1995 (wie not. 47) 204–207; id. 2002 (wie not. 47) 122–126; ablehnend u. a. Rumpf (wie not. 1) 66 sq.; Delarue (wie not. 32) 227; Lontzen (wie oben) 42–44; Ritz, H.: Die Geschichte vom R. Ursprünge, Analysen, Parodien eines Märchens. Göttingen (1981) ¹³2000, 210 sq. – [50] Voigt, E. (ed.): Egberts von Lüttich Fecunda ratis. Halle 1889, V. 472–485; BP 1, 236. –
[51] Ziolkowski, J. M.: A Fairy Tale from before Fairy Tales. Egbert of Liège's „De puella a lupellis seruata" and the Medieval Background of „Little Red Riding Hood". In: Speculum 67 (1992) 549–575; ähnlich Berlioz, J.: Un Petit Chaperon rouge médiéval? In: Merveilles & Contes 5,2 (1991) 246–263. – [52] Vk. 20 (1909) 131–134. – [53] Bricout, B.: Le Savoir et la saveur. Henri Pourrat et „Le Trésor des contes". [P.] 1992, 305. – [54] Delarue (wie not. 32) 260, 285 sq.; Rumpf (wie not. 1) 105; Simonsen (wie not. 10) 60–62; Dundes, A.: Interpreting „Little Red Riding Hood" Psychoanalytically. In: id. (wie not. 28) 192–236, hier 197–199, 228 sq., not. 7; Zipes 1993 (wie not. 20) 25 sq.; Bricout (wie not. 53) 306 sq.; zu politischer Zensur ead.: Les deux Chemins du Petit Chaperon rouge. In: Frontières du conte. ed. F. Marotin. P. 1982, 47–54, hier 49; cf. Verdier (wie not. 10) 56. – [55] Silva, F. Vaz da: Capuchinho Vermelho 1. In: Estudos de literatura oral 2 (1996) 217–240; id. 2002 (wie not. 47) 138–143. – [56] z. B. Soriano (wie not. 3) 84–87. – [57] Henßen, G.: Dt. Schreckmärchen und ihre europ. Anverwandten. In: ZfVk. 50 (1953) 84–97, hier 91–93. – [58] cf. Delarue (wie not. 32) 283; Hagen (wie not. 14) 87; de la Genardière (wie not. 3) 106 sq.; Wolfzettel, F.: Märchenmoral und Leseerwartung am Beispiel des R.stoffes. In: Text – Leser – Bedeutung. ed. H. Grabes. Grossen-Linden 1977, 157–175, hier 162, 171, not. 4. – [59] Rumpf, M.: Ursprung und Entstehung von Warn- und Schreckmärchen (FFC 160). Hels. 1955. – [60] Anderson, G.: Fairytale in the Ancient World. L./N. Y. 2000, 94–97. –
[61] cf. Holbek, B.: Interpretation of Fairy Tales (FFC 239). Hels. 1987, 222, 224, 236, 266. – [62] Delarue (wie not. 32) 251–259; cf. jedoch Joisten (wie not. 2) num. 48.2–48.5, 48.7–48.8; Kritik Delarues bei da Silva 2002 (wie not. 47) 118. – [63] Aprile, 516; cf. jedoch Schneller (wie not. 21). – [64] Pedroso (wie not. 46); Archives of the Portuguese Folktale, Universidade do Algarve, Faro, num. 4876. – [65] cf. Scherf, 997; Bricout (wie not. 54) 47 sq.; ead. (wie not. 53) 306, 313, 325; Rodriguez, P.: L'Éveil des sens dans „Le Petit Chaperon rouge". In: Littérature 47 (Okt. 1982) 41–51, hier 44 sq.; Verdier (wie not. 10) 31. – [66] Delarue (wie not. 32) 260. – [67] Toschi, P./Fabi, A.: Buonsangue romagnolo. Bologna 1960, num. 77; Schneller (wie not. 21). – [68] Verdier (wie not. 10) 37–40; Jacopin, P.-Y.: De l'Histoire du „Petit Chaperon Rouge" ou Des transformations d'une histoire de femme. In: Ethnologie française 23 (1993) 48–65, hier 52. – [69] Bricout (wie not. 54) 48–50. – [70] ibid., 49, cf. 50. –
[71] cf. Joisten (wie not. 2) num. 48.2, 48.3, 48.5, 48.6, 48.11, 48.14. – [72] Soriano (wie not. 3) 154; cf. auch Tenèze (wie not. 9) 49. – [73] Joisten (wie not. 2) num. 48.5, 48.6, ähnlich num. 48.2, 48.3, 48.10, 48.19–21; cf. Verdier (wie not. 10) 42 sq.; Tenèze (wie not. 9) 49 sq. – [74] Bricout (wie not. 53) 325 sq. – [75] z. B. Delarue, Var. 19, 20, 22; Tenèze (wie not. 9) 50, not. 7; De Nino (wie not. 21). – [76] Bricout (wie not. 54) 52–54. – [77] U. Erckenbrecht in Fabula 40 (1999) 177 sq., hier 177 (Rez. zu Monk, C.: ‚Parody as an Interpretative Response to Grimms' „Kinder- und Hausmärchen". Dunedin 1998). – [78] Röhrich, L.: Gebärde – Metapher – Parodie. Düsseldorf 1967, 133–152; Mieder, W.: Grimms Märchen – modern. Stg. 1979 (1995), 83–97; id.: Survival Forms of „Little Red Riding Hood" in Modern Society. In: Internat. Folklore Review 2 (1982) 23–40; id.: Grimmige Märchen. Ffm. 1986, 129–147; Ritz (wie not. 49) 56–86, 110–105, 110–114, 135–173 und cf. Nachträge zur 11.–13. Aufl.; Zipes (wie not. 19 und 20); Analyse bei Monk (wie not. 77) 76–126; cf. auch de la Genardière (wie not. 3) 169–183. – [79] Ritz (wie not. 49) 135–137, 156–158, 147 sq., 141 sq., 154 sq. – [80] Röhrich (wie not. 78) 152. –
[81] cf. z. B. Ritz (wie not. 49) 57 sq., 69–72, 161–163; Zipes 1993 (wie not. 20) 56 sq., 64 sq. und Textbeispiele. – [82] Mieder 1982 (wie not. 78) 27–29, cf. 30–32 (Cartoons); Ritz (wie not. 49) 202. – [83] Dekker/van der Kooi/Meder, 312 sq. – [84] Mieder 1982 (wie not. 78) 24–27; id.: Disenchantments. An Anthology of Modern Fairy Tale Poetry. Hanover/L. 1985, 95–114; Ritz (wie not. 49) 106–109. – [85] EM 10, 1092 sq.; Zipes 1993 (wie not. 20) 41; Ritz (wie not. 49) 56 sq., 178; Volkscultuur 6/4 (1989) 63–69. – [86] Zwanzig, E.: Vertonte Märchen, Mythen, Sagen, Legenden. Erlangen 1989, s. v. R. sowie irrtümlich unter ‚Robin Hood' subsumierte Belege zu ‚(Little) Red Riding Hood' (oder ähnlich); Ritz (wie not. 49) 178; R., R.! Buch E. A. Ekker, Musik S. Dreznin. Uraufführung Wien 15. 6. 1998. – [87] Schmitt, C.: Adaptationen klassischer Märchen im Kinder- und Familienfernsehen. Ffm. 1993, 505 sq. (num. [118] sq.); Little Red Riding Hood (Animationskurzfilm). USA 1922 (Regie W. Disney); R. DDR 1962 (Regie G. Friedrich); Red Riding Hood. USA 1987 (Regie A. Brooks); cf. ferner EM 4, 1121, cf. 1113. – [88] Ritz (wie not. 49) 178; Jin-Roh. Japan

1998 (Regie H. Okiura); Promenons-nous dans les Bois. Frankreich 2000 (Regie L. Delplanque). — [89] Ritz (wie not. 49) 151—154. — [90] Baubeta, P. A. Odber de: Fairy Tale Motifs in Advertising 2. In: Estudos de literatura oral 4 (1998) 23—50, hier 39—44, 49 und Ill.en (unpag.); Mieder 1982 (wie not. 78) 38; cf. auch Ritz (wie not. 49) 204 (R.-Annoncen). — [91] ibid., 82—92; Mieder 1982 (wie not. 78) 35, 37; Günther, J.-M.: Der Fall R. Ffm. 1990, 73—77; Jäger (wie not. 13) 175 sq. — [92] Van-Eecke, C.: Contes et fables dans les livrets de Salons. In: Romantisme 78 (1992) 23—34, hier 28—31; Ritz, H.: Bilder vom R. Mü. 1986; id. (wie not. 49) 182 sq.; Verweyen, A.: Vom Bilderbogen zum Comic. R. und seine Illustratoren. In: Uther, H.-J. (ed.): Märchen in unserer Zeit. Mü. 1990, 56—74; Röhrich, L.: Wandlungen des Märchens in den modernen Bildmedien Comics und Cartoons. ibid., 11—26, hier 11—14; ferner ibid., 34—36, 80; Uther, H.-J.: Zur Überlieferung des R.-Märchens. In: Slg Waldmann (wie not. 1) 14—27, hier 19—25; Mieder 1979 (wie not. 78) 98 sq.; id. 1982 (wie not. 78) 29—33, 35—37; Zipes, J.: A Second Gaze at Little Red Riding Hood's Trials and Tribulations. In: id. (ed.): Don't Bet on the Prince. N. Y. 1986, 227—260; id. (wie not. 19 und 20). — [93] Slg Waldmann (wie not. 1); Ritz (wie not. 49) 202—204, 215. — [94] Holbek (wie not. 61) 219—409; auch Dundes (wie not. 54) 205—222, 239—247. — [95] Holbek (wie not. 61) 221—225, 232 sq.; Dundes (wie not. 54) 205 sq. — [96] Silva, F. Vaz da: Capuchinho Vermelho 2. In: Estudos de literatura oral 3 (1997) 201—221; id. 2002 (wie not. 47) 93. — [97] Saintyves, P.: Les Contes de Perrault et les récits parallèles. P. 1923, 215—229. — [98] Calvetti (wie not. 34); id.: Fungo agàrico moscario e Cappuccio Rosso. In: Lares 52 (1986) 555—563. — [99] Holbek (wie not. 61) 266 sq., 283—285; Zipes (wie not. 92) 230—232; Rodriguez (wie not. 65) 42 sq.; Darnton, R.: The Great Cat Massacre [...]. N. Y. 1984, 10—13; Péju, P.: La petite Fille dans la forêt des contes. P. 1981, 78—81; de la Genardière (wie not. 3) 153—158. — [100] Fromm, E.: Märchen, Mythen und Träume. Konstanz/Stg. 1957, 221—226, hier 225 sq. — [101] Bettelheim, B.: Kinder brauchen Märchen. Mü. [15]1991, 191—211. — [102] Holbek (wie not. 61) 227 sq.; Dundes (wie not. 54) 208 sq. und Bibliogr. ibid., 241, 245. — [103] cf. Holbek (wie not. 61) 310—314; Dundes (wie not. 54) 235, not. 76 und Bibliogr. ibid., 242—245; Röhrich, L.: Deutung und Bedeutung von Volksmärchen. In: Die Kunst des Erzählens. Festschr. W. Scherf. Potsdam 2002, 207—223, hier 212. — [104] Róheim, G.: Fairy Tale and Dream. „Little Red Riding Hood". In: Dundes (wie not. 28) 159—167. — [105] Dundes (wie not. 28) 223—227. — [106] Jones, S. S.: On Analyzing Fairy Tales. „Little Red Riding Hood" Revisited. In: WF 46 (1987) 97—106, hier 101. — [107] Soriano (wie not. 3) 435 sq., cf. auch 446; Rodriguez (wie not. 65) 46—51. — [108] Brownmiller, S.: Gegen unseren Willen. Vergewaltigung und Männerherrschaft. Ffm. 1978, 224 sq. — [109] Zipes (wie not. 92) 231 sq.; id. 1993 (wie not. 20) 81. — [110] Zuletzt Lehmann-Scherf, G.-M.: R. in der Psychotherapie. In: Festschr. Scherf (wie not. 103) 268—292; cf. auch Scherf, 930. — [111] Verdier, Y.: Façons de dire, façons de faire. [P.] 1979. — [112] ead. (wie not. 10); cf. auch Jacopin (wie not. 68); Douglas, M.: Red Riding Hood. An Interpretation from Anthropology. In: FL 106 (1995) 1—7. — [113] de la Genardière (wie not. 3) 29 sq., 48 sq., 54—57, 82—89; da Silva 2002 (wie not. 47) 139—142. — [114] Laruccia, V.: Little Red Riding Hood's Metacommentary: Paradoxical Injunction, Semiotics & Behavior. In: Modern Language Notes 90 (1975) 517—534. — [115] Wolfzettel (wie not. 58); Ritz (wie not. 49) 93—102.

Göttingen Christine Shojaei Kawan

Rotunda, Dominic Peter, * 1895, † 15. 5. 1960, seit 1929 Professor für rom. Sprachen am Mills College (Oakland, California)[1]. R. gründete und leitete seit 1942 das English Language Institute in Oakland, an dem ausländische Studenten vor ihrer Immatrikulation an amerik. Univ.en an einem Orientierungsprogramm teilnehmen konnten[2].

Für die Erzählforschung wichtig ist R.s *Motif-Index of the Italian Novella in Prose* (Bloom. 1942), ein → Motivkatalog zu den ital. Prosanovellen des 14.—16. Jh.s (→ Novelle, → Novellistik)[3]. Ausgehend von seiner Diss. hatte R. bereits 1930 eine inhaltliche Auswertung früher ital. Novellensammlungen vorgelegt[4], die er fortlaufend durch neu ausgewertete Werke ergänzte. Diese Erzähltradition war in der 1. Aufl. von S. → Thompsons *Motif-Index* (1932—36) nur knapp vertreten, obwohl die ital. Novellensammlungen einerseits zahlreiche traditionelle Motive mündl. wie schriftl. Ursprungs enthalten und andererseits einen starken Einfluß auf Lit.en und Erzähltraditionen anderer Länder ausgeübt haben.

1936 übernahm R. Thompsons Klassifizierungssystem für seinen im Entstehen begriffenen Index[5], den er nun überarbeitete, um Überschneidungen mit Thompsons Werk oder Widersprüche zu vermeiden. Nach der Publ. wurden die von R. identifizierten Motive weitgehend in die 2. Aufl. von Thompsons *Motif-Index* (1955—58 [= Mot.]) übernommen; nur Motive mit sexueller Thematik wurden häufiger übergangen[6]. R.s Vorhaben, einen Motivindex ital. Märchensammlungen zu erarbeiten, kam nicht zustande.

Die von R. ausgewerteten Slgen betreffen u. a. die folgenden in der EM behandelten ital. Autoren, Werke und Figuren: Ludovico → Ariosto, Matteo → Bandello, Giambattista → Basile, Giovanni → Boccaccio, → Dante Alighieri, Lodovico → Domenichi, Anton Francesco → Doni, → Gonnella, Lodovico → Guicciardini, Arlotto → Mainardi, → Masuccio Salernitano, Marco → Polo, → Novellino, Gian Francesco → Poggio, Franco → Sacchetti, Giovanni → Sercambi, Giovan Franceso → Straparola.

Hinsichtlich der Definition eines → Motivs verweist R. auf Thompsons *Motif-Index*, ohne den Versuch zu unternehmen, die Begrifflichkeit theoretisch präziser als dort zu definieren. Demgemäß hat u. a. A. Baudoux-Spinette kritisiert, daß die von R. definierten Motive nicht immer denselben Grad an Abstraktion besitzen und in diesem Sinn einer gewissen Subjektivität unterliegen: Allgemeinere Motive stehen neben konkreteren, d. h. ein Motiv entspricht manchmal dem gesamten Inhalt einer Novelle, manchmal nur ihrem Höhepunkt bzw. einer Episode[7].

R.s Index will ein operatives, empirisches Arbeitsinstrument sein, das in Ergänzung zum Mot. schnellen und einfachen Zugriff auf das Material bietet. Das Fehlen eines alphabetischen Autorenverzeichnisses verhindert allerdings, den Grad der Vollständigkeit der Nachweise zu überprüfen. Daß diese auch nicht immer zuverlässig sind, hat die Kritik nachgewiesen. Dennoch bleibt R.s Motivindex ein hilfreiches Arbeitsinstrument, das allerdings einer Revision bedürfte.

[1] cf. Garcia, B. M.: Retire? Impossible! In: Mills Quart. (Mai 1960) 114; D. P. R. ibid. (August 1960) 43. – [2] cf. auch R., D. P./Smith, W. M./Wright, E. U.: Essentials of English for Latin Americans. Berk. 1945. – [3] cf. auch Cuore di Edmondo de Amicis. ed. O. H. Moore/D. P. R. Boston/L. ca 1925 (bekanntes Kinderbuch [1886]). – [4] R., D. P.: A Tabulation of Early Italian Tales. In: Univ. of California Publ.s in Modern Philology 14 (1930) 331–343. – [5] Zur Entstehung der Arbeit cf. R.s Brief vom 2. 12. 1936 an Thompson und dessen Antwort vom 18. 12. 1936, beide in The Lilly Library, Indiana Univ., Bloomington. – [6] cf. Legman, G.: Towards a Motif-Index of Erotic Humor. In: id.: The Horn Book. New Hyde Park 1964, 454–493, bes. 454 sq. – [7] Baudoux-Spinette, A.: Les Motifs folkloriques dans le ‚Décaméron'. In: Boccaccio in Europe. Proc. of the Boccaccio Conference, Louvain, December 1975. ed. G. Tournoy. Leuven 1977, 3–14, hier 8.

Lausanne   Luisa Rubini

Rübezahl, Berggeist des Riesengebirges, schles. Sagengestalt[1]. Die ersten Zeugnisse datieren aus der 2. Hälfte des 16. Jh.s und kennzeichnen R. als schädigenden → Dämon und → Teufel[2].

Belege bis 1600: 1553 warnte das Itinerar eines Walen (→ Venediger) vor → Geistern im Bergwerk, bes. vor ‚Rieben Zahl'[3]. 1561 wurde ‚Rubenczal' auf Martin Helwigs Landkarte des Herzogtums Schlesien als dämonisches Mischwesen (mit Attributen des Teufels und eines Wappentiers) bildlich dargestellt[4]. 1565 erwähnte der schles. Humanist Franz Faber-Köckritz den Wasserfluten verursachenden Geist ‚Rupicina', und für 1576 berichtete eine hs. Chronik Trautenaus (tschech. Trutnov), daß an einer Überschwemmung nach Aussage von Tiroler Holzknechten, die für den Bergbau arbeiteten, ‚Rübenzagel' schuld gewesen sei[5]. Schnelle überregionale Verbreitung als protestant. Teufelserzählung hatte die 1566 veröff. und bereits vor 1600 bei Andreas Hondorff, Wolfgang → Bütner, in Henning Grosses *Magica* (→ Magica-Lit.) und Rudolf Widmans Faustbuch (→ Faust) übernommene Geschichte des Niederschlesiers Christoph → Irenaeus: ‚Rubezal' erscheine als Teufel in Gestalt eines Mönchs in Warmbad (= Warmbrunn [heute poln. Cieplice] bei Hirschberg [heute poln. Jelenica gora]), führe Wanderer in die Irre (→ Verirren) und breche dann in Hohngelächter aus[6].

Negative Konnotationen relativierte der später vielzitierte Caspar Schwenckfeldt, Stadtphysikus in Hirschberg und Kurarzt in Warmbrunn, der Gelehrte (lat. 1600) und Badegäste (dt. 1607) über den jetzt bereits renommierten ‚Riebenzahl' informierte[7]:

Nach der Systematik Georg Agricolas, der Autorität des Montanwesens, könne man R. unter die harmlosen mites – cobalos oder Bergmännlein – rechnen, die nur auf Verspottung (→ Spott) aggressiv reagierten. Den Anwohnern zufolge sei R. von einem Mönch auf den Berg verbannt worden, nehme vielerlei Gestalt an (Mönch, Pferd, Kröte, Uhu), sei Herr und Besitzer der Metalle und Schätze des Berges und strafe ihn verspottende Menschen sowie mit magischen Mitteln vorgehende → Schatzsucher durch Unwetter (→ Wetter). Schwenckfeldt führte an, daß er selbst auch bei nächtlichen Aufenthalten im Gebirge R. nie gesehen habe, brachte jedoch seine einzige R.erzählung (analog den Walenbüchern R. als oberirdischer Schatzhüter[8]) als konkretes Ereignis.

Bis Mitte des 17. Jh.s finden sich Einzelzeugnisse in heterogenen Kontexten[9], die über R.s Herkunft (R. sei aus dem Harz ins Riesengebirge gekommen, sei ein zum → Wiedergänger gewordener Franzose)[10], andere Namen (Ronsefall, Rabenzagel; Rupertus Joan/Jan)[11] und Eigenschaften (als Schenker und Schabernack treibendes Wesen)[12] berichten. Die erste und auch später in ihrem Umfang unübertroffene Kompilation von R.geschichten lieferte J. → Praetorius mit seinem dreibändigen Bestseller *Daemonologia Rubinzalii silesii* (1662/62/65) und dem *Satyrus Etymologicus. Oder der Reformirende und Jnformirende Rüben-Zahl* (1672)[13], die das Reservoir aller folgenden R.literatur bilden. Nach eigener Aussage griff er auf gedr. Lit. sowie mündl. und schriftl. Mitteilungen von Schlesiern und Reisenden zurück, anderes habe er selbst erfunden. Er verwies innovativ auf schles. Wurzelmänner und Kräuterhändler als Träger von R.geschichten, die R. als ihren Schutzpatron und Lehrer ausgäben und sein Bild auf Tafeln in Leipziger Messebuden zeigten[14]. Zwar faßte Praetorius R. als Teufel auf und integrierte vielfach christl. Ermahnungen samt Endzeitbezügen, doch stellte er in der luther. Tradition eines auch zu verlachenden Teufels das Possenhafte unterhaltend in den Vordergrund (→ Unterhaltung)[15]. Neben allg. Informationen und 100 spielerischen Etymologien zum Namen R. enthalten diese Schriften des Praetorius insgesamt 241, z. T. grobianisch geprägte Geschichten[16]:

R. ist bald als ein launischer und unberechenbarer, die Menschen böswillig täuschender, bald als ein eher harmlos foppender, auch Gerechtigkeit ausübender Geist dargestellt (→ Ambivalenz). Schier unbegrenzt ist seine Fähigkeit zur → Verwandlung (R. als Bauer, Handwerker, Junker, Wahrsager, Verkäufer, Hebamme, Hure, Adlige, Hund, Wolf, Esel, Fisch, Holzklotz, Stein etc.). Er straft durch Unwetter, wenn er verspottet oder beim → Namen R. gerufen wird (will Herr des Riesengebirges oder Dominus Johannes genannt werden; → Euphemismus, → Tabu), wehrt Eindringlinge in sein Reich (Kräutergarten) ab, führt Wanderer in die Irre, treibt Schabernack (zerschlägt Eier-, Topf- und Glashändlern die Ware) und hilft Armen, u. a. indem er ihnen Geld leiht (AaTh 822*: *Der mythische* → *Gläubiger*). Über 90 Erzählungen enthalten das Motiv der Verwandlung von R.s unscheinbaren Gaben (Äpfel, Laub, Kuh- und Pferdemist, Kegel, Sand etc.) zu Gold (Mot. F 342.1)[17]. Auf R. übertragen wurden Motive aus Sagen über den Teufel (R. buhlt mit einem Weib, R. bestraft Junker, R. als dreibeiniger Hase), Schwarzkünstler (→ Zauberer) und Faust (von R. verkaufte Tiere werden zu Stoffstücken; Geld, mit dem R. bezahlt, wird wertlos; gehenkter R. wird zu Strohwisch; von R. Bewirtete erwachen hungrig unter einem Galgen), die → Wilde Jagd (R. duldet keinen Hund im Gebirge, jagt auch im Winter, treibt Moosweiblein vor sich her), → Kobolde (R. ersetzt Braten durch Ratten und Mäuse), → Wassergeister (R. kämpft mit dem Meergeist) und Mittagsgespenster (R. duldet keinen Kräutermann nach elf Uhr in seinem Reich; → Tageszeiten) sowie aus Berufs- und Ständespott (über Soldaten, Fleischer, Schneider, Bäcker, Wucherer, Junker und Feinde des luther. Glaubens).

In der Nachfolge von Praetorius erschienen gehäuft in der 1. Hälfte des 18. Jh.s anonyme R.drucke, meist u. d. T. *Der schles. R.*[18] Der schon Ende des 17. Jh.s beginnende schles. Lokal- und Bädertourismus förderte die Popularität R.s. Eintragungen in den seit 1696 üblichen Gipfelbüchern der Schneekoppe dokumentieren einen scherzhaften aufgeklärten Umgang mit dem Berggeist (→ Entmythisierung)[19], was − wie 1736 die Publ. solcher Eintragungen zusammen mit R.erzählungen zeigt − dem Interesse an R.geschichten keinen Abbruch tat[20]. Die Autoren von → Reiseberichten der Spätaufklärung hingegen erklärten ausdrücklich, daß sie sich zum Thema R. nicht äußern wollten[21]. Erst der zwischen → Aufklärung und → Romantik stehende → Musäus verhalf dem R.stoff zu erneuter überregionaler Anerkennung und internat. Bekanntheitsgrad: Mit den fünf *Legenden von R.* (1783)[22], größtenteils durch Praetorius inspiriert, etablierte er in ironischer Distanz einen domestizierten, seiner derben und dämonischen Züge beraubten R.:

R., nunmehr ein Fürst der Gnome, wird zum Frauenverehrer wie -entführer, und sein Name, bereits von Praetorius auf das Zählen von Rüben zurückgeführt, erhält eine neue, populär gewordene Erklärung. Musäus skizziert bereits bekannte Erzählmotive und erzählt ausführlicher: (1) R. entführt die Königstochter Emma; durch die List, ihn Rüben zählen zu lassen, kann sie entfliehen, und er kommt zu seinem Spottnamen R. (2) R. bringt einen Handwerksgesellen, der ihn R. gerufen hat, an den Galgen und rettet ihn, indem er sich für ihn hängen läßt (verwandelt sich in einen Strohwisch). (3) R. leiht einem armen Bauern 100 Taler und erläßt bei der Rückzahlung die Schuld (AaTh 822*). (4) R. schenkt einer armen Frau Laubblätter, die sich in Gold verwandeln, und bessert ihren Ehemann, indem er ihm Streiche spielt. (5) R. rettet eine Gräfin, die als Anhängerin Voltaires nicht an Gespenster glaubt, und ihre beiden Töchter auf dem Weg nach Karlsbad vor einem als R. vermummten Räuber und lädt sie auf sein Schloß ein.

Der literar. aktualisierte R.stoff wurde über alle Alters- und Bildungsgrenzen hinweg populär, vermittelt durch verschiedenste Medien und Genres[23]: von Oper, Drama, Epos, Ballade, Roman, Erzählung (z. B. Benedikte → Naubert[24]), Gedichträtsel und Satire über Märchen- und Sagenbücher für Volk und Jugend (z. B. H. G. → Kletke, J. von → Görres) bis hin zu vor allem seit der 2. Hälfte des 19. Jh.s veröff. Kinderliteratur[25] einschließlich Bilderbogen (→ Bildquellen, -zeugnisse), → Märchenspiel[26], Papier-[27] und → Puppentheater[28]. Ill.en u. a. von Ludwig Richter und vor allem das Gemälde Moritz von Schwinds fixierten Vorstellungen über das Aussehen R.s[29]. Im 19. Jh. war R. endgültig zur regionalen Identifikationsfigur, zum Inbegriff des Schlesischen, geworden und als Sympathieträger in Reiseandenken (u. a. R.figuren aus Holz und Glas), auf Ansichtskarten und in der → Werbung samt Sammelbildserien präsent. Neubearbeitungen und Wiederauflagen setzten sich im 20. Jh. auch nach der Vertreibung der dt. Schlesier (1945) fort und dauern bis heute[30] an.

Tschech. Belege zu R. sind — abgesehen von der zuerst durch Irenaeus veröff. Teufelserzählung bei H. Žalanský (1618) und dem ausführlichen Bericht über das aus dem Harz stammende Gespenst ‚Ribenzall' bzw. ‚Ronzevall' bei dem tschech. jesuit. Historiographen B. Balbín (1679)[31] — seit ca 1800 bekannt[32]. R. (tschech. Rybrcoul, Pan Jan, Krakonoš) erschien zunächst in anderen literar. Kontexten, so als Erstbeleg für die Kombination AaTh 461: *Drei* → *Haare vom Bart des Teufels* + AaTh 930: → *Uriasbrief* in einem tschech. Volksbuch von 1794 (R. als Grafensohn, der von einer Fee zum Kind verwünscht wurde)[33] sowie um 1850 in Var.n zu AaTh 569: → *Ranzen, Hütlein und Hörnlein* (als Schenker)[34], hingegen entsprechen Var.n zu AaTh 822* den durch Praetorius, Musäus und bes. durch Kinderliteratur und Puppenspiel tradierten Versionen[35]. Anfang des 20. Jh.s wurden viele R.sagen von J. S. → Kubín aufgezeichnet[36]. Inzwischen ist R. (poln. Rzepiór, Licyrzepa, Karkanosz, auch literar. bezeugt) wieder zu einem Markenzeichen der Landschaft geworden und dient als Werbegestalt des poln. und tschech. Tourismus im Riesengebirge (poln. Karkonosze, tschech. Krkonoše)[37].

Ende des 19. Jh.s setzte eine zunächst mythol. orientierte R.forschung ein, die R. ohne hist. faßbare Erzähltraditionen anhand von Opferbräuchen als ursprünglich germ. oder slav. Gottheit erklärte[38]. In der intensiven Forschung vor allem schles. Gelehrter um 1900 bis in die 1930er Jahre über Ursprung und Entwicklung der R.sage wurde der Wandel der Gestalt — bedingt durch unterschiedliche Kriterien für → Authentizität und → Glaubwürdigkeit sowie das Verhältnis von → Lit. und Volkserzählung — kontrovers diskutiert. Philol. Qu.nstudium, Personen- und Flurnamenforschung zur Lösung der ungeklärten Etymologie des Namens R. (favorisiert Rauhschwanz aus ahd. hriob: rauh und zagel: Schwanz)[39], von Überlieferungsträgern ausgehende sozialhist. Ansätze, allg. Erklärungsmodelle zur Sagenentstehung (Gebirgsnatur, Nebel, Echo; cf. L. → Laistner)[40] und zeitgenössische Feldforschung hatten konträre Thesen zur Folge, z. B. über:

(1) R.s Herkunft und Wesen: R. war ursprünglich ein Bergwerksgeist, ein Import durch Bergleute aus dem Harz bzw. Tirol[41], oder aber: ein autochthoner (namenloser[42]) Berg- und Waldgeist, der dann durch Vorstellungen mittelalt. Siedler und Bergleute sowie rom. Walen modifiziert wurde[43]. (2) R.sagen als ‚echte' Volksüberlieferung: R. war zu keiner Zeit eine volkstümliche Glaubensgestalt, sondern wurde nach Erlöschen des Bergbaus mit unterschiedlicher → Interessendominanz von verschiedenen Trägerschichten instrumentalisiert (von Walen zur Abschreckung als oberirdischer Schatzhüter, von Kräutersammlern und -verkäufern zur Reklame als Herr der Pflanzen, in der Fremdenverkehrswerbung seit 1690 als Herr des Gebirges [z. B. Umbenennung von Teufels- zu R.orten an Touristenrouten])[44]; oder aber: Praetorius war Vermittler mündl. tradierten schles. Sageguts des 16. und 17. Jh.s, erst nach ihm begann die literar. Periode[45]; oder: die R.sage ist ein stetig dem Wandel unterliegendes und durch das Zusammenwirken von Volk, Dichtern und Gelehrten geprägtes Produkt, ein positiv gewerteter und auch für die Zukunft erwünschter Prozeß[46]. (3) R. als Glaubensgestalt im Erzählgut um 1900: Zeitgenössischen Aufzeichnungen zufolge ist R. eine lebendige Erzählfigur[47]; oder aber: der aktuelle Erzählbestand zeigt, daß das Volk R. nur aus Schul- und Lesebüchern kennt, unter sich nicht von R. erzählt und R.sagen als ‚unechte' Erzählungen für Fremde ansieht (→ Folklorismus)[48].

Diese Diskussion wirkte sich auf die wiss. schles. Sagenausgaben zu Anfang des 20. Jh.s aus. Schon J. G. G. → Büsching und J. G. T. → Grässe hatten ausschließlich R.texte aus Praetorius reproduziert[49], aber auch R. Kühnau[50] und W.-E. → Peuckert[51] nahmen — trotz vorliegender Aufzeichnungen von R.sagen durch U. → Jahn⁵² und vor allem R. Loewe⁵³ – vorwiegend R.texte des 16. und 17. Jh.s auf, Peuckert explizit, um „den Geschwätzigkeiten der Jugend- und Reisegeschichten entgegenzuarbeiten". Mit analoger Tendenz wurden Praetorius' R.texte popularisiert⁵⁴. Gleichzeitig fand bes. in der Schreiberhauer Künstlerkolonie um Carl Hauptmann eine Redämonisierung R.s in einem neo-naturmythol. Verständnis (cf. → Naturmythologie) statt⁵⁵. Peuckert betonte später im Kontext von Volksglaubensvorstellungen in der Übergangszeit vom MA. zur Neuzeit die auf mythischem Denken basierenden Erlebnisformen des → Numinosen, die Entstehung und Wandel des Natur- und späteren Lokaldämons erklärten⁵⁶. Neuerliche Aktualisierung erfuhr R. durch das populäre wie wiss. Interesse für Magie und Zauberei, verbunden mit ökologischen Diskursen und alternativen Heilverfahren seit den 1970er Jahren: R. wurde zum prominentesten Vertreter der Hoi-Hoi-Männer, Waldgeister mitteleurop. Traditionen⁵⁷, und in das internat. Umfeld des → Schamanismus gestellt⁵⁸.

¹ Eichberg, H.: R. Hist. Gestaltwandel und schamanische Aktualität. In: Jb. der Schles. Friedrich-Wilhelm-Univ. Breslau 32 (1991) 153–178 (auch in: Der Herr der Berge R. Ausstellungskatalog Königswinter-Heisterbacherott 2000, 3–22). – ² cf. grundlegend Zacher, K.: R.-Annalen bis Ende des 17. Jh.s Breslau 1906; Ergänzungen bes. bei Wyl, K. de: R.-Forschungen. Die Schr. des M. Johannes Prätorius. Breslau 1909; Moepert, A.: Die Anfänge der R.sage. Studien zum Wesen und Werden des schles. Berggeists. Lpz. 1928; Klapper, J.: Der schles. Berggeist R. Breslau 1936, 51 sq. – ³ Nach der „Erzbeschreibung des Riesengebirges" (Wiener Abschrift von 1680), cf. Noack, U.: Zur ersten Erwähnung R.s als Berggeist im Riesengebirge. In: Jb. der Brüder Grimm-Ges. 3 (1993) 111–117, cf. auch 115. – ⁴ Rosenfeld, H.: Das älteste Bild R.s. In: Schles. Bll. für Vk. 2 (1940) 54–62. – ⁵ Schlesinger, L. (ed.): Simon Hüttels Chronik der Stadt Trautenau (1484–1601). Prag 1891, 222. – ⁶ Nach de Wyl (wie not. 2) 70 (für W. Bütner: Epitome historiarum. ed. G. Steinhart. Lpz. 1596); cf. auch Brückner, 460, 498, 680. – ⁷ Schwenckfel[d]t, C.: Stirpium & fossilium Silesiae catalogus. Lpz. 1600, d 3ᵛ; id.: Hirschbergischen Warmen Bades [...] Kurtze und einfältige Beschreibung. Görlitz 1607, 156–161; cf. Heilfurth, G. (unter Mitarbeit von I.-M. Greverus): Bergbau und Bergmann in der dt.sprachigen Sagenüberlieferung Mitteleuropas 1. Marburg 1967, num. 1210. – ⁸ cf. auch das sog. Regensburger Walenbüchlein, zuerst abgedruckt bei Praetorius, J.: Satyrus etymologicus. s. l. 1672 (in der Vorrede); Heilfurth (wie not. 7) num. 998. – ⁹ cf. Zacher (wie not. 2) 84–94 (num. 12–27). – ¹⁰ Burgklechner, M.: Tirol. Adler. Hs. 1619; cf. Heilfurth (wie not. 7) num. 171, 748; Schickfuß, J.: New vermehrete Schles. Chronica vnnd Landes Beschreibung 4. Lpz. 1625, 11; cf. Zacher (wie not. 2) 86–88 (num. 16). – ¹¹ Schickfuß (wie not. 10); Scherffer, W.: Geist- und weltlicher Gedichte 1. Brieg 1652; cf. Moepert (wie not. 2) 1 sq. – ¹² Burgklechner (wie not. 10); [Schleder, J. G.:] Philander infernalis [...]. Das ist: Seltzame Wunderbarliche Visiones, Formen, Gesichter vnd leibliche Gestalt Philanders von Sittewalt [...]. Ffm. 1648, 579. – ¹³ Waibler, H.: Johannes Praetorius (1630–1680). In: Archiv für Geschichte des Buchwesens 20 (1979) 952–1152, hier num. 9 sq., 13, 50, 62 sq.; Dünnhaupt, G.: Personalbibliogr.n zu den Drukken des Barock 5. Stg. ²1991, 3155–3158 (num. 10, t. 1–3), 3176 sq. (num. 45). – ¹⁴ Zu den von Praetorius genannten Qu.n und Gewährsleuten cf. de Wyl (wie not. 2) 8–10, 21–41. – ¹⁵ Ingen, F. van: Das Geschäft mit den schles. Berggeist. Die R.-Schr. des M. Johannes Praetorius. In: Daß eine Nation die ander verstehen möge. Festschr. M. Szyrocki. Amst. 1988, 361–380. – ¹⁶ Analyse der als ‚echt' angesehenen Geschichten cf. de Wyl (wie not. 2) 42–157. – ¹⁷ Nach Jungbauer, G.: Die R.sage. Reichenberg 1923, 20 sq.; cf. auch Klapper (wie not. 2) 32; Tille, V.: Rýbrcoul. In: ČL 7 (1898) 173–180, 257–264, 347–352, 439–443. – ¹⁸ cf. Waibler (wie not. 13) num. 109 sq., 112 sq., 117, 119; Dünnhaupt (wie not. 13) 3145; cf. auch Zeller, D.: Hirschberg. Merkwürdigkeiten [...] und dessen beschrieenen Gespenst, dem R. Hirschberg 1729 (22 Erzählungen). – ¹⁹ cf. Körber, W.: Die alten Schneekoppenfremdenbücher als Qu. für die Vk. In: Festschr. zur Jh.feier der Univ. Breslau. ed. T. Siebs. Breslau 1911, 56–70, hier 63–68; Kolbuszewski, J.: Vergnügte und unvergnügte Reisen auf das weltberufene schles. Riesengebirge. In: Szyrocki (wie not. 15) 431–449. – ²⁰ [Lindner, C. G.:] Vergnügte und Unvergnügte Reisen auf das Weltberuffene Schles. Riesen-Gebirge [...]. Hirschberg 1736 (2. Teil u. d. T. „Bekannte und unbekannte Historien von dem abentheuerlichen und Weltberuffenen Rieben-Zahl [...]", 83 R.-Historien; Neuaufl. des 2. Teils Hirschberg 1738, 111 Historien). – ²¹ Bönisch-Brednich, B.: Reiseber.e als Qu. der Erzählforschung. Am Beispiel schles. Qu.n. In: Fabula 34 (1993) 252–269, hier 264. – ²² Musäus, J. K. A.: Volksmärchen der Deutschen. ed. N. Miller. Veränderte Neuaufl. Mü. 1976, 171–275. – ²³ Jungbauer (wie not. 17) 35–38; Hillebrand, L.: Das Riesengebirge in der dt. Dichtung. Breslau 1922; Ausstellungskatalog (wie not. 1). – ²⁴ Runge, A.: Literar. Praxis von Frauen um 1800. Hildesheim/Zürich/N. Y. 1997, 185–200; Martin, L.: The R. Legend in Benedikte Naubert and Johann Karl August Musäus. In: Marvels & Tales 17 (2003) 197–211. – ²⁵ Klotz, A.: Kinder- und Jugendlit. in Deutschland 1840–

1950 t. 6. Stg./Weimar 2000, v. Reg. s.v. R. (über 160 Einträge). – [26] z.B. Görner, C.A.: R. der Berggeist und der lustige Schneider. B. 1864. – [27] Pflüger, K./Herbst, H.: Schreibers Kindertheater. Pinneberg 1986, 98 sq.; R., der Berggeist. Romantische Märchen-Komödie. Neu-Ruppin s.a. – [28] cf. Texthefte in der Puppentheaterslg Radebeul (Staatliche Kunstslgen Dresden) und im Puppentheatermuseum München. – [29] cf. frühe Ill.en als Holzschnitte bei Lindner (wie not. 20). – [30] z.B. Paetow, K.: R. Sagen und Legenden. Husum 1986 (^{5}2000); Grund, J.C.: Unsterblicher R. Das Buch für die ganze Familie. Nürnberg 1999; Ludolph, H.A.: Im Reiche des R. Sagenspiel Waldbühne Bremke (bei Göttingen) 2003. –
[31] Žalanský, H.: O zlých anjelích neb d'áblích (Über böse Engel oder Teufel). Prag 1618, 156; Balbín, B.: Miscellanea historica regni Bohemiae [...] 1. Prag 1679, 12–20 (z.T. nach Schickfuß [wie not. 10]); zur Rezeption Balbíns in der „Erzbeschreibung des Riesengebirges" cf. Noack (wie not. 3) 113 sq. – [32] cf. Tuma-Patry, A.M.: Báje o Rybrcoulovi ve svém historickém vývoji a ve světle pravdy (Die R.sagen in ihrer hist. Entwicklung und im Licht der Wahrheit). Prag 1931, 132 sq. (Lit. bis 1909); cf. Moepert (wie not. 2) 44–54. – [33] Rybrcol na Krkonoských horách. Nebo: Zaklený a vysvobozený Princ. Stará smyšlená historie (R. im Riesengebirge. Oder: Der verwunschene und erlöste Prinz. Eine alte erfundene Historie). Prag 1794 (^{2}1804, Neudruck 1876); dt. Bearb.: Ribenzahl in [sic] Riesengebirge [...], aus dem Boehm. frei übersetzt. Prag 1796; Wesselski, A.: Dt. Märchen vor Grimm. Brünn/Lpz. 1938, 354–359; Tuma-Patry (wie not. 32) 115 sq.; Langer, G.: Das Märchen in der tschech. Lit. von 1790–1860. Gießen 1979, 47–61. – [34] Sirovátka, O.: Tschech. Volksmärchen. MdW 1969, num. 24; Tille, Soupis 1, 532–542. – [35] Jech, J.: Tschech. Volksmärchen. B. ^{2}1984, num. 83. – [36] Kubín, J.Š.: Lidové povídky z českeho Podkrkonoši (Volkserzählungen aus dem tschech. Riesengebirgsvorland) 1–3. ed. J. Polívka. Prag 1922–26 (1–2. ed. J. Jech. Prag 1964 [1971]), v. Reg. s.v. Rýbrcoul; Belege aus Kubín und ČL im Peuckert-Archiv, Göttingen. – [37] Mańczyk, M.: Die R.sage in der dt. und poln. Lit. In: Honsza, N. (ed.): Studien zur Lit.- und Sprachwiss. Wrocław 1995, 49–58; Baehr, A.: R. im Wandel der Zeiten. Würzburg 1986, 142, 145 (für 1980); Austellungskatalog 2000 (wie not.1) 91 sq., 97, 103. – [38] Grohmann, J.V.: Sagen aus Böhmen. Prag 1863 (Nachdr. Walluf/Nendeln 1974), 319–324; Richter, L.F./Böhm, J./Schulenburg, C.A. von/Schranka, E.M.: R., seine Begründung in der dt. Mythe, seine Idee und die ursprünglichen R.märchen. Hohenelbe 1884; cf. Lincke, A.: Die neuesten R.forschungen. Ein Blick in die Werkstatt der mythol. Wiss. Dresden 1896, bes. 16–47; Peuckert, W.E.: Die Sagen vom Berggeist R. Jena 1926 (Einführung leicht verändert u. d.T. „R." Darmstadt [1973]), 8 sq. – [39] Grimm, Mythologie 1, 397; 3, 139; Siebs, T.: Nachträgliches zur R.forschung. In: Mittlgen der Schles. Ges. für Vk. 10 (1903) 53 sq.; Moepert (wie not. 2) 43–82; Dittrich, H.: Der Name „R." In: Mitteldt. Bll. für Vk. 8 (1933) 131–136; Röhrich, L.: Sage. Stg. ^{2}1971, 21; Petzoldt, L.: Dt. Volkssagen. Mü. (1970) ^{2}1978, 418. – [40] Vor allem Moepert (wie not. 2) 15–24, 49. –
[41] Regell, P.: Zur Entwicklung der R.sage. In: Mittlgen der Schles. Ges. für Vk. 15 (1913) 165–185; id.: Zur Geschichte der R.sage. ibid. 16 (1914) 1–48; cf. auch Zacher, K.: R. und seine Verwandtschaft. ibid. 10 (1903) 33–52, hier 47 sq., not. 1; Klapper, J.: R. und sein Reich. Breslau 1925. – [42] Jungbauer (wie not.17) 8; id.: Der Berggeist R. In: Schles. Jb. für dt. Kulturarbeit im gesamtschles. Raume 1 (1928) 37–48, hier 47. – [43] de Wyl und Moepert (wie not. 2). – [44] Regell (wie not. 41). – [45] de Wyl (wie not. 2) 6; Peuckert, W.-E.: Schles. Sagen. (Jena 1924) [Düsseldorf/Köln] ^{2}1966, 177; Moepert (wie not. 2) 5–8; Klapper (wie not. 2) 36. – [46] Jungbauer (wie not. 17) 42. – [47] Loewe, R.: R.s Wagenspuren. In: ZfVk. 15 (1905) 176–179; id.: R. im heutigen Volksglauben. ibid. 18 (1908) 1–24, 151–160; id.: Weiteres über R. im heutigen Volksglauben. ibid. 21 (1911) 31–45, 126–151. – [48] Regell, P.: R. im heutigen Volksglauben. Eine Beurteilung der Arbeiten Loewe's. In: Mittlgen der Schles. Ges. für Vk. 15 (1913) 98–136; Siebs, T.: R. ibid. 10 (1908) 127–132; Cogho, R./Peuckert, W.-E. (edd.): Volkssagen aus dem Riesen- und Iser-Gebirge. Göttingen 1967, VII. – [49] Büsching, J.G.: Volkssagen, Märchen und Legenden. Lpz. 1812, num. 10 (8 Texte); Grässe, J.G.T.: Sagenbuch des Preuß. Staats 2. Glogau 1871, num. 279 (36 Texte). – [50] Kühnau, R.: Sagen aus Schlesien. B. 1914 (Lpz. 1925), num. 70–74 (cf. Petzoldt [wie not. 39] num. 302 a–c, e unter Naturdämonen); id.: Schles. Sagen 2–3. Lpz. 1911/Lpz./B. 1913, num. 846, 1237 (2), 1343 (2), 1688 (1 und 2), 2158 (6). –
[51] Peuckert (wie not. 45) 176–183; id. (wie not. 38) Vorspann (Zitat). – [52] Jahn, U.: Sagen vom R. In: ZfVk.11 (1901) 336 sq.; cf. Peuckert (wie not. 45) 310 (Zweifel an Jahns Glaubwürdigkeit). – [53] Loewe (wie not. 47). – [54] Geschichten [...] von [...] dem R. [...] durch M. Iohannem Praetorium [...] auffs Neue an Tag gegeben. ed. P. Ernst. Lpz. 1908; Bekannte und unbekannte Historien von [...] R. [...]. ed. F. B[ergemann]. Lpz. 1920 (1926, 1939; Ffm. 1966, Darmstadt 1967, 1977); R. – Fünfzig Historien des Magisters Johannes Prätorius. Augsburg 1927 (Mü. 1969). – [55] Hauptmann, C.: R.buch. Lpz. 1915 (ed. G. Pohl. Mü. 1960); cf. Eichberg (wie not. 1) 163–165. – [56] Peuckert, W.-E.: Dt. Volksglaube des Spät-MA.s. Stg. 1942, 60–66 und pass. – [57] Arrowsmith, N.: Die Welt der Naturgeister. Ffm. (1984) 1986, 272–276 (auch Mü.1987; Orig.: The Field Guide to the Little People. L. 1977; dagegen R. lediglich als Verwandter der Hoi- bzw. Hehmänner laut Rath, E.: Der Hehmann. Herkunft und Bedeutung einer Waldviertler Sagengestalt. In: ÖZfVk. 56 (1953) 98–

139, hier 117, 128. – ⁵⁸ Duerr, H. P.: Traumzeit. Ffm. (1978) ⁵1980, 149, 338 sq.; Eichberg (wie not. 1) 167–170.

Göttingen   Ines Köhler-Zülch

Rückkehr (synonym oft ‚Heimkehr') kennzeichnet eine in vielen Erzählungen geschilderte Phase des Unterwegsseins, beginnend mit der Umkehr des Handelnden an einem Wendepunkt bis zum Erreichen des Ausgangspunktes (cf. → Richtungssymbolik)[1]. Erzählerisch ist die R. häufig mit der Schlußszene verknüpft und wird in Analogie zur Auszugsszene gestaltet.

Im Handlungsablauf setzt die R. den Auszug voraus und kennt einen Umkehrpunkt, an dem das Ziel erreicht ist (→ Reise), der (Märchen-)→ Held (seltener Heldin) seine → Aufgaben erfüllt hat oder der (Sagen-)Held gescheitert ist und zum Ausgangspunkt zurückkehrt. Dabei ist der Wendepunkt entscheidend durch das Motiv des Helden zum Auszug determiniert. Der sich anschließende Rückweg bis zum Erreichen des Ausgangspunktes ist eine Phase, die problemlos vonstatten gehen kann und erzählerisch kaum ausgestaltet ist, oder aber es sind Hindernisse zu überwinden, die sich als erzählerisch retardierend erweisen (→ Retardierende Momente). Als prototypisch kann das Epos von der Irrfahrt des → Odysseus gelten, der nach vielen Abenteuern glücklich heimkehrt[2].

Die R. an den Ausgangspunkt (Familie, Herkunftsort etc.) ist ein spannender Augenblick, der sich positiv oder negativ gestalten kann und in vielen Erzählungen aufwendig ausgearbeitet ist. Ob und wie der Held bei seiner R. empfangen wird und mit welchem Satisfaktionsgrad, ist höchst divergent.

Für Märchen ist eine positive R. typisch (cf. V. Ja. → Propps Funktion XX)[3]. Der Held bekommt für seine Verdienste (z. B. Befreiung von Ungeheuern) eine Belohnung und kehrt als Herrscher (König) oder reicher Mann zurück. Häufig jedoch verläuft die R. mit Komplikationen, zumal wenn sich mittlerweile am Ausgangsort viel verändert hat. Der Held (eigentlich Herrscher, reich) wird auf dem Rückweg ausgeraubt und kommt in erbärmlichem Aufzug nach Hause, wofür er verspottet und erniedrigt wird[4], bis seine Frau ihn aus dieser Situation befreit (AaTh 935: → *Heimkehr des verlorenen Sohnes*). Täuscht der Held zunächst Eltern und Geschwister absichtlich über seine erreichte Position durch ärmliches und tölpelhaftes Auftreten, dann gestaltet sich die Offenbarung seiner wahren Identität um so triumphaler (cf. Var.n zu AaTh 530: → *Prinzessin auf dem Glasberg*; AaTh 402: → *Maus als Braut*)[5]. In Märchen, Epen, Legenden, Balladen und Liedern wird die R. des Ehemannes gerade zu dem Zeitpunkt geschildert, wenn die Ehefrau sich nach langem Warten (Ablauf eines verabredeten Zeitpunktes) wieder verheiraten will oder dazu gezwungen wird (AaTh 400: → *Mann auf der Suche nach der verlorenen Frau*)[6]. In zahlreichen Ehebruchschwänken und -witzen ertappt der Mann bei überraschender R. seine Frau in flagranti (oder umgekehrt; cf. AaTh 1362: → *Schneekind*)[7]. Probleme ergeben sich auch, wenn der Held in der Ferne eine falsche Nachricht vom Tod des Ehepartners erhält, sich neu verheiratet und zu Hause den Irrtum entdeckt[8]. War der Held lange unterwegs oder totgesagt[9], erweist sich das → Wiedererkennen als schwierig (cf. Propps Funktion XXIII)[10]. Bei AaTh 944: → *Heimkehr des Gatten* sind es (verabredete) → Erkennungszeichen[11], körperliche Merkmale (Muttermal, Narbe), intime Kenntnisse (Konstruktion des Bettes, Geheimnisse), Gegenstände (→ Ring) oder Haustiere (→ Hund), die die wahre Identität enthüllen. In Legenden (→ Alexius) und sagenhaften Geschichten (AaTh 939 A: → *Mordeltern*) wird der heimkehrende Sohn von den Eltern manchmal nicht erkannt, und die Handlung geht tragisch aus.

Die R. kann den Helden in tiefe Trauer und Verzweiflung stürzen, wenn die Eltern (Ehepartner, Kinder) kurz zuvor gestorben sind und sich niemand mehr an ihn erinnern kann. Mitunter sind, obwohl der Held glaubt, nur wenige Jahre unterwegs gewesen zu sein, Jahrzehnte oder Jh.e vergangen (AaTh 471 A: → *Mönch und Vöglein*), so daß ihm bei der Erkenntnis des Irrtums nur der → Tod bleibt.

In manchen Erzählungen kehrt der Held mehrfach (häufig dreimal; → Dreigliedrigkeit) zurück, da ihm nach der ersten R. weitere Aufgaben gestellt werden, die er zu lösen sucht (AaTh 465: → *Mann wird wegen seiner schönen Frau verfolgt*). Hat der Held die Aufgaben erfüllt, bleibt er nach seiner R. nicht immer am

Ort, oft geht es ihm nur darum, den armen Eltern von seinem Glück zu berichten oder ihnen ein sorgenfreies Alter zu ermöglichen[12]. Nach einiger Zeit verläßt er seine Heimat, um sein neues Amt (als Herrscher, Feldherr etc.) in einer anderen Stadt (Schloß) auszuüben.

Von einer zeitlich begrenzten R. ist in Sagen und Exempeln im Zusammenhang mit → Toten (Arme Seelen) die Rede, die aus dem → Jenseits (→ Himmel, → Fegefeuer, → Hölle) berichten. Oft haben Freunde zu Lebzeiten miteinander verabredet, nach dem Tod zurückzukehren, um dem jeweils Überlebenden über die wahre Beschaffenheit des Jenseits zu berichten (AaTh 470: → *Freunde in Leben und Tod*). Ein zurückgekehrter Mönch erzählt, daß von 5000 gleichzeitig mit ihm verschiedenen Seelen nur eine in den Himmel gekommen sei, drei, darunter er, in das Fegefeuer, die restlichen aber in die Hölle[13]. Andere klagen, daß sie im Fegefeuer schmoren müßten, weil keine Seelenmessen für sie gestiftet werden, weitere beschreiben die Höllenqualen oder himmlischen Freuden (cf. → Vision, Visionsliteratur)[14]. Ein Predigtexempel berichtet von einem Schüler des Pariser Magisters Silo (auch Serlon), der aus dem Jenseits in einer Kutte aus Pergament, innen mit Höllenfeuer gefüttert, zurückkehrt und seinen Meister spüren läßt, welche höllische Pein ihn plagt, worauf sich der erschreckte Silo von der Welt abwendet und Mönch wird[15]. Die R. dient in diesem verbreiteten Erzähltypus vor allem der Veranschaulichung von Höllen- bzw. Fegefeuerqualen und der Ermahnung zu einem christl. Lebenswandel.

Eine wiederholte R. an den Ort ihres irdischen Daseins ist das Schicksal der → Wiedergänger, von denen zahlreiche Sagen berichten[16]. Dieses Schicksal kann Tote ereilen, die nicht mit den üblichen Riten begraben worden sind oder die ihre Schuld (Grenzsteinversetzung, Veruntreuung etc.; → Frevel, Frevler; → Kindsmörderin) nicht gebüßt haben, so daß sie so lange an den Ort ihres Vergehens zurückkehren müssen, bis sie erlöst werden. Mitunter sind es auch verstorbene Wöchnerinnen, die zu ihren Kindern, oder ungetaufte Kinder, die zu ihren Eltern eine Zeitlang (oft sechs Wochen) zurückkehren[17].

Im metaphorischen Sinn kann sich die R. auch auf die Wiederaufnahme in die Heilsgemeinschaft beziehen. In der Legende vom → Tannhäuser wird geschildert, wie dieser als armer Sünder nach Rom pilgert, um die Absolution für sein verhängnisvolles Liebesleben zu erhalten, dort aber scheinbar hartherzig vom Papst abgewiesen wird[18]. Voller Reue kehrt Tannhäuser in den Venusberg zurück, worauf der vom Papst erhaltene dürre Stab zum Zeichen seiner Versöhnung mit Gott erblüht (cf. AaTh 756: *Der grünende → Zweig*).

Die Art der R., die sich vielfach in ritualisierter Form vollzieht, korrespondiert mit dem Erfolg bzw. Mißerfolg des Helden[19]. Dabei spielen Beweise für → Reichtum (Gold), Erfolge (sozialer Aufstieg) und Erlebnisse (Heldentaten) eine zentrale Rolle. Ein formelhafter Ausblick auf das weitere Schicksal des Helden schließt vor allem in einteiligen Märchen die R.szene ab, während in mehrteiligen Märchen (z. B. AaTh 425 sqq.: cf. → *Amor und Psyche*) oft erneut ein Aufbruch und eine R. stattfinden.

[1] cf. Mot., Reg. s. v. Return, Returned, Returning; Frenzel, Motive, 329–341 (Heimkehrer). – [2] Seemann, E.: Widerspiegelungen der Mnēstērophonia der Odyssee in Liedern und Epen der Völker. In: Laographia 22 (1965) 484–490. – [3] Propp, V.: Morphologie des Märchens. ed. K. Eimermacher. Ffm. 1975, 57. – [4] cf. Haiding, K.: Burgenländ. Spielformen der Heimkehr des Helden in erbärmlichem Aufzuge. In: Rhein. Jb. für Vk. 10 (1959) 51–78. – [5] Wisser, W.: Das Märchen im Volksmund. Hbg 1925; Köhler-Zülch, I.: Ostholsteins Erzählerinnen in der Slg Wilhelm Wisser: ihre Texte – seine Ber.e. In: Fabula 32 (1991) 94–118, hier 109–112. – [6] cf. DVldr 1, num. 11 (Heimkehr des Ehemannes), num. 12 (Der edle Moringer); Kretzenbacher, L.: Heimkehr von der Pilgerfahrt. Ein ma. Legendenroman im steir.-kärnt. Volksmund der Gegenwart. In: Fabula 1 (1958) 214–227. – [7] cf. Roth, K.: Ehebruchschwänke in Liedform. Mü. 1977; Röhrich, L.: Der Witz. Mü. ²1980, 156 sq. – [8] Sauer, E.: Die Sage vom Grafen von Gleichen in der dt. Lit. (Diss.) Straßburg 1911, 12 sq., 15. – [9] DVldr 1, num. 13 (Der Markgraf von Backenweil). – [10] Propp (wie not. 3) 61. – [11] cf. Frenzel, Motive, 331. – [12] cf. Haiding (wie not. 4) 55. – [13] cf. Brückner, 228 sq. – [14] ibid. – [15] cf. z. B. ibid., 229; Legenda aurea/Benz, 843 sq. – [16] cf. Geiger, P.: Wiedergänger. In: HDA 9 (1938–41) 570–578. – [17] z. B. Haller, R.: Frauenauer Sagen. Erzählen im Bayer. Wald. Münster u. a. 2002, 56; Schambach, G./Müller, W.: Niedersächs. Sagen und Märchen. ed. W.-E. Peuckert. Stg. 1948, num. 235; cf. Hepding, H.: Das Begräbnis der Wöchnerin. In: Volkskundliche Beitr.e. Festschr. R. Wossidlo.

Neumünster 1939, 151–165. – [18] cf. Moser, D.-R.: Die Tannhäuser-Legende. B./N. Y. 1977. – [19] Gennep, A. van: Übergangsriten. Ffm./N. Y./P. 1999, 43 (frz. Orig.: Les Rites de passage. P. 1909).

Regensburg   Daniel Drascek

Rückkehr der (des) toten Geliebten → Lenore

Rückwärts → Richtungssymbolik

Ruiz, Juan, Arcipreste de Hita, 1. Hälfte 14. Jh., span. Dichter. Das *Libro de buen amor* des Erzpriesters von Hita ist in drei Hss. erhalten, die auf zwei Versionen (1330, 1343) zurückzugehen scheinen. Der größte Teil der Dichtung ist in Strophen von vier Versen zu je 14 Silben (cuaderna vía) abgefaßt. Nach einer Einl. folgt eine fiktive Autobiographie, in welcher der Autor von seinen zahlreichen Mißerfolgen in der Liebe erzählt. Zwischen die Episoden sind 33 Erzählungen eingeschoben, wobei allerdings keine völlige Übereinstimmung in bezug auf die Anzahl besteht[1]. Eine einzige dieser Erzählungen, der ‚Streit zwischen den Griechen und Römern' (num. 1; AaTh 924 A: cf. → *Zeichendisput*)[2], erscheint nicht innerhalb der fiktiven amourösen Autobiographie, sondern ist in die Einl. eingefügt. 25 der 33 Erzählungen sind Fabeln[3], von denen der größte Teil mit den Versfabeln des Anonymus Neveleti (cf. I. A. → Neveletus) und in geringerem Maße mit dem → *Romulus* der → Marie de France übereinstimmt. Andere Erzählungen folgen einer komischen und erotischen, dem Fabliau nahestehenden populären Tradition, z. B. die Geschichte des jungen Mannes, der sich mit drei Frauen verheiratet (num. 6; AaTh 910 A: cf. *Die klugen* → *Ratschläge*), die von den zwei Faulen (num. 18; AaTh 1950: → *Faulheitswettbewerb*) und die von Don Pitas Payas (num. 19; AaTh 1419: *The Returning Husband Hoodwinked*)[4]. Erstaunlich wenige sind von unzweifelhaft oriental. Herkunft, so vielleicht die Geschichte von den Astrologen und dem Sohn des Königs Alcaraz (num. 4; AaTh 934 A: cf. → *Todesprophezeiungen*), obwohl auch für sie auf westl. Parallelen hingewiesen wurde[5]. Eher hat es den Anschein, daß J. R. keine direkten Anleihen bei arab. Quellen machte, da die oriental. Züge sich oft auf Oberflächliches beschränken und fast nur dekorativen Charakter haben. Die Erzählungen des *Libro de buen amor* stellen auch keine eindeutigen Exempla dar, mit Ausnahme der Geschichte vom trunksüchtigen Einsiedler (num. 20; AaTh 839: *Die drei* → *Sünden des Eremiten*)[6].

Erzähltypen und -motive: num. 1 = AaTh 924 A. – 2 = AaTh 51: → *Löwenanteil*. – 3 = Der kreißende Berg (Mot. U 114). – 4 = AaTh 934 A. – 5 = AaTh 201 D*: *Dog Barks at the Thieves*. – 6 = AaTh 910 A. – 7 = AaTh 277: → *Frösche bitten um einen König*. – 8 = AaTh 34 A: → *Hund verliert das Fleisch*. – 9 = AaTh 214*: → *Esel und Pferd*. – 10 = AaTh 76: → *Wolf und Kranich*. – 11 = → Vergil im Korb (Mot. K 1211). – 12 = Als ein Adler einem Hasen nachstellt, trifft ein mit seinen eigenen Federn geschmückter Pfeil (Mot. U 161). – 13 = AaTh 244: cf. → *Tiere borgen voneinander*. – 14 = AaTh 47 B: → *Wolf und Pferd*. – 15 = AaTh 50 C: *The Ass Boasts of Having Kicked the Sick Lion*. – 16 = Wolf und Fuchs streiten. Affe als Schiedsrichter hält beide für unglaubwürdig und sieht von Verurteilung ab. – 17 = AaTh 278: cf. → *Tiere aneinandergebunden*. – 18 = AaTh 1950. – 19 = AaTh 1419. – 20 = AaTh 839. – 21 = AaTh 233 C: *The Swallow and the Hemp-seeds*. – 22 = AaTh 122: *The Wolf Loses his Prey*. – 23 = AaTh 52: → *Eselherzfabel*. – 24 = AaTh 155: → *Undank ist der Welt Lohn*. – 25 = Hund trägt für seinen Herrn Fleisch nach Hause, wird angegriffen, hält Verteidigung für zwecklos und beteiligt sich an der Vertilgung des Fleisches (Mot. W 154.4). – 26 = AaTh 112: → *Feldmaus und Stadtmaus*. – 27 = Hahn und Perle (Mot. J 211.2). – 28 = AaTh 214: → *Esel will den Herrn liebkosen*. – 29 = AaTh 1: → *Fischdiebstahl* + AaTh 33: cf. → *Rettung aus dem Brunnen*. – 30 = AaTh 75: → *Hilfe des Schwachen*. – 31 = AaTh 57: → *Rabe und Käse*. – 32 = AaTh 70: → *Hasen und Frösche*. – 33 = AaTh 810: → *Fallstricke des Bösen* + AaTh 821: → *Teufel als Advokat*.

Das *Libro de buen amor* muß in den ersten hundert Jahren seiner Existenz viel gelesen worden sein. Erhalten sind über die drei Hss. hinaus einige Fragmente, die das Repertoire eines → Gauklers darstellen könnten, sowie Reste einer port. Übers. des 14. Jh.s. Es ist davon auszugehen, das das Publikum des *Libro de buen amor* der Bildungsschicht angehörte, darüber hinaus ist es möglich, daß Einzelepisoden auch müdl. Verbreitung fanden. Die erste Ausg. des Textes stammt von 1790[7], vollständige oder Teilübersetzungen in andere europ. Sprachen wurden im 20. Jh. angefertigt[8]. Viele Erzählungen des *Libro de buen amor* haben Parallelen in anderem ma. Erzählgut, ein direkter Einfluß ist jedoch auszuschließen. Es ist auch nicht gesichert, daß → Chaucer es gekannt hat, obwohl die *Canterbury Tales* und das *Libro* gemeinsame Elemente aufweisen[9].

[1] R., J.: Libro de buen amor. ed. J. Joset. Madrid 1990; Michael, I.: The Function of the Popular Tale in the Libro de buen amor. In: Libro de buen amor Studies. ed. G. B. Gybbon-Monypenny. L. 1970, 177–218; Temprano, J. C.: Hacia una morfología de los cuentos populares del Libro de buen amor. In: Texto crítico 33 (1985) 78–99; Lacarra, M. J.: El Libro de buen amor, ejemplario de fábulas a lo profano. In: Tipología de las formas narrativas breves románicas medievales. ed. J. Paredes/P. Gracia. Granada 1998, 237–252. – [2] Deyermond, A. D.: The Greeks, the Romans, the Astrologers and the Meaning of the Libro de buen amor. In: Romance Notes 5 (1963–64) 88–91; Parker, A.: The Parable of the Greeks and Romans in the Libro de buen amor. In: Medieval Hispanic Studies. Festschr. R. Hamilton. L. 1976, 139–147; Sturm, S.: The Greeks and Romans. The Archpriest's Warning to His Reader. In: Romance Notes 10 (1968–69) 404–412; Parker, M.: Another Analogue, Another Reading. Libro de buen amor 44–63: Greeks and Romans. In: La Corónica 23 (1994) 35–45. – [3] Tacke, O.: Die Fabeln des Erzpriesters von Hita im Rahmen der ma. Fabellit. In: Rom. Forschungen 31 (1912) 550–704; Lecoy, F.: Recherches sur le Libro de buen amor de J. R., Archiprêtre de Hita. P. 1938 (ed. A. Deyermond. Westmead 1974); Rodríguez Adrados, F.: Aportaciones al estudio de las fuentes de las fábulas del Arcipreste. In: Philologia Hispaniensia 3. Festschr. M. Alvar. Madrid 1986, 459–473; Morreale, M.: Falló çafir golpado 1387 c. Análisis de la adaptación de una fábula esópica en el Libro de buen amor. In: Studia Hispanica 3. Festschr. R. Lapesa. Madrid 1975, 369–374; id.: La fábula de las liebres en el Libro del Arcipreste. In: Medioevo romanzo 12 (1987) 403–442; id.: La fábula ,del alano que llevaba la pieça de carne en la boca' en el Libro del Arcipreste. In: Cahiers de linguistique hispanique médiévale 14–15 (1989–90) 207–233; id.: Enxiemplo de la raposa e del cuervo o la zorra y la corneja en el Libro del Arcipreste de Hita (1437–1443). In: Revista de literatura medieval 2 (1990) 23–78; id.: La fábula del asno y el blanchete en el Libro del Arcipreste (1401–1408). In: Scripta Philologica 3. Festschr. J. M. Lope Blanch. Mexico City 1992, 351–384; Claybourne, D./Finch, C.: The Fables of Aesop in the Libro de buen amor of J. R. In: The Classical J. 62 (1966–67) 306–308. – [4] Vasvari, L.: The Two Lazy Suitors in the Libro de buen amor. Popular Tradition and Literary Game of Love. In: Anuario medieval 1 (1989) 189–205; id.: Pitas pajas. Popular Phonosymbolism. In: Revista de estudios hispánicos 26 (1992) 135–162; McGrady, D.: The Story of the Painter and His Little Lamb. In: Thesaurus 33 (1978) 357–406; Césped, I.: Los Fabliaux y dos cuentos de J. R. In: Boletín de filología 9 (1956–57) 35–65. – [5] Castro Guisasola, F.: El horóscopo del hijo del rey Alcaraz en el Libro de buen amor. In: Revista de filología española 10 (1923) 396–398; Crawford, J. P.: El horóscopo del hijo del rey Alcaraz en el Libro de buen amor. ibid. 12 (1925) 184–190. – [6] Bizzarri, H. O.: Dos versiones manuscritas inéditas del enxiemplo del ermitaño bebedor. In: Incipit 5 (1985) 115–123. – [7] R., J.: Colección de poesías castellanas anteriores al siglo XV. t. 4. ed. T. A. Sánchez. Madrid 1790. – [8] Lacarra (wie not. 1). – [9] wie not. 2; cf. auch Oldmixon, K. D.: Culture, History, and Genre in Three Late Medieval Works. J. R.'s „Libro de buen amor", Geoffrey Chaucer's „Reeve's Tale", and Christopher Marlowe's „Dr. Faustus". Diss. Houston 1994.

Zaragoza   María Jesús Lacarra

Rumänien

1. Allgemeines – 2. Sammeltätigkeit – 2.1. Rumänen – 2.2. Nationale Minderheiten – 2.3. Aromunen, Meglenorumänen, Istrorumänen – 3. Erzähler, Erzählen und Repertoire – 4. Forschung und Institutionalisierung

1. Allgemeines. R., eine rom. Sprachinsel mit slav. und ung. Nachbarn in Südosteuropa, geht auf die röm. Provinz Dakien im 2. und 3. Jh. zurück. 1310 bzw. 1359 entstanden die Fürstentümer Walachei (Oltenien, Muntenien) und Moldau, die sich 1859 vereinigten; seit 1862 führten die vereinigten Fürstentümer den Namen R. Vielfältige kulturelle Kontakte ergaben sich durch die Zugehörigkeit der Rumänen zur orthodoxen Kirche griech.-südslav. Prägung (seit 16. Jh. Prozeß, sich von Kirchenslavisch als Liturgiesprache zu lösen) und zum osman. Einflußbereich (z. T. seit 1391; griech. Fanariotenherrschaft im 18. Jh.) sowie durch das Zusammenleben vor allem mit Ungarn (Szekler seit 10. Jh.), Siebenbürger Sachsen (seit 12. Jh.) oder Banater Schwaben (seit 1722) und die staatliche Zugehörigkeit Siebenbürgens (seit 1699) und der Bukowina (seit 1775) zu Österreich (bis 1918)[1].

In Südosteuropa kursierende internat. Erzählstoffe wurden vor allem aus dem Griechischen und Slavischen ins Rumänische übersetzt[2]. Sie finden sich in Hss. aus dem 16. bis Anfang des 19. Jh.s und erschienen zum großen Teil um 1800 als Drucke (cărți populare; z. B. → *Alexanderroman*, → *Achikar* (AaTh 922

A), → *Barlaam und Josaphat*, → *Äsop*, → *Sieben weise Meister*, → *Physiologus*, → *Fiore di virtù*, → Heliodoros von Emesa, → *Bertoldo*, → *Tausendundeinenacht*). Einige dieser Drucke wurden von dem Schriftsteller Mihail Sadoveanu Anfang des 20. Jh.s neu bearbeitet und neu herausgegeben. Kirchliche Hss. (*Psaltirea Scheiană, Psaltirea Voroneţeană, Codex Sturdzanus, Codex Negoeanus* u. a.) tradierten Legendenstoffe.

Der älteste Beleg für eine rumän. Volkserzählung findet sich in der 1566 verfaßten *Cronica moldo-polonă*. Es handelt sich um eine ätiologische Erzählung, die berichtet, wie im Jahre 1359 ein junger Mann aus Maramureş namens Dragoş und seine Begleiter einen Auerochsen über die Ostkarpaten bis zum Fluß Moldau jagten und dort den Staat Moldau gründeten[3]. Viele Erzählungen enthalten die Chroniken des 17. und 18. Jh.s. In der Chronik von Ion Neculce (ca 1672–1745) finden sich 46 hist. Sagen über die Vergangenheit der Rumänen[4]; der moldau. Gelehrte D. Cantemir (1673–1723) berichtete in seiner *Descriptio Moldaviae* (1714–16) über mythische Wesen, Balladen, Bräuche und Tänze[5]. Der älteste bekannte Beleg eines Märchens stammt von 1797 (AaTh 851 A: cf. → *Rätselprinzessin*)[6].

2. Sammeltätigkeit

2.1. Rumänen. Ein bes. Interesse an Volkserzählungen und ihrer Sammlung setzte in der 1. Hälfte des 19. Jh.s ein. So schrieb in Siebenbürgen der rumän. Philologe T. Cipariu 1831 zehn Märchen, Sagen und Anekdoten nieder, die er als Kind von seiner Mutter gehört hatte[7], und der ung. Schriftsteller János Zeyk redigierte sechs Märchen in ung. Sprache, die ein rumän. Bauer erzählt hatte[8]. Die erste umfangreiche Slg rumän. Märchen stellte der Württemberger Arthur → Schott zusammen, der 1836–41 und 1844–50 als Gutsverwalter im Banater Jam arbeitete. Die dort 1836–41 gesammelten Märchen übersetzte und publizierte er 1845 in einer an den → *Kinder- und Hausmärchen* der Brüder → Grimm orientierten Bearb. zusammen mit seinem Bruder Albert → Schott, der die Kommentare beisteuerte. Die 1844–50 aufgezeichneten Texte veröffentlichte er ohne Kommentare in der Zs. *Hausblätter* von W. Hackländer und E. Höfer (1857–59)[9].

Die ersten umfassenderen Slgen in rumän. Sprache entstanden in der 2. Hälfte des 19. Jh.s und wurden als selbständige Veröff.en oder in Periodika (z. B. *Ţăranul român, Convorbiri literare, Familia, Columna lui Traian*) publiziert. Zu den Sammlern in Siebenbürgen und der Bukowina gehörten u. a. die Lehrer I. G. Sbiera, D. Boer, I. Micu Moldovan, I. Pop-Reteganul, Ş. Cacoveanu, M. Pompiliu, der Jurist A. M. Marienescu und der Schriftsteller Ioan Slavici[10]. Auch Siebenbürger Sachsen, vor allem Lehrer, widmeten sich dem Sammeln rumän. Märchen, die sie in dt. Sprache veröffentlichten, wie J. K. Schuller[11], F. Obert[12] und P. → Schullerus[13] sowie in der Bukowina L. A. Staufe-Simiginowicz[14]. F. W. Müller und A. → Schullerus vereinigten in ihren Slgen Erzählgut der Siebenbürger Sachsen, der Ungarn und Rumänen[15]. Die wichtigsten Sammler in Muntenien und der Moldau waren u. a. der Schriftsteller N. Filimon, der Typograph P. → Ispirescu, der Priester und Ethnograph S. F. Marian, die Lehrer G. D. Teodorescu und G. I. Pitiş, die Publizisten D. Stăncescu und E. Sevastos[16] sowie der Dichter Mihai Eminescu[17]. B. P. → Hasdeu und N. Densuşianu arbeiteteten mit Fragebogen und erhielten wertvolles Material von ihren Korrespondenten[18]. Bes. in dieser Periode publizierten Dichter und Schriftsteller Märchen, die z. T. als Kunstmärchen (Eminescu und George Coşbuc), z. T. als Buchmärchen (Ion Luca Caragiale, Ion → Creangă und Slavici) zu charakterisieren sind; letztere werden als Volksmärchen empfunden, und bes. die Slg Slavicis erfreute sich großer Popularität[19].

Seit Ende des 19. Jh.s wurden Forderungen nach exakten Aufzeichnungen immer stärker: Nicht nur der Inhalt von Volkserzählungen sollte unverfälscht wiedergegeben werden, sondern auch die Lautform. A. Stavri stenographierte seine Texte, G. Alexici, M. Canianu und G. Weigand gaben dialektale Eigenheiten in verschiedenen phonetischen Transkriptionsweisen wieder[20]. Den Höhepunkt dieser philol. Ausrichtung stellte Anfang des 20. Jh.s die Bukarester Schule mit O. Denusianu dar, der auch an der ersten Sammlung mundartlicher Erzählungen beteiligt war[21] und über Haţeger Dialekt und Folklore eine mustergültige Monogr. publizierte[22]. Die Sammeltätigkeit wurde zwischen den beiden Weltkriegen meist von Lehrern fortgesetzt, und zwar in Muntenien von C. Rădulescu-Codin, Ș. S. Tuțescu, T. Bălășel, N. I. Dumitrașcu, in der Moldau von A. Vasiliu, T. Pamfile, D. Furtună, S. T. Kirileanu und in Siebenbürgen von P. Ugliș-Delapecica[23].

Seit den 1950er Jahren wurden systematische → Feldforschungen mit Hilfe von → Tonträgern durchgeführt, was den Folkloristen ermöglichte, zusätzlich zur Aufnahme Gesten und Blicke der Erzähler zu notieren[24]. Der bedeutendste Märchenforscher der 1960er–80er Jahre, O. → Bîrlea, betrieb Feldforschungen in mehreren Regionen R.s und publizierte eine repräsentative dreibändige Slg der rumän. Volksprosa[25]. Umfangreiche Slgen aus Gebieten südl. der Karpaten veröffentlichten u.a. auch M. M. Robea[26], G. Vrabie[27] und I. Nijloveanu[28]. Schwerpunktmäßig wurde in ländlichen Gebieten gesammelt.

In Deutschland und Österreich gab F. → Karlinger allein und zusammen mit Bîrlea bzw. E. Turczynski repräsentative Märchen- und Sagensammlungen in dt. Sprache heraus[29].

2.2. Nationale Minderheiten. Die dt.sprachigen Intellektuellen aus Siebenbürgen, dem Banat und der Bukowina beschäftigten sich intensiv mit der Märchenforschung. Die erste Märchensammlung der Siebenbürger Sachsen veröffentlichte 1856 J. → Haltrich[30], dessen Tätigkeit im 20. Jh. von H. Stein, A. Thudt, G. Richter, H. Schuller und H. Markel fortgesetzt wurde[31]. Das Erzählgut der Banater Schwaben wurde von A. Tietz[32], W. Konschitzky und H. Hausl[33] untersucht. Den Zipsern wie allg. den R.deutschen widmete C. Stephani mehrere Bände mit z. T. selbstgesammelten rezenten Erzählungen; darüber hinaus sammelte, übersetzte und veröffentlichte er jüd. Märchen aus den Karpaten[34]. Zigeuner und Armenier waren Gegenstand der Forschung von H. von → Wlislocki[35], mit Ruthenen beschäftigte sich R. F. Kaindl[36]. Die Erzählüberlieferung der in R. lebenden Ungarn wird von J. → Faragó[37], O. Nagy[38] und G. Vöö[39] institutionell im Arhiva de Folclor in Klausenburg (rumän. Cluj, Cluj-Napoca; ung. Kolozsvár) untersucht.

2.3. Aromunen, Meglenorumänen, Istrorumänen. Die Unters. der in anderen Balkanländern lebenden rumän. Volksgruppen begann gegen Ende des 19. Jh.s in Leipzig durch G. Weigand[40] und seine Schüler P. Papahagi[41] und T. Capidan[42]. Später erstellten H. Cândroveanu[43] und V. Noulas mit N. Zbinden[44] gute Märchensammlungen bei den Aromunen (auch Walachen, Zinzaren, Kutzowalachen genannt; einst auf dem gesamten Balkan südl. der Donau, heute noch im slav. Mazedonien, in Südalbanien und Griechenland) und bei den Meglenorumänen (im griech. Mazedonien; islamisiert) sowie R. Sîrbu[45] bei den Istrorumänen (im östl. Istrien; kathol.).

3. Erzähler, Erzählen und Repertoire. Schotts Erzähler waren u. a. eine Weinberghüterin, ein Bergarbeiter, ein Diener, ein Geistlicher und ein Großgrundbesitzer[46]. Obert veröffentlichte bereits 1925 das gesamte Repertoire eines rumän. Erzählers[47]. Als Persönlichkeiten wurden zuerst Balladensänger beschrieben, z. B. ein Bauer schon 1866 von Marienescu oder ein Berufsmusikant 1888 von Teodorescu[48]. Bîrlea widmete der Biographie, den Vorbildern und dem Repertoire der Erzähler große Aufmerksamkeit und publizierte 50[49], nach ihm Robea[50] 48 und Nijloveanu[51] 16 Erzählerporträts. Die besten rumän. Erzähler verfügten über ein Repertoire von etwa 30 Zaubermärchen. Andere, die nicht nur Märchen, sondern auch andere Genres erzählten, kamen auf 80–90 Erzählungen[52].

Erzählgelegenheiten fanden sich am häufigsten bei Arbeitsanlässen wie dem Entfernen von Maiskolbenblättern, an Spinnabenden, in Waldarbeiter- und Sennhütten, darüber hinaus bei Hochzeit und Totenwache, unterwegs, beim Viehweiden, beim Warten vor der Mühle oder Stampfe, bei Zwangsaufenthalten in Kasernen, Gefängnissen oder Krankenhäusern[53]. Einige dieser Erzählanlässe haben sich trotz Zwangskollektivierung und Industrialisierung erhalten.

Erzählen erfüllt verschiedene Funktionen. Es erleichtert die Arbeit, hilft, Müdigkeit und Sorgen zu vergessen, und hat einen Lerneffekt für die Zuhörer. Neben den unterhaltenden und belehrenden finden sich noch Anfang des 20. Jh.s Zeugnisse für magische Funktionen: In der Bukowina und den Ostkarpaten glaubte man, daß ein Haus, in dem Märchen erzählt werden, vor dem Teufel und allem Bösen geschützt sei, und von Schafhirten aus dem Maramureş sind Vorstellungen überliefert, daß Märchenerzählen gleichwertig mit Beten sei oder zur Geburt wunderbarer Lämmer führe[54].

Zur Verteilung der Genres ergibt sich folgendes Bild[55]: Das rumän. Repertoire von Tiermärchen zählt 252 Typen, das der eigentlichen Märchen 600. Viele sich aus den Slgen erschließende Erzähltypen sind bei AaTh nicht vertreten. Für AaTh 532*: *Son of the Cow (God's godson)*, AaTh 879 F*: *How must the Wife Be?*, AaTh 947 C*: *Quest for Good Luck* und AaTh 949* A: *Empress and Shepherdess Change Places* vermutete Bîrlea, daß sie spezifisch rumän. sein könnten[56]. Der Schwank läßt sich nach S. Stroescu in etwa 4000 Typen einteilen, die Sage nach T. Brill in mehr als 5000[57].

4. **Forschung und Institutionalisierung**. Ende des 18. Jh.s bildete sich die Siebenbürg. Schule (Şcoala ardeleană, rumän. Latinistenschule). Ihre Vertreter, wie S. Micu, G. Şincai und P. Maior, verglichen rumän. Bräuche, Glaubensvorstellungen, Erzählungen über mythische Gestalten etc. mit denen der Römer[58], mit dem Ziel, die Zugehörigkeit der Rumänen zur Romania und die Kontinuität einer röm.-dak. Bevölkerung zu beweisen, was auch später während der sozialistischen Zeit R.s eine Rolle spielen sollte. Ganz im Sinne von → Herder hatte für sie die Volkstradition den Wert eines lebenden Archivs. Bes. von ihnen wurden die mythol. Forschungen J. → Grimms und seiner Nachfolger rezipiert, und neben röm. auch griech. Mythen herangezogen. Schon Albert Schott hatte unter dem Einfluß der *Dt. Mythologie* J. Grimms die mit seinem Bruder veröff. Slg kommentiert und sah griech. Göttermythen als Vorbilder rumän. Erzählungen an.

Als Begründer der wiss. Folkloristik in R. gilt Hasdeu. Er war hist. und philol. orientiert und initiierte auch die Volksbuchforschung. Für die → Polygenese des Märchens trat er ein, da er den Ursprung des Märchens im → Traum sah (1893)[59]. L. → Şăineanu, der als ein vorsichtiger Anhänger der anthropol. Schule zu bezeichnen ist, erstellte 1895 in einer monogr. Studie ein Korpus der bis 1894 veröff. rumän. Volksmärchen, die er mit den Märchen der Romanen und der Nachbarvölker verglich[60]. Rumän. Volksbüchern und Erzählungen widmete sich M. → Gaster, der sich auch mit den Überlieferungen rumän. Juden und Roma beschäftigte. Studien zur vergleichenden religiösen Vk. sind M. → Eliade zu verdanken.

Erste Ansätze zu → Anordnungsprinzipien finden sich bereits bei Hasdeu. Şăineanu entwickelte auf der Grundlage von 500 Erzählungen ein eigenes Prinzip, Schullerus erstellte 1928 einen rumän. Typenkatalog, wobei er sich am Verzeichnis von A. → Aarne orientierte[61]. Seit den 1950er Jahren wurde im Bukarester Inst. an einem neuen Typenkatalog gearbeitet[62]; von diesem erschien allerdings nur Stroescus zweibändiger, nach einem neuen Nummernsystem vorgehender Katalog zu Schwänken und Anekdoten (1969). D. Caracostea, D. Găzdaru und A. Fochi gelten als die eigentlichen Repräsentanten der geogr.-hist. Methode[63].

Es liegen Studien über Landschaft[64], Flora[65] und Fauna[66] im Märchen, ein Hb.[67], eine Enz.[68] und mehrere Arbeiten über die Ästhetik des rumän. Märchens vor[69]. A. Oişteanu untersuchte das Bild der Juden in der rumän. Volkskultur[70]. Unter soziol. Gesichtspunkten befaßten sich I. C. Cazan, N. Constantinescu und I. Cuceu mit der Volksliteratur[71]. M. → Pop, der u. a. auch nationale Züge und hist. Schichtungen des Märchens untersuchte, verband morphologische mit semiotischer Forschung und betonte dabei den Akt der Performanz.

Einen Schwerpunkt der rumän. Folkloristik bildet die Balladenforschung, zu der u. a. Monogr.n von I. → Taloş zu der → Baumeistersage *Meşterul Manole* und Fochi zu *Miorița* sowie von A. I. Amzulescu zu Familienballaden vorliegen[72]. Ein wichtiges Forschungsgebiet stellen auch Volksbücher dar, die zum großen Teil bibliogr. erfaßt sind, ediert vorliegen und von N. → Cartojan, I. C. → Chiţimia, C. → Velculescu u. a. unter den verschiedensten Aspekten untersucht worden sind[73]. Interethnischen Aspekten widmeten sich G. und R. Weber, A. Schenk, Stephani und S. Vultur[74]. Letzterem sowie N. Coatu und I. Nicolau sind

Unters.en zur Gegenwartskultur zu verdanken[75].

Die Institutionalisierung der Folkloristik erfolgte im 20. Jh. 1930 gründete I. Muşlea, der u. a. in Paris bei J. → Bédier studiert hatte, in Klausenburg das Folklore-Archiv der Rumän. Akad. (Arhiva de folclor a Academiei Române, seit 1990 Inst. Arhiva de Folclor a Academiei Române), in dem zahlreiche unveröff. Slgen aufbewahrt werden[76]. Seit 1949 wurde Folklore an allen Univ.en des Landes unterrichtet. Im selben Jahr wurde das Inst. de folclor (seit 1964 Inst. de etnografie şi folclor, seit 1990 Inst. de Etnografie şi Folclor − Constantin Brăiloiu) in Bukarest mit einer Abteilung für die Erforschung interethnischer Beziehungen in Klausenburg gegründet[77]. Ein Folklorearchiv für die Moldau und Bukowina wurde 1968 von I. H. Ciubotaru in Iaşi ins Leben gerufen[78]. Weitere Folklorearchive gibt es u. a. an den Univ.en von Timişoara, Baia Mare, Sibiu/Hermannstadt, Craiova und Constanţa. Folgende Zss. wurden bzw. werden herausgegeben: in Bukarest *Grai si suflet* (1923−37), *Revista de folclor* (seit 1956), *Revista de etnografie şi folclor* (seit 1964), *Studii de istorie literatură şi folclor* (seit 1964) und *Memoriile Comisei de Folclor* (seit 1987), in Klausenburg *Anuarul Arhivei de Folclor* (1932−47, seit 1980 *Anuarul de Folclor*) und *Anuarul Muzeului Etnografic al Transilvaniei* (seit 1957), in Timişoara *Folclor literar* (seit 1967, seit 2001 *Revista de etnologie*), in Iaşi *Caietele Arhivei de Folclor* (seit 1979) und in Sibiu *Studii şi comunicări* (seit 1979).

[1] BP 5, 88−93; Bîrlea, O.: Istoria folcloristicii româneşti. Buk. 1974; Fochi, A.: Bibliogr. generală a etnografiei şi folclorului românesc 1 (1800−91). Buk. 1968; Karlinger, F.: Einführung in die rom. Volkslit. 1: Die rom. Volksprosa. Mü. 1969, 25−55; Datcu, I./ Stroescu, S. C.: Dicţionarul folcloriştilor. Buk. 1979; Datcu, I.: Dicţionarul etnologilor români 1−2. Buk. 1998; Taloş, I.: Volksmärchen und Volksmärchenerzählen in R. In: Röth, D./Kahn, W. (edd.): Märchen und Märchenforschung in Europa. Ffm. 1993, 190−202, 304 sq.; Chiţimia, I. C.: Folclorişti şi folcloristică românească. Buk. 1968; Vrabie, G.: Folcloristica română. Buk. 1968; Nişcov, V.: A fost de unde n-a fost. Basmul popular românesc. Buk. 1996, 13−94. − [2] Moraru, M./Velculescu, C.: Bibliogr. analitică a cărţilor populare laice 1−2. Buk. 1976/78. − [3] Simonescu, D.: Tradiţia istorică şi folclorică în problema „întemeierii" Moldovei. In: Studii de folclor şi literatură. ed. H. H. Stahl, Buk. 1967, 27−50; Vuia, R.: Legenda lui Dragoş. Contribuţii pentru explicarea originei şi formării legendei privitoare la întemeierea Moldovei. In: id.: Studii de etnografie şi folclor. Buk. 1975, 101−109; Eliade, M.: De Zalmoxis à Gengis-Khan. In: Études comparatives sur les religions et le folklore de la Dacie et de l'Europe Orientale. P. 1970, 131−161. − [4] Giurescu, C. C.: Valoarea istorică a tradiţiilor consemnate de Ion Neculce. In: Stahl (wie not. 3) 439−495. − [5] ibid., 441. − [6] Chiţimia, I. C.: Un basm necunoscut înregistrat în secolul al XVIII-lea. In: Revista de istorie şi teorie literară 17,1 (1968) 109−118; Karlinger, F./ Bîrlea, O.: Rumän. Volksmärchen. MdW 1969, num. 1. − [7] Muşlea, I.: Studii etnografice şi de folclor 1. Buk. 1971, 65−105. − [8] Engel, K./Pop, D.: Culegerea de basme româneşti a lui Zeyk János. In: Studii de istorie literară şi folclor. ed. I. Pervain/E. Stan. Buk. 1964, 223−242. − [9] Schott, A. und A.: Walach. Märchen. Mit einer Einl. über das Volk der Walachen und einem Anh. zur Erklärung der Mährchen. Stg./Tübingen 1845 (Neuausg. u. d. T.: Rumän. Volkserzählungen aus dem Banat. Märchen, Schwänke, Sagen. ed. R. W. Brednich/I. Taloş. Buk. 1971 [³1975]). − [10] Datcu (wie not. 1) v. unter den jeweiligen Namen. − [11] Schuller, J. K.: Über einige merkwürdige Volkssagen der Romänen. Hermannstadt 1857; id.: Kloster Argisch. Eine romän. Volkssage. Hermannstadt 1858. − [12] Obert, F.: Rumän. Märchen und Sagen aus Siebenbürgen. Hermannstadt 1925. − [13] Schullerus, P.: Rumän. Volksmärchen aus dem mittleren Harbachtale. In: Archiv des Vereins für siebenbürg. Landeskunde 33 (1905−06) 303−692 (Neuausg. ed. R. W. Brednich/I. Taloş. Buk. 1977). − [14] Bolte, J.: Staufes Slg rumän. Märchen aus der Bukowina. In: ZfVk. 9 (1899) 84−88, 179−181. − [15] Müller, F. W.: Siebenbürg. Sagen. Braşov 1857 (Wien/Hermannstadt ²1885); Schullerus, A.: Siebenbürg. Märchenbuch. Hermannstadt 1930. − [16] Datcu (wie not. 1) v. unter den jeweiligen Namen. − [17] Eminescu, M.: Opere 5: Literatura populară. ed. D. Murăraşu. Buk. 2000. − [18] Bîrlea, O./Muşlea, I.: Tipologia folclorului din răspunsurile la chestionarele lui B. P. Hasdeu. Buk. 1970; Fochi, A.: Datini şi eresuri populare de la sfârşitul secolului al XIX-lea. Buk. 1977. − [19] Slavici, I.: Poveşti 1−2. Buk. 1890/1923; cf. ǧerb, I.: Antologia basmului cult 1−2. Buk. 1968. − [20] Alexici, G.: Texte din literatura poporana română 1−2. Buk. 1899/1966; Canianu, M.: Poezii populare. Doine. Iaşi 1888; Weigand, G.: Jahrber. des Inst.s für rumän. Sprache (Rumän. Seminar) zu Leipzig 3 (1894) 198−332, 4 (1897) 251−336, 6 (1899) 1−85, 7 (1900) 1−92, 8 (1902) 234−324. − [21] Candrea, I. A./Densusianu, O./Sperantia, T.: Graiul nostru 1−2. Buk. 1906/08. − [22] Densusianu, O.: Graiul din Ţara Haţegului. Buk. 1915. − [23] Datcu (wie not. 1) v. unter den jeweiligen Namen. − [24] Bîrlea, O.: Über das Sammeln volkstümlichen Prosaerzählgutes in R. In: Karlinger, 445−466, hier 464 sq.; id.: Metoda de cercetare a folclorului. Buk. 1969, 123−146. − [25] id.: Antologie de proză populară

epică 1—3. Buk. 1966. — [26] Robea, M. M.: Basme populare românești. Buk. 1986. — [27] Vrabie, G.: Basmul cu Soarele și fata de împărat. Buk. 1973. — [28] Nijloveanu, I.: Basme populare românești. Buk. 1982. — [29] Karlinger/Bîrlea (wie not. 6); Karlinger, F.: Rumän. Märchen außerhalb R.s. Kassel 1982; id./Turczynski, E.: Rumän. Sagen und Sagen aus R. B. 1982; Karlinger, F.: Rumän. Legenden aus der mündl. Tradition. Fragmentarische Skizzen und exemplarische Texte. Salzburg 1990; v. auch Laserer, E.: Felix Karlinger — Bibliogr. Verz. der wiss. Veröff.en 1946—1979. In: Europ. Volkslit. Festschr. F. Karlinger. Wien 1980, 11—29. — [30] Haltrich, J.: Dt. Volksmärchen aus dem Sachsenlande in Siebenbürgen. (B. 1856) Wien [3]1882 (u. d. T. Sächs. Volksmärchen aus Siebenbürgen. ed. H. Markel. Buk. 1971 [[4]1974]); BP 5, 13 sq.; Markel, H.: Proveniența poveștilor din culegerea lui Josef Haltrich. In: Anuarul de folclor 2 (1982) 267—287; ead.: Prima generație de folcloriști sași. ibid. 3—4 (1983) 184—216. — [31] ead.: Siebenbürg.-sächs. Erzählforschung. In: Dacoromania 6 (1981—82) 19—26; ead.: Die siebenbürg.-sächs. Vk. zwischen Kunde vom Volk fürs Volk und Fachwiss. In: Zs. für siebenbürg. Landeskunde 24 (2001) 258—270; ead.: Erzählen in Großpold. In: Bottesch, M./Grieshofer, F./Schabus, W. (edd.): Die siebenbürg. Landler: eine Spurensicherung 2. Wien/Köln/Weimar 2002, 725—746; Reyer, H.: Dr. Helga Stein zum 60. Geburtstag. Mit einem Verz. der Schr. In: Hildesheimer Jb. für Stadt und Stift Hildesheim 69 (1997) 439—446. — [32] Tietz, A.: Märchen und Sagen aus dem Banater Bergland. Buk. 1974. — [33] Konschitzky, W./Hausl, H.: Märchen, Sagen und Schwänke. Buk. 1979 (Banat). — [34] Stephani, C.: Erfragte Wege. Zipser Texte aus der Südbukowina, Kreis Suceava. Buk. 1979; id.: Volkserzählungen der Zipser in Nordrumänien. Marburg 1983; id.: Zipser Volkserzählungen aus dem Maramuresch, der Südbukowina und dem Nösner Land. Buk. 1981; id.: Eichen am Weg. Volkserzählungen der Deutschen aus R. Cluj-Napoca 1982; id.: Märchen der R.deutschen. MdW 1991; id.: Ostjüd. Märchen. MdW 1998. — [35] u. a. Wlislocki, H. von: Märchen und Sagen der transsilvan. Zigeuner. B. 1886; id.: Märchen und Sagen der Bukowinaer und Siebenbürger Armenier. Hbg 1891; id.: Despre poporul nomad al rromilor. Übers. O. Rogojanu. Buk. 2000; Köhler-Zülch, I.: Die Hl. Familie in Ägypten, die verweigerte Herberge und andere Geschichten von ,Zigeunern': Selbstäußerungen oder Außenbilder? In: Strauß, D. (ed.): Die Sinti/Roma-Erzählkunst im Kontext Europ. Märchenkultur. Heidelberg 1992, 35—84, hier 74—79. — [36] Kaindl, R. F.: Ruthen. Märchen und Mythen aus der Bukowina. In: ZfVk. 9 (1899) 401—420. — [37] Faragó, J.: Zweisprachige Märchenerzähler in Siebenbürgen. In: Forschungen zur Volks- und Landeskunde 13,1 (1970) 57—69; id.: Kurcsi Minya havasi mesemondó (Minya Kurcsi, ein Märchenerzähler aus den Bergen). Buk. 1969; id.: Fehér virág és fehér virágszál (Weiße Blume und ein Stück weiße Blume). Buk. 1970. — [38] Nagy, O.: A nap húga meg a pakulár. Marosmenti, Kalotaszegi és mezőségi mesék (Die jüngere Schwester der Sonne und der Hirt. Märchen aus dem Miereschtal, der Gegend von Călata und der siebenbürg. Ebene). Cluj 1973. — [39] Vöö, G.: Tréfás népi elbeszélések (Volksschwänke und Anekdoten). Buk. 1981; id./Markel, H.: Structura snoavei populare. Cu privire specială asupra repertoriului românesc, maghiar și săsesc din Transilvania. In: Anuarul de folclor 1 (1980) 79—92. — [40] Weigand, G.: Die Sprache der Olympo-Walachen [...]. Lpz. 1888; id.: Vlacho-Meglen. Lpz. 1892; id.: Die Aromunen. Ethnogr.-philol.-hist. Unters.en über das Volk der sog. Makedo-Romanen oder Zinzaren 1—2. Lpz. 1895/94. — [41] Papahagi, P.: Din literatura populară a aromânilor. Buk. 1900; id.: Basme aromâne și glosar. Buk. 1905; id.: Românii din Meglenia. Buk. 1900; id.: Megleno-românii. Studiu etnografico-filologic 1—2. Buk. 1902. — [42] Capidan, T.: Megleno-românii. 2: Literatura populară la megleno-români. Buk. 1928. — [43] Cândroveanu, H.: Antologie de proză aromână. Buk. 1977. — [44] Noulas, V./Zbinden, N.: Aromun. Hirtenerzählungen aus dem Pindusgebirge. Zürich 1981. — [45] Sîrbu, R.: Texte istroromâne și glosar. Timișoara 1987. — [46] Schott 1845 (wie not. 9) 80—82. — [47] Obert (wie not. 12). — [48] Marienescu, A. M.: Mărcea Giuca. In: Familia 2 (1866) 481 sq.; id.: Poezii populare din Transilvania. Buk. 1971, 747—749; Teodorescu, G. D.: Petrea Crețul șolcan, lăutarul Brăilei. Buk. 1884. — [49] Bîrlea (wie not. 25) t. 3, 333—360. — [50] Robea (wie not. 26). — [51] Nijloveanu (wie not. 28). — [52] Bîrlea 1973 (wie not. 24) 463. — [53] ibid., 452; Cuceu, I.: Fenomenul povestitului. Incercare de sociologie și antropologie asupra narațiunilor populare. Cluj 1999, 129—164. — [54] Bîrlea, O.: La Fonction de raconter dans le folklore roumain. In: Laographia 22 (1965) 22—26; Taloș (wie not. 1) 195 sq.; Cuceu (wie not. 53) 99—128. — [55] Taloș (wie not. 1) 196 sq. — [56] Bîrlea, O.: Mică enciclopedie a poveștilor românești. Buk. 1976, 73; id.: Folclorul românesc 1. Buk. 1981, 196—221. — [57] Bîrlea 1976 (wie not. 56) 213—227, 350—370; id. 1981 (wie not. 56) 45 sq., 251 sq.; v. auch Brill, T.: Legendele românilor 1—3. Buk. 1994; Stroescu, S. C.: La Typologie bibliographique des facéties roumaines 1—2. Buk. 1969. — [58] Bîrlea (wie not. 1) 31—38; Mușlea (wie not. 7) 3—105. — [59] Hasdeu, B. P.: Etymologicum Magnum Romaniae 3. ed. G. Brâncuș. Buk. (1893) [2]1976, 249—280. — [60] Șaineanu, L.: Basmele române în comparațiune cu legendele antice clasice și în legătură cu basmele popoarelor învecinate și ale tuturor popoarelor romanice. Buk. (1895) [2]1978. — [61] Schullerus, A.: Verz. der rumän. Märchen und Märchenvar.n (FFC 78). Hels. 1928. — [62] Barbulescu, O.: Les nouvelles Recherches sur les contes populaires en Roumanie. In: Fabula 2 (1959) 166—172, hier 170. — [63] Caracostea, D.: Poezia tradițională română 1—2. Buk. 1969; Găzdaru, D.: Originea și răspândirea motivului „amărâtă turturică" în literaturile romanice. Iași 1935; Fochi, A.: Miorița. Tipologie, circulație, geneză, texte. Buk. 1964. – ⁶⁴ Bistrițeanu, A.: Peisajul în basmul românesc. In: Studii și cercetări de istorie literară și folclor 5 (1956) 479–494. – ⁶⁵ Vrabie, G.: Flora în basmul românesc. ibid., 547–580. – ⁶⁶ Chițimia, I. C.: Fauna în basmul românesc. Calul. ibid., 523–546. – ⁶⁷ Bîrlea 1981 (wie not. 56). – ⁶⁸ id. 1976 (wie not. 56). – ⁶⁹ Călinescu, G.: Estetica basmului. Buk. 1965; Bîrlea, O.: Poetică folclorică. Buk. 1979; Vrabie, G.: Structura poetică a basmului. Buk. 1975; id.: Proza populară românească. Studiu stilistic. Buk. 1986; Roșianu, N.: Stereotipia basmului. Buk. 1973. – ⁷⁰ Oișteanu, A.: Mythos & Logos. Studii și eseuri de antropologie culturală. Buk. 1998, 177–228. – ⁷¹ Cazan, I. C.: Drăguș – Literatura populară. Buk. 1947; Constantinescu, N.: Relațiile de rudenie în societățile tradiționale. Reflexe în folclorul românesc. Buk. 1987; cf. auch id.: Romanian Folk-Culture. Buk. 1999, 133–138 (zur Erzählüberlieferung); Cuceu (wie not. 53). – ⁷² Taloș, I.: Meșterul Manole. Buk. 1973; Fochi (wie not. 63); Amzulescu, A. I.: Balada familială. Tipologie și corpus de texte poetice. Buk. 1983. – ⁷³ Cartojan, N.: Cărțile populare în literatura românească. Epoca influenței sud-slave. Buk. 1974; Chițimia, I. C./Simonescu, D.: Cărțile populare și literatura românească 1–2. Buk. 1963; iid. (edd.): Halima și alte cărți populare. Buk. 1963; Velculescu, C.: Cărți populare și cultură românească. Buk. 1984; Popescu-Vîlcea, G.: Cărțile populare miniate și ornate. Buk. 1989; Stanciu-Istrate, M./Timotin, E./Agache, L.: Cele mai vechi cărți populare 5. Buk. 2001; Timotin, A. und E.: Cele mai vechi cărți populare în literatura română 6. Buk. 2002. – ⁷⁴ Weber, G. und R.: Zenderesch. Eine siebenbürg. Gemeinde im Wandel. Mü. 1985; Schenk, A.: Deutsche in Siebenbürgen. Ihre Geschichte und Kultur. Mü. 1992; Stephani, C.: Das Wassertal in Ostmarmatien. Erzählvorgang und Erzählfunktion in einem multikulturellen, gemischtethnischen Gebiet [...]. Mü. 1996; Vultur, S. (ed.): Germanii din Banat prin povestirile lor. Buk. 2000. – ⁷⁵ Coatu, N.: Lirica populară românească cu tematică actuală. Clasificarea tematică a variantelor motivice. Buk. 1984; Nicolau, I. u.a.: Vom muri și vom fi liberi. Buk. 1990; Vultur, S.: Istorie trăită – istorie povestită. Deportarea în Bărăgan 1951–1956. Timișoara 1997; id. (ed.): Lumi în destine. Memoria generațiilor de început de secol din Banat. Buk. 2000. – ⁷⁶ Mușlea (wie not. 7) XII–XXII. – ⁷⁷ Bîrlea, O.: Die Erforschung der Volkserzählung in R. In: DJbfVk. 9 (1963) 335–352, hier 344; Pop, D.: Clujul – centru de cercetare al culturii populare. In: Anuarul de folclor 12–14 (1991–93) 283. – ⁷⁸ Ciubotaru, I. H.: Arhiva de Folclor a Moldovei și Bucovinei. In: Anuarul de folclor 1 (1980) 191–206.

Köln   Ion Taloș

Rumi, Ǧalāloddin, * Balḫ (nördl. Afghanistan) 5. Rabīʿ al-auwal 604 (30. 9. 1207), † Konya (Türkei) 6. Ǧumādā aṯ-ṯānīya 672 (18. 12. 1273), bedeutendster pers.sprachiger mystischer Dichter[1]. R.s Vater, der Theologe und Prediger Bahā'oddin Solṭān al-ʿolamā' Valad[2], gehörte zu einer alteingesessenen Gelehrtenfamilie. Nach einem Disput mit dem Ḫarizmšāh ʿAlā'oddīn Muḥammad verließ er mit seiner Familie gegen 609 (1212) Balḫ – was ihn letztlich vor den heranrückenden Mongolenhorden rettete – und kam über Iran (Neišāpur) und Mekka 614 (1217) nach Kleinasien (Malatya, Sivas, Akšehir, Larende). 626 (1228) ließ er sich in Konya nieder. R. lernte nach dem Tod seines Vaters (628/1231) zunächst bei Borhānoddin Moḥaqqeq, einem Schüler seines Vaters, und vollendete seine Studien nach dessen Tod (ca 637/1239) in Aleppo und Damaskus, wo er möglicherweise auch mit dem großen arab. Theosophen Ibn al-ʿArabi (gest. 637/1240) zusammentraf. Danach lebte er – bis auf kleinere Reisen – bis zu seinem Tod als Gelehrter und mystischer Lehrmeister in Konya[3].

Nach R.s Tod wurde seine Lehre von seinen Nachfolgern, bes. seinem Sohn Solṭān Valad, zur Grundlage des noch heute existierenden sog. Mevlevi-Ordens entwickelt. R. selbst genießt sowohl in der Türkei (als türk. Mevlânâ: Unser Meister), Iran (pers. Moulâwi) und Afghanistan (wo er nach seinem Geburtsort als Balḫi bekannt ist) als auch darüber hinaus weltweit hohe Verehrung. Nach Sanāʾi (gest. ca 525/1131)[4] und ʿAṭṭār (gest. 618/1221)[5] zählt R. als bedeutender pers. Mystiker und gilt zusammen mit diesen sowie mit → Neẓāmi (gest. 605/1209) und Saʿdi (gest. ca 691/1292)[6] als einer der großen pers. Geschichtenerzähler[7]. Gegen Ende des 20. Jh.s ist nach einer Welle des von der Türkei beeinflußten Folklorismus (Stichwort ‚Tanzende Derwische') vor allem in den USA eine regelrechte R.-Manie ausgebrochen[8].

R.s Leben und Wirken[9] ist nur vor dem Hintergrund seiner Zuwendung zur (islam.) → Mystik zu verstehen[10]. R.s mystische Initiation fand 642 (1244) durch das Zusammentreffen mit dem Wanderderwisch Šamsoddin aus Tabriz statt, dem er sich fortan in mystischer Liebe widmete. Von R.s eifersüchtigen Schülern vertrieben und von R.s Sohn Solṭān Valad aus Damaskus zurückgeholt, wurde Šamsoddin 645 (1247) ermordet. Trauer und Liebe wandelte R. in Dichtung und eine exzessive

Neigung zu Musik und Tanz; seine Identifikation mit dem Geliebten ließ dessen Namen zu R.s dichterischem Künstlernamen werden. In der Folgezeit war R.s Quelle mystischer Inspiration zunächst 647−657 (1249−58) Şalāḥoddin Zarkub, ein illiterater Goldschmied aus Konya, dann (ab ca 662/1263) bis zu R.s Tod der aus Urmia stammende Ḥosāmoddin ibn Ḥasan. Letzterem ist der Anstoß zur Abfassung von R.s großem mystischen Lehrgedicht, dem *Maṣnavi-ye maᶜnavi* (wörtlich etwa: Die inneren Wertigkeiten betreffendes Gedicht) zu verdanken.

R.s Werk beinhaltet neben seinem magnum opus eine ca 35 000 Verse umfassende Gedichtsammlung, die unter dem Namen seines inspirierenden Geliebten als *Divān-e Šams* (Gedichtsammlung des Šams) firmiert, Predigten, Briefe[11] sowie das erbauliche Prosawerk *Fihi mā fihi* (wörtlich: Es ist darin, was darin ist)[12]. Das knapp 26 000 Verse umfassende *Maṣnavi* wurde in Europa u. a. durch J. von → Hammer-Purgstall bekannt gemacht[13]; bis heute maßgeblich ist die Edition von R. A. Nicholson[14]. Das Werk, das der Überlieferung nach auf Wunsch von R.s Schülern gegenüber den schwer verständlichen Schriften der früheren mystischen Dichter eine Zusammenfassung von R.s Lehrmeinungen bilden sollte, wurde von R. spontan gedichtet und dem Ḥosāmoddin diktiert. Dementsprechend ist es keine systematische Summe, vielmehr bietet es eine stark assoziativ geprägte und sprunghafte Zusammenstellung narrativer und theoretischer Passagen, mit zahlreichen Abschweifungen und separaten Diskursen.

Wenngleich auch R.s Prosawerke traditionelles narratives Material enthalten − so u. a. das *Fihi mā fihi* unter Berufung auf Šamsoddin Tabrizi eine frühe Version von AaTh 986: cf. *Der faule → Ehemann*[15] − ist für die vergleichende Erzählforschung vor allem das *Maṣnavi* wichtig. Unter Bezug auf ein umfangreiches Repertoire schriftl. (hauptsächlich arab. und pers.) Quellen[16] sowie die mündl. Überlieferung seines multikulturellen zeitgenössischen Umfeldes (inklusive der christl. und jüd. Überlieferung) enthält das Werk Hunderte von Geschichten[17]. Dabei beansprucht R. das narrative Material nie um seiner selbst willen, sondern nutzt es immer − selbst bei solch drastisch obszönen Geschichten wie der vom sodomitischen Koitus der Herrin mit dem Maultier (5,1333−1429, 3391 sq.)[18] − als Einstieg in die Ausführung und Erläuterung mystischer Einsichten. Unter den angeführten Geschichten finden sich auch zahlreiche in der internat. Überlieferung verbreitete Erzählstoffe und -motive, von denen etliche Erst- bzw. Frühbelege darstellen[19].

Erzähltypen und -motive (Ausw.)[20]: 1,1 (A 1) = cf. AaTh 782: cf. → *Midas*[21]. − 1,247 (A 3) = AaTh 237: → *Elster (Papagei) und Sau*[22]. − 1,327 (F 3) = Der Schieler und die Flasche (Mot. X 121.1)[23]. − 1,900 (F 9; A 5) = AaTh 92: cf. → *Spiegelbild im Wasser*. − 1,956 (F 10; A 6) = Flucht vor dem Todesengel ist vergeblich[24]. − 1,1547 (F 14; A 7) = Gefangener Papagei stellt sich tot (AaTh 233 A: cf. → *Vögel und Netz*)[25]. − 1,2835 (F 23; A 9) = Der Gelehrte im Boot ist verloren, weil er bei all seiner Gelehrsamkeit nicht schwimmen kann (Haboucha **1588 A)[26]. − 1,3013 (A 11) = AaTh 51: → *Löwenanteil*[27]. − 1,3056 (F 25; A 12) = Klopfer an der Tür bezeichnet sich als ‚Ich'[28]. − 1,3360 (A 15) = AaTh 1698 I: cf. → *Schwerhörig, Schwerhörigkeit*. −

2,323 (F 39; A 25) = Falke beschnitten, um ihn als vernünftigen Vogel aussehen zu lassen (Mot. J 1919.1)[29]. − 2,585 (F 48; A 28) = Eseltreiber verlangt von Mittellosem, der öffentlich auf Esel herumgeführt wurde, Miete[30]. − 2,776 (A 30) = Mutter wegen Ehebruch getötet, nicht Liebhaber[31]. − 2,1465 (F 50; A 37) = König ist ‚Sklave des Sklaven' des Asketen (i. e.: der Gelüste)[32]. − 2,1510 (F 51) = Diener ißt auch bittere Frucht: will seinen Herrn nicht enttäuschen[33]. − 2,1932 (F 56) = AaTh 163 A*: cf. → *Fliege auf des Richters Nase*. − 2,1993 (F 57; A 42) = Bettler ist doppelt gestraft: mit Armut und schlechter Stimme[34]. − 2,2338 (F 65; A 49) = Verrückter beschreibt drei Arten von Frauen[35]. − 2,3116 (F 72; A 57) = Haus ohne Essen und Trinken (Mot. J 2483)[36]. − 2,3176 (F 75; A 58) = AaTh 1242 B: *Balancing the Mealsack*[37]. − 2,3436 (F 78; A 61) = Maus bietet an, das Kamel zu führen, muß am Fluß aufgeben (Mot. J 953.17). −

3,1259 (F 98; A 71) = AaTh 1317: *The Blind Men and the Elephant*[38]. − 3,1522 (F 103; A 76) = Gesunder glauben gemacht, er sei krank (Mot. J 2317; cf. AaTh 1332: → *Narrensuche*)[39]. − 3,2609 (A 84) = AaTh 1716*, 1965: *Die schadhaften → Gesellen*. − 3,2738 (F 117) = AaTh 92 A: *Hare as Ambassador of the Moon*. − 3,2799 = Dieb macht angeblich Musik: Geräusch kommt erst morgen an[40]. − 3,4624 (F 135; A 100) = Mücke beschwert sich bei → Salomo über den Wind[41]. −

4,257 (F 137; A 104) = Gerber bevorzugt Gestank vor Wohlgeruch (Mot. U 133.1)[42]. − 4,2202 (F 160; A 118) = AaTh 246: *The Fishermen and the Three Fishes of Different Intelligence*. − 4,2245 (F 163; A 119) = AaTh 150: *Die drei → Lehren des Vogels*[43]. − 4,3544 (A 130) = AaTh 1423: *Der verzauberte → Birnbaum*[44]. −

5,2326 = AaTh 52: → *Eselherzfabel*. — 5,2361 (A 149) = Esel bewundert Kriegspferd (cf. AaTh 214: → *Esel will den Herrn liebkosen*). — 5,2538 (F 205; A 152) = Mann auf der Flucht fürchtet, für Esel (Kamel) gehalten zu werden⁴⁵. — 5,2912 (F 209) = Der Magier hält es mit dem Stärkeren (dem Teufel)⁴⁶. — 5,3409 (A 160) = AaTh 1373: *Die gewogene* → *Katze*⁴⁷. — 6,367 = Spatz läßt sich von den Argumenten der Fangschlinge täuschen⁴⁸. — 6,467 (F 226) = AaTh 1525 D: cf. → *Meisterdieb*. — 6,593 (F 227) = Zeichenhafte Mitteilung für eingeschlafenen Liebhaber (cf. AaTh 861: → *Rendezvous verschlafen*). — 6,1293 (A 181) = Der Wert eines Schlages (Mot. J 1193.2). — 6,1673 = Diebischer Schneider stiehlt Tuch bei Furz⁴⁹. — 6,2376 (F 244) = AaTh 1626: → *Traumbrot*. — 6,2457 (F 245; A 187) = AaTh 80 A*: *Who Gets the Beehive*⁵⁰. — 6,2632 (F 246; A 190) = AaTh 278: cf. → *Tiere aneinandergebunden*. — 6,2816 (A 191) = AaTh 951 A* = 951 C: cf. → *König und Räuber*. — 6,4206 (F 260; A 197) = AaTh 1645: = *Traum vom Schatz auf der Brücke*. — 6,4449 (F 262; A 198) = Liebhaber in der Kiste muß sich freikaufen (cf. Mot. K 1218.1.1, K 1218.1.4). — 6,4877 = cf. AaTh 1950: → *Faulheitswettbewerb*. — 6,4903 (A 200) = Guter Rat an Ängstlichen, sich der Angst zu stellen⁵¹.

Die Bedeutung des *Maṣnavi* für die islam.-oriental. Erzählüberlieferung kann kaum überschätzt werden⁵². Durch mündl. Vortrag des Werkes selbst, durch Auswahlausgaben⁵³, Nachahmungen oder Nacherzählungen der Geschichten in populären Slgen⁵⁴ oder in neuerer Zeit etwa in Schulbüchern⁵⁵ hat das *Maṣnavi* wie kein zweites Werk zur narrativen Kultur des gesamten islam.-oriental. Raumes beigetragen⁵⁶.

¹ Ritter, H./Bausani, A.: Ḏjalāl al-Dīn Rūmī. In: EI² 2 (1965) 393–397; Alavi, B.: Maulānā Ǧalāl o'd-Din R. In: KNLL 14 (1991) 463–466. — ² Meier, F.: Bahā'-i Walad. Grundzüge seines Lebens und seiner Mystik. Leiden 1989. — ³ cf. allg. Önder, M. u. a.: Mevlâna bibliyografyası 1–2. Ankara ²1974. — ⁴ Bruijn, J. T. P.: Of Piety and Poetry. The Interaction of Religion and Literature in the Life and Works of Ḥakīm Sanā'ī of Ghazna. Leiden 1983. — ⁵ Ritter, H.: Das Meer der Seele. Leiden (1955) ²1978 (engl.: The Ocean of the Soul. Leiden/Boston 2003); Boyle, J. A.: Popular Literature and Folklore in ᶜAṭṭār's Mathnavīs. In: Colloquio italo-iranio sul poeta mistico Fariduddin ˓Aṭṭār. Rom 1978, 57–70; Šanᶜati-niyā, F.: Ma'āḫez̲-e qeṣaṣ va tamṣilāt-e maṣnavihā-ye ˓Aṭṭār-e Neīšāburi (Die Qu.n der Geschichten und Allegorien der Gedichte des ˓Aṭṭār). Teheran 1369/1990. — ⁶ Rehatsek, E. (Übers.): The Gulistan or Rose Garden of Saʿdi. ed. W. G. Archer. L. 1964; Wickens, G. M. (Übers.): Morals Pointed and Tales Adorned. The Būstān of Saʿdī. Leiden 1974; Āẕar, A. E.: Saᶜdi-šenāsi. Naqd va taḥlil-e Bustān va Golestān (Saᶜdi-Wiss. Kritik und Analyse von Bustān und Golestān). Teheran 1375/1996. — ⁷ De Bruijn, J. T. P.: Persian Sufi Poetry. Richmond 1997, 84–127, bes. 108–111. — ⁸ Lewis, F. D.: R. Past and Present, East and West. The Life, Teaching and Poetry of Jalâl al-Din R. Ox. 2000, bes. 616–643. — ⁹ Schimmel, A.: Die Bildersprache Dschelaleddin R.s. Walldorf 1949; ead.: The Triumphal Sun. A Study of the Works of Jalāloddin R. L./The Hague ²1980; ead.: I Am Wind and You Are Fire. The Life and Works of R. Boston/L. 1992 (dt. Mü. ⁵1986). — ¹⁰ ead.: Mystical Dimensions of Islam. Chapel Hill, N. C. 1975 (dt. Köln 1985). — ¹¹ Maktubāt-e Moulānā Ǧalāloddin R. (R.s Prosaschriften). ed. T. H. Sobḥāni. Teheran 1371/1992. — ¹² R.: Ketāb-e Fihi mā fihi. ed. B. Foruzānfar. Teheran ³1358/1979; Discourses of Rūmī. Übers. A. J. Arberry. L. 1961; R.: Von Allem und vom Einen. Übers. A. Schimmel. Mü. 1988. — ¹³ Hammer-Purgstall, J. von: Ber. über den zu Kairo i. J. 1251 (1835) in sechs Foliobänden erschienenen türk. Commentar des Mesnewi Dschelaleddin R.'s [1851]. In: Zwei Abhdlgen zur Mystik und Magie des Islams [...]. ed. A. Schimmel. Wien 1974, 21–119. — ¹⁴ The Mathnawí of Jalálu'ddín Rúmí 1–8. ed./übers. R. A. Nicholson. L. 1925/26/29/30/33/34/37/40 (Nachdr. t. 2, 4, 6 [= Übers.] 1–3. L. 1977 u. ö.); Maṣnavi-ye maᶜnavi 1–4. ed. R. A. Nicholson. ed. N. Purǧavādī. Teheran 1363/1984; cf. Gouharin, Ṣ.: Farhang-e loġāt va taᶜbirāt-e Maṣnavi (Lex. der Wörter und Begriffe des Maṣnavi) 1–9. Teheran (1337/1958–1354/1975) ²1362/1983; Ebrāhimi, Mir Ǧ.: Šarḥ-e taḥlili-ye aᶜlām-e Maṣnavi [...] (Analytische Erläuterung der Personennamen im Maṣnavi). Teheran 1379/2000. — ¹⁵ Foruzānfar (wie not. 12) 83 sq.; Arberry (wie not. 12) 95 sq. (Kap. 18); Schimmel (wie not. 12) 158 sq. (Kap. 19). — ¹⁶ Foruzānfar, B.: Ma'āḫez̲-e qeṣaṣ va tamṣilāt-e Maṣnavi (Die Qu.n der Geschichten und Allegorien des Maṣnavi). Teheran ⁴1370/1991; cf. auch id.: Aḥādis̲-e Maṣnavi [Die im Maṣnavi erscheinenen Aussprüche des Propheten Mohammed]. Teheran ³1361/1982. — ¹⁷ cf. Arberry, A. J.: Tales from the Masnavi. L. 1961 (num. 1–100); id.: More Tales from the Masnavi. L. 1963 (num. 101–200); Einzelunters.en z. B. Browne, E. G.: A Parallel to the Story in the „Mathnawí" of Jalálu 'd-Dín Rúmí, of the Jewish King Who Persecuted the Christians. In: Islamica 2 (1926) 129–134; Hillelson, S.: The Source of a Story in the Mathnawí [...]. In: J. of the Royal Asiatic Soc. (1937) 474–477; Kappler, C.: Le Dialogue d'Iblīs et de Moᶜāwiye dans le daftar II du Maṣnavī [...]. Une alchimie du cœur. In: Studia Islamica 16 (1987) 45–99. — ¹⁸ cf. auch an-Nafzâwî: Der duftende Garten zur Erbauung des Gemüts. Ein arab. Liebeshb. Übers. U. Marzolph. Mü. 2002, 102–104. — ¹⁹ cf. Yousofi, Gh. H.: Mawlavī as Storyteller. In: Chelkowski, P. J. (ed.): The Scholar and the Saint. Studies in Commemoration of Abū'l-Rayhan al-Bīrūnī and Jalāl al-Dīn al-Rūmī. N. Y. 1975, 287–306; Zarrinkub, ᶜA.: Serr-e nei (Das Geheimnis

der Rohrflöte) 1–2. Teheran 1364/1975; id.: Baḥr dar kuze (Ein Meer im Krug). Teheran 1366/1987; Baykal, Ö.: Animal Tales in the Mathnawî of Mevlânâ Jalâlu'd-Dîn Rûmî. In: Erdem 1 (1985) 615–620; Marzolph, Arabia ridens 1, 98–101; Hamid, F.: Storytelling Techniques in the „Maṯnavī-ye Maᶜnavī" of Mowlana Jalal al-Din R. Wayward Narrative or Logical Progression? In: Iranian Studies 32,1 (1999) 27–49. – [20] Angaben nach der Ausg. Nicholson (wie not. 14) mit Nennung von Buch und erstem Vers; in Klammern zusätzlich Hinweise auf die jeweilige num. bei Foruzānfar 1991 (wie not. 16; = F) sowie Arberry (wie not. 17; = A). –
[21] Ritter, H.: Das Proömium des Maṯnawī-i Maulawī. In: ZDMG 93 (1932) 169–196. – [22] Marzolph, Arabia ridens 1, 99. – [23] Marzolph, U.: Der Schieler und die Flasche. Zur Rezeption einer arab. Anekdote in der pers. mystischen Lit. In: Oriens 32 (1990) 124–138; Marzolph, Arabia ridens 2, num. 624. – [24] Ritter (wie not. 5) 37. – [25] Marzolph, Arabia ridens 1, 99 sq.; cf. Friend, A. C.: The Tale of the Captive Bird and the Traveler. Nequam, Berechiah, and Chaucer's „Squire's Tale". In: Medievalia et Humanistica N. S. 1 (1970) 57–65. – [26] Marzolph, Arabia ridens 1, 83. – [27] ibid. 2, num. 932. – [28] ibid., num. 129. – [29] ibid. 1, 73. – [30] ibid. 2, num. 344. –
[31] ibid., num. 347. – [32] ibid., num. 287. – [33] ibid., num. 721. – [34] ibid., num. 313. – [35] cf. Wesselski, A.: Erlesenes. Prag 1928, 120–125. – [36] Marzolph, U.: Das Haus ohne Essen und Trinken. Arab. und pers. Belege zu Mot. J 2483. In: Fabula 24 (1983) 215–222; Grilli, G.: A proposito della „casa lóbrega y oscura". Ancora sulle concomitanze tra il „Lazarillo de Tormes" e la narrativa araba. In: Bernardini, M. u. a. (edd.): Europa e Islam tra i secoli XIV e XVI t. 2. Neapel 2002, 909–937. – [37] Marzolph, Arabia ridens 2, num. 163. – [38] Zieseniss, A.: Zwei ind. Lehrerzählungen im Islâm. In: ZDMG 99 (1945–49) 267–273; Uther, H.-J.: Behinderte in populären Erzählungen. B./N. Y. 1981, 79. – [39] Marzolph, Arabia ridens 2, num. 165. – [40] ibid. 1, 101. –
[41] Schwarzbaum, 252; Ritter (wie not. 5) 572. – [42] Galmés de Fuentes, A.: Un Conte d'al-Ghazālī et le fabliau français Du vilain asnier. In: Romance Philology 329 (1985) 198–205; Marzolph, Arabia ridens 1, 173–180. – [43] ibid. 2, num. 369. – [44] ibid., num. 1185. – [45] Marzolph, U.: Reconsidering the Iranian Sources of a Romanian Political Joke. In: WF 47 (1988) 212–216. – [46] Marzolph, Arabia ridens 2, num. 183. – [47] ibid., num. 65. – [48] ibid., num. 367. – [49] ibid., num. 1188. – [50] ibid., num. 933. –
[51] ibid., num. 343. – [52] Marzolph, U.: Popular Narratives in Ǧalāloddin R.'s „Maṯnavi". In: The Arabist 13–14 (1995) 275–287. – [53] z. B. Māzanderāni, Maḥmud b. Yusof: Maṯnavi-ye aṭfāl (Das Maṯnavi für Kinder). Teheran 1309/1891. – [54] cf. etwa Ǧaloliddin R.: Hikoyahoi xalqii Masnavī (Volkserzählungen des Maṯnavi). Duschanbe 1963; Baṣiri, ᶜA. A.:

Dāstānhā-ye „Maṯnavi" (Geschichten aus dem Maṯnavi). Schiraz 1343/1964; Önder, M.: Çocuklara Mevlâna'dan hikâyeler (Kindergeschichten von R.). Köln 1989; Ebrāhimi, Ġ.: Qeṣṣehā-ye Maṯnavi-ye Moulavi (Geschichten aus R.s Maṯnavi) 1–3. Teheran t. 1 ⁹1380/2001, t. 2 ⁷1378/1999, t. 3 ²1379/2000; cf. auch Mazināni, M. K.: Qeṣṣehā-ye širin-e Fihi mā fihi-ye Moulavi (Schöne Geschichten aus R.s Fihi mā fihi). Teheran ³1378/1999. – [55] cf. Marzolph, U.: Interkulturelles Erzählen. Der Transfer von Erzählgut in iran. Grundschullehrbüchern. In: Medien popularer Kultur. Festschr. R. W. Brednich. Ffm. 1995, 182–195. – [56] Mills, M. A.: Folk Tradition in the „Mathnavī" and the „Mathnavī" in Folk Tradition. In: Banani, A./Houannisian, R./Sabagh, G. (edd.): Poetry and Mysticism in Islam. The Heritage of Rūmī. Cambr. 1994, 136–177.

Göttingen   Ulrich Marzolph

Rumpelstilzchen → Name des Unholds

Rumpf, Marianne, * Guben 4. 6. 1921, † Berlin 26. 3. 1998, dt. Volkskundlerin. R., Tochter des Graphikers, Kunsthistorikers und Japanologen F. Rumpf, studierte Vk., Kunstgeschichte, Japanisch und Geschichte 1940–42 und 1944–47 an der Friedrich-Wilhelm-Univ. in Berlin, 1942–44 in Straßburg, ab 1947 in Göttingen, wo sie 1950 bei W.-E. → Peuckert mit einer Diss. zu → Rotkäppchen (AaTh 333)[1] promoviert wurde. 1942–86 war sie an verschiedenen Orten im Bibl.sdienst tätig, seit 1972 als Bibl.sdirektorin an der Staatsbibliothek Preuß. Kulturbesitz in Berlin[2].

R.s wiss. Hauptinteresse galt zeitlebens dem Phänomen der Kinderschreckgestalten, u. a. den → Spinnstubenfrauen oder → Frau Holle; der Figur der → Percht[3] widmete sie bes. Aufmerksamkeit. In ihrer Diss. untersuchte R. nicht nur den Erzähltyp AaTh 333, sondern stellte die Verbindung zu AaTh 333 B: → Caterinella[4] und AaTh 123: → Wolf und Geißlein her. Dabei war sie weniger an einer mythol. Deutung interessiert, sondern arbeitete vielmehr die Funktion der Märchen als Warnerzählungen bzw. → Schreckmärchen (cf. auch → Fressermärchen, → Gastrotomie) heraus[5]. Die von ihr verarbeitete Qu.nbasis umfaßt auch Werwolfgeschichten (→ Wolfsmenschen) und Berichte von Hexenprozessen.

Wie in ihrer Diss. bezog R. in ihren weiteren Unters.en Sage und Brauch mit ein und arbeitete deren gegenseitige Beziehung heraus. Zusätzlich zu mündl. Belegen aus dem mitteleurop. Raum berücksichtigte sie entlegene Qu.n aus der Lit. des späten MA.s Ostasiens und der bildenden Kunst. Für die Verbreitung von Schreckgestalten wies sie enge Verbindungen mit Brauch und Glauben seit dem MA. nach: Holzschnittbilder, die → Bildquellen (Kap. 4) des 16. bis 18. Jh.s, zeigen Butzenbercht und Kinderfresser, die unfolgsamen und faulen Kindern grausame Strafen androhen[6]; ähnlich hat die weite Verbreitung der Bilderbogen mit Berchta vermutlich dazu beigetragen, daß diese Gestalt in der populären Vorstellung bekannt geblieben ist[7].

R. beschäftigte sich ferner mit den dämonischen, mythischen, psychol. und soziol. Hintergründen von Märchen. Am Beispiel von KHM 14, AaTh 501: *Die drei → Spinnfrauen*[8] untersuchte sie, wie sich die sozialhist. Realität der Frauen im Märchen widerspiegelt. Ähnlich hat R. auch die Heinzelmännchen (→ Hausgeister)[9] oder den Donnerbesen[10] entmythisiert[11]. Innovativ ist die von ihr auf die Erzählung vom → Rattenfänger von Hameln angewandte medizinhist. Sicht, die durch die Erschließung zusätzlicher Qu.n zu neuen Interpretationen anregt[12]; zu diesem Bereich legte R. auch eine Arbeit zu den Leprakranken in Sage, Lied und Brauch vor[13]. Zur Ausstellung während des 24. Dt. Vk.-Kongresses in Berlin 1983 stellte sie ein Begleitheft mit Kostproben aus dem ‚Grimm-Schrank' zusammen[14].

[1] R., M.: Rotkäppchen. Eine vergleichende Märchenunters. Diss. (masch.) Göttingen 1951 (Ffm. u. a. 1989). – [2] Alzheimer-Haller, H.: Frauen in der Vk. Würzburg 1994, 310 sq.; Heydrich, J.: Personalnachrichten. Berlin, Berliner Gesamtkatalog. In: Zs. für Bibl.swesen und Bibliogr. 33,5 (1986) 413 sq. (Pensionierung von M. R.); Stein, H.: M. R. In: Fabula 40 (1999) 117–120. – [3] R., M.: Perchta in der Sage und in ma. Qu.n. In: Probleme der Sagenforschung. ed. L. Röhrich. Fbg 1973, 122–138; ead.: Der Berchtoldstag in der Schweiz. In: Beitr.e zur dt. Volks- und Altertumskunde 21 (1982) 65–85; ead.: Perchten et masques de perchten. In: Fêtes et traditions masquées d'Autriche. Ausstellungskatalog Binche 1987, 51–55; ead.: Der Brauch des Aufstellens von „Bertlmilch". In: Beitr.e zur dt. Volks- und Altertumskunde 23 (1984) 61–85; ead: Luxuria, Frau Welt und Domina Perchta. In: Fabula 31 (1990) 97–120; ead.: Perchten. Populäre Glaubensgestaltung zwischen Mythos und Katechese. Würzburg 1991. – [4] ead.: Caterinella. Ein ital. Warnmärchen. In: Fabula 1 (1958) 76–84. – [5] ead.: Ursprung und Entstehung von Warn- und Schreckmärchen (FFC 160). Hels. 1955. – [6] ead.: Butzenbercht und Kinderfresser. Beziehungen und Beeinflussungen von literar. und volkstümlichen Vorlagen auf Brauch und Glauben seit dem MA. In: Beitr.e zur dt. Volks- und Altertumskunde 19 (1980) 57–76. – [7] ead.: Spinnstubenfrauen, Kinderschreckgestalten und Frau Perchta. In: Fabula 17 (1976) 215–242; ead.: The Legend of Bertha in Switzerland. In: JFI 14 (1977) 181–195. – [8] ead.: Spinnerinnen und Spinnen. Märchendeutung aus kulturhist. Sicht. In: Die Frau im Märchen. ed. S. Früh/R. Wehse. Kassel 1985, 59–72. – [9] ead.: Wie war zu Cölln es doch vordem mit Heinzelmännchen so bequem. In: Fabula 17 (1976) 45–74. – [10] ead.: Donnerbesen. Mythos und Wirklichkeit. In: Beitr.e zur dt. Volks- und Altertumskunde 18 (1979) 15–56; ead.: Bierzeichen in Norddeutschland und in den Niederlanden. In: Jb. der Ges. für Geschichte und Bibliogr. des Brauwesens (1984) 17–56. – [11] ead.: Das Petermännchen von Knechthausen in Stade. In: Beitr.e zur dt. Volks- und Altertumskunde 20 (1981) 45–70; ead.: Der „Kampf des Karnevals gegen die Fasten" von Pieter Bruegel d. Ä. Volkskundl., kulturhist., medizingeschichtlich interpretiert. In: ÖZfVk. 89 (1986) 125–157. – [12] ead.: Die Hamelner Rattenfängersage medizinhist. gedeutet. In: Geschichte und Geschichten. ed. N. Humburg. Hildesheim 1984, 24–37. – [13] ead.: Rosen und Leprosen im Volkslied. In: Jb. für Volksliedforschung 30 (1985) 18–36; ead.: Bildliche Darstellungen vom Nobiskrug, von der Hölle und dem Fegefeuer. In: Rhein.-westfäl. Zs. für Vk. 40 (1995) 97–138. – [14] ead. (ed.): Volkskundliche Kostproben aus dem „Grimm-Schrank". Begleitheft zur Ausstellung während des 24. Dt. Vk.-Kongresses in Berlin vom 26.–30. September 1983. B. 1983.

Hildesheim   Helga Stein

Rundfunk

1. Merkmale, Nutzung und Wirkung – 2. Entwicklung und Organisationsformen – 3. Erzählen im Hörfunk – 4. Kinderfunk – 5. Vk. und R. – 6. Erzählungen über den R.

1. **Merkmale, Nutzung und Wirkung.** Bis zur Einführung des Fernsehens (→ Television) galt R. als alleinige Bezeichnung für den Hörfunk. Prägend für das Wort R. war die sensationelle Übertragungstechnik des Massenmediums, die auf der von H. Hertz 1888 nachgewiesenen Rundwirkung elektromagnetischer Wellen beruht[1]. Am 2. 11. 1920 nahm in Pennsylvania der erste regelmäßig tätige R.sender den Betrieb auf. 1922 wurde der R.

in England und der Sowjetunion Wirklichkeit, weitere Länder in Europa und Übersee folgten nach[2]. Der dt. Hörfunk (auch Horchfunk genannt[3]) startete offiziell am 29.10.1923 mit der ‚Dt. Stunde' aus Berlin[4]. Mitte 1923 gab es in Amerika bereits über 500 R.sender mit einer Hörerschaft[5], die der R. 1945 in Deutschland aufwies[6].

Schon früh entstand der Auslandsfunk. Seit 1927 belieferte die BBC (British Broadcasting Corporation) die Kolonien des Empire per Kurzwellenfunk[7]. Die Voice of America wurde 1942 als Propagandasender errichtet[8]. In mehreren Sprachen sendeten seit 1929 der sowjet. und der dt. Auslandsfunk, die Dt. Welle[9]. Gegenwärtig strahlen mehr als 100 Staaten ihre Sendungen (z. T. mehrsprachig) weltweit über Kurz- und Mittelwelle oder Satellit aus[10].

In Deutschland sind heute fast alle Haushalte mit Radio und Farbfernsehgerät ausgestattet[11]. Im Schnitt hören Frauen 181 und Männer 163 Minuten Radio pro Tag[12]. Ähnlich ist der Zeitaufwand für das Fernsehen, das den Hörfunk als Leitmedium verdrängt hat. Dieser wird seither tätigkeitsbegleitend, dafür mit großer Reichweite genutzt, da seine Vielfalt stationärer und mobiler Gerätetypen (Stereoanlagen, Radiowecker, Autoradios, Kofferradios etc.) ubiquitären Empfang ermöglicht: Laut Media Analyse 1998 werden täglich mehr als 80% der Bevölkerung vom Radio erreicht[13].

In den Entwicklungsländern ist die Versorgungsdichte des Radios zurückgeblieben. So besaßen 1995 von 1000 Einwohnern Zimbabwes 89 R.empfänger[14], wegen des Gemeinschaftsempfangs ist der Wirkungsgrad allerdings höher. Z. B. erreicht der Hörfunk in einem Schwellenland wie Brasilien 85% der in völliger Armut lebenden Bevölkerungsschicht[15].

Im Vergleich zu audiovisuellen → Medien ist der R. rein auditiv, also monosensoral organisiert. Seine Ausdrucksmittel sind Musik, Geräusch und Wortsprache[16]. R. Arnheim lobte die ‚Blindheit' des R.s nach dem Gesetz der Sparsamkeit des Kunstschaffens[17]. Die Wahrnehmungen des Ohrs sind in Relation zum ordnenden Sehsinn eher diffus. Läßt sich das Auge leicht schließen, so nicht das selbst im Schlaf tätige Ohr[18]. Das Gehör bietet daher einen direkteren Zugang zu den Gefühlsschichten. Geräusche dienen der Hörbarmachung des Raumes, weshalb der Hörfunk zum Wirklichkeitseindruck tendiert[19]. Durch das ‚tönende' Wort ist der R. auch Leseunkundigen (→ Analphabetismus) zugänglich. Radiophone Mündlichkeit ist aber nicht alltagssprachlich, sondern von sekundärer Oralität, da R.programme vielfach auf schriftl. Qu.n beruhen[20].

Der R. kann seine Inhalte schneller und billiger verbreiten als die Presse. Lenin propagierte ihn daher als ‚Zeitung ohne Papier und ohne Entfernungen'[21]. Das Radio beendete die Dominanz der Schriftkultur und leitete die Ära der elektronischen bzw. tertiären Massenmedien ein[22], die zu einem wichtigen Faktor populären → Erzählens wurden.

2. Entwicklung und Organisationsformen. Das R.system der USA verkörpert prototypisch das kommerzielle, werbefinanzierte R.modell[23]. Da die Preise von Werbezeit mit höherer Einschaltquote steigen, richten sich die R.programme nach dem auf Unterhaltung zielenden Massengeschmack. Dagegen war der R. der Weimarer Republik Bildungsfunk, wie bes. die Funkvolkshochschule H. Bredows (1879–1959), des ‚Vaters' des dt. R.s, zeigt.

In der Zeit des Nationalsozialismus wurde der dt. R., gefördert durch preiswerte ‚Volksempfänger'[24], als propagandistisches Mittel genutzt. Wurde der föderalistisch organisierte R. in der Bundesrepublik Deutschland zu einem Bestandsträger der Demokratie, war er in der DDR bis zur Wiedervereinigung Staatsrundfunk.

Der R. schuf nationale Identität und war ein Fenster zur Welt[25]. Wegen des konkurrierenden Fernsehens tendiert das technisch und finanziell weniger aufwendige Radio heute zur kleinräumigen Kommunikation[26]. Nach M. McLuhan schafft es ein ‚global village' mit heterogenen Vierteln[27]. Die Entstehung privater Sender seit den 1970er Jahren beschleunigte bes. in Ballungsräumen die Dezentralisierung des R.s[28]. Dadurch ist der Anteil der regional- und minderheitensprachlichen Sendungen gestiegen. In den Entwicklungsländern hat der Lokalrundfunk das Monopol der Kolonialsprachen gebrochen, z. B. in Südostasien mit über 1000 indigenen Sprachen[29]. Schriftlose

Kulturen erhielten durch das Radio erst die Möglichkeit zur Herstellung selbstbestimmter Öffentlichkeit. Der weltweite Kurzwellenfunk beförderte die Standardisierung ihrer nichtalphabetisierten Sprachen und damit die Bildung ethnischer Identität[30]. Heute stehen z. B. für die Maori in Neuseeland einige R.frequenzen zur Verfügung. In den USA wurden lokale Indianersender nach dem Modell der Community Radios gegründet, z. B. 1983 das Sioux-Radio KILI-FM mit Lakota als Sendesprache[31]. Teile der Landbevölkerung Afrikas und Asiens können am ‚Rural Radio' partizipieren, dessen edukatives Programm zur Verbesserung der Agrarproduktion eingeführt wurde[32].

Bertolt Brechts Radiotheorie sah den R. als ideales Medium der Öffentlichkeit, sofern er von einem Distributions- in einen Kommunikationsapparat verwandelt würde[33]. Der R.standard erlaubt jedoch nur spärliche Hörerbeteiligungen per Zuschrift oder kurzem Telefongespräch. Offene Kanäle, die in den westdt. Kabelnetzen entstanden, boten unattraktive Programme[34]. Mit der Zukunft des digitalen Hörfunks[35] tendiert der R. wieder zur Globalität.

3. Erzählen im Hörfunk. Die Medien haben die Erzählkultur verändert. Zunächst sah man nur ihre Gefahr, die traditionelle Volkskultur, so auch das Erzählen in den alten Lebensraumgemeinschaften, zu verdrängen, was auf dem vermeintlichen Gegensatz von Gemeinschaft und Massengesellschaft beruhte[36]. Andererseits hat bes. das Radio ‚organisierte' Formen des Erzählens geschaffen[37]. Es ist ein ‚Erzählkanal', der den Anteil der Mündlichkeit am Erzählen beträchtlich erweitert hat[38]. Zudem regen massenmedial verbreitete Inhalte das direkte Erzählen an[39]. Mit Geschehnisberichten über heitere Erlebnisse, glückliche Zufälle oder Tragödien (Naturkatastrophen, Verkehrsunfälle, kriminelle oder kriegerische Handlungen etc.) beeinflußt der R. primär das → alltägliche Erzählen. Die Übertragung bzw. Bearb. traditioneller Erzählgattungen ist daneben sekundär.

Der radiophone Erzähler ist für die → Zuhörer unsichtbar, denen daher Mimik und Gestik als optische Ergänzungsvorstellungen fehlen. Bis zur Entwicklung von spezifischen Formen wie → Hörspiel, Feature oder Radioshow fungierte der R. als reines Übertragungsmedium. Er war Nachrichten-, Musik- oder Vorlesefunk, also Sprechfunk des Literarischen[40]. Seine Eigenschaft, den Hörer synchron an entfernten Ereignissen teilnehmen zu lassen, machte ihn zu einem Medium der Aktualität. Die daraus resultierende R.gläubigkeit zeigte sich 1938 an Orson Welles' Hörspiel *The War of the Worlds*, dessen fiktive Live-Interviews und Live-Reportagen über die Landung von Marsmenschen in Amerika eine Hysterie auslösten.

R.moderatoren sind Erzählerpersönlichkeiten vergleichbar, die sich auf ihr Publikum einzustellen vermögen, das unsichtbar bleibt. In Talkrunden und Telefoninterviews suchen sie als Stellvertreter der Hörerschaft zu agieren[41]. Durchschnittlichen Erzählern in alltäglichen Erzählsituationen[42] sind sie durch ihre Sprachkompetenz weit überlegen[43], auch wenn sie sich der Umgangssprache durch lexikalische und morphosyntaktische Nachlässigkeiten, wie Gebrauch von Allerweltswörtern und Schlagzeilensprache, annähern[44]. Die Spannweite der von ihnen abgedeckten Gattungen umfaßt eher → Witze, → Sprichwörter, → Redensarten, → Gerüchte und Alltagserzählungen, auch alte und moderne → Sagen, also Kleinformen, mit denen die Servicefunktion des R.s unterhaltsam verpackt wird. Vorherrschend ist der Sendetyp des Magazins, in dem der Moderator sein Thema zu sog. Magazingeschichten verwebt, die der Verklitterung des Mischprogramms aus Politik, Kultur, → Klatsch, Nachrichten und Verkehrsdurchsagen dienen.

So ist der moderne Witz neben → Zeitungen und → Illustrierten wesentlich dem R. geschuldet[45], der die Ausbreitung von Witzmoden[46] (z. B. Ostfriesenwitze[47]) beschleunigt hat. Der Kritik am Sozialismus dienten im begrenzten Maße die Witze über Radio Eriwan, die nach einem in der Hauptstadt Armeniens existierenden R.sender benannt sind und vorgeblich die Stimme des Volkes widerspiegeln: „Frage an Radio Eriwan: ‚Stimmt es, daß sich in der Sowjetunion Stereoanlagen erübrigen?' – Antwort: ‚Im Prinzip ja, man hört sowieso von allen Seiten das gleiche.'"[48]

Sprichwörter, sprichwörtliche Redensarten und andere Kleinformen bieten dem R.kommunikator ‚sprachliche Fertigware', die er schnell abrufen und mannigfach nutzen kann⁴⁹. Sie sind häufig metaphorisch, reduzieren also die Komplexität von Situationen auf wenige vorstellbare Elemente. Sprichwörtliches ist daher wesentlicher Teil der R.sprache⁵⁰. So helfen Phraseologismen beim Telefonjournalismus, der als Live-Sendung Intimität mit den Hörern sucht, über kommunikative Dilemmata hinweg⁵¹. Bes. häufig sind Phraseologismen in der R.werbung (→ Werbung), die mit der Entstehung des Mediums den Slogan für Markenartikel kreiert hat⁵².

Quizsendungen, die heute vor allem im Fernsehen anzutreffen sind, wurden in der Frühzeit des R.s auch als ‚Rätselfunk' bezeichnet⁵³. Inwieweit man sich dabei noch überlieferter Formen bediente, ist wegen mangelnder Qu.n nur schwer zu erforschen.

→ Märchen wurden schon früh im R. verwendet. So wurde am Heiligabend 1923 in Berlin neben einem Bibeltext ein Märchen von → Andersen vorgetragen⁵⁴. Da der R. den Äußerungstyp Mündlichkeit verkörpert, gilt er für die Umsetzung des Märchens als bes. geeignet. Denn er lebt aus der Illusion der Hörer, während filmische Medien (→ Film) äußerlich sichtbare Bilder ‚liefern', mit denen die → Phantasie beeinflußt wird⁵⁵. Märchen für Erwachsene sind eher selten zu hören⁵⁶, gelegentlich findet man Sendungen über das Märchen. Gleichwohl waren Experimente mit R.erzählern von Erfolg gekrönt, wie mit Elsa Sophia von Kamphoevener (1878–1963), die seit 1952 ihre breiten Ausgestaltungen türk. Märchen (cf. I. → Kúnos)⁵⁷ in den westdt. R.anstalten erzählt hat⁵⁸. Ähnliche Versuche fanden in anderen Ländern statt, wie beim Teheraner R.⁵⁹ oder bei Radio Gambia, wo Griots in der Weise von Epensängern traditionelle Folklore vermitteln⁶⁰.

4. Kinderfunk. Das Funkmärchen fristet sein Dasein im Kinderprogramm. In der Frühzeit des dt. Kinderfunks war es neben Sagen und Abenteuererzählungen fest verankert. So enthielt das Programm der Berliner Funkstunde für die Altersstufe bis ca zwölf Jahren neben Beschäftigungsstunden hauptsächlich Lesungen von Märchen und märchenähnlicher Lit.⁶¹ Hiervon zeugen z. B. die Reihen *Die Funkprinzessin erzählt* oder *Der Funkheinzelmann* erzählt⁶². Die Figur des Heinzelmanns im Funk wurde von H. Bodenstedt, dem Intendanten der Nordischen Rundfunk AG (NORAG), erfunden und gesprochen⁶³. In seinen *Großstadtmärchen* verwob er moderne Technik mit traditioneller Märchenwelt⁶⁴. Später findet sich als ähnliche Figur beim Kinderfunk des Südwestrundfunks der ‚Hutzelmann'⁶⁵, der mit regionalem Bezug u. a. Märchen, Sagen und Schwänke erzählt (cf. auch → Sandmann).

1927 übernahm Lisa Tetzner (1894–1963), die 1918–20 als Märchenerzählerin verschiedene Gegenden Deutschlands durchwandert hatte, die Leitung der Kinderstunde des Berliner R.s⁶⁶. Im selben Jahr wurden 80 ‚Märchenvorträge' ausgestrahlt⁶⁷. Um der rhetorischen Vortragsweise im R. entgegenzuwirken, holte sich Tetzner, die den Kinderfunk bis 1933 leitete, eine Kinderspielschar vor das Mikrofon, ein Verfahren, das der R. bis in die 1960er Jahre praktizierte⁶⁸. Dramatisierte Bearb.en von Märchen, auch als Singspiele und Opern, erscheinen erst ab 1929 in nennenswerter Anzahl⁶⁹. Sie machten bis 1932 schon mehr als 30 % aller Kinder- und Jugendspiele aus⁷⁰.

Der seit 1924 von der NORAG ausgestrahlte, 1926 von der Dt. Welle so genannte Schulfunk war Gemeinschaftsempfang. Unterstützt von der Geräteindustrie⁷¹, waren 1931 hierfür 20 000 von insgesamt 55 000 Schulen ausgerüstet⁷². Vorgelesene und dramatisierte Märchen sowie Vorträge über Volkserzählungen wurden häufig im Unterricht für das Fach Deutsch gesendet⁷³.

Die Tradition des ‚kindertümelnden' R.s, der vor allem das vorschulpflichtige Kind durch ‚Tanten'⁷⁴ und ‚Onkel' (z. B. „Onkel Tobias vom Rias"⁷⁵) anzusprechen suchte, währte im Westen Deutschlands nahezu ungebrochen bis Anfang der 1970er Jahre, wich dann aber einer realitätsbezogeneren Präsentationsweise und Themenauswahl⁷⁶. So zeichnete der Hörfunk mit teils verzögerter Wirkung die Moden des Märchens, vom betont dt. (Brüder → Grimm) über das exotische Märchen (‚Märchen der Völker') bis zur → Parodie nach⁷⁷. Vorlesefunk und Hörspiel partizipieren heute stark an der Entwicklung der → Kinder- und Jugendliteratur. Volkserzählungen stellen dabei eine kleine, doch konstante Größe dar.

Erreicht das von den Eltern kritischer beäugte Fernsehen heute täglich über 90% der Sechs- bis Dreizehnjährigen, so werden Hörmedien, d. h. Radio und Tonträgermedien, nur von etwa 50% wahrgenommen[78]. Zudem werden R.sendungen im Vergleich zu Hörkassetten und -CDs eher ‚nebenher' rezipiert. Daher hat der R. trotz seiner Mündlichkeit und einfachen Verfügbarkeit nicht zu einer denkbaren Renaissance von Märchen, Sagen, Legenden und Fabeln beigetragen.

5. Vk. und R. Volkskundler wirkten an der Gestaltung von R.sendungen von Anbegin mit, brachten dadurch Folklore in Umlauf und nutzten ihre R.beiträge für eigene Sammelzwecke, während R.moderatoren z. T. starke Übergänge zur Rolle des Folkloristen zeigten[79]. Ein frühes Beispiel hierfür ist das Vortragsprogramm der Hans Bredow-Schulen für Volkswissenschaft, die es in Hamburg, Leipzig, Breslau, Frankfurt und Berlin gab[80]. Die ‚drahtlose Volkshochschule' gliederte sich bei der NORAG in mehrere Unterschulen, deren wichtigste die Schule des Ndd. war[81]. Im Kuratorium saßen Sprachwissenschaftler und Volkskundler wie K. Borchling, O. Mensing, O. Lauffer und R. → Wossidlo. Letzterer referierte z. B. mehrfach über die Vk. Mecklenburgs, neben heimischen Bräuchen auch über Volkserzählungen[82]. So verstärkte der R. die Bestrebungen der dt. Heimatbewegung.

Noch im westdt. Nachkriegsfunk suchten Volkskundler den Heimatfunk auf eine wiss. Basis zu stellen. Das zeigen die acht Arbeitstagungen ‚Vk. und R.', die von 1953 bis 1963 stattfanden und auf eine ‚angewandte Vk.' hinausliefen[83]. Der R. selbst wurde von der Vk. erst spät thematisiert[84], zuletzt im Rahmen der Dispositivtheorie M. Foucaults[85].

R.anstalten bedienen sich im ‚Heimatfunk' prinzipiell der Primäraussagen von Volkskundlern. Dieser verstärkt im ‚kleinkammrigen' Lokalfunk, dessen Nahraum andererseits größer als der der örtlich berichtenden Ztg ist[86], die Hörerbindung, so daß sich auch der öffentlich-rechtliche Hörfunk vermehrt heimatlich etikettiert[87]. Nicht selten sind Volkskundler redaktionell beteiligt. Wiss. Kriterien spielen jedoch im unterhaltungsbetonten R. eine nachgeordnete Rolle[88]. So wird Folklore zum Medienfolklorismus (→ Folklorismus).

6. Erzählungen über den R. R.geschichten erzählen über das Medium, sind also Teil der ‚media-lore'. Sie stellen Indizien für die Intensität des Eindringens der Technik in den Alltag, bes. der weniger gebildeten Landbevölkerung, dar[89]. Vorindustrielle Kulturen basieren auf dem Konzept der Einheit von Raum und Zeit, das durch das ‚Fernsprechen' und ‚Fernhören' von Telefon und R. durchbrochen wurde[90]; räumlich entferntes Geschehen konnte erstmals simultan wahrgenommen werden. Dieser Wandel wurde erzählerisch verarbeitet, neben Gerüchten über die Neueinführung des Mediums[91] bevorzugt durch Sage, Schwank und Witz.

R.sagen bezeugen häufig die → Angst vor der Fernwirkung des neuen Massenmediums: So wird das Radio des Wetterzauberers bezichtigt[92], oder eine Dorfgemeinde befürchtet, von der R.antenne am Dach des Pfarrers ausspioniert zu werden[93]. R.wellen lassen in der Pionierzeit des Mediums vermehrt Gegenstände wie Küchenherde oder Metallsplitter von Kriegsverletzten zu R.empfängern werden[94]. Ähnliches berichtet folgende moderne Sage:

Ein Mann, der in seinem Kopf Stimmen, Musik und Geräusche hört, läßt sich vergeblich psychiatrisch behandeln. Als er seine Wahrnehmungen beschreibt, hört der Arzt dasselbe im Radio. Nachforschungen ergeben, daß die Amalgamfüllung eines Zahnes die R.wellen des Senders eingefangen hat[95].

In den R.schwänken dominiert dagegen die Perspektive der Moderne, mit der die Rückschrittlichkeit der Landbewohner verlacht wird (→ Stadt und Land). Häufig wird die Eindimensionalität des R.s thematisiert, indem der Hörer über die Unfähigkeit des Radios, seinen Dialog zu erwidern, enttäuscht[96] oder verärgert ist und es aus Wut zerstört[97]. Anlaßgebend können hierfür Sendeinhalte sein, wie ein Boxkampf, den der Hörer in seinem Hause nicht dulden will[98]. Fremde Sendesprachen führen dazu, daß versucht wird, das Radio gegen ein Gerät in der Landessprache umzutauschen[99]. Auch entstehen → Mißverständnisse über die Flüchtigkeit von Sendungen, wenn diese durch das Ausschalten des Radios für den vermeintlich späteren Empfang mit dem Partner ‚aufgespart' werden[100]. Ähnliche ‚Bedienungsfehler' thematisiert z. B. folgender ethnischer Witz: „Warum nehmen die Ostfriesen immer ein Radio mit ins Wasser (ins

Bett)? — Damit sie die neue Welle einstellen können."[101] In der R.produktion gehören Mißverständnisse zum Alltag, weshalb z. B. der Fauxpas eines R.sprechers, der glaubt, er sei nicht mehr auf Sendung, kaum mehr erzählenswert ist[102].

Literar. Geschichten über das Radio, die vermehrt in der Frühzeit und Blüte des Mediums entstanden, sind häufig medienkritischen Inhalts[103]. So verarbeitete Heinrich Böll seine R.erfahrungen in der Satire *Dr. Murkes gesammeltes Schweigen* (1955)[104].

[1] Lerg, W. B.: Die Entstehung des R.s in Deutschland. Ffm. ²1970, 20–23; Lenk, C.: Die Erscheinung des R.s. Einführung und Nutzung eines neuen Mediums 1923–1932. Opladen 1997, 67–69. – [2] cf. Internat. Hb. für Hörfunk und Fernsehen 2000/2001. Baden-Baden ²⁵2000, bes. 351, 444, 678, 699, 736. – [3] Motte-Haber, H. de la: Radio(un)kultur. In: Vogel, T. (ed.): Über das Hören. Tübingen ²1998, 145–157, hier 148. – [4] cf. Koch, H. J./Glaser, H.: Ganz Ohr. Eine Kulturgeschichte des Radios in Deutschland. Köln/Weimar 2004. – [5] Beck, A. H.: Worte und Wellen. Geschichte und Technik der Nachrichtenübermittlung. Ffm. 1974, 103. – [6] Schäffner, G.: Hörfunk. In: Faulstich, W. (ed.): Grundwissen Medien. Mü. ⁴2000, 253–273, hier 257. – [7] Wood, J.: History of Internat. Broadcasting 1–2. L. 1992/2000, hier t. 1, 36. – [8] ibid. 2, 70. – [9] ibid. 1, 36. – [10] Häusermann, J.: Radio. Tübingen 1998, 12. – [11] Internat. Hb. (wie not. 2) 223–237, hier 224. – [12] ibid., 230. – [13] ibid. – [14] Fourie, P. J./Wigston, D.: Hörfunk und Fernsehen in Südafrika. ibid., 808–822, hier 810. – [15] Kirsch, T.: Fernsehen und Hörfunk in Brasilien. ibid., 719–729, hier 721. – [16] Arnheim, R.: R. als Hörkunst und weitere Aufsätze zum Hörfunk. Ffm. 2001, 23 sq. – [17] ibid., 86. – [18] Wulf, C.: Ohr. In: id. (ed.): Vom Menschen. Hb. Hist. Anthropologie. Weinheim/Basel 1997, 459–464, hier 461. – [19] Faulstich, W.: Radiotheorie. Eine Studie zum Hörspiel „The War of the Worlds" (1938) von Orson Welles. Tübingen 1981, 42. – [20] Finnegan, R.: Literacy and Orality. Studies in the Technology of Communication. Ox./N. Y. 1988, 120. – [21] Häusermann (wie not. 10) 11. – [22] Faulstich, W.: Medium. In: id. (wie not. 6) 21–105, hier 37–40. – [23] Internat. Hb. (wie not. 2) 836–848, hier 836. – [24] Weiher, S. von: Radiogrüße aus Moskau. Erinnerungen an die Kindertage des Radios. In: Kultur & Technik 22,4 (1998) 32 sq., hier 33. – [25] Arnheim (wie not. 16) 141. – [26] Internat. Hb. (wie not. 2) 111–135, hier 123. – [27] McLuhan, M.: Understanding Media. The Extensions of Man. (N. Y. u. a. 1964) Nachdr. L./N. Y. 2002, 334. – [28] Häusermann (wie not. 10) 10. – [29] Internat. Hb. (wie not. 2) 665. – [30] Kittler, F.: Kommunikationsmedien. In: Wulf (wie not. 18) 649–661, hier 657. –

[31] Widlok, P.: Indianerradio in den USA. KILI-FM in South Dakota. In: R. und Fernsehen 37,4 (1989) 511–523. – [32] Häusermann (wie not. 10) 41. – [33] Brecht, B.: Der R. als Kommunikationsapparat [1932]. In: Prokop, D. (ed.): Massenkommunikationsforschung. 1: Produktion. Ffm. 1972, 31–35, hier 32. – [34] Häusermann (wie not. 10) 53. – [35] Wood (wie not. 7) t. 2, 224–230. – [36] Bausinger, H.: Volkskultur in der technischen Welt. Stg. 1961, 38 sq. – [37] Ranke, K.: Zivilisation und Volkstum. In: Beitr.e zur dt. Volks- und Altertumskunde 2–3 (1958) 9–22, hier 19 sq. – [38] Fischer, H.: Magazingeschichten. Erzählen in berichtend-kommentierenden R.sendungen. In: Homo narrans. Festschr. S. Neumann. Münster/N. Y./Mü./B. 1999, 285–300, hier 299 sq. – [39] Brednich, R. W.: Medien als Stifter oraler Kommunikation. In: Faulstich, W. (ed.): Medien und Kultur. Göttingen 1991, 16–29; id.: Nacherzählen. Moderne Medien als Stifter mündl. Kommunikation. In: Röhrich, L./Lindig, E. (edd.): Volksdichtung zwischen Mündlichkeit und Schriftlichkeit. Tübingen 1989, 177–186. – [40] Bucher, H.-J./Straßner, E.: Mediensprache, Medienkommunikation, Medienkritik. Tübingen 1991, 151. – [41] Burger, H.: Das Gespräch in den Massenmedien. B./N. Y. 1991, 214–219. – [42] Lehmann, A.: Erzählen eigener Erlebnisse im Alltag. In: ZfVk. 74 (1978) 198–216, hier 199. – [43] Fischer (wie not. 38) 291. – [44] Burger (wie not. 41) 218; Straßner, E.: Mit „Bild" fing es an. Mediensprache im Abwind. In: Bucher/Straßner (wie not. 40) 113–229, hier 151–176 (Hörfunk). – [45] Dorson, R. M.: American Folklore. Chic./L. ⁹1971, 246 sq. – [46] Holbek, B.: The Ethnic Joke in Denmark. In: Unifol. Årsberetning 1974 (1975) 45–55. – [47] Röhrich, L.: Der Witz. Mü. 1980, 273. – [48] Slg C. Schmitt, gehört 2002 (Rostock). – [49] Mieder, W.: Sprichwörter, Redensarten – Parömiologie. Heidelberg 1999, 5. – [50] Burger (wie not. 41) 145; Földes, C./Hécz, A.: Dt. R.sprache in mehrsprachiger Umwelt. Am Beispiel der Verwendung von Phraseologismen. Wien 1995. – [51] Burger, H.: Funktionen von Phraseologismen in den Massenmedien. In: id./Zett, R. (edd.): Aktuelle Probleme der Phraseologie. Bern/Ffm./N. Y./P. 1987, 11–28, hier 26 sq. – [52] Sowinski, B.: Werbung. Tübingen 1998, 59. – [53] Schumacher, R.: Programmstruktur und Tagesablauf der Hörer. In: Leonhard, J.-F. (ed.): Programmgeschichte des Hörfunks in der Weimarer Republik. Mü. 1997, 353–422, hier 386. – [54] Wittenbrink, T.: R. und literar. Tradition. In: Leonhard (wie not. 53) 996–1097, hier 997. – [55] Huth, W.: Funkische und epische Gestaltung bei Märchen und Sage. Meisenheim 1961, 161 sq. – [56] Mönckeberg, V.: Das Märchen und unsere Welt. Erfahrungen und Einsichten. Düsseldorf/Köln 1972, 168. – [57] z. B. Kamphoevener, E. S. von: An Nachtfeuern der Karawan-Serail 1–2. Märchen und Geschichten alttürk. Nomaden. Hbg 1956/57. – [58] Moericke, H.: Die Märchenbaronin Elsa Sophia von Kamphoevener. Zürich/Dortmund 1995. – [59] Marzolph, U.: Seyyid Abolqāsem Enǧavi Širāzi

(1921–1993) und das iran. Vk.archiv. In: Fabula 35 (1994) 118–124; EM 7, 256. – ⁶⁰ Bourgault, L. M.: Mass Media in Sub-Saharan Africa. Bloom./Indianapolis 1995, 85–87. –
⁶¹ Elfert, B.: Die Entstehung und Entwicklung des Kinder- und Jugendfunks in Deutschland von 1924 bis 1933 am Beispiel der Berliner Funk-Stunde AG. Ffm./Bern/N. Y. 1985, 22. – ⁶² Tondokumente des Dt. R.archivs, Ffm.: DRA 61 U 2022 und DRA 57 U 7 (Funkheinzelmann erzählt Märchen). – ⁶³ Halefeldt, H. O.: Sendegesellschaften und R.ordnungen. In: Leonhard (wie not. 53) 23–252, hier 40. – ⁶⁴ Elfert (wie not. 61) 105–108. – ⁶⁵ Rogge, J.-U.: Kinderfunk und Hörspiele für Kinder. In: Lange, G. (ed.): Taschenbuch der Kinder- und Jugendlit. 2. Baltmannsweiler ²2000, 590–607, hier 595. – ⁶⁶ Killy, W./Vierhaus, R. (edd.): Dt. Biogr. Enz. 9. Mü. 1998, 681 sq.; cf. Bolius, G.: Lisa Tetzner. Leben und Werk. Ffm. 1997. – ⁶⁷ Klöckner, K.: Hörfunk. In: Grünewald, D./Kaminski, W. (edd.): Kinder- und Jugendmedien. Ein Hb. für die Praxis. Weinheim/Basel 1984, 201–215, hier 201. – ⁶⁸ Hickethier, K.: Die Pause beim Erzählen. Vom Erzählen und Zuhören. In: Merkel, J./Nagel, M. (edd.): Erzählen. Die Wiederentdeckung einer vergessenen Kunst. Reinbek 1982, 131–151, hier 137 sq. – ⁶⁹ Elfert (wie not. 61) 338. – ⁷⁰ Bushoff, B.: Zwischen Görner und Brecht. Theater im Kinder- und Jugendfunk bis 1932. In: Kirschner, J. (ed.): Kinder- und Jugendtheater in den Medien. B. 1998, 43–54, hier 46. –
⁷¹ Halefeldt, H. O.: Schul- und Bildungsfunk in Deutschland. Qu.n 1923–1945. Ffm. 1976, 17. – ⁷² ibid., 19. – ⁷³ ibid., 181 und pass. – ⁷⁴ Klöckner (wie not. 67) 202. – ⁷⁵ Heidtmann, H.: Kindermedien. Stg. 1992, 55. – ⁷⁶ Rau, P.: Kinder vor dem Radiogerät. In: Jensen, K./Rogge, J.-U. (edd.): Der Medienmarkt für Kinder in der Bundesrepublik. Tübingen 1980, 120–134, hier 122. – ⁷⁷ Mönckeberg (wie not. 56) 167; Jerrendorf, M.: Grimms Märchen in Medien. Diss. Tübingen 1985, 81 sq. – ⁷⁸ Heidtmann (wie not. 75) 59, 76; Rogge (wie not. 65) 590. – ⁷⁹ Narváez, P.: Joseph R. Smallwood, „The Barrelman". The Broadcaster as Folklorist. In: Canadian Folklore 5,1–2 (1983) 60–78. – ⁸⁰ Schumacher (wie not. 53) 388. –
⁸¹ Bodenstedt, H.: Der Aufbau der Hans Bredow-Schule für Volkswiss.en in Hamburg und ihr Ziel. In: R. und Schule. Langensalza 1925, 72–79. – ⁸² Sendungen mit R. Wossidlo: Glaubt das Volk noch an seine Sagen? (3.10.1928; abgedruckt in: Quickborn 22 [1928–29] 115–122); Mecklenburg. Schwänke (7. 10. 1931); Mecklenburg. Volkshumor (8. 2. und 15. 2. 1928); Mecklenburg. Sagen (27. 3. 1929; Schulfunk; cf. Schmitt, C.: Mecklenburg im Hörfunk der Weimarer Republik. In Stier und Greif 8 (1998) 76–83. – ⁸³ Glaser, R.: Die Arbeitstagungen „Vk. und R." 1953–1963. Regensburg 1997, 112–115. – ⁸⁴ cf. Schmitt, C.: Populäre Medien in der volkskundlichen Erzählforschung. In: SAVk. 97 (2001) 67–78. – ⁸⁵ Schilling, H.: Medienforschung. In: Brednich, R. W. (ed.): Grundriß der Vk. B. ³2001, 563–585, hier 566 sq. – ⁸⁶ Bausinger, H.: Kulturelle Raumstruktur und Kommunikation in Baden-Württemberg. Stg. 1996, 67. – ⁸⁷ Kerkhoff-Hader, B.: Die Verantwortung der Medien für die Ausprägung eines regionalen Bewußtseins. In: Bayer. Bll. für Vk. 24,1 (1997) 18–32, hier 28. – ⁸⁸ Schilling, H.: Heimatfunk – Vk. – Folklorismus. In: Bausinger, H./Moser-Rath, E. (edd.): Direkte Kommunikation und Massenkommunikation. Tübingen 1976, 127–134, hier 131. – ⁸⁹ Bentzien, U.: Das Eindringen der Technik in die Lebenswelt der mecklenburg. Landbevölkerung. Diss. (masch.) B. 1961, 286. – ⁹⁰ Kvideland, R.: Narratives of New Technology. In: Valk, Ü. (ed.): Studies in Folklore and Popular Religion 1. Tartu 1996, 99–106, hier 102 sq. –
⁹¹ Lenk (wie not. 1) 65–67. – ⁹² Bentzien (wie not. 89) 300. – ⁹³ Der Radioschreck. In: Ostmecklenburg. Heimat 3,2 (1930) 21 sq. – ⁹⁴ Klintberg, B. af: Der Elefant auf dem VW und andere moderne Sagen und Großstadtmythen. Mü./Zürich 1992, 37. – ⁹⁵ z. B. ibid., 36; Virtanen, L.: Varastettu isoäiti. Kaupungin kansantarinoita (Die gestohlene Großmutter. Urbane Volkssagen). Hels. 1987, 91 sq.; Fischer, H.: Der Rattenhund. Sagen der Gegenwart. Köln/Bonn 1991, num. 62 (Var. mit Telefon- und Radiozahn); Burger, P.: De wraak van de kangeroe. Sagen uit het moderne leven. Amst. 1992, 105 sq.; Brednich, R. W.: Sagenhafte Geschichten von heute. Mü. 1994, num. 81. – ⁹⁶ Kvideland (wie not. 90) 101; Koén-Sarano, M.: Folktales of Joha, Jewish Trickster. Phil. 2003, 188 sq. – ⁹⁷ Rund um den Michaelsberg. Heimatbll. für den Siegkreis 4,6 (1950) 24. – ⁹⁸ Narváez, P.: The Folklore of „Old Foolishness". Newfoundland Media Legends. In: Canadian Literature 108 (1986) 125–143, hier 132, num. 1. – ⁹⁹ ibid., 135 sq., num. 18, 20. – ¹⁰⁰ ibid., 134, num. 12, 13. –
¹⁰¹ Fischer, H.: Kinderreime im Ruhrgebiet. Köln/Bonn ²1994, num. 1264. – ¹⁰² Virtanen (wie not. 95) 92 sq. – ¹⁰³ Blaes, R./Kraft, H. (edd.): Geschichten, die das Medium schrieb. Schriftsteller über 80 Jahre Radio. B. 2002.¹⁰⁴ ibid., 101–114.

Rostock   Christoph Schmitt

Rundmärchen zählen zu den Formelmärchen¹. Nach dem internat. Typenkatalog AaTh (1961) sind R. (rounds) „stories which begin over and over again and repeat" (AaTh 2320: *Rounds*; cf. auch AaTh 2013: *There Was Once a Woman; the Woman had a Son*). Der entsprechende dt. Begriff R. findet sich bei A. → Taylor als Bezeichnung für „Märchen, die in sich selbst zurücklaufen und wieder von neuem beginnen [...]"². R. können deshalb ohne Variationen in prinzipiell endlosen Wiederholungen forterzählt werden. Darin unterscheiden sie sich von → Ringerzählungen, die zwar ebenfalls „in sich selbst zurücklaufen"³, aber dadurch ihren Abschluß finden, indem sie zum Ausgangspunkt zurückgelangen. Lediglich ein Element oder eine Sequenz, nicht aber die ganze Geschichte von vorn wiederholen dagegen → endlose Erzählungen, die zudem oft in einen Rahmen eingebettet sind, der von einem Ereignis endlosen Erzählens berichtet.

R. erscheinen mitunter in Liedform. In der Regel wird das Erzählen/Singen von R. abgebrochen, sobald die Rezipienten erkannt haben, daß die Angelegenheit auf endlose Wiederholungen hinausläuft. In der Tatsache endloser Wiederholbarkeit liegt eine komische Wirkung (→ Komik). Art und Weise des rekursiven Abrufs sind verschieden. Eine häufige Möglichkeit besteht in der Nachfrage des Erzählers, ob er es noch einmal erzählen soll („Muess der's nomal verzelle?"⁴). Nach Taylor werden R. mit solchen Formeln nicht wiederholt, sie ähnelten in ihrer Konstruktion oft den → Kettenmärchen⁵. In anderen R. ist die Aufforderung zur Wiederholung inhärent: Sie wird von Figuren der Erzählung selbst vorgebracht. Beispiele:

„Es war eine dunkle und stürmische Nacht. Die Räuber saßen um das Lagerfeuer, als der älteste Räuber sich zu dem jüngsten wandte und sprach: ‚Hans, erzähl' uns eine Geschichte.' Hans begann: ‚Es war eine dunkle und stürmische Nacht. Die Räuber [...]'"⁶.

„The boys were sitting around the campfire and Big John said to Little John, ‚Tell us a story.' And this is the story he told: (start at beginning and repeat)" (Baughman Z 17 [a]).

Einige R. kommen ohne Wiederholungsaufforderungen aus:

„Around the corner/ and under a tree/ the sergeant-major said to me,/ Who would like to marry you, I would like to know,/ Every time I look at your face, I want to go/ Around the corner [...]"⁷

„Just then around the corner came Little Ollie, all dressed up and bulgin' at the hips; and I said to little Ollie's mother, ‚I'm going to kill Little Ollie.' And Little Ollie's mother said, ‚Don't kill Little Ollie, Little Ollie's the best friend the family ever had.' And just then around the corner came Little Ollie" etc. (Baughman Z 17 [d]).

„Ein Hund lief in die Küche/ und stahl dem Koch ein Ei./ Da nahm der Koch den Löffel/ und schlug den Hund entzwei./ Da kamen alle Hunde und gruben ihm ein Grab/ und setzten einen Grabstein,/ worauf geschrieben ward: ‚Ein Hund lief in die Küche [...]'"⁸ etc. (bei Wettkämpfen bestimmter Sportarten beliebt als Wechselgesang im Fanblock).

Andere R. sind dialogisch angelegt. Einer der Gesprächspartner greift dabei im Verlauf der Erzählung den Eingangssatz erneut auf, worauf mit der bereits bekannten Antwort die Wiederholung fortgesetzt wird. Solche R. sind dem logischen Zirkel vergleichbar, in dem die Ausgangsprämisse wieder in den Argumentationszusammenhang eingeführt wird.

„That's tough." – „What's tough?" – „Life." – „What's life?" – „A magazine." – „How much does it cost?" – „Ten cents." – „Shucks, I only got a nickel." – „That's tough." etc. (Baughman Z 17 [c]).

Eine bes. originelles R. spielt mit den Sprecherrollen:

„Wohin gehst Du?" – „Ins Kino." – „Was wird gespielt?" – „Quo vadis?" – „Was heißt denn das?" – „Wohin gehst Du?" – „Ins Kino." – „Was wird gespielt?" etc. Der bes. Reiz dieses Beispiels besteht darin, daß nach jedem Durchgang die Sprecherrollen wechseln.

Der dt. Begriff R. erscheint wenig sinnvoll, fehlen doch wie bei anderen Formelmärchen märchenrelevante Handlungszüge völlig⁹. Der engl. Begriff rounds ist wesentlich treffender; im Deutschen böte sich der Terminus Runderzählungen an.

¹ Taylor, A.: Formelmärchen. In: HDM 2 (1934–40) 164–191, hier 190 sq.; Bausinger, 84. – ² HDM 2, 190. – ³ Lüthi, M.: Ringerzählungen. In: id.: Volksmärchen und Volkssage. Bern/Mü. ³1975, 118–144, hier 118. – ⁴ Züricher, G.: Kinderlieder der dt. Schweiz. Basel 1926, num. 2403. – ⁵ HDM 2, 190 sq. – ⁶ ibid. – ⁷ ibid., 191. – ⁸ Enzensberger, H. M.: Allerleirauh. Viele schöne Kinderreime. Ffm. 1961, 277. – ⁹ cf. ibid., 165; EM 3, 1410.

Göttingen   Tobias Bulang

Rundzahl → Zahl

Runge, Philipp Otto, * Wolgast 23. 7. 1777, † Hamburg 2. 12. 1810, dt. Maler und Schriftsteller¹. R., neuntes Kind eines Schiffsreeders, in der Stadtschule von dem Dichter Gotthart Ludwig Kosegarten (1758–1818) unterrichtet, absolvierte 1795 eine kaufmännische Lehre in Hamburg. Er studierte an den Kunstakademien in Kopenhagen (1799–1801) und Dresden (1801–03), wo er Kontakt zur romantischen Bewegung knüpfte (Ludwig → Tieck, August Wilhelm Schlegel; Hinwendung zur

Philosophie Jakob Böhmes; Begegnungen und Korrespondenzen auch mit → Goethe, Achim von → Arnim und Clemens → Brentano[2]; → Romantik). 1803–06 und dann wieder ab 1807 lebte er in Hamburg und war vornehmlich als Maler und Zeichner (Porträts, religiöse Bilder, Phantasiekompositionen) tätig.

Sein charakteristischstes, von romantischen Ideen geprägtes Werk *Die Tageszeiten* entstand 1808/09, 1810 seine einflußreiche theoretische Schrift *Die Farben-Kugel*[3]. R. fertigte Buchillustrationen für Tieck an und plante weitere für Arnim und Brentano. R.sche Motive fanden 1808 im Stichtitel der *Kinderlieder* im Anhang zu *Des Knaben Wunderhorn* Verwendung, für dessen Fortsetzung R. schon am 24.1.1806 Märchen eingesandt hatte: „zwey plattdeutsche Döhnchen, wie sie die Kinderfrauen wohl erzählen. [...] ich habe mich bemüht, sie so aufzuschreiben, wie sie sich anhören"[4]. Es handelte sich um eigenhändige Aufzeichnungen in einem hamburg.-pommerschen Mischdialekt. R. versandte diese Märchenniederschriften mit zahlreichen Textvarianten etwa gleichzeitig auch an andere Adressaten. Arnim veröffentlichte *Von den Mahandel Bohm. Ein Kindermährchen in der Hamburger Volkssprache, nacherzählt von Ph. D.* [sic] *Runge* (AaTh 720: → *Totenvogel*) am 9. und 12.7.1808 in seiner *Ztg für Einsiedler*[5]. *Von den Fischer un syne Fru* (AaTh 555: → *Fischer und seine Frau*) und eine von Arnims Abdruck abweichende Fassung des *Mahandel Bohm* erschienen im Sommer 1812 in J. G. → Büschings Slg[6] sowie Ende 1812 in den → *Kinder- und Hausmärchen* von J. und W. → Grimm (als KHM 19 und 47) nach der (seither verschollenen) R.schen Hs. Von der 5. Aufl. der *KHM* (1843) an übernahm W. Grimm die Märchen in einer neueren Textfassung von R.s Bruder Johann Daniel im irrigen Glauben, daß es sich hier um die authentischen Urfassungen handle.

R.s Aufzeichnungen scheinen auf mündl. Überlieferungen zu basieren; sie sind indes stark überarbeitet: Dafür sprechen nicht nur der hochkünstlerische Aufbau der Geschichten und die Einbringung sonst im Märchen nicht begegnender, mit R.s Theorie korrespondierender Farbvorstellungen, sondern vor allem wörtlich übernommene Zitate aus R.s 1800 entstandener (1840 veröff.) Schrift *Fußreise nach Seeland*. J. und W. Grimm aber waren und blieben (auch aufgrund der Aufzeichnung im Dialekt) des Glaubens, R. habe wörtlich mündl. Überlieferung wiedergegeben. Die beiden Märchen wurden ihnen zum Vorbild bei Auswahl und Überarbeitung ihrer KHM-Texte[7].

R.s Briefwechsel diente Fritz Meichner als Vorlage für seine Erzählung *Wir Drei. Eine R.-Novelle* (1938, Neudruck 1977), und sein Märchen vom Fischer und seiner Frau regte Günter → Grass zu dem Roman *Der Butt* (1977) an[8].

[1] Feilchenfeldt, K.: R., P. O. In: Lit.lex. 10. ed. W. Killy. Gütersloh/Mü. 1991, 75 sq.; Wiedenmann, U.: P. O. R. In: KNLL 14 (1991) 473–475; Allg. Lex. der bildenden Künstler 28. ed. H. Vollmer. Lpz. s. a., 209–211; Feldmann, W.: P. O. R. und die Seinen. Lpz. 1943. – [2] P. O. R.s Briefe in der Urfassung. ed. K. F. Degner. B. 1940; P. O. R.s Briefwechsel mit Goethe. ed. H. Freiherr von Maltzahn. Weimar 1940; Brentano, C./R., P. O.: Briefwechsel. ed. K. Feilchenfeldt. Ffm. 1974; P. O. R.: Briefe und Schr. ed. P. Betthausen. B. ²1983; Möseneder, K.: P. O. R. und Jakob Böhme. Marburg 1981; Leinkauf, T.: Kunst und Reflexion. Unters.en zum Verhältnis P. O. R.s zur phil. Tradition. Mü. 1987. – [3] Traeger, J.: P. O. R. und sein Werk. Mü. 1975; P. O. R. Hinterlassene Schr. 1–2. ed. J. D. Runge. Hbg 1840/41 (Faks.-Druck Göttingen 1965). – [4] Rölleke, H.: „Von dem Fischer un syner Fru". In: id.: „Nebenschriften": Brüder Grimm, Arnim und Brentano, Droste-Hülshoff. Bonn 1980, 23–36, hier 26; id.: Von dem Fischer un syner Fru. In: Fabula 14 (1973) 112–123, hier 115. – [5] Ztg für Einsiedler (1808) num. 29 sq., 229–237 (Nachdr. Darmstadt 1962). – [6] Volks=Sagen, Märchen und Legenden. Gesammelt von J. G. Büsching. Lpz. 1812, num. 57, 58 (unter der Rubrik „Kindermährchen"). – [7] cf. EM 4, 1232–1240; cf. auch Lüthi, Märchen, 53 (Grimms stilistisches „Vorbild waren [...] vor allem die [...] Märchen des Malers Ph. O. Runge. [...] Die Vorliebe für aneinandergereihte Hauptsätze, für ‚und' und ‚da', für Steigerung durch Wortwiederholung [...] oder durch die Wendung ‚so recht', für Lautspiele findet sich schon bei ihm, ebenso Anschaulichkeit und Humor"). – [8] Rölleke, H.: Der wahre Butt. Düsseldorf/Köln 1978, 6 sq.

Wuppertal   Heinz Rölleke

Ruodlieb, Held eines mlat. Versromans aus dem letzten Drittel des 11. Jh.s[1]. Das wahrscheinlich in Tegernsee entstandene Werk[2] ist nur fragmentarisch überliefert; doch läßt sich der Gang der Handlung trotz der Lücken im wesentlichen rekonstruieren[3].

R., ein → Ritter, verläßt seine Heimat und tritt bei einem ‚Großen König' in Dienst, zunächst als Jäger, wobei er das Kraut buglossa⁴ gegen Fische und Wölfe einsetzt, dann als Feldherr und Unterhändler, der sich beim Friedensschluß mit dem von ihm besiegten Gegner auszeichnet. Der → König leitet ihn an und demonstriert dabei, was wahres Königtum ausmacht: Edelmut und Gnade gegenüber dem, der Unrecht getan hat. Als man R. schließlich wieder in die Heimat zurückruft, bietet ihm der König als Lohn → Weisheit oder → Reichtum an (Mot. L 222.1)⁵. R. entscheidet sich für die Weisheit und erhält zwölf Lehren. Sie lauten: (1) ‚Trau keinem → Rothaarigen'; (2) ‚Reite, auch wenn der Weg schmutzig ist, nicht durch die Saatfelder' (Mot. J 21.5); (3) ‚Nimm nicht Quartier bei einem alten Mann mit einer jungen Frau' (Mot. J 21.3); (4) ‚Leih eine trächtige Stute nicht zur Feldarbeit aus' (Mot. J 21.10); (5) ‚Besuche deine Verwandten nicht zu oft' (Mot. J 21.9); (6) ‚Behandle deine Magd nicht als deinesgleichen'; (7) ‚Wenn du heiraten möchtest, suche dir eine Frau aus deinem Bekanntenkreis' (Mot. J 21.4); (8) ‚Laß dich nicht vom Zorn hinreißen, sondern spare deine Rache bis zum nächsten Tag auf' (Mot. J 21.1); (9) ‚Wenn dein Herr etwas von dir ausleihen will, schenke es ihm'; (10) ‚Wenn du an einer Kirche vorbeikommst, nimm dir Zeit einzutreten und zu beten' (Mot. J 21.17); (11) ‚Weigere dich nicht, dein Fasten zu brechen, wenn dich jemand um Christi willen darum bittet'; (12) ‚Ziehe nicht Gräben um deine Felder, um die Leute daran zu hindern, in sie hineinzutreten.' Überdies gibt ihm der König zwei ‚Brote' mit, die mit Goldmünzen und Pretiosen gefüllt sind.

Auf dem Heimweg gerät R. an einen Rotkopf, den er nicht loswerden kann und der ihn bestiehlt. Als der Weg morastig wird, reitet der Rote durch die Saat und gerät in Schwierigkeiten. In einem Dorf kehrt R. bei einem jungen Mann mit einer alten Frau ein, während der Rotkopf bei einem alten Mann mit einer jungen Frau absteigt. Der Rote treibt es gleich mit der willigen Gastgeberin; als der Alte eingreifen will, erschlägt er ihn, kommt vor Gericht und büßt mit dem Leben. R. trifft dann auf einen Neffen, den er aus den Schlingen einer Buhlerin befreit. Dann sind sie Gäste in einem Schloß, und der Neffe verliebt sich in die Tochter der Schloßherrin. R. zeigt wieder seine Kunstfertigkeiten; u. a. führt er einen Hund vor, der Diebe zu entlarven vermag⁶. Schließlich zu Hause angekommen, werden die Brote geöffnet und die Reichtümer entdeckt. Dann arrangiert R. die Hochzeit des Neffen mit dem Schloßfräulein. Als dieser von seiner Braut den Treueid mit Todessanktion fordert, verlangt sie kühn von ihm dasselbe⁷. R. wird von seiner Mutter, die ihr Alter beklagt und den Tod vor sich sieht, gedrängt zu heiraten. Doch die Braut, die die Verwandtschaft ihm vorschlägt, wird von R. als unwürdig entlarvt. Ein → Traum enthüllt darauf der Mutter, zu welch hohen Ehren R. aufsteigen wird: Zunächst sieht sie ihn bedroht von Ebern und Sauen, aber er vermag die Tiere zu töten; dann erscheint er im Wipfel einer Linde umgeben von kampfbereiten Mannen, und eine weiße Taube setzt ihm eine edelsteinbesetzte Krone auf. Wie sich dieser Traum konkret erfüllt, ist nicht auszumachen. In der letzten Szene, die erhalten ist, hat R. einen Zwerg gefesselt, der ihm, wenn er ihm das Leben schenke, den Schatz des Königs Immunch zusagt: R. werde Immunch töten und dessen Erbin Heriburg heiraten.

Der R. ist allem Anschein nach der erste frei erfundene Roman des MA.s⁸. Dabei hat er punktuell bei einer Vielzahl literar. Traditionen Anleihen gemacht⁹. Was die Handlung betrifft, so liegt dem Motivkomplex Auszug, Königsdienst, Weisheitslehren und Heimkehr mit Bewährung der Lehren das Strukturmuster des sog. Ratschlagmärchens zugrunde (AaTh 910, 910 A−B: *Die klugen → Ratschläge*). Dabei hat der Dichter Ratschläge aus den Erzähltypen AaTh 910 A, B und AaTh 910 K: → *Gang zum Eisenhammer (Kalkofen)* kombiniert¹⁰ und, um die Zwölfzahl komplett zu machen, Weisheitslehren aus anderen Quellen, bes. aus der Proverbienliteratur, herangezogen¹¹.

Die Einlösung der Ratschläge ist erzählerisch nur teilweise realisiert; das Schema wird nach dem Ende der Rotkopfepisode fallengelassen, wobei es jedoch denkbar ist, daß die verfehlte Heirat R.s noch die Wahrheit der Lehre 6 erweisen sollte. Zudem ist zu beachten, daß die Ratschläge ihren märchenhaft-mechanischen Charakter verloren haben und zu Weisheitslehren geworden sind, die aus sich selbst gerechtfertigt werden. Die Episoden, in die R. auf dem Heimweg eintritt, bieten kontrastive Verhaltensmuster (der rote Buhler, der zugrunde geht; der Neffe, der aus seiner Buhlschaft befreit wird; die verschiedenen Ehesituationen: die Junge und der Alte, die Alte und der Junge, das ‚gleichberechtigte' Paar, die Herrschaftsehe R.s). Es ist zu vermuten, daß R. am Ende jenes ideale Königtum verkörpern sollte, das er im ‚Großen König' verwirklicht gesehen hat. Motivgeschichtlich scheint der Schluß, jedenfalls in einzelnen Zügen, auf eine Heldensage zurückzugehen¹².

---

[1] R. Faks.-Ausg. des Codex Latinus Monacensis 19486 der Bayer. Staatsbibl. München und der Fragmente von St. Florian. 1: Einl. W. Haug; 2: Kritischer Text ed. B. K. Vollmann. Wiesbaden 1974/85; R. ed. F. P. Knapp. Mittellat. und dt. Übertragung, Kommentar und Nachwort. Stg. 1977; Frühe dt. Lit.

und lat. Lit. in Deutschland 800—1150. ed. W. Haug/ B. K. Vollmann. Ffm. 1991, 388—551, Kommentar 1306—1406 (Vollmann); Braun, W.: Studien zum R. B. 1962; Götte, C.: Das Menschen- und Herrscherbild des Rex maior im R. Mü. 1981; Klopsch, P.: R. In: Verflex. 8 (^{2}1992) 395—400; Vollmann, B. K.: R. Darmstadt 1993. — ^{2} Zum Tegernseer geistigen Hintergrund des R. cf. Godman, P.: The R. and Verse Romance in the Latin Middle Ages. In: Der antike Roman und seine ma. Rezeption. ed. M. Picone/ B. Zimmermann. Basel/Boston/B. 1997, 246—271. — ^{3} cf. Haug 1974 (wie not. 1) 16—39 (ergänzt in: id.: Strukturen als Schlüssel zur Welt. Tübingen 1989, 199—217). — ^{4} cf. Haug/Vollmann 1991 (wie not. 1) 1329 sq.; dazu Godman (wie not. 2) 265—267. — ^{5} Haug, W.: Weisheit, Reichtum und Glück. In: id.: Brechungen auf dem Weg zur Individualität. Tübingen 1995, 17—44. — ^{6} Wehrli, M.: R. und die Tiere. In: id.: Formen ma. Erzählung. Zürich/Fbg 1969, 127—139. — ^{7} Zu den damit verbundenen rechtshist. Fragen cf. Haug/Vollmann 1991 (wie not. 1) 1384 sq. — ^{8} cf. Dronke, P.: Poetic Individuality in the Middle Ages. New Departures in Poetry 1000—1150. Ox. 1970, 33—65; zur Konzeption cf. auch Haug 1974 (wie not. 1) 40—64; id.: Lit. und Leben im MA. In: id. (wie not. 5) 31—44, hier 34—39; Godman (wie not. 2). — ^{9} Qu.n und Analogien bei Vollmann 1993 (wie not. 1) 26—45. — ^{10} cf. Pichette, J.-P.: L'Observance des conseils du maître. Monogr. internationale du conte type A.T. 910 B précédée d'une introduction au cycle des bons conseils (A.T. 910—915) (FFC 250). Hels. 1991, 4—6 (Neubestimmung der Untertypen A und B), 213—215 (Nachweis der Kombination der Ratschläge im R.); zur älteren Lit. (von Pichette nur z. T. berücksichtigt) cf. Seiler, K. (ed.): R., der älteste Roman des MA.s, nebst Epigrammen, mit Einl., Anmerkungen und Glossar. Halle 1882, 45—74; Laistner, L.: R.märchen in Rußland. In: ZfdA 29 (1885) 443—465; Liestöl, K.: Die guten Ratschläge in der Hervararsaga. In: Festschr. E. Mogk. Halle 1924, 84—98; Braun (wie not. 1) 11—13; Fowkes, R. A.: Some Thoughts on the ‚Cornish R.‘ and Its Congeners. In: Germanic Studies. Festschr. O. Springer. Pittsburgh 1978, 129—140; Haug 1974 (wie not. 1) 44 sq.; Vollmann 1993 (wie not. 1) 33. — ^{11} Vollmann 1993 (wie not. 1) 33 sq.; Haug 1974 (wie not. 1) 42 sq. — ^{12} cf. Gamer, H. M.: Der R. und die Tradition. In: Mittellat. Dichtung. ed. K. Langosch. Darmstadt 1969, 284—329, hier 306 sq.; Braun (wie not. 1) 69—76; eine Gegenposition bezieht Godman (wie not. 2) 253—255; zum Zwerg, der gefesselt und befreit wird und als Helfer einen Schatz zeigt, cf. Mot. G 671, F 451.5.1.9.

Tübingen　　　　　　　　　　Walter Haug

Rusalka, weibliche, auch in Gruppen auftretende Gestalt der ostslav. Dämonologie in Sagen (bylički; selten in Märchen, cf. z. B. SUS 316**) aus der Ukraine und aus Weißrußland, aber auch aus mittel- und südruss. Gebieten[1]. Nach F. Miklosich[2], D. K. → Zelenin[3] u. a. geht der Terminus R. auf die röm. Rosalia zurück und wurde auf bereits vorhandene Vorstellungen übertragen[4]. Seit dem 18. Jh. ist die R. Gegenstand von Forschungen zur slav. Mythologie, z. B. russ. Gelehrter wie M. Popov[5], A. S. Kajsarov[6] oder A. N. → Afanas'ev[7]. Aufzeichnungen von Erzählungen datieren aus dem 19. und 1. Hälfte des 20. Jh.s, viele sind P. V. → Šejn zu verdanken. Ė. V. → Pomeranceva ordnete die Sagen über die R. dem Komplex der Naturgeister zu (A III mit 15 Untergruppen)[8].

Die Gestalt der R. ist mit Glaubensvorstellungen über unreine → Tote verbunden: Zur R. wurden weibliche Ertrunkene, Mädchen, die vor ihrer Hochzeit, oder Kinder und Mädchen, die während der R.-Woche (die Pfingsten folgende Woche) gestorben waren, oder aber ungetauft verstorbene Kleinkinder. Über das Aussehen der R. existieren sehr verschiedene Vorstellungen:

In einigen Gegenden (westl. Waldgebiet Rußlands, südl. Ukraine) wurde die R. als ein junges schönes Mädchen im Hochzeitsgewand beschrieben, mit langen Haaren und einem Kranz auf dem Kopf; in anderen Gebieten (zentrales Weißrußland, östl. Waldgebiete) wurde sie als eine alte Frau mit abschreckendem Aussehen, mit einem Fell bewachsen und mit gewaltiger heruntergehängender Brust charakterisiert. Südruss. Erzählungen zufolge erscheint die R. als große, hagere Frau in weißer Kleidung, mit aufgelösten, wirren Haaren, kalten Händen und bleichem Gesicht. Singuläre Zeugnisse von der R. als einer Frau mit einem Fischschwanz sind offensichtlich auf schriftl. Traditionen zurückzuführen (cf. mythische Wesen ähnlichen Aussehens, die z. B. russ. teils als rusalki, teils als faraonki bezeichnet werden)[9].

Das Hauptcharakteristikum der R. stellt ihr temporäres Erscheinen allein in der Woche nach Pfingsten dar. Sie kann als → Wasser-, → Wald- oder Feldgeist (zur Blütezeit des Roggens) auftreten[10]. Sie mag Musik und liebt es, im Wasser zu baden, ihre langen Haare zu kämmen, auf den Ästen der Bäume zu schaukeln, mit anderen Rusalken auf den Kornfeldern Reigen zu tanzen, Blumenkränze zu winden, zu laufen und zu spielen. Manchmal zeigt sich die R. den Menschen gegenüber freundlich und hilfreich, indem sie blühende Getreidefelder schützt, beim → Spinnen hilft oder sich um Wickelkinder kümmert, die von den Schnitterinnen ohne Aufsicht auf dem Feld gelassen wurden. Die weitaus meisten Sagen berichten hingegen von ihrer Gefährlichkeit und Schädlichkeit: Sie bestraft das Übertreten von Arbeitsverboten (bes. für Feld- und Spinnarbeit) in der Pfingstzeit (cf. → Frevel, Frevler), erschreckt Vorübergehende, verfolgt sie, lockt sie ins Waldesdickicht oder ins Wasser, ertränkt sie, kitzelt sie zu Tode, raubt Neugeborene und schadet dem Vieh. Einigen ukr. und weißruss. Zeugnissen zufolge drohen einem Menschen nach der Begegnung mit einer R. Nervenkrankheiten.

Außerhalb des ostslav. Territoriums ist der Terminus R. für eine weibliche mythische Gestalt, die in der Pfingstzeit erscheint, im östl. Polen, wo die R. in der Rolle der żytnia panienka oder żytnia baba (Roggenfräulein, Roggenfrau) auftritt, und auch auf dem Balkan (nördl. Bulgarien und Rumänien) bekannt, wo Gestalten mit dem Namen rusalii, rusalijki, rusalče oder rusalile für außergewöhnlich gefährliche Geister gehalten wurden, die fähig seien, ‚rusalische' Krankheiten hervorzurufen[11]. Gewisse Verhaltensweisen der R. erinnern an die südslav. Vilen (→ Samovila)[12].

Von der R. in den Volksüberlieferungen sehr unterschiedlich ist die gleichnamige literar. Gestalt, die durch Dichter der → Romantik populär wurde[13]: Russ., ukr. und poln. Dichter wie Vasilij Andreevič → Žukovskij, Aleksandr Sergeevič → Puškin, Michail Jurevič Lermontov, Nikolaj Vasil'evič → Gogol', Taras Ševčenko, Lesja Ukrajinka, Adam Mickiewicz und Julius Słowackij stellten sog. rusalki ausschließlich als Wasserjungfrauen dar, als schöne Mädchen mit einem Fischschwanz, welche nachts vom Grund der Seen und Flüsse heraufschwimmen, wo sie in kristallenen Schlössern wohnen; sie locken mit ihrem bezaubernden Gesang Jünglinge an, treten mit ihnen in Liebesbeziehungen, rächen sich an ihren untreuen Geliebten, bringen sie zu Tode etc. Ähnliche Vorstellungen, die einen Niederschlag in Opern (z. B. Antonín Dvořáks *R.* [1901]) wie in populären Enz.en und Wbb. gefunden haben, bildeten sich lange Zeit vor der Erforschung umfangreichen volkskundlichen Materials unter dem Einfluß einer bereits vorhandenen poetisierten Gestalt der R. heraus. Als Qu.n für das literar. Bild der R. dienten weniger authentische Zeugnisse der slav. Dämonologie als vielmehr die ebenfalls durch die romantische Poesie populär gewordenen verwandten weiblichen Gestalten der antiken und europ. Mythologie (Nymphen, Najaden, → Sirenen, → Undine, → Melusine, → Lorelei, andere Wasser- und Waldgeister).

[1] Ivanov, V. V.: Rusalki. In: Mify narodov mira 2. M. 1982, 390; Vinogradova, L. N.: Narodnaja demonologija i mifo-ritual'naja tradicija slavjan (Die Volksdämonologie und die mythisch-rituelle Tradition der Slaven). M. 2000, 141–229. – [2] Miklosich, F.: Die Rusalien. In: Sb.e der Akad. der Wiss.en zu Wien 46,6 (1864) 386–405. – [3] Zelenin, D. K.: Izbrannye trudy. 2: Očerki russkoj mifologii. Umeršie neestestvennoju smert'ju i rusalki (Ausgewählte Arbeiten. 2: Abriß der russ. Mythologie. Die eines unnatürlichen Todes Gestorbenen und die Rusalki). ed. E. E. Levkievskaja/N. I. Tolstoj. (Petrograd 1916) Nachdr. M. 1995; id.: Russ. (Ostslav.) Vk. B./Lpz. 1927, 392 sq. – [4] Klinger, W.: Wschodnio-europejskie rusałki i pokrewne postaci demonologii ludowej a tradycja grecko-rzymska (Die osteurop. Rusalki und verwandte Gestalten der Volksdämonologie und die griech.-röm. Tradition). In: id.: Prace etnologiczne. Lublin/Krakau 1949. – [5] [Popov, M.:] Opisanie drevnogo slovenskogo basnoslovija (Beschreibung der altslav. Mythologie). SPb. 1752, 32, zitiert nach Pomeranceva, È. V.: Russkij fol'klor o rusalkach (Russ. Folklore über Rusalken). In: Acta Ethnographica 19 (1970) 303–318, hier 304. – [6] Kajsarov, A. S.: Slavjanskaja i rossijskaja mifologija (Slav. und russ. Mythologie). M. 1810, 164. – [7] Afanas'ev, A. N.: Poètičeskie vozzrenija slavjan na prirodu (Die poetischen Ansichten der Slaven von der Natur) 2. M. 1868, 339. – [8] Pomeranceva, È. V.: Mifologičeskie personaži v russkom fol'klore (Mythische Figuren in der russ. Folklore). M. 1975, 172 sq., 186 (dt.). – [9] ibid., 78. – [10] Vinogradova (wie not. 1) 141–194 (Die R. im Waldglauben und in Bräuchen). – [11] Brückner, A.: Mitologija słowiańska i polska (Slav. und poln. Mythologie). ed. S. Urbańczyk. W. 1980, Reg. s. v. rusałki; Benovska-Săbkova, M.: Za rusalkite v bălgarskija folklor (Über die Rusalken in der bulg. Folklore). In: Bălgarski folklor (1991) 1, 3–14; Zečević, S.: Rusalke i todorci u narodnom verovanja severoistočne Srbije (Rusalke und todorci im Volksglauben Nordostserbiens). In: Glasnik Etnografskog muzeja 37 (1974) 109–129; Puchner, W.: Zum Nachleben des Rosalienfestes auf der Balkanhalbinsel. In: Südost-Forschungen 46 (1987) 197–278. – [12] Vinogradova, L. N./Tolstaja, S. M.: K probleme identifikacii i sravnenija personažej slavjanskoj mifologii (Zum Problem der Identifizierung und des Vergleichs der Gestalten der slav. Mythologie).

In: Slavjanskij i balkanskij fol'klor. Verovanija. Tekst. Ritual. M. 1994, 16–43. – [13] Vinogradova (wie not. 1) 220–229 (Die R. im Volksglauben und in der Kunst).

Moskau   Ljudmila Nikolaevna Vinogradova

Rußland

1. Altruss. Erzähltraditionen – 2. Märchen – 2.1. Allgemeines – 2.2. Sammeltätigkeit und Editionen – 2.3. Forschung

1. **Altruss. Erzähltraditionen.** Die altruss. Geschichte gliedert sich in die Kiever (10.–13. Jh.) und die Moskauer Periode (14.–17. Jh.). Für die kulturellen Traditionen sind zum einen die frühe Aneignung z. T. über Bulgarien vermittelter byzant. Überlieferungen zu berücksichtigen, deren altkirchenslav. Übers.en anders als die in Westeuropa zirkulierenden lat. Texte der gesprochenen Sprache nahestanden, und zum anderen der lange Prozeß der Formierung des Russ. Reichs, in dessen Verlauf die altruss. (später russ.) Stämme mit finnougr. und Turkvölkern sowie mit paläoasiat. und mongol. Völkern in Berührung kamen.

Seit dem 10. Jh. begann das Christentum in Rußland Fuß zu fassen (Staatsreligion seit 988 unter Fürst Vladimir dem Hl.). Die ablehnende offizielle Haltung gegenüber bestimmten Volksüberlieferungen als heidnischen Traditionen kam jahrhundertelang in Versuchen, sie zu begrenzen, zum Ausdruck. So drohte z. B. der Prediger Kirill von Turov (12. Jh.) denen mit Höllenstrafen, die heidnische Bräuche ausüben und ‚Märchen' erzählen (basni bajut); Serapion von Vladimir (gest. 1275) und weitere Prediger riefen dazu auf, sich nicht an ‚von Menschen erfundene Geschichten', sondern an die Bibel zu halten[1]. Diese frühen Verbote lassen nicht nur auf reiche zeitgenössische, sondern auch auf bereits vor der Kiever Epoche ausgebildete Erzähltraditionen schließen. Komparatistische Forschungen haben Elemente der letzteren – eine vorchristl. Mythologie[2], epische Heldenlieder (→ Byline), mythische Motive und Strukturen[3] sowie einen Grundbestand von Sprachformeln in späteren Märchen und ihnen nahestehenden narrativen Formen[4] – erschlossen. Als archaisch gelten bestimmte Sujets (Verteidigung des Stammesgebiets gegen ein Ungeheuer, Reise des Helden zur Braut, die sog. epische Einsamkeit), Funktionen (z. B. Held als → Kulturheros) und Strukturen (u. a. vor der eigentlichen Heldentat stattfindende Probe des Helden; cf. → Bewährungsproben)[5].

In der Kiever Periode wurden Erzählstoffe aus schriftl. und mündl. Überlieferung durch patristische Werke und Chroniken tradiert. So finden sich in der ältesten Chronik, der sog. *Nestorchronik* oder *Povest' vremennych let* (Erzählung von den Anfangsjahren an; 11. Jh., älteste Hs. 14. Jh.)[6], Gründungssagen – Erzählungen von Stammvätern (z. B. von Radim, Vjatko oder den drei durch die Kiever Rus ‚berufenen' Warägerbrüdern Rjurik, Sineus und Truvor) und von Städtegründungen (z. B. von Kiev durch Kij, Šček, Choriv und ihre Schwester Lybed') – sowie Heldensagen (Erzählungen von der → Kriegslist der Fürstin Ol'ga gegenüber den Derevljanen, vom Belgoroder Mehlbrei als Kriegslist, vom Zweikampf eines jungen Mannes mit einem riesenhaften Petschenegen [cf. SUS 300$_2$, AaTh 300: cf. → Drache, Drachenkampf, Drachentöter][7], von der Prophezeiung, daß Oleg durch sein Pferd sterben werde [cf. AaTh 934: cf. → *Todesprophezeiungen*[8]]). Aus der epischen Dichtung der Kiever Periode ist das sog. *Igorlied* aus dem 12. Jh., *Slovo o polku Igoreve* (Erzählung über den Heerzug Igors; Hs. 16. Jh.), überliefert, ein kunstvolles Epos über den unglücklich verlaufenden Feldzug des Novgoroder Fürsten Igor Svjatoslavič gegen die Polovzer, dessen Echtheit lange umstritten war[9]. Die Chronisten der Kiever Zeit griffen auch auf die griech. *Hamartolos*- und *Malalas-Chronik* sowie auf das Geschichtswerk von → Josephus Flavius zurück. Im 12./13. Jh. wurden aus dem byzant. Kulturraum der → *Achikar-Roman* (AaTh 922 A), der → *Alexanderroman*, → *Barlaam und Josaphat*, der → *Physiologus* und *Digenis Akritas* (→ Byzant. Erzählgut, Kap. 4.1) adaptiert[10]. Den Prozeß einer allmählichen kirchlichen Loslösung von Byzanz dokumentiert u. a. die Verehrung russ. Heiliger wie der Kiever Fürsten Boris und Gleb (erste Erwähnung 1072). Ein äußerst umfangreiches und kulturgeschichtlich interessantes Werk stellt das *Kievo-pečerski paterik* (Paterikon des Kiever Höhlenklosters; 13. Jh.) dar, das Episoden aus dem Leben des Klosters und seiner Heiligen enthält[11]. Schon früh hatte sich, z. T. über bulg. Vermittlung, eine reiche → Apokryphenliteratur (Kap. 4) entwickelt[12].

Im 14.–16. Jh. bürgerten sich aus griech.-slav. Qu.n u. a. Erzählungen über → Salomo und die Fabelsammlung → *Stephanites und Ichnelates* (→ *Kalila und Dimna*) ein, aus westl. Qu.n *Prenie života i smerti* (Streit zwischen Leben und Tod) oder die Geschichte über die Zerstörung → Trojas des Guido de Columnis[13]. Neubearb. und neuverfaßte Viten russ. Heiliger gingen Mitte des 16. Jh.s auch in das unter dem Moskauer Metropoliten Makarij (gest. 1563) zusammengestellte große Werk *Velikie minei čet'i* (Große Lesemenäen; 3 Hss. erhalten, z. T. ediert 1866–97) ein, das in zwölf Bänden das altruss. religiöse Schrifttum erfaßt[14]. Bes. im 16. Jh. entstanden Legendenmärchen mit Motiven aus Apokryphen, Märchen und volkstümlichen Lokalsagen (z. B. über den hist. belegten hl. Ioann von Novgorod, mit dem Motiv der Bannung des Teufels [in ein Gefäß], der ihn nach Jerusalem und zurück bringen muß [cf. AaTh 331: → *Geist im Glas*]; über das hl. Fürstenpaar Petr und Fevronija von Murom, u. a. mit dem Drachenkampf-Motiv und zentral mit AaTh 875: *Die kluge* → *Bauerntochter*)[15]. Im Kontext einer Konsolidierung des Moskauer Reichs entstand vermutlich bereits Ende des 14. Jh.s die sog. *Zadonščina, Slovo o velikom knjazi Dmitrii Ivanoviči i brate ego [...], kako bilisja za Donom za svoju velikuju obidu s poganym carem Mamaem* (Lobpreisung des Großfürsten Dmitrij Ivanovič und seines Vetters [...], wie sie am Don den heidnischen Zaren Mamaj besiegten; Hss. 15.–18. Jh.; in Anlehnung an das *Igorlied*), die den Sieg des Moskauer Großfürsten über die Tataren (1380) verherrlicht[16].

Die Haltung der Kirche gegenüber der mündl. Erzählkultur verschärfte sich im 17. Jh. Die Kirchenkonzile von 1650 bis 1666 führten nicht nur zum Schisma der russ.-orthodoxen Kirche, sondern hatten auch entschiedene Maßnahmen der Regierung wie der Altgläubigen gegen die Skomorochen (→ Spielmann; → Gaukler) zur Folge. Schon 1649 hatte Zar Aleksej Michajlovič Romanov (1645–76) in einem Ukas die Vertreibung der Skomorochen befohlen und seinen Untertanen gotteslästerliche Verhaltensweisen, darunter verschiedene Zauber- und Wahrsagepraktiken und auch das Erzählen unwahrer Geschichten, untersagt[17]. Die Regierung fürchtete die fahrenden Skomorochen, die Altgläubigen sahen in ihnen einen Beweis für das Nahen des Antichrist. Das Repertoire der Skomorochen wurde nicht aufgezeichnet, doch ist anzunehmen, daß durch sie satirische Erzählungen und Alltagsmärchen (satiričeskie i bytovye skazki) verbreitet wurden. Der Terminus skomorošestvo (Possenreißerei, Spaßmacherei) blieb bis heute erhalten, ebenso Sprichwörter wie: ‚Skomoroch popu ne tovarišč' (Der Skomoroche ist dem Popen kein [guter] Genosse) oder ‚Skomoroch – potecha satane' (Der Skomoroche ist des Satans Vergnügen).

Trotz kirchlicher und staatlicher Einschränkungen breitete sich im 17. Jh. die erzählende weltliche Lit. mehr und mehr aus. Eine große Anzahl internat. Erzählstoffe wurde immer weniger aus griech.-östl. – wie *Car' Aggej* (AaTh 757: → *Jovinian*) oder *Eruslan Lazarevič* –, sondern zunehmend aus westl., z. T. poln. Qu.n übersetzt – wie z. B. → *Apollonius von Tyrus*, *Bova Korolevič* (→ *Beuve de Hampton*); *Bruncvik korol'* (→ Löwentreue), → *Gregorius* (AaTh 933), → *Judas Ischarioth*, → *Magelone*, → *Melusine*, *Sem' mudrecov* (→ *Sieben weise Meister*), *Šemjakin sud* (AaTh 1534: *Die Urteile des* → *Schemjaka*) oder *Dejanie rimskie* (→ *Gesta Romanorum*)[18]. Ende des 17. Jh.s entstand auch die ungedr., aber in vielen Hss. verbreitete Ausw.übersetzung *Velikoe zercalo* (Der große Spiegel) aus dem *Magnum speculum exemplorum* (→ *Speculum exemplorum*)[19], deren in den Hss. des 18. Jh.s ausführlich ill. Exempel durch den Druck von Bilderbogen (lubočnaja kniga, lubok) popularisiert wurden[20]. Neben diesen Adaptationen finden sich u. a. satirische Erzählungen wie *Erš Eršovič syn Ščetinnikov* (AaTh 254**: *The Trial of Yorsh Yorshovich*) oder *Karp Sutulov* (AaTh 1730: cf. → *Liebhaber bloßgestellt*), die zunächst als Hss., dann in Büchern und als Bilderbogen zirkulierten[21]. Beginnende Aufzeichnungen zeugen von einer reichen Bylinentradition (cf. die sog. Kirša [Kiril] Danilov-Slg aus der Mitte des 18. Jh.s: *Drevnie rossijskie stichotvorenija* [Altruss. Gedichte]. M. 1804), aus der auch Märchen mit Bylinen-Motiven hervorgingen (→ Il'ja Muromec)[22].

2. Märchen

2.1. Allgemeines.
Seit ca 1600 bürgerte sich der Gebrauch des Wortes skazka neben basn' für Erzählungen ein. 1596 verwandte Lavrentij (Tustanovskij) Zizanij in seiner Grammatik skazka synonym mit basnja und bajka[23]. Wenig später benutzte der engl. Geistliche Richard James, der mit einer Delegation 1619/20 in Moskau weilte, in seinem hs. russ.-engl. Wb. das Wort skazka für fiktive Erzählungen und übersetzte ‚skaji skaseka' (skaži skazka) mit ‚tell a tale'[24]. Den Übergang im Gebrauch von skazka anstelle von basn' veranschaulicht der erwähnte Ukas des Zaren Aleksej Michajlovič Romanov von 1649: Z. T. wörtlich entspricht dieser Text der Mahnung des Predigers Kirill von Turov aus dem 12. Jh. (v. Kap. 1), nur heißt es nun ‚skazki skazyvajut nebylye' (sie erzählen unwahre Erzählungen)[25]. In der Märchenliteratur des 18. Jh.s ist eine Reihe von Formeln belegt, die für einen etablierten Gebrauch des Wortes skazka für Märchen im heutigen Sinne sprechen[26]. Zu einem wiss. Terminus wurde skazka Mitte des 19. Jh.s.

Die ersten dokumentierten Aufzeichnungen russ. Märchen aus mündl. Überlieferung datieren aus dem 16. und 17. Jh.[27] Von dem ital. Humanisten Paulus → Jovius wurde nach den Worten von Dmitrij Gerasimov, dem Gesandten und Dolmetscher des Zaren Vasilij III. (1505–33), 1525 in Rom eine Var. zu AaTh 1900: cf. → Junge am Bären(Wolfs)-Schwanz aufgezeichnet[28]. 1671 publizierte S. Collins (1619–70), der engl. Arzt des Zaren Aleksej Michajlovič Romanov, in seiner Reisebeschreibung u. a. zwei Märchen über Ivan den Schrecklichen: Var.n zu AaTh 921 E*: *The Potter* und zu AaTh 951 B: cf. → *König und Räuber*[29].

Die Existenz von Märchen und anderen Genres als mündl. Tradition ist für die unterschiedlichsten sozialen Schichten des 16. und 17. Jh.s in Geschichts-, Reise- und Memoirenliteratur bezeugt. So erwähnte der dt. Schriftsteller Adam Olearius, der 1633–35 an einer Handelsexpedition nach Rußland teilgenommen hatte, das Singen hist. Lieder sowie das Erzählen derber Schwänke und beschrieb auf der Straße aufgeführtes → Puppentheater (mit beigefügter Ill.)[30]. Verschiedene Berichte belegen die Anwesenheit von Märchenerzählern am Zarenhof von der Zeit Ivans des Schrecklichen im 16. Jh., dem drei blinde Greise zum Einschlafen Geschichten erzählten, über Vasilij Šujskij, Michail Fjedorovič und Aleksej Michajlovič Romanov bis hin zu Elizaveta Petrovna im 18. Jh.[31] Auch in den Häusern der Wohlhabenden waren Erzähler üblich: So bot sich 1797 in den *Sankt-Peterburgskie Vedomosti* (St. Petersburger Nachrichten) ein Blinder als Erzähler ‚zum Erzählen verschiedener Geschichten' und ‚russ. Märchen' an[32].

Zur mündl. Überlieferung trat im 18. Jh. verstärkt die Verbreitung von Märchenstoffen in gedr. Form. Seit den 1760er Jahren kamen Bücher mit unterhaltender und z. T. aufklärerischer Tendenz sowie Bilderbogen mit ähnlichen Inhalten auf den Markt[33]. Die Sammelbände tragen Titel wie *Babuškiny skazki* ([Großmutters Märchen]. M. 1778, von S. V. → Drukovcov), *Russkie skazki* ([Russ. Märchen] 1–10. M. 1780–83, von V. A. Levšin, cf. M. D. → Čulkov), *Povestvovatel' russkich skazok* ([Erzähler russ. Märchen]. M. 1787), *Lekarstvo ot zadumčivosti i bessonnicy ili Nastojaščie russkie skazki* ([Medizin gegen Trübsinn und Schlaflosigkeit oder Echte russ. Märchen]. SPb. 1786) oder *Staraja pogudka na novyj lad, ili Polnoe sobranie drevnych prostonarodnych skazok* ([Ein altes Lied auf neue Weise oder Vollständige Slg alter einfacher Volksmärchen] 1–3. M. 1795). Sie erlebten z. T. bis in das 19. Jh. Neuauflagen bzw. Forts.en und enthalten u. a. auch Nacherzählungen von Volksmärchen[34]. Meist griffen die Herausgeber auf umlaufende russ. Erzähltraditionen zurück, aber auch auf westeurop. Qu.n, wie z. B. N. Kurganov in *Rossijskaja universal'naja grammatika, ili Vseobšče pis'moslovie* ([Russ. Universalgrammatik, oder allg. Briefsteller]. SPb. 1769) oder Ch. Dobroserdov in *Sputnik i sobesednik veselych ljudej* ([Reisegefährte und Unterhalter fröhlicher Menschen] 1–4. M. 1773–76). Im 19. Jh. blieben Märchen bei den raznočincy (nichtadligen Staatsbeamten) und dem niederen Landadel ein wichtiger Bestandteil der unterhaltenden Lektüre, den frz. Märchenreihen im 18. Jh. vergleichbar (→ Bibliothèque bleue, → Contes de[s] fées). Im aristokratischen Milieu las man hingegen überwiegend frz. und engl. Romane. Seit dem 18. Jh. beriefen sich Dichter und Schriftsteller zunehmend auf die in ihrer Kindheit gehörten Märchen (z. B. Denis I. Fonvizin [1745—92], Sergej T. Aksakov [1791—1859], → Puškin) und nutzten volkstümliche Erzählstoffe in ihren eigenen Werken (u. a. → Sumarokov, Aleksandr N. Radiščev [1749—1802], → Krylov, → Žukovskij, Puškin, → Gogol', → Eršov, Michail E. Saltykov-Ščedrin [1826—89]).

Das russ. Märchenrepertoire des 19. und 20. Jh.s umfaßt insgesamt 1293 Erzähltypen, die sich in 119 Typen für Tiermärchen, 225 für Zaubermärchen, 166 für Legendenmärchen, 137 für Novellenmärchen, 84 vom dummen Teufel und 562 Schwanktypen unterteilen[35]. Die grundlegende und älteste Schicht der Zaubermärchen fällt bei Russen, → Ukrainern und → Weißrussen weitgehend zusammen. Die zahlenmäßige Erfassung von Erzähltypen — z. B. bei den Zaubermärchen 225 Erzähltypen bei Russen, 225 bei Ukrainern und 200 bei Weißrussen — ist zu differenzieren und auch in Zusammenhang mit den Interessen der Sammler in der 2. Hälfte des 19. Jh.s zu sehen[36].

2.2. Sammeltätigkeit und Editionen. Ein zunehmendes Interesse an Märchen aus mündl. Überlieferung in der 1. Hälfte des 19. Jh.s bezeugen einerseits Märchenbücher, die lediglich mit dem Anspruch, authentisches Material zu präsentieren, auftraten (cf. I. P. Sacharovs *Russkija narodnyja skazki* [Russ. Volksmärchen]. SPb. 1841), und andererseits überlieferungsgetreuere Slgen wie *Russkie skazki dlja detej* ([Russ. Märchen für Kinder]. SPb. 1844; bis 1881 sechs weitere Aufl.n) von E. A. → Avdeeva. Für das Sammeln russ. Volksüberlieferungen in wiss. Rahmen spielte die in St. Petersburg gegründete Imperatorskoe Russkoe Geografičeskoe Obščestvo (Kaiserlich Russ. Geogr. Ges.) eine entscheidende Rolle. Der 1846 auf der ersten Mitgliederversammlung von N. I. Nadeždin gehaltene Vortrag und das von ihm und anderen ausgearbeitete Programm der Ges. (ein ethnogr. Fragebogen wurde 1847 in einer Aufl. von 7000 Exemplaren verschickt[37]) forderten landeskundliche Forscher auch zum Sammeln von Märchen auf[38]. In das Archiv der Ges. gingen in der Folgezeit zahlreiche Texte ein, die A. N. → Afanas'ev zur Verfügung gestellt wurden und zusammen mit den Slgen V. I. → Dal's, P. I. → Jakuškins und anderer die Grundlage von Afanas'evs Märchensammlung *Russkie narodnye skazki* ([Russ. Volksmärchen] 1—8. M. 1855—63) bildeten.

Diese Märchensammlung gilt als die wichtigste russ. Slg repräsentativ nationalen Charakters, und Afanas'ev selbst wurde als der ‚russ. Grimm' bezeichnet. Entstanden die → *Kinder- und Hausmärchen* der Brüder → Grimm während der Napoleonischen Kriege auch unter dem Aspekt der Stärkung eines dt. Nationalbewußtseins, so war für Afanas'ev eine soziale Motivation entscheidend: In den Jahren der Diskussion, die der Aufhebung der Leibeigenschaft (1861) vorangingen, wollte er mit seiner Slg den geistigen Reichtum und das schöpferische Potential der russ. Bauern aufzeigen. In dieser Zeit trat er auch in Kontakt mit der von A. I. Gercen (Herzen) geführten russ. liberalen Emigration. Maßgebliche Rezensenten der ersten Lieferungen der Slg forderten von Afanas'ev — analog zu den Bearb.en der KHM — die Annäherung von Sprache und Stil an die russ. Lit.sprache, doch blieben seine Überarbeitungen vergleichsweise geringfügig. Die von Afanas'ev noch selbst konzipierte Anordnung der Märchen für die Ausg. von 1873 (Tiermärchen, Märchen mit mythischem Inhalt, mit Stoffen aus Bylinen und Lit., Märchen von Toten und Zauberern, Alltags- und humoristische Märchen, Schwänke) wurde in den folgenden von bekannten Folkloristen besorgten Afanas'ev-Ausg.n einschließlich der 7. Aufl. von 1984/85[39] beibehalten. Bald nach Erscheinen der Slg Afanas'evs wurde auf sie in der Populär- und Kinderliteratur zurückgegriffen.

Das Programm der Kaiserlich Russ. Geogr. Ges. und die Afanas'ev-Ausg.n veranlaßten die Herausgeber der nichtoffiziellen Beilagen der in 76 Gouvernements erscheinenden staatlichen *Guvernskija Vedomosti* (Gouvernementsnachrichten), in die landeskundlichen Abteilungen auch Märchenaufzeichnungen aufzunehmen. Bis zum Anfang des 20. Jh.s wurden auf diese Weise Hunderte von Märchen veröffentlicht, die von Lehrern, Geistlichen und Mitgliedern der statistischen Gouvernementsausschüsse vor allem in den Gouvernements Perm (40 Texte), Archangel'sk (38) und Tver' (33), aufgezeichnet worden waren[40].

Der Ausg. Afanas'evs folgten die bedeutenden Slgen I. A. → Chudjakovs (*Velikorusskie skazki* [Großruss. Märchen] 1–3. M. 1860/61/ SPb.1862) mit über 120 Texten aus zentralen Gouvernements und den Städten Moskau, Kazan' und Tobol'sk, E. A. → Čudinskijs (*Russkie narodnye skazki, pribautki i pobasenki* [Russ. Volksmärchen, witzige Redensarten und Anekdoten]. M. 1864) mit Informationen zu Erzählkontexten und A. A. Ėrlenvejns (*Narodnye skazki* [Volksmärchen]. M. 1863) mit 41 Texten, die von unter dem Einfluß der pädagogischen Ideen Lev N. Tolstojs stehenden Lehrern 1862/63 im Gouvernement Tula aufgezeichnet worden waren. D. N. Sadovnikovs *Skazki i predanija Samarskogo kraja* ([Märchen und Sagen aus dem Samara-Gebiet]. SPb. 1884) ist als Vorläufer der späteren, nur einer einzigen Erzählerpersönlichkeit gewidmeten Slgen anzusehen: Das Werk enthält u. a. 72 von einem der bedeutendsten Erzähler, Abram Novopol'cev, aufgezeichnete Texte. Die von Sadovnikov geplanten Kommentare zu Novopol'cev und anderen in diesem Band vertretenen Erzählern kamen durch seinen Tod (1883) vor der Publ. nicht mehr zustande.

Die Kaiserlich Russ. Geogr. Ges. ermöglichte Forschern wie N. E. → Ončukov und K. D. → Zelenin große Sammelexpeditionen. So veröffentlichte Ončukov als Ergebnis seiner Feldforschungsreisen in Nordrußland, die zunächst der Aufzeichnung von Bylinen gegolten hatten, den Band *Severnyja skazki* (*Archangel'skaja i Oloneckaja gg.*) ([Märchen des Nordens, Gouvernements Archangel'sk und Olonec]. SPb. 1908), den er mit Informationen zu Erzählern und Erzählgelegenheiten versah und der für Märchensammlungen innovativ nach Erzählern angeordnet ist, wie es bereits P. N. Rybnikov (1831–85) und A. I. Gil'ferding (Hilferding; 1831–72) in Bylinensammlungen praktiziert hatten[41]. Zelenin publizierte die beiden beispielhaften Bände *Velikorusskie skazki Permskoj gubernii* ([Großruss. Märchen des Gouvernements Perm]. Petrograd 1914) und *Velikorusskie skazki Vjatskoj gubernii* ([Großruss. Märchen des Gouvernements Vjatsk]. Petrograd 1915), deren Präsentation mit ethnogr. Angaben, Kurzfassungen der Erzähltypen und Hinweisen auf Var.n bis heute Modellcharakter hat. Ihrer Systematik folgte auch A. M. → Smirnovs (Smirnov-Kutačeskijs) zweibändige, nach Gouvernements angeordnete und Kurzinformationen zu den Erzählern enthaltende Slg *Sbornik velikorusskich skazok archiva Russkogo Geografičeskogo Obščestva* ([Slg großruss. Märchen aus dem Archiv der Russ. Geogr. Ges.]. Petrograd 1917), deren geplanter Überblicks- und Kommentarband kriegsbedingt nicht mehr erscheinen konnte. Im Auftrag der Kaiserlich Russ. Geogr. Ges. sammelte auch M. K. → Azadovskij, dessen 1913–15 in Ostsibirien aufgezeichnete Märchen erst in den 1920er Jahren erschienen (*Skazki Verchnelenskogo kraja* [Märchen aus der Gegend der oberen Lena]. Irkutsk 1925; *Skazki iz raznych mest Sibirii* [Märchen aus verschiedenen Orten Sibiriens]. Irkutsk 1929). Die Brüder B. und Ju. M. → Sokolov publizierten ihre 1908–09 im Gouvernement Novgorod gesammelten Materialien in der Slg *Skazki i pesni Belozerskogo kraja* ([Märchen und Lieder des Kreises Belozersk]. M. 1915). 1924/25 wurde die 1910 gegründete Skazočnaja komissija (Märchenkommission; Vorsitz S. F. Ol'denburg) der Kaiserlich Russ. Geogr. Ges. reorganisiert; bis 1927 gab sie jährliche Bulletins mit Sitzungsberichten, Artikeln und Informationen über geplante Materialveröffentlichungen heraus.

Ungeachtet der außergewöhnlichen Schwierigkeiten nach dem Krieg und der Oktoberrevolution wurde seit den 1920er Jahren wieder eine intensive Feldforschung aufgenommen. So sammelte z. B. A. I. → Nikiforov 1926–28 im russ. Norden bewußt bei talentierten wie bei ungeübten Erzählern, um ein allg. Bild vom zeitgenössischen Leben des Märchens zu erhalten (z. T. veröff. in *Severnorusskie skazki* [Nordruss. Märchen]. ed. V. Ja. Propp. M./Len. 1961). Es erschienen Slgen von Märchen und anderen Genres landeskundlichen (nach 1932 offiziell ‚regionalen') Charakters[42]. Als Organisatorin dieser Art von Slgen trat oft Ė. V. → Pomeranceva in Erscheinung; Sammler und Redakteure waren ihre ehemaligen Schüler, wie z. B. E. → Gusev. Eine analoge Rolle spielte in Leningrad Azadovskij, der eine Reihe von Slgen seiner Schüler initiierte und verantwortete. Veröff.en zu einzelnen sehr guten → Erzählern mit einem umfassenden → Repertoire bildeten einen Schwerpunkt entsprechend den Forschungsdominanzen der sog. Russ. Schule (v. Kap. 2.3), für deren Formierung auch die Publ. E. V. Barsovs (*Pričita-*

nii severnogo kraja [Klagelieder der nördlichen Region] 1–3. 1882–85) unter bes. Berücksichtigung von Irina A. Fedoseva, einer bedeutenden Sängerin von Klageliedern, eine wichtige Rolle gespielt hatte. Die im folgenden genannten Slgen, die Erzählerpersönlichkeiten mit einem aufgezeichneten Repertoire von jeweils über 100 Märchen gewidmet sind, wurden mit stilistischen, ethnogr. und psychol. Beobachtungen versehen[43]. So zeichnete A. N. Nečaev Märchen des großen Erzählers Matvej M. Korguev auf (*Skazki M. M. Korgueva* 1–2. Petrozavodsk 1939; *Skazki Karel'skogo Belomor'ja. Skazki M. M. Korgueva* 1–2. Petrozavodsk 1939), der seine langen, aus umfangreichen Kombinationen bestehenden Märchen in der Fischereigenossenschaft erzählte. A. M. Novikova und I. A. Ossoveckij gaben Märchen der Erzählerin Anna K. Baryšnikova heraus (*Skazki Kuprijaniči*. Voronež 1937), Azadovskij und L. Ja. Èliasov Märchen des Magaj genannten Erzählers Egor I. Sorokovikov (*Skazki Magaja*. Len. 1940). Ein bemerkenswerter Erzähler war der Weißrusse Filipp P. Gospodarev, der 1903 nach Karelien verbannt worden war und dort bis zu seinem Tode lebte. Von ihm zeichnete N. V. → Novikov überwiegend Zaubermärchen auf (*Skazki Filippa Pavloviča Gospodareva*. Petrozavodsk 1941), die durch ihre Verbindung der weißruss. mit der nordruss. Erzählüberlieferung von bes. Interesse sind[44]. Märchen des Erzählers Michail A. Skazkin publizierte N. D. Komovskaja (*Skazki M. A. Skazkina*. Gor'ki 1952).

Bereits in den 1920er Jahren begann das interessante Experiment einer erneuten Feldforschung in Gebieten, die für ihre reichen Volksüberlieferungen im 19. und Anfang des 20. Jh.s berühmt waren. So wurden Expeditionen auf den Spuren Rybnikovs und Gil'ferdings sowie später der Brüder Sokolov und A. M. → Astachovas durchgeführt, um zu klären, welche Veränderungen die mündl. Überlieferung in einem Zeitraum von 50–100 Jahren erfahren hatte[45].

Von den 1970er Jahren an begann die Edition einer Reihe der Folklore sibir. Völker, darunter auch russ. Märchen. Es überwiegen thematische, oft nicht deutlich voneinander abgegrenzte Bände: *Russkie volšebnye skazki Sibiri* ([Russ. Zaubermärchen Sibiriens]. Novosibirsk 1981), *Russkie narodnye skazki Sibiri o bogatyrjach* [Russ. Volksmärchen Sibiriens von Recken]. Novosibirsk 1979), *Russkie geroičeskie skazki Sibiri* [Russ. Heldenmärchen Sibiriens]. Novosibirsk 1980), *Russkie narodnye skazki Sibiri o čudesnom kone* [Russ. Volksmärchen Sibiriens vom Zauberpferd]. Novosibirsk 1984). Die Bände enthalten bereits veröff. Material, Archivmaterial wie auch erst kurz vor der Publ. aufgezeichnete Texte. Herausgeberin vieler dieser Bände ist die sibir. Folkloristin R. P. Matveeva, Redakteure sind jeweils namhafte Erzählforscher wie L. G. → Barag, V. M. → Gacak, K. E. Korepova, Novikov und Pomeranceva. Alle Bände enthalten einleitende Art. zur Geschichte der russ.-sibir. Folkloristik sowie Kommentare mit Angaben zu den Erzählern und den Besonderheiten der vorliegenden Var.n. Die Bände der bis heute erscheinenden Reihe weisen eine relativ hohe Aufl. von 30 000 bis zu 100 000 Exemplaren auf und erfüllen nicht nur eine wiss., sondern auch eine popularisierende Aufgabe.

In den 1980er Jahren wurde allen universitären Einrichtungen zur Auflage gemacht, die Studenten im Rahmen ihres Praktikums auf Feldforschungsexpeditionen zu senden. Die Aufzeichnungen füllen die Archive der Univ.en und pädagogischen Institute, sind jedoch bisher meist nur in Feldforschungsberichten referiert und durch ihre dezentralen Aufbewahrungsorte schwer zugänglich. Zu den Aufzeichnungen der Univ. Nižegorodskogo geben Korepova und T. N. Volkova Hilfsverzeichnisse heraus, die als Bulletin an interessierte Einrichtungen und Personen versandt werden. Sie sind nach Genres eingeteilt und nach SUS klassifiziert[46].

Das alte, für die Folkloristik wichtige Publ.sorgan, die zwischen 1890 und 1917 erschienene Zs. *Živaja starina* (Lebendiges Altertum), wurde unter demselben Titel 1994 neu begründet; sie enthält neben Unters.en zum Märchen reiches Informationsmaterial über laufende Forschungen und Feldforschungsarbeit sowie über folkloristische und ethnogr. Konferenzen in Rußland und im nahen Ausland.

2.3. Forschung. Frühe Versuche, Märchen im Überblick zu behandeln, stammen von Sacharov im Sinne der ‚oficial'naja narodnost'' (des offiziellen Volkstums) und von A. M. Snegirev (1793–1863) mit mythol. Interpretationen, beide auf schmaler Materialbasis und mit spekulativen Tendenzen[47]. N. A. → Certelev veröffentlichte 1820 die erste kritische Bewertung russ. Märchensammlungen und formulierte Aufzeichnungs- und Editionsprinzipien. Doch erst die Slg Afanas'evs bot die Grundlage für eine volkskundliche Erzählforschung, die sich zunächst auch unter dem Einfluß J. → Grimms und im Rahmen der sog. → Mythol. Schule mit ihrer romantisch-spekulativen Deutung von → Survivals entwickelte. Afanas'ev selbst interpretierte in diesem Sinn umfassendes russ. Material in dem dreibändigen *Werk Poètičeskie vozzrenija slavjan na prirodu* ([Poetische Ansichten der Slaven über die Natur]. M. 1866–69). Entschiedene Anhänger der Mythol. Schule waren zunächst F. I. → Buslaev, daneben Snegirev und der Slavophile O. F. Miller (1833–89) sowie distanzierter Chudjakov, A. A. Potebnja (1835–91) und Rybnikov[48].

Parallel liefen Forschungen, die weniger Ursprungsfragen, sondern vor allem dem Phänomen der hist. Entwicklung von Volkserzählungen und -liedern nachgingen. K. S. → Aksakov beschäftigte sich mit Fragen der Originalität und Entlehnung von Volkspoesie sowie ihrer Einbindung in den hist. Prozeß und definierte das Genre Märchen anhand einer Gegenüberstellung von Märchen und Byline. A. N. → Pypin untersuchte als erster Wechselwirkungen zwischen mündl. und schriftl. Traditionen sowie westeurop., byzant., oriental. und slav. Überlieferungen[49]. Er schuf die Grundlagen für die vergleichende Folkloristik in Rußland, die seit den 1860er Jahren von Buslaev und vor allem von A. N. → Veselovskij unter Einbeziehung der → Ind. Theorie T. → Benfeys weiterentwickelt wurde (→ Wandertheorie). Beide zogen für ihre komparatistischen Forschungen europ. und oriental. Var.nmaterial heran. Bes. Veselovskij, einer der großen Philologen Europas, machte der Forschung umfassendes Qu.nmaterial zugänglich und erforschte darüber hinaus die Gesetzmäßigkeiten bes. von epischen Formen, das Verhältnis von Form und Idee sowie von Motiv und Typ[50]. Ein bedeutender Vertreter dieser Schule war z. B. N. P. → Daškevič mit seinen Unters.en zu Tiermärchen und -epos.

Gegen Ende des 19. Jh.s kam der von V. F. Miller (1848–1913) begründeten ‚Hist. Schule' in der Folkloristik große Bedeutung zu, welche die Volkspoesie im Kontext hist. Fakten untersuchte[51]. Sie befaßte sich jedoch überwiegend mit der Geschichte der russ. Byline und des hist. Lieds, weniger mit Märchen.

Das erste postrevolutionäre Jahrzehnt des 20. Jh.s war von einer stürmischen Entwicklung der russ. Landeskunde gekennzeichnet. Doch fügten sich diese und die darunter gefaßte Folkloristik, die auf der Initiative örtlicher Intellektueller beruhte, nicht in die stalinistische Ausrichtung der Kultur ein und wurde gegen Ende der 1920er Jahre kritisiert. Ihre führenden Persönlichkeiten hatten unter Repressionen zu leiden: im günstigeren Fall mit Verbannung. Ihnen wurde eine Idealisierung der traditionellen ‚regional-ländlichen' Lebensweise (uezdnyj byt) zur Last gelegt. Anstelle der auf Freiwilligkeit basierenden landeskundlichen Vereine traten die staatlichen Oblastnye Doma narodnoj tvorčestva (Gebietshäuser des Volksschaffens). Von diesen wurde nicht nur die Organisation ländlicher Laienchöre erwartet, sondern auch das Abfassen von Werken im Sinne der ‚Sowjetfolklore', d. h. von Liedern und Märchen, in denen vorgeblich Traditionen des Volkslieds und der Volkserzählung zum Lobe der stalinistischen Ära Anwendung fanden (z. B. Erzählungen über den Volkshelden Čapaev, die auf den sehr populären Film *Čapaev* zurückgehen[52]). Hier zeigt sich eine Gemeinsamkeit in der Instrumentalisierung der Kultur in zwei Systemen, die sich feindlich gegenüberstanden, als totalitäre Diktaturen jedoch übereinstimmende Merkmale aufwiesen (→ Nationalsozialismus). Die Krönung derartiger Manipulationen war die Slg *Tvorčestvo narodov SSSR* ([Das Volksschaffen der Völker der Sowjetunion]. ed. M. Gor'kij/Z. Mechlis/A. I. Steckij. M. 1937), die 1937 zum 20jährigen Jubiläum der Sowjetmacht erschien[53]. Diese Slg enthielt ‚Übers.en' existierender und nichtexistierender Originale aus den Sprachen der Völker der UdSSR, verfaßt zum Ruhme Stalins. Für die Übers.en wurden einige für ihren Konformismus bekannte Dichter und Folkloristen herangezogen (→ Marxismus). Andere Folkloristen (v. unten) setzten in derselben Zeit ihre wiss. seriöse Forschungsarbeit fort.

In den Jahren nach dem 2. Weltkrieg ließ der Strom der Veröff.en solcher ‚sowjet. Folklore' allmählich nach; die ältere Generation der Erzähler und Sänger verschwand oder siedelte in die Städte um. In den 1980er Jahren wurde im Laufe der sog. Perestrojka die → Zensur folkloristischer Werke gelockert und ihre Politisierung beendet.

In den 1920er Jahren prägten vielfältige parallel verlaufende wiss. Richtungen die Folkloristik. Das Konzept der ‚Finn. Schule' (→ Geogr.-hist. Methode) wurde in Rußland im allg. kritisch aufgenommen. Die relativ kurze Episode ihrer Auswirkung in Rußland war mit dem Aufenthalt W. → Andersons in Kazan' seit seiner Evakuierung während des 1. Weltkriegs verbunden. Sein Schüler an der Kazaner Univ., N. P. → Andreev, vertrat die geogr.-hist. Methode in seinen frühen Arbeiten, so in zwei Monogr.n[54], in denen sich bereits eine gewisse Distanz von der Suche nach sog. → Urformen und Wandererzählungen zeigt. Doch trotz wachsender Unzufriedenheit mit den Konzepten der geogr.-hist. Methode erkannte Andreev — wie Azadovskij und andere Folkloristen dieser Zeit — den Wert von A. →Aarnes → Typenkatalog für die Unters. des Erzählrepertoires wie auch für die vergleichende Folkloristik. Er gab einen Typenkatalog russ. Märchen nach dem System Aarnes heraus (*Ukazatel' skazočnych sjužetov po sisteme Aarne*. Len. 1928 [= Andreev]), in dem er das russ. Märchen typol. auf der Grundlage der wichtigsten russ. Slgen beschrieb. Zuvor hatte Ol'denburg bereits seit 1916 im Publ.sorgan der Märchenkommission Übersichten über neue Märchenaufzeichnungen mit Hinweisen auf den Katalog Aarnes versehen lassen und insofern eine Klassifizierung propagiert. V. Ja. → Propp gab in seiner 1957 erschienenen Afanas'ev-Ausgabe für die Texte die Typennummern nach Andreev an. Doch allg. trat eine Phase der Abkehr von der Vorstellung ein, daß ein Typenkatalog auch dabei helfen könne, die Genese des Märchens (vor allem des Zaubermärchens) zu erklären. Erst in den 1960er Jahren erkannte man die Notwendigkeit eines regionalen Typenkatalogs, und zwar eines für die drei verwandten ostslav. Völker gemeinsamen Katalogs. Unter der Verantwortung K. V. → Čistovs veröffentlichten Barag, I. P. Berezovskij, K. P. → Kabašnikaŭ und Novikov den ostslav. Typenkatalog *Sravnitel'nyj ukazatel' sjužetov. Vostočnoslavajanskaja skazka* (Len. 1979 [= SUS]), dessen Nummern denen der 2. Revision des AaTh-Katalogs von 1961 entsprechen (unter Hinweis auf Andreev und gelegentlich den poln. Typenkatalog J. → Krzyżanowskis).

Anfang der 1920er Jahre begannen sich unter dem Einfluß der Diskussionen in der Märchenkommission der Russ. Geogr. Ges. und an der St. Petersburger Univ. Konzeptionen strukturalistisch-semiotischen Inhalts herauszubilden. Ungefähr zur gleichen Zeit begannen Propp und Nikiforov[55], obwohl in einigen Thesen voneinander abweichend, an einer Morphologie des Märchens zu arbeiten (→ Morphologie des Erzählguts, Kap. 2—4). Nach der Publ. einer Reihe von Artikeln gab Propp 1929 die *Morfologija skazki* ([Morphologie des Märchens]. Len. 1928) über die Gesetzmäßigkeit der Typenbildung des Zaubermärchens heraus, die eine immense Rolle in der Entwicklung des → Strukturalismus in den Lit.- und Kulturwissenschaften gespielt hat. Wie aktuell die Beschäftigung mit morphologischen (strukturalistischen) Problemen im Rußland der 1920er Jahre war, zeigen die gleichzeitigen Versuche Smirnov(-Kutačeskijs) und R. M. Volkovs[56], die denen Propps und Nikiforovs nahekamen, sich aber als weniger gelungen und überzeugend erwiesen. Obwohl die Arbeit Propps von so bekannten Philologen wie R. O. → Jakobson, V. N. Peretc, R. O. Šor, J. de → Vries u. a. rezensiert worden war[57], wurde sie erst ca 30 Jahre später durch die engl. Übers. (1958) von der internat. Wiss. rezipiert. Propp wies den Vorwurf C. → Lévi-Strauss', er habe die Genese der Märchenstruktur unberücksichtigt gelassen bzw. es nicht unternommen, sie zu erklären, zurück und betonte den inneren Zusammenhang der *Morphologie* mit seinem späteren Werk *Istoričeskie korni volšebnoj skazki* ([Die hist. Wurzeln des Zaubermächens]. Len. 1946 [²1986])[58].

Die Entwicklung der strukturalistisch-semiotischen Forschungen in der internat. Wiss. seit den 1950er Jahren zog auch zahlreiche russ. Folkloristen der Nachkriegsgeneration in ihren Bann. Deutlich wahrnehmbare Gruppen formierten sich mit der Bildung der Tartu-Moskauer Schule und des Kreises um Propp in Leningrad.Vertreter dieser Forschungsrichtung sind vor allem V. V. Ivanov[59], V. N. Toporov[60], E. M. → Meletinskij und seine Schüler wie S. Ju. → Nekljudov, T. V. Civian und E. S. Novik[61], die Ethnolinguisten und Semantiker N. I. Tolstoj[62] und S. M. Tolstaja in Moskau[63], Ju. I. Judin in Kursk[64], V. I. Eremina[65] und A. F. Nekrylova[66] in St. Petersburg sowie B. → Kerbelytė in Kaunas, eine Schülerin Pomerancevas. Ferner ist unter den strukturalistisch-semiotischen Forschungen das Experiment einer Gruppe von Programmierern, die mit einem wiss. Rat der Kybernetik zusammenarbeiten (M. G. Gaaze-Rapoport, D. A. Pospelov, E. T. Semenova), zu nennen[67].

Die frühe in den Slgen und ihren Einl.en dokumentierte Beschäftigung mit der Persönlichkeit der Erzähler, ihrem Umfeld und dem Vorgang des Märchenerzählens setzten bes. die Brüder Sokolov, Azadovskij und Pomeranceva fort (→ Biologie des Erzählguts, Kap. 4). Eine große Wirkung auf die westeurop. Forschung übte Azadovskijs Studie *Eine sibir. Märchenerzählerin* ([FFC 68]. Hels. 1926) aus, die den Märchen der Erzählerin Natal'ja Ossipovna Vinokurova gewidmet war. U. d. T. *Russkaja skazka. Izbrannye mastera* ([Das russ. Märchen. Ausgewählte Meister] 1–2. Len. 1932)[68] gab er eine Slg von Texten herausragender Erzähler, die bis Anfang der 1930er Jahre bekannt geworden waren, heraus. Die umfangreiche Einl. dieser Slg von Meistererzählern stellt das theoretische Manifest der ‚Russ. Schule' dar, die Erzähler als aus dem kollektiven Traditionsfundus individuell schaffende Künstler betrachtet, also Abweichungen von der Tradition nicht negativ als Entstellung, sondern als kreative Leistung bewertet (→ Kreativität). Neben generellen Beobachtungen, Charakteristiken der Erzähler und einer ersten Typologie der Märchenerzähler enthält der Band eine Ausw. von sechs von verschiedenen Erzählern stammenden Var.n des Märchens von der treuen Ehefrau (SUS 882 A*, AaTh 882: cf. → *Cymbeline*). Ähnlich veröffentlichte Nikiforov eine Ausw. von 15 von ihm im Zaonegakreis und in Lešukon'e aufgezeichnete Var.n zu AaTh 300 und erklärte das Interesse der Erzähler an bestimmten Var.n mit der Bekanntheit der Erzähltypen[69].

Der führende russ. Semiotiker und Strukturalist Ju. M. Lotman charakterisierte 1992 die verschiedenen Zugänge Propps und Azadovskijs als zwei grundlegende komplementäre Richtungen der russ. Folkloristik, von denen die eine vom konkreten Text zum abstrakten Modell gelange und die andere genau umgekehrt verfahre. In den 1950er Jahren, als Modelle mehr als Texte interessierten, habe Propps Methode weit mehr als die für empirisch geltende Azadovskijs fasziniert, doch vermutete Lotman für die letztere eine bleibendere Aktualität[70].

Seit den 1950er/60er Jahren lebten auch die hist.-vergleichenden Forschungen wieder auf, die von V. M. → Žirmunskij vor allem in seiner Epenforschung kontinuierlich fortgesetzt worden waren (cf. z. B. *Ėpičeskoe tvorčestvo slavjanskich narodov i problemy sravnitel'nogo izučenija ėposa*. M. 1958 [dt.: *Vergleichende Epenforschung*. B. 1961]). Žirmunskijs und Veselovskijs Forschungen führte Meletinskij in seinen Arbeiten zu Epos und Mythen fort und vertrat eine ritualistische Märchendeutung, wie sie zuvor auch von Propp in *Istoričeskie korni volšebnoj skazki* angewandt worden war (→ Ethnol. Theorie, → Ritualistische Theorie, → Initiation). Hist.-vergleichend forschten auch Nekljudov, N. I. Tolstoj[71], S. M. Tolstaja[72] oder E. A. Kostjuchin[73]. Čistov arbeitete über nordruss. Lied- und Sagentradition und untersuchte Volksüberlieferungen generell unter verschiedenen theoretischen Aspekten, wie z. B. ihre Beziehungen zur Lit., Fragen der Ethnizität, Gattungsproblematik und Variabilität[74]. Novikov sind u. a. die Aufarbeitung russ. Erzähltraditionen vor Afanas'ev sowie eine Unters. der Gestalten des ostslav. Märchens zu verdanken[75].

In den letzten Jahrzehnten des 20. Jh.s gewannen die für die russ. Folkloristik traditionellen Forschungen zur Wechselbeziehung von Lit. und Folklore erneut an Wichtigkeit. So wurde von einem Kollektiv des Inst.s für russ. Folklore die mehrteilige Reihe *Russkaja literatura i fol'klor* ([Die russ. Lit. und die Folklore] 1–4. Len. 1970–87) herausgegeben. U. a. beschäftigten sich V. I. → Černyšev mit Puškin, A. A. Gorelov mit Nikolaj S. Leskov (1831–95)[76] oder V. P. → Anikin mit Aleksej N. → Tolstoj. Zum Bereich Bilderbogen erschien die Monogr. Korepovas *Russkaja lubočnaja skazka* ([Das russ. Bilderbogen-Märchen]. Novgorod 1999).

Bis in die 1920er Jahre besaß Rußland eine sehr entwickelte Bauernkultur. Traditionelle Folkloreformen und -gattungen hatten die stalinistische Periode teilweise überlebt, spielten aber auch in Folge der Kollektivierung der Landwirtschaft und der Landflucht als Massenbewegung (in den 1920er und 1930er Jahren ca 12 Millionen) eine immer geringer werdende Rolle. In der zeitgenössischen russ. Überlieferung werden sich die Formen der traditionellen Folklore, bes. die archaischeren, früher oder später überleben. Sie werden im modernen Alltagsleben durch Print- und audiovisuelle → Medien (→ Rundfunk, → Film, → Television) ersetzt und verlangen neue Forschungsansätze. Einige Folkloristen sprechen von ‚schriftl. Folklore' (pis'mennyj fol'klor), worunter sie beliebige Formen der Massenmedien verstehen, andere von einem ‚Paradigmawechsel' (smena paradigmy)[77].

[1] Novikov, N. V.: Russkie skazki v rannich zapisjach i publikacijach (XVI–XVIII veka) (Russ. Märchen in frühen Aufzeichnungen und Publ.en [16.–18. Jh.]). Len. 1971, 4 sq.; Savčenko 1914 (v. Lit.) 35–38. – [2] Jakobson, R.: Slavic Mythology. In: StandDict. 2, 1025–1028; Reiter, N.: Mythologie der alten Slaven. In: Haussig, M. W. (ed.): Wb. der Mythologie. Stg. 1973, 163–259. – [3] Meletinskij, E. M.: Proizchoždenie geroičeskogo eposa (Ursprung des Heldenepos). M. 1963. – [4] Pomeranceva, È. V.: Russkaja narodnaja skazka (Das russ. Volksmärchen). M. 1963, 26. – [5] cf. Meletinskij, E. M.: Izbrannye stat'i. Vospominanija (Ausgewählte Aufsätze. Erinnerungen). M. 1998, cf. bes. 284–296 (Mif i skazka); Propp, V.: Morfologija skazki (Morphologie des Märchens). Len. 1928 (M. ^{2}1969) (Funktion 12). – [6] Adrianova-Peretc, V. P. (ed.): Povest' vremennych let [...] (Erzählung von den Anfangsjahren an [...]) 1–2. M. 1950; Trautmann, R. (ed.): Die altruss. Nestorchronik. Lpz. 1931; Müller, L. (ed.): Die Nestorchronik. Die altruss. Chronik [...] rekonstruiert nach den Hss. Lavrent'evskaja, Radzivilovskaja, Akademičeskaja, Troickaja, Ipat'evskaja und Chlebnikovskaja [...]. Mü. 2001. – [7] ibid., 66–70, 156–158, 151 sq. – [8] ibid., 41 sq.; Brednich, R.-W.: Volkserzählungen und Volksglauben von den Schicksalsfrauen (FFC 193). Hels. 1964, 82–84 (Vorschlag eines neuen Erzähltyps AaTh 934 A²). – [9] Andreev, Ju. A. u. a. (edd.): Slovo o polku Igoreve (Die Rede über den Heerzug Igors). Len. 1990 (Einl. D. S. Lichačev/L. A. Dmitriev); Grégoire, H./Jakobson, R./Szeftel, M. (edd.): La Geste du prince Igor'. N. Y. 1948 (russ./frz.); Luther, A. (ed.): Die Mär von der Heerfahrt Igors. Mü. 1923; Lichačev, D. S. (ed.): Issledovanija „Slova o polku Igoreve" (Forschungen zur „Erzählung über den Heerzug Igors"). Len. 1986; Ènc. „Slova o polku Igoreve" (Enz. zur „Erzählung über den Heerzug Igors") 4–5. ed. O. V. Tvorogov/L. A. Dmitriev. SPb. 1995. – [10] Adrianova-Peretc/Pokrovskaja 1968 (v. Lit.) 18–95. – [11] Freydank, D./Sturm, G. (edd. unter Mitarbeit von J. Harney): Das Väterbuch des Kiewer Höhlenklosters. Lpz. 1988. – [12] Afanas'ev, A. N.: Narodnye russkie legendy (Russ. Volkslegenden). M. 1860; Tschižewskij 1948 (v. Lit.) 74–84. – [13] Adrianova-Peretc/Pokrovskaja 1968 (v. Lit.) 95–137. – [14] Hannick, C.: Hagiographie III. In: TRE 14 (1985) 371–377, hier 375 sq. – [15] Benz, E. (ed.): Russ. Heiligenlegenden. Zürich (1953) 1987, 458–469, 478–493. – [16] Jakobson, R./Worth, D. S. (edd.): Sofonija's Tale of the Russian-Tatar Battle on the Kulikovo Field. Den Haag 1963 (altruss./engl.); Rybakov, B. A. u. a. (edd.): Pamjatniki kulikovskogo cikla (Die Schriftdenkmäler des Kulikovo- Zyklus). SPb. 1998. – [17] Pypin ^{2}1902 (v. Lit.) t. 3, 23 sq. (Fassung des Woiwoden Raf Vsevoložskij). – [18] Adrianova-Peretc/Pokrovskaja 1968 (v. Lit.) 137–211; cf. auch Tichonravov, N. S.: Letopisi russkoj literatury i drevnosti (Die Chroniken der russ. Lit. und der alten Zeit)1–5. SPb. 1859–63. – [19] Deržavina, O. A.: Velikoe Zercalo i ego sud'ba na russkoj počve (Der „Velikoe Zercalo" und sein Schicksal in Rußland). M. 1965; Alsheimer, R.: Das Magnum Speculum Exemplorum als Ausgangspunkt populärer Erzähltraditionen. Studien zu seiner Wirkungsgeschichte in Polen und Rußland. Bern/Ffm. 1971. – [20] cf. allg. Rovinskij, D. A.: Russkija narodnyja kartinka (Der russ. Bilderbogen) 1–5. SPb. 1881; Duchartre, P.-L.: L'Imagerie populaire russe et les livrets gravés 1629–1885. P. 1961; Sytova, A.: Lubok. Russ. Volksbilderbogen 17.–19. Jh. Len. 1984; Dietrich, A.: Russ. Volksmärchen. In den Urschriften gesammelt und ins Deutsche übers. Lpz. 1831 (übers. Lubok-Hefte); zur Triviallit. cf. Brooks, J.: When Russia Learned to Read. Literacy and Popular Literature 1861–1917. Princeton, N. J. 1985, 59–108. – [21] Savčenko 1914 (v. Lit.) 54; Adrianova-Peretc, V. P.: Russkaja demokratičeskaja satira XVII v. (Die russ. demokratische Satire des 17. Jh.s). M. ^{2}1977, 168–173. – [22] cf. Novikov, Ju. A.: Skazitel' i bylinnaja tradicija (Der Erzähler und die Bylinentradition). SPb. 2000; id.: Bylina i kniga. Ukazatel' zavisimych ot knigi bylinnych tekstov (Die Byline und das Buch. Verz. vom Buch abhängiger Bylinentexte). Vilnius 1933. – [23] Zizanij, L.: Hrammatika slovenska: Wilna 1596 (Die slav. Grammatik: Wilna 1596). ed. G. Freidhof. Mü. u. a. 1972 (um das Faks. erw. Aufl. Ffm. ^{2}1980.) – [24] cf. Larin, B. A.: Russko-anglijskij slovar'-dnevnik Ričarda Džejmsa (1618–1619 gg.) (Das russ.-engl. Wb.-Tagebuch von Richard James [1618–1619]). Len. 1959, 90, 114; cf. Novikov (wie not. 1) 3. – [25] Pypin ^{2}1902 (v. Lit.) t. 3, 24. – [26] cf. Novikov (wie not. 1) 4 (z. B. „Skoro skazka skazyvaetsja, da ne skoro delo delaetsja" [Märchen erzählen sich schnell, Dinge erledigen sich nicht schnell]). – [27] ibid., 7–11. – [28] Jovius, P.: De legatione Basilii M. P. Moscoviae liber. Rom 1525, cf.

Giovio, P.: Dialogi et descriptiones. ed. E. Travi/M. Penco. Rom 1984, 82 sq. − [29] Collins, S.: The Present State of Russia, in a Letter to a Friend at London. L. 1671 (frz.: Relation curieuse de l'estat present de la Russie. P. 1679); cf. Novikov (wie not. 1) 10 sq. − [30] Olearius, A.: Vermehrte newe Beschreibung Der Muscowit. und Pers. Reyse [...] Worinnen [...] dero Einwohner Natur/ Leben/ Sitten/ Hauß- Welt-und-Geistlichen Stand mit fleiß auffgezeichnet [...]. (Schleswig 1656) Nachdr. Ffm. 1994, 19, 192− 194, 213. −
[31] Savčenko 1914 (v. Lit.) 48; cf. Zabelin, I. E.: Domašnij byt russkich carej v 16 i 17 stoletii (Das häusliche Leben der russ. Zaren im 16. und 17. Jh.) 2. M. 1869, 429; cf. Pomeranzewa, E.: Russ. Volksmärchen. B. 1964, 589. − [32] Novikov (wie not. 1) 13. − [33] ibid., 21 sq.; v. not. 20. − [34] Savčenko 1914 (v. Lit.) 89−106; Novikov, N. V.: Russkie skazki v zapisjach i publikacijach pervoj poloviny 19 veka (Russ. Märchen in Aufzeichnungen und Publ.en in der 1. Hälfte des 19. Jh.s). M./Len. 1961, bes. 137−212; cf. Ivanova 1996 (v. Bibliogr.n) 61−63. − [35] SUS, 15. − [36] cf. ibid., 14−16; Čistov, K. V.: Das vergleichende Verz. der Märchentypen ostslaw. Märchen. Geschichte. Fazit. Probleme. In: Die heutige Bedeutung oraler Traditionen. ed. W. Heissig. Opladen 1998, 289−300. − [37] Zelenin, D.: Russ. (Ostslav.) Vk. B./Lpz. 1927, XIII sq. − [38] Naděždin, N. I.: Ob étnografičeskom izučenii narodnosti russkoj (Von der ethnogr. Erforschung des russ. Volkstums). In: Zapiski Imperatorskago Russkago Geografičeskago Obščestva 2 (1847) 61−115; cf. Savčenko 1914 (v. Lit.) 138 sq. − [39] Narodnye russkie skazki A. N. Afanas'eva (Russ. Volksmärchen A. N. Afanas'evs) 1−3. ed. L. G. Barag/N. V. Novikov. M. 1984/85/85 (diese letzte Ausg. entstand gleichzeitig mit dem SUS und berücksichtigt die Kommentare der vorangehenden Ausg.n [bes. der von 1936−40] sowie die Materialien bei BP). − [40] Ol'denburg, S. F.: Le Conte dit populaire. In: Revue des études slaves 9 (1929) 221−236; id.: Sobiranie russkich narodnych skazok v poslednye vremija (Das Sammeln russ. Volksmärchen in der letzten Zeit). In: Žurnal Ministerstva narodnago prosveščenija 63 (1916) 310−312. −
[41] Rybnikov, P. N.: Pesni (Lieder) 1−4. M. 1861− 67; Gil'ferding, A. F.: Onežskie bylini (Onega-Bylinen) 1−3. SPb. 1873. − [42] cf. Mel'c 1917−44 (v. Bibliogr.n) num. 1−159. − [43] cf. Pomeranceva, È. V.: Russkie skazočniki (Russ. Erzähler). M. 1976. − [44] cf. auch Novikov, N. V.: Skazki (Märchen). In: Pesni i skazki na Onežskom zavode. Petrozavodsk 1937, 131−310. − [45] Sokolov, Ju. M.: Po sledam Rybnikova i Gil'ferdinga (Auf den Spuren Rybnikovs und Hilferdings). In: Chudožestvennyj fol'klor (1927) H. 2−3, 3−33; Po sledam Rybnikova, Gil'ferdinga, Sokolovych i Astachovoj (èkspedicija MGU letom 1956 g.) (Auf den Spuren Rynbikovs, Hilferdings, der Brüder Sokolov und Astachovas [Expedition der MGU im Jahr 1956]). In: Moskva (1957) H. 2, 212; cf. Žygas 1991 (v. Lit) 109−113, 136 sq. − [46] Korepova, K. E./Volkova,

T. M.: Bibliografičeskij ukazatel' materialov fol'klornogo archiva Kafedry russkoj literatury Gor'kovskogo gosudarstvennogo universiteta (Bibliogr. der Materialien des Folklorearchivs am Lehrstuhl für russ. Sprache der Staatlichen Univ. Gor'kij). Gor'kij 1976 sqq. − [47] cf. Pypin 1890 (v. Lit.) t. 1, 276−313 (Sacharov), 314−329 (Snegirev). − [48] cf. Sokolov 1945 (v. Lit.) 31−39; Balandin, A. I.: Mifologičeskaja škola v russkoj fol'kloristike. F. I. Buslaev (Die Mythol. Schule in der russ. Folkloristik. F. I. Buslaev). M. 1988; Leitinger, D.: Die Wirkung von Jacob Grimm auf die Slaven, insbesondere auf die Russen. In: Brüder Grimm Gedenken 2. ed. L. Denecke. Marburg 1975, 66−130. − [49] z. B. Pypin, A. N.: Očerki literaturnoj istorii starinnych povestej i skazok russkich (Abriß der literar. Geschichte alter russ. Erzählungen und Märchen). SPb. 1858. − [50] z. B. Veselovskij, A. N.: Istoričeskaja poètika (Hist. Poetik). ed. V. M. Žirmunskij. Len. 1940. − [51] Miller, V. F.: Istoričeskie pesni russkogo naroda XVI−XVII vv. (Russ. hist. Volkslieder des 16.−17. Jh.s). Petrograd 1915. − [52] Akimova, T. M. (ed.): Skazy o Čapaeve (Erzählungen über Čapaev). Saratov 1951; ead.: Skazy i pesni o Čapaeve (Erzählungen und Lieder über Čapaev). Saratov 1957. − [53] cf. Fol'klor Rossii v dokumentach sovetskogo perioda 1933−1941. Sbornik dokumentov (Folklore Rußlands in Dokumenten der sowjet. Periode 1933− 1941. Slg von Dokumenten). ed. E. O. Grin'ko u. a. M. 1994. − [54] Andrejev, N. P.: Die Legende von den zwei Erzsündern (FFC 54). Hels. 1924; id.: Die Legende vom Räuber Madej (FFC 69). Hels. 1927. − [55] Nikiforov, A. I.: K voprosu o morfologičeskom izučenii narodnoj skazki (Zur Frage der morphologischen Unters. des Volksmärchens). In: Festschr. A. I. Sobolevskij. Len. 1928, 173−178. − [56] Smirnov, A. M.: Sistematičeskij ukazatel' tem i variantov russkich narodnych skazok (Systematisches Verz. von Themen und Var.n der russ. Volksmärchen). In: Izvestija Otdelenija russkago jazyka i slovesnosti Imperatorskoj Akademii nauk 16 (1911) H. 4, 95−124; ibid. 17 (1912) H. 3, 131−175; ibid. 19 (1914) H. 4, 103−130; Volkov, R. M.: Skazka. Razyskanija po sjužetosloženiju narodnoj skazki (Märchen. Abhdlg über die Typenzusammensetzung von Volksmärchen). Odessa 1924. − [57] cf. Mel'c 1917−44 (v. Bibliogr.n) num. 2219; EM 9, 927. − [58] Propp, V.: Struttura e storia nello studio della favola. In: id.: Morfologia della fiabe. Turin 1966, 201−227. − [59] Ivanov, V. V.: Theses on the Semiotic Study of Culture. Tartu 1998. − [60] Toporov, V. N.: Mif, ritual, simvol, obraz. Issledovanija v oblasti mifopoètičeskogo (Mythos, Ritual, Symbol, Bild. Studien auf dem Gebiet des Mythopoetischen). M. 1995. − [61] cf. Meletinskij, E. M./Nekljudov, S. Ju./Novik, E. S./Segal, D. M.: Problemy strukturnogo opisanija volšebnoj skazki (Probleme der strukturellen Beschreibung des Zaubermärchens). In: Trudy po znakovym sistemam 4 (Tartu 1969) 86−135; Novik, E. S.: Fol'klor − obrjad − verovanija: Opyt strukturno-semantičeskogo izučenija tekstov ustnoj kul'-

tury (Folklore – Brauch – Glaubensvorstellungen: Versuch einer struktural-semantischen Unters. von Texten der mündl. Kultur). M. 1996. – [62] Philologia Slavica. Festschr. N. I. Tolstoj. M. 1993; Tolstoj, N. I.: Jazyk i narodnaja kul'tura. Očerki po slavjanskoj mifologii i ėtnolingvistike (Sprache und Volkskultur. Studien zur slav. Mythologie und Ethnolinguistik). M. 1995; id.: Izbrannye trudy (Ausgewählte Schr.) 1–3. M. 1997/98/99. – [63] Slavjanskie ėtjudy. Festschr. S. M. Tolstaja. M. 1999. – [64] Judin, Ju. I.: Russkaja narodnaja bytovaja skazka (Das russ. Alltagsmärchen). M. 1998 (Anwendung von Propps Strukturschema auf das Alltagsmärchen). – [65] Eremina, V. I. u. a. (edd.): Ėtnografičeskie istoki fol'klornych javlenij (Die ethnogr. Wurzel der Folklorephänomene). Len. 1987. – [66] Nekrylova, A. F.: Fol'klornyj teatr (Volkstheater). M. 1988; ead.: Russkie narodnye gorodskie prazdniki, uveselenija i zrelišča. Konec XVIII – načalo XX veka (Russ. städtische Volksfeiertage, Belustigungen und Schauspiele. Ende 18. Jh.–Anfang 20. Jh.). Len. 1984 ([2]1988). – [67] cf. z. B. Gaaze-Rapoport, M. G.: Poisk variantov v sočinenii skazok (Die Suche nach Var.n beim Schaffen von Märchen). In: Zaripov, R. N. (ed.): Mašinnyj poisk variantov pri modelirovanii tvorčeskich processov (Die maschinengesteuerte Suche nach Var.n bei der Modellierung schöpferischer Prozesse). M. 1983, 313–223; Gaaze-Rapoport, M. G./Pospelov, D. A./Semenova, E. T. (edd.): The Generation of Structures in Fairy Tales. M. 1980. – [68] Čistov, K. V.: M. K. Azadovskij i problema ispolnitelej v russkom fol'klore 19.–20. vv. (M. K. Azadovskij und das Problem der Erzähler in der russ. Folklore im 19.–20. Jh.). In: SovĖ (1989) 2, 77–81. – [69] Nikiforov, A. I.: Pobeditel' zmeja (iz severnorusskich skazok) (Der Drachentöter [aus nordruss. Märchen]). In: Sovetskaja filologija (1936) H. 4–5, 143–242. – [70] Lotman, Ju. M.: Dvojnoj portret (Doppeltes Porträt). In: Lotmanovskij sbornik 1. ed. E. V. Permjakov. M. 1995, 54–71, hier 64–67. –
[71] cf. z. B. Tolstoj, N. I. u. a. (edd.): Slavjanskij i balkanskij fol'klor. Verovanija, tekst, ritual (Slav. und Balkanfolklore. Glaubensvorstellungen, Text, Ritual). M. 1994. – [72] Tolstaja, S. M. (ed.): Mir zvučaščij i molčaščij. Semiotika zvuka i reči v tradicionnoj kul'ture slavjan (Klingende und schweigende Welt. Semiotik des Lautes und der Rede in der traditionellen Kultur der Slaven). M. 1999. – [73] Kostjuchin, E. A.: Aleksandr Makedonskij v literaturnoj i fol'klornoj tradicii (Alexander d. Gr. in der literar. und der Folkloretradition). M. 1972; id.: Tipy i formy životnogo ėposa (Typen und Formen des Tierepos). M. 1987. – [74] Čistov, K. V.: Russkie narodnye social'no-utopičeskie legendy XVII–XIX vv. M. 1967 (dt. Der gute Zar und das ferne Land. Russ. sozialutopische Volkslegenden des 17.–19. Jh.s. ed. D. Burkhart. Münster u. a. 1998); id.: Narodnye tradicii i fol'klor. Očerki teorii (Volkstraditionen und Folklore. Skizzen einer Theorie). M. 1986; id.: Folklore and Culture of the Ethnos. In: Soviet Studies in Ethnography. ed. P. N. Fedoseyev. M. 1978, 76–87; id.: Variabilität als theoretisches Problem der Folkloristik. In: Lėtopis R. C. 9 (1976) 22–33; id.: K voprosu o principach klassifikacii žanrov ustnoj narodnoj prozy (Zur Frage der Klassifikationsprinzipien der Prosa-Volksdichtung). M. 1964. – [75] Novikov (wie not. 1 und 34); id.: Obrazy vostočnoslavjanskoj skazki (Gestalten des ostslav. Märchens). Len. 1974. – [76] Gorelov, A. A.: N. S. Leskov i narodnaja kul'tura (N. S. Leskov und die Volkskultur). Len. 1988. – [77] cf. Nekljudov, S. Ju.: Ustnye tradicii sovremennogo goroda: smena fol'klornoj paradigmy (Mündl. Traditionen der modernen Stadt. Wechsel eines Folklore-Paradigmas). In: Studies in Slavic Folklore and Folk Culture 2. ed. A. Arkhipov/I. Polinskaya. Oakland 1997, 77–89; Bogdanov, K. A.: Povsednevnost' i mifologija (Alltäglichkeit und Mythologie). SPb. 2001, 12–108.

Bibliogr. n: Ivanova, T. G.: Russkij fol'klor. Bibliografičeskij ukazatel' (Russ. Folklore. Bibliogr. Verz.) 1800–1855. SPb. 1996. – ead.: Russkij fol'klor. Bibliografičeskij ukazatel' 1881–1900. Len. 1990. – Mel'c, M. Ja.: Russkij fol'klor. Bibliografičeskij ukazatel' 1901–16, 1917–44, 1945–59, 1960–65, 1966–75 (1–2), 1976–80. Len. 1981/66/61/67/84 und 85/87. – Harkins, W.: Bibliogr. of Slavic Folk Literature. N. Y. 1953.

Lit. (allg.): Pypin, A. I.: Istorija russkoj ėtnografii (Geschichte der russ. Ethnographie) 1–4. SPb. 1890–93. – id.: Istorija russkoj literatury (Geschichte der russ. Lit.) 1–4. SPb. (1898/99) [2]1902. – Savčenko, S. V.: Russkaja narodnaja skazka. Istorija sobiranija i izučenija (Das russ. Volksmärchen. Geschichte der Sammlung und Erforschung). Kiev 1914. – Sokolov, Ju. M.: Russkij fol'klor. M. 1938 (Le Folklore russe. P. 1945; Russian Folklore. N. Y. 1950). – Tschižewskij, D.: Geschichte der altruss. Lit. im 11., 12. und 13. Jh. Ffm. 1948. – Azadovskij, M. K.: Istorija russkoj fol'kloristiki (Geschichte der russ. Folkloristik) [1]–2. M. 1958/63. – Čičerov, V. I.: Russkoe narodnoe tvorčestvo. M. 1959 (dt.: Tschitscherow, W.: Russ. Volksdichtung. B. 1968). – Schmaus, A.: Probleme und Methoden der sowjet. Folkloristik. Ein Ber. Mü. 1959. – Tokarev, S. A.: Istorija russkoj ėtnografii (Geschichte der russ. Ethnographie). M. 1966. –Adrianova-Peretc, V. P./Pokrovskaja, V. F.: Drevne-russkaja povest' (Die altruss. Erzählung) 1. (M./Len. 1940) Nachdr. Düsseldorf/Den Haag 1968 (Verz. von Hss., Drucken [auch Bilderbogen] und Unters.en). – ead.: Drevnerusskaja literatura i fol'klor (Altruss. Lit. und Folklore). Len. 1974. – Propp, V. Ja.: Russkaja skazka (Das russ. Märchen). Len. 1984. – Žygas, E. V.: Personality and Repertoire. The Russian School of Folklorists (1861–1948). Diss. Bloom. 1991. – Russ. Märchen und Sagen. ed. B. Lauer. Ausstellungskatalog Kassel 1991.– Howell, D. P.: The Development of Soviet Folklorists. N. Y. u. a. 1992. – Ivanova, T. G.: Russkaja fol'kloristika v biografičeskich očerkach (Die russ. Folkloristik in biogr. Skizzen). SPb. 1993. – Puškareva, N. A.: Ėtnografija vostočnych slavjan v zarubežnych issledovanijach (1945–1990) (Die Ethnographie der Ostslaven in der ausländischen Forschung [1945–1990]). M. 1997. – Korepova, K. E.: Lekarstvo ot zadumčivosti. Russkaja skazka v izdanijach 80-ch godov 18 veka (Medizin gegen den Trübsinn. Das russ. Märchen in den Ausg.n der 80er Jahre des 18. Jh.s). SPb. 2001.

St. Petersburg   Kirill V. Čistov

Rutenbündel → Einigkeit macht stark

S

Saat: Die letzte S. → Eichelsaat

Saba: Königin von S., eine legendäre Gestalt, die vielleicht durch verschiedene Frauen inspiriert ist, welche zur Zeit der Assyrer im 8. Jh. v. u. Z. über Stämme in der arab. Wüste an der Grenze des alten Palästina herrschten. Das Land der K. von S. ist der → Jemen. Die Geschichte der K. von S., speziell ihres Besuchs an König → Salomos Hof in Jerusalem, erscheint erstmals im A. T. (1. Kön. 10,1–13; 2. Chr. 9,1–12).

Nachdem die K. von S. Salomos Ruhm vernommen hat, reist sie mit großem Gefolge an seinen Hof, um ihm ‚schwierige → Fragen' (hebr. hiddot; → Rätsel) zu stellen. Der weise Salomo kann sie alle beantworten (→ Weisheit). Die K. von S. ist überaus beeindruckt und beschenkt ihn mit kostbaren Gaben. Über offizielle Geschenke in seiner Funktion als König hinaus erfüllt Salomo ihr seinerseits alle Wünsche. Dann kehrt sie mit ihrem Gefolge in ihr Land zurück.

Der Besuch der K. von S. ist wohl als diplomatische Mission zu verstehen, bei der sie Israel, das sich zur Zeit Salomos auf der Höhe seiner Macht befand, einschätzen lernen wollte. Der bibl. Bericht enthält noch keine Erwähnung von einem Versuch Salomos, die K. von S. zum Monotheismus zu bekehren oder ihr Reich zu usurpieren. Er gibt auch keinerlei Hinweis auf die Art der Rätselfragen oder auf Salomos Antworten; gleichfalls macht er keine exakten Angaben darüber, was Salomo der K. von S. von dem „was ihr gefiel und was sie erbat" (1. Kön. 10,13), gab. Diese ungelösten Fragen führten zur Entstehung umfangreicher gelehrter wie populärer Erklärungen[1]. Ähnlich wie Salomo wurde die K. von S. in Erweiterung des bibl. Texts zu einer überlebensgroßen Figur, die es wagt, den vollkommensten aller Männer herauszufordern. Indem die Persönlichkeit der K. von S. ihrer Herausforderung entspricht, profiliert sie sich als weibliches Gegenstück zu Salomo.

In der nachbibl. Überlieferung bis zum MA. verlagerte sich der Schwerpunkt der Erzählung zur Geschlechterpolitik[2]. Der Wettstreit der K. von S. mit Salomo wurde als Versuch dargestellt, patriarchalische → Normen in Frage zu stellen (→ Patriarchat):

Die K. von S. sucht ihre von Salomo bedrohte politische Unabhängigkeit zu bewahren. Sie möchte ihn allerdings mit → Klugheit, nicht mit militärischer Macht besiegen. Ihr anmaßender Versuch, Salomo – und in den Augen nachbibl. Autoren damit die Vorherrschaft der Männer – einer Prüfung zu unterziehen, wurde als Kampfansage an die geltende Gesellschaftsordnung verstanden. Indem sie nach der politischen Macht strebten, könnten die Frauen versuchen, sich gegen ihre natürliche Funktion des Gebärens und Erziehens von Kindern zu entscheiden. Das Ergebnis einer solchen Entwicklung wäre das Aussterben ganzer Gesellschaften, sogar der Menschheit. Die K. von S. wird damit auf eine Stufe mit der Dämonin → Lilith gestellt, die Schwangere zum Abtreiben veranlaßt und Säuglinge in ihren Betten tötet[3]. Durch Salomos Erfolg wurde die K. von S. allerdings gedemütigt, und die Welt blieb, wie sie war und sein sollte.

Die wichtigsten nachbibl. Quellen zum Besuch der K. von S. bei Salomo sind der *Midrasch Mischle* (Midrasch zu den Sprüchen Salomos), der *Midrasch he-Hefez* (Midrasch auf der Autorität des Rabbi Ismael) und *Targum Scheni* (Zweite [aram.] Übers. [des Buches Esther])[4]. Die beiden Midraschim sind in hebr. Sprache verfaßt; der aram. *Targum Scheni* enthält eine längere Erzählung, die in eine legendenhafte Fassung der → Esther-Geschichte eingeschoben ist. Ein Moment des Besuchs der K. von S. ist auch im → *Alphabet des Ben Sira* erwähnt[5]. Die nachbibl. Erzählungen bringen vor allem Details zu den (Rätsel-)Fragen.

Die Fragen beziehen sich auf die natürliche Ordnung des Universums und die Stellung der Frauen. Sollte sich Salomo als unfähig zur Beantwortung dieser in Form von Rätseln gestellten Fragen erweisen, so hätte die K. von S. Anspruch auf einen Platz als Herrscherin in einer Männerwelt. Die verschiedenen, überaus geistreichen Rätselfragen sind oft voller Anspielungen auf die jüd. Tradition. Salomo beantwortet sie mit großer Souveränität: So unterscheidet er gleich angezogene Knaben und Mädchen, indem er geröstete Körner verteilt: Die Jungen sammeln sie schnell auf und legen sie in ihre Kleidung, die Mädchen zeigen sich zurückhaltender und tun sie in ihre Kopfbedeckung (Mot. H 1578.1.1.1, H 1578.1.5; → Apfelprobe, → Geschlechtsproben)[6].

Nach dem siegreich bestandenen Wettstreit triumphiert Salomo in manchen Erzählungen auch im Bett über die K. von S., allerdings mit katastrophaler Folge: Sie bringt den babylon. Herrscher Nebukadnezar zur Welt[7]; dieser rächt die Eroberung seiner Mutter durch Salomo, indem er das Königreich Israel unterwirft und der von David begründeten Dynastie ein Ende setzt.

Zu den interessantesten Stücken aus rezenter jüd. Überlieferung gehören zwei Versionen des Besuchs der Königin von Saba, die von einem Mann (IFA, num. 1340) bzw. einer Frau (IFA, num. 8152) aus Tanger erzählt wurden. Die Erzählung der Frau läßt darauf schließen, daß Frauen, wenn sie sich von Männern überlieferte schriftl. Texte aneigneten, ihnen einen eigenen weiblichen Anstrich verliehen (→ Frauenmärchen). Der männliche Erzähler mokiert sich über die Königin, die einen Mann, noch dazu ausgerechnet Salomo, übertreffen will; demgegenüber schildert die Erzählung der Frau eine Königin, die geschickt mit Salomos bekannter Eitelkeit spielt: Er wußte, daß all ihre Fragen beantworten können würde, und so gab sie ihm zu verstehen, daß sie ihn nur heiraten würde, wenn er gewönne. Der israel. König wurde so trickreich zu einer von ihm nicht gewollten Heirat gebracht. Diese Erzählung legt nahe, daß möglicherweise auch andere weibliche populäre Versionen der Geschichte von Salomo und der K. von S. existierten.

Auch in der islam. Überlieferung beginnt die Erzählung von Salomo und der K. von S. mit einem sakralen Text, dem Koran (Sure 27,20−44)[8].

Wie in *Targum Scheni*, dem am engsten mit der Erzählung des Koran verwandten Text, informiert der Wiedehopf den hier als → Propheten dargestellten König über das Reich der (ungläubigen) K. von S., und Salomo schickt ihr einen Brief mit der Aufforderung, sich dem alleinigen Gott zu unterwerfen. Vor Salomo bekennt die K. von S. den Frevel ihres Irrglaubens und ergibt sich dem Herrn der Welt in seinem Propheten.

Ausführlich befassen sich muslim. Exegeten, Historiker und Schriftsteller mit der Geschichte; die detaillierteste Fassung stammt von at-Taʿlabī (gest. 1035), dessen Werk repräsentativ für die arab. Gattung der Prophetengeschichten ist[9]. Die muslim. Fassungen sind eng mit den nachbibl. jüd. verwandt und wahrscheinlich durch Kontakte zwischen Muslimen und Juden in die islam. Lit. eingedrungen. Die muslim. Quellen enthalten weitere Details zur K. von S., so ihren Namen Bilqīs[10].

Darüber hinaus nehmen sie Bezug auf eine Szene aus rabbinischer Überlieferung, die den dämonischen Charakter der K. von S. verdeutlicht: Um sich Gewißheit über das Gerücht zu verschaffen, daß die K. von S. behaarte Beine habe, läßt Salomo am Eingang zu seinem Palast einen Wasserlauf mit Glasplatten abdecken. Als die Königin eintrifft, meint sie, der Boden sei naß und hebt ihr Gewand; dabei entblößt sie ihre behaarten Beine (oder die Behaarung spiegelt sich)[11]. Verwandt hiermit ist auch eine Version der christl. → Kreuzholzlegende: Das zum Kreuz → Christi bestimmte Holz sei als Steg über einen Bach gelegt worden, die K. von S. (alternativ: die → Sibylla) habe es bei ihrem Besuch bei Salomo aber aus Ehrfurcht nicht betreten, sondern sei durch das Wasser gegangen; hierdurch soll sie tiergestaltigen → Fuß (Esel, Gans; → Berta) verloren haben, der ihr als Strafe für sündhaftes Verhalten gewachsen war[12].

Der Bericht über Salomo und die K. von S. im äthiop. Nationalepos *Kebra Negast* (Die Herrlichkeit der Könige; 14. Jh.)[13] läßt bestenfalls ein schwaches Echo der nachbibl. jüd. und muslim. Überlieferungen erkennen.

Der Äthiopier Tamrin liefert Salomo Baumaterial für seinen Tempel (cf. 2. Kön. 9,11−14) und berichtet der Königin, die hier Makeda heißt, über Salomo. Die Königin beschließt, sich selbst von der Wahrheit der Berichte zu überzeugen. Bei ihrem Besuch in Jerusalem ist sie so beeindruckt, daß sie sich zum Monotheismus bekehrt. Salomo seinerseits ist so von ihrer Schönheit und Klugheit geblendet, daß er sich einen Sohn von ihr wünscht. Mit einer List gelingt es ihm, mit ihr zu schlafen, und neun Monate später gebiert sie den gemeinsamen Sohn Menelik.

Den Äthiopiern waren auch die kurzen Erwähnungen der K. von S. im N. T. (Mt. 12,42; Lk. 11,31) vertraut. Christl. Autoren allg. diente die bibl. Erzählung als allegorischer Kommentar zum Leben Christi und der christl. Gemeinde; so wurde das Verlangen der K. von S., Salomos Wissen zu prüfen, mit dem Verlangen der Kirche nach der Erkenntnis Christi verglichen[14].

Jenseits der narrativen Überlieferung ist das Zusammentreffen von Salomo und der K. von S. in der jüd., christl. und islam. bildenden Kunst häufig dargestellt worden[15]. Kaum eine Frau hat die Phantasie so sehr befruchtet wie die K. von S.: Außer in Geschichten lebt sie in Romanen und Gedichten, Bildern und Skulpturen, Musik und Film fort. Darüber hinaus ist sie die ‚schwarze Befreiungskönigin' verschiedener afroamerik. Bewegungen und populäre Galionsfigur islam. Feministinnen[16].

[1] Schechter, S.: The Riddles of Solomon in Rabbinic Literature. In: FL 1 (1890) 349–358. – [2] Zum folgenden cf. Lassner, J.: Demonizing the Queen of Sheba. Boundaries of Gender and Culture in Postbiblical Judaism and Medieval Islam. Chic./L. 1993. – [3] cf. Winkler, H. A.: Salomo und die Karîna. Eine oriental. Legende von der Bezwingung einer Kindbettdämonin durch einen hl. Helden. Stg. 1931. – [4] Lassner (wie not. 2) 161–167. – [5] ibid., 167 sq.; Sippure Ben Sira. ed. E. Yassif. Jerusalem 1984, 217 sq. – [6] cf. auch Zachariae, T.: Rätsel der K. von S. in Indien [1914]. In: id.: Kl. Schr. Bonn/Lpz. 1920, 103–108; König, D./Venzlaff, H.: Salomo und das Rätsel der Perle. In: Islamica 62 (1985) 298–310. – [7] ibid., 175. – [8] Speyer, H.: Die bibl. Erzählungen im Qoran. (Gräfenhainichen 1931) Nachdr. Hildesheim/Zürich/N. Y. 1988, 390–398; Pirenne, J.: Bilqis et Salomon. La reine de S. dans le Coran et la Bible. In: Dossiers d'archéologie 33 (1979) 6–10; Schedl, C.: Sulaiman und die K. von S. In: al-Hudhud. Festschr. M. Höfner. Graz 1981, 305–324; Johns, A. H.: Solomon and the Queen of Sheba. In: Abr-Nahrain 24 (1986) 58–82; Lassner (wie not. 2) 36–46. – [9] ʿArāʾis al-majālis fī qiṣaṣ al-anbiyāʾ or „Lives of the Prophets" as Recounted by [...] al-Thaʿlabī. Übers. W. M. Brinner. Leiden/Boston/Köln 2002, 519–537; cf. ferner Canova, G.: La leggenda della regina di Saba [...]. In: Quaderni di studi arabi 5–6 (1987/88) 105–119; Lassner (wie not. 2) 47–119; Havemann, A.: Die ‚K. von S.' in der religiösen und kulturellen Tradition des Islam und des Christentums in Äthiopien. In: Der Islam 80 (2003) 122–141. – [10] Stiegner, R. G.: Die K. von S. in ihren Namen. (Diss. Graz 1977) Graz 1979. – [11] cf. auch Yassif, E.: The Hebrew Folktale. Bloom./Indianapolis 1999, 281, 368 sq. – [12] Köhler, R.: Zur Legende von der K. von S. oder der Sibylla und dem Kreuzholze [1884]. In: Köhler/Bolte 2, 87–94. – [13] Littmann, E.: The Legend of the Queen of Sheba in the Tradition of Axus. Leiden/Princeton 1904; Budge, E. A. W.: The Queen of Sheba and Her Only Son Menyelek. L. 1922; Ullendorff, E.: The Queen of Sheba in Ethiopian Tradition. In: Pritchard, J. (ed.): Solomon and Sheba. L. 1974, 104–114; Jankowski, A.: Die K. von S. und Salomo. Die amhar. Version [...]. (Diss. Hbg 1982) Hbg 1987; Havemann (wie not. 9) 135–141. – [14] Watson, P.: The Queen of Sheba in Christian Tradition. In: Pritchard (wie not. 13) 115–145. – [15] cf. Bayer, B.: Solomon in the Arts. In: Enc. Judaica 15. Jerusalem 1971, 108–111; Chastel, A.: La Rencontre de Salomon et de la reine de S. dans l'iconographie médiévale. In: Gazette des beaux-arts 35 (1949) 99–114; Mielke, U.: S., K. von. In: LCI 4 (1972) 1–3; Milstein, R./Rührdanz, K./Schmitz, B.: Stories of the Prophets. Illustrated Mss. of Qiṣaṣ al-Anbiyāʾ. Costa Mesa, Cal. 1999, 146. – [16] cf. Havemann (wie not. 9); Beyer, R.: Die Königin von S. Engel und Dämon. Der Mythos einer Frau. Bergisch Gladbach 1987, 269–278; Llewellyn-Jones, L.: The Queen of Sheba in Western Popular Culture 1850–2000. In: Queen of Sheba. Treasure from Ancient Yemen. ed. St. J. Simpson. L. 2002, 12–22.

Evanston, Ill.   Jacob Lassner

Sabbat (hebr. Schabbat; abgeleitet von der Wurzel schbt, mit der Bedeutung ‚aufhören' und der Nebenbedeutung ‚ausruhen')[1]. Der S. als der allg. Ruhe vorbehaltener → Tag und als 7. Tag der Woche (→ Sieben) ist nach R. S. Handel[2] wie die Zeiteinteilung in Wochen eine israelit. Neuerung; Handel hält ihn für eine wichtige Einrichtung aus der Zeit vor der Babylon. Gefangenschaft, d. h. vor 586 v. u. Z. A. J. Heschel[3] zufolge bezeichnet die zentrale Stellung des S.s in der jüd. Kultur einen Vorrang geheiligter Zeit vor geheiligtem Raum. Einige Wissenschaftler vermuten Verbindungen mit alten mesopotam. Vorstellungen und Bräuchen[4]. Die Ätiologie im bibl. Schöpfungsbericht erklärt die S.ruhe als Erinnerung an die Ruhe Gottes nach sechs Schöpfungstagen (Gen. 2,1–3) und macht damit den S. so alt wie die → Schöpfung. Darüber hinaus wird in der Bibel betont, daß der S. soziale Gerechtigkeit und Gleichheit impliziert: Der Ruhetag gilt für alle, für freie Männer und Frauen wie für Sklaven und Arbeitstiere (Ex. 20,8–11; Dtn. 5,12–15). Weiteren bibl. Quellen zufolge ist der S. ein Zeichen für den Bund Gottes mit seinem Volk (Ex. 20,11; Ex. 31,13 und 17) und erinnert an den Auszug der Israeliten aus Ägypten (Dtn. 5,15)[5]. Im S. drückt sich somit symbolisch die ständige zyklische Präsenz von zwei der wichtigsten mythischen Erzählungen des A. T.s, der Erschaffung der Welt im Buch *Genesis* und der Erschaffung des Volkes Israel im Buch *Exodus*, in kultureller Übung aus. Betont wird im A. T. der S.brauch völliger → Arbeitsruhe, speziell das Verbot, Feuer zu ma-